陕西师范大学历史文化学院　　陕西历史博物馆
陕西师范大学人文科学高等研究院　编

丝绸之路研究集刊

Journal of the Silk Road Studies

|第十辑|

社会科学文献出版社
SOCIAL SCIENCES ACADEMIC PRESS (CHINA)

目　录

叶尼塞河—鄂毕河流域出土楚式镜及其研究[*]

张 弛 昌 迪

（华南师范大学）（中山大学）

史前东西文化交流是历史时期丝绸之路的基础。自公元前3千纪初期，青铜冶制、战车制造、麦作农业以及马、牛、羊的驯养技术等就通过“史前丝绸之路”向东传播，而彩陶艺术与粟、黍栽培技术等则沿此路线西去。[①] 丝绸之路沿线出土各类遗物，一直是学界研究中外文化交流的重点对象。关于中国境内早期域外文物，研究著述汗牛充栋，成果斐然。张骞“凿空”之前华夏文化在欧亚草原的传播，学界虽格外关注，但整体研究略显单薄。域外所见中国早期文物以丝绸、漆器、铜镜等最引人注目，但著述寥寥无几。20世纪60年代至90年代初，苏联学界在南西伯利亚地区长期进行考古发掘工作，发现了大量中国金属镜。但由于国际政治的影响，上述材料一直秘而不宣。苏联解体后，俄罗斯学者在南西伯利亚地区陆续获得大量中国金属镜。上述金属镜携带着大量重要的文化信息，涉及史前丝绸之路、匈奴西迁、西辽建国等一系列重大的历史问题。本文以南西伯利亚地区叶尼塞（Yenisei）河—鄂毕（Ob）河流域出土的楚式镜为研究对象，对“铜镜之路”及早期华夏文化的对外传播进行探讨。

一 叶尼塞河—鄂毕河流域发现的楚式镜

楚式镜是指战国时期流行于楚国及周边地区，以及楚亡后仍在流行的具有楚式风格的铜镜。[②] 国内学界认为，楚式镜的文化源头是1982年出土于湖北黄陂鲁台山M31的周文化素面镜。[③] 目前国内考古发现的楚式镜已达2000枚以上，主要为素镜、弦纹镜、山字纹镜、四叶纹镜、菱形纹镜、连弧纹镜、兽纹镜、羽状纹镜、几何纹镜等。湖南长沙是楚国的制镜中心，其次是安徽寿县和湖北江陵。有关域外发现的楚式镜材料，目前主要见于俄罗斯南西伯利亚地区。截至2017年，在叶尼塞河与鄂毕河流域13个地点共发现楚式镜及其残片17件，现按区域分布情况简述如下。

* 本文获国家自然科学基金青年项目“汉唐时期环塔里木盆地文化地理研究”（41901163）与中国博士后科学基金“汉唐时期塔里木盆地交通路线研究”（2020M682744）资助。

① 张弛：《〈丝绸之路史前史〉中译本评介》，《西域研究》2018年第4期，第127—132页。
② 雷从云：《楚式镜的类型与分期》，《江汉考古》1982年第2期，第20—36页。
③ 长沙市博物馆编著：《楚风汉韵——长沙市博物馆藏镜》，文物出版社，2010年，第22—26页。

1. 克拉斯诺亚尔斯克（Krasnoyarsk）边疆区，共2件

（1）克拉斯诺图兰斯克（Krasnoturansk）市附近出土，1件。

（2）米努辛斯克（Minusinsk）区东部出土，1件。

2. 阿尔泰（Altai）边疆区，共3件

（1）卡缅斯基（Kamensky）地区鄂毕河左岸遗址出土，1件。

（2）舍拉博利辛斯克（Shelabolikhinsk）地区鄂毕河流域新肖洛夫卡（Novoselovka）村墓地出土，1件。

（3）阿尔泰边疆区鄂毕河右岸菲尔索沃（Firsovo）XIV墓地，共1件。

3. 阿尔泰共和国，共2件

（1）阿尔泰山西麓墓葬出土，1件。

（2）戈尔诺－阿尔泰斯克（Gorno-Altaysk）自治州巴泽雷克（Pazyryk）6号墓出土，1件。

4. 哈卡斯（Khakas）共和国，共8件

（1）萨彦诺戈尔斯克（Sayanogorsk）匈奴墓地出土，共2件。

（2）贝亚（Bei）区贝亚村墓地出土，1件。

（3）乌斯季－阿巴坎（Usti-Abakan）地区恰尔科夫（Qarkov）西北7公里维巴特（Uibat）河流域亚罗曼（Yaloman）II号墓地M51、M52、M56、M61出土，共4件。

（4）塔什特普斯克（Tashtypsk）区阿尔巴特（Arbat）墓地出土，1件。

5. 托木斯克（Tomsk）州，共1件

（1）叶卡捷林诺夫卡（Yekaterinovka）市出土，1件。

6. 亚马尔－涅涅茨（Yamal-Nenets）自治区，共1件

（1）普里乌拉尔斯基（Priuralsky）地区戈尔诺－克尼亚泽夫斯基（Gorno-knyazevsky）村墓地出土，1件。

从区域分布可知，除亚马尔－涅涅茨自治区普里乌拉尔斯基属于鄂毕河下游区域外，其余均集中于阿尔泰山北麓叶尼塞河上游与鄂毕河上游之间的哈卡斯共和国、阿尔泰边疆区、阿尔泰共和国，以及克拉斯诺亚尔斯克边疆区内，占已知出土数量的90%以上，其中米努辛斯克盆地及周边区域分布最为集中，占出土总数的50%以上。

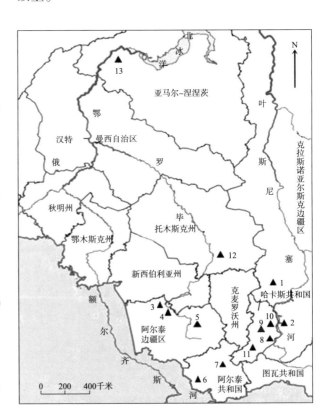

图1 楚式镜出土位置分布示意图

1. 克拉斯诺图兰斯克市；2. 米努辛斯克区；3. 卡缅斯基区鄂毕河左岸遗址；4. 新肖洛夫卡村墓地；5. 菲尔索沃XIV墓地；6. 阿尔泰山西麓墓葬；7. 巴泽雷克墓地；8. 萨彦诺戈尔斯克匈奴墓地；9. 贝亚村墓地；10. 亚罗曼II号墓地；11. 阿尔巴特墓地；12. 叶卡捷林诺夫卡市；13. 戈尔诺—克尼亚泽夫斯基村墓地

二 出土楚式镜的类型与年代

在叶尼塞河—鄂毕河流域，迄今出土的楚式镜有山字纹镜、连弧纹镜、双凤双兽纹镜、菱形纹环带连弧纹镜、羽地纹四叶镜共5种，特点是胎薄、面平，边窄，主要花纹之下衬以地纹。

（一）山字纹镜，共发现7件，可分为A、B两型

A型四山字纹镜1件，方座、宽边素卷缘，纹饰以羽状纹为地纹，四山字纹为主纹，出土于哈卡斯共和国贝亚区贝亚村墓地，残片尺寸5.6毫米×6.8毫米，直径约115毫米（图2，1）。[①] 类似铜镜见于湖南古丈县白鹤湾M38[②]、资兴市旧市M165[③] 以及长沙市南郊树木岭M1[④]，但上述铜镜山字纹较为粗短，年代为战国早期至中期。而贝亚村墓地发现的山字纹细长流畅，旋动感较强，其年代应在战国中期偏晚。

B型八叶四山字纹镜，方座、宽边素卷缘，纹饰以羽状纹为地纹，四山字纹为主纹，边缘分布有四组八瓣连叶纹，共发现6件。

（1）克拉斯诺亚尔斯克边疆区南部克拉斯诺图兰斯克市出土1件，锡青铜，残片尺寸49毫米×22毫米，厚0.8毫米，边缘3.3毫米，重量9克，直径约132毫米（图2，2）。[⑤]

（2）克拉斯诺亚尔斯克边疆区米努辛斯克区东部出土1件，直径115—116毫米，编号：MKM № 5112—5113（图2，5）。[⑥]

（3）2002年哈卡斯共和国萨彦诺戈尔斯克市匈奴墓地出土1件，直径112毫米，厚3毫米，重量102克，编号：SCM № Kp244/20（图2，4）。[⑦]

（4）戈尔诺－阿尔泰斯克自治州巴泽雷克墓地M6出土1件，仅存半边，直径115毫米，厚10毫米，镜面呈银白色，年代为公元前4—前3世纪（图2，3）。[⑧]

（5）阿尔泰山西麓墓葬出土1件，鲁金科在《论中国与阿尔泰部落的古代关系》中有所论及（图2，6）。[⑨]

（6）阿尔泰边疆区鄂毕河右岸菲尔索沃 XIV 墓地出土1件残片，现藏阿尔泰国立大学考古学与民族学博物馆，编号：No.74/369。[⑩]

上述四山字纹铜镜在我国境内多有发现，如

① Ю.В.Оборин, Савосин С.Л., *Китайские бронзовые зеркала. Корпус случайных находок*, Красноярск – Москва:Электронное издание,2017, p.10.

② 湖南省博物馆等：《古丈白鹤湾楚墓》，《考古学报》1986年第3期，第339—360页。

③ 湖南省博物馆：《湖南资兴旧市战国墓》，《考古学报》1983年第1期，第93—124页。

④ 湖南省博物馆：《长沙树木岭战国墓阿弥岭西汉墓》，《考古》1984年第9期，第790—797页。

⑤ Т.К.Масумото, *вопросу о китайских зеркалах из Сибири периода Чжаньго*, Идель–Алтай: истоки евразийской цивилизации и средневековой археологии Евразийских степей. Барнаул, 2012, pp.49—55.

⑥ Р.В.Белоусов, *Новые находки с урочища Раздумье, Сохранение и изучение культурного наследия Алтая*, Барнаул: Вып XI., 2000, p.194.

⑦ М.Н.Пшеницына, С.В.Хаврин, *Исследование металла клада литейщика Ай–Дай*, Саяно–Алтая и Восточной Азии: Древняя металлургия, 2015, p.71.

⑧ S.I.Rudenko, translated by M.W. Thompson, *Frozen Tombs of Siberia: The Pazyryk Burials of Iron Age Horsemen*, Berkeley and Los Angeles: University of California Press, 1970, p.115.

⑨ С.И. 鲁金科：《论中国与阿尔泰部落的古代关系》，潘孟陶译，《考古学报》1957年第2期，第37—48页。

⑩ 〔俄〕А.А. 提什金、Н.Н. 谢列金：《金属镜：阿尔泰古代和中世纪的资料》，陕西省考古研究院译，文物出版社，2012年，第33页。

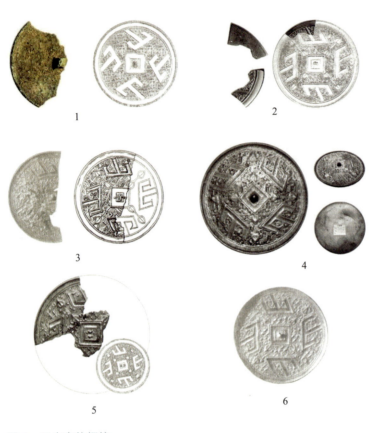

图2　四山字纹铜镜

A型（1.贝亚村墓地）；B型（2.克拉斯诺图兰斯克市出土，3.巴泽雷克墓地 M6 出土，4.萨彦诺戈尔斯克匈奴墓地出土，5.米努辛斯克区东部出土，6.阿尔泰山西麓墓葬出土）

（二）战国连弧纹镜，共3件，依据连弧数量，可分为 A、B 两型

A 型七连弧纹镜，圆形，圆钮座，云雷纹地，外围一周凹面形环带，其外有凹面宽条带围成的七内向连弧圈，宽连弧，素卷边，共发现1件。俄罗斯哈卡斯共和国乌斯季－阿巴坎地区亚罗曼 II 号墓地 M52 出土，由三块残片拼接而成，属于塔加尔文化捷先斯基（Tesensky）类型，出土时置于服饰残片上，墓葬年代为公元前2—前1世纪。铜镜材质为锡青铜，残片尺寸63毫米×59毫米，厚度1.5毫米，重量29克，直径约为170毫米，现藏阿尔泰国立大学考古学与民族学博物馆，编号：181/680（图3，1）。[③] 同类铜镜见于长沙市南门广场 M9[④]、陈家大山 M21、梅子山 770 工地 M12 等，整体年代属战国晚期早、中段。[⑤]

B 型八连弧纹镜，圆形，圆钮座，云雷纹地，外围一周凹面形环带，其外有凹面宽条带围成的八内向连弧圈，宽连弧，素卷边，共发现2件。（1）2014年舍拉博利辛斯克地区鄂毕河流域新肖洛夫卡村墓地出土1件，残损严重，现藏舍拉博利辛斯克地区阿尔泰边疆区博物馆，编号：

湖南湘乡市红仑上 M4、洪江市黔城 M12、长沙市九尾冲 M5、长沙市工农桥 M2 等，年代在战国中期至西汉初期。[①] 俄罗斯发现的八叶四山字纹镜中，巴泽雷克墓地的年代为公元前383—前238年，[②] 萨彦诺戈尔斯克匈奴墓地的年代为公元前2世纪初，因此这批铜镜传入的年代应在战国中后期至西汉早期。

① 邓秋玲：《论山字纹铜镜的年代与分期》，《考古》2003年第11期，第60—66页。
② I. Hajdas, G. Bonani, Y. Slusarenko and M. Seifert, *Chronology of Pazyryk 2 and Ulandryk 4 Kurgans Based on High Resolution Radiocarbon Dating and Dendrochronology–A Step Towards More Precise Dating of Scythian Burials,* in *Earth and Environmental Science,* Vol.42, 2013, p.110.
③ Н.Ю.Кунгурова, Ю.В.Оборин, *Клад, обнаруженный на р. Уйбат (Минусинская котловина,* in *Археология, этнография и антропология Евразии* (54), 2013, pp.126–136.
④ 湖南省博物馆编：《湖南出土铜镜图录》，文物出版社，1960年，第67页。
⑤ 邓秋玲：《长沙出土战国连弧纹铜镜研究》，《湖南省博物馆馆刊》第7辑，岳麓书社，2010年，第227—238页。

№ 15317。尺寸 100 毫米 × 69 毫米，直径 178 毫米，材质锡青铜，合金成分为铜 64.62%、锡 30.57%、铅 4.55%、镍 0.15%、铁 0.11%（图 3，2）。[1]（2）哈卡斯共和国塔什特普斯克区阿尔巴特墓地出土 1 件，锡青铜，残片尺寸 75 毫米 × 70 毫米，厚度 1.3 毫米，重量 30 克，铜镜直径约为 150 毫米（图 3，3）。同类铜镜见于长沙市五里牌窑厂 M3[2]、杨家山 M242、桂花园 M32 和四川成都市洪家包木椁墓[3]，时代为战国中晚期至西汉前期。

图 3　连弧纹镜、双凤双兽纹镜、菱形纹环带连弧纹镜与羽地纹四叶镜

1. 亚罗曼Ⅱ号墓地出土七连弧纹镜；2. 新肖洛夫卡村墓地出土八连弧纹镜；3. 阿尔巴特墓地出土八连弧纹镜；4. 鄂毕河左岸遗址出土双凤双兽纹镜；5. 戈尔诺 - 克尼亚泽夫斯基村墓地出土菱形纹环带连弧纹镜；6. 叶卡捷林诺夫卡地区斯基泰墓葬出土羽地纹四叶镜

（三）双凤双兽纹镜，发现 1 件

1999 年由白俄罗斯国家教育大学考古队发现于阿尔泰边疆区卡缅斯基地区鄂毕河左岸遗址，同时出土有卡缅斯基时期的陶器，年代为公元前 4—前 2 世纪。铜镜残片尺寸 55 毫米 × 40 毫米，厚度 1 毫米，铜镜直径约为 160 毫米，材质锡青铜（图 3，4）。[4]圆镜、环状钮、圆钮座，外围一周凹面形环带，地纹为菱形格内的圆涡纹及碎点纹，钮座外圈伸出四大扁叶，兽凤相间配列。兽身旋转呈弯曲状，后肢伸向镜缘，尾细长上弯。兽腹下伸出花枝，与长尾相对称。凤身与尾呈 S 形卷曲，头部居中，斑眼钩喙，头上有弯卷长冠。凤尾与颈下伸出长花枝，向内勾卷，两相对称。边缘为十二内向平连弧。[5]同类铜镜见于湖南长沙市赤岗冲 M27，年代为战国晚期。[6]

（四）菱形纹环带连弧纹镜，共 1 件

2015 年发现于亚马尔 - 涅涅茨自治区普里乌拉尔斯基地区戈尔诺 - 克尼亚泽夫斯基村墓地，现藏亚马尔 - 涅涅茨自治区博物馆，编号：№ ЯНМ-17713/3（图 3，5）。圆镜、圆钮、圆钮座，六内向连弧纹，菱形纹与环带交替环绕于外围，直径 170 毫米，厚度 2 毫米。墓葬年代为公元前 2—前 1 世纪。铜镜化学检测结果为：铜 61.2%、锡 37.9%、铅 0.15%、砷 0.16%、铁

① А.П.Бородовский, А.А.Тишкин, *Обломок китайского зеркала из Шагирских юрт в Барабинской лесостепи*, in *Теория и практика археологических исследований* (11), 2015, pp.87–93.
② 长沙市文物工作队：《长沙市五里牌战国木椁墓》，《湖南考古辑刊》第 1 辑，岳麓书社，1982 年，第 32—36 页。
③ 四川省文物管理委员会：《成都洪家包西汉木椁墓清理简报》，《考古通讯》1957 年第 3 期，第 14—19 页。
④ Р.В.Белоусов, *Новые находки с урочища Раздумье,Сохранение и изучение культурного наследия Алтая*, Барнаул: Вып.XI., 2000, pp.191–194.
⑤ 孔祥星、刘一曼：《中国铜镜图典》，文物出版社，1992 年，第 98 页。
⑥ 高至喜：《论楚镜》，《文物》1991 年第 5 期，第 42—60 页。

0.41%、锌 0.18%。俄罗斯学者认为属于战国晚期至西汉早期铜镜。[①] 菱纹镜主要出土于湖南、湖北和安徽，国内尚未发现完全相同的铜镜，仅见一件相似的战国云纹地连弧龙纹镜，出土于长沙市近郊。[②] 国内学界认为，菱纹镜与山字纹镜同源，但出现年代略晚，其纹饰应源于楚式丝织品，流行于战国中晚期，年代下限可至西汉中期。[③]

（五）羽地纹四叶镜，共 1 件

托木斯克州叶卡捷林诺夫卡地区公元前 4 世纪斯基泰墓葬中出土，现藏圣彼得堡埃尔米塔什博物馆（图 3，6）。[④] 三弦钮，圆钮座，纹饰由地纹与主纹组合而成，地纹为羽状纹，花纹顺列反复排成连续图案。在地纹上，由钮座向外伸出四叶，四叶近桃形，素卷边，直径 79 毫米，与湖南资兴市旧市 M117 出土四叶镜纹饰、尺寸相近，年代为战国中期。[⑤]

（六）残片 4 件，保留部分楚式镜纹饰和形制特征

（1）2002 年出土于哈卡斯共和国萨彦诺戈尔斯克匈奴墓地，银白色，残片尺寸为 45 毫米 ×35 毫米，厚度 15 毫米，铜镜桥钮部分见三道凹痕，编号：SCM.No.A1026/63（图 4，1）。（2）哈卡斯共和国亚罗曼 Ⅱ 号墓地 M61 出土，残片尺寸 46.5 毫米 ×22.5 毫米，重约 10 克，边缘厚度 30 毫米，镜面厚度 1.5—2.0 毫米，镜面纹饰漫漶，编号：No.181/1312（图 4，2）。（3）哈卡斯共和国亚罗曼 Ⅱ 号墓地 M51 出土，残片尺寸 48 毫米 ×28 毫米，重约 8 克，厚度 2.5—4 毫米，镜面锈蚀严重，编号：No.181/663（图 4，3）。（4）哈卡斯共和国亚罗曼 Ⅱ 号墓地 M56 出土，残片尺寸 47 毫米 ×35 毫米，重约 18 克，桥钮长度 14 毫米，宽度 10.5 毫米，高度 6 毫米，孔径 5 毫米，镜面厚度 1.5—2.0 毫米，镜面锈蚀严重，编号：No.181/916（图 4，4）。俄罗斯学者根据形制及金相分析认为，上述铜镜可追溯至战国时期的楚式镜。[⑥]

三 叶尼塞河—鄂毕河流域出土楚式镜的意义

考古发现表明，南西伯利亚地区在卡拉苏克文化（前 1400—前 900）至塔加尔文化（前 900—前 300）时期，主要流行带柄镜、素面弓钮镜与圆形带孔镜。[⑦] 叶尼塞河—鄂毕河流域发现的楚式镜则以山字纹镜、连弧纹镜、双凤双兽纹镜、羽地纹四叶镜等类型为主。通过类型学与年代学研究可知，上述铜镜的整体铸造时间是战国中期至西汉初期。结合出土随葬品的年代及文化类型，

① Н.В.Федорова, А.В.Гусев, Ю.А.Подосенова, *Горнокнязевский клад*, Калининград: Научный центр изучения Арктики, 2016, p. 63.

② 《湖南出土铜镜图录》，第 69 页。

③ 程林泉、韩国河：《长安汉镜》，陕西人民出版社，2002 年，第 33 页。

④ E.Loubo-Lesnitchenko, *Imported Mirrors in the Minusinsk Basin*, in *Artibus Asiae*, Vol.35, 1973, pp.25–61.

⑤ 高至喜：《论楚镜》，《文物》1991 年第 5 期，第 42—60 页。

⑥ М.Н.Пшеницына, С.В.Хаврин, *Исследование металла клада литейщика Ай-Дай*, Саяно-Алтая и Восточной Азии: Древняя металлургия, 2015, pp.71–72.

⑦ 中国吉林大学考古学院、俄罗斯米努辛斯克博物馆：《米努辛斯克博物馆青铜器集萃》，文物出版社，2021 年，第 45—99 页。

图 4 残镜
1. 萨彦诺戈尔斯克匈奴墓地出土；2. 亚罗曼Ⅱ号墓地 M61 出土；3. 亚罗曼Ⅱ号墓地 M51 出土；
4. 亚罗曼Ⅱ号墓地 M56 出土

楚式镜最早传入叶尼塞河—鄂毕河流域的时间为公元前 4—前 3 世纪，考虑到随葬铜镜均为实用器，且本身坚固耐用，因此从使用到随葬，可能还存在数年至数十年的间隔，实际传入年代比制造年代略晚。叶尼塞河—鄂毕河流域出土楚式镜的时代特征与地域性，反映出张骞"凿空"之前欧亚草原早期丝绸之路的兴盛。另外，部分楚式镜的传入或与匈奴的崛起和扩张有关。《史记·匈奴列传》记载，冒顿单于先"北服浑庾、屈射、丁零、鬲昆、薪犁之国"，[①] 后"罚右贤王，使之西求月氏击之。以天之福，吏卒良，马强力，以夷灭月氏，尽斩杀降下之。定楼兰、乌孙、呼揭及其旁二十六国，皆以为匈奴"。[②] 哈卡斯共和国萨彦诺戈尔斯克匈奴墓地、亚罗曼Ⅱ号墓地的大体年代在公元前 2—前 1 世纪，其随葬品带有典型

的匈奴文化特征，与匈奴人群的迁徙与扩张有关。

我国黄河、长江流域与南西伯利亚地区的物质文化交流早在先秦就已开始，并以此为基点向西延伸。在德国南部斯图加特（Stuttgart）地区霍克杜夫（Hochdorf）墓地，发现了公元前 4 世纪的战国丝织品残片。[③] 在黑海北岸克里米亚（Crimean）半岛刻赤（Kerch）地区，出土了公元前 3 世纪的战国丝绸织物。[④]《穆天子传》《山海经》《逸周书》《管子》《尚书》《吕氏春秋》《战国策》等史籍，都曾提到阿尔泰山沿线不同人群与中原地区的物质文化交流。[⑤] 在俄罗斯南西伯利亚的巴泽雷克、秦尼塔（Chineta）Ⅱ号、亚罗曼Ⅱ号、菲尔索沃 XIV 号、巴沙达尔（Bashadar）Ⅰ号、图艾克塔（Tuektin）Ⅰ号和Ⅱ号等墓地，出土有战国至西汉早期的丝织物、铜镜与漆器残

① 《史记》卷 110《匈奴列传》，中华书局，1959 年，第 2893 页。
② 《史记》卷 110《匈奴列传》，第 2896 页。
③ 杜石然等编著：《中国科学技术史稿》，科学出版社，1982 年，第 229 页。
④ 戴禾、张英莉：《中国丝绸的输出与西方的"野蚕丝"》，《西北史地》1986 年第 1 期，第 7—20 页。
⑤ 马雍、王炳华：《公元前七至前二世纪的中国新疆地区》，《中亚学刊》第 3 辑，中华书局，1990 年，第 1—16 页。

片，^①与上述历史文献的记载可相互佐证。另外，阿尔泰山北麓斯基泰（Scythian）风格文物如铜牌饰、铜刀、短剑、铜鍑等，也广见于南西伯利亚、蒙古高原及我国北方草原地带、甘青地区及新疆天山沿线。在湖北荆州鸡公山 M249 战国墓出土的骆驼形灯（图 5），^②也进一步表明在张骞"凿空"之前就已存在东西方物质文化交流的贸易路线。

图 5 湖北荆州鸡公山 M249 战国墓出土骆驼形灯（采自《南有嘉鱼——荆州出土楚汉文物展》）

根据新疆发现的战国时期楚文化遗物推测，早期存在一条由长江、黄河流域通往叶尼塞河—鄂毕河流域的贸易路网，其中一条或沿新疆天山—阿尔泰山脉向北进入南西伯利亚地区米努辛斯克盆地。如 1976—1978 年托克逊县阿拉沟墓地 M28 发现楚文化风格的凤鸟纹丝织品及漆器，M18、M23 出土大量漆皮，年代为战国时期。^③1993—1994 年，巴里坤县黑沟梁战国墓地 IM25 出土山字纹楚镜残片，IM11、IM16、IM17、IM23、IM40 墓室发现残朽漆器。^④2005 年，玛纳斯县黑梁湾战国墓地 2005MDHM2 出土一件完整的四山字纹楚式镜（图 6）。^⑤2014 年，哈巴河县喀拉苏墓地 M15 出土漆皮和楚式羽状地纹镜残片，年代为战国至西汉早期。^⑥

由于楚式镜铸造精美、风格独特，因此也出现当地族群仿造的现象。在哈萨克斯坦曾出土一面带柄六山字纹铜镜，直径 15.3 厘米，表面纹饰漫漶，年代为公元前 3 世纪至公元 2 世纪。^⑦中亚地区主要流行斯基泰风格的带柄镜、素面镜和卷沿镜，此类六山字纹镜应与楚式镜有关。扎德涅普罗夫斯基^⑧（Zadneprovskiy）、白云翔^⑨等学者曾撰文指出：公元前 2 世纪至公元 3 世纪的中亚地区存在大量汉式镜及仿汉式镜。因

① 〔俄〕阿列克谢·提什金：《阿尔泰早期游牧民族墓葬出土的中国古代漆器》，张良仁译，《北方民族考古》第 5 辑，科学出版社，2018 年，第 188—197 页。
② 深圳南山博物馆、荆州博物馆编：《南有嘉鱼——荆州出土楚汉文物展》，文物出版社，2020 年，第 121 页。
③ 新疆社会科学院考古研究所：《新疆阿拉沟竖穴木椁墓发掘简报》，《文物》1981 年第 1 期，第 18—22 页。
④ 潜伟：《新疆哈密地区史前时期铜器及其与邻近地区文化的关系》，知识产权出版社，2006 年，第 112 页。
⑤ 新疆昌吉回族自治州文物局编：《丝绸之路天山廊道：新疆昌吉古代遗址与馆藏文物精品》，文物出版社，2014 年，第 215 页。
⑥ 于建军、胡望林：《2014 年新疆哈巴河县喀拉苏墓地考古发掘新收获》，《西域研究》2015 年第 1 期，第 131—132 页。
⑦ S.Stark, K.S.Rubinson, Z.S.Samashev and J.Y.Chi, *Nomads and Networks: The Ancient Art and Culture of Kazakhstan*, Princeton: Princeton University Press, 2012, p.178.
⑧ 〔俄〕Ю.A. 扎德涅普罗夫斯基、E.H. 鲁沃 - 莱斯尼琴科：《中亚费尔干纳出土的汉式镜》，白云翔译，《考古与文物》1998 年第 3 期，第 84—93 页。
⑨ 白云翔：《汉式铜镜在中亚的发现及其认识》，《文物》2010 年第 1 期，第 78—86 页。

图6 新疆玛纳斯县黑梁湾2005MDHM2出土四山字纹铜镜（采自《丝绸之路天山廊道：新疆昌吉古代遗址与馆藏文物精品》）

此，上述六山字纹铜镜应该是当地人群仿制楚式镜的产物。

叶尼塞河—鄂毕河流域发现的楚式镜对研究中国铜镜在域外的传播具有重要意义。我国境内已发现楚式镜的地理分布，包括湖南、湖北、安徽、四川、重庆、河南、山东、河北、山西[1]、陕西[2]、内蒙古[3]、甘肃[4]、新疆等地，可大致还原出以长江流域湖南、湖北为中心，向域外传播的路径：（1）由我国中原地区经太行山、阴山一带至内蒙古草原，再由蒙古高原抵达南西伯利亚地区；（2）经秦

岭、祁连山沿线，通过河西走廊抵达天山—阿尔泰山一带，再进入叶尼塞河—鄂毕河流域。

俄罗斯学者鲁金科（Rudenko）、提什金（Tishkin）、谢列金（Seregin）等认为，至少在公元前1千纪中叶，阿尔泰山沿线与黄河、长江流域地区已有密切的物质文化交流与互动，而这种与西方的交往可能与西戎、月氏、匈奴、羌等人群的"中介"作用有关。[5]国内学界认为，在张骞"凿空"之前，连接中原腹地与欧亚草原的贸易之路已经存在，且贸易应以西戎、匈奴、羌、月氏等人群为"中介"。[6]张星烺指出："鄙意秦皇以前，秦国与西域交通必繁，可无疑义。汉初执政者，皆丰、沛子弟，悉非秦人。秦国之掌故，鲜能道者，以致秦国与西域之交通事迹，史无详文也。"[7]

另外，叶尼塞河—鄂毕河流域楚式镜的出土情境也值得关注。如以巴泽雷克墓地为代表的斯基泰文化，多将楚式镜完整平置于墓室中，保存良好；而匈奴文化墓葬中的楚式镜残损严重，多见明显的破坏痕迹，或与毁镜习俗有关。类似的丧葬习俗亦见于我国早期关中秦墓[8]及北方匈奴、鲜卑[9]人群的墓葬中，其背后的文化内涵值得深入探究。

综上所述，楚式镜是战国至西汉早期华夏文化的瑰宝，在世界美术史上独树一帜。楚式镜质

① 山西博物院编：《山西博物院藏品概览·铜镜卷》，文物出版社，2020年，第11—13页。

② 程林泉、韩国河：《长安汉镜》，第31—35页。

③ 内蒙古自治区文物考古研究院等：《盛乐遗珍：内蒙古和林格尔土城子古城遗址出土文物精品》，文物出版社，2021年，第116—118页。

④ 杨万华：《甘肃武都县东古城出土战国铜镜》，《考古》1996年第3期，第80页。

⑤ 王子今：《匈奴经营西域研究》，中国社会科学出版社，2016年，第244页。

⑥ 史党社：《从考古新发现谈前丝路的一些问题》，《秦始皇帝陵博物院》第4辑，西北大学出版社，2014年，第295页。

⑦ 张星烺：《中西交通史料汇编》第1册，中华书局，2003年，第6—7页。

⑧ 马利清：《出土秦镜与秦人毁镜习俗蠡测》，《郑州大学学报》2009年第6期，第146—152页。

⑨ 马利清：《匈奴墓葬出土铜镜及毁镜习俗源流考》，《中央民族大学学报》2009年第6期，第76—82页。

地轻薄，造型精巧，工艺精湛，构图上以镜钮为中心，形成主、地纹相衬托的格局，体现了楚文化神奇瑰丽的浪漫主义特征。楚式镜源于宗周文化体系，代表了中国早期铜镜艺术的高峰，在工艺、形制、纹饰上都反映出华夏文明的精神气度，以至于早期汉镜完全模仿并继承了楚镜的风格。

楚式镜在南西伯利亚地区叶尼塞河—鄂毕河流域的发现，一方面证明在张骞"凿空"西域之前，已存在一条沟通欧亚草原东西部物质、文化交流的通道；另一方面也表明以楚式镜为代表的华夏文化在欧亚草原的广泛传播，这也正是本文关注与研究南西伯利亚地区出土楚式镜的意义所在。

论经量部思想对龟兹佛教的影响

——以《俱舍论》与克孜尔石窟为主题

霍旭初

（新疆克孜尔石窟研究所）

一 导论

对于龟兹佛教及其石窟艺术的研究，经过中外学界不懈的努力，已取得举世瞩目的成果。但要进一步开展龟兹佛教研究，解决好龟兹佛教研究的定位问题是重要的前提。笔者认为：龟兹佛教的历史定位是在部派佛教历史范畴内；理论定位是在"毗昙学"理论体系之中。[1]明确定位问题后，龟兹佛教与石窟的深入研究就有了准确的方向与可行的途径。

根据历史文献记载与对遗产文物的考证，龟兹佛教属于部派佛教的说一切有部（简称"有部"）已无疑问。以龟兹为中心，形成中国西域最大的有部思想覆盖区，[2]也是印度境外最重要的有部传播基地之一。龟兹佛教的理论特点与发展情况，虽然缺乏系统性的史料，但在《大慈恩寺三藏法师传》中有一段十分重要的记载。玄奘西行到龟兹后，龟兹法师木叉鞠多向玄奘法师说：

此土《杂心》《俱舍》《毗婆沙》等一切皆有……[3]

简短的文字道出了龟兹佛教思想的核心经典与发展变化的轨迹。《杂心》即法救所著《杂阿毗昙心论》。此论是有部理论发展中的一个重要节点。之前有法胜著《阿毗昙心论》（简称《心论》）。该论在说一切有部中有重要的地位，但比较简单，有所不足。《杂心》是对《心论》的增补与修正，是有部理论更上一层楼的台阶。《俱舍》即世亲所著《阿毗达磨俱舍论》（简称《俱舍论》）。它在《心论》《杂心》的基础上，将有部理论提升到更高的水平。《俱舍论》理论深奥、逻辑严密、辩证深邃，被誉为"聪明论"。《俱舍论》在佛教大小乘中，都被奉为理论典范。《毗婆沙》即《阿毗达磨大毗婆沙论》，是说有部的根本大典，有部理论的主躯干与根基。《心论》《杂心》

① 霍旭初：《龟兹佛教研究的定位问题》，《西域研究》2021 年第 3 期，第 143—151 页。

② 霍旭初：《论古代新疆"说一切有部思想文化带"》，《丝绸之路研究集刊》第 1 辑，商务印书馆，2017 年，第 173—190 页。

③ （唐）慧立、彦悰：《大慈恩寺三藏法师传》，孙毓棠、谢方点校，中华书局，1983 年，第 24 页。

《俱舍论》犹如有部理论发展升华的"三部曲"。这种升华，与部派时期最后从有部中分化出去的经量部的理论有十分密切的关系。

经量部思想来源于有部。经量部虽称一部，理论上有创新与特色，但它的理论体系没有完全脱离有部。学者普遍认为，经量部思想是有部理论的升华，而《俱舍论》是经量部学说的高峰。它标志着有部发展进入全新的阶段，故佛教学术界称之为"新有部"。

龟兹佛教在历史发展过程中，虽然有部的主流思想贯穿始终，但毫无疑问也受到部派佛教其他各种派别思想的影响。有学者研究认为龟兹佛教有受到法藏部、大众部的影响，但笔者多年研究表明，对龟兹佛教影响最深、冲击最大的是经量部。《大慈恩寺三藏法师传》的记载，已经点明了龟兹佛教的派属性质，故研究龟兹佛教和艺术的发展演变，经量部的影响必须放在重要的位置上。

二 经量部与《俱舍论》的思想特色

《俱舍论》是世亲大师依据经量部思想创造的一部新学说。学者对其评价：

> 世亲的新有部思想，集中表现在《毗达磨俱舍论》中。此论以《杂阿毗昙心论》为刚要，概括罽宾有部（东方师）的《大毗婆沙论》，同时又采用经部批判和纠正有部的旧说，形成了一个结构严密的新体系。[①]

经量部源于有部的譬喻师。有部早期就有提倡"譬喻"的一派，属于有部四大论师的法救、觉天就属于"譬喻师"。有部最初的"论法者"和"诵经者"，都是提倡"结集受持"的传法者。后来"论法者"成为"阿毗达磨师"，"诵经者"成为"譬喻师"。"譬喻师"重视通俗教化，用深入浅出的方法开展弘法宣化。阿育王派遣宣教师向四方传法，主要是"譬喻师"的作用与功劳。[②]

譬喻，梵文 Avadāna，音译阿波陀那。佛教在传播中，为了让信众容易理解，用"取事比况"说明，其手法的本质就是譬喻。关于譬喻的功能和作用，《出三藏记集》卷9康法邃《譬喻经序》曰：

> 譬喻经者，皆是如来随时方便四说之辞，敷演弘教训诱之要，牵物引类转相证据，互明善恶罪福报应，皆可寤心，免彼三涂。[③]

《大智度论》曰：

> 譬喻，为庄严论议、令人信着故，以五情所见以喻意识，令其得悟。譬如登楼，得梯则易上。复次，一切众生着世间乐，闻道得涅槃，则不信不乐；以是故以眼见事喻所不见。譬如苦药，服之甚难；假之以蜜，服之则易。[④]

为了让人"信着""得悟"，就需要用"以

---

① 杜继文主编：《佛教史》，中国社会科学出版社，1991年，第121页。
② 关于有部"譬喻师"的特点和演变，参见印顺法师《说一切有部为主的论书与论师之研究》第八章"说一切有部的譬喻师"，中华书局，2009年。
③ （梁）释僧祐：《出三藏记集》，苏晋仁、萧炼子点校，中华书局，1995年，第354—355页。
④ （后秦）鸠摩罗什译：《大智度论》，《大正藏》第25册，第320页。

喻意识"的手段。譬喻犹如登楼得楼梯，吃苦药加蜜糖。譬喻的开展，使佛教的弘扬有了巨大收效。

譬喻的发展逐渐规范出譬喻的典型形象，某一形象代表某种思想理念。唐代义净译《佛说譬喻经》曰：

> ……尔时世尊于大众中，告胜光王曰：大王，我今为王略说譬喻，诸有生死味着过患。王今谛听，善思念之。乃往过去，于无量劫，时有一人，游于旷野为恶象所逐，怖走无依。见一空井，傍有树根，即寻根下，潜身井中。有黑白二鼠，互啮树根。于井四边有四毒蛇，欲螫其人。下有毒龙，心畏龙蛇恐树根断。树根蜂蜜，五滴堕口，树摇蜂散，下螫斯人。野火复来，烧然此树。王曰：是人云何，受无量苦，贪彼少味。尔时世尊告言：大王，旷野者喻于无明长夜旷远。言彼人者，喻于异生，象喻无常，井喻生死，险岸树根喻命。黑白二鼠以喻昼夜，啮树根者，喻念念灭。其四毒蛇，喻于四大。蜜喻五欲，蜂喻邪思，火喻老病，毒龙喻死。是故大王，当知生老病死，甚可怖畏，常应思念，勿被五欲之所吞迫。尔时世尊重说颂曰：
>
> 旷野无明路，人走喻凡夫，大象比无常，井喻生死岸；
>
> 树根喻于命，二鼠昼夜同，啮根念念衰，四蛇同四大；
>
> 蜜滴喻五欲，蜂螫比邪思，火同于老病，毒龙方死苦。
>
> 智者观斯事，象可厌生津，五欲心无着，方名解脱人。
>
> 镇处无明海，常为死王驱，宁知恋声色，不乐离凡夫。
>
> 尔时胜光大王闻佛为说生死过患，得未曾有，深生厌离，合掌恭敬，一心瞻仰，白佛言：世尊！如来大慈，为说如是微妙法义，我今顶戴。佛言：善哉善哉！大王，当如说行，勿为放逸。时胜光王及诸大众，皆悉欢喜，信受奉行。①

以上实际是讲佛教基础理论"四谛"的。用生动的譬喻形象，讲出苦、集、灭、道的道理。

经量部的创立者是鸠摩罗多，梵文 Kumāralāta，汉译童受或童寿，有"日出论师"之美誉，与马鸣、龙树、提婆并称"四日照世"。童受著有《喻鬘论》《痴鬘论》和《显了论》。《俱舍论记》卷2载：

> 鸠摩逻多，此云豪童，是经部祖师。于经部中造《喻鬘论》《痴鬘论》《显了论》等。②

在鸠摩罗多之后，经量部又出现了一批譬喻师。由譬喻师转为经量部并组织经量部学说的重要人物是胜受（Śrīlāta，室利罗多）。譬喻师的活动，主要在经量部诞生地——犍陀罗一带，后来影响到犍陀罗近邻迦湿弥罗（有部的东方基地）。

---

① （唐）义净译：《佛说譬喻经》，《大正藏》第4册，第801页。
② （唐）普光述：《俱舍论记》，《大正藏》第41册，第35页。

经过不断发展，经量部思想逐渐覆盖了印度北方的广大地域。

有部譬喻思想的变化与发展，对佛教艺术发展的影响十分巨大。印顺法师说：

> （譬喻）教化的中心区，是犍陀罗——月氏王朝的中心；与当时的犍陀罗美术相结合，开展出理智与情感融合了的北方佛教，引起了重大的发展与演变。①

印顺法师又说：

> 世尊的本生谈，本来附于毗奈耶（律）中。过去生中的地方，本来是无从稽考的。但为了满足听众的需要，不能不说个着落。……由于北方譬喻师的弘扬，为了取信于当前的信众，而如来的本生事迹，被大量地移来北方。这座山，那块石说得凿凿有据。如《大唐西域记》（卷二、三）所说的：那揭罗曷国、健驮罗国、乌仗那国、呾叉始罗国——这一地带的本生遗迹，就不下二十处。……本生遗迹的北移，指地为证，虽可能盛于迦腻色迦时代，但与譬喻者的宣扬譬喻，是有深切关系的。②

譬喻是佛教艺术发展的"催化剂"，著名的犍陀罗佛教艺术的产生与经量部譬喻思想的发展有直接的关系。有学者指出：

> 在希腊文化的长期熏陶下，加上佛教对于佛本生的鼓吹，直接产生了对佛的偶像及其前生菩萨偶像的崇拜。为了表现佛的本生和菩萨诸行，一种新的佛教艺术形式应运而生，这就是犍陀罗佛教艺术。③

从上述看，经量部譬喻思想的发展运用，不仅是佛教在印度发展壮大的动力，也是佛教发展成为世界性宗教的得力推手。经量部创造发展的譬喻理论，促使佛教艺术成为世界性艺术奇葩，享誉世界的犍陀罗佛教艺术的诞生，经量部的贡献居功至伟。研究犍陀罗佛教艺术的奥义，没有经量部理论作引导，将会是"缘木求鱼"。

经量部在佛教哲学理论升华与革新方面有划时代的贡献。有部最核心的理论是"三世实有，法体恒有"。"三世实有"是指"前世、今生、来生"都是确实存在的，"法体恒有"是指"苦、集、火、道"四圣谛是永恒存在的。有部认为"法"是有"自性"而存在的，而且由于"因果业力"而不灭，所以法体不但"实有"，而且是永久存在。"三世实有，法体恒有"实际上是原始佛教的基本教法，有部在原始佛教的基础上更加丰富、系统了自己的理论体系。

《俱舍论》的基本理论是"诸法无我"和"四谛"，并提出构成宇宙万法的要素为五位七十五法的基本纲要。《俱舍论》本论共八品：界、根、世、业、随眠、贤圣、智、定。界与根品是总论，世品相当于四谛中的"苦谛"，业与

---

① 《印顺法师佛学著作全集》第15卷，中华书局，2009年，第316页。
② 《印顺法师佛学著作全集》第15卷，第316—317页。
③ 杜继文主编：《佛教史》，第65页。

随眠品相当于"集谛",贤圣品相当于"灭谛",智与定品相当于"道谛"。由此可见,《俱舍论》的中心思想是"四谛"。《俱舍论》对有部的思想有继承,有创新,有评破。最重要的评破是对"三世实有"的否定。《俱舍论》对"三世"的观点是:

> 是故此说一切有部,若说实有过去未来,于圣教中非为善说。若欲善说一切有者,应如契经所说而说。经如何说,如契经言:梵志当知,一切有者,唯十二处或唯三世,如其所有而说有言。①

世亲认为有部的"过去""未来"实有的观点,是"非为善说",即不正确之说。经上说唯"十二处"(即六根——眼、耳、鼻、舌、身、意,六境——色、声、香、味、触、法)是实有。如果说三世有,那就要"如其所有而说有言"。故经量部主张的观点是:现在是"现有",过去是"曾有",未来是"当有"。《俱舍论》对有部"三世实有"的批判,是有部历史发展中具有划时代意义的重大事件。佛教界对其有种种评说。南朝陈真谛译《阿毗达磨俱舍释论》序中的论述比较中肯:

> (世亲)先于萨婆多部出家,仍学彼部所立三藏,后见彼法多有乖违,故造此论。具述彼执,随其谬处,以经部破之,故此论

本宗是萨婆多部。其中取舍,以经部为正,博综群籍,妙拔众师。谈玄微穷于奥极,述事象略而周遍,显成圣旨,备摧异说,立不可窥,破无能拟,义兼数论,而深广愈之。词不繁而义显,义虽深而易入。故天竺咸称为聪明论,于大小乘学,悉依此为本。②

现代佛教大师印顺有更深刻的评说:

> 世亲为什么造《俱舍论》,是否为了弘扬毗婆沙宗?答案是否定的。世亲造论的意趣,是对于毗婆沙义来一番"全盘论究""重点评破"。……不但说一切有部的根本义(三世实有)被彻底否定了,就是重要的论议,也被驳斥的一无是处。世亲不仅是理论家,辩论的技巧也是炉火纯青。对于阿毗达磨毗婆沙义,口口声声说是我所宗。痛打一顿,又安抚一下,忽而冷嘲热讽,忽而又抱怨诉苦。总之,"假拥护、真反对",尽量让毗婆沙的弱点暴露出来。当然,毗婆沙义并不会从此不能成立,但对说一切有部,确实经历了一次从来未有的打击。③

《俱舍论》对有部的评破,虽然经过有部大师众贤著《阿毗达磨顺正理论》进行辨正纠偏,但《俱舍论》思想毕竟是一种新的理论,适应了佛教求发展、求革新思潮的要求。《俱舍论》对有部的冲击与影响是巨大的,但并不是有部理论完

---

① (唐)玄奘译:《阿毗达磨俱舍论》,《大正藏》第 29 册,第 106 页。
② (陈)真谛译:《阿毗达磨俱舍释论》,《大正藏》41 册,第 161 页。
③ 《印顺法师佛学著作全集》第 15 卷,第 567—568 页。

全被"颠覆",而是促进有部的理论更为严密与精确,达到更加完善的地步。《俱舍论》成为后期有部的主流思想,在部派佛教中是新兴理论的代表。经量部与有部的理论辩争,也是当时部派佛教精英们思想解放和"与时俱进"的表现。《俱舍论》是对有部旧理论的深刻批判,但世亲以"理长为宗",追求的是"体系严整,论旨明彻",是智慧用心与态度严肃的结合。

经量部既然否定了过去、未来存在实体,就必须有新的理论来解释三世诸法如何相续不断。为此经量部创造了一种学说——"种子熏习说"。《俱舍论》曰:

> 何法名为种子?谓名与色,于生自果,所有展转邻近功能,此由相续转变差别。何名转变?谓相续中前后异性。何名相续?谓因果性三世诸行。何名差别?谓有无间生果功能。①

《俱舍论》认为种子就是"生果功能"的重要因素。其功能有三:一是转变,即在身心相续先后的差异中,其心内的"生果功能"也在转变;二是相续,诸法在三世中相续不断,因果必然有连续性;三是差别,在相续中,种子会不间断地产生"自果"功能。如此,三世诸法就能相近而相续,不断流转延续。《俱舍论》破斥"三世实有"后,"三世"相续连接的问题就由"种子说"来圆其说了。

三 克孜尔石窟出土鸠摩罗多《喻鬘论》残页简述

由于地缘与人文因素的作用,经量部理论成熟后沿佛教东传线影响到古代新疆地区。《大唐西域记·朅盘陀国》中有一段重要记载:

> 无忧王命世,即其宫中建窣堵波。其王于后迁居宫东北隅,以其故宫为尊者童受论师建僧伽蓝,台阁高广,佛像威严。尊者呾叉始罗国人也,幼而颖悟,早离俗尘,游心典籍,栖神玄旨,日诵三万二千言,兼书三万二千字。故能学冠时彦,名高当世,立正法,摧邪见,高论清举,无难不酬,五印度国咸见推高。其所制论凡数十部,并盛宣行,莫不玩习,即经部本师也。当此之时,东有马鸣,南有提婆,西有龙猛,北有童受,号为四日照世。故此国王闻尊者盛德,兴兵动众,伐呾叉始罗国,胁而得之,建此伽蓝,式昭瞻仰。②

此记载指出,朅盘陀(今新疆塔什库尔干)国王崇仰童受(鸠摩罗多),便兴兵动众,将童受胁持到朅盘陀,并为童受修建寺院,大兴法事,以"式昭瞻仰"。童受曾越过葱岭在朅盘陀传法,说明童受到过古代新疆地区。既然到了朅盘陀,继续在塔里木盆地周边的佛教重地传法与巡礼也是可能的。童受是否到过龟兹,无直接证据。但20世纪初,德国考察队在克孜尔石窟发现了童受《喻鬘论》残片300余件。这虽不能证明童受到过

---

① (唐)玄奘译:《阿毗达磨俱舍论》,《大正藏》第29册,第22页。
② (唐)玄奘、辩机著,季羡林等校注:《大唐西域记校注》,中华书局,1985年,第987页。

龟兹，但至少说明，童受的《喻鬘论》及经量部思想在龟兹弘传是有迹可循的。

克孜尔石窟发现童受《喻鬘论》残片，引起中外学术界的轰动。随后研究文章陆续出现，国外代表性的论文有：1926 年德国东方学家吕德斯发表《鸠摩罗多大庄严论经残片》（*Bruckstücke der Kalpanāmanditlā, berausgegebeh Von Henrich Lüders, Leipzig, 1926*）。该文是西方最具代表性的成果。之后法国、日本也有不少学者发表探讨童受及其《喻鬘论》相关问题的论文和评论。

我国学者的代表性论文有：1927 年陈寅恪先生发表《童受喻鬘论梵文残本跋》，该文论述了《大庄严论经》与《喻鬘论》篇名和作者关系等问题，在文学层面的研究比较显著；[1] 1955 年吕澂先生发表《略论经部学》，涉及了龟兹发现的童受《喻鬘论》残片的诸问题；[2] 1968 年印顺法师发表《说一切有部为主的论书与论师之研究》，在"经部譬喻师的流行"章节里，对童受与《喻鬘论》做了更为深入的讨论。

关于《喻鬘论》的源流、作者与经名演变问题，学界展开过热烈讨论。问题是现存《大藏经》中没有童受著的《喻鬘论》。《喻鬘论》梵文标题中含有"庄严论"或"鬘论"的意思，故有学者认为《喻鬘论》与《大庄严论经》名义相通，可能是同一经典。但《大庄严论经》为马鸣造，鸠摩罗什译，而佛教文献里却明确记载《喻鬘论》为鸠摩罗多著。《俱舍论记》卷 2 载：

鸠摩逻多，此云豪童，是经部祖师。于经部中造《喻鬘论》《痴鬘论》《显了论》等。[3]

《成唯识论述记》卷 2 载：

北天竺怛叉翅罗国有鸠摩逻多，此言童首，造九百论。时五天竺有五大论师，喻如日出，明导世间。名日出者，以似于日，亦名譬喻师。或为此师造《喻鬘论》集诸奇事。[4]

此外，在《俱舍论疏》卷 2、《成唯识论学记》卷上、《俱舍论释颂疏义钞》《俱舍颂疏记》卷 2，也都有童受著《喻鬘论》的记载。对《大庄严论经》是否童受的《喻鬘论》，我国学者有多种分析。

（1）吕澂先生根据《出三藏记集》卷 12《萨婆多部师资记目录》中萨婆多部（说一切有部）所列"前圣后贤"传承师资名单，旧记的 53 人中，马鸣为第 11 位，鸠摩罗多为第 12 位，他认为：

鸠摩逻多和马鸣后先相接，他的作品很有补订马鸣旧制而成的可能，所以新发现的残篇和旧译作者题名会不一致。[5]

就是说鸠摩罗多的《喻鬘论》是马鸣《大庄

---

① 相关内容参见陈寅恪《金明馆丛稿二编》，上海古籍出版社，1980 年。
② 吕澂：《印度佛学源流略讲》，上海人民出版社，1979 年，第 310 页。
③ （唐）普光述：《俱舍论记》，《大正藏》第 41 册，第 35 页。
④ （唐）窥基：《成唯识论述记》，《大正藏》第 43 册，第 274 页。
⑤ 吕澂：《略述经部学》，氏著：《印度佛学源流略讲》，第 310 页。

严论经》的补订，所以《大庄严论经》先于《喻鬘论》。

（2）印顺法师根据《大庄严论经》卷6、卷15都在"我昔曾闻"后讲到旃檀罽尼咤王（迦腻色伽王）和卢陀罗达摩王的事迹，认为马鸣不可能与这些王为同时代的人，他说：

> 《大庄严经论》（《大庄严论经》的别称）：十五卷，凡九十事，姚秦鸠摩罗什译。本论为马鸣所造，从来没有异说。然近代在新疆的库车县，Kizil 废墟，发现本书的梵文残本，题为《譬喻庄严》或《譬喻鬘》，作者为 Kumāralāta，就是经部本师鸠摩罗多。……《大庄严经论》，曾一再提到旃檀罽尼咤王（第十四事、三十一事），而说"我昔曾闻"。《大庄严经论》的作者，显然为出于迦腻色迦王以后。又《大庄严经论》，曾说到："释伽罗王，名卢头陀摩。"这就是赊迦族（Saka）卡须多那（Cashtana）王朝的卢陀罗达摩王（Rudradaman）。卢王约于公元一二〇—一五〇年在位。据此二事，《大庄严经论》的作者，不能与迦腻色迦王同时。所以，如以《大庄严经论》为鸠摩罗陀（多）所作，似更为合理。①

以上二位，都是倾向《喻鬘论》就是《大庄严论经》的观点。但是国外有学者是不同意此观点的。②

（3）陈寅恪先生从鸠摩罗什翻译风格角度进行研究。陈先生认为鸠摩罗什译经的特点是"除繁去重"，他说："盖罗什译经，或删去原文繁重，或不拘原文体制，或变易原文。"他将《喻鬘论》梵文残本与鸠摩罗什译的汉文《大庄严论经》做了对照比较，他认为：

> 今《大庄严论经》译本卷拾末篇之最后一节，中文较梵文原本为简略，如卷壹壹首篇之末节，则中文全略而未译，此删去原文繁重之证也。《喻鬘论》之文，散文与偈颂两体相间。故罗什译文凡散文已竟，而继以偈颂之处，比缀以"说偈言"数字。此语本梵文原本所无，什公译文，所以加缀此语者，盖为分别文偈两体之用。③

陈先生从鸠摩罗什翻译风格特点来比照梵汉译本之异同，是很有启发性的。

以上几位大家的论述，基本上认为《大庄严论经》就是《喻鬘论》。署名为童受的《喻鬘论》残片在克孜尔石窟发现，并与克孜尔石窟图像对应，此问题应该趋于明朗。

《大庄严论经》共 15 卷，譬喻故事共 89 篇。每篇均无故事名称。《喻鬘论》的结构形式可能就是印度佛教譬喻类经典的原始状态，这有利于我们了解有部弘扬佛法的方式方法。经过与克孜尔石窟图像对应，笔者已识别出部分图像的内容。④以往对应龟兹石窟图像内容与形式，多用中原

---

① 《印顺法师佛学著作全集》第 15 卷，第 284 页。
② 〔日〕山田龙城：《梵语佛典导论》，许洋主译，中国书店，2010 年，第 149—165 页。
③ 陈寅恪：《童受喻鬘论梵文残本跋》，氏著：《金明馆丛稿二编》，第 237 页。
④ 霍旭初：《童受〈喻鬘论〉与龟兹石窟壁画》，氏著：《龟兹石窟佛学研究》，宗教文化出版社，2013 年，第 157—172 页。

汉译的《六度集经》《贤愚经》《杂宝藏经》《太子瑞应本起经》《普曜经》等。这些经典有些是在内地翻译时经过加工或再创作的，有的还掺入了大乘思想。《大庄严论经》是由鸠摩罗什翻译的，可能会有某些大乘观念注入，故隋代法经编撰的《众经目录》中，将《大庄严论经》勘为"大乘阿毗昙藏录"。① 在《大庄严论经》中，看不到现在"本生故事""因缘故事"等机械式的分类。在释迦牟尼过去的事迹记载中，仅有"如来往昔为菩萨时"语句。全经大部分故事是讲因果关系的。《大庄严论经》是深入研究龟兹石窟佛陀故事不可忽视的经本，更是研究经量部对龟兹佛教影响的重要典籍。用《大庄严论经》解读龟兹石窟图像内容，是一个值得重视的研究视域。

四　经量部思想在克孜尔石窟中的反映

经量部与《俱舍论》对龟兹佛教的影响，文献资料比较匮乏。从龟兹石窟图像中去透视龟兹佛教的思想内涵和历史演变，是比较可行的途径。因此，笔者以克孜尔石窟为中心，探寻经量部思想对龟兹佛教的影响。现选几个问题做初步考察。

（一）克孜尔石窟佛陀故事图像分布与组合的变化

在讨论之前，需要对克孜尔石窟中释迦牟尼三种故事的分类做必要的检讨与分析。本生、因缘、佛传故事的分类，是为了通俗讲解、普及知识，有一定的实用意义。但从佛学研究上讲，三

种分类不能准确地表达故事原本的旨意、性质和内在的关系。关于释迦牟尼生平故事的性质，印顺法师说：

"本事""本生""譬喻""因缘"，有关释尊过去生中的事迹，多少是可以相通的。过去生中事——"本事"，如解说为释尊的过去事，那"本事"就成为"本生"了。"譬喻"是圣贤的光辉事迹，属于释尊的"譬喻"，从过去到现在，都是"譬喻"。释尊过去生中的"譬喻"，就与"本生""本事"相通。"因缘"的含义极广，约某人某事说，就与"譬喻"没有多大的差别。如"因缘"而说到释尊过去生中事，也就与"本事""本生"的内容相通。在后代，这些都是用来作为通俗教化的资料，或称为"譬喻"，或称为"因缘"，都是一样的。②

以上论述给我们一个重要的启示，即释迦牟尼生平事迹可以从佛教教法的不同视角和义理进行分析。《喻鬘论》中的故事，全部是用譬喻说法的方式阐述基本佛法。在《大庄严论经》中不见"本生"一词，证实了印顺法师所说的本事、本生、因缘、譬喻本来就没有明确的划分。摆脱机械式的分类，对深入理解佛陀本怀、因果辩证、事物相转、佛法辩证都是有益处的。因此，考察经量部思想如何反映在克孜尔石窟图像中，就必须跳出以上分类框框的束缚。但是为了能清楚说明图像的内容特征和部位特征，按佛教"权巧方

---

① （隋）法经:《众经目录》,《大正藏》第 55 册, 第 141 页。
② 《印顺法师佛学著作全集》第 16 卷, 第 104—105 页。

便"的原则，本文仍然按已成习惯的三种故事分类展开讨论。

克孜尔石窟的三类故事壁画中，本生故事是最易于识别和划分的。故事内容都是释迦牟尼生前旷劫行"菩萨道"按"四度"修行的种种事迹，形象有各种人物和各类动物。因缘故事主要是释迦牟尼佛度化众生与因缘果报的故事，其中有一部分是过去佛的因缘或"授记"的故事。因缘故事壁画的特点是画面中央为佛陀，佛一侧有受度化的人物，但画面空间狭小，情节抽象，鉴别难度较大，不谙佛经者更难解其故事内涵。佛传故事也比较容易识别，大部分绘在中心柱窟主室两壁的一层或两层方格构图中，画面较大，人物多，内容丰富。属于佛涅槃的事迹集中在中心柱窟后室，内容鲜明。佛传故事围绕释迦牟尼佛主尊像展开，结构清晰，层次分明。龟兹石窟的佛传故事比较标准化、程式化，鉴别较易。

本生故事是早期佛教艺术普遍注重的题材。南传佛教本生故事有547则。印度北部的犍陀罗和迦湿弥罗（克什米尔）是本生故事盛行地区。北传佛教越过葱岭（帕米尔）直接影响到龟兹。克孜尔石窟早期洞窟中心柱窟主室券顶菱形格构图中，本生故事占据主要位置。克孜尔第114窟是最典型的洞窟，主室正龛绘释迦菩萨像（图1），券顶是典型的本生故事（图2）。

克孜尔石窟存有本生故事壁画130余种。第14、17、38、69、114、178、184、186窟是本生故事保存较好的洞窟。其中第17窟本生故事内容最丰富，保存也较好（图3）。随着龟兹佛教思想的发展，经量部思想影响的深入，因缘故事逐渐取代本生故事发展成中晚期壁画的主题。值得注

图1 克孜尔第114窟释迦菩萨（采自新疆维吾尔自治区文物管理委员会等编《中国石窟·克孜尔石窟》第2卷，文物出版社，1996年，图版120）

图2 克孜尔第114窟本生故事（采自《中国石窟·克孜尔石窟》第2卷，图版134）

意的是，克孜尔第38、91窟主室券顶是一层本生故事，一层因缘故事，显然是因缘故事取代本生故事的一种过渡形式（图4）。因缘故事成为中心柱窟券顶主题后，本生故事被压缩到券顶下部的半菱形格内（图5），以后继续发展本生故事被置于中心柱窟主室两壁下端（图6）。

图 3　克孜尔第 17 窟主室券顶本生故事（采自新疆维吾尔自治区文物管理委员会等编《中国石窟·克孜尔石窟》第 1 卷，文物出版社、株式会社平凡社，1989 年，图版 66）

图 4　克孜尔第 38 窟主室券顶本生与因缘故事交叉（采自《中国石窟·克孜尔石窟》第 1 卷，图版 127）

图 5　克孜尔第 8 窟主室券顶下沿本生故事（采自《中国石窟·克孜尔石窟》第 1 卷，图版 29）

图 6　克孜尔第 184 窟主室侧壁下部本生故事

大约从 5 世纪开始，龟兹石窟图像中因缘故事异军突起，发展势头迅猛，很快占据重要地位，主室券顶由因缘故事取代本生故事。因缘故事内容也不断充实丰富，成为克孜尔石窟中晚期故事壁画的主流（图 7）。这种形式一直保持到克孜尔石窟的衰落期。

表现释迦牟尼成道后至涅槃的佛传故事，在克孜尔石窟中也呈发展与扩大的趋势。尤其突出降伏外道及与提婆达多斗争的故事，彰显佛陀的"神通力"（图 8）。与涅槃相关的故事也不断丰富与系列化。总之，现世释迦牟尼佛的种种功德事迹主宰着克孜尔石窟图像题材。释迦牟尼今世故事的增加，就是"现有"理念更为突出的表现。

对克孜尔石窟故事壁画布局变化进行研究，有一个重要的前提，即克孜尔石窟的年代分期问题。由于克孜尔石窟没有直接而准确的断代资料，解决年代问题非常困难。经过各方面的多年努力，克孜尔石窟有了几种初步的年代分期意见。本文以新疆龟兹研究院（原新疆龟兹研究所）克孜尔石窟年代分期的意见为主，[①] 参照其他资料，将有本生故事、因缘故事壁画的洞窟做年代的大致排序，列表如下（表 1）。

图 7　克孜尔第 80 窟因缘故事（采自《中国石窟·克孜尔石窟》第 2 卷，图版 53）

图 8　克孜尔第 188 窟提婆达多砸佛（采自《西域美术全集》第 9 册《龟兹卷·克孜尔石窟壁画》，天津人民美术出版社，2016 年，第 238 页）

---

① 详见新疆龟兹石窟研究所编著《克孜尔石窟内容总录》，新疆美术摄影出版社，2000 年。

表 1 克孜尔石窟佛陀故事图像的位置与测定年代

故事类别	窟号	部位	新疆龟兹研究院初步分期意见（约公元世纪）	参考碳 14 数据（公元年）	图形
本生	14	主室券顶	6		全菱形
	17	主室券顶	6	561—637	全菱形
	69	主室券顶	7		全菱形
	114	主室券顶	4	391—427	全菱形
	178	主室券顶	7	642—800	全菱形
本生与因缘交叉	38	主室券顶	4 *	310 ± 80	全菱形
	91	主室券顶			全菱形
因缘	8	主室券顶	7	582—670	全菱形
	34	主室券顶	5	262—531	全菱形
	80	主室券顶	7		全菱形
	163	主室券顶	6		全菱形
	171	主室券顶	5	344—535	全菱形
	188	主室券顶	7		全菱形
	244	主室券顶	7	392—542	全菱形
本生	8	主室券顶下沿	7	582—670	半菱形
	34	主室券顶下沿	5	262—531	半菱形
	58	主室券顶下沿	7		半菱形
	63	主室券顶下沿	6		半菱形
	80	主室券顶下沿	7		半菱形
	163	主室券顶下沿	6		半菱形
	171	主室券顶下沿	5	344—535	半菱形
	175	主室券顶下沿	6	543—635	半菱形
	192	主室券顶下沿	7		半菱形
	224	主室券顶下沿	7	392—542	半菱形
	206	主室东、西甬道	7	576—674	方形连续
	184	主室侧壁下端	7		方形连续
	186	主室侧壁下端	7		方形连续

* 关于克孜尔第 38 窟的年代，早期研究参考碳 14 测定数据，定为 4 世纪。后中外学者从图像题材内容、绘画风格、洞窟形制等方面深入研究，并结合新碳 14 测定数据，认为该窟年代应定在 6 世纪。

上述图像位置与测定年代仅是一个参考值，但可以看出一个大致的脉络与特点：本生故事布局虽然有很大变化，但是贯穿克孜尔石窟的始终，体现出对佛陀过去本生事迹的恒久崇仰与遵循，体现了"唯礼释迦"理念的完整性。在受经量部思想影响前，龟兹佛教遵循有部理念，非常重视佛本生和过去佛的业绩。但按经量部理念，本生属于佛陀过去事迹，是"曾有"。随着经量部思想传入与影响的扩大，"现有"思想的接纳与增强，原有理念逐渐发生改变，克孜尔第38、91窟的"本生""因缘"交叉出现，应该是这种思想转变的反映。

（二）佛教基本理念的几个问题

1. 过去佛信仰问题

对过去佛的崇拜，是有部鲜明的信仰特点，《阿毗达磨大毗婆沙论》载：释迦行菩萨道修"阿僧祇劫"（极长远时间）阶段时，事奉过去佛的排列如下。

初劫：七万五千佛。第一位：释迦牟尼佛；最后一位：宝髻佛。

二劫：七万六千佛。第一位：宝髻佛；最后一位：燃灯佛。

三劫：七万七千佛。第一位：燃灯佛；最后一位：胜观佛。

修"相异熟业"（也叫百劫修行），就是修四波罗蜜多圆满后，进入成佛的最后准备阶段。第一位：胜观佛；最后一位：迦叶佛。

随着佛教发展，在久远劫中事奉数万佛后，逐步转变为突出释迦菩萨百劫中超越九劫后的九十一劫中的诸佛。《长阿含经·大本经》曰：

> 佛告诸比丘：过去九十一劫时，世有佛名毗婆尸如来、至真，出现于世。复次，比丘，过去三十一劫，有佛名尸弃如来、至真，出现于世。复次，比丘，即彼三十一劫中，有佛名毗舍婆如来、至真，出现于世。复次，比丘，此贤劫中有佛名拘楼孙，又名拘那含，又名迦叶，我今亦于贤劫中成最正觉。[①]

过去劫即"庄严劫"，有三佛出现：毗婆尸佛、尸弃佛、毗舍婆佛。现在劫即"贤劫"，有四佛出现：拘楼孙佛、拘那含佛、迦叶佛和释迦牟尼佛。从数不清的过去佛，归纳集中到过去七佛，与释迦菩萨在百劫修行时用卓绝的精进力而超越九劫修行有关。故过去七佛是以百劫剩下的九十一劫为开始。此间首先出现的就是毗婆尸佛，三十一劫时出现尸弃佛和毗舍婆佛，到贤劫时出现拘楼孙佛、拘那含佛、迦叶佛，最后是释迦牟尼佛。总之，过去七佛是释迦菩萨百劫修"相异熟业"时期的诸佛。有部认为释迦菩萨取得"四波罗蜜多"圆满成就，是在迦叶佛时期，为即将进入兜率天做一生补处菩萨铺好了道路。《阿毗达磨大毗婆沙论》载：

> 于修相异熟业九十一劫中逢事六佛。最初即胜观，最后名迦叶波。当知此依释迦菩萨说。若余菩萨不定。如是释迦菩萨于迦叶波佛时，四波罗蜜多先随分满，相异熟业今善圆满。从此赡部洲殁生睹史多天（兜率

---

① （后秦）竺佛念译：《长阿含经》，《大正藏》第1册，第1页。

天），受天趣最后异熟。[1]

克孜尔早期洞窟中就有七佛出现，多出现在释迦牟尼降伏外道题材中，意在展示释迦牟尼继承过去佛的威力，打击外道异端，巩固与扩大教化成果，同时也弘扬了佛教"法脉永嗣"的理念。这种理念一般体现在释迦牟尼立佛像的头光中（图9）。

图9 克孜尔第123窟佛头光中的七佛（采自《中国石窟·克孜尔石窟》第2卷，图版160）

对过去佛，《俱舍论》有新的解释：

> 谓于第三无数劫满所逢事佛名为胜观。第二劫满所逢事佛名曰然灯。第一劫满所逢

事佛名为宝髻。最初发心位逢释迦牟尼。谓我世尊昔菩萨位最初逢一佛号释迦牟尼。遂对其前发弘誓愿。愿我当作佛一如今世尊。彼佛亦于末劫出世。灭后正法亦住千年。故今如来一一同彼。[2]

胜观即毗婆尸佛，然灯即燃灯佛，宝髻即尸弃佛，本劫完成四度修行的释迦牟尼，与最初的释迦牟尼同名。也就是说，现在的释迦牟尼佛是最早释迦牟尼佛的继承者或化身，地位崇高无比。

值得注意的是，《俱舍论》对四佛中燃灯佛地位的确定，与有部传统观念不同。《阿毗达磨大毗婆沙论》说：

> 然灯佛本事，当云何通？答：此不必须通。所以者何？非素怛缆、毗奈耶、阿毗达磨所说，但是传说，诸传所说，或然不然。[3]

有部认为燃灯佛事迹，不是经、律、论中所说，只是一种传说，可信，也不可信。因为有这样的观点，故在有部的经典中，燃灯佛的事迹没有其他过去佛那样突出。而《俱舍论》提倡的四佛中，燃灯佛成为重要的过去佛，显然是在纠正有部原有的观点。龟兹石窟中后期图像中，燃灯佛事迹逐渐增多且地位明显突出，应该与《俱舍论》传播有关（图10、图11）。

---

[1] （唐）玄奘译：《阿毗达磨大毗婆沙论》，《大正藏》第27册，第892页。
[2] （唐）玄奘译：《阿毗达磨俱舍论》，《大正藏》第29册，第95页。
[3] （唐）玄奘译：《阿毗达磨大毗婆沙论》，《大正藏》第27册，第916页。

图 10　克孜尔第 171 窟燃灯佛授记（采自《中国石窟·克孜尔石窟》第 3 卷，图版 5）

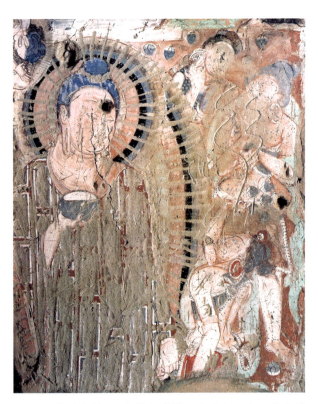

图 11　克孜尔第 68 窟燃灯佛授记（采自马秦、范书财《龟兹造像》，新疆科学技术出版社，2008 年，图版 105）

《俱舍论》过去四佛的理念，在龟兹石窟中也有反映。克孜尔第 184、186 窟主室正壁主佛龛上方开有三个佛龛，释迦牟尼为主尊，与过去毗婆尸、燃灯、尸弃成为四佛组合。虽然这些窟的佛塑像已毁，看不见四佛的尊容，但四佛的位置与关系格局还是清楚的（图 12）。克孜尔石窟近邻的台台尔石窟第 16 窟中的立佛，头光中就绘出四佛，是龟兹佛教崇仰四佛的又一重要例证（图 13）。

2. 释迦修菩萨道"波罗蜜多"问题

释迦牟尼修菩萨道，要通过"波罗蜜多"的修持。有部主张以四度方法达到修道的目的。有些派别主张六度或十度。《俱舍论》对四度内容的定义是：布施、戒忍、精进、定慧。其中戒忍包括持戒与忍辱，定慧包括禅定与智慧。《俱舍论》对四度与六度关系的解释是：

> 六度波罗蜜，于如是四位，一二又一二，如次修圆满。[1]

《俱舍论》认为四度涵盖了六度，这是对有部主张四度最明确和圆满的解答，也是对某些派别否定与攻击四度不圆满之说的回应。佛教将修波罗蜜多的最高标准称为圆满。部派时期各派有不同的标准，《俱舍论》归纳了有部的标准：

> 若时菩萨普于一切能施一切乃至眼髓，所行惠舍但由悲心，非自希求胜生差别。齐此，布施波罗蜜多修习圆满。若时菩萨被析身支，虽未离欲贪而心无少忿。齐此，

① （唐）玄奘译：《阿毗达磨俱舍论》，《大正藏》第 29 册，第 95 页。

图 12　克孜尔第 186 窟主室正壁（采自《西域美术全集》第 9 册《龟兹卷·克孜尔石窟壁画》，第 202 页）

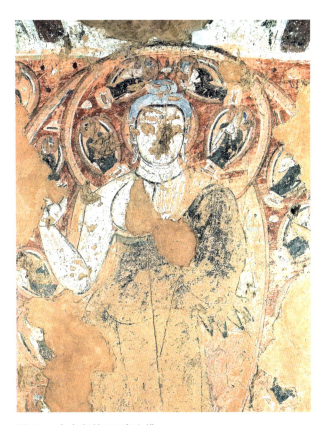

图 13　台台尔第 16 窟立佛

戒忍波罗蜜多修习圆满。若时菩萨勇猛精进因行，遇见底沙如来坐宝龛中入火界定，威光赫奕特异于常，专诚瞻仰忘下一足，经七昼夜无怠，净心以妙伽他赞彼佛曰：天地此界多闻室，逝宫天处十方无。丈夫牛王大沙门，寻地山林遍无等。如是赞已便超九劫。齐此，精进波罗蜜多修习圆满。若时菩萨处金刚座，将登无上正等菩提，次无上觉前住金刚喻定。齐此，定慧波罗蜜多修习圆满。

凡符合上述精神的都可以认为是圆满。只有释迦菩萨超越九劫事迹，规定为精进特有的标准。这在克孜尔石窟中有突出的表现。第 175、187、188 窟存有释迦菩萨单足供养底沙佛的造型（图 14），其中第 187 窟是专门描绘释迦供养底沙佛的龛窟（图 15）。因为促使释迦菩萨超越九劫的不凡功德，底沙佛就成为过去七佛、四佛之外受到特殊礼遇的过去佛。龟兹石窟中还出现颂扬底沙佛的"波塞奇画佛"故事，这与释迦菩萨超越九劫的事迹相关联。

3. 世间构成问题

在佛教宇宙观中，世间分为"有情世间"和"器世间"。"有情世间"包括人类、动物及鬼神等，"器世间"即物质世界。"有情世间"的主要内容是三界（欲界、色界、无色界）、五趣（地狱、饿鬼、傍生、人、天）。据佛学界研究，世间构成的理论原本在佛教理论中是不够系统的；《俱舍论》将这个问题系统化，《俱舍论》中专设《世品》。吕澂先生说：

图 14 克孜尔第 188 窟释迦菩萨（采自《西域美术全集》第 9 册《龟兹卷·克孜尔石窟壁画》，第 233 页）

图 15 克孜尔第 187 窟主龛正壁（采自《西域美术全集》第 9 册《龟兹卷·克孜尔石窟壁画》，第 221 页）

《世品》是《俱舍论》增加的，"世"，就是指有情世间和器世间。把世的内容放到四谛里来讲，就是世亲提出的。……所谓须弥山中心说。世界是怎样构成的呢？即以须弥山为中心，其它大地、山河、星球等等都围绕着它而排列，这种说法成为佛家后来的共同说法。当然以前也有关于这方面的说法，但明白地有体系的这样讲，还是从《俱舍论》开始的。①

三界五趣思想在克孜尔早中期图像中就有反映，如"降伏六师外道""亿耳得福"中的"饿鬼"、立佛身光中的"三界"等，但比较零

① 吕澂：《印度佛学源流略讲》，第 138—139 页。

散。到了晚期，洞窟就出现了完整的"五趣轮回图"（图 16）和"地狱图"（图 17）。据《俱舍论》，有二十八大地狱。克孜尔第 199 窟主室右壁下方存有一幅地狱图，仅存 5 个画面，描绘烈火中种种对"罪人"施刑罚的惨烈情景。图像以熊熊烈火为衬景，应是"大热地狱"的部分画面。此图对面的左壁下方也应是地狱图，可惜已不存。

图 16　克孜尔第 175 窟五趣轮回图（采自《西域美术全集》第 9 册《龟兹卷·克孜尔石窟壁画》，第 28 页）

图 17　克孜尔第 199 窟地狱图（采自新疆维吾尔自治区文物管理委员会等编《中国石窟·克孜尔石窟》第 3 卷，文物出版社，1997 年，图版 212）

克孜尔第199窟中还有一"无衣外道"形象（图18）。《俱舍论·世品》载，在论述"三界"的欲界之后，有一"邪命外道"向佛弟子舍利弗提出关于欲界"贪"等欲望的质问，舍利弗予以回答。此图中，外道身为蓝色，裸体，

男性生殖器上挂一圆环，表示是"禁欲者"。此情节与欲界的地狱相关联。克孜尔第199窟地狱与外道的壁画，可能都是《俱舍论·世品》欲界理念的图解。

此外，须弥山的观念在龟兹石窟中也是很鲜明突出的。克孜尔保存有佛涅槃时，阿阇世王昏厥，大地震动、须弥山倾倒、日月沉沦、星辰陨落的画面（图19）。与《俱舍论·世品》"器世间"的观念有关。

一贯崇奉有部的龟兹佛教，在经量部思想和《俱舍论》新理论的强烈影响下，原有某些意识受到冲击，出现新的思想和艺术形态，完全是顺乎潮流的。克孜尔石窟故事壁画布局的变化，正是这种思想的鲜明反映。

通过对《俱舍论》思想在龟兹石窟中具体事例的考察，发现与《俱舍论》关联比较密切的壁画大多集中在克孜尔石窟谷东区。该区洞窟属于克孜尔石窟中后期洞窟，与经量部对龟兹佛教影响的时代基本相当故设想谷东区的一部分洞窟

图18　克孜尔第199窟"无衣外道"

图19　克孜尔第4窟日月山峦图（采自《西域美术全集》第8册《龟兹卷·克孜尔石窟壁画》，第266页）

可能是经量部思想集中的教化区（图20）。出现"过去四佛"的台台尔第16窟也属晚期洞窟。[①] 台台尔石窟是克孜尔石窟的外围洞窟，在经量部思想影响圈内。

就目前我国佛教理论与艺术研究状况看，经量部思想对龟兹佛教乃至中国内地佛教的影响是一个大有研究空间的命题。欲揭示龟兹佛教思想及其艺术的奥义真谛，必须以科学的唯物史观为指南，充分认识经量部与《俱舍论》的历史贡献及其深远的影响。我们要纠正中国佛教长期以来形成的历史偏见，把现代龟兹佛教与艺术研究推向更高的境界。

图20　克孜尔石窟谷东区外景（中段局部），笔者摄

① 许宛音整理：《台台尔石窟踏查记》，《中国石窟·克孜尔石窟》第1卷，第223—235页。

试论"经量部"思想在龟兹的流行

李瑞哲

（西北大学艺术学院）

2 世纪后，最晚的一个派别"经量部"从说一切有部（Sarvāstivādin）中分化出来，说一切有部中的持经师（sūtrantika）、譬喻师（dārṣṭāntika），摆脱"三世实有，法体恒有"的立场，对有部阿毗达磨进行批判，依附于十八部中的说经部（Sautrāntika），自称经部或譬喻师。该部与说一切有部重视阿毗达磨（"论藏"）不同，视"经典"为正量，重视"经藏"的研究，故称为经量部（Sautrāntika）。经量部的开创者是鸠摩罗多（Kumāralāta），汉译童受，主要活动在犍陀罗一带，擅长以譬喻的方式来解释经典，后来出现了一批以犍陀罗为中心的"譬喻师"。龟兹说一切有部受到迦湿弥罗（Kaśmīra）和犍陀罗（Gandhāra）的影响，"经量部"思想必然会对龟兹佛教产生影响。陈寅恪先生对新疆龟兹发现的《喻鬘论》与《大庄严论经》篇名的关系及相关问题进行了分析。[①] 吕澂先生对鸠摩罗多与马鸣作品的相互关系进行了研究。[②]1968 年印顺法师发表《说一切有部为主的论书与论师之研究》，在"经部譬喻师的

流行"章节里，也分析了《喻鬘论》残片与《大庄严论经》的关系。[③]霍旭初等也认为《喻鬘论》即鸠摩罗什翻译之《大庄严论经》，并通过龟兹石窟壁画，发现一些壁画故事内容与《大庄严论经》内的故事可以对应。[④]经量部的"现在实有，过未假有"思想，在龟兹石窟图像中有一种比较强烈的表现。《贤愚经》的成书过程，显示新疆流行譬喻思想，龟兹石窟壁画的题材内容到 5—6 世纪后发生了明显的变化，因缘（nidāna）、譬喻类壁画内容增多，而表现释迦牟尼行菩萨道时期的本生故事（jātaka）壁画减少，有些本生故事画被布置在了中心柱石窟主室券顶的下部边缘。另外，玄奘在龟兹与当地高僧木叉鞠多（Mokṣagupta）的对话透露出"新有部"思想在龟兹的流行，而"新有部"的出现是受到了经量部思想的影响而发展起来的。

一 "经量部"的产生对龟兹佛教的影响

3 世纪后，小乘向大乘发生巨变已不可逆转。

---

① 陈寅恪：《童受喻鬘论梵文残本跋》，氏著：《金明馆丛稿二编》，生活·读书·新知三联书店，2001 年，第 234—239 页。
② 吕澂：《印度佛学源流略讲》，上海人民出版社，1979 年，第 281—282 页。
③ 印顺：《说一切有部为主的论书与论师之研究》，氏著：《印顺法师佛学著作全集》第 15 卷，中华书局，2009 年，第 447—516 页。
④ 霍旭初、赵莉、彭杰等：《龟兹石窟与佛教历史》，新疆人民出版社，2016 年，第 374—379 页。

在印度出现了不少杰出的代表人物，例如4、5世纪北印度的无著（Asaṅga）、世亲（Vasubandhu）兄弟。他们顺应佛教改革的趋势，毅然摆脱已有的小乘传统思想而改宗，积极探求创建新的学术思想（唯识学说），随着经量部从说一切有部中分离出来，他们以"譬喻"的形式解释经典，后来在犍陀罗一带出现了一批"譬喻师"。经量部的思想保存在汉译的《成实论》《俱舍论》《四谛论》《顺正理论》等论书中。龟兹石窟中有很多表现释迦牟尼前世事迹的故事画，一般采用具有情节性、叙事性的表现形式。如须达拏本生故事（图1），画面表现须达拏太子正在向婆罗门施舍一对儿女的情节，这种带有情节的故事画大量出现。另外，还有萨缚燃臂引路本生故事，如第17窟（图2）、第38窟（图3），画面是萨缚高举点燃的双臂带领商队行走的场景，也是选取该故事中最具代表

图2　克孜尔第17窟萨缚燃臂引路（采自新疆维吾尔自治区文物管理委员会等编《中国石窟·克孜尔石窟》第1卷，文物出版社、株式会社平凡社，1989年，图版62）

图1　克孜尔第38窟须大拏本生（采自新疆维吾尔自治区文物管理委员会等编《中国石窟·克孜尔石窟》第3卷，文物出版社，1997年，图版184）

图3　克孜尔第38窟萨缚燃臂引路［采自《中国新疆壁画艺术·克孜尔石窟壁画（一）》，新疆美术摄影出版社，2015年，图版121）］

性的情节来加以表现。这种在石窟主室顶部出现大量表现释迦牟尼前世的本生故事画，应该是龟兹说一切有部受到部派佛教晚期经量部"譬喻师"影响的结果。

释迦牟尼逝世后一百年左右，佛教内部因对教义、戒律的不同理解产生了分歧，后来由分歧发展到分裂。先是分裂为上座部（Ārya-sthavira-nikāya）与大众部（Mahāsaṅghika），后来增加到十八部（一说二十部），这一阶段称为"部派佛教"时期。这一时期是佛教思想活跃、理论发展、僧团扩大的阶段，也是大乘佛教的孕育发展期，在佛教发展史上具有重大意义。部派佛教时期，上座部中势力最大、影响最深的是说一切有部。但是在佛教思想大动荡的时代里，说一切有部也会受到其他各种思潮的冲击，不断发生新的分化。1 世纪，最晚的一个派别经量部（又称说转部）从说一切有部中分化出来。与说一切有部重视"论藏"不同，此派重视对"经藏"的研究，视"经藏"为正量，故称为经量部、说经部（Sūtravādin）。经量部的开创者是鸠摩罗多，有"日出论师"之美誉，与马鸣（Aśvaghoṣa）、龙树（Nāgārjuna）、提婆（Deva）并号"四日照世"。鸠摩罗多作《喻鬘论》，善用譬喻说法，故被称为譬喻师。此后，譬喻即成为此派最大的特征，并被视为后来大乘佛教譬喻文学（aupamya）的基础。鸠摩罗多活跃在犍陀罗一带，但经量部学说影响到犍陀罗的近邻地区——说一切有部的基地迦湿弥罗。从譬喻师发展成经部师，是受到了室利罗多（Śrīlāta）的影响，4 世纪的室利罗多为此

派中兴之祖。根据《大唐西域记》卷 5 与《成唯识论述记》卷 21，室利罗多在阿逾陀（Ayodhyā）郊外著有经部的根本毗婆沙。经部的核心思想是随界说，一切法生起之后会有熏习，留下功德，这即是界，界又有种子、种姓、种族等含义。[①]《中论》卷 3 记载："如芽等相续，皆从种子生，从是而生果，离种无相续。从种有相续，从相续有果；先种后有果，不断亦不常。如是从初心，心法相续生，从是而有果，离心无相续。从心有相续，从相续有果；先业后有果，不断亦不常。"[②]此部派立心物二元论，否定有部所主张的万物实有说，认为只有四大与心为实在，并由于四大与心相辅相成，个体之生死相续不断。又主张唯有现在为实在，而过去仅属曾经实在者，未来则是未来才得实在者，至于现在不存在者仅为一种种子之存在而已，此即后世唯识种子说之起源。又因为此宗派的教义含有许多大乘佛教的要素，可视为后来中观佛教的基础。

部派佛教后期，以有部和经部二派为代表。在佛教发展史上，经部具有重要地位，而有部成为论藏主义，与此相反的经部主义成为此派的别名，其根本立场是现在实有，过去、未来无体，因此与有部大异其趣。一方面说明是受大众部系统之影响，另一方面是因对小乘佛教的内容含有批评的态度而兴起。其学说中最重要的是色、心熏说和细意识说。经量部论师认为，佛所说的阿毗达磨义是已经包含在经藏中的，这样的主张显然更符合根本事实。因而，经量部者决定只以佛的经教为标准，尽管他们表示，除了与佛经冲突

---

① 吕澂：《印度佛学源流略讲》，第 286 页。
② 龙树：《中论》，梵志青目释，《大正藏》第 30 册，第 22 页。

的地方，他们也接受有部论师乃至毗婆沙师的主张见解。

说一切有部在佛教发展史上有重要的贡献，特别是它的理论体系特别庞大、思辨性强，它提倡的"阿毗达磨"，极大地推动了佛教思想的发展，丰富了佛教的三藏内容。但是，随着佛教的发展，大乘"济众""利他"思想的成长，说一切有部的传统理论出现了危机，旧有的思想受到挑战。有部理论大师世亲吸收经部学说，以"理长为宗"，创造了具有崭新观念的《俱舍论》，引发了说一切有部一场划时代的思想革命。《俱舍论》是说一切有部理论系统化的最终成果，代表了说一切有部思想理论的高峰，所以《俱舍论》被誉为"聪明论"。经量部的理论很庞杂，但主要是与说一切有部的"三世实有"相对立，否定有部主张的"万物实有说"。认为只有现在是实有，过去是曾有，未来是当有。也就是说，只有现在的"法"才是实在的，过去、未来的法并无实体可言，这就从根本上动摇了说一切有部"三世实有"的理论基础。尽管有部大师众贤（Saṃghabhadra）著《阿毗达磨顺正理论》（简称《顺正理论》）极力辨正纠偏，但《俱舍论》的理论思想已潜移默化地产生影响。经量部的思想渗透到说一切有部之中，从而对"旧"说一切有部的改造是不可逆转的发展趋势。

《大唐西域记》记载揭盘陀（今新疆塔什库尔干）王宫中有为鸠摩罗多建的伽蓝，说明佛教东传已越过葱岭。[①]这个记载透露出童受曾到古代

新疆地区传教。《贤愚经》的集成过程也透露出古代新疆流行"譬喻"故事，显示了经量部思想的影响。《出三藏记集》卷9记载："既事照于本生，智者得解，亦理资于譬喻。《贤愚经》者，可谓兼此二义矣。河西沙门释昙学、威德等凡有八僧，结志游方，远寻经典。于于阗大寺遇般遮于瑟之会。般遮于瑟者，汉言五年一切大众集也。三藏诸学，各弘法宝，说经讲律，依业而教。学等八僧随缘而听。于是竟习胡音，析以汉义，精思通译，各书所闻。还至高昌，乃集为一部。……于时沙门释慧朗，河西宗匠，道业渊博，总持方等。以为此经所记，源在譬喻；譬喻所明，兼载善恶；善恶相翻，则贤愚之分也。前代传经，已多譬喻，故因事改名，号曰贤愚焉。"[②]于阗无遮大会的活动在龟兹也很流行，玄奘记载龟兹"大城西门外，路左右各有立佛像，高九十余尺。于此像前，建五年一大会处。每岁秋分数十日间，举国僧徒皆来会集。上自君王，下至士庶，捐废俗务，奉持斋戒，受经听法，渴日忘疲"。[③]在西域盛行五年一次的无遮大会上，应该有譬喻师说讲故事。

随着时间的推移，经典与阿毗达磨的距离愈来愈远，更多的不同观点表现出来。早期的分别仅在于文体，后来变成主题的差异。经典被视为"世俗说"（vohāra desanā），而阿毗达磨是"胜意说"（paramāttha desanā），也被称为"殊胜法"（abhivisiṭṭho dhamma），这引起了"法"（dhamma）与阿毗达磨（abhidamma）的各种发展。因此经典变成处理"法"，而阿毗达磨处理殊

① （唐）玄奘、辩机著，季羡林等校注：《大唐西域记校注》，中华书局，2000年，第987页。
② （梁）释僧祐：《出三藏记集》，苏晋仁、萧炼子点校，中华书局，1995年，第351页。
③ （唐）玄奘、辩机著，季羡林等校注：《大唐西域记校注》，第61页。

胜法（最后真实之法）。

上座部由于与说一切有部的共同基础，被忠于原典的经量部所反对，他们认为经典才是本原，而说一切有部以阿毗达磨论书为本原。不过经量部虽然依靠经典，但他们毕竟也接受了某些经中所没有的后期教义，如刹那论（kṣaṇavāda）与极微论（paramāṇuvāda）。这些为所有的部派共同接受，包括佛音（Buddhaghoṣa）之后的上座部、说一切有部与经量部，但佛音之前的上座部是不承认的。晚期论书的经部与譬喻师是没有什么严格区别的。晚期的经部譬喻师与《大毗婆沙论》的譬喻师有很多相同之处，但有一根本差异，就是《大毗婆沙论》的譬喻师是坚持三世实有的，属于说一切有部的譬喻师；而晚期的譬喻师是坚持过去、未来无而现在有的，属于经部譬喻师。

5世纪中叶，嚈哒人越过兴都库什山南下占领了犍陀罗地区。因不信佛教，嚈哒人对犍陀罗佛教艺术进行了破坏。《洛阳伽蓝记》卷5记载："至正光元年（520）十月中旬乾陀罗国，土地亦与乌场国相似，本名叶波罗国，为嚈哒所灭，随立敕懃为王，治国以来已经二世。立性凶暴，多行杀戮，不信佛法，好祀鬼神。"① 玄奘也记载了犍陀罗因嚈哒灭法的破败萧条景象。② 在犍陀罗佛教遭嚈哒破坏之时，说一切有部的论师与经量部的譬喻师开始向东方传教，龟兹由于优越的地理位置和环境，成为犍陀罗高僧传播佛教的一个中心。

龟兹佛教受到犍陀罗佛教艺术的影响，形成了具有自身特色的佛教艺术。

经部譬喻师，从说一切有部的譬喻师演变而成，兴起于印度西北，时间约在2、3世纪。但经部高僧的室利罗多是生于迦湿弥罗而弘法于东方的大师。《大唐西域记》卷5记载："阿瑜陀国……发爪窣堵波北，伽蓝余址，昔经部室利逻多论师，于此制造经部毗婆沙论。"③ 罽宾、乌仗那（Udyāna）一带，化地部、法藏部、饮光部等部派都有流行。譬喻师反对毗婆沙师，从说一切有部中分化出来，改取现在实有说，这是成为经部譬喻师的关键。深受说一切有部思想影响的譬喻师，在"现在有"思想的指引下，创造出种子熏习说，这是经部譬喻师的特色。

二 《喻鬘论》在克孜尔石窟的发现

20世纪初，德国考察队在克孜尔石窟发现署名童受的《喻鬘论》残片，有力地证明龟兹佛教弘传《喻鬘论》和经量部思想的事实。我国学者对《大庄严论经》与《喻鬘论》的关系多有论述，④ 唐窥基《异部宗轮论疏述记》记载："此师唯依经为正量，不依律及对法。凡所援据，以经为证，即经部师。从所立以名经量部。"⑤ 唐窥基《成唯识论述记》卷2记载："日出论者，即经部本师。佛去世后一百年中，北天竺怛叉翅罗国有鸠摩逻多，此言童首，造九百论。时五天竺有五大

① （北魏）杨衒之著，范祥雍校注：《洛阳伽蓝记校注》，上海古籍出版社，2011年，第317—318页。
② （唐）玄奘、辩机著，季羡林等校注：《大唐西域记校注》，第232—233页。
③ （唐）玄奘、辩机著，季羡林等校注：《大唐西域记校注》，第451页。
④ 1927年陈寅恪先生发表《童受喻鬘论梵文残本跋》，论述了《大庄严论经》与《喻鬘论》篇名的关系和作者的相关问题。1955年吕澂先生发表《略论经部学》，涉及了龟兹发现的童受《喻鬘论》残片的诸问题。1968年印顺法师发表《说一切有部为主的论书与论师之研究》，在"经部譬喻师的流行"章节里，分析了《喻鬘论》残片与《大庄严论经》的关系。
⑤ （唐）窥基：《异部宗轮论疏述记》，《卍续藏》第53册，第577页。

论师，喻如日出，明导世间。名日出者，以似于日，亦名譬喻师。或为此师造《喻鬘论》，集诸奇事，名譬喻师。经部之种族，经部以此所说为宗。当时犹未有经部，经部四百年中方出世故。"[1] 唐普光《俱舍论记》卷2《分别界品》记载："鸠摩逻多，此云豪童，是经部祖师。于经部中造《喻鬘论》《痴鬘论》《显了论》等。经部本从说一切有中出，以经为量名经部，执理为量名说一切有部。"[2] 此外，在《俱舍论疏》卷2、《成唯识论学记》卷上、《俱舍论释颂疏义钞》、《俱舍颂疏记》卷2，也都有童受与《喻鬘论》的记载。

"鬘"（kusumamālā），原指装饰用的花环，后引申为"庄严"义。鸠摩罗多为经量部开创者，其从经藏中"集诸奇事"而成《喻鬘论》，即《譬喻庄严论》。新疆克孜尔石窟（Kizil Grottoes）发现之梵本残篇《喻鬘论》，上面记录的梵文名称有两个：一是譬喻庄严（Kalpanālaṃkrtīkāyām），二为譬喻鬘（Dṛṣṭāntapaṅktyām）。比对梵文残篇内容，发现与后秦鸠摩罗什（Kumārājīva）所译之马鸣造的《大庄严论经》（Sūtrālaṃkāra śāstra）相当，亦可证为"庄严"之义。[3] 吕澂先生根据《出三藏记集》卷12《萨婆多部师资记目录》中萨婆多部（说一切有部）所列"前圣后贤"传承师资名单，旧记的53人中，马鸣为第11位，鸠摩罗多为第12位，他认为："鸠摩逻多和马鸣后先相接，他的作品很有补订马鸣旧制而成的可能，所以新发现的残篇和旧译作者题名会不一致。"[4] 此观点认为鸠摩罗多的《喻鬘论》是马鸣《大庄严论经》的补订，《大庄严论经》先于《喻鬘论》。《成唯识论述记》卷2记载："此师造《喻鬘论》，集诸奇事，名譬喻师。"[5]《中观论疏》卷1记载："鸠摩罗陀，造《日出论》。"[6] 所以他被称为日出（譬喻）论者。

鸠摩罗多是犍陀罗的呾叉始罗（Takṣaśīlā）人，曾在呾叉始罗造论，后为朅盘陀（Khabandha）王所请，晚年住在朅盘陀，即新疆西陲塔什库尔干（Tush-kurghan）。[7]《大庄严论经》记载："我昔曾闻，拘沙种中，有王名真檀迦腻咤。"又说到"国名释伽罗，其王卢头陀摩"。[8] 这是赊迦（Saka）族卡须多那（Cashtana）王朝的卢陀罗达摩王（Rudradaman，120—150年在位）。据此二事，《大庄严论经》的作者不能与迦腻色伽王同时。印顺法师根据《大庄严论经》卷6、卷15都在"我昔曾闻"后讲到旃檀罽尼咤王（迦腻色伽）和卢陀罗达摩王的事迹，认为马鸣不可能与这些王为同时代的人。所以，如以《大庄严论经》为鸠摩罗陀（多）所作，似更为合理。[9] 印顺法师与吕澂先生的观点一致，都倾向于《喻鬘论》就是《大庄严论经》。鸠摩罗陀（多）的论书，是富于文学兴味的譬喻文学。《大庄严论经》是譬喻文学，属

① （唐）窥基：《成唯识论述记》，《大正藏》第43册，第274页。
② （唐）普光述：《俱舍论记》，《大正藏》第41册，第35页。
③ 相关论述参见《吕澂佛学论著选集》，齐鲁书社，1991年，第2136页；陈寅恪《金明馆丛稿二编》，第234页。
④ 吕澂：《印度佛学源流略讲》，第310页。
⑤ （唐）窥基：《成唯识论述记》，《大正藏》第43册，第274页。
⑥ （唐）吉藏：《中观论疏》，《大正藏》第42册，第4页。
⑦ （唐）玄奘、辩机著，季羡林等校注：《大唐西域记校注》，第306页。
⑧ 相关论述参见《大庄严论经》，《大正藏》第4册，第287、343页。
⑨ 印顺：《说一切有部为主的论书与论师之研究》，氏著：《印顺法师佛学著作全集》第15卷，第284页。

于一般教化的书。童受以为："佛有漏无漏，皆是佛体。"① 不同于有部，也不同大众部的观点。又说"没有真我而有俗我"，② 肯定俗我的存在，容易说明业报等事，对一般教化来说，应该是适宜的。

《高僧传·鸠摩罗什》记载了鸠摩罗什对梵汉翻译缺陷的否定态度："天竺国俗，甚重文制。其宫商体韵，以入弦为善。凡觐国王，必有赞德。见佛之仪，以歌叹为贵，经中偈颂，皆其式也。但改梵为秦，失其藻蔚，虽得大意，殊隔文体，有似嚼饭与人，非徒失味，乃令呕哕也。"③ 陈寅恪先生从鸠摩罗什翻译佛经的风格进行研究，认为："盖罗什译经，或删去原文繁重，或不拘原文体制，或变易原文。"他将《喻鬘论》梵文残本与鸠摩罗什译的汉文《大庄严论经》做了对照。他说："今《大庄严论经》译本卷拾末篇之最后一节，中文较梵文原本为简略，如卷壹壹首篇之末节，则中文全略而未译，此删去原文繁重之证也。《喻鬘论》之文，散文与偈颂两体相间。故罗什译文凡散文已竟，而继以偈颂之处，比缀以'说偈言'数字。此语本梵文原本所无，什公译文，所以加缀此语者，盖为分别文偈两体之用。"陈寅恪先生还列举了《大庄严论经》卷 10、卷 11 两段偈颂作例，对照比较说明。④《大庄严论经》的每个故事中，偈颂很多，且用偈颂进行对答，这一特色在譬喻经典中是非常突出的。《大庄严论经》总体宣扬"善恶因果"和"四圣谛"等原始和小乘佛教思想，特别是宣说"布施"波罗蜜（pāramitā）的重要性。从《大庄严论经》的结构与编排上看，它是典型的譬喻经典，其经本结构应该就是《喻鬘论》的结构形式。日本学者山田龙城持不同的观点，"无论如何，有关《喻鬘论》的譬喻者鸠摩罗多和马鸣的问题，与经量部、譬喻师、瑜伽师的问题有关，有许多还有待于今后的研究"。⑤

鸠摩罗多所著《喻鬘论》年代比较早，所载故事可能是早期流行的譬喻故事。鸠摩罗什翻译《大庄严论经》大约在弘始四年至十五年（402—413），⑥ 所以《大庄严论经》记载的是 5 世纪前"譬喻"故事流行的情况。而龟兹石窟大量出现"譬喻"题材壁画，主要是在 6、7 世纪。北魏时期翻译的《杂宝藏经》和多位高僧汇集翻译的《贤愚经》，与龟兹石窟"譬喻"故事对应的比较多。可以推测，龟兹石窟"譬喻"故事不断增加是 6 世纪受到经量部思想影响的结果。

三 《俱舍论》在龟兹的流行

玄奘在龟兹与高僧木叉鞠多在阿奢理贰寺（Aiścarya）的对话，反映出小乘佛教（Hīnayāna）在当地的流行情况，同时也暗示 7 世纪初期龟兹已经不重视对论藏的深入研究了，留学印度二十余年，号称"独步"的木叉鞠多竟然不熟悉论藏。木叉鞠多谓法师曰："此土《杂心》《俱舍》《毗婆沙》等一切皆有，学之足得，不烦

① 众贤:《阿毗达磨顺正理论》,（唐）玄奘译,《大正藏》第 29 册, 第 557 页。
② 众贤:《阿毗达磨俱舍论》,（唐）玄奘译,《大正藏》第 29 册, 第 156 页。
③ （梁）慧皎:《高僧传》, 汤用彤点校, 中华书局, 1992 年, 第 53 页。
④ 陈寅恪:《童受喻鬘论梵文残本跋》, 氏著:《金明馆丛稿二编》, 第 237 页。
⑤ 〔日〕山田龙城:《梵语佛典导论》, 许洋主译, 台北: 华宇出版社, 1984 年, 第 179 页。
⑥ 陈世良:《鸠摩罗什年表考略》, 新疆龟兹石窟研究所编:《龟兹佛教文化论集》, 新疆美术摄影出版社, 1993 年, 第 37 页。

西涉受艰辛也。"①《杂心》即《杂阿毗昙心论》（Saṃyuktābhidharma hṛdaya śāstra），是北天竺人法救（Dharmatrāta）因为法胜（Dharmaśreṣṭhin）的《阿毗昙心论》（Abhidharma hṛdaya śāstra）过于简略而增注的一部著作。法胜的《阿毗昙心论》（简称《心论》）分为界、行、业、使、贤圣、智、定、契经、杂、论等十品，对说一切有部的一系列基本概念做了论释，也是有部的重要论著。《杂阿毗昙心论》（简称《杂心论》）品目与《心论》基本相同，增加序、择二品，但提出一些新的主张，对说一切有部学说的发展产生了重大影响。《俱舍论》是北天竺人世亲所著的《阿毗达磨俱舍论》（Abhidhama kośa śāstra）。《毗婆沙》即《阿毗达磨大毗婆沙论》（Abhidharma Mahāvibhasa śāstra，简称《大毗婆沙论》），是第四次佛教结集时形成的广泛解释经义的重要论藏，此书较详尽地系统地总结了说一切有部的哲学理论，是有部的经典之作，相传 2 世纪在罽宾编纂成册。玄奘明确指出龟兹"习学小乘教说一切有部"，②从玄奘翻译的说一切有部的论藏来看，其对小乘说一切有部的学说是非常了解的，同时也反映了龟兹佛教说一切有部与犍陀罗西方师之间的密切关系，至少在玄奘年代龟兹佛教传承的是犍陀罗地区的佛学思想。

因为《大毗婆沙论》属于大部头的著作，组织也不清楚，所以很难系统地理解阿毗达磨的组织结构，因此在它完成之际，开始出现系统的组织说一切有部阿毗达磨的纲要书。尸陀盘尼（Sītapāni）的《鞞婆沙论》（vibhāṣā-śāstra）十四卷、法胜的《阿毗昙心论》四卷、优波扇多（Upaśānta）的《阿毗昙心论经》六卷、法救的《杂阿毗昙心论》十一卷、悟入（Skandhila）的《入阿毗达磨论》二卷等，都是这类纲要书。

当时在新学说的冲击下产生了法救的《杂心论》和世亲的《俱舍论》，它们对有部学说有所修正。《杂心论》与《俱舍论》都被龟兹僧人奉为要典。《俱舍论》在《杂心论》《大毗婆沙论》的基础上，采用经量部的教义批驳纠正有部的旧论，使说一切有部的学说有了较大的发展与变化，是小乘佛教后期的典型思想代表，并被称为"新有部"。由于经量部是从说一切有部中分派而另立山门，对有部专重阿毗达磨经书不满，反对说一切有部的"三世实有"，故而，经量部对后来的大乘唯识学派有相当影响。因而，世亲的《俱舍论》也被视为小乘向大乘过渡的著作。需要指出的是，世亲本人既非毗婆沙师也非有部师，相反，他同情经量部的见解，以后他又转到了瑜伽行派（Yogācāra）的立场上。

《俱舍论》广泛地涉及了本体论、心理学、宇宙论、解脱论和成圣的理论，它的绝大部分论题是佛教信奉者共同关心的。③《俱舍论》曾两次被译为汉文：南朝陈真谛的《阿毗达磨俱舍释论》；唐玄奘的《阿毗达磨俱舍论》。全书结构也是以品分目，全论分九品。前八品的组织次第是继承《心论》《杂心论》而来的，只是调整为界、根、世、业、随眠、贤圣、智、定八品，并

---

① （唐）慧立、彦悰：《大慈恩寺三藏法师传》，孙毓棠、谢方点校，中华书局，2000 年，第 26 页。
② （唐）玄奘、辩机著，季羡林等校注：《大唐西域记校注》，第 54 页。
③ 〔英〕A．B．凯思：《印度和锡兰佛教哲学：从小乘佛教到大乘佛教》，宋立道、舒晓炜译，上海古籍出版社，2004 年，第146—147 页。

以"四谛"为纲，对有部理论与实践进行了重新组织；第九品《破我执品》，体例与前八品不同，实为另一部论书而附在《俱舍论》后。可以说，《俱舍论》是依据说一切有部的阿毗达磨而造的，使有部学说思想更为严密、完善，受到各方重视，几乎取代了《大毗婆沙论》的地位。《俱舍论》的立场是"非说一切有部，非毗婆沙宗"，而有部的根本观点是"三世实有，法体恒有"。《俱舍论》对说一切有部的冲击是多方面的，但最关键的论点之一是对"三世实有"的否定。《俱舍论》卷20记载："去、来二世体实有者，我等亦说有去、来世。谓过去世曾有名有，未来当有。"①《俱舍论》在说三世实有时，以经部过去、未来无实的思想加以评破，就不属于说一切有部了。《俱舍论》是站在"理长为宗"的立场批判说一切有部的教义，并且是将阿毗达磨学说完整化、体系化的论书。

在反有部"三世实有，法体恒有"的立场下，不同的综合学派形成了。如《经部毗婆沙》《成实论》《俱舍论》等都自成一家，就是在这一形势下产生的。随着佛教的发展，大乘"普度众生""利他"思想的兴起，说一切有部的传统理论出现危机，旧有的思想受到挑战，尤其是有部理论大师世亲吸收经部学说对说一切有部的冲击，这必然引起以迦湿弥罗为中心的东方师的不满，纷起破斥。其中众贤著《顺正理论》和《阿毗达磨显宗论》对其予以批驳。众贤的这两部论书虽然是维护传统，但是通过论辩，有部学说思想有了新的发展，也进一步提高了《俱舍论》的

影响，后来学界称《俱舍论》和《顺正理论》为"新有部"。

虽然有部大师众贤著《顺正理论》进行辨正纠偏，但《俱舍论》的理论思想毕竟是一种新的理论学说，它适应了佛教求发展、求革新的要求。由于《俱舍论》是非凡的名著，在此书完成之后，《俱舍论》研究成了阿毗达磨研究的主流，《俱舍论》思想成为后期说一切有部的主流思想，在部派佛教中成为新兴的理论代表。事实上，众贤在《顺正理论》中已经吸收了许多经量部的先进思想。尽管经量部思想对说一切有部的冲击与影响是巨大的，但并不是说一切有部完全被取代，而是促进有部的理论更为严密与精确，达到更加完善的地步。

经量部理论很庞杂，但主要是与说一切有部的"三世实有"相对立，否定有部主张的"万物实有说"。只有现在为实有，过去属于"曾经有"，未来属于"当来有"，即只承认现在有是真实的有，过去与未来是"假有"，这与《俱舍论》的基本观点一致。也就是说，只有现在的"法"才是实在的，过去、未来的法并无实体可言，这就从根本上动摇了原来"三世实有"的理论基础。

4、5世纪，与有部对抗的经部已有了相当的发展。为了反抗有部阿毗达磨的权威性，它特地标榜"以经为量"，这才被称为经量部。《俱舍论》卷4记载："何法名为种子？谓名与色，于生自果，所有展转邻近功能，此由相续转变差别。何名转变？谓相续中前后异性。何名相续？谓因

---

① 世亲:《阿毗达磨俱舍论》,《大正藏》第29册, 第105页。

果性三世诸行。何名差别？谓有无间生果功能。"[1]
身心相续中，先后的差异性与生果功能也在转变，
诸法在三世中相续不断地流转，在相续中，种子
会不断地产生"自果"功能。在法义上有重要贡
献的，是种子（bīja）或熏习（vāsanā）说，为大
乘瑜伽行派所采用。

　　龟兹是迦湿弥罗与犍陀罗的近邻，又有深刻
的人文渊源关系。龟兹是说一切有部传播链上的
重要环节，从佛教传入龟兹开始，说一切有部就
占据主导地位。至6、7世纪，说一切有部的新思
想也影响到了龟兹佛教。文献与石窟壁画内容都
表明《俱舍论》和犍陀罗的"譬喻师"对龟兹佛
教有重要影响。

四　经量部思想在龟兹石窟壁画中的反映

　　《异部宗轮论》中说经量部"自称我以庆喜
为师"，[2] "庆喜"即阿难。经量部从说一切有部中
分裂而出，强调以"经"为准绳。不过，突出涅
槃图中的阿难形象，更重要的是为了向信众输导
一种理念：释尊入灭了，我们要以佛的教法为师，
以法为皈依。如同佛的临终遗训："当自炽燃，炽
燃于法，勿他炽燃；当自归依，归依于法，勿他
归依。"[3] 龟兹克孜尔第107A窟后甬道正壁绘佛涅
槃壁画，佛身后残存一身天人，佛脚下绘迦叶和
一身比丘（图4）。[4] 另外，克孜尔第38（图5）、
171（图6）窟也都是在后甬道正壁的画面中绘出
迦叶、比丘的形象。

图4　克孜尔第107A窟后甬道正壁涅槃图像中的迦叶形象（采自《中国石窟·克孜尔石窟》第1卷，图版105）

图5　克孜尔第38窟后甬道正壁涅槃图像中的迦叶形象（采自《中国石窟·克孜尔石窟》第1卷，图版145）

---

① 世亲：《阿毗达磨俱舍论》，（唐）玄奘译，《大正藏》第29册，第22页。
② 世友：《异部宗轮论》，（唐）玄奘译，《大正藏》第49册，第15页。
③ （后秦）佛陀耶舍：《长阿含经》，《大正藏》第1册，第15页。
④ 新疆龟兹石窟研究所编著《克孜尔石窟内容总录》，新疆美术摄影出版社，2000年，第136页。

图6　克孜尔第171窟后甬道正壁涅槃图像中的迦叶形象（德国柏林亚洲艺术博物馆供图）

龟兹石窟壁画大多是绘在菱格构图中。菱格构图是龟兹佛教艺术的一个重要创造，使有限的洞窟空间能够展现更多的故事，被称为"故事的海洋"。经量部"现在实有，过未假有"的思想，在龟兹石窟图像中有一种比较强烈的体现。5、6世纪，龟兹石窟中佛陀行菩萨道的"本生"故事明显减少，而表现佛陀"现世"的"譬喻（因缘）"故事急剧增多，如第80、171窟。传统的绘于券顶拱腹部位的"佛说因缘故事"被取消了；原绘于主室显要位置左右壁上的"佛说法图"，由于新题材的出现，被挤到了后室左右甬道之中，

画幅面积也大为缩小。这些反映出小乘说一切有部势力在龟兹的衰弱及其学说理论地位的下降。

龟兹中心柱石窟中的小乘题材布局变化不大，小乘佛教说一切有部长期保持因循守旧的传统。龟兹石窟图像题材内容形象地反映了经量部的思想内容，是譬喻师传播经量部思想的结果。在《大庄严论经》中，凡是释迦牟尼过去的事，就在事迹前加上"如来往昔为菩萨时"，表示是在释迦牟尼"行菩萨道"修"因位"时期。[1] 根据对龟兹石窟壁画内容及年代的研究，发现早期图像比较流行"本生"故事，突出表现释迦牟尼过去无数劫中"行菩萨道"的事迹和强调供养"过去佛"的理念。而且出现了"本生"与"因缘"故事画并存的石窟，如克孜尔第38窟出现本生故事与因缘故事交叉绘制的情况（图7），第91窟券腹各绘6列菱形格故事画，也是本生故事与因缘故事交叉绘制。[2] 强调释迦成道后对各种人物进行教化、使之皈依以及释迦被供养的场面，这显然是由"本生"向"本生"与"因缘"并举开始过渡的一种形式，后来逐渐转向所谓的"因缘故事"。龟兹石窟从6世纪开始，因缘故事逐步成为中心柱石窟的主流图像，这个现象应该与经量部的"现在是实有，过去是曾有，未来是当有"的思想观念有关。随着《俱舍论》的广泛传播，"三世实有"的思想观念受到强烈的冲击，说一切有部的理论在不断更新发展。而本生故事退居在券顶菱格构图的半菱格和甬道两侧壁中，就是这种思想变化的具体反映。这种情况在克孜尔第8窟表现明显（图8、图9），画面以半菱格（三

① 霍旭初：《龟兹石窟佛学研究》，宗教文化出版社，2013年，第170页。
② 新疆龟兹石窟研究所编著：《新疆克孜尔石窟内容总录》，第117页。

角形）的形式表现本生故事，人物没有头光与背光，内容主要表现释迦牟尼的前世，目的是宣扬释迦牟尼行菩萨道时"累世修行"的小乘说一切有部佛教思想。

龟兹石窟中晚期图像，因缘故事取代本生故事，但在因缘故事中，仍有大量"本生"的内容。这种"因缘"套"本生"、"本生"显"因缘"的例子，在龟兹石窟图像中屡见不鲜。最明显的例子是"佛受九罪报"的故事。其故事均是佛过去的事迹，应该属于"本生"，但在龟兹石窟图像里，全部以"因缘"的形式出现。实际上就是用譬喻的方式，讲出释迦牟尼过去世的

图 7　克孜尔第 38 窟券顶本生故事与因缘故事交叉绘制［采自《中国新疆壁画艺术·克孜尔石窟壁画（一）》，图版 100］

图 8　克孜尔第 8 窟券顶左侧壁下部半菱格中的本生故事（采自《中国石窟·克孜尔石窟》第 1 卷，图版 32）

图 9　克孜尔第 8 窟主室券顶右侧壁下部半菱格中的本生故事（采自《中国石窟·克孜尔石窟》第 1 卷，图版 36）

"恶因"所得到的"果报"。①"本事""本生""譬喻""因缘",有关释尊过去生中的事迹,多少是可以相通的。过去生中事——"本事",如解说为释尊的过去事,那"本事"就成为"本生"了。"譬喻"是圣贤的光辉事迹,属于释尊的"譬喻",从过去到现在都是"譬喻"。释尊过去生中的"譬喻",就与"本生""本事"相通。"因缘"的含义极广,约某人某事说,就与"譬喻"没有多大的差别。如"因缘"说到释尊过去生中事,也就与"本事""本生"的内容相通。在后代,这些是用来作为通俗教化的资料,或称为"譬喻",或称为"因缘",都是一样的。②

龟兹石窟壁画大多是绘在菱格构图中,菱格构图主要分布在中心柱式石窟主室的券顶上,如第8(图10)、34(图11)、80(图12)、171(图13)窟。龟兹佛教与迦湿弥罗和犍陀罗佛教同属说一切有部,这两地的经量部思想必定会对龟兹佛教产生影响。对于经量部与龟兹佛教的关系,《大慈恩寺三藏法师传》明确记载《杂心论》《俱舍论》在龟兹流行,克孜尔石窟发现《喻鬘论》梵文本也是一个有力的证明。关于犍陀罗佛教艺术,英国的约翰·马歇尔(John Marshall)说:"雕刻家们经常使用种种佛本生故事和佛传故事作为题材,间或也雕刻佛教史迹故事,但比较少见。在最早的窣堵波(Stūpa)上,佛本生故事在数量上占绝对优势。后来,雕刻家的兴趣逐渐转向佛陀一生的事迹,再往后,便转移到了佛陀偶像上。佛像

的出现必定会使佛教艺术中所有其他东西都黯然失色。"③龟兹佛教艺术与犍陀罗佛教艺术中都有很多表现释迦教化众生的题材,内容上有很

图10 克孜尔第8窟券腹菱形格因缘故事画(采自《中国石窟·克孜尔石窟》第1卷,图版30)

图11 克孜尔第34窟顶部菱形格故事画(采自《中国石窟·克孜尔石窟》第1卷,图版78)

① 霍旭初:《龟兹石窟"佛受九罪报"壁画及相关问题研究》,《敦煌研究》2006年第6期,第61—62页。
② 印顺:《初期大乘佛教之起源与开展》,氏著:《印顺法师佛学著作全集》第16卷,第104—105页。
③ 〔英〕约翰·马歇尔:《犍陀罗佛教艺术》,王冀青译,甘肃教育出版社,1989年,第7—8页。

图 12　克孜尔第 80 窟券顶菱形格因缘故事画（德国柏林亚洲艺术博物馆供图）

图 13　克孜尔第 171 窟券顶菱形格因缘故事画（采自《中国石窟·克孜尔石窟》第 3 卷，图版 8）

多相似之处。犍陀罗佛教艺术早期以佛本生故事为主要题材，后来佛本生故事增多。犍陀罗佛教造像艺术和石窟建筑艺术的形成发展，都与"譬喻"思想的推动有关。

经量部"现在实有，过未假有"思想的影响在龟兹石窟壁画中有所反映。5、6 世纪，龟兹石窟中佛陀行菩萨道的本生故事明显减少，而表现佛陀"现世"的譬喻（因缘）故事急剧增多。克孜尔第 14、17、69、114、178、198 窟全部描述本生故事。克孜尔第 38 窟和第 91 窟石窟券顶上的菱格构图出现一层本生故事、一层因缘故事的特殊结构。到 6 世纪因缘故事成为券顶的主流图像后，本生故事被布置于券顶下部半菱形格中或主室及甬道下部。到了后期，龟兹中心柱石窟主室券顶的因缘故事增多，而本生故事退居次要位置。《经量部》思想也反映到了克孜尔尕哈石窟群中。这是距离龟兹都城最近的石窟群，根据壁画内容，此处石窟群属于龟兹皇族寺院。[①] 值得注意的是，这些本生故事不再像克孜尔石窟那样主要绘制在中心柱窟主室券顶上，而是出现在中心柱窟主室券顶下部、主室侧壁下部、甬道侧壁下部和甬道券顶四个部位。而且，每个部位的表现形式也不一样。个别洞窟在券顶下部半菱格内绘本生故事，比如第 11 窟。大部分洞窟主室券顶下部半菱格内填绘山水、动物或坐禅比丘、婆罗门等。中心柱窟主室券顶则绘满菱格因缘故事。这一现象表明，在克孜尔尕哈石窟壁画中，因缘故事已经占据了主要位置，本生故事已剧减或消失。[②]

龟兹石窟的繁盛时期，因缘（譬喻）故事超越本生故事，成为盛极一时的主题图像，这种情况显然是受到了经量部思想影响，也是《俱舍论》在龟兹传播的具体表现。这些故事内容，有突出"现世"而弱化"过去"的意味。当然，因

① 彭杰：《库车克孜尔尕哈石窟壁画中的地神》，《西域研究》2007 年第 3 期，第 72 页。
② 赵莉：《克孜尔尕哈石窟综述》，《新疆文物》2008 年第 1—2 期合刊，第 14 页；新疆龟兹石窟研究所编著：《克孜尔尕哈石窟内容总录》，第 11—12 页。

缘故事中也有过去"本生"和"业报轮回"的事迹，以及很多"过去佛"的故事，但其主要还是强调"现世法"思想和表现"现世佛"释迦牟尼的大量度化事迹。这种情况，在龟兹石窟约于6世纪开始，一直延续到8世纪。

说一切有部早期的"持经者"与"论法者"并没有很大区别，后来在经量部思想影响的过程中，说一切有部的譬喻师逐渐转化为经部譬喻师。而说一切有部晚期的譬喻师，接受了经部思想，形成了具有经部特点的譬喻师。可以说，譬喻师的发展壮大极大地推动了佛教及佛教艺术的发展。

结 语

经量部重视经藏，与说一切有部重视论藏不同，擅长以譬喻的方式来解释经典，并擅长用文学、说唱、艺术等手段宣扬佛教，后来出现了一批以犍陀罗为中心的经量部"譬喻师"。龟兹石窟中大量的譬喻故事画，显示出譬喻思想在当地的流行。另外，从《贤愚经》的成书记载来看，譬喻思想在古代新疆十分流行，应该是受到经量部思想的影响。经量部产生于印度西北的犍陀罗一带，而龟兹佛教深受犍陀罗佛教的影响。

玄奘在龟兹参访阿奢理贰伽蓝时与龟兹高僧木叉鞠多的对话，显示《杂心论》与《俱舍论》都被龟兹僧人奉为要典，说明了新有部思想在当地的流行。《俱舍论》对说一切有部的评破主要集中在"三世实有"上，只承认现在实有是真实的，过去与未来都是假有。虽然有众贤《顺正理论》进行纠正，但《俱舍论》思想是一种新的理论境界，适应了佛教发展、革新思潮的要求，是后期说一切有部的主流思想，是部派佛教新兴理论的代表。

根据学者的研究，在克孜尔石窟发现的鸠摩罗多《喻鬘论》，即是鸠摩罗什翻译的《大庄严论经》，为经量部在古代龟兹的流行提供了有力的证据。

5、6世纪，龟兹石窟佛陀行菩萨道的本生故事明显减少，而表现佛陀"现世"的譬喻（因缘）故事急剧增多，这是受到经量部"现在实有、过未假有"思想的影响，同时也反映了新有部在龟兹的流行情况，应该是经量部思想流行后对小乘说一切有部造成冲击和影响的结果。

犍陀罗美术涅槃图的构造分析[*]

——以释迦的卧法为中心

〔日〕田边胜美 著　　李　茹 译

（东京古代东方博物馆）　（敦煌研究院）

引　言

犍陀罗涅槃图的浮雕遗存中（图1）刻画了入灭的释迦在拘尸那揭罗的娑罗林双树间床座上右胁朝下、累足而卧的姿态，这个形象是人们对释迦入灭即大般涅槃的一个普遍共识。

然而，对术语"涅槃"（梵文 nibbāna，nirvāna）或者"般涅槃"（parinirvāna）一词的解释曾有许多异议，另外，对于犍陀罗佛教徒（在家和出家）如何具体地理解"涅槃"或者"般涅槃"并完全没有明确透露。因此，作为可能解读犍陀罗涅槃图的图像学典籍之一的梵本《大般涅槃经》（*Mahāprinirvānasūtra*）被认为是一个形象的据典。佛典在描写释迦临终之前的部分，《大般涅槃经》似乎没有必要插入如"大善见王的故事"[①]等，并指出这部分经典内容的编集是非常意、不够严谨的。

图1　涅槃图，2—3世纪，V & A Museum

---

[*]　本文译自《古代オリエント博物館紀要》，2016年，第57—88页。

①　巴利本《大般涅槃经》中简洁地叙述了拘尸那揭罗曾有转轮圣王大善见王的居城，是历史悠久的都城，但梵本《大般涅槃经》和汉译的涅槃经中对都城的样子做了具体详细的叙述。其原因，R.Gethin 解释是梵本和汉译的长故事是把释迦的"佛陀之道、佛道视觉化了，是僧侣为了清晰地冥想那个过程而创作的"，但笔者不这么认为。为了辅助冥想，在涅槃经中特意插入这个长故事是无法理解的。只是为了提高拘尸那揭罗的权威性。

另外，对于入灭的释迦的横卧之姿是很难理解的。古往今来，无论东西方，综观世界，人类死亡之际通常是取尸体仰卧安置，在古代印度也是如此，将死者的遗体仰卧安置的停尸法称为死者的仰卧法。无论如何，现代我们通常看到的遗体采用的是仰面向上的安置礼仪。按照上述情况，即使是距今两千年释迦的遗体也不应是侧卧在床上，应是以仰卧的姿态在拘尸那揭罗娑罗双树间入灭。但对于释迦这样的仰卧法，《大般涅槃经》中对释迦遗体的描绘是理所当然的。事实上，云冈石窟第 11 窟的西壁上雕刻的涅槃图（图 2）中也采取仰卧之姿。在北魏时期（5 世纪下半叶）的涅槃图中，释迦并非南枕而是北枕仰卧之姿。另外，还有日本高野山金刚峰寺藏的涅槃图，它是日本最古老的涅槃图的遗例（图 3），也表现了仰卧入灭的释迦形象。对于上述这样释迦入灭的

图 2　涅槃图，云冈石窟第 11 窟西壁，5—6 世纪

图 3　涅槃图，高野山金刚峰寺，1086 年

图 4　寝释迦，缅甸，1880 年，P & G Collection Karlsruhe–Berlin

例子，笔者通过"历史事实的正确再现"对释迦的般涅槃（死）进行再思考。

然而，类似上述这样的仰卧释迦像与其说是例外，不如说绝大多数不是这样的。释迦双眼闭合好像并没有休息或躺下的横卧法，不仅在犍陀罗，而且在南亚、中亚、中国、朝鲜、日本所出现的涅槃图中都可以得到确认。

在东南亚如缅甸和泰国有许多这样的双眼睁开横卧的释迦佛像（图 4），通常这种造型被称为"寝释迦"。诸如这样横卧的现象目前已知有如下解释：一是，释迦在拘尸那揭罗般涅槃禅定之前躺下休息；或者说是佛教所称的"行住坐卧"的姿势之一"卧"的表示；如果这种"寝释迦"是"般涅槃的预示""预告像"的话，那就不能说"般涅槃是将其再现的涅槃佛"或者是"涅槃像"。当然，在相关的佛典中没有记载释迦双眼睁开横卧说法的文献。如果双眼是睁着的状态说明生命还存续着，并不是入灭的状态，那这个所谓的"寝释迦"雕像从佛教学的角度来看，称其为"涅槃像"并不合适。然而，从日本的佛像遗例来看，显然，它描绘了双眼睁开横卧的释

图 5　滋贺县石山寺的涅槃图，镰仓晚期

迦（图 5）。如果将这样的佛像作为参考的例子，上述提到的东南亚的"寝释迦"也不能作为"涅槃像"。诸如这样在东南亚和东北亚地区制作的释迦侧卧像，与梵本《大般涅槃经》和巴利本的《大般涅槃经》（*Mahāparinibbānasuttanta*）等小乘涅槃经典的记述，两者之间的匹配度与契合度存在令人费解的问题。

犍陀罗的涅槃佛也是如此。就犍陀罗制作的释迦涅槃图浮雕而言，将侧卧的雕像解释为入涅槃前的人物是合理的，所以，对于普遍所说的

冠之以"大般涅槃图"，或是说是否将"释迦的（大）涅槃"可视化、造型化了的问题，笔者于四年前进行了重新思考，然后阅读了现有的涅槃经典和相关部分，并根据经典要点分析犍陀罗涅槃图的造型要素。下文笔者将阐述自己新的观察和解释，希望得到诸方家的批评指正。

一 狮子卧法

释迦在拘尸那揭罗娑罗双树下的卧床上横卧以迎来大般涅槃的神圣时刻，相关经典可见于巴利本《长部经典》第16节《大般涅槃经》，释迦告诉阿难在娑罗双树间向北准备好卧床，阿难依释迦所言照办。此处依佛经所记，笔者汉译为：尊者阿难按照释迦所言，在娑罗双树间准备了一个向北的卧床。因此，释迦右胁横卧采用狮子卧法的姿态，把左脚叠放在右脚上，保持正念与智慧进入大涅槃。

法显汉译的小乘《大般涅槃经》卷中记载："右胁着床，累足而卧，如师子眠，端心正念。"[1]《长阿含经》卷3《游行经》中记载："世尊自四襵僧伽梨，偃右胁如师子王，累足而卧。"[2]在这两本汉译经典中，虽然没有使用狮子卧法名称，但如实记录了释迦以狮子卧法之姿横卧的造型。

此外，梵本《大般涅槃经》中也有相关记载，笔者依据梵文经典译为：尊者阿难对释迦说："尊师，在娑罗双树间将卧床头朝北准备好了。"因此，释迦走近卧床，右胁向下侧躺，左脚累放在右脚之上，做超光明想的意念，保持禅定、静

思、正念的状态进入只有涅槃冥想的境界。

梵文经典中没有"狮子卧法"（sīhaseyyā）这个词语，《佛般泥洹经》卷下记载"得床倚右胁卧"，《般泥洹经》卷下仅记载"就绳床侧右胁而卧"；《佛所行赞》也仅记载"如来就绳床北首右胁卧"，没有狮子卧法的说法记录。[3]然而，这些经文也明确地有"右胁腹在下横卧"的记载，所以，狮子卧法即像狮子那样右下横躺的姿势。

这种卧床法在梵本经典中被记载为"simha-sayyā"，sīha=simha，意思是"狮子，像狮子那样的；最好的，卓越的，优秀的"。和梵文的卧床所表示的 seyyā =sayyā（卧床，寝台，睡觉，休息）的意义结合起来看，不论是 sīhaseyyā 还是 simhasayyā，意义有两种：一是最豪华的卧床，释迦最后的寝床，汉译为"狮子床"；二是右侧横卧的姿势，汉译为"狮子卧法"。

第一个意义表明仅仅是一张寝台而已，但因为冠以狮子的名号，这个简陋的床就可以解释为一个高级的寝台。韦伯将 Prachtbett 译为"豪华的床"。从犍陀罗的涅槃图浮雕（图6）来看，所谓狮子床是看起来像狮子座（图7），模仿了具有四脚的以狮子前躯支撑而成的长椅，不是狮子姿态的床。然而，寝台的支脚由狮子的前身和大象的头合成。此类型的寝台是大象与阿特拉斯一样作为建筑物的支脚用于佛塔的装饰。

再来看狮子床。在贵霜王朝迦腻色伽一世（127—150年在位）的金币背面（图8）刻印的

---

① （东晋）法显译：《大般涅槃经》，《大正藏》第1册，第199页。
② （后秦）佛陀耶舍、竺佛念译：《长阿含经》，《大正藏》1册，第21页。
③ 《佛般泥洹经》，《大正藏》第1册，第169页上、184页下；《佛所行赞》，《大正藏》第4册，第46页中。

马诺巴戈神王座和胡维什卡国王（150—190 年在位）的铜币表面有此类宝座，这样的例子在犍陀罗的佛教雕塑中并不广为人知。

另外一个含义所表示的卧法是，深夜（23 点至凌晨 1 点钟）僧侣休息时的卧法。这是暂时的、临时的卧法，巴利本《增支部经典》第 3 集第 2 期《车匠品》16 句和《中部经典》第 53 卷记载：比丘在深夜进入正念、正知之时产生应该采取狮子卧法的意识。《中部经典》第 39 卷中记载释迦对僧侣说：僧侣们应该努力夜中不眠，晚上也是采取"右胁向下，双足相叠"的狮子卧法，在睡梦后醒来继续学习经学。

因此，狮子卧法对应的是临时的、暂时的睡眠，是便于唤醒的一种水平卧床法。无论是 sīhaseyyā 还是 simhasayyā，这种卧床法都是为活着的人所采用，不是常见的死亡仰卧法。至于这种死者的仰卧法，在《长部经典》中释迦解释说：死者因为血和肉变少致使骨头的结合部分粘接在一起，因此不能侧腹向下，而是采取了仰卧的姿势。

另外，关于释迦，巴利本《法句经》（*Dhammapada*）的注释书巴利本 *Dhammapada-Atthakathā* 中有"马哈珀拉上座（长老）说：'我以走路、站立和坐卧这三种姿势度过时日。其背部伸不直，相当于身体不能横卧'"这样的记载作为参考。[①] 不卧法因为符合出家修行僧侣应该遵守十二头陀之一的常坐不卧的修行仪轨而被尊崇。另一方面，僧侣伸展他的背部横卧的姿态是狮子的卧法，所以修持功德高位的上座（长老）在夜间为了保持正念可能不会采取这种安乐卧法。因此，修行功德最高

图 6　涅槃图，迦毕试出土，3—4 世纪，喀布尔博物馆藏

图 7　狮子座部分，砾岩，2 世纪，亚洲美术馆（旧印度美术馆）藏

图 8　马诺巴戈神坐像，迦腻色伽一世金币背面，2 世纪，笔者藏

---

① 　幸得创价大学国际佛学高等研究所的辛嶋静志教授指教。

的释迦也如此。所以在原则上，被认为是晚上没有休息或睡觉的狮子卧法，可以说是具有很大的可能性。顺便说一下，据《长老偈》904，曾有一个佛弟子阿那律（Aniruddha）在50年间保持了常坐不卧的修行方式。

据巴利本《大般涅槃经》，释迦用过铁匠纯陀供养的僧食后染重症，经历剧烈、濒死之痛，虽然身体十分虚弱，但他还是决定步行去拘尸那揭罗。在路上他说，"过了一会儿疼痛又发生了"，这时，释迦躺在一件四角折叠的袈裟上以狮子卧法之姿侧卧入寂涅槃。同样，梵本《大般涅槃经》中记载，释迦在去拘尸那揭罗的路上疲惫至极途中休息的时候，命令阿难将袈裟四角折叠铺在地上。释迦双足重叠右胁向下，以狮子卧法侧卧之后心里默念"我想再次站起来"。《长部经典》第33卷《等诵经》记载，释迦半夜开始感觉背痛，因为背痛他以狮子卧法横卧而眠。经典中还记载，释迦在托钵后在香室里以狮子卧的姿势曾停留数时，这是因为释迦托钵疲惫暂时休息了一会儿。

此外，法显汉译的大乘《佛说大般泥洹经》第6卷的结尾记载，释迦为纯陀、摩诃迦叶、文殊师利等长期说法后说："我背部生病，全身疼痛，所以想要躺下。以后，说法之事就由文殊师利、摩诃迦叶担当了。"释迦为众生说法使许多活着的人受到教化，但释迦积劳成疾。释迦把右侧腹向下侧卧在地并保持正念。其后释迦进入涅槃的过程并没有记载，或者说，佛典回避了般涅槃时的具体情景。

参照诸上经典记载可知，释迦因疲劳或疾病而背部或身体疼痛从而采取了狮子卧法。换句话

说，狮子卧法并不是释迦应该采取的方式，至少上述涅槃经类中提到的"在拘尸那揭罗的狮子卧法"，是释迦因年长又加上长途旅行疲劳所致背部疼痛而采取稍作休息的动作，不应该将此解释为释迦进入般涅槃的卧势。但是，在《大般涅槃经》记载中，因为释迦狮子卧后他继续正念所想的只有"如涅槃想"，所以，这种狮子卧法与般涅槃被误认为或者被误解为一体化的观念在犍陀罗发生的可能性是极大的。

然后，关于为什么释迦右胁侧卧双腿交叠累足而卧，躺下休息睡觉时的姿势被称为狮子卧法，巴利本《增支部经典》第244节有如下描述。根据佛经，笔者译为：比丘们，百兽之王狮子右胁向下，左脚叠加于右脚之上，尾巴置于后腿之间侧卧躺下。百兽之王在睡眠状态中醒来，上半身直立，环顾四处。但是，比丘们，如果看到百兽之王狮子的身体有一点儿不舒服的地方，那么百兽之王狮子是不高兴的。但是，比丘们，如果没有看到狮子的身体不舒服的话，说明百兽之王狮子是高兴的。比丘们，这就是狮子卧法。

事实上，正如我们看到的狮子的侧卧（图9），会发现狮子双脚都重叠了。上文提到的百兽之王狮子，当它醒来时，是上半身直立而下半身坐卧的姿势。虽然尾巴不在两腿之间，但这应该不是一个问题。以上《增支部经典》第244节中醒来的狮子特意增加了一个动作，那就是狮子的卧法或者说是休息或睡觉时采取不动的姿势。

无论如何，除了狮子的尾巴和释迦的北枕头外，犍陀罗的涅槃图浮雕刻画的释迦睡姿和上文《增支部经典》中记载的狮子的侧卧姿势有重要的共同点。

图 9　侧卧的狮子

此外，释迦在拘尸那揭罗的娑罗双树下特别准备了卧床而不是袈裟，可见是经典的作者有意把卧床作为释迦涅槃的一条伏线（不是历史事实）引入。袈裟作为卧所之用会像前文提到的释迦去拘尸那揭罗途中明示的那样，僧侣一般是一段时间或者晚上在时间限定的场合采用此种方法，使用释迦的卧床法是不寻常的，我不能确定其与历史事实的关系。根据史料的有限记载，佛教学者通常认为，释迦以这种狮子卧法之姿，头部北枕于卧床上最终达到（大）般涅槃。但梵本《大般涅槃经》和巴利本《大般涅槃经》对释迦以狮子卧法横躺之后进入（大）般涅槃都没有具体说明。[①]

如前所述，释迦在拘尸那揭罗的娑罗双树之间准备了一个卧床，躺在上面休息。然而，不久之后，释迦向僧人和弟子进行说法并对阿难讲述了遗体处理法以及大善见王故事，阿难又召集了末罗族并传授了戒律清规使他们皈依佛门。其后，游历行者须跋陀罗拜访了释迦，并与释迦进行了很长时间的对话。有关在那期间释迦的姿势，梵本《大般涅槃经》及巴利本《大般涅槃经》中都没有记述释迦是以狮子卧侧卧的姿势来进行说法、讲故事的，所以也不能否认释迦暂时结束侧卧而采用结跏趺坐等其他姿势的可能性。如上所述，末罗族拜访释迦的时候全体顶礼佛足。这样的话，这是否意味着释迦侧卧在卧床上，双脚并拢，或者是坐在卧床上垂下双脚或者是交脚？关于在那之后释迦的姿势，由于完全找不到可预测的描述，很遗憾，只能推测出是用狮子卧法来侧卧的。

那么，释迦以狮子卧法侧卧与般涅槃无关。巴利本《大般涅槃经》和《长阿含经》卷第三《游行经》中记述在释迦侧卧之后不久，发生了超自然现象预示般涅槃。[②]据梵本《大般涅槃经》和《佛所行赞》，阿难铺设卧床的时候，释迦曾明确说，半夜要涅槃。[③]因此，阿难铺设卧床后不久，释迦采用狮子卧法横卧预示了般涅槃。所以，狮子卧法预示着释迦般涅槃就明确地记载于佛经中了。然而，即使狮子卧法明显预示了释迦的涅槃，也不一定意味着释迦以狮子卧法侧卧而涅槃。事实上，如上所述，释迦在去往拘尸那揭罗城的途中，因背痛短暂以狮子卧法侧卧，但不久后又站

---

① 《大般涅槃经》汉译之一的《佛般泥洹经》（3世纪支谦或白法祖译）卷下中记载，释迦牟尼在涅槃前曾采用狮子卧法（《大正藏》第1卷，172页下：北首枕手，期右胁卧，屈膝累腿，便般泥曰）。但是，可以认为这是印度以外的抄经者或汉译者擅自改编插入的。巴利本的另一个汉译的《般泥洹经》（3世纪）卷下记载了是四禅定，但没有记载是用狮子卧法横卧而入般涅槃（《大正藏》第1卷，188页中、下）。另外，法显译的异译本《大般涅槃经》卷下也是如此（《大正藏》第1卷，第205页上）。因此，可以忽略《佛泥洹经》卷下的叙述。

② （后秦）佛陀耶舍、竺佛念译：《长阿含经》，《大正藏》第1册，第21页上。

③ （北凉）昙无谶译：《佛所行赞》，《大正藏》第4册，第46页中。

起来结跏趺坐进行说法。因此狮子卧法只是一时的卧法，狮子卧法能预示释迦的般涅槃，但并不意味它是释迦般涅槃入灭时的姿态。关于这一点，佛经的撰述者不用说，犍陀罗的雕刻家也一定是熟知的。总之，佛经的撰述者应该明确记载释迦在涅槃瞬间或涅槃之后的姿势，但现存的任何经典对此都没有记载。

虽其理由难以理解，但巴利本《大般涅槃经》和梵本《大般涅槃经》、《长阿含经》卷第四《游行经》、《佛所行赞》中记述了释迦以狮子卧法侧卧后，经过很长时间，突然开始了正念、禅定静虑，其后进入涅槃。①

换言之，梵文本《大般涅槃经》和巴利本《大般涅槃经》中明确记述了释迦在般涅槃之前进行了九个阶段的禅定静虑（四禅，四无色，灭受想定），到达了最终的第四禅定，从第四禅定出定（出、起立、站立）进入般涅槃。这很长的禅定静虑在巴利本《相应部》第1卷第6篇"梵天集成"的第2章第5节"般涅槃"中记述，是以禅定阶段为基础的。贵霜王朝的迦腻色伽一世和同时代的马鸣著《佛所行赞》也记载了从第四禅定进入般涅槃，所以这种想法在犍陀罗制作涅槃图浮雕的时候就已经被人所知，并成为常识。

上述三种经典共同记载了关于般涅槃最重要的时刻。在巴利本《大般涅槃经》中有如下记述：释迦从第四禅定出定很快进入般涅槃。同样《大般涅槃经》中也记载了相关内容，依原文笔者译为：结束了第四禅定明眼人（具眼者＝释迦）进

入不动的寂静，释迦就这样般涅槃了。在《佛所行赞》中记载："复从初禅起，入于第四禅，出定心无寄，便入于涅槃。"②法显译《大般涅槃经》卷下中记载了"入第四禅，即于此地入般涅槃"，"世尊已于第四禅地入般涅槃"等。③

因此，释迦是进行了长时间的禅定静虑后从第四禅定到达般涅槃的。第四禅定要求具备强大的洞察力，获得慧眼，到达不动寂静的境界。那么，在第四禅定释迦的姿势或者卧姿是怎样的呢？首先，有关进入禅定静虑的姿势或卧姿在梵本《大般涅槃经》和巴利本《大般涅槃经》中没有任何记载。北枕以狮子卧法横卧等说法是完全没有记载的，因为佛在禅定的时候通常是结跏趺坐的。

这点可以参考日本（出羽三山）的即身佛在棺座上正坐（结跏趺坐）进入死亡的例子。特别是，如果九阶段的禅定（九次第思惟正定）已成为常识的话，那么认为以结跏趺坐端正的仪容进行禅定是妥当的。故此，难以想象释迦在疾病缠身，身体状况不佳的情况下，在弟子面前以狮子卧法横卧进行禅定。至少，在梵本《大般涅槃经》和巴利本《大般涅槃经》中并没有记载以这样的姿势说法。依己见，记载以横卧或狮子卧的姿势进行禅定的佛经实际上并不存在。

然而，并没有记载的是结跏趺坐或者其他坐姿。为什么在狮子卧法预示了涅槃后，释迦的姿势仍然保持在模棱两可的状态，而佛经的撰述者却不得不说入灭？这样的话，对于释迦最后的姿

---

① （后秦）佛陀耶舍、竺佛念译：《长阿含经》，《大正藏》第1册，第26页中、下；（北凉）昙无谶译：《佛所行赞》第4册，《大正藏》第4册，第49页下。
② （北凉）昙无谶译：《佛所行赞》，《大正藏》第4册，第49页下。
③ （东晋）法显译：《大般涅槃经》，《大正藏》第1册，第205页上。

势（是横卧还是坐姿），犍陀罗的僧侣、在家佛教徒、雕刻家是不可能知道的，所以释迦入灭的瞬间或之后的姿态视觉化、造型化是不可能的。

因此，作为次善之策让我们看看佛经的撰述者所采用的办法。《大般涅槃经》关于释迦般涅槃后，举了"simhaśayyā"（狮子床）作为例子的记载，依梵文记载笔者汉译为：释迦般涅槃后不久，娑罗树林中成对最高的两棵树，在释迦的"simhaśayyā"（狮子床）上散落下了娑罗花。与梵文对应的汉译经典《根本说一切有部毗奈耶杂事》卷第三十八记载："尔时如来入涅槃时，娑罗双树，名华下散，弥覆金躯。"释迦涅槃时"最胜娑罗树，低枝下垂荫，复散以名华"。① 并没有明确释迦般涅槃后的卧法或卧床，只能明确娑罗双树花降落在释迦金色的遗体上，或者用花盖住了遗体。

问题是，"simhaśayyā"（狮子床）汉译是"金躯"，如果参照这个的话，"simhaśayyā"（狮子床）对应的就是"释迦金色的遗体"，不能翻译成"狮子卧法"。故此，韦伯在上述《涅槃经》抄本中，采用了"tathāgatam"来代替"simhaśayyā"，将散落的娑罗之花的对象独译成"den Vollendeten"（完全无欠＝正等＝释迦）。也就是，"simhaśayyā"（狮子床）是寝台，也是床的意思；并不是休息、睡觉的意思；解释为遗体。

与此相对，岩本裕、中村元根据字面意思译

成了"狮子床""狮子座"，所以"simhaśayyā"（狮子床）不是遗体的意思，可以理解为卧床或寝台。阿富汗东部贝格拉姆的绍托拉克佛寺遗址出土的涅槃图浮雕描绘了四脚是狮子前躯的狮子床，所以岩本裕的译语是恰当的，但中村元的"狮子座"通常对应的是"simhāsana"，所以不能说是恰当的译语。

然而，不是释迦的遗体，而是在狮子床上散落的娑罗花，② 有一种违和感。《大般涅槃经》中并没有这样的记述，在同经的前部分（释迦以狮子卧横卧不久后），为了供奉修行完成者释迦，娑罗双树开出了不合时节的花朵，盛开的花朵落在释迦的"身体"上。至少在犍陀罗的涅槃图浮雕中，描绘娑罗双树的花落在狮子床上的作品是不为人所知的。

而且，在这个场面中突然出现"simhaśayyā"（狮子床）也是很奇怪的。原因是，侧卧在阿难准备的卧床上的释迦，《大般涅槃经》中没有明确记载是"simhaśayyā kalpayati"（采用狮子卧法），只是用"śayyām kalpayati"（侧卧）来表现的。当然，这种情况"like a lion"也可以解释为像狮子一样侧卧。

像这样突然插入"simhaśayyā"（狮子床），是梵文文本的问题。辛嶋静志认为由于上述引用的部分缺少原文，全部都是 Waldschmidt 复原的，原文中没有"simhaśayyā"（狮子床）这样的

---

① （唐）义净：《根本说一切有部毗奈耶杂事》，《大正藏》第 24 册，第 399 页下。

② 在这种情况下，以及《根本说一切有部毗奈耶杂事》第 38 卷中关于狮子床的记载，指出因为释迦牟尼采用狮子卧，所以叫狮子床，狮子床不是特别的床，而是表示"狮子卧着的释迦牟尼"，但犍陀罗没有使用狮子床的盖然性是很大的。因此，很显然是在汉译时翻译错了，不是"狮子床"，而应该意译为"横卧在狮子床上的释迦牟尼的遗体"，或者"像狮子一样横卧的释迦牟尼的遗体"，但是巴利本《大般涅槃经》的 sīhaseyya 和梵本《大般涅槃经》的 śimhaśayyā 意思不是遗体，而是卧床。

语句的可能性很大。① 事实上，如上所述，韦伯也没有采用"simhaśayyā"（狮子床），而是采用了"tathāgatam"（如来）的说法。

也有学者参考梵本《撰集百缘经》第100话的"Saṃgītiḥ"进行复原，笔者据其内容汉译为：释迦般涅槃的时候在娑罗树林中成对最高的两棵树下，娑罗花散落在狮子床上。就在这个时候，有比丘向释迦唱诵偈颂。但是，另有学者就有关释迦的狮子床译成："娑罗双树（弯曲的树干）用它的花铺盖在释迦的狮子床上。"总之，释迦是否以狮子卧法横卧在狮子床上尚不清楚。

然而，《大般涅槃经》中记述了释迦在娑罗双树下，在阿难准备的卧榻上以狮子卧法横卧时，娑罗双树上降落下了花。参照这样的记述也能解释，所以这未必是证明释迦般涅槃时采用狮子卧法的语句。另外，藏语翻译是在8世纪从梵语翻译来的，其内容在2—4世纪时的犍陀罗的《大般涅槃经》（古印度语或梵语）的原著中是否存在也是问题，因此将其直接应用于涅槃图浮雕也有问题。

其次，"simhaśayyā"（狮子床）提及的是，末罗族来到娑罗双树林供养释迦遗体的场景，依原文笔者汉译为：末罗族来到娑罗树林，将释迦的"simhaśayyā"（狮子床）以芳香、华蔓、华花、抹香、乐器供养。

这种情况下把"simhaśayyā"（狮子床）翻译成狮子是不可能的。然而，不是释迦的遗体，而是供养卧床、供养床榻有些违和，令人难以接受。供奉的对象是释迦的遗体，不可能是佛躺的

床（狮子床）。汉译为"既至，彼已于佛所卧狮子床前尽哀情已"（表达了在释迦横卧的狮子床前哀悼的意思），并没有记载直接供奉狮子床。②

此外，《大般涅槃经》中只记载了对释迦遗体的供养，忽视了床的供养。依佛典原梵文笔者译为：于是，拘尸那揭罗城居民末罗族，手拿着乐器、花环、香料及五百套（白）布，前往安置释迦遗体的娑罗树林。到达目的地后，他们把释迦的遗体用舞蹈、器乐、花环、声乐、香料来供奉，把自己的衣服连在一起做篷，搭成一个圆帐篷。他们就这样度过了那一天。

笔者认为，这个巴利本的叙述是最古老、最正确的，因为供奉释迦的遗体才是根本，没有必要供奉狮子床。如果参照犍陀罗涅槃图浮雕中所描绘的卧床的形态，笔者的这种推论是成立的。在犍陀罗的涅槃图浮雕中，狮子床反而是例外中的例外，描绘四脚不是狮子前躯的卧床在涅槃图浮雕中占绝大多数（图10）。从统计学上来说，狮子床属于几乎可以忽略的例外，大概是因为，在说一切有部的《大般涅槃经》或古印度语著的涅槃经类的书中，缺乏释迦"横卧在狮子床上"

图 10　涅槃图，砾岩，2—3世纪，吉美美术馆藏

---

① 2015年5月14日，在创价大学的发言。
② （唐）义净：《根本说一切有部毗奈耶杂事》，《大正藏》第24册，第400页中。

的记载。

如上所述，关于涅槃后释迦的姿势、卧姿，除了后世的藏语翻译，梵文本《大般涅槃经》、巴利本《大般涅槃经》和汉译中都没有记载是用狮子卧法横卧的。

因此，关于涅槃后释迦的姿势，根据相关经典的记述，难以断定是像犍陀罗涅槃图中那样的狮子卧法。在《大般涅槃经》中，有记载释迦涅槃之前在"simhaśayyā"（狮子床）上横卧，但关于涅槃之后，没有使用"simhaśayyā"（狮子床），全部记载的是遗体。或者犍陀罗的涅槃图中，描绘释迦横卧的狮子卧法与般涅槃之前释迦休息时的卧法是一致的，所以根据有关佛经的记述内容，将其看作涅槃及涅槃之后的卧姿似乎并不合适。

就卧姿来说，人躺在床上也好，仰卧也好，是休息还是已经死了，在造型上几乎没有区别。例如，罗马帝国时期大理石制石棺盖上横卧或仰卧的死者形象（图11），常被说成是释迦涅槃图源流，但其事实上表现了拉丁语的"quies aeterna"（永远的休息）、"sommus aeternus"（不死之眠）带来的无上幸福和长生不老，而不是生物学上的死亡。至少，死者的遗属和子孙认为，在石棺盖上塑造的睁大双眼并不休息的、打盹的父母和祖先的画像，表示逝去的亲人在石棺中依然活着。从躺在石棺盖上的死者的肖像手拿着小花环、酒杯、葡萄串等与宴会有关的物品来判断，这些象征着死者被邀请出席招待遗属的宴会，说明死者在来生的永存。

由此可见，犍陀罗的狮子卧法，与罗马帝国的横卧、仰卧法一样，表现了生者的一种存在或休息的形态，因此预示着释迦即将到来的死亡

图 11　石棺，大理石，170 年前后，梅尔菲博物馆藏，意大利

（般涅槃），可以说是一种极为妥当的处理手法。

最后想强调一下，因为犍陀罗的雕刻家不知道释迦般涅槃时的姿势，所以选择了用狮子卧法预示般涅槃的次善之策。

二　如来卧法

笔者之所以执着于释迦入般涅槃时的体势、姿势，理由如下：释迦在宣讲完最后一句话，即将入般涅槃时，可以说已经进入了第四禅定，这时关于释迦的姿势（卧法或者坐法），在梵本和巴利本的《大般涅槃经》中都没有出现具体的描述。另一方面，正如前文所述，也没有记载采用狮子卧法。也就是说，对于释迦在即将入般涅槃时的具体姿势，毫无头绪可言。另外，释迦双眼是紧闭的还是睁开的，关于眼睛的状态也没有任何记载。

但幸运的是，3 世纪巴利文佛典《佛般泥洹经》中记载了释迦在行将入灭时进行第四禅定，

采用了与佛陀释尊相称的，或许只有释迦才被允许的如来卧法。[①]那么，如来卧法究竟是怎样的卧势或者坐势呢？巴利文《增一阿含经》第244句明确记载了释迦以如来卧法进行第四禅定。依原文笔者译为：那么诸比丘，如来卧法究竟是什么？诸比丘，出离世间的种种欲望……（中略）……第四禅定具足住。诸比丘，这就是如来卧法。

这部经典的校订原文，在"八正道"和巴利语"第四禅定"之间标注的"中略"省略了一部分内容，参照同经典的第123、169、190、194、200句，可复原出上段中省略部分。依原文笔者译为：离诸不善法，推求、伺察事物的真理，由离生喜乐（远离世间的纷扰，静心打坐修行而生出喜乐）。

遗憾的是，省略的部分并没有关于第四禅定的具体说明。因此，即便是补足了中略部分，也完全无法明了如来卧法的姿势。

另外，在巴利本《大般涅槃经》的注释书《长部注》中也记载了觉音（南传上座部巴利语系佛教著述家——译者注）所著的关于如来卧法的简单说明，问题在于对"idha"做何解释。如果将"idha"理解为巴利本《大般涅槃经》的话，或许可以说得通。其依据是，如同经中明确记载的那样，释迦在前往拘尸那揭罗的途中休憩时也采用了狮子卧法。即，觉音认为"四种卧法中，只有狮子卧法在巴利本《大般涅槃经》中得以传承"。笔者思量后翻译如下："第四禅定的卧法又被称作如来卧法。四种卧法（死者的仰卧法、欲望的卧法、狮子卧法、如来卧法）中，只有狮子卧法在《大般涅槃经》中得以传承，这种卧法可

以说是威光增盛、作威仪感的最佳卧法。"（佛教讲行、住、坐、卧四威仪，四者各有仪则不损威德。四威仪之"卧如弓"当右胁而卧，于诸卧姿中最为有益）

另一方面，如果把"idha"做"这个世界"理解的话，也可以翻译成"在印度的四种卧法中，只有狮子卧法得以传承"。据中村元所说，如今在印度仍然认为有教养的人应该以狮子卧法北枕而眠。总之，如来卧法与狮子卧法并不相同，而且是有着明显的不同。

另外，笔者的上述解释也依据了禅定时不能横卧的观点。禅定，正如《中部经典》第39卷中的记述（结跏趺坐，上半身挺直而坐），一般表现为结跏趺坐、结禅定印的姿势，此为最后的佛弟子——遍行者须跋陀罗的坐姿（图12）。在涅槃图中几乎作为一个固有的形象被表现出来。与此相对，不是正襟危坐而是侧卧禅定（图13），被视为散漫放逸的姿态。事实上，在西藏绘制（据田中公明说，基于18世纪德格版制作的唐卡）的涅槃图（图14）中，我们仍然能看到侧卧像的特殊范例。最先注意到这幅画的人是19世纪末的阿尔伯特·格伦威德尔，遗憾的是这位学者没有说明为什么特意在著作 *Buddhistische Kunst in Indien*（《印度佛教艺术》，1893）中提出这一罕见范例。

在这幅西藏的涅槃图中，释迦累足横卧，上半身挺立着朝向正面，双眼睁开，很大程度上弱化了散漫感。对于这幅罕见的涅槃图，田中公明认为是以昙无谶（5世纪前半叶）译大乘四十卷《大般涅槃经》卷第十一的《现病品》第六为

---

① （西晋）白法祖译：《佛般泥洹经》，《大正藏》第1册，第172页下。

图 12 禅定佛像（图 13 的局部放大像）

图 14   涅槃图，18 世纪，亚洲美术馆

图 13   涅槃图的卧床的前面，砾岩，2—3 世纪，维多利亚与艾尔伯特博物馆

依据绘制的。这部大乘《大般涅槃经》以及慧严译的三十六卷《大般涅槃经》（5 世纪）卷第十都明确记载了释迦应迦叶菩萨请愿，从侧卧中起身，结跏趺坐宣讲佛法。[①] 这种异端的叙述或许源于大乘佛教中佛身常住的思想，巴利本《大般涅槃经》和梵文本《大般涅槃经》中对于释迦即将入般涅槃（第四禅定）时的坐卧法没有明确的记载。或者将这种不同寻常的记述插进涅槃经，"拥有金刚身、神通广大、超凡脱俗的释迦，像孩子一样叫喊着身体疼痛并侧卧着为弟子们说法是不自然的"，只能认为是因为部分僧侣间存在这样的认识。总而言之，如果将上述德格版唐卡

① （北凉）昙无谶译：《大般涅槃经》，《大正藏》第 12 册，第 429 页中、下，第 671 页上。

中出现的那样直立上半身、双眼睁开宣讲佛法的姿势解释为不完全的结跏趺坐的话，就与《现病品》第六的记述相符了。

另一方面，这样的姿势使人联想到雄狮从睡梦中醒来，双腿并拢、下半身侧卧、竖直上半身眺望远方的英姿。事实上，上述昙无谶译《大般涅槃经》中就记载了结跏趺坐说法的释迦，威容犹如心无疑虑的狮子王。[①] 上半身直立的姿势，让人想起《长部注》中记载的威光增盛、作威仪感的姿势。因此，这种姿势在犍陀罗可能也被认为是如来卧法。至少，这样的姿势是释迦在为须跋陀罗说法，或是受末罗族的恭敬，抑或僧侣们举哀时较为适宜的卧法，与完全的北枕侧卧进行的"拟禅定"相比，上半身直立，只侧卧下半身的姿势看起来更像是正统的禅定或冥想姿势。

附带一提，希腊化时代的英雄赫拉克勒斯（图15）和罗马帝国时期的河神如尼罗河河神、底格里斯河河神等（图16）的侧卧像也采用了类似的姿势，或许西藏绘制的涅槃图的姿势具有一定的普遍性。

总之，依据《大般涅槃经》和它的注释书所载，释迦在般涅槃时采用了如来卧法，而不是狮子卧法，雕刻时以狮子卧法来表现释迦的般涅槃，从经典的角度来看，当然是不正确的。也就是说，犍陀罗的涅槃图中描绘出的双眼紧闭休息、侧卧着的释迦，显然是采用了狮子卧法。这只能解释为般涅槃很久以前，即第一禅定到第四禅定的禅定静虑的很久以前释迦的侧卧体势。确切地说，应该认为它并没有表现出死亡本身的涅槃。

另一方面，根据梵文本《大般涅槃经》和巴利本《大般涅槃经》的叙述，释迦是以第四禅定的姿态进入涅槃，当然应该以第四禅定的卧法也就是如来卧法来表现。但是，在犍陀罗的涅槃图浮雕中并没有出现第四禅定的卧法表现。为什么会出现这样的分歧呢？

笔者推测，释迦以第四禅定即如来卧法入灭的瞬间无法可视化、造型化，正如《大般涅槃经》中记载的那样，如来卧法这一名称缺乏具体性，所以可视化、造型化几乎是不可能创造出来的。

正因如此，犍陀罗的涅槃图浮雕，如果第四禅定的插曲在贵霜朝前期就被记载在《大般涅槃

图15　赫拉克勒斯侧卧像，大理石，公元前2世纪

图16　尼罗河河神侧卧像

---

① （北凉）昙无谶译：《大般涅槃经》，《大正藏》第12册，第429页下。

经》中，那么只能解释为用预示释迦般涅槃的休息姿势（狮子卧法）替代了释迦涅槃的场景，从而创造了涅槃图。

要说第四禅定（般涅槃）后释迦究竟去了哪里，那非梵天界莫属了。因为在梵天界复生，释迦入灭后即使是从这个世界消失了，也并非绝对死亡。下田正弘认为，梵文本《大般涅槃经》和巴利本《大般涅槃经》并不是为了强调、表现释迦的死，而是说明从这个世界到那个世界的通过仪礼。这种解释也不无道理。至少，笔者认为这些部派的涅槃经中存在缓解佛教徒们因释迦临终而产生的无法忍受的悲伤情绪，避免直视残酷的死亡本身的意图。或者，也会有（大乘的）佛教徒认为，即使不是去往梵天界，释迦也不会因涅槃而死亡，而是遵从大乘佛教"佛身常住思想"以佛塔或者经典的形式永久存续下来。无论如何，都无法否认梵文本《大般涅槃经》和巴利本《大般涅槃经》使"释迦的死＝涅槃"变得模糊不清的事实。其结果是，犍陀罗的雕刻家无法具体、直接地将释迦入灭瞬间的情形可视化、造型化。然而，他们并没有因为这种不利的情况而畏怯退缩。他们是如何攻克这一难关的，将在下文中叙述。

三　须跋陀罗的禅定和异时同图法

通过对前文经典所述内容的研究，释迦牟尼般涅槃（入灭、灭度）时的卧法可以解释为第四禅定的姿势。有关第四禅定的造像，与之密切相关的是犍陀罗涅槃图浮雕（如图1、图6、图10、图13）中描绘的如须跋陀罗结跏趺坐禅定坐像。须跋陀罗是居住在拘尸那揭罗或波婆城的婆罗门，

被称为游历者，但他不是真实存在的人物，而是被创作出来的人物。其名字的意思是"充满荣光的""光辉的""极其出色的"，确实是与成为释迦最后弟子的幸运之人相称的名字。

须跋陀罗听到释迦将要入灭的消息后，来到娑罗双树下横卧休息的释迦前，听完释迦的说法后成为佛弟子，离开释迦后经过短暂修行成为阿罗汉。在释迦横卧的床前将布袋悬挂在三脚架上结跏趺坐，就是表现了短暂修行。在《大般涅槃经》卷下、《游行经》、《佛般泥洹经》卷下以及《般泥洹经》卷下等经中清楚地记载了，须跋陀罗先佛入灭（即时先佛，取泥洹道，便先灭度而佛后焉。即于佛前，入火界三昧而般涅槃）。尽管这是一个极其不合理的言论，但是在释迦死亡的那天夜里，据说他比释迦更早涅槃了。如果是这样的话，结跏趺坐禅定的须跋陀罗形象，我们可以理解为再现了他即将涅槃的第四禅定。然而，须跋陀罗已经入灭，所以理应是描写了须跋陀罗入灭的形象，而不是禅定。

为什么将这种不同常理的故事纳入佛经，甚至描绘在释迦的涅槃图浮雕中（图1、图6、图10、图13）？须跋陀罗并没有经过充分的修行，而且成为比丘还不到一天，却先佛入灭，这完全是不通常理的。中村元在《佛弟子的一生》中没有提到须跋陀罗也是理所当然。他是高龄的外道，所以特意插入无关紧要的须跋陀罗的得度、解脱、入灭，不能不说是有特别的用意。据安德烈·巴罗（Andre Barrow）所说，这是为了强调释迦无与伦比的卓越性，指出佛教应该接纳外道的方针。

笔者也认为，这种不合理的故事与史实并无特殊的关联。将其插入是以狮子卧法尽可能延长

释迦的休息到入灭时间，同时给出释迦从狮子卧法起身的理由。释迦如果能站起来的话，就不用说成像狮子卧那样"不好看"、以病人的姿势入灭了。也就是说，涅槃经的作者认为，释迦应该结跏趺坐在长时间的禅定静虑后入灭，而狮子卧法的入灭有损于释迦的超人性。在休息和入灭之间插入各种故事，淡化（读者）对休息时卧姿的印象，使信徒们忘记释迦像病人一样死去的事实，使他们深信所看到的是超人的释迦的临终。笔者推测，这是模糊释迦之死的姿势，入灭瞬间的状况的原因之一。

另一个原因是，起初涅槃经的作者根本没有想到，般涅槃的故事会被后世以雕刻和绘画形式表现出来。也就没有按照释迦停止狮子卧法后，起身说法的顺序而做陈述的必要性。

总之，梵文本《大般涅槃经》和巴利本《大般涅槃经》等涅槃经的构成有明显的不足之处，所以将其进行造型化、可视化的画家和雕刻家们就不得不寻求某种解决方法。

那么，让我们来推测一下雕刻家的创意方法。须跋陀罗比释迦稍早几个小时甚至十几个小时入灭，但并没有像释迦那样因病和疲劳而采用狮子卧法。他虽高龄，但以健康身体修行，进入第四禅定之后入灭，其坐法、姿势是正确的，符合如来的入灭姿势（如来卧法），如图12所示的犍陀罗须跋陀罗坐像就是很好的实证。禅定一般是以结跏趺坐的姿势进行，须跋陀罗的第四禅定也自然是像图12所示，以结跏趺坐不卧的姿势来描绘。因此，如果将修行后入灭的须跋陀罗的姿势与释迦横卧的姿态并置起来看的话，那么犍陀罗佛教徒就容易想象成释迦是进行第四禅定而入

灭的。也就是说，如犍陀罗涅槃图浮雕（图17）中释迦在拘尸那揭罗城的娑罗双树下以狮子卧法稍作休息后坐起来，像须跋陀罗一样结跏趺坐讲法，然后进入九次第思惟正定后入灭。那为何不以结跏趺坐的端坐姿势描绘释迦的般涅槃（图18）？因为结跏趺坐的姿势不仅仅表现的是休息，还普遍象征了入灭的境界。

因此，将须跋陀罗的形象插入画面，更明确地"预示"了释迦的入灭是难以造型化的。笔者认为，这就是特意插入无关紧要的须跋陀罗，将其做成雕塑的原因。

那么，佛传里有没有提到释迦没有采用卧姿，而是结跏趺坐？笔者注意到《大般涅槃经》和《长阿含经》第二《游行经》记载了释迦入灭前最后的举动。根据前者的说法，释迦说："将上衣一边脱下，修行僧们，看人格完成者的身体。"这就像偏露右肩（偏袒右肩），露出一边从（右）肩到手腕。后者中记载："披着大衣，命令比丘们看他露出的金臂。"仅凭这些记载，还不能确定释迦是否露出右肩或左肩，但从犍陀罗的涅槃图浮雕如图1、图6、图10、图17所示来看，通肩释迦露出的应该是左肩和左腕。因为如果用狮子卧法将右胁朝下，就不能露出右肩和右臂裹着的外衣。如果是左肩和左腕的话，就能很容易敞开左肩和左臂部分的大衣。

然而，按照古代印度的左右净、不净观，人体的左侧是不净的，所以不能给人看。因此，能够让人看到的是右肩和右臂。但是，如图1、图6、图10、图17所示，在用狮子卧法横卧的情况下，这是不可能的。如果是露出右肩和右臂，也就是说能偏袒右肩的，就只限于结跏趺坐上半身

图 17　涅槃图，砾岩，2—3 世纪，印度博物馆

图 19　托胎灵梦，砂岩，公元前 2—1 世纪，巴尔胡特出土，印度博物馆

迦从横卧"坐起来"，或许是结跏趺坐，让弟子们看到右肩和右臂。

接下来，我们就来了解一下在床前悲叹的僧侣。如图 10 所示，发生在释迦横卧休息的时候，是在禅定和般涅槃的很早之前。阿尔弗雷德·富歇在希弗涅尔译的藏语佛传中记述了，"阿难横躺在佛床旁，释迦握着右手在安慰他"。以此点为依据，推测佛床旁边侧躺着的悲叹的僧人是阿难，站在其旁边向他伸出手的是阿那律，但不能肯定。握阿难手的不是释迦，据《大般涅槃经》，应是僧人的同伴，而且阿难侧卧悲叹是发生在寺庵或精舍（住居），而不是在卧床前。另一方面，在《大般涅槃经》中，阿难是在释迦的后面，也有在卧床前一直哭泣，所以图 10 中横躺的僧人不是阿难。根据佛经（涅槃经）的叙述，是阿难的可能性非常小。如果像宫治昭先生认为的那样，两名僧人是"惊慌的阿难"和"劝谏的阿那律"做对比性的解释的话，阿难和阿那律的描绘就是犍陀

图 18　禅定印的释迦坐像，砾岩，2—3 世纪，白沙瓦博物馆，巴基斯坦

直立，或者世俗人的卧法。后者的卧法，就像托胎灵梦图中的摩耶夫人（图 19），将其作为释迦和僧侣的卧法是不合适的。因此，应该解释为释

罗的雕刻家受到佛经的启发。总之，这两人的举动与释迦般涅槃之前的表现有关。

另外，拘尸那揭罗城的末罗族悲叹的形象（如图1、图6、图10、图17），也是从阿难处得知释迦半夜入灭而悲叹的样子，既不是入灭时也不是入灭后。末罗族所悲伤的不是在拘尸那揭罗城的娑罗树林。当然，在入灭时及入灭后有部分僧人很悲苦是有记载的，浮雕中也常常出现悲叹的僧侣，但这并不一定局限于入灭时或入灭后的僧侣形象。

另外，在涅槃图浮雕画面的边缘处，如图1、图17、图20，描绘了持杖的尊者大迦叶与外道教徒阿什斐迦教徒对话的情景。这一对话是在释迦入灭后第七天，是将遗体从娑罗树林运到茶毗所在地拘尸那揭罗城（天冠寺）的那天进行的。因此，把释迦入灭后七天，在路上从阿什斐迦教徒那里得知释迦般涅槃的大迦叶的故事，插入七天前发生的事的图像中是不合理的。与此同时，描绘在拘尸那揭罗城迦叶礼拜从棺中伸出佛足的故事，这一点是为人所知的，那就是说它是忠实于梵文本《大般涅槃经》和巴利本《大般涅槃经》所记述的纳棺后的茶毗图所描绘的。与此相对，有几个描绘在纳棺前礼拜释迦遗体双足的僧人例子（图21），通常将那个僧人与大迦叶进行比较，但没有文献的证实。从图像学的特色来看正是大迦叶，因此能确定的是犍陀罗雕刻家忽视了佛典记述，专断且有意识地将大迦叶的形象插入那个环节的位置。

大迦叶和阿什斐迦教徒的故事与释迦入灭时完全没有关系，所以没有必要描绘在涅槃图中。犍陀罗的雕刻家执意将其加入，只能认为是为

了让信徒们看到闭眼侧卧的释迦，使他们意识到"不久释迦就会入灭了"或者"释迦已经入灭了"。换句话说，闭眼以狮子卧法侧卧的释迦的形象并非般涅槃本身，而是预示性的图像。因为般涅槃的状态是不能用图像表达的，所以把大迦叶和阿什斐迦教徒故事以异时同图法描绘，功能是暗示释迦般涅槃已经完成了。

最后，如图22所示，有几件描绘了用布包裹释迦遗体的涅槃图浮雕（图22），让我们先来了解一下这些特殊的图像。这种举动（用棉布500层）不是在拘尸那揭罗城娑罗树林进行的，而是在寺庙中进行的，因此这样的图像作为释迦的涅槃图是不恰当的。当然，据中村元和肥冢隆先生所说，用布包裹死尸运送到火葬场的风俗在当今的印度也可以看到。大概是在犍陀罗（斯瓦特）也有这样的风俗。如果是这样的话，裹尸的涅槃图浮雕可以说是出自某个不熟悉佛经的当地作坊工匠之手。据宫治昭先生所说，遗体缠布是具有将涅槃视为"死"了的意识。换言之，也可以说是在暗示没有缠布的大多数的横卧像，原本就是指释迦休息而不是死亡。此外，描绘在娑罗树林纳棺的浮雕，其中部分被认为是明显违背佛经记载的，但这可以解释为是为了明示拘尸那揭罗城这片土地而用异时同图法将其插入的。由上所述可知，最初的涅槃图是通过异时同图法加入大迦叶、外道等人物形象而完成塑造的。

结　语

释迦在入灭前横卧休息的样子就是后世所说的涅槃像的原型。但是，横卧像只不过是暗示释迦的般涅槃和之后再生的图像，并不是般涅槃的

图 20 大迦叶与阿什斐迦教徒的对话（涅槃图部分），2—3 世纪，弗利尔美术馆，华盛顿

图 21 礼拜释迦双足的大迦叶，3—4 世纪，巴基斯坦

图 22 涅槃图，2—3 世纪，亚洲美术馆，柏林

再现。也就是说，犍陀罗所谓涅槃图中的佛像是"预示入灭、般涅槃的横卧休息像"是正确的。因此，将北枕横卧的佛像称为涅槃像，至少从学术

的角度来看是欠妥之辞。

如果问犍陀罗的雕刻家为何不能创造出佛像原本的、真正的涅槃图，那是因为释迦涅槃时如来卧法（第四禅定）的姿势或卧势在梵文本《大般涅槃经》和巴利本《大般涅槃经》等经典中没有具体的记载。那么，犍陀罗的僧侣和雕刻家就无法具体了解释迦涅槃时的卧法和姿势。另外，雕刻入灭这个行为本身是不可能实现其可视化、造型化的。因此，雕刻家不得不借用经典中记载的释迦涅槃前的休息卧法即狮子卧法，创造出预示涅槃的图像。

因此，犍陀罗所谓的涅槃图中的释迦横卧像基本上不是"般涅槃像"，而只是预示般涅槃的休息像。当然，将使用横卧休息像的图像作为般涅槃图是不恰当的。要使观者明确地意识到释迦的般涅槃，涅槃图是不够的。因此，让观众感知般涅槃的配置也是需要下功夫的。那就是最后的释迦弟子须跋陀罗、长老大迦叶、阿什斐迦教徒、悲叹的僧侣和天部、经典中没有记载的执金刚神等辅助性的人物形象，将其用异时同图法加入画面。将这些人物形象附加在释迦横卧休息像的周围，从而使释迦的横卧休息像就象征着释迦即将进入涅槃。虽然不完整，但是释迦的般涅槃图首次创作是在犍陀罗。

因此，在犍陀罗首次制作释迦的横卧形象时，或许是正确地理解它为"预告般涅槃"的横卧休息像，但随着时间流逝，其横卧休息像直到现在都被误认为是"涅槃时的入灭像"。

关于这个误解，在中亚西南部大夏的昆都士近郊的佛寺遗址阿肯札达捷佩出土的石灰岩制的佛传浮雕描绘的"出游四门"（图 23）就很有启

图 23　出游四门，石灰岩，3 世纪，昆都士，阿富汗

图 24　骑马王权神授图

发性。这是描绘悉达多太子遇到病人、老人、死者和出家人（修行者）的故事的稀有作品，但是，死者不是仰卧，而是如犍陀罗涅槃图浮雕中（如图 1 所示）释迦的狮子卧法侧卧在床。这个作品据说是贵霜王朝末期（2 世纪）的作品，藤田国雄认为是 4—5 世纪，但遵循的是福尔克（Falk）的迦腻色伽纪元（127 年或 128 年）贵霜王朝后期（3 世纪）的作品。就笔者所见，在犍陀罗的佛传浮雕中，除了表现"死女产子的故事"的浮雕之外，几乎没有描绘死者形象的例子。因此，释迦的"预示般涅槃的横卧休息像"在犍陀罗被误解为般涅槃像，应该是在贵霜王朝后期。

另一方面，犍陀罗众多的涅槃图浮雕中也包括了贵霜王朝后期和后贵霜王朝时代制作的涅槃图浮雕。也就是说，在那些比较晚的涅槃图浮雕中，释迦的横卧像不是预示般涅槃的休息像，很可能表现的是般涅槃本身的入灭像。因此，犍陀罗众多的涅槃图浮雕中一定包含了字面上的入灭像。只是很遗憾的是，犍陀罗佛教雕塑的编年现

在还未确定，哪个是预示般涅槃的横卧休息像的早期作品，哪个是指般涅槃本身入灭像的后期作品，现在是不可能明确的。

总之，以狮子卧法侧卧的释迦形象，不是般涅槃而是预示般涅槃。这样的预告图，如果对比有名的米隆的《掷铁饼者》，或者是萨珊王朝波斯的骑马王权神授图（图 24）将更容易理解。前者是以运动员在投掷铁饼前的姿势预示下一瞬间的投掷动作，后者则是通过国王的右手触碰阿胡拉·玛兹达神用右手紧握的环（王权的象征）来预示环的授受，王权的神授在环传到国王手中时完成。无论是哪一种情况，都是由于雕塑作品不能直接再现所表现对象的动作本身。

以上冗长的赘述，表明贵霜王朝后期涅槃图这个名称在近 2000 年来作为一种传统流播至南亚、中亚和东北亚等地。至于其理由是什么，释迦是以怎样的姿势进入般涅槃境界的，我们不得而知。正是基于这种认识，从多角度来鉴赏释迦的涅槃图也正是本文主旨所在。

汉代西南丝绸之路与夷汉文化交流[*]

——以云南会泽水城墓地为中心的考察

韩恩瑞

（贵州民族大学民族学与历史学学院）

从成都出发，经由云南通向古印度的蜀身毒道，随着张骞通西域逐渐得到中原王朝的关注。关于其大体走向、开通的动机、对中外文化交流的意义等，以往学者进行了卓有成效的讨论，[①] 而随着汉人的进入，一些人群留下了杂糅夷汉文化特点的考古遗存，水城墓地即是其中之一。笔者拟在前人研究的基础上，进一步分析其文化因素构成，观察汉人在向云南地区拓殖中对当地文化的影响，这样的讨论有助于我们理解汉代西南夷文化的多样性以及当地的人群交往情况。

一 水城墓地汉代墓葬的发现概述

水城墓地位于乌蒙山主峰地段西侧云南省会泽县县城西北部，北距滇东北重镇昭通直线距离约100公里，南距昆明约200公里（图1）。1990年，文物部门在这里清理了两座汉代墓葬，2003年和2004年又进行了两次发掘，发现汉代和明清时期墓葬以及其他遗迹等，2014年公布了这批材料，其中汉代墓葬23座。两次发掘的墓葬中除第一次发掘发现疑似火葬罐外，其余均为土坑墓。[②]

墓葬均为长方形竖穴土坑墓，部分带斜坡墓道，大多数墓葬有二层台。人骨多已朽毁，从部分残存的情况看多为直肢葬，还有极少数屈肢葬和猎头、殉人的习俗。少数墓葬发现棺椁和墓上建筑的遗迹，墓地周围还发现数个灰坑、沟槽等遗迹。

随葬品方面，陶器体现出夷汉交融的特点。发现不少西南夷系统的无耳、单耳、双耳罐等，并且表现出较为稳定的组合关系。流行在器底装饰叶脉纹，尤以第一期为甚，第一期几乎每一座墓都发现器底装饰叶脉纹的陶器，部分墓葬甚至每一件单耳罐、侈口罐等都有这种纹饰。汉系陶器为四川及滇东黔西地区汉墓中常见之物。金属器除零星几件铜釜、铃外，几乎全为汉式器物。

* 本文为贵州民族大学基金科研资助项目阶段性成果。

① 陆韧：《云南对外交通史》，云南人民出版社，2011年，第18—36页。
② 曲靖地区文物管理所、会泽县文管所：《会泽水城村汉墓出土青铜器》，《云南文物》1994年第39期，第16—18页；云南省文物考古研究所编著：《会泽水城古墓群发掘报告》，科学出版社，2014年。

值得注意的是，出土的铜容器中有不少铜洗、甑、釜等，尤其在第三期的 M7 中发现铜铁容器近 10 件，这些是自东汉早期兴起的所谓"朱提堂狼造"铜器的器类。目前有纪年铭文的这类器物中，年代最早的是 1965 年昭通发现的洗，铭文"建初元年（公元 76 年）堂狼造"，但赫章可乐 M8 发现"元始四年（公元 4 年）"造"同劳澡盘"，[①]滇东北地区的"堂狼造"铜器亦可能在这一时期兴起。在发现这些铜容器的水城墓地，又在灰坑中发现铜器石范，或许正反映了这一过程。

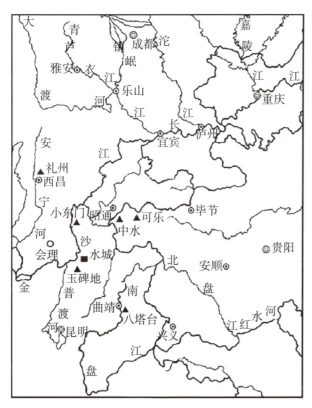

图 1　水城墓地及周边相关遗存位置示意图

关于其年代，2014 年发掘报告将墓地分为三期，年代分别在汉武帝晚期至昭宣时期、元帝至平帝时期和新莽至东汉早期。[②]1990 年发掘的两座墓的发掘者称年代在东汉中晚期。[③]会泽为西汉时期设置的堂狼县治所，但《后汉书》并无堂狼县的记载，学界普遍认为东汉时期其被并入朱提（昭通），政治地位下降，[④]至今也未在会泽一带发现东汉中晚期常见的砖室墓和崖墓等。另一方面，从器物来看，这两座墓出土的铜洗、釜等与 21 世纪初发掘的第二、三期相似，其中一件铜簋不见于 21 世纪发掘的墓葬，但与曲靖八塔台东汉初期 M69 所出者相似，[⑤]两墓也未见东汉中晚期常见的陶俑等，因而整个水城汉代墓地的主体年代应该在西汉中晚期至东汉早期。

总之，水城墓地是滇东北地区一个连续发展的汉代墓地，与一般意义上的汉墓不同，无论丧葬习俗还是随葬品都体现出夷汉交融的特点。

二　当地文化因素分组及溯源

发掘者将墓地随葬品的文化因素分为三组，A 组为地方文化器物，B 组为汉文化器物，C 组为汉文化影响下产生的具有地域特点的器物。[⑥]

但是 C 组的陶盆、甑、壶、豆以及铜釜、洗等常见于巴蜀地区，[⑦]实际是巴蜀地区的汉文化因素。M7 的一件立耳铜釜（B 型）最早出现在楚雄万家坝，滇东黔西地区发现不少，实际是当地文

①　汪宁生：《云南考古》，云南人民出版社，1992 年，第 100 页；贵州省博物馆考古组、贵州省赫章县文化馆：《赫章可乐发掘报告》，《考古学报》1986 年第 2 期，第 218 页。
②　云南省文物考古研究所编著：《会泽水城古墓群发掘报告》，第 122 页。
③　曲靖地区文物管理所、会泽县文管所：《会泽水城村汉墓出土青铜器》，《云南文物》1994 年第 39 期，第 16—18 页。
④　方国瑜：《云南史料目录概说》（中），中华书局，1984 年，第 800 页。
⑤　云南省文物考古研究所等：《曲靖八塔台与横大路》，科学出版社，2003 年，第 79 页。
⑥　云南省文物考古研究所编著：《会泽水城古墓群发掘报告》，第 123—124 页。
⑦　陈云洪、颜劲松：《四川地区西汉土坑墓分期研究》，《考古学报》2012 年第 3 期，第 315—350 页。

化器物。受汉文化和当地文化共同影响的器物不多，主要有 M5、M25 发现的四角装饰叶脉纹的陶井，M17 发现的一件器底装饰叶脉纹的 Bb 型陶缸。2 件带双钮的铜铃与车马器成套共出，但又不见于中原地区，应视为受汉文化影响出现的当地器物。M8、M20 用当地深腹罐改制的陶甑同样如此，这些器物实际上均为汉文化相关器物。

这样，随葬品的文化因素构成实际主要是地方文化因素和汉文化相关因素两组，A 组地方文化因素可以进一步细分，以陶器为主，占所有出土陶器的约三分之一强。

Aa 组：包括双耳陶罐、单耳平底陶罐等（图 2，1—5），共 22 件，11 座墓出土，分别为 M1、M7、M8、M9、M10、M11、M12、M13、M18、M23、M25，大部分为第一期墓葬。本组是地方文化因素的主体，源头来自金沙江中上游，可找到不少相似者，发掘者已经指出不少。此处需要补充的是，不仅包括同时代的，也包括这些地区更早时期的，例如肩部带小耳的双耳罐，即发掘者划分的 Be、Cb 型。这些器物在属于西周晚期至春秋早期的巧家小东门墓地中发现不少，[1] 也见于南华孙家屯夏商时期墓葬（图 2，6—7）。[2]

Ab 组：包括侈口陶罐、乳丁罐、A 型壶等（图 2，8—10），40 件，出土墓葬包括 M3、M8、M9、M10、M11、M12、M13、M14、M16、M17、M18、M19、M20、M23、M24、M25 等，以第一、二期墓葬为主。本组器物

在水城墓地中出土不少，周边地区发现少量相似者，例如部分侈口罐、壶与威宁银子坛墓地 2004 年发掘的 D 型罐相似（图 2，11—12），但后者在数百座墓葬中仅发现 2 件，[3] 应该是来自水城墓地。此外，近年在东川玉碑地遗址发现不少相似的乳丁侈口罐（图 2，13），[4] 说明两地在一定时期内联系密切。

Ac 组：包括颈耳陶罐 1 件，立耳铜釜 1 件（图 2，14—15），2 座墓出土，分别为 M7、M8。本组的颈耳罐与玉碑地遗址大量出土的 Aa 型罐有一定相似之处（图 2，16），也有可能是在曲靖八塔台墓地陶罐的基础上加装双耳而成（图 2，17），立耳铜釜也多见于这些地区（图 2，18）。

上述分组中，Aa 组应该代表其早期文化，Ab 组应该是地方化之后的产物，Ac 组为受云南其他地区零星影响的产物。

由上可见，该墓地的当地文化因素中，与金沙江中上游不只是同一时期密切相关，与更早的商周时期也有紧密联系，与滇东黔西地区同时代的其他遗存类型联系并不多。滇东黔西战国秦汉时期诸遗存的陶器构成差异较大，不过总的一个特点是双耳陶器不发达。其中昭通盆地在传承当地早期文化的基础上形成了带耳罐、镂孔高圈足豆、深腹瓶等颇具特色的陶器群。黔西北赫章可乐发现的当地陶器很少，发掘者按照器物特点分为汉人移民的甲类墓和世居人群的乙类墓，乙类墓中陶器以折腹单耳罐、釜、杯等为代表。曲靖

① 昭通市文物管理所、巧家县文物管理所：《云南省巧家县小东门墓地清理简报》，《四川文物》2009 年第 6 期，第 3—10 页。
② 云南省文物考古研究所等：《云南南华孙家屯墓地发掘简报》，《考古》2001 年第 1 期，第 16—24 页。
③ 李飞：《贵州威宁银子坛墓地分析》，硕士学位论文，四川大学，2006 年，第 11 页。
④ 云南省文物考古研究所、昆明市博物馆、昆明市东川区文物管理所：《云南省昆明东川区玉碑地遗址发掘简报》，《边疆考古研究》第 25 辑，科学出版社，2019 年，第 104 页。

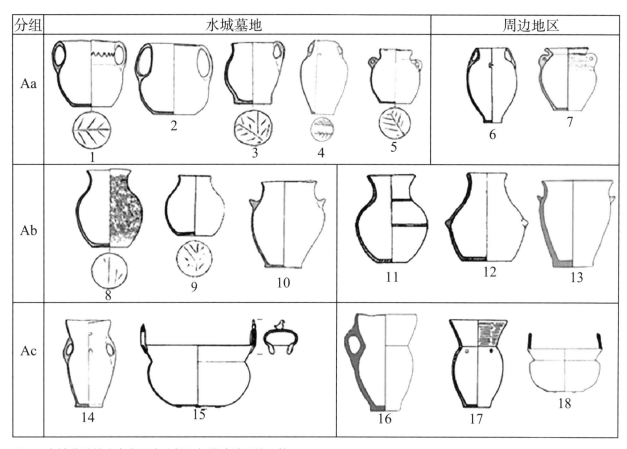

图2　水城墓地地方文化因素分组及与周边地区的比较

1—5. 会泽水城 M1:36、M18:6、M10:13、M10:16、M8:19；6—7. 巧家小东门石棺葬 M7:2，南华孙家屯 M40:6；8—10. 会泽水城 M18:9、M9:26、M13:10；11—13. 咸宁银子坛 04M81:1、04M34.1，东川玉碑地 T9③:5；14—15. 会泽水城 M8:17、M7:10；16. 东川玉碑地 H30:5；17—18. 曲靖八塔台 M265:7、M69:1

盆地则是以大量釜形鼎、罐形鼎等三足陶器为主。水城所见陶器与这些地区更早时期的遗存也未见明显联系，昭通盆地自商周时期的鸡公山文化，至战国秦汉时期文化发展序列较为完善。鸡公山文化主要是瓦菱纹和戳刺纹，少量器物在肩腹部有乳丁纹。器类有细颈瓶、折沿罐、双耳带流盆、高领罐、单耳带流钵等，自晚期阶段开始出现一些双耳的杯形口或蒜形口罐，陶器整体显得瘦高，有不少带流器。[①]虽然鸡公山文化时期也流行带耳罐，但两地同类器物造型相去甚远，看不出彼此

有源流关系。

综合水城墓地与周边地区横向和纵向上的文化关系，笔者更倾向于墓地遗存主体来源于金沙江中上游，文化性质应该是以巧家小东门墓地为代表的当地文化的晚期阶段。关于其族属，发掘者认为这些墓葬的墓主人应该是与金沙江中上游有联系的夜郎部族人群。[②]如果我们承认滇东黔西地区的青铜文化属于夜郎或者与夜郎密切相关的话，即便会泽一带在汉代属于夜郎地区，也没有充分证据证明水城墓地的人群属于夜郎或"其

① 张合荣、罗二虎：《试论鸡公山文化》，《考古》2006 年第 8 期，第 57—66 页；刘旭、孙华：《野石山遗址的初步分析》，《考古》2009 年第 8 期，第 67—78 页。
② 云南省文物考古研究所编著：《会泽水城古墓群发掘报告》，第 125—126 页。

旁小邑"，只能说明这些地区之间有一定的文化交往，但不能过高估计它们之间的文化联系甚至将其判断为同一民族集团。至于有研究者将其指向文献记载中的"朱提夷"，[①]除非发现明确的义字信息，否则很难从考古发现的物质文化资料层面来确定。

三 汉文化因素传播的路线与背景

云贵地区汉式器物主要来自巴蜀地区，此外还有零星来自岭南等其他地区。会泽水城墓地中出土的汉式器物同样如此，1990 年发掘墓葬中出土一件铜碗，与个旧黑蚂井、曲靖八塔台等墓地中所见相似，具有岭南地区铜器的特点，[②]其余均应该是来自巴蜀或经由巴蜀地区传播而来，例如铜器中的鍪、甑、壶、豆形灯和陶器中的壶、井、瓮、釜、卷沿罐、盆、灶等，均可追溯至巴蜀地区，对此吴小平先生有过详细讨论。[③]

汉代连接巴蜀与云南地区的道路主要是所谓的西南丝绸之路。[④]具体来说，与水城墓地所见汉文化因素关系最密切的是自宜宾进入滇东黔西的"南夷道"，有相当一部分汉式器物是经由南夷道而来。滇东北在绥江、水富等地都发现西汉早期汉系墓葬，随葬品体现出来的文化面貌与巴蜀地区同时代的墓葬相似，说明西汉早期巴蜀地

区的人群已经分布在与云贵相邻的地区。西汉中期以后，随着汉武帝开西南夷进一步向云贵地区拓殖，南夷道的汉式墓葬出现在滇东北黔西北地区。赫章可乐最早的汉式墓葬即出现在西汉中晚期，前述水城墓地中与巴蜀地区相似的汉式器物不少也见于南夷道沿线的赫章可乐、威宁银子坛等墓地中。

除南夷道外，西夷道也是沟通云南与四川地区的重要路线，大致从成都出发经过川西南地区进入云南，被称为"西夷道"。水城墓地中发现的不少陶缸不见于南夷道沿线，但与西昌礼州汉墓中的陶瓮相似。另外，川西南地区汉墓中发现的部分器物明显来自云贵地区。例如礼州汉墓中 M3 出土立耳铜釜、铜刁斗等，[⑤]立耳铜釜内底铸造鱼纹的风格与李家山 M86 所出完全一致，整体造型也与会泽水城两汉之际的 M7 所出相似；[⑥]出土的铜刁斗与赫章可乐甲类墓、个旧黑马井等地出土的相似，是在云贵铜釜的基础上制作。[⑦]汉源桃坪西汉晚期墓 M1 中也有发现。[⑧]西昌礼州 M3 还出土装饰草叶纹的陶灶，在模型器上装饰草叶纹的做法也见于会泽水城 M5 的陶井上[⑨]（图 3）。这些较多的相似文化因素不太可能由其他线路迂回又再次传播至川西南地区，而是直接由云贵地区传入。

① 张合荣：《夜郎青铜文明探微——贵州战国秦汉时期青铜器研究》，上海古籍出版社，2018 年，第 358 页。
② 吴小平：《云贵地区汉墓所出岭南风格器物研究》，《考古学报》2019 年第 1 期，第 47—62 页。
③ 吴小平：《两汉时期云贵地区汉文化的考古学探索》，浙江大学出版社，2018 年，第 49—103 页。
④ 罗二虎：《秦汉时代的中国西南》，天地出版社，2000 年，第 55—56 页。
⑤ 礼州遗址联合考古发掘队：《四川西昌礼州发现的汉墓》，《考古》1980 年第 5 期，第 406 页。
⑥ 云南省文物考古研究所编著：《会泽水城古墓群发掘报告》，第 47 页。
⑦ 吴小平：《两汉时期云贵地区汉文化的考古学探索》，第 177 页。
⑧ 四川省文物考古研究院、雅安市文物管理所：《四川汉源桃坪遗址及墓地发掘简报》，《四川文物》2006 年第 5 期，第 5—31 页。
⑨ 云南省文物考古研究所编著：《会泽水城古墓群发掘报告》，第 39 页。

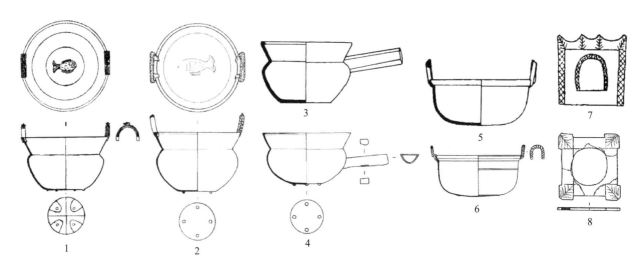

图3 川西南出土云贵地区风格器物及比较

1—2. 立耳铜釜（礼州 M3:1、黑蚂井 M16:6）；3—4. 铜勺斗（桃坪 M1:1、黑蚂井 M30:12）；5—6. 铜双耳锅（桃坪 M9:1、八塔台 M7:5）；7—8. 模型陶器的叶脉纹（陶灶：礼州 M3:2、陶井沿：水城 M5:2）

西夷道无疑也是在汉武帝开西南夷的大背景下出现的。《史记·司马相如列传》载："邛、筰之君长闻南夷与汉通，得赏赐多，多欲愿为内臣妾，请吏，比南夷……司马长卿便略定西夷，邛、筰、冉、駹、斯榆之君皆请为内臣。除边关，关益斥，西至沫、若水，南至牂柯为徼……"司马贞《索隐》言"徼，塞也。以木栅水为蛮夷界"，[1] 明确指出司马相如在西夷地区的活动已经将汉的势力延伸至邻近牂柯的地区。《华阳国志·蜀志》载"会无县，路通宁州。渡泸得住堂狼县"，[2] 会无即今会理一带，堂狼即今会泽和巧家一带。方国瑜先生早年即据此推测越巂与滇池、洱海的交通，最早由会无向东到堂狼，向西到青蛉。[3] 汉人进入后也有可能认识并利用这些通道沟通川西南与滇东北。建武十八年（42）蛮夷叛乱，叛乱者包括"姑复、楪榆、梇栋、连然、滇池、建（怜）

[伶]、昆明诸种"，主要分布在益州郡大部分以及邻近的越巂郡部分地区。不过刘尚率领的军队并未经过益州郡东部一带，而是"路由越巂"，在解决越巂郡夷人太守长贵后自金沙江中游一带"度泸水，入益州界"，尤其是军队构成中包括滇东北地区的"朱提夷"。[4] 这种大规模的军事行动，其行军路线应该不会临时决定，走的可能就是传统的民间通道。可能这条道路过于险阻，因此始终是一条民间通道，并未成为主要的交流通道，《水经注》载："（朱提）郡西南二百里，得所绾堂琅县，西北行上高山，羊肠绳曲八十余里，或攀木而升，或绳索相牵而上，缘陆者若将阶天……三蜀之人，及南中诸郡，以为至险。"[5] 从目前发现的汉式墓来看，出现的时代也晚于南夷道沿线，川西南地区的安宁河流域还未见西汉早中期的汉式墓葬。这一地区带有当地特点的大石墓出土的汉

① 《史记·司马相如列传》，中华书局，1982年，第3046—3047页。

② （晋）常璩著，任乃强校注：《华阳国志校注》，上海古籍出版社，1987年，第210页。

③ 方国瑜：《汉晋时期西南地区的部族郡县及经济文化》，《方国瑜文集》第1辑，云南教育出版社，2001年，第179页。

④ 《后汉书·南蛮西南夷列传》，中华书局，1965年，第2846页。

⑤ （北魏）郦道元著，陈桥驿校证：《水经注校证》卷36，中华书局，2013年，第789页。

式器物极为少见，只有零星的铜带钩、钱币等。[①]
自西汉晚期开始，汉系墓葬才出现在安宁河流域
的西昌一带。[②]前述川西南汉墓中与滇东北地区的
文化联系也均不早于西汉晚期。这条道路应该只
是西南丝绸之路主干道外的一条支线道路，与蓝
勇先生所论之"沐川源道"相似。[③]

关于汉文化因素，也有学者在研究墓地出土
器物时简要论及墓地为汉人的遗存，依据是 M24
中出土的"李立私印"印章。李姓也是《华阳国
志》中记载的"大姓"，汉族移民来此可能是为了
当地的矿产资源，东汉早期以前南中地区的教化
程度和世居民族的汉化程度不会太高。[④]从墓圹大
小和随葬品来判断，墓主人大多不是社会群体中
的寻常百姓。在第一期的 10 座墓中，除了 M14
和 M19 墓坑较小，随葬品较少外，其余墓葬中的
每一座墓都发现数量不等的当地文化因素陶器。
M2、M3、M9、M17 发现有大型动物肢骨随葬，
M21 甚至还发现了人殉和猎头习俗。当地文化因
素从第一期到第三期呈递减的趋势，汉文化因
素中途也没有断裂的痕迹，由少渐多，这些反
映了世居人群汉化的过程，很难理解是汉人进
入这一地区突然接受如此多的当地文化因素后
又慢慢放弃，尤其是在内地不存在或不常见的
猎头、人殉等习俗。

另一方面，从文献记载来看，西汉中晚期
至东汉早期云贵高原西南夷的叛乱中没有提及犍
为郡有叛乱者，汉武帝开西南夷后不久就在滇东
北地区建立了较为稳固的统治。汉昭帝始元元年
（前 86）益州、牂柯郡夷人叛乱，"发犍为、蜀郡
奔命去破之"。[⑤]到了 42 年东汉光武帝时期益州郡
夷人叛乱时，"遣武威将军刘尚等发广汉、犍为、
蜀郡人及朱提夷，合万三千人击之"。[⑥]部分当地
人甚至取得汉人信任成为平叛力量之一。在这种
背景下，一些反映汉化水平的器物如石板砚等在
西汉中晚期出现在滇东北地区夷人群体上层社会
的墓葬中是可以理解的，文献也记载过一些与汉
人关系密切的西南夷对汉文化认知深厚，例如川
西地区的冉駹夷，"其王侯颇知文书"。[⑦]因此，汉
文化因素出现在此不能说明墓主人就是汉人。

四　从水城墓地看汉代西南丝绸之路文化变迁的多样性

汉武帝时期，司马迁根据这些族群与巴蜀地
区的方位将其分为西夷和南夷，但未具体划分，
学界研究认为滇东黔西地区属于南夷地区。[⑧]《汉
书·地理志》记载，汉武帝开西南夷后设置犍为
郡"县十二……南广……朱提、堂琅"，[⑨]一般认
为犍为郡南部为夜郎民族系统分布区。滇东黔西

① 四川省文物考古研究院、凉山彝族自治州博物馆：《安宁河流域大石墓》，文物出版社，2006 年，第 118—123 页。
② 礼州遗址联合考古发掘队：《四川昌礼州发现的汉墓》，《考古》1980 年第 5 期，第 406 页；夏学华、张正宁：《西昌市经
　九乡发现西汉李音墓》，《四川文物》1991 年第 1 期，第 42—44 页。
③ 蓝勇：《四川古代交通路线史》，西南师范大学出版社，1989 年，第 150—153 页。
④ 赵德云：《汉晋时期西南夷石板砚及相关问题》，《考古》2017 年第 4 期，第 103—112 页。
⑤ 《汉书·西南夷两粤朝鲜传》，中华书局，1962 年，第 3843 页。
⑥ 《后汉书·南蛮西南夷列传》，第 2846 页。
⑦ 《后汉书·南蛮西南夷列传》，第 2858 页。
⑧ 祁庆富：《南夷、西夷考辨》，《云南社会科学》1982 年第 3 期，第 40—48 页。
⑨ 《汉书·地理志第八上》，第 1599 页。

曲靖盆地八塔台、横大路、潇湘平坡，宣威朱屯村、赫章可乐和昭鲁盆地昭通营盘、威宁中水等战国秦汉时期的遗存都曾被学术界认为属于夜郎或是与夜郎有关，有学者对此进行过系统总结。[①]这些遗存的文化面貌有一定差异，但联系非常密切，尤其是在青铜器方面，常常发现滇式和晚期巴蜀文化的青铜矛、柳叶形剑、蛇头形茎剑、一字格剑、装饰举手人纹图案的铜戈、铜鼓、扣饰等。这种金属器的相似性，杨勇先生认为除了文化交流和传播因素之外，还与金属器的生产和流通有关。[②]

滇和夜郎地区文化上的相似性说明两个民族有着长期的文化交往和稳定的结构形态，当汉文化进入这些地区后，这些地区的文化体系并没有迅速走向崩溃，而是呈现出逐步解体的特点。汉人对这些世居人群的影响，从早期的铁器到最后的丧葬习俗，体现出从技术层面到意识形态层面的层次性。至迟从两汉之际开始，才零星出现一些明显属于汉人的丧葬习俗，例如江川李家山M69[③]和曲靖八塔台M69都发现泡钉装饰棺椁的情况，八塔台M69有积炭防潮的习俗，[④]晋宁石寨山M23还发现具有汉式特点的案、盘、杯、奁组合，[⑤]这些是世居人群采用汉式丧葬习俗的体现。

与水城墓地相似的还有位于滇东南的个旧黑蚂井墓地，该墓地出土的金属器同样以汉式为主，陶器则当地与汉式两类均不少。关于这个墓地墓主人的身份和族属，一种观点认为属于岭南汉族移民，[⑥]另外一种观点认为是当地人群，有可能是高度汉化的"句町"。[⑦]笔者认为要将该墓地与"句町"直接对应需要慎重考量，但就墓主人身份而言，黑蚂井墓地应该与水城墓地一样，属于汉化的世居人群。

从当地文化的金属器来看，水城和黑蚂井墓地似乎没有处于当地青铜工业的生产和流通体系中，目前仅见的少量立耳釜明显属于西南夷文化体系中的铜器，但这类立耳釜实际流传很广，在巴蜀地区亦十分常见。因此，水城和黑蚂井墓地的人群与滇文化以及滇东黔西地区以使用具有自身特点青铜器的人们文化交往并不密切，从目前的材料来看，其文化变迁模式也未体现出类似滇文化从技术到意识形态的逐次变迁特点。

这种差别的原因可能在于这些地区所处的地理位置在汉人进入之前较为偏僻，金属器冶铸能力极为有限，人们对金属冶炼技能的掌握并不及滇人等族群，在汉人进入后迅速被融入汉文化体系。值得注意的是，两个墓地都位于矿产丰富的地区，也都在部分墓葬中发现和金属冶铸相关的构件。《汉书·地理志》对云贵地区的资源记载基

① 张合荣：《夜郎文明的考古学观察——滇东黔西先秦至两汉时期遗存研究》，科学出版社，2014年，第15—16页。
② 杨勇：《试论可乐文化》，《考古》2010年第9期，第73—86页。
③ 云南省文物考古研究所、玉溪市文物管理所、江川县文化局编：《江川李家山——第二次发掘报告》，文物出版社，2007年，第27页。
④ 云南省文物考古研究所编著：《曲靖八塔台与横大路》，科学出版社，2003年，第18页。
⑤ 云南省博物馆：《云南晋宁石寨山第三次发掘简报》，《考古》1959年第9期，第459页。
⑥ 杨勇：《论云南个旧黑蚂井墓地及相关问题》，《考古》2015年第10期，第100—110页；杨勇：《再论个旧黑蚂井墓地所葬人群的族属及身份》，《考古》2018年第4期，第91—99页。
⑦ 吴小平、李骥源：《云南个旧黑蚂井墓地性质的探讨》，《考古》2016年第10期，第104—109页；吴小平：《个旧黑蚂井墓地"岭南移民说"质疑》，《南方民族考古》第19辑，科学出版社，2021年，第257—270页。

本集中在云南中东部和贵州西部，也就是汉人实际经略过的地区，说明汉人进入这些地区后注意到了当地资源。伴随着汉人进入及其发达的金属冶炼技术的传入，世居族群迅速被纳入汉文化体系，相较于以滇文化为代表的青铜文化系统更容易接受汉文化，尤其是在技术层面，因而表现出本土属性的陶器仍然得以延续一段时间，而铜铁器则迅速呈现汉文化特点。

结　语

本文以云南会泽水城墓地发现的汉代墓葬为切入点，对墓地的本土文化因素进一步溯源，同时考察汉文化因素体现出来的交通格局，结合同类的个旧黑蚂井墓地的考古发现，论证了汉代云南地区汉文化变迁的多样性。本文认为，会泽水城汉代墓葬的墓主人与金沙江中上游地区更早时期的族群关系密切，甚至有可能是直接来自这些地区的移民或是其后裔。这些人群和个旧黑蚂井墓地的人群一样，本身并没有在滇文化主导的族群经济文化交往体系中，反映的也是一种与滇文化的世居人群不同的文化变迁模式。结合其所处的地理位置及资源分布来看，很可能与汉人对这些地区的资源开发导致社会经济环境迅速变迁有关。尤其是西汉晚期以后，汉文化传入云贵地区路线的复杂化，具有世居人群特点的汉式墓葬的出现，意味着这些地区最终成为汉代中国的西南边疆。

云贵高原具有错综复杂的地理环境，古代族群分布其间，司马迁在《史记》中称这些地区"君长以什数"，从现代民族学的视角来说是一种大杂居小聚居、交错杂居的状态。随着西南丝绸之路的开通和复杂化，其原有的族群分布和文化交往格局被打破，文化变迁模式也必然不会是千篇一律。以会泽水城和个旧黑蚂井墓地为代表的遗存融合本地和汉文化的特点，随着考古发现的增多，值得继续关注和讨论。

"蜀身毒道"与古代蜀地丝绸之西传[*]

钟周铭

（重庆工商大学）

古代中国的西南地区，存在一条以成都为起点，途经四川、云南、缅甸等地，最终抵达印度的通商孔道，史称"蜀身毒道"。"蜀身毒道"分东、西、中三路，主要由灵关道、五尺道、永昌道等古道组成。作为中国最古老的国际通道之一，"蜀身毒道"始于丝织业较为发达的成都平原，以丝绸商贸著称，故学术界又将其称为"南方丝绸之路"。"蜀身毒道"同北方丝绸之路、草原丝绸之路和海上丝绸之路一起，为中华文明与世界文明的交流做出了伟大的贡献，此条路线上交易的大宗贸易产品丝绸也成为不同文化之间沟通的重要媒介。

一 "蜀身毒道"的开通与线路

山川、河流、荒漠、戈壁，从来都无法阻碍人类之间的交流互鉴。自古以来，不同的文明和文明、地域和地域之间始终不乏勤劳勇敢、拼搏进取的开路人。古蜀地区同样如此，生活在这片土地上的先民，在古时候交通极其不便利的情况下，依然不惧艰难，积极同外部世界发生联系。

尤其是古蜀地区的商贾，长期从事长途贸易活动，行迹遍布中国西南地区和缅甸、印度，这在历代的文献中皆有明确的记载。

《史记·大宛列传》记载张骞出使西域后，在回到长安给汉武帝的报告中谈道："臣在大夏时，见邛竹杖、蜀布"，"今身毒国又居大夏东南数千里，有蜀物，此其去蜀不远矣"。[①]大夏，即今天的阿富汗，大夏发现了蜀地出产的物品，当同两地之间的商品贸易有关。《史记·西南夷列传》则进一步指出，蜀地同大夏的贸易是由北向南：四川→云南→缅甸→印度→阿富汗，而非：四川→陕西→河西走廊→新疆→中亚。《史记·西南夷列传》载："及元狩元年，博望侯张骞使大夏来，言居大夏时见蜀布、邛竹杖，使问所从来，曰'从东南身毒国，可数千里，得蜀贾人市'。或闻邛西可二千里有身毒国。"[②]"从东南身毒国"即《史记·大宛列传》中"往市之身毒"的大夏商人，他们在印度购买到来自蜀地的竹杖和布。但此时的西汉王朝对身毒国并不熟悉，用的是"或闻"一词。《史记·西南夷列传》所载

* 本文为国家社科基金青年项目"先秦至秦汉蜀地华夏化进程研究"（20CZS013）阶段性成果。

① 《史记》卷123《大宛列传》，中华书局，1982年，第3166页。

② 《史记》卷116《西南夷列传》，第2995页。

张骞"大夏在汉西南，慕中国，患匈奴隔其道，诚通蜀，身毒国道便近"①一语更是直言大夏同蜀地的交往因为顾及匈奴，只能通过印度达成，汉武帝下令"使间出西夷西，指求身毒国"②的记载也直接证明了这一点。

蜀人商贾贩卖的货物出现在大夏，无论这种交易是直接贸易还是转手买卖，都需要有具体的道路开辟并连接。对此，文献记载初步勾勒出两地的沟通线路。《史记·大宛列传》载："然闻其西可千余里有乘象国，名曰滇越，而蜀贾奸出物者或至焉。"③《集解》徐广曰："一作'城'。"《正义》曰昆、郎等州皆滇国也。其西南滇越、越嶲则通号越，细分而有嶲、滇等名。换句话说，蜀地通往身毒国，必定经过滇越，即今天的云南地区。就蜀地的通行线路，可以从汉武帝欲通西南夷的出兵部署上得到大致的印证。《史记·大宛列传》记载汉武帝出兵线路，"出徙，出邛、僰"，"其北方闭氐、筰，南方闭嶲、昆明"。④徙，《集解》徐广曰："属汉嘉。"《索隐》李奇云"徙音斯。蜀郡有徙县也"，即今天的雅安市天全县。邛、僰，《正义》称一个在邛州，即今天的邛崃市；一个在雅州，即今天的雅安市。筰，《索隐》韦昭云"筰县在越嶲"，"南越破后杀筰侯，以筰都为沈黎郡，又有定筰县"，即今天的凉山州盐源县。嶲，《正义》曰"嶲州及南昆明夷也，皆在戎

州西南"，为今天的西昌市。由此可见，"蜀身毒道"在今天四川境内的路线主要为成都→邛崃→雅安→西昌。

事实上早在先秦时期，古蜀地区同川南、云南的联系便已较为密切。《华阳国志·蜀志》记载，其地"东接于巴，南接于越，北与秦分，西奄峨嶓"，有"滇、獠、賨，僰僮仆六百之富"。⑤杜宇时期，古蜀国以"南中为园苑"，⑥南中即今天的云南、贵州和四川西南部一带，表明其对当地的控制力。这也是秦灭巴蜀后，古蜀国的王子安阳王得以南迁越南的重要原因。⑦《史记·货殖列传》中也有相关记载，称"巴蜀亦沃野，地饶卮、姜、丹沙、石、铜、铁、竹、木之器。南御滇僰，僰僮。西近邛筰，筰马、旄牛"。⑧能够占有僰僮、筰马、旄牛，正是蜀地对外具有影响力的重要表现。

"蜀身毒道"经过云南段，便正式进入了国际区域。关于"蜀身毒道"国际路线的记载，由于种种原因并不多见。现存最早的记载见于《三国志·乌丸鲜卑东夷传》裴松之注，裴注引鱼豢《魏略·西戎传》载："盘越国一名汉越王，在天竺东南数千里，与益部相近，其人小与中国人等，蜀人贾似至焉。"⑨关于盘越国的地望，学界有不同的观点。张星烺、向达分别认为是在孟加拉国、缅甸；汶江认为在今东印度阿萨姆，即迦

---

① 《史记》卷116《西南夷列传》，第2995页。
② 《史记》卷116《西南夷列传》，第2996页。
③ 《史记》卷123《大宛列传》，第3166页。
④ 《史记》卷123《大宛列传》，第3166页。
⑤ （晋）常璩著，刘琳校注：《华阳国志新校注》，四川大学出版社，2015年，第97页。
⑥ （晋）常璩著，刘琳校注：《华阳国志新校注》，第101页。
⑦ 钟周铭：《论安阳王南迁交趾的历史背景》，《中华文化论坛》2017年第5期，第27—30页。
⑧ 《史记》卷129《货殖列传》，第3161页。
⑨ 《三国志》卷30《乌丸鲜卑东夷传》，中华书局，1982年，第860页。

摩缕波;[1]法国学者沙畹（E. Chavannes）、饶宗颐则以为其可能在阿萨姆与缅甸之间。[2]段渝经过考证指出，盘越国所在地区为东印度的可能性最大，认为"蜀人商贾是通过东印度陆路通道从阿萨姆进入印度地区"。[3]

二 嫘祖传说与古蜀的丝织业

嫘祖，历来被视为养蚕的发明者，被誉为中国的"蚕神"。《史记·五帝本纪》载："黄帝居轩辕之丘，而娶于西陵之女，是为嫘祖。嫘祖为黄帝正妃，生二子，其后皆有天下。"[4]神话传说中把嫘祖说成养蚕缫丝方法的创造者。《大唐西域记》注引《汉旧仪》载："春蚕生而皇后亲桑于菀中。……祭蚕神曰菀窳妇人、寓氏公主，凡二神。"[5]北齐始祀黄帝元妃嫘祖为先蚕神，以与妇女相合。嗣后道教、民间皆以其为蚕神。唐赵蕤所题《嫘祖圣地》碑文称："（嫘祖）首创种桑养蚕之法，抽丝编绢之术，谏净黄帝，旨定农桑法，制衣裳，兴嫁娶，尚礼仪，架宫室，奠国基，统一中原，弼政之功，殁世不忘，是以尊为先蚕。"[6]

而早在龙山文化时期，蜀人便同嫘祖族群产生了紧密联系。关于嫘祖族群同蜀人的关系，主要见于《世本》《大戴礼记·帝系》《史记·五帝本纪》《山海经·海内经》等传世文献以及《竹书纪年》《容成氏》等出土文献。如《山海经·海内经》载："黄帝妻雷祖，生昌意。昌意降处若水，生韩流。"[7]再如，《史记·五帝本纪》载"嫘祖为黄帝正妃，生二子，其后皆有天下：其一曰玄嚣，是为青阳，青阳降居江水；其二曰昌意，降居若水。昌意娶蜀山氏女，曰昌仆，生高阳，高阳有圣德焉"[8]等，不一而足。由此可以看出，蜀人是一支同嫘祖部落关系密切的族群，甚至还有过通婚行为，在纺织方面可能有突出的技能和贡献。故《华阳国志·蜀志》记载蜀地"其宝"[9]时提到锦、绣、桑、麻等物，不无原因。文献记载，古蜀地区的第一任王之所以得名蚕丛，可能同擅长养蚕有关，《舆地广记》对此解释道："昔蚕丛氏衣青衣以劝农桑，县盖取此为名。"[10]司马错在给秦惠王上奏为何先伐蜀而非韩时称，"其国富饶，得其布帛金银，足给军用"，[11]布帛丰饶，正是古蜀地区盛产丝织品的明证。到了两汉时期，中央王朝在成都设置锦官，成都又别称锦官城。汉代扬雄曾在《蜀都赋》中发出"尔乃其人，自造奇锦"[12]的赞叹，这同古蜀发达丝织业的发展一脉相承。

① 汶江：《滇越考——早期中印关系的探索》，《中华文史论丛》第 14 辑，上海古籍出版社，1980 年，第 63 页。
② 〔法〕沙畹：《魏略·西戎传笺注》，冯承钧编译：《西域南海史地考证译丛七编》，商务印书馆，1962 年，第 41—57 页。
③ 段渝：《古代中印交通与中国丝绸西传》，《天府新论》2014 年第 1 期，第 144—148 页。
④ 《史记》卷 1《五帝本纪》，第 10 页。
⑤ （唐）玄奘、辩机著，芮传明译注：《大唐西域记译注》卷 12《瞿萨旦那国》，中华书局，2019 年，第 841 页。
⑥ 王德奎、王映维、赵均中：《盐亭县发现唐代〈嫘祖圣地〉碑志》，《四川文物》1992 年第 6 期，第 74 页。
⑦ 袁珂校注：《山海经校注》，北京联合出版公司，2014 年，第 372 页。
⑧ 《史记》卷 1《五帝本纪》，第 10 页。
⑨ （晋）常璩著，刘琳校注：《华阳国志新校注》，第 97 页。
⑩ （宋）欧阳忞：《舆地广记》，四川大学出版社，2003 年，第 837 页。
⑪ （西汉）刘向著，赵仲邑注：《新序详注·秦惠王时》，中华书局，2017 年，第 283 页。
⑫ （清）严可均编：《全上古三代秦汉三国六朝文·全汉文》卷 51《扬雄·蜀都赋》，中华书局，1958 年，第 402 页。

古蜀地区发掘的大量同丝绸相关的考古遗存，也从实物的角度证明了古蜀的丝织业发达这一点。三星堆 2 号坑出土的青铜大立人像，头戴花冠，身着内外三重衣衫，外衣长及小腿，胸襟和后背有异形龙纹和有起有伏的各种繁缛的花纹，它的冠、服所表现的就是蜀锦和蜀绣。三星堆遗址，还曾出土陶纺轮；2 号坑出土的青铜戈、铜铃、铜眼泡钉、青铜头像等样品上发现了丝的痕迹。东周时期，古蜀地区的丝织业继续发展，技术水平有所提升。湖南长沙和湖北江陵出土的战国织锦和刺绣，据有关专家考证，属于古蜀地区的产品，[①]并与四川炉霍卡莎湖石棺葬内发现的织品相似，[②]均为 1∶2 经二重夹纬（含心纬）1/1 平纹，或 1∶1 经重夹纬 1/1 平纹，经密 36×3 根 / 厘米，或 56×2 根 / 厘米。自 2019 年底起，三星堆考古迎来了一次新的突破，陆续发掘出大量丝织品残留物和相关联的器物，并首次发现了丝绸痕迹和丝蛋白。不仅如此，新的考古发掘在上一次三星堆祭祀坑中发现平纹丝绸的经纬组织结构基础上，还发现了斜纹组织的丝绸，进一步以事实证明 3000 多年前的古蜀地区已开始使用丝绸。2021 年 3 月 20 日，"考古中国"重大项目进展工作会上公布在三星堆遗址祭祀坑中发现了用于祭祀的丝绸，从而印证了古蜀时期，在精神层面，丝绸有沟通天地人神的独特用途；也从物质层面反映出当时古蜀国的丝绸生产状况，为南方丝绸之路的进一步研究提供了考古学实证。

三　古代蜀地丝绸之西传

古蜀地区的丝绸质量上乘、产量丰富，因而深受周边区域人民的喜爱，甚至作为珍贵的贸易物行销至千里之外的印度、中亚、欧洲等地。丝绸质地柔软、轻盈，便于运输，沿途交易形成了多个集市，促进了这些地区的商品经济发展，亦对印度和西方文明的发展起到了推动作用，为世界文明的交流互通贡献了积极力量。

"蜀身毒道"是古蜀地区的丝绸输往印度、中亚乃至欧洲的最早路线之一。作为文明交流的孔道，早在商王朝中晚期，这条沟通亚欧的路线就已经初步开通。印度，是古代四大文明古国中与我国最近且最易于交通者。支那（Cina）是古代印度对中国的称谓，印度孔雀王朝月护王大臣 Kautilya 在《政事论》中提到 Cinapatta，意为"支那生产的成捆的丝"。这些丝绸正是通过"蜀身毒道"销往印度地区的。事实上，在汉武帝打通河西走廊之前，古蜀地区的丝绸主要是沿着此道向南、向西进行贸易的。考古学家曾在阿富汗喀布尔附近发掘的亚历山大城的一座堡垒内发现大量中国丝绸，据研究，这批丝绸是经南方丝绸之路，由"蜀身毒道"转运到中亚的蜀国丝绸。[③]

汉武帝开通西域后，古代蜀地丝绸之西传又多了一条路线。蜀地生产的大量丝织品开始通过北方丝绸之路源源不断地销往中亚、西亚以及东罗马。这些国际贸易中的明星商品，其品种很多来源于蜀地，包括品级较高的蜀锦。在新疆吐鲁

①　武敏：《吐鲁番出土蜀锦的研究》，《文物》1984 年第 6 期，第 70—80 页。
②　四川省文物考古研究所等：《四川炉霍卡莎湖石棺墓》，《考古学报》1991 年第 2 期，第 212—214 页。
③　童恩正：《略谈秦汉时代成都地区的对外贸易》，《成都文物》1989 年第 2 期，第 20—24 页。

番阿斯塔那—哈拉和卓古墓群，先后出土大批丝织品，均为蜀锦，[1] 其年代从南北朝到唐代均有，表明蜀锦是西域丝绸贸易中的重要商品，也是经由北方丝绸之路输往西方的主要丝绸。不仅如此，古代蜀地的丝绸还通过草原丝绸之路传播到今天的俄罗斯一带。如俄罗斯阿尔泰山乌拉干河畔的巴泽雷克（Pazyryk）古墓群内（约公元前 5—前 3 世纪），[2] 出土不少西伯利亚斯基泰文化的织物和中国的丝织品，丝织品中有用大量的捻股细线织成的普通的平纹织物，还有以红、绿两种纬线斜纹显花的织锦和一块绣着凤凰连蜷图案的刺绣，段渝认为其"必定就是蜀锦和蜀绣"。[3]

由此可见，古蜀地区盛产的丝绸通过草原丝绸之路，在中国北方草原地区与今天俄罗斯一带之间的文化交流中起到了重要作用。

古代蜀地丝绸在欧亚大陆的传播，一定程度上丰富了南亚、中亚、西亚、北亚和欧洲文明的内容，由丝绸的传播而引起的南方丝绸之路、北方丝绸之路和草原丝绸之路的开通，加强了中国同亚欧各古代文明之间的交流互动。这一方面加快了中国认识世界、世界认识中国的步伐，另一方面促进了世界文明的繁荣发展。而在其中扮演着重要角色的古代蜀地的丝绸，无疑做出了积极而卓越的贡献。

---

[1] 武敏：《吐鲁番出土蜀锦的研究》，《文物》1984 年第 6 期，第 70—80 页。
[2] С.И. 鲁金科：《论中国与阿尔泰部落的古代关系》，潘孟陶译，《考古学报》1957 年第 2 期，第 37—52 页。
[3] 段渝：《古代中印交通与中国丝绸西传》，《天府新论》2014 年第 1 期，第 144—148 页。

晋唐时期弥勒信仰在敦煌、高昌传布考[*]

张重洲　　　闫　丽

（清华大学）　（浙江大学）

弥勒信仰是指世俗百姓对弥勒的崇拜和对弥勒净土的向往，通常包括弥勒菩萨信仰、弥勒佛信仰、弥勒净土信仰三种。弥勒经典又可分为"上生""下生""本愿"三个系统。弥勒信仰既包括了对弥勒菩萨本身的崇拜，也包括对弥勒经典的崇拜，两种信仰互相融摄。而弥勒净土也具有两层含义：一是弥勒未来成佛的人间净土，二是弥勒说法所居的兜率净土。弥勒信仰在中原的传布始于西晋，南北朝时期逐步走向鼎盛。关于晋唐时期中原地区弥勒信仰的传播、经典文本、图像等问题学者们多有研究，[①]然而学术界对西域地区弥勒信仰的传布却关注较少，任继愈最早提出"弥勒信仰传播的路线与佛教传入的路线一样，是从印度经我国西北再传入内地的"。[②]季羡林在《弥勒信仰在新疆的传布》[③]中以石窟材料和胡语文本为核心，通过于阗语和粟特文本明确指出

任先生所说的"我国西北"主要是指丝路南道地区，其中特别提及经过吐火罗人之中转，弥勒信仰在焉耆、龟兹地区的传布。此外，李崇峰[④]、宫治昭[⑤]、李瑞哲[⑥]等学者从图像学的角度出发考察了丝路南道地区弥勒信仰的传布。关于敦煌、高昌地区弥勒信仰的传播问题，前辈学者已有不少研究，如彭杰曾对柏孜克里克石窟新出土《弥勒上生经》的版本和流传问题进行考察。[⑦]但有关晋唐时期两地弥勒信仰的源流、传播问题，特别是弥勒信仰的中国化进程，以及在此地区传播的原因和衰落等诸多问题亟待探讨，因此本文拟在前人的基础上以期有所推进。

一　犍陀罗与中原：敦煌、高昌弥勒信仰的源流

弥勒，是梵文 Maitreya、巴利文 Metteya 的

* 本文系国家社会科学基金青年项目"中古高昌佛教与社会研究"（22CZJ015）、中国博士后第 72 批面上资助项目"4—8 世纪西域佛教与民族社会关系研究"（2022M721899）阶段性成果。

① 研究参看王雪梅《弥勒信仰研究综述》，《世界宗教文化》2010 年第 3 期，第 87—92 页。
② 任继愈主编：《中国佛教史》第 3 卷，中国社会科学出版社，1988 年，第 599 页。
③ 季羡林：《弥勒信仰在新疆的传布》，《文史哲》2001 年第 1 期，第 5—15 页。
④ 李崇峰：《克孜尔中心柱窟的弥勒图像》，氏著：《佛教考古：从印度到中国》，上海古籍出版社，2014 年，第 185—198 页。
⑤ 〔日〕宫治昭：《涅槃和弥勒的图像学》，李萍、张清涛译，文物出版社，2009 年，第 327—405 页。
⑥ 李瑞哲：《龟兹弥勒说法图及其相关问题》，《敦煌研究》2006 年第 4 期，第 19—34 页；李瑞哲：《龟兹弥勒图像以及弥勒信仰在当地的流行》，《敦煌吐鲁番研究》第 19 卷，上海古籍出版社，2020 年，第 255—279 页。
⑦ 彭杰：《吐鲁番柏孜克里克石窟出土汉文佛教文书相关问题研究》，博士学位论文，兰州大学，2016 年。

音译名，意译慈氏。弥勒地位仅次于佛，部派佛教《中阿含经》中规定："弥勒！汝于未来久远人寿八万岁时，当得作佛，名弥勒如来……"[1]《佛说观弥勒菩萨上生兜率天经》中更是直接记载："世尊往昔于毗尼中及诸经藏说阿逸多次当作佛，此阿逸多具凡夫身，未断诸漏，此人命终当生何处？"[2]"阿逸多"即指"弥勒"，可见弥勒的崇高地位源于佛的授记。进一步而言，弥勒所讲之法也当为"正法"，《佛说弥勒下生经》中记载："弥勒亦由我所受正法化，得成无上正真之道。"[3]说明弥勒所讲之法与佛无异。

中国的弥勒信仰始于晋代，有关弥勒经的传译最早出现在太康三年（282）《张伯通造像记》中："晋太康御龙有三年，五月十八日，佛弟子张伯通、妻殷，为亡父母、姊殷善光，造弥勒像一区。上为皇帝，下及众生正觉。"[4]首次出现了"弥勒像"，标志着弥勒信仰在中原的初传。但是关于"上生"和"下生"思想的传入时间，一般认为弥勒"下生信仰"略早于"上生信仰"。西晋月氏沙门竺法护世居敦煌，最早提倡弥勒信仰中的"下生信仰"，并于晋惠帝太安二年（303）译出《弥勒下生经》一卷和《弥勒菩萨所问本愿经》一卷。前秦时期道安最早提倡弥勒信仰中的"上生信仰"，《高僧传》记载："安每与弟子法遇等，于弥勒前立誓，愿生兜率。"[5]弥勒上生信仰中往生的归宿正是兜率净土。直至5世纪初，鸠摩罗什于后秦弘始四年（402）译出《弥勒成佛经》一

卷。南朝宋初，又有北凉沮渠京声所译的《观弥勒上生兜率天经》行世。《弥勒下生经》《弥勒成佛经》《弥勒上生经》合称为"弥勒三经"。魏晋时期成书的佛典尾题充分证明了弥勒信仰的传播。以《大般涅槃经》写经后的题记为例，S.1317保定四年（564）《大般涅槃经卷一比丘道济题记》中"舍此秽形，直生兜率"，出现了对兜率天的记载。而"弥勒三会"也多次见于文献之中，如S.1945保定五年（565）《大般涅槃经卷十一比丘洪珍题记》中"登弥勒初会，一时□佛"。S.3518开皇八年（588）《大般涅槃经卷四赵升题记》中还记有"前不值释迦八相成道，后未蒙弥勒三会"的场景。图像往往可与经典互相印证。莫高窟初唐第329窟北壁中出现了上、下生合绘的"弥勒经变"（图1），此铺弥勒经上生、下生同绘一处，上方的《上生经变》画面简洁，下方的《下生经变》则以"弥勒三会"为中心，有诸多情节穿插

图1 莫高窟第329窟弥勒三会图（采自《敦煌石窟全集》第6集，上海人民出版社，2001年，第48页）

---

① （东晋）瞿昙僧伽提婆译：《中阿含经》卷13，《大正藏》第1册，第511页。
② （南朝宋）沮渠京声译：《佛说观弥勒菩萨上生兜率天经》卷1，《大正藏》第14册，第418页。
③ （西晋）竺法护译：《佛说弥勒下生经》卷1，《大正藏》第14册，第422页。
④ 北京图书馆金石组编：《北京图书馆藏中国历代石刻拓本汇编》第2册，中州古籍出版社，1989年，第47页。
⑤ （梁）释慧皎：《高僧传》卷5《释道安》，汤用彤校注，中华书局，1992年，第183页。

在三会周围，内容十分丰富。因此，"弥勒三经"的传译和上、下生信仰的共同传播为弥勒信仰在中国的流行奠定了基础。

伴随着大乘佛教的兴起，贵霜王朝时期营造佛像、书写佛经文本等一并出现，弥勒信仰便在犍陀罗地区迅速发展起来。孔兹（Eward Conze）认为西北印度犍陀罗地区是弥勒信仰的中心，[①]大英博物馆所藏迦腻色伽铜币上最早出现了结跏趺坐的弥勒像，铜币刻希腊字母铭文为"Metrago Boudo"（即"弥勒佛"），[②]巴基斯坦的塔克西拉博物馆现还存有弥勒立像。孙英刚指出"犍陀罗佛教中，菩萨在宗教信仰和政治宣传中地位被抬高"，[③]但无疑弥勒信仰在犍陀罗地区的流行为其进入中国奠定了基础。关于弥勒信仰在丝路南道的传播，季羡林已经介绍了龟兹地区克孜尔石窟、库木吐拉石窟、克孜尔尕哈石窟中所见的"弥勒兜率天说法"图，以及克孜尔梵文残卷中五处有关"弥勒"的记载，[④]此不赘述。而在高昌和敦煌地区，弥勒形象最早在莫高窟北凉时期的洞窟内就已经具有了典型的犍陀罗风格，如第275窟不仅是莫高窟现存最早的三个洞窟之一，此窟正壁（西壁）塑高3.40米的弥勒菩萨像，扬掌交脚坐狮子座上（图2）。相比贵霜王朝宫殿遗址哈尔恰扬出土的王侯像，君主同为"交脚倚坐"的坐姿。[⑤]此外，第275窟弥勒菩萨塑像造型雄健，头戴宝冠，发披两肩，冠上浮塑化佛，

图2　莫高窟275窟西壁交脚弥勒菩萨（采自《敦煌石窟全集》第6集，第21页）

面相丰圆，神情庄静，上身半裸，肩挂披巾，腰束羊肠裙，下方所坐的"狮子床"是西域和中亚地区王座的典型代表，从造型与衣饰可以看出中原传统雕塑艺术与犍陀罗艺术的融合，特别受到了波斯艺术风格的影响。

在敦煌壁画中还出现了婆罗门与弥勒相争的场景，如莫高窟盛唐第148窟南壁、榆林窟中唐第25窟北壁（图3）、莫高窟晚唐第9窟窟顶东披、莫高窟五代第98窟南壁等各时期弥勒经变中均以同样的画面来表现婆罗门拆毁七宝台的故事。如第148窟榜题"尔时儴佉主□立十宝幢供

①　Eward Conze, "Maitreya, the Future Buddha," in Eward Conze, ed., *Buddhist Scriptures*, Baltiaore, 1959, p.237.

②　荷兰学者 J.E.Van Lohuizen-de Leeuw 曾就此铭文中弥勒所称"佛"与"菩萨"的问题进行了探讨，参看 J.E.Van Lohuizen-de Leeuw, *The Scythian Period*, Leiden, 1949, pp.178-179.

③　孙英刚：《魏晋南北朝时期犍陀罗对中国文明的影响》，《复旦学报》2022年第1期，第118页。

④　季羡林：《弥勒信仰在新疆的传布》，《文史哲》2001年第1期，第8—9页。

⑤　〔日〕宫治昭：《涅槃和弥勒的图像学》，第258页。

图 3 榆林窟第 25 窟婆罗门拆毁供养弥勒宝幢（采自《敦煌石窟全集》第 6 集，第 80 页）

养于弥勒受此幢已转婆罗此宝幢謠□□□□"，[①]此榜题内容正对应《佛说弥勒下生成佛经》中"时彼饷佉王，建立七宝幢；幢高七十寻，广有寻六十。宝幢造成已，王发大舍心；施与婆罗门等设无遮会。其时诸梵志，数有一千人；得此妙宝幢，毁坏须臾顷"。[②]宝幢不只是兜率天中的建筑之一，《佛说观弥勒菩萨上生兜率天经》称："时兜率天宫有五大神：第一大神名曰宝幢，身雨七宝散宫墙内，一一宝珠化成无量乐器，悬处空中不鼓自鸣，有无量音适众生意。"[③]其中宝幢以神的形象出现，但壁画中婆罗门拆毁七宝台画面无疑表现了早期弥勒与婆罗门在天竺的斗争。而莫高窟的绘画风格中也体现出了强烈的印度风格，莫高窟第 231 窟中弥勒瑞像穿白色袈裟倚坐说法，侧边榜题"天竺白银弥勒瑞像"（图 4），敦煌瑞像中也有"南天竺弥勒白佛瑞像""迦毕试国银瑞像""白衣佛图"等，白衣瑞像表现了天竺地区的白衣佛，"天竺"和"瑞像"更证明了其西来的渊源。因此，在弥勒信仰传入中国的

图 4 莫高窟第 231 窟"天竺白银弥勒瑞像"（采自《敦煌石窟全集》第 6 集，第 30 页）

过程中，犍陀罗作为其发源地的身份得到了普遍承认。

同时，佛教的传播本身与丝绸之路密切相关，这可以"阿罗汉刻木"故事佐证弥勒信仰从犍陀罗至中原的传播历程。《高僧传》中记载道安与异僧的对话，"后至秦建元二十一年（385）正月二十七日，忽有异僧，形甚庸陋，来寺寄宿。……安请问来生所往处，彼乃以手虚拨天之西北，即见云开，备睹兜率妙胜之报。尔夕，大

① 公维章：《涅槃、净土的殿堂——敦煌莫高窟第 148 窟研究》，民族出版社，2004 年，第 166 页。
② （唐）义净译：《佛说弥勒下生成佛经》卷 1，《大正藏》第 14 册，第 427 页。
③ （南朝宋）沮渠京声译：《佛说观弥勒菩萨上生兜率天经》卷 1，《大正藏》第 14 册，第 419 页。

众数十人悉皆同见"。① 指出"睹兜率"源于西北。数年后，法显西行游历经过"陀历国"，"度岭已，到北天竺。始入其境，有一小国名陀历。亦有众僧，皆小乘学。其国昔有罗汉，以神足力，将一巧匠上兜术天，观弥勒菩萨长短、色貌，还下，刻木作像"。② "睹兜率""兜术天"等词都是"兜率天"的音译，此为兜率天造像。然而这两个故事均为听闻，因此神异故事的可能性较大。然而玄奘路过乌仗那国的"达丽罗川"时记述：

> 达丽罗川中大伽蓝侧，有刻木慈氏菩萨像，金色晃昱，灵鉴潜通，高百余尺，末田底迦（旧曰末田地，讹略也。）阿罗汉之所造也。罗汉以神通力，携引匠人升睹史多天，（旧曰兜率他也，又曰兜术他，讹也。）亲观妙相。三返之后，功乃毕焉。自有此像，法流东派。③

"慈氏菩萨像"即为弥勒菩萨像，于伽蓝旁露天而刻，"睹史多天"即指兜率天。1980 年，在今斯瓦特地区（乌仗那国，Udyāna）的一处佛塔遗址出土了乌仗那国国王色那瓦尔摩于公元 14 年留下的犍陀罗语金卷，卷中就提到了弥勒。从文献记载来看，道安、法显、玄奘三人都曾听闻

"阿罗汉刻木"的故事，只有玄奘目睹了巨大的弥勒木像，更直接指出"自有此像，法流东派"。唐代王玄策出使时也记载："我是弥勒菩萨。……其像自弥勒造成已来，一切道俗规模图写，圣变难定，未有写得。"④ 同样证明从道安至玄奘数百年间，弥勒信仰从"犍陀罗—西域—河西—中原"一线传播的可能性。

南北朝时期，弥勒信仰在中原地区逐步走向鼎盛。由于魏晋时期中原北方地区与西域间的密切往来，北朝一系也成为弥勒信仰的重要来源。华方田曾总结弥勒信仰在南北朝时期盛行的几个表现：一是弥勒经典的大量翻译和广泛传播；二是高僧大德发愿往生兜率净土者众多；三是弥勒造像甚为普遍。⑤ 北魏时期弥勒信仰十分兴盛，有关释迦、弥勒二佛的造像、弥勒颂碑、弥勒像记、弥勒摩崖石刻等比比皆是，同时期远超阿弥陀和观世音造像。北魏末至北齐、北周的 40 年间，仅洛阳龙门石窟就有弥勒像 35 尊，如正光四年"比邱尼法阾为女安乐郡君于氏嫁耶奢难陀造弥勒像"和孝昌元年"比邱尼僧为皇帝师僧造弥勒观音药师像"⑥ 等众多造像和题记，证明了北方地区是以释迦、弥勒二佛作为主要信仰。从中原至西域间的河陇地区，炳灵寺第 169 窟中第 24 龛一段墨书题记为"僧林道元道双道明道新昙普法炬慧□ / 等共造此千佛像愿生

① （梁）释慧皎：《高僧传》卷 5《释道安》，第 183 页。
② （东晋）法显撰，章巽校注：《法显传校注》卷 2《陀历国》，中华书局，2008 年，第 22 页。
③ （唐）玄奘、辩机撰，季羡林等校注：《大唐西域记校注》卷 3《乌仗那国》，中华书局，2000 年，第 295—296 页。《释迦方志》中的表述与此类似："王城东北逾山谷，逆上信度河，途路极险，乘縆栈梁，锁杕蹑蹬，千有余里，至达丽罗川，乌仗那旧所都也。大寺中有刻木梅呾丽耶菩萨像，金色晃朗，高百余尺，末田底迦阿罗汉所造，以通力引匠并睹史多天，三返观相，乃成其好。自有此像，法方东流也。"参看（唐）道宣《释迦方志》卷上《遗迹篇》，范祥雍点校，中华书局，2000 年，第 31—32 页。
④ （唐）释道世：《法苑珠林》卷 29，《大正藏》第 53 册，第 503 页。
⑤ 华方田：《隋朝的弥勒信仰——以弥勒信仰的兴衰为主线》，《宗教》2001 年第 4 期，第 219—221 页。
⑥ 张廷银、朱玉麒主编《缪荃孙全集·金石》卷 2，凤凰出版社，2014 年，第 32 页。

之处常值诸佛舍此永已生安养／□□□□处□大袖通供养诸佛龟得观待释子／无寿教化众生弥勒初下在□□□无生忍□／供事千佛成众正／觉"，[①] 其中也宣扬弥勒下生思想。

莫高窟从北朝至晚唐时期的洞窟中也均有弥勒塑像及经变画出现。北凉三窟中流行"交脚倚坐"弥勒像风格，如北凉第268窟是莫高窟最早开凿的石窟之一，功能上属于小型禅窟，专供僧侣生活和修行，西壁龛内有交脚弥勒一身，凸显了日常禅修过程中弥勒信仰的存在。另有莫高窟北魏第254窟，南北两壁及中心塔柱上部各有殿阙形佛龛，"阙形龛"内塑弥勒菩萨像（图5）。龛两侧塑双层阙形，中有庑殿顶，成为高低错落的子母阙，表示弥勒在兜率天宫的殿屋，此种龛形仅见于莫高窟北凉及北魏时期的洞窟中。北凉政权西迁后，北魏攻占河西走廊地区，隔流沙与

高昌国对峙，这种"交脚倚坐"弥勒像风格在北魏初期仍然在敦煌地区流行。而北魏中后期则逐渐转为"善跏趺坐"（即倚坐），莫高窟第435窟是其中的代表（图6），这种风格一直延续至隋唐时期。敦煌、高昌社会中的豪门望族大多源自河陇和中原地区，加之与北魏、西魏、北周等政权间的密切佛教往来，北朝佛教成为敦煌、高昌地区佛教的重要来源之一。

二 晋唐时期高昌地区的弥勒信仰

北凉在河西建立政权后，统治者沮渠氏家

图6 莫高窟第435窟中心柱东龛内弥勒倚坐像（采自《敦煌石窟全集》第8集，第34页）

图5 莫高窟第254窟阙形龛内塑弥勒菩萨像（采自陈海涛、陈琦《图说敦煌二五四窟》，三联书店，2017年，第206页）

① 王亨通：《炳灵寺第169窟发现一些新题材》，《敦煌研究》1999年第3期，第9页。王文关于此龛题记的释读与《中国石窟·永靖炳灵寺》一书略有出入，王文解释为之前录文为望远镜释读，故本文以王文为准。

族笃信佛教。天竺僧人昙无谶途经高昌之时，受沮渠蒙逊之请"至西凉州，为伪河西王大沮渠蒙逊译出"，① 才翻译出了著名的《金光明经》。沮渠蒙逊还曾专门遣使求得《大般涅槃经》《大集经》《涅梁诸经》《大毗婆沙》等胡本，并由昙无谶在都城凉州翻译。吐峪沟出土《优婆塞戒》卷7尾题记载：

> 岁在丁卯夏四月廿三日，河西王世子抚车将军录尚书事、大沮渠兴国与诸优婆塞等五百余人，共于都城之内，请天竺法师昙摩谶，译此在家菩萨戒，至秋七月廿三日都讫，秦沙门道养笔受。愿此功德，令国祚无穷，将来之世，值遇弥勒，初 □□。②

证明了弥勒信仰在北凉的流行。沮渠兴国请昙无谶在凉州翻译佛经，后翻译本西传至高昌，使高昌与张掖、凉州通过佛教的纽带紧密地联系在一起。沮渠蒙逊从弟安阳侯沮渠京声笃信佛教，曾渡流沙至于阗，求得《观世音经》《弥勒经》各一卷，因此"弥勒六经"中的《佛说观弥勒菩萨上生兜率天经》最早是由沮渠京声在高昌获得并将其译出。

北凉政权西迁建立高昌国，沮渠氏在高昌故城建立了王家寺院，积极开窟造寺，佛教写经数量也不断增加。德国考察队曾在"可汗堡"发掘出刻于北凉承平三年（445）的《沮渠安周造寺功德碑》。"可汗堡"本身的建筑规模十分宏大，堡

内西北部耸立的佛塔高达十余米，证明此处曾为北凉流亡政权的王家寺院。也可看到，此碑造像正是以弥勒菩萨为主尊，造像铭文中也有三处记载弥勒：

> 6 弥勒菩萨，控一乘以苌驱，超二渐而玄诣
>
> 17 于铄弥勒，妙识渊镜，业已行隆，士 □□□
>
> 20 稽式兜率，经始法馆，兴因民愿，崇不终旦③

第6行、第17行提及"弥勒"和第20行提及"兜率"，均证明北凉高昌时期宣传弥勒净土思想，崇尚以弥勒信仰教化众生，引导百姓相信可以往生弥勒菩萨所在的兜率天净土。此外，石塔也是北凉时期一种典型的造像形式，《弥沙塞部和醯五分律》记载："诸比丘欲作露塔、屋塔、无壁塔。"④ 露塔、屋塔为日后大量营建，而石塔应当为"无壁塔"，既可在室内供奉，也可置于室外，是大乘佛教以佛塔崇拜为中心的产物。北凉在河西之时就逐步开始建造，《白双且造经塔残石》记载：

> 1 凉故大沮渠缘禾三年岁次甲戌七月上旬清
>
> 2 信士白双且自惟薄福生值末法波流苦深

---

① 〔梁〕僧祐：《出三藏记集》卷2，中华书局，1995年，第52页。
② 〔日〕香川默识：《西域考古图谱》卷下，国华社，1915年，第18页。
③ 〔日〕池田温：《高昌三碑略考》，谢重光译，《敦煌学辑刊》1988年第1、2期合刊，第148页。
④ 〔刘宋〕佛陀什、竺道生等译：《弥沙塞部和醯五分律》卷26，《大正藏》第22册，第173页。

3 与圣录旷自惟慨[窹][寐]永叹即于山岩

4 步负斯石起灵塔一[尊]形容端严

5 [愿]此福报使国主兄弟善心纯熟[典][祚]

6 三宝现在师僧证[菩]提果七世父母兄

7 [弟]宗亲舍身受身值遇弥勒心门

8 [意]解获其果愿①

碑文内容强调对父母和君王的"报恩"思想，将弥勒信仰与儒家观念相结合。加之石塔通常由上、中、下三个部分构成，上部为伞盖，身部为八面过去、未来佛的图像，佛像以七佛一结跏趺坐弥勒菩萨为主尊，塔身环刻《增一阿含经》，此经正完整地反映了弥勒下生信仰。

至麴氏高昌国时期，弥勒信仰在高昌传播更加广泛。首先是建立与弥勒相关的场所和寺院，《高昌延昌十五年（575）宁朔将军绾曹郎中麴斌芝造寺碑》记载"降迹天宫，诞形帝宇；禅室连扁，秘如兜率"，②"天宫"正是指以弥勒上生为主要信仰的兜率天宫。柏孜克里克石窟出土 80TBI：051《贤愚经》第 5 行中"是誓已天地大动乃至净居诸天宫殿动摇"③也出现了"天宫"。又《高昌诸寺田亩帐（二）》第 1—2 行："□□寺□薏田十七半，桃二半六十步，天宫养祐桃半亩六[田][步]，田寺太觉田二亩廿四步，冯寺[明]昙田半亩，足。半。"④高昌社会中实际存在"天宫寺"。事实上，北朝时期各地普遍存在天宫寺，如北魏高祖诞载"又于天宫寺，造释迦立像"。⑤

写经题记中出现的次数更加频繁。大谷文书 3616 号《麴氏高昌国延昌十七年（577）二月八日比丘尼僧愿写涅槃经题跋》记录了一位比丘尼僧愿的写经活动，仅从该件文书最后两行看：

5 分用。写涅槃（一部兼读诵者获涅槃之乐礼观者济三涂）

6 之苦。复以斯福。愿现（身康疆远离苦缚七祖之魂）

（考姚往识超升慈宫诞生养界）

（后缺）⑥

记述了尼众僧愿为亡父母抄写涅槃经祈福的事情，希望自己的先祖和父母能够往生"慈宫"。不论是"天宫"还是"慈宫"均指以弥勒上生为主要信仰的兜率天宫。

唐西州建立后多继承高昌国时期的佛教政策，社会上也延续了前代的佛教风气，如《唐高宗咸亨三年（672）新妇为阿公录在生功德疏》记载了一位西州新妇为刚去世的阿公所列生前功德疏。

（前略）

19 当未亡时，二月七日夜，阿公发心将家中七斛大

20 百师一口，施弥勒佛玄觉寺常住。请

① 现藏酒泉市肃州区博物馆。录文参看史岩《酒泉文殊山的石窟寺院遗迹》，《文物参考资料》1956 年第 7 期，第 56 页。

② 〔日〕池田温：《高昌三碑略考》，谢重光译，《敦煌学辑刊》1988 年第 1、2 期合刊，第 146—161 页。

③ 彭杰：《吐鲁番柏孜克里克石窟出土汉文佛教文书相关问题研究》，第 114 页。

④ 唐长孺主编：《吐鲁番出土文书》第 5 册，文物出版社，1983 年，第 170 页。

⑤ 《魏书》卷 114《释老志》，中华书局，1974 年，第 3037 页。

⑥ 〔日〕小田义久：《大谷文书集成》第 2 册，法藏馆，1990 年，第 34 页。

百 僧乞诵

…………

78 于后更向堀门里北畔新塔厅上佛堂中

79 东壁上，泥塑弥勒上生变，并菩萨、侍者、

80 天神等一铺，亦请记录。

81 往前于杨法师房内造一厅并堂宇，供养

82 玄觉寺常住三宝。

83 又已前将园中渠上一□木布施百尺弥勒。

（后略）①

仅从寥寥数行的记载就可见阿公生前经常向玄觉寺的弥勒像布施，以求积累功德。祈求往生兜率天净土，出罪忏悔的对象也是"弥勒佛"。而柏孜克里克石窟新获出土的《佛说观弥勒菩萨上生兜率天经》有六个编号，② 时间判定均为唐代，

以内容较全 80TBI：715a 一纸为例：

（前缺）

1 长跪合□□

2 以天冠为供养□□

3 当成阿耨多□□

4 国界得受记者□□

5 天子等各各长□□

6 天子作是愿已□□

7 宫一一宝宫有□□

（后缺）③

文书虽然残缺不全，但仍可通过"天冠""宝宫"等词加以判断。至武周初期，沙门怀义与法郎等十人进《大云经》，称武则天是弥勒出世，当代唐作阎浮提主。武则天为了给自己的执政寻找合法性，天授元年（690）十月二十九日下令天下诸州各立大云寺一所并宣讲《大云经》。根据"河西道"的记载，统计结果如表1所示。

表 1　河西道诸州中有关大云寺的记载

地区	河西道诸州中有关大云寺的记载	出处
凉州	大云寺者，晋凉州牧张天锡升平之年所置也。本名宏藏寺，后改为大云，因则天大圣皇妃临朝之日，创诸州各置大云，随改号为天赐庵	（清）董诰等编：《全唐文》卷278《凉州卫大云寺古刹功德碑》，中华书局，1983年，第2821页
甘州	三年，西域南印土师子国婆罗门摩诃定利密多罗、甘州大云寺僧迦悉地并赐紫袈裟	（北宋）王钦若等：《册府元龟》卷170《来远国》，凤凰出版社，2006年，第1897页
沙州	大云寺车三乘。与番种麦，牛一具，三日。与教授般麦，差车一乘两日	S.542v《戌年沙州诸寺丁壮车牛役部簿》，郝春文主编：《英藏敦煌社会历史文献释录》第3卷，社会科学文献出版社，2003年，第135页
碎叶城	又有碎叶城。天宝七年，北庭节度使王正见薄伐，城壁摧毁，邑居零落。昔交河公主所居止之处，建大云寺，犹存	（唐）杜佑：《通典》卷193《石国》，中华书局，1988年，第5275页

① 唐长孺主编：《吐鲁番出土文书》第7册，文物出版社，1986年，第66—73页。
② 80TBI：715a、80TBI：657a、80TBI：246、80TBI：249、80TBI：276、80TBI：404。
③ 彭杰：《吐鲁番柏孜克里克石窟出土汉文佛教文书相关问题研究》，第74页。

续 表

地区	河西道诸州中有关大云寺的记载	出处
疏勒	疏勒亦有汉大云寺，有一汉僧住持，即是岷州人士	（唐）慧超著，张毅笺释：《往五天竺国传笺释》卷44《安西》，中华书局，2000年，第176页
安西	且于安西，有两所汉僧住持，行大乘法，不食肉也。大云寺主秀行，善能讲说，先是京中七宝台寺僧。大云寺都维那，名义超，善解律藏，旧是京中庄严寺僧也。大云寺上座，名明恽，大有行业，亦是京中僧。此等僧大好住持，甚有道心，乐崇功德	

大云寺在唐代疆域最西的安西都护府内多有设立，但在西州地区却未见记载。由于西州的建立和疆域的拓展，高昌由边疆变成内地，至于未设大云寺的原因，笔者推测高昌国灭亡后，因为西州本身已经建有大量的佛教寺院，将旧寺院直接易名似乎比新建一所寺院更加方便可行。但是大云寺的设立本身就证明了弥勒思想的传布。武周证圣元年（695）加尊号"慈氏越古金轮圣神皇帝"，[1] 虽然武则天后来放弃慈氏尊号，并于末年重新并提三教，有可能造成弥勒地位下降和造像活动的停止，但至少在武周末年的西州社会中仍然流行弥勒经典。东京书道博物馆藏吐鲁番文书中还保存有周久视元年（700）九月白衣弟子氾德达写《弥勒上生经》断片。但是，弥勒下生信仰也同时存在于高昌社会中，大阪四天王寺出口常顺藏印本吐鲁番文书《佛说弥勒下生成佛经》残片题记"洛京朱家装印""洛京历日王家雕字记"等语，后存"从悔，奉为亡妣特印此经一百卷，伏……速往经方，面礼弥勒……"，[2] 唐代"洛京"即指东都洛阳，此为亡母所印佛经应当是从洛阳带至高昌地区。综上，晋唐时期高昌地区弥勒上生信仰和下生信仰并行传播，但主要为弥勒上生信仰。这种信仰和风气始于北凉西迁，唐西州时期持续流行，并延续至高昌回鹘时期。

三 晋唐时期敦煌地区的弥勒信仰

北凉西迁后，河西走廊最西端的敦煌地区历经北魏、西魏、北周、隋、唐、五代等政权更替，但弥勒信仰延续不断。如隋代莫高窟中所见的六铺弥勒经变全部为弥勒上生经变，主要表现弥勒在兜率天宫说法的场景，贺世哲认为隋代的弥勒经变"是在新的条件下，在北朝弥勒造像的基础上演变来的"，[3] 这种时代上的前后传承关系，以及高昌、敦煌相邻地域间的互相影响，证明弥勒信仰进入中国路径的传承性和一致性。莫高窟完整地展示了各时代的弥勒信仰，特别是盛唐时期第130窟中立有石胎泥塑的弥勒大佛，全身通高26米，是敦煌石窟中的第二大佛，此像除右手和衣褶局部重修过，其他全是盛唐原作。

弥勒信仰自犍陀罗进入中国后，在传播过程中自身在服饰、背景、内容等方面也不断发生变化。前文所见犍陀罗风格的弥勒通常身着白色袈裟，而至唐代，莫高窟第322窟的弥勒佛

---

① 《旧唐书》卷6《则天皇后本纪》，中华书局，1975年，第124页。
② 陈国灿、刘安志：《吐鲁番文书总目》（日本收藏卷），武汉大学出版社，2005年，第588页。
③ 贺世哲：《敦煌莫高窟隋代石窟与"双弘定慧"》，敦煌文物研究所编：《1983年全国敦煌学术讨论会文集·石窟艺术编》（上），甘肃人民出版社，1985年，第38页。

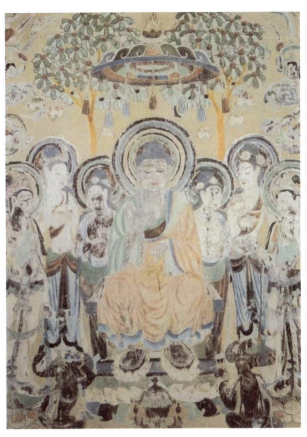

图 7　莫高窟第 322 窟红袈裟弥勒说法图（采自《敦煌石窟全集》第 2 集，第 76 页）

图 8　莫高窟第 33 窟迦叶禅窟不胜寒图（采自《敦煌石窟全集》第 6 集，第 133 页）

身披红袈裟，善跏趺坐，足踏双莲，两侧菩萨拥立（图 7）。第 33 窟内迦叶结跏趺坐禅窟内（图 8），这一故事源于《释迦谱》记载："释迦文佛在世，与我要言，般泥洹后劫尽时，所有经戒及袈裟应器，我皆当取藏着是塔中，弥勒来下当复出着。"[1]释迦牟尼临终之时嘱咐迦叶等大弟子不得入灭，将其袈裟传给弥勒，并护法至弥勒成佛，因此迦叶身披红色袈裟在狼迹山禅窟中等待弥勒。

　　同时，弥勒说法的背景图像也由犍陀罗或天竺地区风格逐步过渡。初唐第 334 窟的弥勒说法图中（图 9），众菩萨恭敬虔诚地聆听佛说法，背后风景是菩提树和碧绿的芭蕉，颇有南方园林情

调。中唐第 369 窟的弥勒说法图则是以山水为背景（图 10），两侧绘有巨大的山崖，中间为供佛说法的高原和台地，山崖间的原野、沟壑等具有西北地区的自然风景特色。背景图像的绘制既按照了佛典文本记述，对犍陀罗地理空间进行不断想象，同时也加入了敦煌和西域地区的实际地理风貌，更说明弥勒信仰在传播过程中不断加入中国元素。

　　盛唐第 208 窟中绘制了弥勒所居的兜率天宫（图 11），在天宫周围绘有护城河，城墙四角有兵士把守，这一场面不见于佛典，"城墙四角""护城河"都是典型的中国式建筑，无疑是画工根据

————————

① （梁）僧祐：《释迦谱》卷 4，《大正藏》第 50 册，第 76 页。

图9　莫高窟第334窟彩云弥勒说法图（采自《敦煌石窟全集》第2集，第77页）

图10　莫高窟第369山水弥勒说法图（采自《敦煌石窟全集》第18集，第160页）

图11　莫高窟第208窟兵士把守兜率天宫图（采自《敦煌石窟全集》第6集，第62页）

现实世界绘制而成的。五代时期的弥勒说法图中，同样也出现了佛典中未曾提及的内容。如第72窟中"六畜远息"图像（图12），壁画榜题为："菩萨生时，天感六畜远息时。"①反映了弥勒诞生时花园里的动物悄悄远离的场景。弥勒经典中并无此内容，显然也是画工从现实生活中所联想到的情节。

莫高窟的两幅"乘舆图"同样也能说明晋唐时期弥勒信仰的中国化历程。《毗尼作持续释》记载："舆，窗体底端，两手对举之车。又轿，谓肩舆。"②莫高窟中唐第129窟的画面为弥勒诞生后乘舆从花园回宫（图13），四人抬舆回宫，宫门外有一戴通天冠者和两侍者在迎接。其中，"通天冠"在两汉时期就已成为中原地区的正式礼冠，《后汉书》记载："通天冠，高九寸，正竖，顶少邪却，乃直下为铁卷梁，前有山，展筒为述，乘舆所常服。"③至唐代，《新唐书》中称："通天冠者，冬至受朝贺、祭还、燕群臣、养老之服也。"④"通天冠"更是天子十三种冕服之一。又，莫高窟晚唐第85窟中出现"八抬屋式肩舆"的图像（图14），源自"弥勒经变"中佛陀诞生于园中树下后八名轿夫抬送佛母摩耶夫人回宫的场面。图中绘有一乘歇山顶、两面坡屋式肩舆，肩舆四周挂有彩幔，前有两人执伞幢引路，后有六人手捧衣物、器用等。这种亭屋式肩舆最早在春秋时期就已经出现，肩舆四周封闭，可以免受风吹日晒，更符合封建礼制的需要。《晋书》记载"会三月上巳，帝亲观禊，乘肩舆，具威仪，敦、导及

① 王惠民主编：《敦煌石窟艺术全集·弥勒经画卷》，同济大学出版社，2016年，第108页。
② （唐）道宣撰集，（清）读体续释：《毗尼作持续释》卷8，《续藏经》第41册，第444页。
③ 《后汉书》卷30《舆服志》，中华书局，1965年，第3665—3666页。
④ 《新唐书》卷24《车服志》，中华书局，1975年，第515页。

图 12 莫高窟第 72 窟六畜远息图（采自《敦煌石窟全集》第 6 集，第 108 页）

图 13 莫高窟第 129 窟弥勒乘舆还宫图（采自《敦煌石窟全集》第 6 集，第 110 页）

图 14 莫高窟第 85 窟八抬屋式肩舆图（采自《敦煌石窟全集》第 26 集，第 185 页）

诸名胜皆骑从"，[①] 与画面中的场景正相对应。

四 晋唐时期弥勒信仰在敦煌、高昌传布的缘由

敦煌、高昌位于河西走廊西端与天山东部区域之间，晋唐时期两地均是丝绸之路的要冲，同为贸易重镇和往来出使的必经之地。两地属于大陆性暖温带荒漠气候，主要特点是干燥、高温、多风，具体表现为年日照时数长，蒸发量大且降水量少，史书中经常有"气候温暖""其地高燥"的记载，因此人口会集中分布在以水源为中心的绿洲地区。晋唐时期中国气候正经历由寒冷转向温暖的过渡大环境，至唐代"是时中国盛强，自安远门西尽唐境凡万二千里，间阎相望，桑麻翳野，天下称富庶者无如陇右"，[②] 独特的地缘优势和良好的自然环境，为佛教及其信仰的传播提供了便利。

佛经作为佛法的载体，自然也成为传播佛法的工具。魏晋南北朝时期敦煌地区处于北朝政权的治下，高昌国则是相对独立的政权，但其与北方的少数民族政权、中原地区的北魏及继任者、南方四朝政权、西域诸国等均保持着密切联系。处在丝路要道的敦煌和高昌地区，早已成为佛教徒的聚散地，汇集了东来西往的高僧和通过各种途径传播而来的佛教典籍。隋、唐两代积极向西开拓疆域，并通过官方组织大规模的译经活动，如唐代新译的弥勒经典有玄奘译《八名普密陀罗尼经》一卷、义净译《佛说弥勒下生成佛经》一卷、善无畏译《慈氏菩萨略修愈誐念诵法》二卷

① 《晋书》卷 65《王导传》，中华书局，1974 年，第 1745 页。
② 《资治通鉴》卷 216，中华书局，1956 年，第 6919 页。

等。特别是义净本于武周大足元年（701）在长安译出，在武周朝大力推行弥勒信仰的背景下，译出的弥勒经典文本由中原重新传入河陇西域，使各地与中央间保持一致。

弥勒本身作为光明和未来的代表而存在，《佛说观弥勒菩萨上生兜率天经》中称："劫后十二年二月十五日，还本生处，结跏趺坐，如入灭定。身紫金色，光明艳赫，如百千日，上至兜率陀天。"[①]加上壁画中弥勒菩萨与七佛的题材相结合，也体现出说一切有部中过去、现在、未来的"三世实有"观念。同时，弥勒自身所处的菩萨位也为其信仰在民间的传播奠定了基础。《法苑珠林》中记载：

> 阿难白佛言：弥勒得法忍久远乃尔，何以不速逮无上正真之道，成最正觉耶？佛语阿难：菩萨四事法不取正觉。何等为四？一、净国土，二、护国土，三、净一切，四、护一切。是为四事。弥勒本求佛时，以是四事故，不取佛。[②]

弥勒推迟成佛的本愿，是为了拯救世人和婆娑世间，这种以身作则的榜样意义无疑加速了其信仰的传播。在南北朝战乱频发的环境下，弥勒诸经中多次提到弥勒下生后人的寿命可达到八万四千岁，女性到了五百岁才出嫁。而诸经所描绘的"譬若香山"的理想世界成为百姓对死后灵魂归宿的期望，墓志中经常出现生者为"七世父母"抄写的弥勒经典或镌刻的弥勒造像，这也

给弥勒信仰的迅速普及和繁盛提供了条件。在中古时期的农耕社会中，弥勒信仰中所描绘的"一种七收""树上生衣"的场景满足了百姓对弥勒之世的向往。《佛说弥勒下生成佛经》记载："果树香树，充满国内。尔时阎浮提中，常有好香，譬如香山，流水美好，味甘除患，雨泽随时，谷稼滋茂，不生草秽，一种七获，用功甚少，所收甚多，食之香美，气力充实。"[③]榆林窟第25窟北壁等多处《弥勒经变·耕获图》（图15）描绘了此种场景，画面中形象地描绘了农家一年四季耕地、播种、收割、扬场等生产劳动场景，旁坐一僧二俗的画面，特别是第148窟图像榜题为"一种七收用□□□所获甚多"，直接与佛经记载相对应，可以说弥勒信仰为百姓构建出一个安乐、衣食无忧的绝妙世界。

对于基层百姓而言，念佛往生是一种实践弥勒信仰较为简便的方式，也是到达弥勒净土最便捷的法门之一。《佛说观弥勒菩萨上生兜率天经》

图15　榆林窟25窟北壁一种七收图（采自《敦煌石窟全集》第6集，第74页）

---

① （南朝宋）沮渠京声译：《佛说观弥勒菩萨上生兜率天经》卷1，《大正藏》第14册，第419页。
② （唐）释道世著，周叔迦、苏晋仁校注：《法苑珠林校注》卷16《弥勒部》，中华书局，2003年，第531页。
③ （唐）义净译：《佛说弥勒下生成佛经》卷1，《大正藏》第14册，第424页。

中称："若有男女犯诸禁戒，造众恶业，闻是菩萨大悲名字，五体投地，诚心忏悔，一切恶业速得清净。"[1]指出念佛的重要性。晋唐时期讲经的手段也进一步简化，以沮渠京声所译《佛说观弥勒菩萨上生兜率天经》和窥基《弥勒上生经疏》为底本，形成了《佛说观弥勒菩萨上生兜率天经讲经文》，潘重规判定其至迟在晚唐以前就已形成。[2]俗讲的出现加速了弥勒信仰在社会中的普及，使晦涩难懂的经文容易被理解和接受。同时，弥勒信仰所描绘出的兜率天宫也与普通百姓的婚丧嫁娶密切相关。如"老人入墓"是弥勒经变的组成部分，《佛说弥勒大成佛经》中"时世人民若年衰老，自然行诣山林树下，安乐淡泊念佛取尽，命终多生大梵天上及诸佛前"，[3]又《佛说弥勒下生成佛经》中"人命将终，自然行诣冢间而死"。[4]榆林窟第25窟北壁老人入墓图（图16），画面中老人身着白衣入墓，与家人告别，身着白衣就已经表明了其弥勒信徒的身份。[5]老人入墓与中国传统孝道思想相违背，因此也只有在唐代文化兼容并蓄的时期才会出现。可见弥勒信仰主动回应了社会各阶层对生死问题的关注和期待，也成为其得以流行和传布的根本原因。

五 衰落与存续：安史之乱后敦煌、高昌的弥勒信仰

唐代是弥勒信仰由盛转衰的关键时期，《法苑珠林》中描绘了弥勒信仰自晋至唐发展的全过程：

> 自晋代之末，始传斯经。暨乎宋明肇兴兹会，起千尺之尊仪，摹万仞之道树。设供上林，鳞集大众。于是四部欣跃，虔诚弘化。每岁良辰，三会无缺。自齐代驭历，法缘增广。文宣德教，弥纶斯业。从此已来，大会罕集，行者希简。[6]

图16 榆林窟25窟北壁老人入墓图（采自《敦煌石窟全集》第25集，第179页）

---

[1] （唐）释道世著，周叔迦、苏晋仁校注：《法苑珠林校注》卷16《弥勒部》，第535—536页。
[2] 潘重规：《敦煌变文集新书》，"中国文化大学"中文研究所，1984年，第424页。
[3] （后秦）鸠摩罗什译：《佛说弥勒大成佛经》卷1，《大正藏》第14册，第429页。
[4] （唐）义净译：《佛说弥勒下生成佛经》卷1，《大正藏》第14册，第424页。
[5] 王惠民认为："白衣佛起源可追溯到印度。敦煌文献S.2113号壁画榜题底稿中记载：'南天竺国弥勒白佛瑞像记。'其像坐，白。"参看王惠民《白衣佛小考》，《敦煌研究》2001年第4期，第66—69页。
[6] （唐）释道世著，周叔迦、苏晋仁校注：《法苑珠林校注》卷16《弥勒部》，第528页。

由于弥勒净土本身所描绘的是一个"圣王治化"的理想国度，因此其是否衰落本身与政治的关系非常密切。对于统治者而言，弥勒下生信仰为现实政治提供了理论依据。唐初《大海寺唐高祖造象记》是高祖为儿子李世民祈疾还原所造之像，其中记载"□于此寺愿造石弥勒一铺"，[1]证明唐王朝建立之初弥勒信仰已盛行和统治者的态度。唐平高昌后逐步将整个西域地区纳入中央治下，因此国家层面的宗教政策直接影响了边疆地区弥勒信仰的传播。

弥勒信仰衰落的根本原因首先在于"弥勒之乱"。弥勒下生成佛的本意是度化释迦未度之众生，将世界化为清净佛土，但部分叛乱者利用世俗百姓对现世的不满情绪，多次假托弥勒下生的旗号反叛。北魏时期曾多次爆发"大乘之乱"，隋代也经常有借弥勒作乱之事发生，《隋书》记载：

> 六年春正月癸亥朔，旦，有盗数十人，皆素冠练衣，焚香持华，自称弥勒佛，入自建国门。监门者皆稽首。既而夺卫士仗，将为乱。齐王暕遇而斩之。于是都下大索，与相连坐者千余家。[2]

造反者将当下的社会描述为弥勒下生前的末法时代，自称"弥勒佛"起兵推翻现有政权。仅在隋大业九年一年之中，就有唐县人宋子贤"善幻术，能变佛形，自称弥勒出世，远近信惑，遂谋因无遮大会举兵袭乘舆"，[3]又扶风桑门向海明"亦自称弥勒出世，人有归心者，辄获吉梦，由是三辅人翕然奉之，因举兵反，众至数万"，[4]均是借用"弥勒佛"之名描绘出安康富裕、没有战乱灾荒的太平盛世，煽动百姓加入起兵队伍。为了防止类似北魏和隋代的弥勒之乱，唐代佛教界内部就已经严令禁止利用弥勒作乱，昙选告诫徒众"自佛法东流，矫诈非少。前代大乘之贼，近时弥勒之妖，诖误无识，其徒不一"。[5]统治者更是直接禁断弥勒下生，《禁断妖讹等敕》记载："比有白衣长发，假托弥勒下生。因为妖讹，广集徒侣，称解禅观，妄说灾祥。"[6]这里的"白衣长发"也是指俗人。说明唐代弥勒教的势力仍然十分庞大，已经引起了统治者的高度重视和警惕。而在北周武帝灭佛之时，高昌国作为独立的政权存在，加之地理上的长距离阻隔，影响的程度十分有限。唐代作为统一的中央王朝，弥勒信仰的传布受到整体大环境的影响，国家制度和中原地区的佛教风气无疑也波及敦煌和高昌地区。武周时期弥勒信仰短暂极盛，之后其仍在中原地区存在发展，但已不为历代诸帝所推崇，及至唐武宗灭佛之时，河陇西域地区已经完全为吐蕃所占领。

安史之乱后唐王朝的势力逐步撤出河陇西域地区，回鹘帝国解体后南迁的势力建立了以吐鲁番为中心的高昌回鹘政权。近些年众多学者的研究表明，高昌回鹘时期弥勒信仰不仅长期存在，

① 罗尔纲：《金石萃编校补》卷2《大海寺唐高祖造象记》，中华书局，2003年，第80页。
② 《隋书》卷3《炀帝本纪》，中华书局，1973年，第74页。
③ 《资治通鉴》卷182"大业九年"条，第5687页。
④ 《资治通鉴》卷182"大业九年"条，第5687页。
⑤ （唐）释道宣：《续高僧传》卷25《释昙选传》，中华书局，2014年，第932页。
⑥ （北宋）宋敏求：《唐大诏令集》卷113《禁断妖讹等敕》，中华书局，2008年，第588页。

且持续至 15 世纪前后。^①同时期敦煌和高昌周边区域内仍旧存在弥勒信仰，邻近高昌的哈密地区发掘出吐火罗文 A 的《弥勒会见记剧本》，此剧本止对应《贤愚经》中的《波婆离品》。北庭西大寺遗址中 E203、E204、E205 三个洞龛均以泥塑的交脚弥勒像为主尊，E204 龛南侧壁绘有弥勒经变。^②由西域至河陇地区，莫高窟前的老君堂慈氏之塔是北宋早期建筑遗存，原存于三危山山巅的废寺，塔壁正面开方门，门两边浮塑双龙，门上画方匾，墨书"慈氏之塔"四字，塔名据此而来，而此塔中部方形小室中正面画弥勒菩萨。莫高窟宋代第 25 窟中仍绘有"弥勒回城"图像（图 17）。甚至在莫高窟无弥勒经变的洞窟如第76 窟中的七宝图像（图 18），仍与弥勒经变中的"七宝"大致相同，《佛说弥勒下生成佛经》中记载："王有七宝：金轮宝、象宝、马宝、珠宝、女宝、主藏宝、主兵宝。"^③除"大臣宝"与"主藏宝"略有差异外，其余没有明显差异，说明第 76窟同样受到了弥勒信仰的影响。甚至在陕西黄陵万安禅院第 1 窟中，"绍圣三年（1096）二月五日，清心弟子周万，发心作菩萨一尊、弥勒佛一尊，自舍净财壹佰贯……镌佛人介端"。^④说明直至宋初，弥勒信仰在"西域—敦煌—中原"一线仍广泛存在。

此外，弥勒信仰在犍陀罗兴起之时，弥陀信仰等多种信仰就同时存在，上述信仰早在汉魏之

图 17　莫高窟第 25 窟弥勒回城图（采自《敦煌石窟全集》第 6 集，第 132 页）

图 18　莫高窟第 76 窟七宝图（采自《敦煌石窟全集》第6 集，第 100 页）

际就已传入中国内地。南北朝弥陀信仰、观世音信仰在中原地区的兴起，也成为加速弥勒信仰衰落的因素之一。隋及唐代前期，阿弥陀佛西方净土信仰迅猛发展，经由昙鸾、道绰、善导三位净土宗祖师大力提倡，成为民间佛教徒的主要崇拜对象。昙鸾在《往生论注》中提出"凡是生彼净土，及彼菩萨人天所起诸行，皆缘阿弥陀如来本

①　关于高昌回鹘时期弥勒信仰研究，参看王红梅《宋元时期高昌回鹘弥勒信仰考》，《世界宗教文化》2021 年第 4 期；刘江《高昌回鹘弥勒图像研究》，硕士学位论文，新疆艺术学院，2019 年；区佩仪《高昌回鹘的弥勒信仰研究》，硕士学位论文，中央民族大学，2020 年。
②　孟凡人：《北庭高昌回鹘壁画》，辽宁美术出版社，1990 年，第 1—13 页。
③　（唐）义净译：《佛说弥勒下生成佛经》卷 1，《大正藏》第 14 册，第 424 页。
④　石建刚、袁继民：《延安宋金石窟工匠及其开窟造像活动考察——以题记所见工匠题名为核心》，《丝绸之路研究集刊》第 2辑，商务印书馆，2018 年，第 257 页。

愿力故",[1] 奠定了净土宗的理论基础。道绰所著《安乐集》中的"十二大门",大量引用《无量寿经》和经论,从多方面比较了弥勒净土与弥陀净土的优劣,分为圣、净二门,最终舍弃圣道而回归净土。及至善导大师树立了修行的典范,并正式创立净土宗,弥陀信仰迅速在社会中普及流行。特别是至唐代及高昌回鹘时期,净土信仰变成以信仰阿弥陀佛西方极乐世界为主,[2] 两种信仰并行传播,但弥勒信仰仍占有一席之地。

结 语

总之,中国的弥勒净土信仰,自两晋初传,至南北朝时期繁荣,再到隋朝由盛转衰,中唐以后逐渐式微。弥勒信仰传入中国后在敦煌、高昌两地的传布主要受到犍陀罗和北朝两个系统的影响,晋唐时期在敦煌、高昌地区上生和下生信仰并行传播,且以上生为主。弥勒信仰在传播过程中与中国文化相结合,不断加入中国元素和新内容,呈现明显的中国化趋势。弥勒信仰之所以能够在两地快速传播,除了其本身具有独特的地缘优势、统治者重视及国家政权推动了佛典的翻译传播外,更为重要的是弥勒信仰符合了社会各阶层对于现世和未来往生世界的期待,才最终使其能够长期传播。虽然安史之乱后唐王朝势力退出了河陇西域地区,加之其他信仰并行兴起,均对其衰落产生了影响,但直至晚唐五代乃至宋初时期,弥勒信仰并未在敦煌、高昌及其周边地区消亡,反而呈现与中原快速衰落相悖的趋势。

---

① （北魏）昙鸾:《无量寿经优婆提舍愿生偈注》,《大正藏》第 40 册,第 835 页。
② 关于唐代及高昌回鹘时期西方净土信仰、观世音信仰的研究,参看张重洲《吐鲁番出土〈无量寿经〉再探》,《敦煌学辑刊》2018 年第 4 期;陈爱峰《高昌回鹘时期吐鲁番观音图像研究》,博士学位论文,武汉大学,2019 年。

略论深圳望野博物馆收藏的嚈哒石盘

付承章

[中山大学历史学系（珠海）]

深圳望野博物馆是一家以收藏、研究、展示古代文物为主的非国有博物馆，于 2009 年 2 月由广东省文化厅批准，报国家文物局备案设立，2012 年 10 月 21 日正式开馆。[①]馆内现收藏各类文物近万件，其中包括一件狩猎纹石盘。它从质地上看应属滑石器，色泽发灰，间有杂色斑点，且条纹依稀可见。据说，此盘早年出自安阳北部地区（旧为邺城范围），[②]其他背景信息不详。结合造型及纹样特征观察，这应该是一件带有波斯萨珊风格的嚈哒制品，可作为东西文化交流史上的一件重要文物。兹就该狩猎纹石盘所涉及的相关内容略做考证，以就教于海内外方家。

一

此圆盘的形制为敞口、深腹、矮圈足，口沿处施旋纹一道。高 4、口径 15.2 厘米，圈足直径 6.8、高 0.8 厘米。盘内为一狩猎图，中心刻有一个卷发、深目高鼻、留上髭的骑马猎者，头戴雉堞冠，冠上托日月，下接一圈联珠，前缀新月饰。其脑后、背部飞扬出数条长飘带，颈部则垂挂一

串联珠项链，腰部系有革带，下垂双缎带，右侧悬一箭筒。猎者身着紧身衣裤，足蹬长靴，左手持弓高举，右手执剑，正回身刺入画面左侧的雄狮心窝。靴下方及弓下角各系短飘带一对。马头亦装饰日月形冠，右耳扎双缎带、络头、衔镳、鞍、攀胸、鞦带、寄生等马具依稀可见，鞍后只垂一鞘，攀胸和鞦带上分别悬挂数个新月形杏叶，马尾则缚结成三叶草状。从马的动作上看，它正扬起四蹄奋力前行，前蹄踏向画面右侧的雄狮。两头狮子均前爪抬起，呈站立状，略向后仰倒。画面下方还有一只飞奔的山羊。狩猎图整体采用阴刻手法制作而成，使纹样稍凸出于器表，近似于浅浮雕式效果。另外，这种阴刻手法还体现在纹样细部上，如衣着饰物、动物毛发等（图 1）。总体而言，这件狩猎纹石盘称得上是一件做工考究的古代珍品。

关于这件滑石盘，阎焰曾从纹样、关联材料等数个方面着手，考证其为一件波斯萨珊石盘，制作时间在 6 世纪中期，可能是由已经入华归籍的波斯旧裔在中土制成。[③]但萨珊美术中未见有类似

① 《深圳望野博物馆》，《收藏》2018 年第 5 期，第 169 页。
② 阎焰：《波斯萨珊皇家狩猎纹石盘》，《丝绸之路研究集刊》第 6 辑，商务印书馆，2021 年，第 79 页。
③ 阎焰：《波斯萨珊皇家狩猎纹石盘》，《丝绸之路研究集刊》第 6 辑，第 79—94 页。

图 1 深圳望野博物馆藏滑石盘（采自阎焰《波斯萨珊皇家狩猎纹石盘》,《丝绸之路研究集刊》第 6 辑）
1. 正视图 2. 底部图 3. 侧视图

的滑石器与之对应，故石盘的来源不排除其他可能性的存在。另一方面，众所周知，萨珊对周边地区进行过广泛而深远的文化传播。萨珊金银器、纺织品、玻璃器等曾在世界许多地区的古代遗址中出土，造成不同地区的工匠开始或多或少地效仿萨珊美术，同时也保留了当地特征，[①] 而这一"流变"问题似乎在阎文中体现得并不十分明确。综上，所谓"波斯萨珊说"仍有重新探讨之必要。

二

一见此盘即可断定其受到了波斯萨珊制品的强烈影响。首先，从形制上看，这种以圆形、矮

圈足为主要特征的盘在萨珊银器中有相当数量的发现，仅《萨珊银器》一书中就收入 29 件。[②] 其次，从制作工艺上看，石盘上的纹样具有一定的立体感，称得上是对金属器锤鍱工艺的效仿。这种工艺被认为是萨珊王朝所特有的，即在金属器物的背面锤打，使其在正面浮现出所需要的纹样，[③] 类似浅浮雕。法国学者格鲁塞（R.Grousset）指出："（萨珊美术）最为突出的便是工艺，即金属细工和丝毛织造。"[④] 虽然在萨珊金属器中也有铜器和金器传世，但它们无论从数量还是多样性上均远远落后于银器。这和萨珊皇室对银的重视[⑤] 以及大规模的银矿开发[⑥] 密切相关。就此而论，萨珊银器对其他质地器物的制作产生影响是可以预见的。

望野石盘中最具吸引力的内容当数盘内刻画的狩猎纹，其创作也应借鉴自萨珊狩猎纹银盘。这是萨珊银器中流传数量最多的一类，经笔者不完全统计共有 43 件。[⑦] 马雍曾指出："萨珊贵族生活极其奢侈豪华，最喜爱之事，一是狩猎，二是宴聚。他们家中都有无数的金银餐具，竞相夸耀；这类器皿上多雕刻他们最引以为荣的狩猎场面。通常所见银盘上的行猎者多为萨珊国王之像。"[⑧] 从反映萨珊贵族生活的角度看，波斯史诗《列王纪》中曾有记载，国王在猎场打猎时，身边需有猎犬、

① 如中亚粟特银器中的流派 A 带有萨珊风格，流派 B 为当地特征，参见〔俄〕马尔沙克《粟特银器》，李梅田等译，上海古籍出版社，2019 年。

② Prudence Harper and Pieter Meyers, *Silver Vessels of the Sasanian Period.Vol.1,Royal Imagery*, Princeton University Press, 1981.

③ 孙培良：《萨珊朝伊朗》，西南师范大学出版社，1995 年，第 220 页。

④ 转引自孙培良《萨珊时期的伊朗艺术》,《西南师范大学学报》1988 年第 3 期，第 112 页。

⑤ 美国学者阿扎佩（G.Azarpay）指出，萨珊皇室用银象征着权力与威望。参见 Guitty Azarpay, "Silver Vessels of the Sasanian Period, Vol.I: Royal Imagery by Prudence O.Harper," *Journal of the American Oriental Society,* Vol.104,1984, pp.376–378。

⑥ 《冈山市立オリエント美术馆》，大冢巧艺社，1979 年。

⑦ 参见拙文《魏晋北朝时期中国北方地区金银器研究》，博士学位论文，中国人民大学，2020 年，附录 2。

⑧ 马雍：《北魏封和突墓及其出土的波斯银盘》,《文物》1983 年第 8 期，第 9 页。

猎鹰、士卒相伴随。① 但这一情景却极少在萨珊狩猎纹银盘上出现。

通过对狩猎纹银盘的观察，发现萨珊国王多是以单人骑射或步斗的方式开展狩猎活动。一方面，国王所占据的比例较大且位置醒目，均处于攻击状态；另一方面，猎物呈现或死或伤，或四散奔逃或被制服的状态。这种强弱分明的结果是萨珊狩猎题材所着重表现的，其用意在于凸显波斯皇室的英勇无敌，可溯源至阿契美尼德时期。此外，在古代伊朗地区，国王被认为是拥有"神之荣光"（Farn）的，而狩猎即为这一神力的重要体现。② 例如，《列王纪》中对酷爱狩猎的萨珊国王巴赫拉姆五世（Bahram V，420—438）有如下描述：

他一催座下马，冲上前去。
策马奔驰之际挽弓把利箭射出，
这箭不偏不倚正中野驴臀部。
……
人们都已看不到箭尾的翎羽，
整支利箭钻入野驴的躯体。
随从左右和护驾的兵将，
对国王箭术发出由衷的赞扬。
……
巴赫拉姆答道：你们不要光看到我的箭术，
这是有神力在冥冥中把我佑助。③

在萨珊狩猎纹银盘上，我们经常可以看到国王头部周围的头光，即"神之荣光"，④ 反映的是一种根深蒂固的王权神授观念。因此，与其说这类狩猎题材表现的是萨珊贵族的日常生活，倒不如说它更多是在宣扬萨珊皇室的力量与权威，具有强烈的仪式化和政治化色彩。正是由于这一原因，萨珊狩猎纹银盘多被当作外交礼物或被用于赏赐。望野石盘上的纹样可作为其传播之见证。

经观察，望野石盘上的人物冠饰与萨珊王冠别无二致，尤其是在总体结构上。根据王樾对上海博物馆馆藏历代萨珊银币的研究，萨珊王冠的形制可以自上而下分为四个组成部分：第一部分是王冠顶部的球状物，简称冠球；第二部分是王冠的主体，即中部的帽冠部分；第三部分是王冠后部飞扬的飘饰；第四部分是王冠底部的帽箍，有2—3圈，多装饰以联珠。⑤ 望野石盘上的人物冠饰显然不应脱离这一范畴。需要指出的是，对王冠样式的判断尤其需要参考钱币学的研究，因为目前发现的国内外萨珊银币上均无一例外地印有历代萨珊国王形象，而这也会对萨珊银器的制作产生影响。夏鼐就曾敏锐地提出"皇家银盘"的概念，即萨珊政治、文化中心区各地制作的带有国王像的银盘，可根据国王所戴王冠的不同形制确定其年代。主要的根据之一就是拿它们和有纪年铭文的银币相对照。⑥ 同样，每一位萨珊国王的身份也可通过其所戴王冠的特征加以明确。结

① 《列王纪》载："一天，他们果然动身奔猎场而去，国王身边还带上猎犬猎鹰与猎具。当然也带上身边的士卒与亲随，有伊朗人与土兰人左右伺候护卫。"参见〔波斯〕菲尔多西《列王纪全集》（二），张鸿年译，商务印书馆，2017年，第397页。
② B.I.Marshak and V.I.Raspopova,"A Hunting Scene from Panjikent," New Series, Vol.4,1990,p.77.
③ 〔波斯〕菲尔多西：《列王纪全集》（六），宋丕方译，第551页。
④ Touraj Daryaee, Sasanian Persia: The Rise and Fall of an Empire, I.B.Tauris&Co Ltd, 2009, p.34.
⑤ 王樾：《萨珊银币上的王冠》，《上海博物馆集刊》2002年第12期，第147页。
⑥ 夏鼐：《北魏封和突墓出土萨珊银盘考》，《文物》1983年第8期，第6页。

合王冠底部的一圈联珠和前部的新月饰判断，望野石盘上的王冠形制似乎可以和萨珊银币中的卑路斯（Peroz，459—484）II式王冠相对应（图2），故其表现的或许是卑路斯狩猎的场面。

在现存的萨珊狩猎纹银盘中，能够确定身份为卑路斯的例证仅有撒马尔罕（Samarkand）奇勒克（Chilek）出土的一件狩猎纹鎏金银盘（图3）。[①]画面中的骑马猎者头戴卑路斯III式王冠，右手持剑，面对一狮一豹。虽然其在纹样的具体细节上和望野石盘存在明显差异，但二者在人物装束等方面还是展现出了一定的相似性，特别是马踏野兽的动作，两图几乎可以说是完全相符的。另外，这两件器皿上刻画出的人物神情都具有明显的静态化风格，可能与萨珊狩猎图注重表现皇室人物高尚勇敢的精神状态有关。[②]

如同其他萨珊狩猎纹银盘，望野石盘上的狩猎纹也呈现出一种强弱分明的结果：国王位于画面中心且处于攻击状态；两侧的雄狮似均已受伤，下方的山羊更是受惊逃窜。值得注意的是，国王猎狮的场景在萨珊狩猎纹银盘中并不多见，最具代表性的器皿当数大英博物馆收藏的一件巴赫拉

姆五世猎狮纹鎏金银盘（图4）。[③]《列王纪》中对这一场景进行了生动的描写：

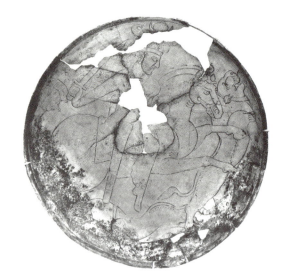

图3 卑路斯狩猎纹鎏金银盘（采自 Prudence Harper and Pieter Meyers, *Silver Vessels of the Sasanian Period. Vol.1, Royal Imagery*）

图4 巴赫拉姆五世猎狮纹鎏金银盘（采自大英博物馆，https://www.britishmuseum.org/collection/object/W_1897-1231-187）

图2 卑路斯银币上的王冠样式（采自罗丰《胡汉之间——"丝绸之路"与西北历史考古》，文物出版社，2004年）从左至右依次为：I式王冠、II式王冠、III式王冠

---

① Boris Marschak, *Silberschätze des Orients. Metallkunst des 3.-13. Jahrhunderts und ihre Kuntinuität*, VEB E.A.Seemann Verlag,1986, p.5.

② 马雍指出："当时的贵族都认为沉着安详是一种高尚勇敢的精神状态，所以在其面部绝不流露紧张、激动或愤怒、用力等表情。"参见马雍《北魏封和突墓及其出土的波斯银盘》，《文物》1983年第8期，第10页。

③ Boris Marschak, *Silberschätze des Orients. Metallkunst des 3.-13. Jahrhunderts und ihre Kuntinuität*, p.26.

巴赫拉姆穿上浸湿的粗毛长袍，

跨上战马去把猎物寻找。

正巧一头狮子看到了他的战马，

它一跃而起抬起了两只前爪。

狮子抬起前爪向战马猛扑，

猎人脚磕战马，前跃一步。

这时钢刀已然砍到公狮头上，

……

正在这时又一头狮子吼叫着扑来，

它身后的母狮还在护卫着狮崽。

巴赫拉姆挥刀向狮颈砍去，

手起刀落登时狮头落地。[①]

可见，猎狮旨在凸显国王的身手，更与国王的权力密切相关。[②] 而山羊则同样象征"神之荣光"，国王一旦将其捕获，就可以获得王权的合法性。[③] 这些内容无疑进一步强化了望野石盘中的萨珊影响。

与此同时，我们还可以从一些细节的刻画上看到萨珊美术的影子。例如，国王衣服上的波纹，以及用短线（点）的形式表现动物皮毛的做法，这些被认为是萨珊金属器的典型细部特征。[④]

三

不可否认的是，望野石盘也在某些方面展现出了同绝大多数萨珊银盘的明显差异，特别是在纹样上。首先，萨珊狩猎纹银盘中的人物一般面朝右侧（观者角度），这应该是受到了萨珊钱币中国王形象的影响，后者是为了尽可能与帕提亚钱币中面向左侧的人物形象划清界限。即便有极少数的例外出现，但也多被认为是工匠的错误或刻意模仿。[⑤] 尤其是自沙普尔二世（Shapur II，309—379）统治伊始，这一标准几乎鲜有变化，形成了相对固定的模式。[⑥] 而望野石盘上的人物则面向左侧，显得尤为特殊。

其次，萨珊狩猎纹银盘中的猎物数量一般为二，且多已受伤或死亡。也有学者认为这是在表现同一只动物的不同状态。[⑦] 如前所述，受萨珊皇室意愿的影响，工匠在选题和刻画纹样时须遵循严格甚至相对局限的标准。故孙机曾用"程式化"一词对萨珊银盘加以概述。[⑧] 但望野石盘上刻画的两狮一羊却是在萨珊狩猎纹银盘中极为罕见的猎物数量，结合面向左侧的人物形象分析，同时符合这两种情况的仅有大同北魏封和突墓出土的鎏金银盘（图5）。[⑨] 在这样一幅步猎图中，一个面

---

① 〔波斯〕菲尔多西：《列王纪全集》（六），第545—546页。

② 根据《列王纪》，巴赫拉姆五世在即位之前，曾从两头狮子中间取得王冠，因而成功登基。参见〔波斯〕菲尔多西《列王纪全集》（六），第434—436页。

③ Vladimir Lukonin and Anatoly Ivanov, *The Lost Treasure Persian Art*, Parkstone International, 2012, p.135.

④ Boris Marschak, *Silberschätze des Orients. Metallkunst des 3.-13. Jahrhunderts und ihre Kuntinuität*, p.24.

⑤ Vngye Karlsson, *Sasanian Silver Coins*, MIXTUM, 2015, p.19.

⑥ Prudence Harper, *The Royal Hunter: Art of the Sasanian Empire*, Asia Society,1978, p.40.

⑦ 罗世平、齐东方：《波斯和伊斯兰美术》，中国人民大学出版社，2010年，第77页。

⑧ 孙机认为："萨珊银盘工艺精细，纹饰端庄遒劲，但程式化的倾向很严重，构图有时僵硬刻板，缺乏从容洒脱的气质。比如常见的帝王狩猎纹银盘，盘上之人和马的姿势前后经过多少代始终无多大改动，连盘上那些动物的样子也不够灵活。"参见孙机《七鸵纹银盘与飞廉纹银盘》，氏著：《中国圣火——中国古文物与东西文化交流中的若干问题》，辽宁教育出版社，1996年，第161页。

⑨ 马玉基：《大同市小站村花圪塔台北魏墓清理简报》，《文物》1983年第8期，第1—4页。

向左侧的猎者正与芦苇沼泽中的三只野猪展开搏斗。就目前来看，该银盘的萨珊文化属性虽无争议，但其更有可能是属于"地方组"，即多少受到所谓"皇家银盘"的影响，同时又在纹样、布局等方面更加广泛、多样。[1] 也正因如此，美国学者哈珀（P.O.Harper）和日本学者田边胜美均认为这件银器产自萨珊文化影响下的中亚地区。[2] 这是很有见地的判断，因为包括上述特征在内的诸多细节是可以在中亚美术中找到对应的。[3]

图5　北魏封和突墓出土鎏金银盘（笔者摄于大同市博物馆）

最后，纵观萨珊美术中的人物形象可知，蓄长髯是一个极为普遍的面貌特征。特别是在狩猎纹银盘上，人物均蓄所谓"萨珊式长髯"：一般呈铲形或尖角状，末端时有系结。这一特征早在阿尔达希尔一世（Ardashir I，226—243）统治时期即已出现。[4] 但望野石盘上刻画的国王仅留上髭，未留下髯，面貌特征不见于萨珊人物，反倒与南唐顾德谦《摹梁元帝蕃客入朝图》中的"滑国"（嚈哒）使节完全符合。另一方面，其三角眼、圆下巴的面部表现，也多与带有嚈哒风格的中亚戒面、印章中的人物相似。[5]

在大英博物馆收藏的一件5—6世纪的嚈哒狩猎纹银碗[6]（图6，1）上，我们还可找到一些相关联的共性。例如，位于腹部装饰带上的四名猎者同样均未蓄髯；又如，三点钟方向的骑马猎者左手持弓高举，右手执剑，正与三头狮子搏斗（图6，2）。人物的手部动作不见于萨珊狩猎纹银盘，却和望野石盘上的国王动作如出一辙。与此同时，银碗中心人物下方的植物叶及部分猎者的皇室装束则凸显出强烈的萨珊风格。[7] 这种情况的出现并非孤例。1983年，固原北周李贤墓中出土了一件5—6世纪的鎏金银壶，[8] 孙机从底座下缘

① Marco Aimone, *The Wyvern Collection: Byzantine and Sasanian Silver, Enamels and Works of Art,* Thames& Hudson, 2020, p.180.

② Prudence Harper, "An Iranian Silver Vessel from the Tomb of Feng Hetu," *New Series,* Vol.4,1990, pp.51–59；田边胜美、前田耕作：《世界美术大全集·东洋编》第15卷《中央アジア》，小学馆，1999年，第203页。

③ 参见拙文《大同北魏封和突墓银盘考》，陈晓露主编：《芳林新叶：历史考古青年论集》第2辑，上海古籍出版社，2019年，第244—253页。

④ Judith A.Lerner, "Observations on the Typology and Style of Seals and Sealings from Bactria and Greater Gandhara," *CAC, II,* 2010, p.248.

⑤ 参见拙文《再论大同南郊北魏遗址所出人物纹银碗——兼谈东信家居广场所出银戒指》，《中国国家博物馆馆刊》2019年第9期，第76页。

⑥ Prudence Harper and Pieter Meyers, *Silver Vessels of the Sasanian Period.Vol.1, Royal Imagery,* pp.130–131.

⑦ 参见拙文《再论大同南郊北魏遗址所出人物纹银碗——兼谈东信家居广场所出银戒指》，《中国国家博物馆馆刊》2019年第9期，第73—74页。

⑧ 宁夏回族自治区博物馆、宁夏固原博物馆：《宁夏固原北周李贤夫妇墓发掘简报》，《文物》1985年第11期，第11页。

图6 大英博物馆藏嚈哒银碗（采自 Prudence Harper and Pieter Meyers, *Silver Vessels of the Sasanian Period. Vol.1, Royal Imagery*）
1. 外底 2. 局部

（Б.И.Маршак）早已指出，5世纪的嚈哒美术更接近萨珊美术。[2]更有学者将嚈哒银器归入"次萨珊金属器"的范畴，强调了萨珊美术对这一时期中亚美术的冲击和影响。[3]这应该和5世纪后嚈哒人多次迫使萨珊王朝称臣纳贡，导致萨珊奢侈品不断流入嚈哒帝国有关。

嚈哒是起源于塞北的一个游牧部族，长期逐水草而居。于4世纪70年代初陆续进入中亚后，便逐步向定居生活过渡。由于控制着当时欧亚地区的陆上交通枢纽，嚈哒人也积极从事贸易活动，使得其统治中亚时期的东西交通畅通无阻。[4]不仅如此，嚈哒还通过对波斯的战争夺取了丝绸之路西部的许多市场和港口，正如赛奥凡尼斯（Theophanes）所记："当时突厥人控制着赛里斯人经常出入的市场和港口，这些市场和港口从前曾为波斯人所控制。嚈哒王爱甫萨拉奴斯（Ephthalanus）征服卑路斯和波斯人。波斯人丢城失地，嚈哒人攘而夺之。"[5]

上文提到，望野石盘所表现的可能是萨珊国王卑路斯狩猎的场面。卑路斯是因嚈哒王派军队支持才得以即位的，但此后他与自己的昔日盟友为敌，结果被嚈哒击败，卑路斯被俘，被迫缴付了巨额赔款。484年，他本人也在与嚈哒的战争中丧生，其继位者被迫连年向嚈哒纳贡称臣。由此可见，卑路斯统治时期是萨珊与嚈哒关系史中一个极为重要的阶段。卑路斯银币在中国有大量发现，这可能是由于嚈哒人用所得的波斯赔款中

的联珠纹、人物所戴出檐圆帽以及部分人物的动作出发，认为该器皿是一件嚈哒制品。[1]但应该注意的是，从整体形制尤其是把手的上端位置低于肩部这一细部特征判断，这件银壶毫无疑问是受到了萨珊的影响。对此，俄罗斯学者马尔沙克

① 孙机：《固原北魏漆棺画》，氏著：《中国圣火——中国古文物与东西文化交流中的若干问题》，第132—133页。
② Boris Marschak, *Silberschätze des Orients. Metallkunst des 3.–13. Jahrhunderts und ihre Kuntinuität*, p.39.
③ Basil Gray, "Post-Sasanian Metalwork," *Bulletin of the Asia Institute*, Vol.5, 1991, p.59.
④ 余太山：《嚈哒史研究》，商务印书馆，2016年，第8页。
⑤〔英〕裕尔著，〔法〕考迪埃修订：《东域纪程录丛：古代中国闻见录》，张绪山译，商务印书馆，2021年，第222页。

的货币转向东方购买货物，[1]而嚈哒银币中也多有仿制卑路斯银币的情况。

若据此推断，前述撒马尔罕所出卑路斯银盘或许同样是波斯贡品中的一部分，其在流入嚈哒王室之后有可能通过自上而下的形式被加以吸收和仿制，进而替换为较廉价的滑石器，实现从奢侈品转化为日用品的过程。同时，这也与嚈哒在对萨珊频繁的军事行动中可能俘获了一定数量的工匠有关，他们遵从嚈哒贵族的意愿，制作带有萨珊风格的嚈哒器物是再正常不过的事情。其背后体现出的既有嚈哒人对萨珊文化的欣赏，也有切合实际的取舍与改造，可作为丝绸之路上文化交流的一个缩影。

另外，由于滑石矿分布在印度河谷、阿曼、阿联酋、美索不达米亚、小亚细亚、埃及等南亚和近东地区的一些矿点，因此滑石在这些早期文明的发祥地很早就得到了应用，如印度河谷地区在距今9000年的梅赫尔格尔（Mehrgarh）一期早段就已使用黑色或深褐色的滑石珠，并与白色贝壳珠联用。[2]新疆维吾尔自治区博物馆收藏有一件5世纪或6世纪的犍陀罗滑石盘（图7），上面主要描绘了四个男子的饮酒场面。其衣着特征似乎可以在嚈哒钱币上找到对应。[3]据余太山研究，到5世纪70年代末，嚈哒人最终

灭亡了盘踞在犍陀罗等地的寄多罗贵霜残余势力，立特勒为王，以统治兴都库什山以南地区。[4]特别是在484年击败卑路斯之后，嚈哒进入印度，出现了为其服务的当地工匠，[5]使得滑石器的制作成为可能。这些证据从另一个侧面证明：望野石盘应该是一件带有浓厚萨珊风格的嚈哒制品，其制作年代或许在5世纪末。

四

嚈哒与中国的往来主要集中在北魏时期。《北史·西域传》记载，嚈哒国"其人凶悍，能斗战，西域康居、于阗、沙勒、安息及诸小国三十许，皆役属之，号为大国。与蠕蠕婚姻。自太安（455—459）以后，每遣使朝贡……永熙（532—534）以后，朝献遂绝"。[6]1964年，河北定县塔基所出北魏石函中发现一枚刻有大夏文的嚈哒银

图7 新疆维吾尔自治区博物馆藏滑石盘（采自葛嶷、齐东方《异宝西来：考古发现的丝绸之路舶来品研究》）

---

① 夏鼐：《近年中国出土的萨珊朝文物》，《考古》1978年第2期，第112页。
② 王荣、董俊卿：《中国先秦时期热处理滑石器初探》，《东南文化》2021年第1期，第91页。
③ 葛嶷、齐东方：《异宝西来：考古发现的丝绸之路舶来品研究》，上海古籍出版社，2017年，第167页。
④ 余太山：《嚈哒史研究》，第2页。
⑤ Boris Marschak, *Silberschätze des Orients.Metallkunst des 3.–13. Jahrhunderts und ihre Kuntinuität*, p.268.
⑥ 《北史》卷97《西域传》，中华书局，1974年，第3231页。

币；[①] 1970 年，大同南郊北魏建筑遗址中同样出土一件刻有大夏文的银多曲长杯，内容可能与嚈哒王金吉拉（Khingila）有关。[②] 上述发现不难让人联想起 455—534 年嚈哒与北魏的密切交往。

望野石盘虽然在材质上很难与金银等奢侈品相比，但其表现出的异域文化内容是当时的中国人所乐于接受的，正如彼得·弗朗西斯（Peter Francis）所言："一件产品离开它的原产地越远，就越容易被当做奢侈品。"[③] 因此，这件滑石盘也可能是通过"朝贡"的形式流入中国。若笔者对望野石盘制作年代的判断基本无误，则其很有可能于 6 世纪上半叶由嚈哒使节带入中土，这正是嚈哒与北魏来往最为频繁和便利的阶段。[④] 根据《魏书》本纪的记录统计，这一阶段嚈哒遣使朝献北魏共有以下十数次：

1. 宣武帝正始四年（507）

2. 永平二年（509）

3. 永平四年（511）

4. 延昌元年（512）

5. 延昌二年（513）

6. 孝明帝熙平二年（517）

7. 神龟元年（518）

8. 神龟二年（519）

9. 正光五年（524）

10. 孝庄帝永安三年（530）

11. 孝武帝太昌元年（532）

在此之前，早在太和十八年（494），北魏孝文帝即已迁都洛阳，故望野石盘首先流入洛阳的可能性较大。《北史·西域传》记载，嚈哒于北魏孝明帝"正光末，遣贡师子一，至高平，遇万俟丑奴反，因留之。丑奴平，送京师"。[⑤] 此处的"京师"即指代洛阳，可作为嚈哒使节朝献于此的证据之一。

除以"朝贡"这一官方贸易的形式进入宫廷或王府[⑥] 之外，这件滑石盘还可能通过民间贸易的形式在市场上出售。因为商人混入使团或伪装成使节的情形在当时颇为常见，其目的是将商业从完全依赖中国外交的幻想中解放出来。[⑦]《洛阳伽蓝记·城南》记载：

> 永桥以南，圆丘以北，伊、洛之间，夹御道，有四夷馆。道东有四馆：一名金陵，二名燕然，三名扶桑，四名崦嵫。道西有四里：一曰归正，二曰归德，三曰慕化，四曰慕义。……西夷来附者处崦嵫馆，赐宅慕义里。自葱岭巳西，至于大秦，百国千城，莫

---

① 夏鼐：《河北定县塔基舍利函中波斯萨珊朝银币》，《考古》1966 年第 5 期，第 269 页；林梅村：《北魏太和五年舍利石函所藏嚈哒钱币考》，《中国钱币》1993 年第 4 期，第 3—7 页。

② James C.Y.Watt et al., *China: Dawn of a Golden Age, 200–750A.D.*, The Metropolitan Museum of Art, 2004, p.151.

③ 转引自〔英〕魏泓《十件古物中的丝路文明史》，王东译，民主与建设出版社，2021 年，第 55 页。

④ 余太山指出："其时嚈哒一面同萨珊波斯对峙，一面北上同高车争夺准噶尔盆地及其以西，并积极向塔里木盆地扩张。在西域南道，其势力达到于阗，在北道则达到焉耆以东，于是同南北朝的交往日益便利。"参见余太山《嚈哒史研究》，第 148 页。

⑤ 《北史》卷 97《西域传》，第 3231 页。

⑥ 《魏书·食货志》载："自魏德既广，西域、东夷贡其珍物，充于王府。又于南垂立互市，以致南货，羽毛齿革之属无远不至。神龟、正光之际，府藏盈溢。"可见望野石盘不排除流入王府的可能性。参见《魏书》卷 110《食货志》，中华书局，1974 年，第 2858 页。

⑦ 〔法〕魏义天：《粟特商人史》，王睿译，广西师范大学出版社，2012 年，第 115 页。

不欢附，商胡贩客，日奔塞下，所谓尽天地之区已。乐中国土风，因而宅者，不可胜数。是以附化之民，万有余家。门巷修整，阛阓填列，青槐荫陌，绿树垂庭，天下难得之货，咸悉在焉。[①]

"商胡贩客，日奔塞下"，"附化之民，万有余家"，可见当时的洛阳汇集了大量的西域侨民及商胡，有学者估计其总人口不下 8 万，[②]故云"天下难得之货，咸悉在焉"。而在北魏分裂为东魏和西魏之后，东魏自洛阳迁于邺，其间也必然伴随着包括侨民和商胡在内的诸多人群的流动，这一点已为考古发现所证实，[③]似乎为望野石盘流散于安阳附近提供了一种较为合理的解释。

据笔者所知，望野石盘应是目前世界上所留存的唯一一件刻有萨珊狩猎纹样的嚈哒滑石器。其数量稀少的原因，一方面应归结于嚈哒帝国的迅速崛起与消失。经学者考证，嚈哒西迁中亚阿姆河流域当在 460 年前后，[④]而仅在约 100 年后，嚈哒即在突厥、波斯的联合夹击下覆亡。这使得迄今为止可以确定的嚈哒制品屈指可数。另一方面，望野石盘上表现出的波斯意蕴与"因蒐狩以习用武事，礼之大者也"[⑤]的中国狩猎文化差别太大，导致这种域外题材始终没有在中国流行开来。

综上所述，深圳望野博物馆收藏的这件狩猎纹滑石盘尽管在诸多方面受到了波斯萨珊制品的影响，但更有可能是由 5 世纪末仍称雄于中亚地区的嚈哒人所制。由《魏书》等史料可知，嚈哒使节曾与波斯使节一同前往中国"朝贡"，故石盘通过商贸形式流入内地是可能的。[⑥]望野石盘的发现不仅对于萨珊、嚈哒美术的研究具有独特价值，更是丝绸之路多元文明互动的重要见证，应引起我们的重视。

① （北魏）杨衒之撰，范祥雍校注：《洛阳伽蓝记校注》卷3，上海古籍出版社，1978年，第161页。
② 张庆捷：《北朝入华外商及其贸易活动》，氏著：《民族汇聚与文明互动——北朝社会的考古学观察》，商务印书馆，2010年，第198页。
③ 邺城周边曾出土多件北朝时期的外来文物。参见齐东方《外来文化或曾影响邺城》，《中国社会科学报》2012年8月17日，第5版。
④ 林梅村、马丽亚·艾海提：《嚈哒的兴起与铁马镫初传中亚》，《历史研究》2018年第2期，第180页。
⑤ （晋）范宁集解，（唐）杨士勋疏：《春秋榖梁传注疏》卷17，夏先培整理，北京大学出版社，2000年，第325页。
⑥ 张星烺曾云："据《魏书》所载，全魏之世，波斯遣使中国凡十次，皆当第五世纪下半及第六世纪之初。此等使节，究为国使，抑为商人冒充，不可得知。"而嚈哒同样有可能效仿这一情况。参见张星烺《中西交通史料汇编》第3册，华文出版社，2018年，第809页。

蜀中定光佛造像寻踪

——从广安冲相寺到龙泉驿元堡

肖伊绯

（独立学者）

小　引

位于四川广安市肖溪镇的冲相寺摩崖造像，是蜀地规模较大的早期佛教摩崖造像群之一。主要分布于寺后定光岩上的摩崖造像，刻造时间可以上溯至隋开皇八年（588），一直延续到民国年间。无论是造像题材之丰富，还是造像规模之宏大，在川东北地区都是比较罕见的，也因之独具研究与鉴赏价值。

据《广安冲相寺摩崖造像及石刻调查纪要》[①]一文统计，此处现存摩崖造像近50龛，有各类造像400余尊，还有各个时期的题刻30余幅。遗憾的是，因"文革"期间受到人为破坏，所有龛像均毁损严重，不复旧观。唯有居于定光岩中段顶部的"定光佛龛"（图1），因位置甚高，距地甚远，成为此处唯一未被人为破坏毁损的造像，至今保存状况尚可。

图1　广安冲相寺定光岩（岩体最高处即为"定光佛龛"，图中圈示部分）[②]

一　冲相寺定光佛与本生、因缘故事造像之研讨

尤其特别的是，龛中定光佛立像左右两手分别垂伸于体侧，总体呈"八"字状体态；且左手掌心向上，右手掌心向下，实乃前所未见的佛教"手印"（图2），或为国内同时期佛教造像中的孤例。

---

①　刘敏：《广安冲相寺摩崖造像及石刻调查纪要》，《四川文物》1997年第3期，第45—50页。

②　文中图片除特别说明外，均为笔者拍摄或提供。

图2　广安冲相寺隋代定光佛造像之"手印"（图中圈示部分）

近二十年来，学术界对此龛造像的关注度日益提升，对此龛造像"手印"的关注尤为热切。有学者明确撰文宣称，此龛造像的服饰、手印的独特性，在整个中国的定光佛造像中都属罕见，从未见一例雷同。[1]

关于此龛造像"手印"的辨析与研讨，已有不少学者参与。对此较为通行也基本一致的认识，大致是认为造像"手印"表现的应是"本生授记"和"三童子缘"，即右手掌心向下寓示"授"，左手掌心向上寓示"受"。

应当说，关于定光佛造像，尤其是本生故事

类的造像，自原始宗教造像肇始以后，至我国北朝时期都不乏其例。其表现手法，乃是将众多人物参与演绎的佛传故事情节之画面"定格"下来，再加以精细刻画。

譬如，"本生授记"故事可能源自《太子瑞应本起经》，表现的是释迦前世名"儒童"，以仅有的五百钱向耶输陀罗购得五支莲花，向燃灯佛（定光佛）敬献莲花，因为看到佛前的道路地面泥泞，"乃解髻布地，使佛蹈之而过"，"佛因之授记曰：'是后九十一劫，名贤劫，汝当作佛，号释迦文如来'"。关于这一故事的佛教造像，往往选取燃灯佛举足踏过"儒童"伏散于地的长发之上的瞬间，着力于"定格"反映这一故事的关键情节。观者也较易从这一细节特征突出的"定格"式图像中，察觉与鉴识造像主题即为"本生授记"。

在犍陀罗佛教艺术中，以"本生授记"为主题的造像遗存颇丰。造像基本图式既有彰显故事关键情节的早期"定格"式图像，亦有突出燃灯佛本尊形态的单体屏式造像，乃至仅以升举右手，手掌外翻作授记状（亦可视之为"施无畏印"），头光中雕刻带茎（或盛开）莲花的燃灯佛像来寓示"本生授记"这一佛教故事的单体圆雕造像。约从5世纪开始直至7世纪中叶，印度本土佛教衰落渐为印度教所取代的这段时期里，参照单体屏式造像的基本图式，还出现了少量的同主题石窟摩崖造像。

"定格"式图像的造像，大多为佛教建筑实体上的装饰部件之一，为2—3世纪的早期作品，英国大英博物馆、维多利亚与艾尔伯特博物馆以

---

① 刘敏：《广安冲相寺锭光佛石刻造像考略——兼论锭光佛造像的有关问题》，《中华文化论坛》2003年第4期，第131—134页。

及美国大都会艺术博物馆、印度拉合尔博物馆等处均有此类藏品（图3、图4）。

单体屏式造像，可能标志着燃灯佛信仰确立并开始流行，刻造年代要稍晚于"定格"式图像，在3—5世纪。这类造像的典型为今藏阿富汗国家博物馆的，曾于2010年在阿富汗喀布尔东南部的梅斯·艾娜克（Mes Aynak）遗址出土的一件"燃灯佛授记"单体屏式造像。[①] 此外，法国巴黎吉美博物馆也收藏有此类屏式造像一件，可能是法国考古学家J.默涅于1937年主持发掘的绍托拉克（Shotorak）遗址中出土的重要文物。该遗址位于阿富汗贝格拉姆城以东，是贵霜王朝都城迦毕试近郊的佛教遗迹之一，存续年代为3—4世纪（图5）。[②]

如果说单体屏式造像只是"定格"式造像的简化与突出，那么，燃灯佛单体圆雕造像则逐渐摆脱了"本生授记"故事情节本身的束缚，而仅

图3 "本生授记"造像，2—3世纪，片岩雕刻，英国维多利亚与艾尔伯特博物馆藏

图4 "本生授记"造像，巴基斯坦斯瓦特地区出土，2世纪，片岩雕刻，美国大都会艺术博物馆藏

图5 "燃灯佛授记"单体屏式造像，阿富汗绍托拉克遗址出土，法国巴黎吉美博物馆藏

① 孙英刚、何平：《图说犍陀罗文明》，生活·读书·新知三联书店，2019年，第132页。
② 法国吉美博物馆官网，https://www.guimet.fr/collections/chine/。

以升举右手手掌作授记状的独特"手印"与带有莲花的头光来象征性的体现与对应燃灯佛的神格地位了。出土于今巴基斯坦塔贝拉（Tarbela）地区的，现存于日本东京 Matruoka 艺术博物馆的一尊犍陀罗佛像，[①] 升举右手手掌作授记状，头光内两侧可见两支带茎莲花，知悉"本生授记"故事的佛教信徒或普通观者皆可知此像即为燃灯佛。

著名的印度阿旃陀石窟（The Ajanta Caves）第 19 窟入口右侧，刻有"本生授记"造像一龛。约两米高的长条形竖式浅龛内，由上至下，依次刻造有：一对天使捧举宝冠（华盖）状物，飞跃于龛内顶端。其下为有圆形头光，躯体微向左侧的佛立像一身，佛像左手内弯举至胸前，手掌朝内，提起衣衫一角；右手自然垂于身侧，手掌向外，似"与愿印"。佛像右侧有一提篮状物女性人物，应即卖花女耶输陀罗；左侧足下有一伏跪于地的童子，应即"献花布发"的释迦前世善慧童子。

自佛教东传以来，以"本生授记"为主题的佛教造像也开始出现在中国山西云冈、甘肃麦积山等处的石窟之中，刻造年代可溯至北朝时期；而唐宋时期的绢画、壁画作品中（图6），对这一佛传故事也有所表现。不过，燃灯佛举足踏过"儒童"伏散于地的长发之上的瞬间"定格"画面，在中国的佛教造像中表现不甚充分。最具代表性的北魏晚期作品，莫过于山西云冈石窟第 10 窟前室东壁之腰壁部位所刻"本生授记"造像（图7）。

更多的遗例表明，造像者往往将"定格"画面转换为燃灯佛右手作"施无畏印"状，左手垂于身侧，或作"与愿印"状，或作摆提衣角状，或微伸小臂作搭扶衣衫下摆状；佛像身侧则安置一或立或跪，双手合十的童子（或少年比丘）像。究其原因，可能是"足踏布发"这样的情节和画面与中华礼俗不太适宜之故。当然，也不排除是基于实际操作层面上，出于因地制宜、简便施工方面的考虑。

这类"定格"式画面转换之后的同时期同主题造像，遗例数量颇丰。仅以北魏时期刻造的早期作品而言，就有山西云冈石窟第 5A 窟南壁下

图6　宋代绢画《燃灯佛授记释迦图》，辽宁省博物馆藏

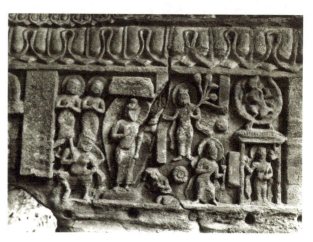

图7　云冈第 10 窟前室东壁之腰壁"本生授记"造像（采自〔日〕水野清一、长广敏雄《云冈石窟》，京都大学人文科学研究所，1951—1955）

---

① 〔日〕栗田功（Isao Kurita），*Gandharan Art I: The Buddha's Life Story*，二玄社，2003 年。

部西侧、第 12 窟前室天井折上部东侧、第 11A 窟南壁东半部的"本生授记"造像等多处。

另一方面，以"本生授记"为主题的中国佛教造像，单体屏式造像的遗例颇为少见，已知年代较早且保存完好者，乃今藏于美国大都会艺术博物馆的一件北魏时期作品（图 8）。

图 8-1　北魏定光佛单体屏式造像（正面），美国大都会艺术博物馆藏

图 8-2　北魏定光佛单体屏式造像（背面）

图 8-3　北魏定光佛单体屏式造像，头部及带有七佛浮雕像的头光

图 8-4　北魏定光佛单体屏式造像，屏体正面底部授记童子（图中圈示部分）与供养人浮雕像

据美国大都会艺术博物馆官方网站藏品之介绍，[1] 转译如下：

这一件北魏定光佛造像，为北魏造像的代表作之一，在有关佛像雕塑的研究著述中被反复引用。造像通高348厘米，佛像通高322.6厘米，宽190.5厘米，厚度为71.1厘米。造像体量宏大、大器夺目；造像屏体呈两面浮雕式，乃北魏造像中的极品。

造像屏体正面主尊为面露微笑之定光佛立像，磨光肉髻，双耳垂肩，双目细长微垂；面相丰圆，微露笑意。身披通肩式袈裟，柔软服帖；衣纹流畅，倾泻而下，毕现袈裟内包裹的身躯。佛像左手握长衫一角，右手作与愿印[2]（手部微损）。大火焰纹背光，内环中有七尊坐佛环绕。佛像左侧背光处，浮雕有十一位身着交领短衣的供养人像，并刻有供养人名。此造像屏体图式，特殊之处为造像左右不对称，在右侧背光处最下端仅有一尊供养人像。[3]

造像背面中央，浮雕一尊弥勒菩萨交脚像，交脚坐于宝座之上，上方围绕有数尊坐佛像，两侧对称各有一尊供养人跪像。下方为发愿文："太和十九年岁……定州唐郡唐县固……皇帝陛下七妙之零……造定光像一区赵寄赵□赵雅赵买赵双。"背光侧刻有"太和十三□年造像……"据此可知，此像是今河北中部一带赵氏一族所制作的。

据此介绍可知，这一件有明确称谓和确切造像纪年题记的定光佛造像，约为北魏太和十三年（489）刻造，太和十九年（495）由"河北中部一带赵氏一族"发愿供养，并在造像基座上刻有发愿文题记。

值得一提的是，此件单体屏式造像为双面浮雕作品，屏前刻带有"七佛"环绕之头光的定光佛造像，屏后则刻有"千佛"环绕的，居于"中心龛"位置的弥勒菩萨交脚像。这样的造像布局，或者说这样的造像布局所暗含的佛教时空观念，乃是将过去佛（定光佛）、正在接受"授记"的现在佛（释迦）与未来佛（弥勒），以及在这"三世佛"前后的"千佛"均纳入屏体空间，使之成为一件既符合佛教基本理论，又颇具时空流转特性的，有着特殊意味的佛教艺术品。此件作品，也说明至迟在5世纪末期，中国的燃灯佛信仰及其造像艺术已经相当成熟，且可能一度与弥勒、释迦信仰体系并驾齐驱，兼有互动融汇。

此外，在中国的燃灯佛信仰体系中，以"授记"为核心特征的佛传故事及造像艺术，在北朝时期，还吸纳并融汇了所谓"三童子缘"的佛教故事。

"三童子缘"故事源自《阿育王经》，亦称"阿育王施土缘"。这一佛教故事梗概大略为，阿育王前世名"阇耶"，因为童子时向释迦施以沙土供奉，故得释迦"授记"，预言其将于佛涅槃百年之后转世为圣王。犍陀罗佛教艺术中，

---

① 美国大都会艺术博物馆官方网站，https://www.metmuseum.org/。
② 从造像右手残痕观察，似为作"施无畏印"状，不似作"与愿印"状。
③ 此处刻造的并非供养人像，实为"授记"童子像。童子足踏莲花，或寓示已得授记。

以这一佛教故事为主题的造像遗存颇丰。造像基本图式大多呈现为：释迦立身右侧向，右手持钵下垂或托举，其右侧立有亦身童子，作抬身举手向钵中施物状。童子造像数量不定，一、二、三身的情况均有出现。

与前述"本生授记"故事早期造像的衍变历程相似，"阿育王施土缘"造像也大致经历了"定格"式图像→单体屏式造像→单体圆雕造像→同主题石窟摩崖造像的历史过程（图9、图10、图11）。

这一佛教故事传入中国之后也迅即成为佛教造像题材之一，将之表现为一尊立佛持钵侧向垂倾或坦露手掌，三身男童立于佛身之侧，彼此堆叠攀爬，向佛钵或佛掌中竞相献施的基本图式。山西云冈、河北响堂山、邯郸水浴寺等处石窟（图12、图14），均有可溯至北朝时期的此类摩崖造像。山西南涅水、河北曲阳、西安未央区草滩等地出土的石刻造像中，亦有此类主题的造像。其中，尤以山西南涅水石幢上的造像存量为多（图13），刻造图式已呈现明显的"模式化"与"世俗化"倾向。

至北宋时期，这类造像仍有刻造流行，以陕西万安禅院石窟造像最具代表性。不过，造像的基本图式已有所改变，三身男童造像缩减为两身，且另在两身男童造像上方刻造"七级浮屠"一座（图15）。

图9-1 "阿育王施土缘"造像，2—3世纪，片岩雕刻，加尔各答印度国家博物馆藏

图9-2 "阿育王施土缘"造像（建筑构件上部，下部为"初转法轮"造像），2—3世纪，片岩雕刻，法国巴黎吉美博物馆藏

图 11 "阿育王施土缘"单体造像（残件），2—3 世纪，片岩雕刻，巴基斯坦白沙瓦博物馆藏

图 10 "阿育王施土缘"造像，2—3 世纪，片岩雕刻（采自"佛陀的一生：犍陀罗佛教造像艺术展"，苏州寒山美术馆，2019 年）

图 12 山西云冈石窟第 18 窟，南壁上部西半部，"三童子缘" 造像（采自〔日〕水野清一、长广敏雄《云冈石窟》）

图 13-2 山西南涅水石幢构件，"三童子缘" 造像之二，北魏时期刻造

图 13-3 山西南涅水石幢构件，"三童子缘" 造像之三，北魏时期刻造

图 13-1 山西南涅水石幢构件，"三童子缘" 造像之一，北魏时期刻造

图13-4 山西南涅水石幢构件，"三童子缘"造像之四，北魏时期刻造

图15-1 陕西万安禅院石窟，"阿育王施土缘"造像，北宋时期刻造

图14 河北邯郸水浴寺石窟，"三童子缘"造像，北齐时期刻造

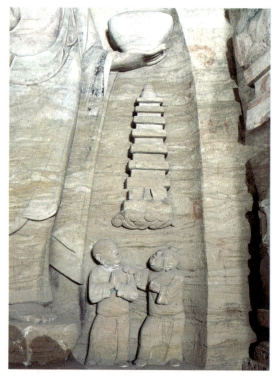

图15-2 陕西万安禅院石窟，"阿育王施土缘"造像，两童子造像局部

二 关于本生、因缘故事组合呈现的现象之研讨

值得注意的是，"燃灯佛授记"与"阿育王施土缘"造像，在各自肇始于中亚与古印度地区之后，还一度出现组合呈现的迹象。譬如，阿旃陀石窟第19窟入口左右两侧，即分别刻造了这两种造像，成组对称地出现于窟门两侧（图16-1、2、3）。

与前述阿旃陀石窟第19窟入口左侧所刻"本生授记"造像呈对称布局的"阿育王施土缘"造像，位于入口右侧，仍是约两米高的长条形竖式浅龛，由上至下，龛内分别刻造有：一对天使捧举宝冠（华盖）状物，飞跃于龛内顶端。其下为有着圆形头光，躯体微向右侧的佛立像一身，佛像左手内弯举至胸前，手掌朝内，撮提衣衫一角；右手自然垂列身侧，大拇指与食指轻柔扣提一钵状物，此钵状物下为作双手捧举状的童子像，应即为阿育王前世"阇耶"。

需要特别加以说明的是，此处的"阿育王施土缘"造像，因为童子像身后的持杖形物女性形象造像的存在，很容易令人联想到，当释迦回乡说法时，耶输陀罗将其子罗睺罗推向前方，令其父子相认的场景，即所谓"罗睺罗因缘"故事的重要情节特征之一。事实上，阿旃陀石窟第17窟过厅后壁右侧壁面上，就绘有这样一幅"罗睺罗因缘"故事的壁画（图16-4）。此壁画又称"佛陀归乡说法图"（Buddha Returns to Kapilavastu），亦称"在佛陀面前的母子"（The Mother and Child before the Buddha），描绘释迦

图16-1 阿旃陀石窟第19窟，底层入口处左右两侧：刻有"燃灯佛授记"与"阿育王施土缘"造像（图中圈示部分）

图16-2 阿旃陀石窟第19窟入口左侧，"燃灯佛授记"造像

图 16-3 阿旃陀石窟第 19 窟入口右侧，"阿育王施土缘"造像

图 16-4 阿旃陀石窟第 17 窟过厅后壁右侧壁面，"罗睺罗因缘"壁画

牟尼成佛以后重返迦毗罗卫国说法的场景之一。① 释迦与耶输陀罗、罗睺罗母子重逢之际，着黄色袈裟，右手持钵，左手握衣角，低头俯视着曾经的家人。耶输陀罗立于儿子身后，双手轻推向前方，罗睺罗也满怀期待地仰望着释迦。

应当说，正是这幅壁画的存在，令阿旃陀石窟第 19 窟入口右侧所刻造像，究竟是"阿育王施土缘"还是"罗睺罗因缘"，确需进一步的辨识与

解析。持钵释迦 + 童子 + 童子身后的女性形象之造像组合，极有可能反映的是"罗睺罗因缘"故事的关键情节。不过，在释迦所持钵状物下作双手捧举状的童子，却又并非"罗睺罗因缘"故事或壁画中所呈现的形象；此处的童子更可能是阿育王前世"阇耶"，而非罗睺罗。但如此一来，童子身后持杖形物肃立的女性形象造像也难以得到合理的解释。

---

① 关于此窟故事的命名及介绍，俱见于印度考古调查局（Archaeological Survey of India，简称 ASI）在阿旃陀石窟现场设立的指示牌内容。

笔者以为，在这种两相矛盾，难以自圆其说的情况下，或许尚可有另一种揣测，即"阿育王施土缘"与"罗睺罗因缘"这两种造像，一度有过造像图式上的混淆与融汇的迹象，可能正是造像者有意无意的改造，令阿旃陀石窟第19窟入口右侧的造像主题难以确切辨识。如果这一揣测成立，那么后文将述及的"本生授记"与"阿育王施土缘"造像，也一度因佛教理论与造像图式上的某些共通性而出现混淆与融汇的迹象，"罗睺罗因缘""本生授记""阿育王施土缘"这三种造像，也就都有可能一度出现混淆与融汇的迹象。

关于"罗睺罗因缘"与"阿育王施土缘"的混淆与融汇迹象，在中国早期佛教造像中也有遗例。今藏于甘肃省博物馆，甘肃省庄浪县宝泉寺遗址出土的卜氏"造像塔"（图17），为北魏时期刻造；此塔今存五层，每层为一块呈正四棱柱体的石质构件，四面均有造像，故称"造像塔"。其中第三层有一面刻有看似为"阿育王施土缘"的造像。此面凿圆拱形浅龛，龛内雕一佛二菩萨像，均立于覆莲台上。佛之右侧，刻有一株生长茂盛、高度已逾佛与菩萨的树木，树中显现一张人面，似为菩提树神之表示。树下有一人跪伏于佛之莲台底侧，在跪伏者背部前端及于肩颈处立一童子，童子扭身背向立佛；又有一人（非童子，似成人，较童子略高大），立于跪伏者背部后端及于腰臀处，以右臂与童子左臂互为扶持，此人左臂高举，仰面视佛，似有所祈求或诉说。佛右臂斜伸，指尖似触摸童子头顶，似"罗睺罗因缘"情节之表现。不过，佛之右手指尖似亦触及童子背后高举左臂者的手掌，似又符合"阿育王施土缘"

图 17-1　甘肃省庄浪县宝泉寺遗址出土的卜氏"造像塔"，刻有疑似"阿育王施土缘"造像（图中圈示部分）

的关键情节特征；且伏跪者、童子、举臂者三身造像，也恰恰符合"三童子缘"造像图式的基本特征，因之也很容易令研究者将此龛造像整体认定为"阿育王施土缘"造像。[1]至于疑似"菩提树神"与两身菩萨立像的存在，又加入了新的象征元素与未知寓意，为此龛造像的辨识与评判增添了疑难因素，也令笔者很难遽下判断。限于本文主题与篇幅，也限于笔者阅历与识见，关于这三种造像异同及其关联衍化的探究，在此无法充分展开，只能留待将来，或另行撰文研讨了。

除此之外，笔者还发现，阿旃陀石窟第26窟内列柱之上的环形深楣[2]区域，所刻造的方框式浅龛之中也出现了"本生授记"与"阿育王

施土缘"造像成组刻造的情形（图18-1）。因为这些浅龛均分布于远离地面，接近窟顶的部位，观者不易发现，故长期以来尚少有人对其予以关注。

概观窟内列柱舟形托架式柱头上部的环形深楣区域里，总体上遵循着一定的布局规律，即以三个外观截面为接近正方形的屋形浅龛＋一个外观截面为长方形的两柱三进式屋形浅龛为一组的方式，紧密有序地刻造列置了大量带有小型佛像、外观截面均呈方框形的浅龛。其中，横截面为长方形的两柱三进式屋形浅龛之中，大都在横截面较宽的中间一进，刻有一坐佛与二菩萨立像；而左右两侧的两进相对较小的空间里，则各刻立佛一身。这两身立佛造像，均呈右手垂列身侧，掌心向外，左手内弯举至胸前，手掌朝内，撂提衣衫一角的姿态，且佛像身侧，大都还刻有或立或

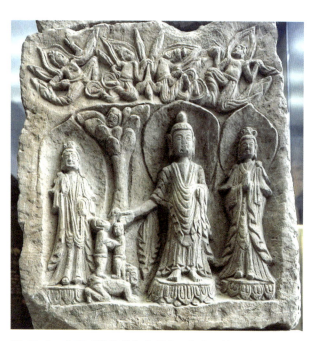

图17-2　卜氏"造像塔"上疑似"阿育王施土缘"的造像

图18-1　阿旃陀石窟第26窟，环形深楣区域里成组出现的屋形浅龛，有"本生授记"与"阿育王施土缘"造像成组刻造的情形（图中圈示部分）

---

[1]　研究者认定甘肃庄浪出土的卜氏"造像塔"上刻有"阿育王施土缘"造像的观点，可参阅王元林《北魏中小型造像石塔的形制与内容——以甘肃庄浪出土的卜氏石塔为中心》，《2005年云冈国际学术研讨会论文集·研究卷》，文物出版社，2006年，第566页。

[2]　关于此窟建筑构件的称谓"列柱""环形深楣""舟形托架式柱头"，转引自李崇峰《中印佛教石窟寺比较研究：以塔庙窟为中心》，北京大学出版社，2003年，第103—108页。

跪的童子形象，数目不定，彼此姿态也有一定的差异。

不过，笔者观察到其中一组立佛造像中，有一侧浅龛里的童子跪伏于十分接近佛足之处，而另一侧浅龛里的童子则明确有手部攀伏于佛像手掌的动作，"足踏布发"与"施土供奉"的关键情节之图式特征已然具备。因此，可视作"本生授记"与"阿育王施土缘"造像在印度本土成组出现的又一重要遗例。至于此窟其他有着类似图式的大量成组浅龛，因为没有更为清晰、充足的现场拍摄的图片予以逐一辨识，故目前无法确定是否尚存更多遗例。

除却阿旃陀石窟第19、26窟的这两组遗例，笔者还发现，阿旃陀石窟第7窟中央佛龛入口处的两侧框式浮雕的底层，也出现了类似"燃灯佛授记"与"阿育王施土缘"的浮雕造像（图18-2）。由于浮雕体量有限，这一组对称列置于龛门两侧的造像，均"简化"为右手垂列身侧，左手摺提衣角于当胸部位的立式佛像，与一分别跪伏于佛像左右身侧的童子像。这种早期"简化"了的成组出现的"立佛+跪伏童子"造像，可能即是"燃灯佛授记"与"阿育王施土缘"造像组合呈现的另一种方式，虽然无论从视觉效果还是艺术形式上都极易被忽视，但应当受到相关研究者的充分重视，尚待未来更进一步的研讨与探究。

实际上，除却石窟造像里这类成组出现的遗存实例与疑似遗例，这类遗例在原始佛教造像艺术中早已出现在了年代更早的佛教建筑构件之上，时间可以溯至2—3世纪。今藏阿富汗白沙瓦博物馆的一块推测为2—3世纪佛教建筑

构件，中央穹顶状空间的主体部分刻造"菩提树下悟道"造像（图18-3），左右两侧的柱形立面之上即刻有"燃灯佛授记"与"阿育王施土缘"造像一组。应当说，这一组左、中、右三种造像所呈现的——"燃灯佛授记儒童，将来修成释迦佛"＋"释迦修行，菩提树下悟道成

图18-2　阿旃陀石窟第7窟中心佛龛入口，成组出现的"简化"造像（图中圈示部分）

图18-3　"菩提树下悟道"造像（建筑构件），2—3世纪，片岩雕刻，巴基斯坦白沙瓦博物馆藏

佛"+"释迦已为佛后，授记阇耶，将来得成阿育王"，这三个故事是联为一体的，在佛教教义的时空结构里是紧密接续、完满融洽的。

值得一提的是，这块建筑构件的中央主体造像空间里的菩提树枝叶之中，也出现了隐没其中的"人面"。这样的情形很容易令人联想到前文提到的，甘肃庄浪之卜氏"造像塔"的造像特征之一，后者对前者是否有某种借鉴、承续与"融创"，也是颇值得进一步探究的课题。

综上所述，"燃灯佛授记"与"阿育王施土缘"这两种原本有着不同内容与寓意的佛教故事，或是因为均以佛为童子"授记"为关键情节，或是因为定光"授记"释迦，释迦复又"授记"阿育王的"授记"事迹，在时空流转与情节特征上本就有相当程度的关联性与延续性，故两种造像一度出现组合与融汇（转换）的迹象，而非出于巧合——从故事情节、造像图式、佛教教义上考察，二者确实具备一定的相关性与共通性。

据查证，日本学者宫治昭也曾指出"燃灯佛授记"和"阿育王施土缘"造像的组合出现，即是"佛陀"与"转轮圣王"接受"授记"造像的组合呈现。这两种造像之中的两个场面的出现，意味着佛陀从过去世已经确定要成为精神世界的统治者。[①]另一位日本学者安田治树，更敏锐地观察到，中国山西云冈石窟里也有这两种造像成组出现的实例存在，如第5A窟（图19）、第12窟（图20）、第19A窟（图21）。

查阅日本学者水野清一、长广敏雄合著的《云冈石窟》[②]图版，可以证实安田治树的观察与论断基本是可以采信的。

不过，第19A窟南壁西部上层实为"罗睺罗因缘"造像，与之对称列置的东部上层所刻立佛造像，也没有侍立佛像身侧的童子造像，与同时期"阿育王施土缘"及"本生授记"造像的基本图式差异较大，因而难以确定造像名称。然而，观察佛像细部特征，可见其左手似撩提衣衫一角（手部残损，姿态不甚明确，亦有可能为左手垂列于身侧），右手举于胸前，似作"施无畏印"（手部残损，姿态不甚明确，亦有可能为右手撩提衣衫一角），除却佛像身侧未有刻造童子像，仅就佛像身体姿态而言，倒与前述美国大都会艺术博物馆所藏单体屏式造像上的定光佛像有些类似。此处究竟是刻造了一组"本生授记"（以单体定光佛像表示）与"罗睺罗因缘"的造像，还是"阿育王施土缘"造像当时确已简化为没有童子像的单体佛像，遂可以据此认定此处实为一组"阿育王施土缘"与"罗睺罗因缘"造像，这两种推断，恐怕都还尚需进一步考证方可明确下来。

与第19A窟的情况类似但又略有差异的是，笔者发现云冈第11A窟南壁东半部也刻有一立佛+跪伏童子的"本生授记"造像（图22-1、2、3）。曾近距离考察并拍摄这一造像的日本学者水野清一，特意将此处的跪伏童子像单独拍摄了一张照片，辑入《云冈石窟》一书的图版之

① 〔日〕宫治昭：《犍陀罗美术寻踪》，李萍译，人民美术出版社，2006年，第90—91页。
② 〔日〕水野清一、长广敏雄：《云冈石窟》，京都大学人文科学研究所，1951—1955年。其中，第2卷（1955年出版）载有云冈石窟第5窟（洞）及第5A窟的造像图片；第9卷（1953年出版）载有云冈石窟第12窟（洞）的造像图片；第13卷（1955年出版）载有云冈石窟第19窟（洞）及第19A窟的造像图片。

中，并加图注称"跪坐供养者"。[1]与此造像呈对称列置的云冈第11A窟南壁西半部（图22-4），也刻有一立佛像，右手作"施无畏印"状，左手垂列身侧，作摞提衣角状，因身侧没有刻造童子像，否则或也可以"定光佛"视之。因云冈第11A窟南壁东西两个半部的这两身立佛上端已各自刻有文殊与维摩诘造像相呼应，若从石窟造像对称布局、成组出现角度考虑，或亦可将刻造于西半部的这一立佛像视为"阿育王施土缘"中的释迦佛像。

循依前述诸窟之规律，笔者还发现，云冈第18窟南壁上部西半部刻有"阿育王施土缘"造像（图23-1），与之大致呈对称分布的此窟南壁上部东半部，也同样刻有两处疑似"本生授记"的造像（图23-2）。因这两处造像位于窟壁较高处——刻于高约15米的此窟主尊立佛左侧的头光边缘，故难于近距离详加考察。[2]因此窟属云冈第一期（约453—465）刻造，对于研究中国石窟造像中"本生授记"与"阿育王施土缘"成组出现的早期史迹，应当有相当重要的参考价值。

图19　山西云冈石窟第5A窟（A洞），南壁下部东西半壁刻有"阿育王施土缘"与"本生授记"造像（采自〔日〕水野清一、长广敏雄《云冈石窟》）

---

[1]〔日〕水野清一、长广敏雄：《云冈石窟》第10卷，图版第55B。

[2]〔日〕水野清一、长广敏雄：《云冈石窟》第12卷，图版第91、92。

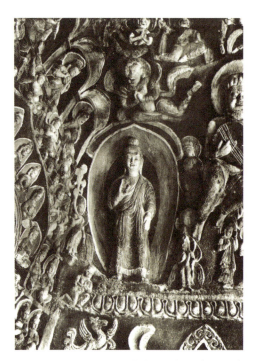

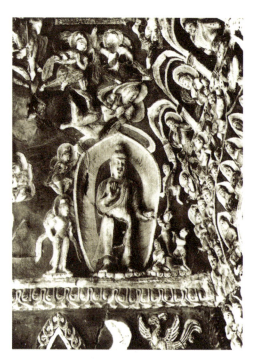

图 20-1　山西云冈石窟第 12 窟，前室天井折上部东侧，定光佛（即"本生授记"）造像（采自〔日〕水野清一、长广敏雄《云冈石窟》）

图 20-2　山西云冈石窟第 12 窟，前室天井折上部东侧，"阿育王施土缘"造像（采自〔日〕水野清一、长广敏雄《云冈石窟》）

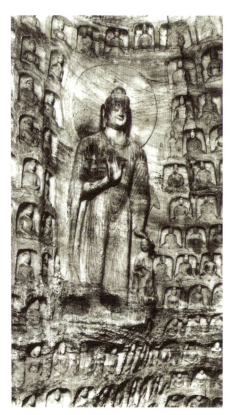

图 21-1　山西云冈石窟第 19A 窟，南壁西部上层，"罗睺罗因缘"造像（采自〔日〕水野清一、长广敏雄《云冈石窟》）

图 21-2　山西云冈石窟第 19A 窟，南壁东部上层，立佛造像（采自〔日〕水野清一、长广敏雄《云冈石窟》）

图 22-1 山西云冈石窟第 11A 窟，南壁东半部"本生授记"造像（局部）（采自〔日〕水野清一、长广敏雄《云冈石窟》）

图 22-3 山西云冈石窟第 11A 窟，南壁东半部外侧边沿，由上至下刻有文殊菩萨、定光佛、童子像（图中圈示部分）（采自〔日〕水野清一、长广敏雄《云冈石窟》）

图 22-2 山西云冈石窟第 11A 窟，南壁东半部所刻定光佛、童子造像（局部）（采自〔日〕水野清一、长广敏雄《云冈石窟》）

图 22-4　山西云冈石窟第 11A 窟，南壁西半部外侧边沿，由上至下刻有维摩诘、立佛像（图中圈示部分）（采自〔日〕水野清一、长广敏雄《云冈石窟》）

图 23-2　山西云冈石窟第 18 窟，南壁上部东半部，疑似"本生授记"造像（图中圈示部分）（采自〔日〕水野清一、长广敏雄《云冈石窟》）

图 23-1　山西云冈石窟第 18 窟，南壁上部西半部，"阿育王施土缘"造像（图中圈示部分）（采自〔日〕水野清一、长广敏雄《云冈石窟》）

三　关于本生、因缘故事融合呈现的现象之研讨

此外，值得注意的是，"燃灯佛授记"与"阿育王施土缘"造像，或者说"本生授记"与"三童子缘"造像，在古印度与中国两地开始成组刻造，有组合呈现的趋势之际，这两种造像，在中国佛教造像艺术体系中，可能还一度出现过融合的迹象。或者说，这两种造像在中国佛教徒、造像者与雕刻工匠的实际造办中，可能并不一定有严格的仪轨遵行，二者在一定程度上有意无意地有所融合。

最能代表这一情形的遗例，乃北齐时期刻造的河北邯郸水浴寺石窟中的所谓"三童子缘"造像。三身童子造像中，出现一童子跪伏于地，一童子踩踏其上，双手捧举钵状物，此钵状物又似为童子身侧一立佛像右手所拈提，另一童子则双手捧钵状物立于二童子旁侧的情形。其中，跪伏于地的童子造像，头部非常接近立佛像右足，很容易令观者联想到"本生授记"中燃灯佛足踏"儒童"伏散于地的长发之关键情节。

更为重要的是，此处造像的立佛头光右侧刻有发愿文，将佛像明确界定为"定光佛"，且同时将"三童子"作为造像的重要内容加以强调。发愿文如下：

> 武平五年（574）甲午岁十月戊子朔明威将军陆景□张元妃敬造定光佛并三童子愿三界群生见前受福□者托荫花中俱时值佛。[①]

据此可知，水浴寺石窟的所谓"三童子缘"造像，原造像者是将之界定为"定光佛并三童子"造像的。这已然表明，此处造像既有"定光佛授记"即"本生授记"的主题，又有"三童子缘"即"阿育王施土缘"的主题。两大主题在此故事概念与造像图式的融合之下，遂呈现既有明确的"童子捧钵"，又有近似"足踏布发"关键情节的"定格"。

与水浴寺石窟所谓"三童子缘"造像的基本图式类似，但并未有明确题记对造像主题予以界定者，还有河南荥阳大海寺遗址出土的，刻造于北魏孝昌元年（525）的道晗造像碑碑阴左上侧的首个浅龛造像。此碑碑阴上端有五个浅龛并列刻造，龛中造像内容从左至右分别为"定光佛并三童子""思惟菩萨像""释迦多宝并坐""立佛像""九龙浴太子"。据此五龛之下的碑体所刻造像题记，可知四面均有造像的此碑，实为按照"四方佛"理论而造，即"前有弥勒大像，西有无量寿，北有正觉释迦，东有阿閦如来"。碑阴所刻的五个并列浅龛造像，应当与体现释迦生平，即本生或佛传故事有关。因此，碑阴左上侧首个浅龛造像所呈现的，一立佛左手持钵状物，身侧有三童子，一童子跪伏于佛足之近侧，一童子踩踏于另一童子肩部，作双手捧钵状的情节与场景，不能简单地将之定义为"阿育王施土缘"造像，[②]还应当考虑到其中融合有"本生授记"的内容，将之界定为"定光佛并三童子"似乎更为适宜。

因为此碑刻造时间较早，早于水浴寺石窟"定光佛并三童子"造像近五十年，可能是现存这类造像遗例中年代最早者，对研究"本生授记"与"三童子缘"造像之间的融汇衍变之历程，应当有着重要的佐证与参考价值。

若以有明确刻造纪年及称谓界定的"定光佛"造像来大致考察这类造像在中国佛教艺术中的衍变历程，那么从可能是现存刻造时间最早的，前述美国大都会艺术博物馆所藏北魏太和十三年（489）刻造的出自"河北中部一带"的单体屏式造像，至北齐武平五年（574）在河北邯郸水浴寺

---

① 关于水浴寺石窟造像的相关情况，参见邯郸市文物保管所《邯郸鼓山水浴寺石窟调查报告》，《文物》1987年第4期，第14页。

② 关于道晗造像碑的相关介绍，以及将碑阴左上侧首个浅龛造像定义为"阿育王施土缘"造像的观点，均出自王景荃、杨杨《大海寺道晗造像碑及相关问题研究》，《中原文物》2013年第2期，第72页。

石窟中的摩崖造像，关于定光佛信仰及其造像图式，在这短短 85 年间，显然发生了较大的演变。"本生授记"与"三童子缘"造像的融汇（转换）乃至融合（定格）趋势，已然显现了出来。如果再联系到道晗造像碑，可见从双面的单体屏式造像到四面的造像碑，再到刻造于石窟壁面之上的摩崖造像，这类造像技法与图式早在 5—6 世纪已经趋于成熟。

另一方面，笔者以为，即便没有受到印度本土将"燃灯佛授记"与"阿育王施土缘"造像成组刻造与组合呈现方式的影响，中国佛教造像艺术体系之中的这两种造像，也早已存在互动与融汇的可能性了。

事实上，这两种造像在山西云冈石窟成组刻造的数量较多，刻造时间皆为北魏时期（约 5—6 世纪），与印度阿旃陀石窟第 19 窟的刻造时间（约 5—6 世纪）[①] 几乎同步，很难判定孰先孰后。二者是否有过"互动"，或者只是单方面施加影响，或者还有直接源自中亚（阿富汗）地区的影响渗透其中，这些具备可能性的情况还无法逐一确证。诚如前述，从故事情节、造像图式、佛教教义上考察，这两种造像确实具有一定的相关性与共通性。因此，水浴寺石窟中的"三童子缘"造像，在基本图式上出现与"本生授记"造像有所融汇的情形，也事出有因，有可能但并不一定完全是受到了这两种造像成组刻造与组合呈现方式的影响所致。

然而，在川东北地区的冲相寺摩崖造像中，只用一身立式佛像，通过左右手掌掌心的各自上下朝向之分列，即表达出了源自佛传（教）经典，本来惯以故事情节来表达，需要众多人物来加以演绎的佛传（教）故事。这样与众不同、特立独行的做法，或许只能解释为蜀地佛教徒、造像者与雕刻工匠因时因地制宜、化繁就简的罕见"创例"了。诚如前文所述，已经有研究者指出，这一珍贵仅存的造像实例或为国内佛教同类造像中的"孤例"。

所谓冲相寺"定光佛"造像，可能正是定光（过去）佛故事体系内的图像主题流衍历程中的特殊产物。这一造像，通过一身左右手掌掌心的各自上下朝向之分列的立式佛像，将"本生授记"与"三童子缘"的主题系于一身，实际上也可以视作定光佛与释迦佛的"合体"，实为"过去佛"体系"集于一身"的体现。可以说，这是以更为简单却更富创造性的造像图式，实现了更大程度上的佛传（教）故事之融合呈现。

这样的"创举"，虽然或属蜀地佛教徒、造像者与雕刻工匠有意无意的集体"创作"，堪称"孤例"式发明，更没有直接的佛教经典可予印证与解释，但从佛教基本理论的时空流转特性上而言，似乎又是可以成立的。关于这方面内容的简略解析，后文将有所关涉，在此不赘。

四 带有特殊"手印"的龙泉驿元堡造像之发现

当冲相寺摩崖造像因其独特的历史与艺术价值于 2013 年被列入"第七批全国重点文物保护单位"之际，笔者也在这一年的四川境内摩崖造像

① 关于印度阿旃陀第 19 窟的刻造时间，曾被考定为 475—500 年前后。这一观点出自李崇峰《中印佛教石窟寺比较研究：以塔庙窟为中心》，第 123 页。

之田野考察中，意外地发现了另一尊"定光佛"造像。其与冲相寺的定光佛造像，无论是形貌体态，还是刻造年代，都极为接近；尤其是呈"八"字形外展、左右手掌掌心朝向各分上下的"手印"，竟完全一致。

因之基本可以确定，此前学术界内外一致认定的"孤例"——冲相寺定光佛造像，不再是"孤例"；基于这一发现，亦可进一步推知，隋唐之际的蜀中定光佛信仰及造像，如今看似"孤例"的造像图式，当年可能曾流行一时，极可能乃是一度通行与通用的标准图式。

笔者发现的这一"定光佛"造像，就位于四川成都近郊的龙泉驿区，是为元堡摩崖造像中的遗存。此处摩崖造像毁损极为严重，几乎没有头面较为完整的造像保存下来，兼近年来甚至还有盗割造像残损躯干者，导致此处造像在本就毁损严重的情况之下，日益破败不堪。此处自1981年被列为成都市文物保护单位之后，其保护级别40多年来再未"晋级"，应当就与其毁损日益严重有关。

据当地文保部门介绍，此处摩崖造像位于龙泉驿区柏合镇元堡村，在长达四公里的地段内，保存有两处遗迹，分别为"倒菩萨"与"两河口"两处唐宋摩崖造像遗址。其中，"倒菩萨"摩崖造像共计12龛，密布于清音溪东岸河坎边缘一块巨岩的东壁，石长15米，高3米，厚5米。造像题材大多为常见的"观音地藏""释迦说法""七佛"等。

"倒菩萨"之名，乃当地俗称，是指一块雕刻有菩萨（佛）造像的巨石崩倒沉陷于坡坎。也正是基于此，笔者在考察时特意关注了巨石沉陷坡坎的基底部位，发现确有一龛体量较大的造像，处于沉陷倾倒的状态（图24-1）；也正是在一龛里，又发现了总体接近于圆雕，头面部毁损，颈部以下完全斜倾入地面泥层的主尊佛造像，接着又发现此像左侧的龛壁，尚存线刻与浮雕"胁侍"佛立像各一尊（图24-2）。

线刻佛立像紧邻主尊左侧[①]（图24-3），有桃形双重头光，头顶呈尖锥状的高螺髻，身披U形领袈裟，体态清癯。左手坦掌横向举于胸前，四指微曲作承物状；右手竖向举于胸前，食指与中指微伸交扣，无名指与小指微曲，作拈举状；手势刻画极其优美自然，但不似佛教"手印"，并无与之严格对应的"手印"仪轨。此像因被人为涂划，原貌有所扭曲改易，但大体形象尚可辨识。

此线刻佛立像之侧，则为一尊浮雕佛立像（图24-4），风格与之迥异。值得注意的是，此浮雕佛立像，虽位于线刻佛立像之"侧"但并非处于同一石壁平面上，而是置于与之几乎呈九十度夹角的截面——"冂"字形的弯折壁面之上。仅就浮雕较线刻造型更为突出而言，此像所属神格地位似更高（仅次于主尊造像）。

此浮雕佛立像有圆形双重头光，头顶呈磨光"馒头髻"，双耳垂肩，面相饱满丰颐，有明显的盛唐造像特征。尤为特别的是，此像呈现出与冲相寺定光佛造像几乎完全一致的形貌体态与"手印"。或正因为地势低洼、位置隐蔽，恰又位于背

---

① 本文此处所言的龛像左右方位，俱以龛内主尊造像本身的左右方位而言，即与观者所视图像之左右方位恰呈相反方向，以下均同。

阴的截面之上，此浮雕造像得以非常完整地保存下来，保存状况较此窟主尊及线刻佛立像更佳，至今仍可以清晰地辨识出左右手掌心向背的图像细节。

虽然与冲相寺定光佛造像在图像细节上几乎完全一致，但元堡此窟浮雕佛立像并非单体主尊造像，而是处于"胁侍"的地位，乃是有"主尊"的组合造像之一。据当地文管所编号，此龛今编为第 5 号龛，高 5 米，宽 4.5 米，深 1.84 米，造像主题为"密宗金刚界五方佛"。龛内刻中央主尊造像为毗卢遮那佛，左右各刻造南方宝生佛、东方阿閦佛与西方阿弥陀佛、北方不空成就佛。

不过，所谓"密宗金刚界五方佛"，仅据笔者所见所知，尚未见有唐代摩崖造像遗存，更未见主尊跏趺坐于中央，另外四佛侍立两侧，且刻造手法还各不相同（一窟之中竟有近乎圆雕的高浮雕、线刻与浅浮雕三种）的造像图式。且即便认定存此"孤例"一处，目前尚存的这两尊"胁侍"佛立像，所对应的神格与现行佛教密宗经典及密宗造像"手印"之仪轨也并不符合。

据唐不空所译《菩提心论》，大日如来为教化众生，将其自身具备的五智变化为五方五佛：中央毗卢遮那佛（大日如来），代表法界体性智；东方阿閦佛，代表大圆镜智；南方宝生佛，代表平等性智；西方阿弥陀佛，代表妙观察智；北方不空成就佛，代表成所作智。因此，就元堡第 5 号龛现存造像方位而言，居于主尊左侧的两尊浮雕"胁侍"佛像，其对应的"神格"即应为东方阿閦佛与南方宝生佛。

据密宗造像仪轨，金刚界五方佛图式中，主尊最左端（即观者最右端）为东方不动如来，即阿閦佛，右手结镇地印，左手结根本定印。主尊左侧为南方宝生如来，又称宝生佛，右手结施愿印，左手结根本定印。显然，元堡第 5 号龛现存两尊"胁侍"佛立像的"手印"与这一造像仪轨完全不符。且金刚界五方佛图式中，西方阿弥陀佛应为双手结根本定印，北方不空成就佛则为右手结施无畏印，左手结根本定印，与这两尊佛立像的"手印"仍然不符。因此，笔者以为此龛造像主题未必即为"密宗金刚界五方佛"。

图 24-1 成都龙泉驿元堡第 5 号龛

图 24-2 成都龙泉驿元堡第 5 号龛，龛内现存两尊佛立像

图 24-3 成都龙泉驿元堡第 5 号龛，龛内现存主尊左侧线刻佛立像

图 24-4 成都龙泉驿元堡第 5 号龛，定光佛立像，手印（图中圈示部分）

五 "三世佛"造像图式的源流与衍变

其实，这样的组合造像图式，较之汉传佛教信众并不熟悉的所谓"密宗金刚界五方佛"而言，倒更容易令人联想到汉传佛教中常见的"三世佛"造像。

佛教"三世佛"之说，意即过去、现在、未来三世成佛者，分别为迦叶佛、释迦牟尼佛与弥勒佛。在汉传佛教造像中，"三世佛"造像又分为所谓"横三世佛"与"竖三世佛"两大体系。

所谓"横三世佛"，是就佛教空间观念而言的划分，即释迦牟尼佛居中，掌管世人所在的婆婆世界；阿弥陀佛居右，掌管西方极乐世界；药师佛居左，掌管东方净琉璃世界。而"竖三世佛"，则是就佛教时间观念而言的划分，同样是释迦牟尼佛居中，掌管现在的世界；迦叶佛（或燃灯佛，即定光佛）居右，掌管过去的世界；弥勒佛居左，掌管未来的世界。

一般而言，唐代之后的汉传佛教寺院，根据信众对佛教时空观的理解与信受程度，往往"横三世佛"造像居多，"竖三世佛"造像较少。然而，唐代之前的北方与中原地区石窟寺造像，情况截然相反。北朝至初唐时期，刻造"竖三世佛"

供奉，无论是官方还是民间层面，都蔚然成风，规模浩大，至今遗存尚丰。

著名的龙门石窟宾阳中洞造像，即为"竖三世佛"造像，且呈现出专用图式，即主尊释迦牟尼佛跏趺坐居中，左右胁侍二弟子、二菩萨；再向左右两外侧各自刻造迦叶佛（或燃灯佛）与弥勒佛立像，二佛立像两侧皆刻造二胁侍菩萨。窟中造像体量最大者为主尊释迦牟尼佛坐像，较之迦叶佛（或燃灯佛）与弥勒佛立像，体量差距明显；两佛立像体量，仅与主尊之胁侍菩萨像相当；而两佛立像的胁侍菩萨，体量则更小一些，与主尊之胁侍弟子像相当。

事实上，"竖三世佛"造像，北朝时期即已传入川北地区，广元千佛崖、皇泽寺等处尚存遗例。初盛唐时期，川北地区仍有大量刻造，今广元千佛崖、巴中南龛（图25）和北龛等地尚存数例。其中，最具代表性者，莫过于旧称"莲花洞"的广元千佛崖第535号窟（图26）。此窟刻造于初唐武周时期；规模颇为宏大，在川北乃至蜀地域内的"三世佛"摩崖造像中，皆属佼佼者；"三世佛"在窟中呈"冂"字形布置，三尊佛像间距较远，其间壁面遍布后来陆续开凿的小型龛像。因当时弥勒信仰盛行，此窟主尊已为弥勒倚坐像；居主尊右侧壁的释迦牟尼佛（或曰"正觉佛"）像，则佩戴有璎珞项圈及手镯，为武周时期流行的"菩提瑞像"样式；居主尊左侧壁的则为右手施"无畏印"的迦叶佛（或燃灯佛）。应当说，此窟"竖三世佛"造像图式已完全脱离北朝时期的"正统"

图式。无论是三像列居位置的改易，还是三像衣饰及"手印"上的变异，都因时因地制宜，已为"本地化"特色浓厚之"创作"了。

同时还应当注意，因为武周政权的神学造势之需求，弥勒信仰及其造像一度非常盛行。龙门石窟在这一时期出现大量弥勒造像，并随之出现将"竖三世佛"主尊置换为弥勒佛的做法（图27）。与东都洛阳大兴弥勒造像风尚同步，蜀地也随之出现大量弥勒造像，以弥勒为主尊的单体或组合造像也开始盛行起来。显然，广元千佛崖第535号窟之"创作"，即源出于此。

比这一风尚稍晚，初盛唐交迭之际，"横三世佛"造像也开始流行于蜀地，且多有因时因地制宜的组合变化，与"竖三世佛"造像形成了交叉融汇的趋势。譬如，弥勒信仰盛行一时的武周及稍后一段时期，蜀地摩崖造像中就曾出现将"横三世佛"中的药师佛替换为弥勒佛的情况。至中晚唐弥陀信仰流行之际，又出现将"竖三世佛"

图25 巴中南龛第64号龛，三世佛龛，盛唐时期刻造。龛中雕释迦牟尼（居中）、弥勒佛、迦叶佛三尊

图 26　广元千佛崖第 535 号窟，"三世佛"造像（图中圈示部分）

图 27　河南龙门石窟三世佛摩崖造像，武周时期刻造

中的迦叶佛（或燃灯佛）替换为阿弥陀佛的做法（图 28）。

　　应当说，这些"替换"行为，表明初唐之后蜀地的摩崖造像并非严格按照佛教造像仪轨，而

是因时制宜、随机衍变的。不难发现，除却造像组合中的"替换"行为，这一时期的蜀地摩崖造像在衣饰、手印、胁侍等诸多细节上也普遍存在仪轨松弛、处理灵活的情况，"本地化"特色与

图28　四川夹江千佛岩第114号龛，三世佛与四菩萨龛，晚唐时期刻造。龛中雕弥勒佛（居中）、释迦牟尼、阿弥陀佛三尊，观音、势至、文殊、普贤菩萨四身

"民俗化"风格日益浓厚。加之遗存下来的这些造像大多有所毁损，要对这一时期的蜀地摩崖造像以严格的"横三世佛"与"竖三世佛"定义来加以确切区分与辨识，实在是比较困难。

综上所述，汉传佛教早期造像，原本是以"竖三世佛"为"三世佛"造像之正统主流，而"横三世佛"则是初唐（武周时期）之后，即至早不过盛唐，流行于中晚唐之际的又一"三世佛"造像潮流。蜀地摩崖造像更是因时制宜，将这一潮流与"竖三世佛"交叉融汇，发展出了"本地化"的可"横"可"竖"，亦"横"亦"竖"的"泛三世佛"造像体系。

由是观之，元堡第5号龛既然已有近似"定光佛"造像的存在，那么，仅从现有龛像布局及造像细节考察，其极有可能是蜀中早期"三世佛"造像的尾声遗响，其刻造时间为盛唐前后。

笔者以为，元堡第5号龛造像现存总体图式显然更接近于"竖三世佛"造像图式。只是相较之下，因有两尊佛立像的存在，似乎更接近于龙门石窟宾阳中洞造像图式，反倒与同为蜀地域内

且刻造年代也较为接近的广元千佛崖第535号窟造像图式不甚相同。之所以出现这样的情形，有可能是因为元堡第5号龛造像乃直接借鉴中原地区早期（北朝至隋，唐代之前）造像图式（也包括广安冲相寺隋代造像图式），而来自川北地区（尤其是广元）造像的间接影响尚未充分渗透至此，或者说当时的影响力度还不大。

然而，即便元堡第5号龛造像为"竖三世佛"的假设能够成立，现存两尊"胁侍"佛立像中的线刻佛立像之存在，一时仍难以得到合理解释。笔者曾近距离仔细观察过此像，希望找到其为主尊胁侍弟子像的细节特征，可正是因其头顶呈尖锥状的高螺髻，颈部有三道纹，以及双重桃形头光的种种特征，皆为符合佛像特征之明证，终究无法将其判识为弟子像。因此，此像虽经后世黑色颜料的勾勒破坏，难以辨识其本来面貌，但其为佛像的基本判定仍然是无法改易的。

六 "七佛"造像图式的源流与衍变

考索至此，笔者不禁又联想到川北地区在初唐时期刻造的一种"七佛"造像。

谨以巴中南龛第108号龛为例（图29），龛内正壁前刻造有接近于圆雕的结跏趺坐的主尊"大像"，主尊身后的龛壁则浮雕"七佛"立像，有如"胁侍"群像一般。"七佛"并立群像右侧，还刻有一身主尊胁侍弟子像，体量、衣饰、形貌与"七佛"无甚差异；龛左侧壁崩毁，依龛像中轴对称惯例，此侧原亦应有一身主尊胁侍弟子像。如此这般，此龛原应有造像共计十身，除却主尊居中为坐像，其余九像环侍于龛内后、左、右壁面。

图 29　巴中南龛第 108 号龛，释迦并七佛龛，初唐时期刻造

图 30　巴中南龛第 88 号龛，七佛龛，盛唐时期刻造

如这般主尊为佛坐像居中，后有"七佛"并立的组合造像图式，与元堡第 5 号龛造像的基本图式颇为近似。或许，只不过因沉陷与毁损，尚有另外五尊"胁侍"佛立像无法呈现出来罢了。或者，此乃另一种有所衍变的同题材造像的新样式，也未可知。

关于巴中南龛第 108 号龛中的主尊与"七佛"造像，已有研究者判定其为释迦牟尼佛与"过去七佛"。① 应当说，这一观点是符合佛教教义与造像观念的。

据《长阿含经》，释迦牟尼佛之前有六佛，即毗婆尸佛、尸弃佛、毗舍浮佛、拘留孙佛、拘那含牟尼佛、迦叶佛，合称"七佛"（图 30）。此外，释迦牟尼佛又与迦叶佛（或燃灯佛）及弥勒佛构成"三世佛"。因此，释迦牟尼佛既位列"过去七佛"之末位，又是"三世佛"居中者之现在佛，神格属性极为特殊。

按照现代时空流转理论的解说，"过去"即

过去之现在，"现在"即现在之过去。时间本是不可划分区间之整体，而佛教教义对"过去七佛"与"三世佛"的定义也是符合现代时空流转理论的——将释迦牟尼佛作为兼具过去与现在两世"衔接"性质的神格，正恰如其分地表现了这一时空观。

因此，将巴中南龛第 108 号龛中的主尊判定为释迦牟尼佛是符合佛教教义及造像理念的。当然，若要将此龛主尊判定为弥勒佛，似乎也顺理成章，并无违碍；不过，考虑到初唐时期的弥勒造像一般为倚坐像，故此龛主尊为释迦牟尼佛的可能性更大一些。

毋庸置疑，"七佛"图式本来也源自印度佛教艺术。阿育王时代的桑吉大塔上，刻有以并排七株菩提树或七塔来表示的"七佛"信仰。至 2—3 世纪，犍陀罗艺术中出现刻有完整"七佛"图像的浮雕造像。此造像今藏巴基斯坦白沙瓦博物馆，为一块佛教建筑石质构件上的浮雕图案，

---

① 成都文物考古研究所等编：《巴中石窟内容总录》，巴蜀书社，2006 年，第 167 页。

呈现出六佛并排站立（可能有一像毁损）+弥勒菩萨的造像图式，应当是象征"过去七佛"之后，弥勒菩萨即为"未来佛"，乃是完整寓示"竖三世佛"时空流转的一种特定图式。

日本东京国立博物馆藏有一件年代稍晚，约为4世纪的"七佛"浮雕造像（图31），亦为一块佛教建筑石质构件上的浮雕图案，呈现出完整的七佛并排站立+弥勒菩萨的造像图式。由于保存较为完好，可以确切地看到，石质构件中部长条形浅龛之中，由左向右并排站立的七身佛像，其"手印"似乎各有差异，依次呈现为：

1. 右手上举至胸前，坦掌向外（或可视作"施无畏印"），左手下垂似摞提左侧衣衫；

2. 右手上举至当胸部位，掌心向内，食中二指向左侧略伸，左手下垂，掌心向外，五指微屈似执物；

3. 右手上举至胸前，坦掌向外（或可视作"施无畏印"），左手下垂，但略向右侧横向弯曲，似摞提左侧衣衫；

4. 右手上举至当胸部位，掌心向内，左手下垂，但略向右侧横向弯曲，似摞提左侧衣衫；

5. 右手上举（残毁，形态不明），左手下垂，但略向右侧横向弯曲，似摞提左侧衣衫；

6. 右手下垂，笼入衣衫中，左手上举（残毁，形态不明）；

7. 右手上举至胸前，坦掌向外（或可视作"施无畏印"），左手下垂，但略向右侧横向弯曲，似摞提左侧衣衫。

显然，造像者与刻工有意通过"手印"的不同来刻画"七佛"的不同身份，但这些细微的差异究竟有何含义，或者说对于"七佛"各自不同的神格判定有何象征意义，限于学识与经验，笔者尚无从确知。不过，通过这件传世作品可知，七佛并立+弥勒菩萨的造像图式确为"七佛"信仰及其造像体系的早期基本图式。

"七佛"信仰发展至后期，在印度本土的佛

图31　七佛并立+弥勒菩萨造像，4世纪，片岩雕刻，日本东京国立博物馆藏

图32　七佛并坐＋弥勒菩萨造像（图中圈示部分），龛楣壁画，8—9世纪，印度阿旃陀石窟第17号窟

图33　七佛并坐造像，8—9世纪，印度埃洛拉石窟

教造像中则又多呈现为"七佛并坐"图式。在著名的阿旃陀及埃洛拉石窟中，均有这一图式的石刻造像与彩绘壁画（图32、图33），为8—9世纪（即我国盛唐时期前后）作品。

在"七佛"造像肇始于犍陀罗艺术体系约两百年后，中国佛教艺术中也开始出现"七佛"造像。目前已知时代最早者，为山西云冈石窟第11窟东壁上层太和七年（483）造像龛（图34-1）。此龛"主像"为二佛并坐像，"七佛并立"造像刻造于龛额，实为"图饰"，说明此时"七佛"造像尚属于佛龛装饰性质的图像，还未达到为之单独开龛刻造、独立供奉的"主像"地位。

事实上，逐渐脱离"图饰"发展成为"主像"的七佛造像，在云冈石窟中亦不乏其例。就在第11窟西壁、南壁佛龛中，即有单独开龛，以七佛造像为"主像"的实例（图34-2、3）。这些"七佛龛"亦为北魏时期作品，均呈"七佛并立"图式。

北魏永平二年（509），甘肃庆阳北石窟寺开建，位于此石窟寺中心的第165号窟（图35）出现了以"七佛并立"图式为"主像"的巨型中心窟，窟高达十余米，宽约二十米，进深亦达十余

米。窟中正壁雕造三尊，左右侧壁各两尊，每尊佛像高达八米，实为北魏时期七佛造像体量最大者。值得一提的是，此窟左壁末端还刻造有弥勒菩萨交脚坐像一尊，表明这组造像乃充分借鉴古印度佛教造像体系，与犍陀罗艺术体系中的同类型造像早期基本图式是一致的。

至北朝中晚期，单体石刻雕像中开始出现"七佛并坐"的图式，主要出现于主像的背光浮雕及造像背面的浮雕之中，仍处于"图饰"地位；这一图式发展至唐宋辽金时期逐渐呈现为单体雕像、塑像与壁画，造像体量日益增大，"主像"地位再度确立，且还有所发挥。之后，"七佛并坐"逐渐取代"七佛并立"造像图式，一直延续到明清两代，中国佛教寺院里的同类塑像存世数量颇丰。

从"图饰"到"主像"，从"七佛并立"到"七佛并坐"，七佛造像图式在北朝至唐代的约两百年间逐步独立与发展，成为中国佛教造像中的常规图式之一。同时，也应当看到，七佛造像在唐代之后大多以泥塑或壁画形式出现，摩崖造像日益减少，石刻龛窟中的七佛造像并不多见。除却大足宝顶山南宋时期刻造的"父母恩重难报经

图 34-1　山西云冈石窟第 11 窟（局部），七佛造像在窟中所处位置（图中圈示部分）

图 34-2　山西云冈石窟第 11 窟（局部），七佛龛及其所处位置（箭头所示）

图 34-3　山西云冈石窟第 11 窟，七佛龛，北魏时期刻造

图35　甘肃庆阳北石窟寺第165号窟，七佛造像，北魏时期刻造

变相龛"顶层出现"七佛并坐"摩崖造像，纵览国内其他地区同时期的摩崖造像，同题材、同类型造像似已几近绝迹。

关于七佛造像的源流及流衍，做上述约略解析之后，可知在中国佛教艺术中，"七佛并立"图式的出现可溯至北魏时期，要早于"七佛并坐"图式出现的时间；后者虽亦曾于北魏时期出现，但大多以附属于龛窟造像的"图饰"出现，待其以独立主题的"主像"出现时，年代已晚至唐宋时期。简言之，仅就独立龛像而言，"七佛并立"的刻造年代往往要早于"七佛并坐"造像。

由此可见，巴中南龛第108号龛可以径称为"七佛龛"。龛中出现主尊释迦牟尼佛与"七佛"之组合造像，本即是"七佛并立"图式的一种后期衍变，也是一种带有"本地化"特色的后期"创作"。

不过，除了一佛前置为坐像、七佛并立其后的，这一堪称蜀地"特例"的"七佛龛"之外，印度本土还有一种更为特别的"七佛龛"遗例，与元堡第5号龛造像的空间布局似更为接近。据笔者所见，阿旃陀石窟第7窟的中心佛龛实为一坐佛＋六立佛的"七佛龛"（图36）。此龛以释迦跏趺坐像居中为主尊，身侧左右各刻有三身立佛像，俱为右手垂列身侧，掌心向外，左手内弯举至胸前，手掌朝内，摆提衣衫一角的姿态。如果不考虑造像"手印"及刻造技法的问题，仅以整个龛像的空间布局而言，若元堡第5号龛实为"七佛龛"，较之巴中南龛第108号龛，似更接近于阿旃陀石窟第7窟的中心佛龛。

此外，比巴中南龛第108号龛刻造年代稍早，山东济南千佛山上的隋代"七佛龛"（图37），亦有因地制宜、因时创变的造像图式。此龛打破了龛像呈中轴对称的造像图式惯例，将六尊佛立像自左向右依次刻于龛内，立佛群像之末再刻造一尊佛坐像，合为"七佛"。那么，此坐佛则必为释迦牟尼佛。虽仍可将其视作此龛主尊，但仅从图像整体观感上而言，因其并未居于龛内群像之中轴线上，予观者以不对称、不平衡的断续视觉，无中心、无主尊的图式解析也势必随之而来。由此可见，"七佛"造像图式的衍变过程繁杂且微妙，南北各地各个时期都不乏带有"本地化"特色的"创作"（图38）。

图 36 阿旃陀石窟第 7 窟中心佛龛造像（局部），实为"七佛龛"；为一坐佛＋二胁侍菩萨＋六立佛的造像图式

图 37–1 山东济南千佛山，有隋代七佛龛的一段崖面

图 37–2 山东济南千佛山，七佛龛，隋代刻造

图 38 夹江牛仙寺，七佛与三世佛双龛，晚唐时期刻造。两龛居中主尊均为弥勒佛造像

七 元堡第5号龛造像图式成因蠡测

若将元堡第5号龛视为"三世佛龛"，唯一存在的问题乃是无法合理解释那一尊线刻佛立像的存在。若套用巴中南龛第108号龛或阿旃陀石窟第7窟中心佛龛的造像图式，将元堡第5号龛视作"七佛龛"，那么，循着这一思路或可进一步做两种推想。

一方面，元堡造像确曾借鉴过冲相寺定光佛造像，因刻造时代更晚一些，对造像神格及仪轨已不再严格规范，出现较为随意的"混搭"现象。另一方面，元堡造像可能是一种包含"定光佛"的组合造像，只是这一组合造像残损严重，无从得悉其完整图式，且蜀地又未见同类实例，故终不得确考。

笔者以为，上述两种推想，无论最终是否成立，对目前研究蜀中定光佛造像及元堡造像都应当是有所裨益的可能性思路。毕竟，在川东北与川西地区，目前已知的形态、图式完全一致的"定光佛"造像仅此两尊。

至于冲相寺另一尊疑似"定光佛"造像，刻造年代可能为盛唐时期，出现在此处今编号为第50号龛中（图39）。此龛为方形双层大龛，内龛刻造一主尊（佛跏趺坐像）二弟子二菩萨并天龙八部，应为常见的"释迦说法龛"。内龛左右两侧又各有一"附龛"，各刻造佛立像一尊，头面、手臂俱残毁。唯右侧佛立像衣饰形貌，与此处今编号为第26号龛中的定光佛造像极类似，且从造像手臂断残处考察，两臂若存，应当亦作垂列身侧状（图40）。若按第一种推想揣摩，左侧"附龛"之佛立像若为弥勒佛像，此龛则极可能构成一种特殊的"三世佛"造像图式。

在这一造像图式中，"定光佛"为"过去佛"，且为立式造像；释迦佛仍为"现在佛"，只不过增扩为"说法图"组合造像图式；弥勒佛仍为"未来佛"，亦为立式造像。或许，还可据此更进一步推测，元堡第5号龛不但直接借鉴了冲相寺第26号龛的定光佛造像图式，可能还间接参考了第50号龛的"三世佛"造像图式之"创作"，多方互动与"融创"之下，方才成就了自身独特

图39 广安冲相寺第50号龛（上）与第51号龛（下），圈示处为疑似"定光佛"造像

图40 广安冲相寺第50号龛，龛内右侧立佛像（疑似"定光佛"）

的造像图式。这一造像图式有可能是"七佛龛"，也有可能是"五佛龛"，但并非严格意义上的所谓"密宗金刚界五方佛"造像，而应当更接近于阿旃陀石窟第7窟中心佛龛的某种"简化"图式（主尊两侧各少刻造一身立佛像即可）。

此外，同为"七佛龛"的阿旃陀石窟第4窟中心佛龛，将主尊身侧的六身立佛像挪移至龛外前庭壁面，呈现出龛口外壁两侧各刻造一身立佛像，与此呈直角夹角的壁面两侧，再各刻造两身立佛像——龛中主尊坐佛与龛外前庭六身立佛像，遂呈现近于"凸"字形的空间布局（图41）。仅就此龛六身立佛像的空间布局而言，元堡第5号龛与之也颇为近似。再者，此窟过厅侧壁之上的附龛还刻造有"五佛龛"，空间布局仍为主尊坐佛像居中，左右两侧各刻有两立佛像，此两立佛像各自处于呈直角夹角的两个壁面上，龛像呈现近于"门"字形的空间布局。这样的龛像空间布局，若元堡第5号龛确为"五佛龛"，则与之几乎完全一致了。

再者，还需加以注意的是，就在冲相寺第50号龛的正下方，第51号龛即为"七佛龛"。此"七佛龛"为"七佛并坐"造像图式，刻造年代与第50号龛应较为接近，也暂定为盛唐时期。至此一观，可见这一段崖壁之上的摩崖造像即为上"三世佛"、下"七佛并坐"的基本构式，简直可以视作盛唐时期蜀地民间佛教信仰体系中，以摩崖造像体现时空与神格流转观念的一处绝佳史迹。

除此之外，笔者还发现，同处于川东北地区的通江与广元千佛崖也均有与广安冲相寺定光佛样式类似的造像。譬如，通江千佛崖中有一未编号附龛，位于此处第40号龛龛门外沿右上侧（图42），刻造年代为初唐时期，造像样式与广安冲相寺定光佛几乎完全一致。唯因风化较为严重，已无法辨识双手掌心向背状况。由于该处造像体量极微，龛浅像小，鲜有观者与研究者留意。不过，这一附龛小像的出现恰恰说明这类造像曾经的普遍性与流行性。已具有固定的模式化造型，便于刻造，即便体

图 41-1 阿旃陀石窟第 4 窟中心佛龛，"七佛龛"全景

图 41-2 阿旃陀石窟第 4 窟中心佛龛，前庭右侧壁三立佛像（局部）

图 41-3 阿旃陀石窟第 4 窟中心佛龛，前庭左侧壁三立佛像（局部）

图 41-4 阿旃陀石窟第 4 窟过厅侧壁附龛，"五佛龛"（局部）

图 42-1　通江千佛崖第 40 号窟及附龛（图中圈示部分）

量极微、形象极简，这一极具象征性的固定造型亦可显示其神格名称名号。这样的情形也很容易令观者联想到，本文前述阿旃陀石窟第 7 窟中心佛龛入口那一组对称出现的"简化"造像。

再如，盛唐时期刻造的广元千佛崖第 485 号龛。其主尊造像的形态，则为左手下垂斜伸于身侧（掌心因毁损不明其向背），右手下垂轻提衣角，两手总体仍呈"八"字形斜伸于身侧的形态（图 43）。因定光佛早期造像中大多有一手撩提衣角的姿态，这一位于川东北地区（更趋于川北地区）的摩崖造像，是否既对定光佛早期造像图式有所借鉴（来自北方样式的影响），又对冲相寺"定光佛"造像图式有所借鉴（与蜀地域内样式的互动），也是颇值得考量与研讨的话题。

最后，还需特别加以注意的是，广安冲相寺

图 42-2　通江千佛崖第 40 号窟附龛造像，初唐时期刻造

图 43　广元千佛崖第 485 号龛，盛唐时期刻造

定光佛造像样式，除了在蜀地有过流行之外，可能还曾传布至蜀地之外的区域，甚至渗透到了中原地区。笔者发现，河南安阳灵泉寺摩崖造像中就曾有过类似样式，疑似定光佛造像。此龛位于由寺院向东西方向延伸的"万佛沟"中，据龛内以红漆书写的"114"编号，可知此龛造像或被当地文管所编为第114号龛（图44）。

龛中刻造佛立像一身，两手呈"八"字形斜伸于身侧的形态，虽然造像手掌部分有一定毁损，但通过近距离观察，可知其应为右手手掌向下、左手手掌朝上的姿态。佛衣样式、着装方式也与冲相寺定光佛极为相似，基本一致，唯有手部下垂的衣

褶刻划略显短方厚重，刻划线条也略显平滞，是刻造时代稍晚的体现。此龛虽无造像题记，无从探究其确切刻造年代，但联系到灵泉寺万佛沟造像题记最早者为唐贞观年间，稍后亦有永徽年间题记，姑且将此龛造像暂定为初盛唐之际的作品。

除此之外，河南巩县石窟第1窟，中心柱佛龛龛门两侧下部的唐代附龛之中，有一对造像样式完全一致的佛立像，两手亦呈"八"字形斜伸于身侧的形态，只不过右手略微向上平举，作拈指团掌状（图45）。这类造像，是否曾受到蜀地（广安冲相寺）定光佛造像样式的影响，是否由此衍变而来，也是颇值得进一步探研的问题。

图45-1　河南巩县石窟第1窟，中心柱佛龛龛门两侧下部的唐代佛像（箭头所示）

图44　河南安阳灵泉寺摩崖造像，疑似"定光佛"造像，初唐时期刻造

图45-2　河南巩县石窟第1窟，中心柱佛龛龛门两侧下部的唐代佛像之一

佛教商人竺难提考辨[*]

刘　飙

（南宁师范大学初等教育学院）

国家主席习近平指出"国之交在于民相亲，民相亲在于心相通"，"一带一路"要行稳致远，离不开"民心相通"的支撑和保障。在民心相通方面，人文交流合作是最有效、最受欢迎的桥梁和纽带。古代"一带一路"沿线上友好往来的文化使者，是历史的见证者和国家友谊的象征，也是国家与国家之间民心相通的最好代表符号。中国与海上丝绸之路沿线的斯里兰卡，在佛教人文交流上有着悠久深厚的历史。中国古籍浩如烟海，记载了许多中斯佛教友好往来的文化使者，举世闻名的有法显和玄奘。但是由于古代南亚人的历史观念极为淡薄，本国古代的史料没能留下多少。斯里兰卡方面与中国友好交往的文化使者中，知名的人物几乎没有，因此在中国古籍里发现斯里兰卡方面的文化使者，对于促进中斯之间"民心相通"具有十分重要的意义。

关于斯里兰卡与中国友好交往的文化使者的整理和研究工作，学界少有关注。现代著名的佛教学者周叔迦先生在20世纪90年代发表了一篇文章《悠久深厚的中锡两国佛教徒的历史友谊》（1972年，"锡兰"更名为"斯里兰卡"——笔者注）。这篇文章谈及了一些与中国友好交往的斯里兰卡佛教人物，如历史上锡兰到中国来的第一个使者沙门昙摩抑等；周叔迦先生特别强调了锡兰船主竺难提，说"他不只是一位护法居士，而且是在中国译经事业上给我们以有力帮助的合作者"和"译师"。^①《中国宗教》2020年第1期上有刘田田的《竺难提——海上丝绸之路的文化使者》文章，介绍了佛教商人竺难提为中国尼众如法如律接受"二部受戒"做出的贡献以及他翻译的汉文佛经等。要全面、准确地认识佛商竺难提，首先应了解其生平事迹，学界迄今无专文对此进行探讨。本文就佛商竺难提的国籍、生卒年、行止、商船航海路线、译经活动等基本问题做一考辨，以期为学界的相关研究提供参考。

一　竺难提国籍考

竺难提是印度人还是斯里兰卡人，目前还无人做过翔实的考证。周叔迦先生直接指称他是斯里兰卡人；斯里兰卡学者 S.G.M.Weerasingha

---

* 本文是黄冈师范学院中斯文化交流与经济发展研究中心2021年度研究课题"中国与斯里兰卡古代佛教文化交流史"项目成果。

① 黄夏年主编：《周叔迦集》，中国社会科学出版社，1995年，第307页。

在其 1995 年出版的著作 *A History of the Cultural Relations between Sirlanka and China* 中也称竺难提是斯里兰卡人；山东大学斯里兰卡留学生索毕德（Sobhitha）2010 年博士学位论文《古代中国与斯里兰卡的文化交流研究——以佛教文化为中心》和山东大学斯里兰卡留学生查迪玛（A.Chandima）2011 年博士学位论文《斯里兰卡藏中国古代文物研究——兼谈古代中斯贸易关系》都说竺难提是斯里兰卡人，但是他们都没有详细考证。吴廷璆、郑彭年在 1995 年第 2 期《历史研究》上的文章《佛教海上传入中国之研究》称"东晋时的印度商人、居士竺难提（Nandi）"，刘田田的文章《竺难提——海上丝绸之路的文化使者》也称"印度商人竺难提"，但都没有考证。华东师范大学哲学系学愚教授只是称"竺难提是一位往来于中国广州和师子国（今斯里兰卡）的佛教商人"，[①]没有注明国籍。竺难提到底是哪国人？笔者依据现有的相关史料做一考证，以供参考。

中国载籍中最早提到竺难提其人的是成书于南朝梁时的《高僧传》和《比丘尼传》。《高僧传·求那跋摩传》载：

> 后到师子国，观风弘教，识真之众，咸谓已得初果。……先已随商人竺难提舶，欲向一小国，会值便风，遂至广州。……但西国尼年腊未登，又十人不满，且令学宋语，别因西域居士，更请外国尼来足满十数。[②]

《比丘尼传·僧果尼传》载：

> 及元嘉六年，有外国舶主难提，从师子国载比丘尼来至宋都，住景福寺。后少时问果曰："此国先来已曾有外国尼未？"答曰："未有。"又问："先诸尼受戒那得二僧？"答："但从大僧受得本事者，乃是发起受戒人心。今生殷重，是方便耳。故如大爱道八敬得戒，五百释女以爱道为和上，此其高例。"果虽答，然心有疑，具谘三藏，三藏同其解也。又谘曰："重受得不？"答曰："戒定慧品，从微至著，更受益佳。"到十年，舶主难提复将师子国铁萨罗等十一尼至。先达诸尼已通宋语，请僧伽跋摩于南林寺坛界，次第重受三百余人。[③]

两本书中称竺难提为"商人"、"西域居士"和"外国舶主"。西域不是一个具体的国家名称，在古代，广义的西域包括通过狭义西域所能到达的广大地区，包括亚洲中、西部，印度半岛的地区等。竺难提的具体国籍无从知晓，但是从以上两则史料里可以确切地知道，竺难提与斯里兰卡关系很密切，是一个经常来往于中国广州和斯里兰卡的从事海上贸易的商人居士。竺难提的具体国籍不确定，大概与他从事海外贸易这一职业有关系，因为经常来往于不同的国家之间，所以人们不确定他是哪个国家的人。

在此后的中国载籍中，竺难提多次出现在佛

① 学愚：《佛教与 21 世纪海上丝绸之路》，《法音》2018 年第 12 期，第 47 页。
② （南朝梁）释慧皎：《高僧传》，汤用彤校注，中华书局，1992 年，第 106—109 页。
③ （南朝梁）释宝唱著，王孺童校注：《比丘尼传校注》，中华书局，2006 年，第 88 页。

教经录里，具体如下：

（1）隋释法经《众经目录》：宋世外国舶主竺难提；

（2）隋费长房《历代三宝纪》：外国居士竺难提；

（3）唐智昇《开元释教录略出》：东晋外国居士竺难提；

（4）唐靖迈《古今译经图纪》：居士竺难提，此言喜，西域人；

（5）唐菩提流志《大宝积经》：东晋天竺居士竺难提；

（6）明智旭《阅藏知津》：东晋天竺居士竺难提。

以上六条史料中，只有第五条第一次指出竺难提是天竺人，但是没有做任何说明，第六条的记载明显是承袭第五条而来的。这里的天竺人应该是从竺难提名字中的"竺"字猜测而得出的。在《高僧传》里，出生于斯里兰卡的竺法度也冠以"竺"字，① 所以，名字里有"竺"字的高僧不一定就是天竺人。斯里兰卡现存有一本斯里兰卡民间故事合集的古书《千篇故事》（*Sahassavatthuppakarana*），其中第 72 个故事是关于商人难提（Nandi）的：

斯里兰卡西北部港口曼泰港的负责人叫做斯瓦，他遇见了商人难提的妻子，斯瓦立刻喜欢上了她，而难提三年前出海贸易去了。邪恶的斯瓦决定杀死难提，强占他的妻子。他通过一名巫医找到了一个妖精来帮助他实施阴谋。此时难提乘船回国了，斯瓦让妖精去杀害难提。难提看到妖精靠近他的船时，他对妖精十分慈爱。妖精不忍心伤害难提，于是便回去了。斯瓦又两次派妖精去杀难提，都因为难提慈爱的力量无功而返。当斯瓦第四次要求妖精去杀难提时，愤怒的妖精杀死了邪恶的斯瓦和巫医，然后逃走了。②

这个故事中的"难提极有可能是在古代斯里兰卡与中国之间从事国际贸易"的竺难提。③ 除了从事海外贸易这一相同点之外，《千篇故事》中的难提用慈爱的力量感化妖魔鬼怪，也与竺难提佛商的身份十分吻合。所以笔者认同周叔迦先生等人的说法：佛商竺难提是斯里兰卡人。另外，中国史籍《魏书》中有这样的记载：

太安初，有师子国胡沙门邪奢遗多、浮陀难提等五人，奉佛像三，到京都。皆云，备历西域诸国，见佛影迹及肉髻，外国诸王相承，咸遣工匠，摹写其容，莫能及难提所造者，去十余步，视之炳然，转近转微。④

这里明确指出师子国浮陀难提等五名僧人带了三尊佛画像来到平城（今天的大同市）朝贡北魏。这里"浮陀难提"（Buddha Nandi）名字中的

---

① （南朝梁）释慧皎：《高僧传》，第 42 页。竺法度，生于南康，南康是楞伽的音译。楞伽是在师子国（今斯里兰卡）的山名。楞伽是宝石名，因此山有楞伽宝石，故以宝名山。

② 转引自查迪玛《斯里兰卡藏中国古代文物研究——兼谈古代中斯贸易关系》，博士学位论文，山东大学，2011 年，第 46 页。

③ 转引自查迪玛《斯里兰卡藏中国古代文物研究——兼谈古代中斯贸易关系》，第 46 页。

④ 《魏书》，中华书局，2017 年，第 276 页。

浮陀，即梵语 Buddha，意思是觉悟者。Buddha 是音译，"在中文里有种种不同的译名：佛陀、浮陀、浮图、浮头、勃陀、勃驮、部多、部陀、毋陀、没驮、佛驮、步他、浮屠、复豆、毋驮、佛图、佛、步陀、物他、醇陀、没陀等等"。① 实际上，"浮陀难提"的含义就是觉悟了的佛教徒难提。北魏太安初（455—459）这个时间也符合竺难提在中国的时间。唐朝靖迈《古今译经图纪》中记载竺难提"以晋恭帝元熙元年（419），岁次己未，爰暨宋世（420—479）"② 翻译了一些佛经。另外，"古代外国人来中国朝贡者，其本身往往就是商人"。③ 基于以上三点原因，笔者认为，作为使者出使北朝的浮陀难提就是佛商竺难提。因此，竺难提是古代斯里兰卡人。

二　竺难提的生卒年及行止

从上节所引的史料和相关的考证中可知，竺难提是斯里兰卡人，是一个佛教居士，是一个佛经翻译者，也是一个从事国际海洋贸易的海船主。依据现有的史料，笔者对其生卒年及行止做一推断。

《古今译经图纪》中记载竺难提"以晋恭帝元熙元年（419），岁次己未，爰暨宋世（420—479）"翻译了一些佛经，说明竺难提最迟于419年开始在中国翻译佛经为汉文。元熙二年（420）译出《大乘方便经》二卷。若此时竺难提为20—30岁，那么他大约生于390—400年。竺难提第

二次到中国是在刘宋元嘉元年（424）九月，通过海运，运送高僧求那跋摩到中国广州。或许竺难提知道宋文帝求请求那跋摩心切，借着"便风"，便把求那跋摩送到了广州。《高僧传·求那跋摩传》记载：

> 时京师名德沙门慧观、慧聪等，远挹风猷，思欲餐禀，以元嘉元年（公元四二四年）九月面启文帝，求迎请跋摩，帝即敕交州刺史，令泛舶延致。观等又遣沙门法长、道冲、道俊等往彼祈请，并致书于跋摩及阇婆王婆多加等，必希顾临宋境，流行道教。跋摩以圣化宜广，不惮游方。先已随商人竺难提舶，欲向一小国，会值便风，遂至广州，故其遗文云："业行风所吹，遂至于宋境。"④

竺难提第三次来到中国是在刘宋元嘉六年（429），他从斯里兰卡运载八位比丘尼来到南京。为了让中国的比丘尼能够如法如律接受戒律，竺难提在元嘉十年（433）再次从斯里兰卡请来了尼师铁萨罗等十一位比丘尼来华，这样，中国比丘尼在受戒方面就合乎佛教的规范了。⑤

竺难提第五次来到中国是在北魏太安（455—460）初，作为使者出使北魏，他带来了自己临摹的三尊佛画像。竺难提的造佛画像水平极高，各国的工匠都到西域摹写佛影迹及肉髻的佛像，但

---

① 《季羡林文集》第 7 卷，江西教育出版社，1998 年，第 1 页。
② （唐）释靖迈：《古今译经图纪》，《大正藏》第 55 册，第 357 页。
③ 吴廷璆、郑彭年：《佛教海上传入中国之研究》，《历史研究》1995 年第 2 期，第 21 页。
④ （南朝梁）释慧皎：《高僧传》，第 107 页。
⑤ （南朝梁）释宝唱著，王孺童校注：《比丘尼传校注》，第 88 页。

都不及竺难提临摹的佛像好。竺难提所画的佛像远去十余步看形象逼真，越近反而越不清楚。[1]这是史料中最后提及竺难提的事迹，又竺难提译经时间"爰暨宋世"，据此，笔者推断竺难提卒于455—479年。

《古今译经图纪》称竺难提"志道无倦，履远能安。解悟幽旨，言通晋俗"。这是中国古籍对竺难提极高的评价。斯里兰卡古籍《千篇故事》称竺难提能用"慈爱"感化异类。

三　竺难提的商船航海路线

佛教作为一种文化，其传播活动伊始就与商贸结下了不解之缘。竺难提作为一位信奉佛法的外国商舶舶主，其弘扬佛法与海上丝绸之路的关系显得尤为密切。竺难提的海船往返于中国与斯里兰卡之间，这条航线也就是"南海道"。南海道，又称"南海航线"。据《汉书·地理志》，西汉时就有此一航线。这条航线为：从广东徐闻县、广西合浦县出发，经南海进入马来半岛、暹罗湾、孟加拉湾，到达印度半岛南部的黄支国和已程不国（就是今天的斯里兰卡）。[2]据《高僧传·求那跋摩传》：元嘉元年（424）九月，宋文帝下令交州刺史"泛舶延致"在阇婆国传教的求那跋摩。阇婆国位于今天的印度尼西亚爪哇岛或苏门答腊岛。元嘉四年（427）之后，中国僧人智严"更泛海，重到天竺"。[3]元嘉十九年（442），印度高僧僧伽

跋摩，"随西域商人舶还外国"。[4]竺难提从中国多次返回斯里兰卡，也是经由南海道航线航行的。

上文所述是从中国港口出发，到达国外的南海道航线。通过"南海道"航线来到或者返回中国，是"南海道"航线的返程航线。经过"南海道"来中国传法的外国僧人，见诸文献的第一人是东吴孙亮五凤二年（255）入华的支强梁接，其"泛海至交州"。[5]罽宾僧人昙摩耶舍于东晋"隆安（397—401）中，初达广州"。[6]东晋义熙（405—418）初，师子国（今斯里兰卡）沙门昙摩抑送来一尊高"四尺二寸玉像"。这尊佛像"在道十余年，至义熙中乃达晋"，[7]其运输之艰难可见一斑。这尊巨大佛像，应该是通过海运到达东晋首都南京的。我国著名僧人法显于东晋义熙五年（409）十二月，乘一艘商船从印度返国，沿印度东海岸南行，航行十四天抵达师子国（今斯里兰卡）。法显在斯里兰卡住了两年，于义熙七年（411）秋天乘另一条商舶自斯里兰卡启程。启程之初，"得好信风"，船顺利东行。船启行后两天便遇风暴。法显航行九十天后才到达耶婆提。法显所称的耶婆提，根据日人足立喜六的考察，便是后来义净《大唐西域求法高僧传》中的室利佛逝国，它的地理位置是在爪哇的中部以东，或者是苏马达（苏门答腊）岛的东南部。法显在耶婆提停留了五个月等候季风。义熙八年（412）春，法显再一次搭乘一艘可载200人的商船，携五十

①　《魏书》卷114《释老志》，中华书局，1974年，第3036页。
②　（汉）班固：《汉书》卷28《地理志》，中华书局，1962年，第1671页。
③　（南朝梁）释慧皎：《高僧传》，第100页。
④　（南朝梁）释慧皎：《高僧传》，第119页。
⑤　（隋）费长房：《历代三宝纪》卷5，《大正藏》第49册，第56页。当时交州治在番禺，即今广州市，直到264年复置交、广二州。
⑥　（南朝梁）释慧皎：《高僧传》，第42页。
⑦　（南朝梁）释慧皎：《高僧传》，第481页。

天的粮食朝广州开航。因途中再一次遭遇风暴，海船错过广州，最后在九月到达青州（今山东）海岸。法显回国之后，竺难提有五次沿南海道到中国的航海经历。其中在刘宋元嘉元年（124）九月，搭载罽宾国高僧求那跋摩从阇婆国的劫波利村到广州。法显从斯里兰卡回中国，也是经由此处停靠。可见，印度尼西亚爪哇岛或苏门答腊岛是古代海上丝路的重要节点。中国僧人昙无竭在刘宋永初元年（420），通过陆上丝绸之路，历经千难万阻，经西域，过罽宾，最后到达南天竺。回来时，他选择了海上丝绸之路返回，从南天竺"随舶泛海达广州"。[①]返程时间缩短，也更为便捷了。印度高僧求那跋陀罗从斯里兰卡"随舶泛海"，在刘宋"元嘉十二年（435）至广州"。从以上史料可以推断，到南朝刘宋时期，从印度南部港口出发，经过斯里兰卡，再经由印度尼西亚的苏门答腊岛或者爪哇岛，最后到达中国的这条海上丝绸之路航线，在当时很繁荣，也很成熟。竺难提多次从斯里兰卡到中国，走的就是这条航线。与南海道航线中到国外的航线相比，到中国的航线更加热闹和繁荣。

四　竺难提的译经活动

佛商竺难提"言通晋俗"，也是一位译经师。从晋恭帝元熙元年（419）己未到刘宋时期翻译出三部佛经，一共四卷。《历代三宝纪》记载：

（1）《大乘方便经》二卷，元熙二年（420）译，是第三出，与法护僧伽陀译小异，与《慧上菩萨所问经》同本别译，见《始兴录》；

（2）《请观世音消伏毒害陀罗尼经》一卷，第二出，见《法上录》；

（3）《威革长者六向拜经》一卷，晋宋间于广州译。[②]

竺难提的《大乘方便经》二卷，在唐代被菩提流志收入《大宝积经》，是为《大乘方便会》卷106—108，实则两经是同一经，只是分卷不同。此经今存。《请观世音消伏毒害陀罗尼经》一卷，是一部篇幅较小的观音法门经。今存。竺难提译《威革长者六向拜经》一卷，有的佛经目录"威革"作"威华"，今阙。《历代三宝纪》记载：

> 《善生子经》一卷，第三出。与竺法护、竺难提、尸迦罗越《六向拜经》大同小异，见《支敏度》及《竺道祖录》。

这说明，竺难提译《威革长者六向拜经》虽然今天不见，但是通过今存的《善生子经》仍可窥见其内容。

选择以上三部佛经进行翻译与竺难提佛教商人居士的身份有着极为密切的关系。《善生子经》的主要内容是讲述佛陀在王舍城郊外与善生童子说法，论及佛教在家修行者如何修身的伦理规范，以及礼拜上下四维六方的仪式在宗教和伦理方面的意义。这部佛经的内容与竺难提的居士身份相契合。《大乘方便会》劝诫凡夫俗子，尤其是女性要"离欲及贪爱"，不然，则"由爱欲故

---

① （南朝梁）释慧皎：《高僧传》，第94页。

② （隋）费长房：《历代三宝纪》，《大正藏》第49册，第72页。

堕于地狱"。① 这部译经或许是竺难提有意给汉地商人们的妻子看的。因为在斯里兰卡古籍《千篇故事》里，竺难提常年在外经商，他的妻子独守空闺。《请观世音消伏毒害陀罗尼经》叙述观世音菩萨为救护众生而说十方诸佛救护众生神咒，谓持此咒可免一切疫病，得安乐。这部译经为航海商人提供了心理保障。古代远洋航行，常常有暴风骤雨等恶劣天气以及淡水枯竭等问题，遇到危险，持念观世音的佛号，可以祛除灾难。《高僧传·法显传》和《高僧传·求那跋陀罗传》中记载航海遇险，只要一心念观世音佛号，就能化险为夷。

《高僧传·法显传》载：

> 既而附商人大舶，循海而还。舶有二百许人，值暴风水入，众皆惶悚，即取杂物弃之。显恐弃其经像，唯一心念观世音，及归命汉土众僧，舶任风而去，得无伤坏。②

《高僧传·求那跋陀罗传》载：

> 乃随舶泛海，中途风止，淡水复竭，举舶忧惶。跋陀曰："可同心并力念十方佛，称观世音，何往不感！"乃密诵咒经，恳到礼忏。俄而，信风暴至，密云降雨，一舶蒙济。③

结　语

斯里兰卡竺难提是中国古代晋宋之际的佛商。他笃信佛教，为了佛教的传播，翻译佛教经典；他不辞劳苦来往于中国和斯里兰卡之间，他是中斯之间友好往来的使者。作为一个海船主大商人，他与僧人结伴而行，运载僧人从一个国家到另一个国家传播佛教。自释迦牟尼起，佛教就和商人关系密切，商人与佛教徒之间互相依赖，互相支援。从这个角度看，竺难提又是佛教与商人关系的一个有力例证。

---

① （东晋）竺难提译：《大宝积经·大乘方便会》，《大正藏》第 11 册，第 596 页。
② （南朝梁）释慧皎：《高僧传》，第 89 页。
③ （南朝梁）释慧皎：《高僧传》，第 131 页。

景教"十字莲花"图案再讨论

乔 飞

（西安经开第七小学）

"十字莲花"即指十字架以莲花为承托的组合图案，是中国景教的标志性符号。关于景教"十字莲花"图案的形成原因学者之间一直存在争议，主要围绕有无受到佛教影响展开讨论。其一，佛教影响说。以学者克林凯特（H.J. Klimkeit）、牛汝极和姚崇新为代表。克林凯特认为"十字架在莲花座之上的构图是基督教和佛教甚至道教艺术形式的结合"。[①] 牛汝极也赞同这一观点，在其著作中写道："十字架和莲花的结合象征着西方基督教与中国佛教文化交融的状况。"[②] 而姚崇新则从莲花的功能性出发，由于帕米尔以西的地区为十字架设座并不普遍，所以认为"十字莲花"的形成是受到佛教造像中为"尊者设座"和"圣物设座"的观念影响，进而以佛教造像中最为流行的莲花座为十字架设座。[③] 其二，无佛教影响说。以学者陈剑光、穆宏燕为代表。陈剑光并不赞同上述观点，认为"莲花属于波斯—雅利安的传统记号"。[④] 穆宏燕在此观点的基础上进行了补充，认为"莲花座托十字架对于景教而言，是西亚地区自身的宗教文化传统使然，并非是受佛教影响所致"，[⑤] 并提出以下论据：首先，莲花并非佛教专属，在其他来自西亚的宗教（祆教、犹太教、摩尼教、伊斯兰教）中同样有莲花；其次，莲花是西亚圣花，"西亚地区对莲花的崇拜最早可以溯源至古埃及"；再次，"西亚文化语境中的克里侬花和苏珊花即是莲花"；[⑥] 最后，举例了一些亚美尼亚宗教建筑中的墓碑，认为其中的莲花造型与中国景教中的"十字莲花"有较大程度的相似性。将这场针对景教"十字莲花"图案形成有无受到佛教影响的讨论，转向了莲花崇拜的溯源讨论。

① 〔德〕克林凯特：《丝绸之路上的基督教艺术》，《十字莲花——中国元代叙利亚文景教碑铭文献研究》，上海古籍出版社，2008年，第223页。
② 牛汝极：《十字莲花——中国元代叙利亚文景教碑铭文献研究》，第106页。
③ 姚崇新：《十字莲花——唐元景教艺术中的佛教因素》，《敦煌吐鲁番研究》2017年第17卷，第240—241页。
④ 陈剑光：《中国亚述教会的莲花与万字符：佛教传统抑或雅利安遗产？》，李圆圆译，王志成审校，《浙江大学学报》2010年第4期，第25页。
⑤ 穆宏燕：《景教"十字莲花"图案再认识》，《世界宗教文化》2019年第6期，第57页。
⑥ 穆宏燕：《景教"十字莲花"图案再认识》，第52页。

一 景教中的莲花与古埃及的"莲花"崇拜是否同一种植物

莲花（Nelumbo）和睡莲（Nymphaea）不是同一种植物，但在关于景教"十字莲花"图案形成原因的讨论中，莲花和睡莲这两种植物的概念似乎是混淆不清的。大部分学者认为景教"十字莲花"的形成是受到佛教影响，而持反对意见的学者穆宏燕认为景教"十字莲花"图案的形成是受到西亚文化的影响，进而追溯到最早进行"莲花"崇拜的古埃及。笔者重新研究国内景教石刻中的莲花图案，并将其与穆宏燕所举例的古埃及、西亚等地的"莲花"进行对比，产生了一些疑问。《景教"十字莲花"图案再认识》一文中提到："西亚地区对莲花的崇拜最早可以溯源至古埃及。"但这篇文章所举例的古埃及"莲花"都是睡莲（图1），并非莲花。

a

b

c

d

e

图 1　古埃及"莲花"（采自穆宏燕《景教"十字莲花"图案再认识》，http://www.yunzhan365.com/98802535.html）

为了更好地理解莲花与睡莲之间的区别，首先要明确两者之间各方面的概念。

（一）牛物分类不同

莲花（图2、4）与睡莲（图3、5）并非同一种植物，二者的形态特征有较大差异（表1）。莲花与睡莲虽然亲缘关系较远，但生长环境相似，进而导致了趋同进化，所以在外形上有相似之处。传统的植物学分类中，曾将莲花归类于睡莲科（Nymphaeaceae），但近些年来的许多研究表明："莲科与睡莲科在形态、细胞、孢粉等方面差异很大，因而建立莲科，置于睡莲目（Nymphaeales）、毛茛目（Ranunculales）或莲目（Nelumbonales）中。分子系统学研究发现，睡莲科为被子植物的基部类群之一，而莲科则是真双

子叶植物的基部类群之一，与山龙眼科和悬铃木科有密切关系。"这才为莲花独立门户，设置莲科（Nelumbonaceae）。依据 2009 年 APG III 分类法（被子植物系统发育研究组）：莲花是真双子叶植物—山龙眼目—莲科—莲属植物，莲属仅有两种：一种是产于亚洲及大洋洲的莲花（Nelumbo nucifera），另一种是产于美洲的黄莲（Nelumbo lutea），并不是古埃及。睡莲则是被子植物基部群—睡莲目—睡莲科—睡莲属植物，全世界有60 余种。按照睡莲的生态类型（是否耐寒），分为耐寒睡莲和热带睡莲。尼罗河三角洲和北部沿海地区属亚热带地中海型气候，更适宜热带睡莲生长，所以尼罗河畔主要生长的是埃及蓝睡莲（Nymphaea caerulea）和埃及白睡莲（Nymphaea lotus）。

图 2　莲（采自中国科学院中国植物志编辑委员会编《中国植物志》第 27 卷，科学出版社，1979 年，第 4 页）

图 3　睡莲（采自《中国植物志》第 27 卷，第 9 页）

图4 自然界中的莲花（Nelumbo nucifera）（采自中国植物图像库，http://ppbc.iplant.cn/tu/2087000）

图5 自然界中的睡莲（Nymphaea nouchali）（采自中国植物图像库，http://ppbc.iplant.cn/tu/3140174）

表1 莲和睡莲的植物形态特征对比

名称	莲	睡莲
分类	山龙眼目莲科莲属	睡莲目睡莲科睡莲属
生长习性	日舒夜敛	晓起朝日，夜低入水
原产地	亚热带和温带地区	温带、热带地区
形态	挺水植物	浮水植物，部分热带睡莲为挺水植物
花	花朵尺寸：直径10—20厘米； 花瓣颜色：红色、粉红色、白色、黄色； 花瓣形状：矩圆状椭圆形至倒卵形，由外向内渐小	花朵尺寸：长5—12厘米、宽3.5—9厘米； 花冠相比连花要小一些（大王莲除外）； 花瓣颜色：蓝色、白色、红色； 花瓣尺寸：宽披针形，长圆形或倒卵形
叶	叶圆形、盾状、无缺口，表面有绒毛； 叶伸出水面，径25—90厘米； 叶柄长1—2米，中空，常具刺	叶片为椭圆形，有V字形缺口，表面光滑油亮； 叶漂浮，长5—12厘米，宽3.5—9厘米； 叶柄长达60厘米
果	（莲蓬）倒锥形，内有蜂窝状孔洞； 直径5—10厘米，有小孔20—30个，每孔内含小坚果1枚	球形海绵质浆果，直径2—2.5厘米，内有睡莲的种子
种子	卵形或椭圆形； 长1.2—1.7厘米； 种皮红色或白色	椭圆形； 长2—3毫米； 种皮黑色
茎	肥厚的地下茎为藕，横生地下，节长。 直径6—10厘米，长1.3米—1.5米或更长	根茎短粗，类型多

资料来源：据植物科学数据中心网站资料整理。

中国景教石刻中的"十字莲花"图案，采用的才是莲花。比如洛阳大秦景教经幢（图6）和内蒙古元代"十字莲花"墓石（图7）上的莲花图案，其上的莲花花瓣宽厚，上尖下圆。大秦

景教经幢上的莲花花心是一个圆圈，而不是花蕊，像是在强调莲蓬的位置。如果说这些只是与莲花的特征有相似之处的话，那么在河北张北县石柱子梁发现的"十字莲花"石刻（图8）则是

直接印证了这一点。其花心刻有莲蓬，莲蓬上凸起的圆点是莲子的位置。而图1中的古埃及"莲花"，花型小可手持，且花瓣比莲花花瓣更为狭长，花心为花蕊，是睡莲的特征，与景教石刻中的莲花并不一致。所以景教"十字莲花"图案采用的才是莲花，而图1中所举例的古埃及"莲花"都是睡莲。

图6 大秦景教经幢上的"十字莲花"（笔者摄于洛阳博物馆）

图7 内蒙古"十字莲花"墓石（左），线稿（右）（左图为笔者摄于包头博物馆，右图为笔者自绘）

图 8　河北张北县石柱子梁的"十字莲花"石刻（采自 Tjalling H.F. Halbertsma, *Early Christian Remains of Inner Mongolia: Discovery, Reconstruction and Appropriation*, Leiden:Brill.2008.p.317 ）

（二）传入时间不同

　　蓝、白睡莲早在 2000 多年前就已经被古埃及人栽培，而印度莲花（Nelumbium speciosum）则是在公元前 525 至公元前 332 年的波斯时期才被引入埃及。也是在这个时期，希罗多德（Herodotus）在其著作《历史》（大约在公元前 430 年）一书中，首次将莲花在埃及记录下来。在此之前，莲花在古埃及的墓葬或纪念碑上都没有出现过。[①]古埃及在前王朝时期，曾以孟斐斯（Memphis）为界在尼罗河上下游成立两个各自独立的政权。上游南方地区为上埃及（Upper Egypt），下游北方地区为下埃及（Lower Egypt）。底比斯（Thebes）的古名是 Wase 或 Wo'se（权杖），曾是古埃及全盛时期的首都。早先是上埃及的第四个省，后来成了中王国（约公元前 2000—前 1780）和新王国（公元前 1567—前 1085）时期的都城，横跨尼罗河两岸，人们在此发现了大量睡莲装饰的图案。在底比斯第十八王朝（约公元前 1575 年—约前 1308）时期发现了被当作贡品的睡莲（图 9）；在第二十王朝（公元前 1200—前 1085）时期的墓地中，对睡莲的花、叶有了更为清晰简洁的描绘（图 10）。甚至早在古埃及第六王朝（公元前 2345—前 2181），在精英官员库那（Khunes[②]）的墓室壁画《摆渡比赛中的船工》（图 11）中，船下也绘有花叶交错的睡莲。以上所举例的睡莲图案，呈现共同的特征——花型小、花瓣狭长，叶片呈卵形，有 V 形缺口，很明显是睡莲的特征。所以

① 　Julian Rzóska, *The Nile, Biology of an Ancient River,* Netherlands:Springer, 1976, p.52.
② 　Deborah Vischak, *Community and Identity in Ancient Egypt: The Old Kingdom Cemetery at Qubbet el-Hawa*, New York:Cambridge University Press,2014, p.86.

图 9　被当作贡品的睡莲（采自 E. Prisse D'Avennes,
Atlas of Egyptian Art, The American University in Cairo
Press, 2000, p.137）

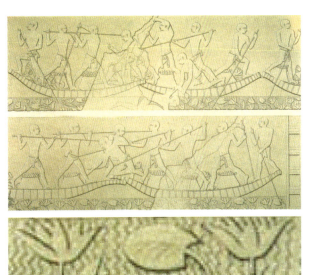

图 11　摆渡比赛中的船工（上），局部（下）（采自
E.Prisse D'Avennes, *Atlas of Egyptian Art*, p.76）

图 10　轿子（上），局部（下）（采自 E.Prisse D'Avennes,
Atlas of Egyptian Art, p.152）

从传入时间和上述图像资料来看，古埃及崇尚的
是睡莲而不是莲花，而莲花在我国有着悠久的种
植历史，在新石器时代的遗址中就出土过炭化的
莲子。

（三）植物名称不同

在我国古籍中，莲花与睡莲的名称并不相
同。莲，在《说文解字》中的解释是："莲，芙
蕖之实也。从艹连声。"[1] "注曰：陈风有蒲与
蕑。郑云：蕑当作莲。莲，夫渠实也。郑意欲
合三章为一物耳。本艹经谓之藕实，一名水芝
丹。笺曰：郭云：莲谓房也。按，莲之言连，其
房如蜂窠相连属也。因谓其实曰莲实，省言之
但曰莲。"[2] 由此可见，"莲"最初是指这种花的
果实。在《中国植物志》中，荷花的专有名称
是莲（Nelumbo nucifera），注意只有"莲"一个

---

① 王平、李建廷：《〈说文解字〉标点整理本》，上海书店出版社，2016 年，第 17 页。
② （清）段玉裁注，（清）徐灏笺：《说文解字注笺》卷 1，《续修四库全书》第 225 册，上海古籍出版社，2002 年，第 188 页。

字。莲、荷二字是相通的,荷花是莲花,而莲花是莲属植物的统称。睡莲,异名睡莲菜、子午莲、茈碧花。较早记载于唐代段成式的《酉阳杂俎》:"南海有睡莲,夜则花低入水。"[①]同时期的《北户录》也有提及:"睡莲,叶如荇而大,沉于水,面上有异浮根菱耳。其花,布叶数重,不房而蕊,凡五种色。当夏昼开,夜缩入水底,昼复出也。"[②]同样可以说明莲花与睡莲指的是两种不同的植物。

英文名称的共用也是造成二者混淆的原因之一,使得莲花同时具有了两者的含义。"莲花"在英文文献中通常写为 lotus,"睡莲"则写为 lotus 或 water-lily。在《不列颠百科全书》中,lotus 是几种不同植物的统称,例如有南欧的枣树(Ziziphus lotus)、埃及尼罗河蓝睡莲(Nymphaea caerulea)和白睡莲(Nymphaea lotus)、印度的神圣莲花(Nelumbo nucifera)、美洲黄莲(Nelumbo pentapetala)、南欧朴(Celtis australis)、鸟足三叶草(Lotus corniculatus)。希腊人的 lotus 是沙棘科(鼠李科)的枣莲(Ziziphus lotus),原产于欧洲南部的丛生灌木。它的果实硕大,含有粉状物质,可用于制作面包和发酵饮料。[③]而 water-lily 则明确标注了是睡莲科植物。在一些外文文献中会出现以"lotus"指代睡莲的情况,指代对象不清晰且未做明确的注解,容易误导研究者将原本可能是睡莲的含义笼统翻译为莲花,进而影响其对图像的判断。

二 景教"十字莲花"与古埃及"十字睡莲"

十字架与花的结合并非只出现在中国,还出现在过古埃及。基督教早期十字架原型主要有两种:卐(Gammadion Cross)和☥(ankh)。卐是早期基督教坟墓中十字架的隐蔽符号,它由四个希腊字母伽马(gamma,Γ)组成。Γ 是希腊字母表中的第三个字母,而"三"对应着基督教中"三位一体"的概念。另一种十字符号安卡"☥"(图 12),是拉丁十字架的早期形式。"基督教的十字架崇拜来自古巴比伦与古埃及的异端。"[④]基督教早期禁止偶像崇拜,既不使用基督受难像也不使用十字架,但因生活在一个希腊-罗马文化占主导地位的环境中,早期基督徒依据自身的条件频繁借用希腊或罗马异教徒的图案。基督徒借鉴异教徒艺术的一个例子就是使用安卡。"在古代埃及,住在尼罗河河岸的人们用十字标记尼罗河洪水的高度,并据此预测旱灾和

图 12 安卡(采自 https://www.seiyaku.com/customs/crosses/ankh.html)

---

① (唐)段成式撰,许逸民校笺:《酉阳杂俎校笺·前集》卷 19,中华书局,2015 年,第 1405 页。
② (唐)段成式撰,许逸民校笺:《酉阳杂俎校笺·前集》卷 19,第 1405 页。
③ 大英百科全书,"lotus"条,https://www.britannica.com/plant/lotus-plant-common-name。
④ 贾君卿:《作为文化符号的"十字架"及其入华之始的特征探析》,硕士学位论文,上海师范大学,2010 年,第 14 页。

粮食的收成。如果河水高度在某一季节未能达到一定的十字标记的高度，人们便认为那一年农作物无法有所收成，因此十字符号在古埃及成了丰收和生命的象征，为人所崇拜。"[1] 所以在一些古埃及壁画中，人们会将象征生命的安卡举到鼻子前，以期望获得生命的气息。安卡也是古埃及的象形文字之一，其中的希腊字母 T（Tau）来自腓尼基字母"taw"，写作"X"。像字母文字中的希伯来字母、阿拉伯字母、希腊字母、拉丁字母都可追溯到腓尼基字母。在基督的时代，希伯来字母 Taw 也可以用符号✗和✚来表示，[2] 意为记号（mark）。古希腊人认为 T（Tau）象征着生命和复活，与之相对的字母 Θ（Theta）被认为是死亡的象征。早期基督徒所使用的科普特十字架就是由"✗"、"✚"和"Θ"组合而形成的。早期基督徒在埃及塞拉皮斯神庙（Serapeum）的废墟中发现了刻有这种象形文字的石头，形状像一个十字架，上面有一个环替代它的上部，也就是安卡，并把它当作基督救赎受难的符号。后来一些曾经可能信仰过塞拉皮斯神（Sarapis）的异教徒皈依了基督教，并解释道：安卡意味着"未来的生命"。基督徒认为这有利于他们的宗教，于是将古埃及的安卡吸纳到基督教的象征体系之中。[3]

决定一种植物能否进入装饰艺术的关键性因素不在于其美观性，而在于其内部意义，只有当内部存在意义，该植物才能被引入装饰艺术并且固定下来成为某种意义较为固着的纹样。[4] 在古

埃及的创世故事中，每一个原始元素都与一个造物主有关。水是原始海洋的象征，漂浮的睡莲就是它的子宫，宇宙被创造于此。古埃及的太阳神 Ra（图 13）被描绘成一个孩子斜倚在睡莲上（或他的头从睡莲中冒出来），开始了他每天穿越天空的旅程。在文明的初期，人们所需的一切都直接依赖于自然的供给。一切生命的源头太阳神给宇宙带来了光明，万物的创造都随光而来。每当尼罗河水泛滥形成湖泊与沼泽，便是睡莲盛开的时候。古埃及人将睡莲做成食物、香料、药物、饰品以及祭品，所以睡莲又成为水、植被、肥沃的代名词，滋养着尼罗河两岸的人民。图 14 出自第十九王朝（公元前 1295—前 1189）的底比斯墓地，图中有两个女人拿着睡莲、葡萄和无花果等祭品，准备献给墓主人。她们以睡莲花蕾和花环为头饰，就连脖子上的装饰也是睡莲样式

图 13　古埃及太阳神（采自穆宏燕《景教"十字莲花"图案再认识》，http://www.yunzhan365.com/98802535.html）

---

① 贾君卿：《作为文化符号的"十字架"及其入华之始的特征探析》，第 12 页。
② Jean danielou, *Primitive Christian Symbols*, London:Helicon Press,1965, p.141.
③ David Frankfurter, *Christianizing Egypt: Syncretism and Local Worlds in Late Antiquity*, Princeton University Press, 2017.
④ David Frankfurter, *Christianizing Egypt: Syncretism and Local Worlds in Late Antiquity*, pp.158-159.

的。尼罗河两岸的睡莲是古埃及人精神与物质生活中不可或缺的一部分，在其宗教、艺术和文化中发挥着重要的作用。古埃及人围绕着睡莲展开了浪漫的想象。以蓝色的天空为背景，蓝睡莲的中心是阳光黄的花蕊，好像太阳，所以在古埃及神话中，睡莲是太阳崇拜的象征物。"晓起朝日，夜低入水"的生长习性，代表着日出日落，进而将其引申为重生，成为象征重生的花。对永恒生命的渴望，也使得安卡与睡莲经常以各种组合或形式出现在古埃及人的陵墓中。古埃及壁画中，通常将死者描绘成手持一件物品，通常是布条、睡莲的茎、权杖或安卡，这些并不是单纯的物品，而是象征死者所获得的神圣地位，并强调他作为 akh[①] 所拥有的权力。睡莲表示重生的能力和死者与太阳神的关系，安卡则象征着永恒的生命。图 15 是一块 Panakht 石碑，描绘了一位神化的祖先坐在供桌前，左手举起睡莲嗅闻，右手拿着安卡，接受后人的供奉。图 16 出自古埃及新王国第十九王朝拉美西姆（Ramesseum）遗址后面的坟墓，睡莲花束组合成一根安卡形手杖。新王国时期流行着一些具有装饰意味的勺子（图17），同样也是"安卡睡莲"形式的，它们可能是某种化妆用具，也可能与宗教仪式相关。中国景教将十字架与莲花上下组合，组成其特有的标志性符号"十字莲花"。在古埃及，则是将安卡十字架的"T"部分替换为睡莲，可能是由于 T（Tau）与睡莲都有复活的含义，进而使睡莲融入安卡十字架，形成新的图案"十字睡莲"或"安卡睡莲"。

图 14　花卉和水果的献礼（采自 E.Prisse D'Avennes, *Atlas of Egyptian Art*，p.131）

图 15　帕哈斯石碑（Stela of Panakht）（采自 Nicola Harrington, *Living with the Dead: Ancestor Worship and Mortuary Ritual in Ancient Egypt*, Oxford: Oxbow Books, 2012, p.9）

---

①　阿赫（akh），在埃及宗教中是死者的灵魂的意思，与卡（ka）和巴（ba）同为灵魂的一个主要方面。阿赫能够使灵魂暂时化身为它所希望的任何形式，以便重返人间或享受自己的生命，从而使死者的灵魂成为来世的有效实体。

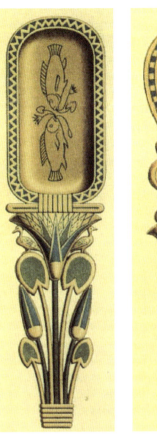

图 16　安卡形手杖（采自 E.Prisse D'Avennes，*Atlas of Egyptian Art*，p.132）

图 17　安卡形勺子（采自 E.Prisse D'Avennes，*Atlas of Egyptian Art*，p.157）

三　景教"十字莲花"与亚美尼亚十字石

景教"十字莲花"与亚美尼亚的十字石（Khachkar[①]）之间的相似性，也是"十字莲花"图案形成的争论点之一。在《景教"十字莲花"图案再认识》一文中，穆宏燕也举例了一些亚美尼亚教堂和修道院中的十字石，并称其为景教"十字莲花"，分为"十字架＋莲花"（图 18a）、"十字架＋正平面莲花"（图 18b）和"十字架＋莲花座＋亦花亦叶亦火的双翼"（图 18c）三种形式，由此认为"十字架＋莲花"的组合形式并非中国

境内独有。初看这些图像的确与中国境内的"十字莲花"碑有相似之处，但不足以证明这些就是"十字＋莲花"的组合。图 18a 中的十字架下方和左、右上角的花形装饰，分别是墓身底部的四周和柱头装饰的一部分，并没有与十字架组合成为一个独立的图案。图 18b 中，十字架下面的圆形图案并不是其文中所说的正平面莲花，这一点在后文会进一步解释。

亚美尼亚的十字石起源可追溯至前基督教时期，它具有多种功能，如纪念、奉献、葬礼、装饰、还愿、地标。在中世纪时开始被用作墓碑，

---

① Khachkar（Khachk'ar；Khachkars）译为十字石，由亚美尼亚人的词根 Khach（cross）和 Kar（stone）组成。

a   b   c

图 18　亚美尼亚石刻（采自穆宏燕《景教"十字莲花"图案再认识》，http://www.yunzhan365.com/98802535.html，图版 33、34、36）

人们将逝者的名字刻在十字石上，并为拯救他们的灵魂而祈祷。亚美尼亚最大的十字石群在诺拉杜兹公墓（Noraduz cemetery），这是一处中世纪墓地，两块雕刻精美的十字石（图 19、图 20）就被发现于此。图 19 的矩形石板中间是一个以叶片为承托的亚美尼亚十字架（Armenian Cross），下面是两个小十字架，整体被一个带有两串葡萄的三叶拱框起来，墓碑的上部是双半的棕榈叶纹样。图 20 是一个来自塞凡湖（Lake Sevan）西岸的十字石，可追溯至 991 年，高达 160 厘米，也是"十字＋叶片"的组合形式，十字架下方还多了一个稍大的圆形图案，有一根短茎将二者连接起来。这个玫瑰花结（rosette），意指从中长出茎的肥沃种子。在基督教文化中，玫瑰花是从带有基督受难流下的鲜血的泥土中长出来的，有复活与重生之意。所以当这颗肥沃的种子落在地里又孕育出新的生命，就代表着基督教信仰的胜利。[1] 茎上长出的十字架四臂末端有芽，象征着生命之树。四周的叶片末端呈卷须状，以更小的玫瑰花

结为终点，指向中心的十字架，引导着观众的眼睛反复回到"圣洁的基督承载者：十字架本身"。[2] 总的来说，十字石的构图组成大致为：以亚美尼亚十字架为中心，十字架下臂末端的中心或两角生出左右两个叶片作为承托，可能是双叶的，也可能是多叶的（图 21）；十字架下方有一个圆形的玫瑰花结或太阳盘（solar disc），二者以一根短茎相连，或是放在梯形的三级台基上，象征各各他（Golgotha），以强调耶稣受难；十字架四周装饰着繁密的纹样，象征蜿蜒交错的枝条，形成一个拱形框住十字架，并从四面八方延伸结出葡萄、石榴、松果等果实。

最为相似的是哈格帕特修道院中的十字石（图 18c），尤其是在构图上与福建泉州地区的"十字莲花"碑（图 22、图 23）有异曲同工之妙。两种石碑形状都是扁平的长方体，均作为墓碑使用；中心的十字架均有承托且被置于一个拱形之中；拱形之外是一圈规律的装饰纹样。但是亚美尼亚十字石的雕刻工艺更加精细，图案也更为繁

---

[1]　Ken Parry, *The Blackwell Companion to Eastern Christianity,* Blackwell: Blackwell Publishing, 2007, p.397.

[2]　Christina Maranci, *The Art of Armenia an Introduction*, Oxford: Oxford University Press, 2018, p.79.

图 19　诺拉杜兹公墓的十字石（采自 Ken Parry，*The Blackwell Companion to Eastern Christianity*，Plate 19.5）

图 20　刻字的十字石（采自 Christina Maranci, *The Art of Armenia:An Introduction*,Oxford: Oxford University Press, 2018, p.80, Fig 3.15.）

图 21　查加茨卡尔修道院（Tsaghats Kar Monastery）中的十字石

图 22　凯珊·居延女儿云之墓志碑［采自吴文良原著，吴幼雄增订《泉州宗教石刻》（增订本），科学出版社，2005 年，第 408 页］

图 23　元基督教八思巴文石墓碑（笔者摄于泉州海外交通史博物馆）

复。中国现存的带有"十字莲花"图案的石刻数量多且形制不一，与亚美尼亚十字石构图相似的石碑多出现在元代泉州地区东方教会基督徒的墓碑中。13 世纪，欧洲十字军东征的同时适逢蒙古大军西征，其鼎盛时期统治着从东亚到中亚、西亚、东欧的庞大帝国。美索不达米亚的东叙利亚基督徒在蒙古人的统治下生活了约 40 年。亚美尼亚人也与蒙古人建立了良好的关系。在 1230 年，亚美尼亚（在与格鲁吉亚王国联合期间）和亚美尼亚奇里乞亚王国成为蒙古帝国的附庸国，这种关系直到 1335 年前后才消失。[①] 蒙古帝国版图的扩张使其得以控制整条丝绸之路，使得道路安全、骚乱止息，在为东西方贸易带来便利的同时，也让东方教会与中亚传教区之间的联系更加容易。元朝的统治者延续宋朝的政策，在泉州设立市舶司，泉州成为元朝海外贸易的发端。自海路远道而来的基督徒们汇聚于此，泉州因此成为元代基督教在东方的传教中心之一，并且曾经还有寓居泉州的亚美尼亚贵妇在当地捐赠教堂的事迹。所以，也许元代泉州地区的景教艺术的确受到过亚美尼亚文化的影响，但亚美尼亚十字石是"十字 + 叶片"的组合，并非"十字 + 莲花"。

四 景教"十字莲花"与圣托马斯基督教十字架

除中国境内，在南印度的圣托马斯基督教十字架中也发现了"十字 + 莲花"的组合。在中国和印度都有使徒圣多马（St. Thomas）来传道的传说。圣多马先于公元 52 年到达印度的喀拉拉邦（Kerala）海岸，后又经海路来到中国的汗八里（北京）。除传说之外，更应考虑经济、政治以及文化原因，尤其是经济原因。景教徒又被称作商人传教士。他们通常会将传道与经商相结合，在热衷分享信仰的同时靠做生意养活自己，往来于各个贸易路线之间，所以景教徒的社区通常位于贸易路线的交会点或有相当数量的贸易成员的地区。喀拉拉邦曾是萨珊波斯基督教商人重要的商业目的地，[②] 也是印度所有邦中基督徒人口最多的地方。[③] 长期以来一直是东方基督教社区的所在地，他们被称为圣托马斯基督徒。圣托马斯基督教教派（Saint Thomas Christian Denominations）也被称为"Nasrani"（是一叙利亚术语），多数采用东叙利亚礼，其起源可追溯至 1 世纪使徒多马（Thomas the Apostle）的传福音活动，[④] 使用的是圣托马斯基督教十字架（Saint Thomas Christian Cross），也被称为圣托马斯十字架（Mar Thoma Sleeva）、巨型露天独立式岩石十字架（Nasrani Sthambam）、波斯十字架（Persian Cross）。

印度钦奈（Chennai）圣托马斯山（St Thomas Mount）上的圣母期望教堂（Church of Our Lady of Expectations）壁龛中存放的十字架（图 24），是较为典型的一种圣托马斯十字架。圣托马斯山是使徒多马被袭击者用弓箭射死的地方，临终前他手里握着一个石十字架，上面还流着血。葡萄

---

① Wilhelm Baum, *The Church of the East A Concise History*, England: Routledge,2010, p.87.
② Pius Malekandathil, *Maritime India: Trade, Religion and Polity in the Indian Ocean*, Delhi:Primus Books,2013, p.39.
③ Singh. *Fort Cochin in Kerala, 1750–1830（Tanap Monographs on the History of Asian–European Interactio）*，Netherlands: Brill Academic Publishers,2010.p.92.
④ Erwin Fahlbusch, *The Encyclopedia of Christianity*, Volume 5, Netherlands:Brill Academic Publishers,2008, p. 285.

图 24　圣托马斯十字架（采自 Claudius Buchanan, *Christian Researches in Asia: With Notices of the Translation of the Scriptures into the Oriental Languages*, Deli: Gyan Publishing House, 2023, cover）

牙人于 1523 年在此地建造了这所教堂，并将这个流血的十字架嵌入祭坛的墙中。圣托马斯十字架的四个主要元素是鸽子、十字架、莲花或莲叶、台基。下降的鸽子对应圣灵，正是这种精神使耶稣死而复活。空十字架（没有耶稣的肖像，只有十字架本身）对应空坟墓，表示耶稣的复活，四臂末端用萌芽象征生命之树的生生不息。十字架下方类似双翼的图案，有两种说法，一说莲花，一说莲叶。笔者更倾向于莲叶。因为莲叶表面疏水、不吸水，滚动的水珠可将污垢带走，有清洁的作用，从而使莲花成为圣人清净不染的象征。[①]所以任何以莲叶供奉的东西都被认为是吉祥的，[②]而莲叶之上的十字架就是圣洁本身。而且在图像

表现上，圣托马斯十字架中的鸽子、三层台基、十字架末端萌芽的刻画非常直观，简洁明了，单独某一图像变异的可能性不大，且十字架下方的图案与莲花并不相像，更像是叶片。最下方的三层台基代表各各他，多用来指代耶稣的死，也可以是诺亚方舟的三层甲板。

在圣托马斯基督教教堂里一般供奉的是典型的圣托马斯十字架，另一种十字架 Nasrani Sthambam 通常放置在教堂外，与教堂的西端对齐，这是圣托马斯基督教教堂前的传统做法。Nasrani Sthambam 是一种巨型的露天独立式岩石十字架，其组合形式为 "十字架 + 多层基座"。十字架整体比例似拉丁十字架，三臂末端有突出的萌芽，另一端插入基座。基座的雕刻通常非常精美，但也有些是素面无装饰的，自下而上逐级收拢。基底顶部的覆莲造型之上立一十字架。莲花是印度的国花，十字架在莲花之上表明此地的基督教信仰建立在印度文化之上。

独立岩石十字架上 "十字 + 莲花" 的部分可能是受到中国蒙元时期东方教会的影响。因为现存较早的独立岩石十字架其年代相当于中国的蒙元时期，有些甚至是明朝时期的，而中国早在 781 年的唐大秦景教流行中国碑上就出现了 "十字莲花"。圣灵福拉内教堂（Holy Ghost Forane Church）前的独立岩石十字架（图 25），据说教堂建于 6 世纪，是印度喀拉拉邦最古老的教堂之一，经历了多次改建。教堂前的石制十字架是由卡拉维利家族的卡拉维利·库里辛加尔·马泰·查科（Kallarveli Kurisingal Mathai Chacko）在 13

① Vishvapani Blomfield, *Gautama Buddha*, London: Quercus Publishing, 2011, p.84.
② 维基百科，"Saint Thomas Christian Cross" 条，https://en.wikipedia.org/wiki/Saint_Thomas_Christian_cross。

图 25　圣灵福拉内教堂前的独立岩石十字架（上），局部（下）（采自 MT Antony, *Muttuchira Sliva and Lithic Inscriptions-Landmark Monuments of Saint Thomas Christians of India*, Kottayam: The Harp.St.Ephrem Ecumenical Research Institute, 2016, p.310）

图 26　卡杜图鲁西的独立岩石十字架（采自卡杜图鲁西圣玛丽纳纳亚教堂网站, http://www.kaduthuruthyvaliapally.com/gallery/photos/12/Church-Photos）

世纪制作并赠送给教堂的，基座顶部同样是覆莲造型。印度最高的独立岩石十字架（图 26），位于卡杜图鲁西（Kaduthuruthy）的圣玛丽纳纳亚教堂（St.Mary's Knanaya Church）前，在相距不到 10 公里的库拉维兰加德大主教马尔斯·玛丽亚姆大执事朝圣教堂（Major Archiepiscopal Marth Mariam Archdeacon Pilgrim Church, Kuravilangad）前还有另一个独立岩石十字架（图 27）。两个十字架有许多相似之处，基座顶部都有覆莲。卡杜图鲁西和库拉维兰加德地区在丁佩尔主教会议（Synod of Diamper）之前都受马拉巴尔海岸（Malabar Coast）的安加马里（Angamaly）教区

管辖。15 世纪末，东方教会的主教应印度圣托马斯基督徒的请求，向那里派遣主教。1552 年，东方教会内部正发生分裂，由约翰南·苏拉卡（Yohannan Sulaqa）领导的一个派系（现代迦勒底天主教会）与罗马教廷共融，形成"迦勒底"宗主教区，与东方的"传统派"（Nestorian）宗主教区平行。分裂之后，两派都向马拉巴尔派遣各自的主教。第一位来到这里的主教是传统派宗主国的亚伯拉罕（Mar Abraham），后被任命为安加马里教区的主教，在 1596 年指示南方人（Knanaya）用花岗岩建造了卡杜图鲁西的独立岩石十字架。"Knanaya 社区的起源可以追溯到叙利亚商人迦

图27 库拉维兰加德的独立岩石十字架（采自免费公共领域图片的网站，snappygoat: https://tinyurl.com/27s4v6n7）

纳的托马斯（Knāi Thoma）的到来，他在4世纪或8世纪带领叙利亚基督徒（犹太基督徒）从萨珊波斯的美索不达米亚省迁移到印度。"[1]独立岩石十字架多出现在南印度的喀拉拉邦，而喀拉拉邦与中国泉州都是沿海地区，同是海上丝绸之路的重要中转站，海外贸易繁荣。且喀拉拉邦的圣托马斯基督教教派与元代东方教会都采用东叙利亚礼仪，同属东叙利亚基督教，必定会吸引一些元代东方教会基督徒前来传道和经商。一些

叙利亚传教士就是在这些景教商人的带领或帮助下进入印度传教的。例如马尔·萨博尔（Mar Sabor）和马尔·普罗斯（Mar Proth）两位迦勒底亚述主教就是于823年在景教商人Sabr Iso的帮助下登陆喀拉拉邦的科兰（Kollam），并建立科塔卡武马尔托马叙利亚－马拉巴尔朝圣教堂（Kottakkavu Mar Thoma Syro-Malabar Pilgrim Church）。

"一般来说，宗教艺术首先是特定时代社会的宗教宣传品，它们是信仰、崇拜而不是单纯观赏的对象。它们的美的理想和审美形式是为其宗教内容服务的。"[2]亚美尼亚神学的主张是敢于接受上帝确实曾在十字架上受苦和死亡。亚美尼亚的翻译家斯捷潘诺斯·西奥涅茨（Step'anos Siwnetsi，680—735）在他的《神圣礼仪注释》中说，由于神性存在于道成肉身的基督身上，"可以合理地说，上帝为我们被钉在十字架上，死而复活并为我们显化"。在亚美尼亚神学家看来，《启示录》中的"生命之树"变成了十字架形状的生命之木。[3]Khachkar是代表基督生命的荣耀十字架，是宗教虔诚的最原始象征之一。十字架作为上帝的"标志"或生命的"木头"，不是死亡的象征而是生命的象征。[4]而在东方教会中，强调的是基督的复活，而不是被钉在十字架上。他们认为当基督死而复活，便成为属灵的身体，而不再是一个人的身体，因为人的身体已经死在了十字架上。复活是由人的身体转变为灵性

① Erwin Fahlbusch, *The Encyclopedia of Christianity (Encyclopedia of Christianity)*, Volume 5, Grand Rapids: Eerdmans, 2008, p.286.
② 李泽厚：《美学三书》，天津社会科学院出版社，2003年，第98页。
③ Ken Parry, *The Blackwell Companion to Eastern Christianity*, p.32.
④ Leslie Houlden, *Jesus in History, Thought, and Culture : An Encyclopedia*, Santa Barbara:ABC–CLIO,2003, p.65.

的身体。[1] 简单来说，就是上帝没有死在十字架上，而是人的身体死了。因此二者在神学理解上有所区别，但都崇敬空十字架。空十字架象征空坟墓以表示基督的复活，十字架则代表生命之树，象征着新的生命。古埃及的"安卡睡莲"、亚美尼亚的十字石、印度的圣托马斯十字架、中国的"十字莲花"，四种不同地区不同类型的十字架有着共同的主题：生命。死亡是这些图像共同关注的问题，当死亡成为不可避免的事实，人们便迫切地寻找应对死亡的方法，渴求复活，期望新的生命，遂将目光投向未来的生命。

景教自唐贞观九年（635）传入中国，而此时的佛教达于极盛，寺院之数比唐初增加一半。景教徒主要是波斯人和粟特人等外来人口，数量少，在以儒佛道为主流文化的地区缺乏大规模传教的基础，但仍得以立足并建立寺院，这离不开东方教会开明的传教策略。提摩太一世（Timothy I）是780—823年东方教会的牧首，在他领导时期改革了东方教会的大都会行政管理，甚至免除了主教们必须请教长亲自任命他们职务的义务。东部的大主教区与教会中心保持着联系的同时，有着很大程度的自主权。在传播信仰时，可适当照顾到具体的民族条件和文化条件。[2]这些改革为后来东方教会在中亚宣教的成功奠定了基础。如入华后的景教对当地文化展现出极大的包容性，其中尤以佛教影响深刻。

莲花不论在佛教世界还是世俗生活中都有广泛的受众。中国主要流行的是大乘佛教，其神明多以莲花为座。印度梵文及巴利文佛典中记载过"七宝莲花"，但真正意义上的莲花只有两种，一种是红莲花波头摩（Padma），另一种是白莲花芬陀利（Pundarika），其余五种均为睡莲。睡莲比莲花的种类更多，为什么佛教没有选择睡莲作为神明的台座？大乘佛教经典《大智度论》卷8中的解释也许可以作为这一问题的答案："问曰：诸床可座何必莲华？答曰：床为世界白衣座法。又以莲华软净，欲现神力能坐其上令花不坏故。又以庄严妙法座故。又以诸华皆小，无如此华香净大者。人中莲华大不过尺，漫陀耆尼池。及阿那婆达多池中莲华，大如车盖，天上宝莲华复大于此，是则可容结加趺坐。佛所坐华复胜于此百千万倍。又如此华华台，严净香妙可坐。"[3]佛教神明所要选择的"床"首先是一个有平面可供坐卧的器具，而莲花中的莲蓬恰好符合这一特质，且莲花"出淤泥而不染"的特性又与佛教教义相符，显然以莲花为台座更为合适。敦煌莫高窟众多的佛教塑像与壁画皆以莲花为座（图28），画面中的莲花正如佛经所言，佛教神明所坐的莲花要比人们在生活中所见到的莲花大数倍。画师在实际描绘时，并没有将莲花等体积放大，而是把莲蓬放大至可供神明盘坐或站立的尺寸，填满花心，周围饰以适当大小的花瓣，使画面构图更为和谐，并细致地为莲蓬画上代表莲子的圆圈。"佛教所宣扬的解脱、渡达的过程是从此岸到彼岸、从尘世到净界的过程，则恰似莲花从淤泥中生。"[4]而且莲花不仅在佛教艺术中占有重要的地位，在唐朝的文人士

---

[1] Christoph Baumer, *The Church of the East An Illustrated History of Assyrian Christianity*, London:I.B. Tauris,2016, p.52.

[2] 〔德〕克林凯特：《丝绸古道上的文化》，赵崇民译，新疆美术摄影出版社，1994年，第83页。

[3] （后秦）鸠摩罗什译：《大智度论》，《大正藏》第25册，第115—116页。

[4] 俞香顺：《荷花意象和佛道关系的融合》，《内蒙古大学学报》（人文社会科学版）2005年第6期，第11页。

图 28 敦煌莫高窟第 334 窟经变画供养菩萨（采自段文杰、樊锦诗主编《中国敦煌壁画全集 5·敦煌初唐》，天津人民美术出版社，2006 年，第 144 页）

大夫中也颇受欢迎，唐代诗人孟浩然和白居易等人都写过赞誉莲花的诗句。佛教对于景教的影响是多方面且深刻的。从翻译经典、教会习俗、信徒称谓以及宗教艺术等多方面都可以体现佛教文化对其的渗透，种种例证，数不胜数。选择莲花作为媒介，以融入当时的社会环境之中是非常适合的，进而发展出了景教特有的标志性符号——

"十字莲花"。

结 语

概念是思考的基石。即便是最为平常的事物，也要建立清晰的概念。比如莲花这种常见植物，要从形态特征、生长环境、原产地甚至传播路线等方面对其有清晰的认识，以达到对其"概念"的准确把握，不可似是而非。中国的"十字莲花"、古埃及的"安卡睡莲"、亚美尼亚的十字石、印度的圣托马斯十字架四种类型的十字架之间所呈现的多元文化互动非常有趣，笔者在探究其构图形式的形成过程中有以下三点思考。

（1）景教"十字莲花"图案与古埃及"莲花"崇拜使用的是两种生物分类不同的植物。景教"十字莲花"图案使用的是莲花，而古埃及的"莲花"崇拜指的是睡莲。

（2）元代泉州地区的景教"十字莲花"碑与亚美尼亚的十字石在构图上非常相似，这一时期的泉州景教艺术也许曾受到亚美尼亚文化的影响，但亚美尼亚十字石是"十字＋叶片"的组合，并非"十字＋莲花"。

（3）景教"十字莲花"图案的形成主要是受到佛教文化和社会氛围的共同影响。景教"十字莲花"图案的形成不仅是入华景教对佛教文化借鉴与学习的一个方面，也是景教在具体环境下寻求社会认同的产物。"十字莲花"像一颗具有生命力的种子，在文化的碰撞、交流与融合中遍地生花。

优填王旃檀瑞像的入华及其早期流布再考[*]

——隐匿在道宣矛盾记述下的历史

徐 翥

［哈尔滨工业大学（深圳）建筑学院］

宋太平兴国八年（983）十二月，来华求法巡礼圣迹的日本国僧人奝然一行抵达汴梁。来年（太平兴国九年）正月，奝然得旨在东京大小寺院巡礼。在此期间，通过奏请宋太宗，他终于在皇宫大内滋福殿见到两个月前在扬州开元寺寻访不得的优填王旃檀瑞像。在结束五台山和洛阳的游历之后，奝然再访汴京，此时他已决定模刻此尊瑞像带回日本。^①这便是在中日佛教交流史和世界艺术史上占有重要地位的、如今日本京都清凉寺释迦堂供奉的本尊释迦如来的造像由来（图1）。

优填王刻造旃檀释迦像的故事，见于众多的汉传佛教文献。其典型的情节，起自释迦牟尼佛在忉利天宫为母摩耶夫人说法时，人间的优填王因为思慕如来，请尊者大目犍连以神通力接匠人入天宫，匠人观察如来妙相，然后返回人间以牛头旃檀刻造如来形象，供优填王礼拜；七日后如来从忉利天返回人间，此像亦起身迎接，于是如来付嘱彼于未来利益人天，并令四众弟子在佛灭

图1 日本京都清凉寺藏释迦如来立像，985 年（采自 G. Henderson and L. Hurvitz, *The Buddha of Seiryōji*）

* 本文系哈尔滨工业大学（深圳）科研启动项目"5—7 世纪东亚佛教建筑研究：以萧梁武帝的改革为中心"阶段性成果。

① 〔日〕山口修：《〈奝然入宋求法巡礼行并瑞像造立记〉考》，《佛教大学仏教学会纪要》1993 年第 1 期，第 1—38 页。

度后造立形象。优填王的造像行为，在教内被认为是如来真容首次被图于形象，故而此檀像亦被尊为南阎浮提"众像之始"。而在真实的历史中，确有一些从域外传入中国的佛像，号称是此优填王瑞像的直接模刻或根本像，得到僧俗两界的追捧，乃至成为一种流行的造像题材。玄奘三藏游方天竺时，就在憍赏弥国（Kauśāmbī）国都见到了供奉在其国故宫大精舍的优填王旃檀瑞像，并模刻一尊带归唐土。[①] 这尊"拟憍赏弥国出爱王思慕如来刻檀写真像刻檀佛像"，曾于贞观十九年（645）春正月和玄奘带回的其他几尊模刻像一起在长安朱雀街设大会陈列展览。[②] 风气所及，在 7 世纪后半叶洛阳附近的龙门、巩县石窟中，大量出现带有"优填王像"题记的造像（图 2）。

至于奝然在宋宫滋福殿礼拜、请匠人模刻的优填王像，其传入中国的时间要远早于玄奘模写的刻檀像。它出现在瑞像信仰最为隆盛的魏晋南北朝时期，与皇室关系密切，是中国佛教史上最著名、流传最为久远的优填王旃檀瑞像。然而有关这尊瑞像的流传过程，历来众说纷纭。与奝然同来宋土的弟子盛算，在停留汴梁期间，抄录了一份从左街开宝寺永安院借来的后唐长兴三年

图 2 巩县石窟千佛龛北壁正中乾封年间带有铭文的优填王像（采自河南省文物研究所编《中国石窟·巩县石窟寺》，文物出版社，1989 年，图 252）

① （唐）玄奘、辩机撰，季羡林等校注：《大唐西域记校注》卷 5《憍赏弥国》，中华书局，2000 年，第 468—469 页。
② （唐）慧立：《大慈恩寺三藏法师传》卷 6，《大正藏》第 50 册，第 252 页中—下。

（932）江都开元寺沙门十明辑录的《优填王所造栴檀释迦瑞像历记》（以下简称《历记》）。这份长达 7000 多字的文章，在列举了种种佛教经典之中的优填王造像故事之后，给出了一份旃檀瑞像从天竺流转到中国的详细经纬：

后有梵智鸠摩罗琰，汉言童寿，持此瑞像东至振旦。行至龟兹国，国主白纯留住此像，于内供养。西蕃廿余国化之，无不归敬。……爰后秦主苻坚建元丁丑岁正月，太史奏："有星见外国分野，当有大德智人，入辅中国。"坚素闻什名，乃悟曰："朕闻西域有鸠摩罗什，将非此耶？"即遣骁骑大将军吕光，将兵十万往伐龟兹，以取瑞像及罗什。克之。……光凡经十年，回至秦陇。闻苻坚已败，乃自都于姑臧，号后凉。……隆安二年戊戌岁夏五月，后秦姚兴遣将往伐吕光，克获之，得栴檀瑞像及罗什法师而回。其年十二月至长安，即是后秦弘始三年也。……晋安帝义熙十一年乙卯岁，有大丞相宗公刘裕，举兵北伐。破西长安，擒秦主姚泓。得此瑞像，宗公忻然，以文轩绣毂，迎归江南。……乃置于龙光寺。……爰梁祖武帝，时天监元年正月八日，梦檀像入国。因发诏募人，欲往迎其像。即闻昔优填王所造像在祇桓寺，遣决胜将军郝骞、谢文华等八十人应往达，具状祈请。舍卫王："此中天正像，不可缘边。"乃令工匠更刻紫檀，人图一相，卯时运手，至午便就。相好具足而像顶放光，降微细雨并有异香。骞等负此像

行数万里，备历艰难。……至天监十年四月五日，骞达于扬都。帝与百寮徒行卌里，迎还太极殿。……至太清三年五月崩。湘东王在江陵即位，遣人从杨都迎至荆都承光殿供养。后梁大定八年，于城北造大明寺，以像置之。至唐咸亨五年，朝散郎狄仁瓘使还，至荆府大明寺亲礼。此像者，汉土虽有二瑞像，骞等负来是非优填王所造真像乎？……隋开皇九年己酉岁，隋文帝遣晋王广伐陈，灭之，便督于广陵。时有望气者奏："江南犹有异气。"悉相讯问。时有沙门智脱言："此必是龙光寺瑞像也。"于是为首，请迎长乐道场。炀帝改寺为道场，即今开元寺也。后有沙门住力，募众以起飞阁置像焉，即开皇十八年戊午岁也。……至第十六主武宗皇帝辛酉岁即位，改会昌元年。至三年，天下伽蓝例遭除毁，唯兹圣像，俨然独存。楼阁凌虚，殿堂摩日，香花若旧，礼敬如初，累代帝皇无不崇重，前后节使罔不归依。……大顺二年辛亥岁秋八月十五日，故司徒孙公早持一潘节，�纵兵机，势尽数穷。制不由己，焚烧瑞像阁。……时有僧惠云法师，勇猛精进，不惜幻身，于巨焰中，脱衣为绳，号呼同力，出此瑞像。当忙怖仓卒之际，与首焚流等，以素舟轻棹，送于来方，置甘露寺焉。……光化三年庚子岁，舍宅为寺。其年十月十六日，命于浙石，迎于瑞像，以处寺之南楼，即今光化寺也。天祐十三年冬十二月三日，列宗景帝命送其瑞像，归于开元寺。[1]

---

① 〔日〕平林盛得：《優填王所造栴檀釈迦瑞像歷記》，《書陵部紀要》第25号，1974年，第77—86页。

因十明的记录止于写作时的长兴三年，盛算在抄毕《历记》之后，又根据自己在开元寺和汴梁收集到的信息，补记了其后约半个世纪瑞像从江南到汴梁的流转过程。他写道："件瑞像，李昱称后唐时，自扬州开元寺迎请金陵长先寺，瞻礼供养。至乾德三年甲子岁，为太宗太祖皇帝灭之，止唐名。后从金陵迎东都梁菀城，安置左街开宝寺永安院。……太宗第二主今上皇帝迎入内里滋福殿，每日礼拜供养。"对《历记》与盛算记做一简单总结的话，优填王旃檀瑞像最初在天竺，后秦弘始三年（401）由鸠摩罗什持入长安；晋义熙十一年（415）被刘裕移至建康龙光寺；隋开皇十八年（598）沙门住力建飞阁置于扬州开元寺；唐大顺二年（891）瑞像阁焚毁，暂置瑞像于甘露寺；光化三年（900）移至光化寺南楼；天祐十三年（916）复归开元寺；南唐升元三年（937）迎至金陵长先寺；[①]宋乾德三年（965）赵光义灭南唐之后，瑞像被迎入汴京。

十明和盛算描述的瑞像流布过程，其会昌元年（841）以后的部分接近文本写作的年代，可以与同时代的其他史料互证，因此具有很高的可靠性。如日本入唐求法僧圆仁，开成三年（838）十一月就在扬州开元寺的瑞像阁见到了四躯旃檀释迦瑞像。[②]但中唐之前的部分，却是问题重重，其中最明显之处有三：第一，天监元年之时，鸠摩罗什传来的优填王像正安置在建康龙光寺，那么梁武帝为何需要费尽心力遣人去天竺求取，而对近在咫尺的瑞像置若罔闻；第二，梁武帝的使团在舍卫国祇洹寺见到了优填王瑞像的根本像（原文为"中天正像"），但文本开头已经说明，天竺的根本像早被鸠摩罗琰取走；第三，十明认为梁武帝时中国同时存在两尊优填王旃檀瑞像，一为鸠摩罗什传来的真像（唐初在扬州长乐寺），一为梁武帝请来的模像（唐初在荆州大明寺），而在上述矛盾存在的基础上，这一说法难以成立，使两尊瑞像的来源愈加显得扑朔迷离。

围绕优填王旃檀瑞像的最初来源，以及其在南北朝至初唐时期流布及模写的历史，艺术史学界已经积累了丰硕的学术成果。这些研究表明，《历记》有关优填王像流布历史的前半部分，实际取自初唐编撰的各种史料与文献，具有浓厚的辑录性质。正是由于这些初唐文献本身就存在众多的不一致，因而十明的叙事无法形成统一而清晰的逻辑。面对文献的差异，十明作为开元寺的僧众，努力维护本寺瑞像的正统地位，做出"汉土虽有二瑞像，骞等负来是非优填王所造真像乎"的猜测，自然是无可厚非。而当代学者面对与千年前十明相同的问题时，最关键的一步，是通过考察各种文献产生的历史背景及其写作目的，对文本之间的矛盾做出合理的解释。然而令人遗憾的是，虽然不少研究已经对部分文献做出相当深入的讨论，但迄今仍未出现全面的考察，对这些

---

① 按《历记》的说法："大丞相李昱，伪改吴称大唐之时，迁都江南升州金陵建业城。彼时件瑞像移以安置长先寺，即伪唐升元年中也。"则旃檀瑞像从开元寺移往长先寺的时间，应该是南唐烈祖李昇升元三年迁都金陵之时。但盛算抄录的另外一份记录《栴檀释迦文像略赞》，由金陵长先寺僧人徒南写于后周显德五年（958），其中提到瑞像一直在开元寺，则与十明的记录不符。值得注意的是，《历记》里面的皇帝是李昱，可能是李煜的误写。若瑞像移往金陵是在建隆二年（961），则符合徒南的记载。参见〔日〕平林盛得《優填王所造栴檀釈迦瑞像歴記》，《書陵部紀要》第25号，1974年，第77—86页。

② 〔日〕圆仁撰，白化文等修订校注：《入唐求法巡礼行记校注》，花山文艺出版社，2007年，第62页。

问题给出的答案也是异说纷呈。其实只需稍加观察就能发现，几乎所有这些与优填王栴檀瑞像相关的记载都出自隋末唐初著名高僧道宣律师（596—667）的各种著述。这些横跨道宣近 50 年僧侣生涯的作品，从其青年时期的律典注疏、中年时期的僧传记述，到晚年收集的瑞像故事，乃至圆寂当年的神启感通，若简单以史料或传说视之，自无法得出合适的解释。[1] 对于道宣各个时期的宗教使命、游方经历、著作的意图、获得信息的来源及其产生背景，都必须细致地分析，方能拨开这尊优填王栴檀瑞像周围的重重迷雾。南北朝时期的瑞像崇拜是艺术史上的重要课题，而对优填王栴檀瑞像的研究也是历久弥新，不断有学者从新的视角加以审视。[2] 对其基本历史事实的厘清，有助于促进进一步的讨论，所以笔者不揣冒昧，以期抛砖引玉，见教于方家。

一 从《四分律行事钞》到《律相感通传》：诸说史源的辨析

优填王栴檀瑞像在中国受容的早期历史，是一个从希求圣像、制造传说到最终出现瑞像实物的过程。Martha Carter 与稻本泰生两位学者各自通过搜检两晋南北朝时期被译作汉语的佛典，指出最早的优填王造像故事出自 4 世纪末 5 世纪初的《增一阿含经》和《观佛三昧海经》。[3] 因这两部经典的译出均与释道安僧团直接相关，故被认为反映出道安本人及其弟子慧远对西域瑞像的渴望。[4] 随着相关经典的弘通，优填王像作为阎浮提"众像之始"的神圣正统地位逐渐变得广为人知。至迟到 5 世纪晚期，这一情节已经成为"汉明帝感梦求法"故事的一部分，如南齐王琰《冥祥记》云："汉明帝梦见神人。……初，使者蔡愔将西域沙门迦叶摩腾等赍优填王画释迦倚像，帝重之，如梦所见也。乃遣画工图之数本，于南宫清凉台及高阳门显节寿陵上供养。"[5] 在这里，《冥祥记》明显利用了优填王像的正统地位，丰富了早期故事中"遣使天竺，问其道术，遂于中国而图其形象焉"[6] 的简单说法，从而提升了佛法传来汉地的神圣性。同时学者也注意到，由于《冥祥记》依循了以往说法中蔡愔带回的佛像为图画的传统，因而与佛典中优填王像为栴檀木雕的说法不一致。这一矛盾到了 6 世纪初慧皎编写《高僧传》时得

① 如索柏就曾指出道宣的种种优填王故事自相矛盾而不可信。Alexander C. Soper, "Literary Evidence for Early Buddhist Art in China," *Artibus Asiae* 19, 1959, pp. 259–265.

② 最新关于优填王栴檀瑞像的艺术史研究，见 Hsueh-man Shen, *Authentic Replicas: Buddhist Art in Medieval China*, Honolulu: University of Hawai'i Press, 2019, pp. 137–170。

③ 除了这两部经以外，唐代以前提到优填王以栴檀造像的汉译佛典，还有《大方便佛报恩经》。此经译者失考。根据佛教学者的研究，其翻译年代在东晋之后，成书时间则接近梁初。参见方一新、高列过《从佛教词语考辨〈大方便佛报恩经〉的时代》，《浙江大学学报》2012 年第 3 期，第 1—9 页。

④ 《增一阿含经》由吐火罗国僧人昙摩难提于苻秦建元二十年（384）在长安释道安僧团住持的译场诵出经文，竺佛念译传，翌年（385）春完成初译。后至东晋隆安二年（398），罽宾僧人僧伽提婆于建康重新订正。《观佛三昧海经》则是 410—420 年北天竺（罽宾）僧佛陀跋陀罗于游方庐山慧远僧团时译出。相关研究见 Martha Carter, "The Mystery of the Udayana Buddha," *Supplemento n.64 agli Annali*, Vol. 50, No. 3 (1990), pp. 1–43。

⑤ 《冥祥记》原书已散佚，有关佚文见（唐）释道宣《集神州三宝感通录》卷中，《大正藏》第 52 册，第 413 页下。关于"汉明帝感梦遣使天竺求经像"故事的演变，见〔日〕肥田路美《初唐时代における優填王像》，《美術史》1986 年第 2 期，第 81—94 页；Martha Carter, "The Mystery of the Udayana Buddha," *Supplemento n.64 agli Annali*, Vol. 50, No. 3 (1990), pp. 1–43；〔日〕稻本泰生《優填王像東傳考》，《東方學報》（京都）第 69 册，1997 年，第 357—509 页。

⑥ （东晋）袁宏撰，周天游校注：《后汉纪校注》卷 10《后汉孝明皇帝纪下》，天津古籍出版社，1987 年，第 277 页。

以解决。其书记载:"竺法兰亦中天竺人。自言诵经论数万章,为天竺学者之师。时蔡愔既至彼国,兰与摩腾共契游化,遂相随而来。会彼学徒留碍,兰乃间行而至。既达雒阳,与腾同止。……愔又于西域得画释迦倚像,是优田王栴檀像师第四作也。既至雒阳,明帝即令画工图写,置清凉台中及显节陵上。旧像今不复存焉。"① 这里慧皎声称蔡愔从西域带回的释迦倚像不是优填王原像,而是像师第四次摹写原像的一幅绘画。通过这样的情节处理,雕像与图画之间的差异可以从临摹方式的角度得到合理解释。《高僧传》给出的故事似乎也说明,6世纪初中国流传着一些据说摹写自优填王像的画像,但并没有真实的栴檀木雕像存在。而且由于"旧像今不复存焉",汉明帝时带来中国的优填王像故事,在《高僧传》成书的时代更像是一个传说。

以上的比较分析,不仅帮助我们确定了汉明帝感梦求得优填王像乃是5—6世纪僧传史家的踵事增华,更清晰地展现了那个时代僧俗两界对优填王像的渴求程度。在此历史与宗教背景之下,不难理解为什么本文所讨论的传世优填王栴檀瑞像恰好在这一历史时期传入中国。关于这尊优填王瑞像的最初来源,除了前文所引《历记》中认可的"鸠摩罗什传来说"和提及的"梁武帝请来说",其实最早的说法来自道宣早年所著的《四分律删繁补阙行事钞》(以下称《行事钞》):

如来出世有二益:一为现在生身说法;

二未来经像流布,令诸众生于弥勒佛,闻法悟解,超升离生,此大意也。恐后生造像无所表彰,故目连躬将匠工上天图取,如是三反,方乃近真。至于下天此像垂地来迎,世尊命曰:"汝于来世广作佛事。"因垂敕云:"我灭度后,造立形像,一一似佛,使见者得法身仪则,乃至幡华供养,皆于来世得念佛三昧,具诸相好。"如是造立是佛像体。②

以上这段文字虽然没有具体说明,但可以大致确定其所指确是优填王像,因为故事的关键情节,如"佛像迎世尊""世尊付嘱"等,已经出现在此前译出的《观佛三昧海经》中。③ 值得注意的是,道宣在这段文字之后所加的注,同时也是现存文献中最早的有关出现在中国的优填王瑞像的记载:"此像,中国僧将来汉地,诸国不许,各爱护之,不令出境。王令依本写留之,今后传者,乃至四写。彼本今在扬州长乐寺,亦云龙光瑞像云云。"有关这条记录,北宋余杭灵芝寺僧人元照(1048—1116)对道宣的原注加以新注:"中国僧者,即鸠摩罗琰。从西天负像欲来此方,路经四国皆被留本图写。注云'今后传者',即知第四写本,非优填造者。"④ 按照元照的解释,优填王瑞像被中天竺僧(即"中国僧")鸠摩罗琰从天竺负来,沿途各国都珍爱此佛像,不准他带出国境,而只允许他在模刻原像之后,把模刻的版本带走。如今在汉地流传的优填王像,是被第四次模刻的版本,放在扬州长乐寺,听说被称

---

① (梁)释慧皎:《高僧传》卷1《竺法兰传》,《大正藏》第50册,第323页上。
② (唐)释道宣:《四分律删繁补阙行事钞》卷下,《大正藏》第40册,第133页中—下。
③ (东晋)佛陀跋陀罗译:《观佛三昧海经》卷6,《大正藏》第15册,第678页中。
④ (宋)元照:《四分律行事钞资持记》卷下,《大正藏》第40册,第397页。

为龙光瑞像。

然而将"中国僧"指为鸠摩罗琰，只是元照综合当时江南流传的瑞像传说（即《历记》的故事版本）给出的解释，不一定是道宣的本意，因道宣其他的著作都认为优填王像是由梁武帝请来的（见下文分析）。实际上，这里的故事明显是基于上文所引《高僧传》中由中天竺僧竺法兰、迦叶摩腾和汉使蔡愔带回洛阳的"优田王栴檀像师第四作"。慧皎没有指出这"第四作"的具体经过，道宣的故事则提供了合理化的猜想，细化了情节。至于道宣为何要采用这一说法，则可能与其在撰写《行事钞》时的见闻相关。

南山律宗的核心文献《行事钞》，是道宣律师青年时代对四分律深入钻研的成果。道宣生于京兆，十五岁师从长安日严寺的慧頵，十七岁得度，二十岁受具。武德四年至九年，道宣在长安弘法寺和重义寺听受四分律律讲。自贞观初年至四年，他开始于关中各处求学，也是在这段时期，他以武德九年整理撰写的四分律研究笔记为基础，完成《行事钞》的初稿。贞观四年至十一年（630—637），道宣跨越潼关，前往河东道、河北道游方访学。在即将结束此次访学的贞观十年（636），道宣在沁州完成了《行事钞》的最后修订。[①] 此时的道宣，尚未曾亲身踏足江淮地区，且数年之后撰写《续高僧传》的资料收集工作也才刚刚开始。因此，他对扬州长乐寺"龙光瑞像"是优填王像的了解，恐怕只是来自关中或河东地区坊间的流传，故有"亦云龙光瑞像云

云"之说。《行事钞》中的说法由于指明"龙光瑞像"是模刻像，因此没有被强调长乐寺正统的《历记》所采用。

《行事钞》之后，道宣在贞观十九年（645）完成了《续高僧传》初集的撰写。其中的《兴福篇》有《唐扬州长乐寺释住力传》一文，给出了有关"龙光瑞像"的更多信息："初梁武得优填王像，神瑞难纪，在丹阳之龙光寺。及陈国云亡，道场焚毁，力乃奉接尊仪，及王谧所得定光像者，并延长乐，身心供养。而殿宇褊狭，未尽庄严。遂倡导四部、王公、黎庶，共修高阁，并夹二楼。寺众大小三百余僧，咸同喜舍，毕愿缔构。力乃励率同侣二百余僧，共往豫章刊山伐木。人力既壮，规模所指，妙尽物情。即年成立，制置华绝。力异神工，宏壮高显，挺冠区宇。大业四年，又起四周僧房、廊庑、斋厨、仓库备足。故使众侣常续，断绪无因。再往京师，深降恩礼，还至江都，又蒙敕慰。大业十年，自竭身资，以栴檀香木模写瑞像并二菩萨，不久寻成，同安阁内。"[②] 此传所使用的史料，主要来自虞世南为释住力（543—623）撰写的碑文，故属于可靠性强的第一手资料。[③] 这里虽然没有提及"龙光瑞像"的来源，但肯定了该像是梁武帝获得的优填王像。而在乾封二年（667）所撰成的《律相感通传》中，道宣借助神启给予了"龙光瑞像"全然不同于之前版本的说法：

又问："江表龙光瑞像，人传罗什将来，

---

① 池丽梅：《道宣传的研究：以其早年河东行脚为中心》，《佛教史研究》2017 年第 1 期，第 125—146 页。
② （唐）释道宣：《续高僧传》卷 30《唐扬州长乐寺释住力传》，郭绍林点校，中华书局，2014 年，第 1213 页。
③ （唐）释道宣：《续高僧传》卷 30《唐扬州长乐寺释住力传》，第 1214 页。

有说扶南所得，如何？"答曰："非罗什也。斯乃宋孝武征扶南获之。昔佛灭后三百年中，北天竺大阿罗汉优娄质那，以神力加工匠，二百年中，凿人石山安置佛窟。从上至下，凡有五重，高三百余尺。请弥勒菩萨指挥，作檀像以处之。《玄奘法师传》云：'高百余尺。'《圣迹记》云：'高八丈，足跌八尺，六斋日常放光。'其初作时，罗汉将工人上天，三往方成。第一栴檀、第二牛头栴檀、第三金像、第四玉像、第五铜像。凡夫今见，止在下重，上四重闭。石窟映彻，见人藏腑。第六百年，有佛奈遮阿罗汉，生已母亡。生扶南国，念母恩重，从上重中取小檀像，令母供养。母终生杨州，出家住新兴寺，获悟三果。宋孝武征扶南，获此像来都，亦是罗汉神力。母今见在，时往罗浮天台西方诸处。法盛昙无竭者，再往西方，有传五卷。略述此缘。"①

《律相感通传》的故事认为"龙光瑞像"并非优填王像，乃是宋孝武帝从扶南国获得的"北天竺大阿罗汉优娄质那"为愿主的小檀像。此外同书的另一段瑞像故事，则指初唐安置在荆州大明寺的一尊旃檀像才是梁武帝请来的优填王像。这一改变无疑给研究增加了难度，甚至导致有一

部分研究者将此"宋孝武帝征扶南获瑞像"误算作一种优填王瑞像来源的说法。②但实际上，这只是在否定"龙光瑞像"是优填王像基础上给出的另一种说法。至干道宣改变说法的原因，以及这段故事的出处，因涉及下文对扬州长乐寺像和荆州大明寺像的分析，此处暂不展开。

上文的分析说明《行事钞》中优填王像由中天竺僧传来中国的说法并非历史事实，而是青年道宣沿袭慧皎《高僧传》或坊间成说的便宜做法。在此基础上再来看"鸠摩罗什传来说"和"梁武帝请来说"，究竟谁是谁非，或者中国的优填王瑞像另有出处？虽然《历记》及其以后的传世文献皆一致认同鸠摩罗什从龟兹传来优填王瑞像的说法，甚至得到了部分现代学者的肯定，③但实际上，中唐以前的史料可对此说法提供支撑点的，仅有《续高僧传》卷25《释慧乘传》和上引《律相感通传》两段文献。前者提到"（大业）十二年，（炀帝）于东都图写龟兹国檀像，举高丈六，即是后秦罗什所负来者，屡感祯瑞，故用传持。今在洛州净土寺"，④后者即是上文所引文字开头部分的"江表龙光瑞像，人传罗什将来，有说扶南所得，如何？"就文本而言，《续高僧传·释慧乘传》中既没有明确提到"龟兹国檀像"是优填王造，其瑞像的身量也远远大于当时以《增一阿含经》为准的优填王像"举高五尺"的通行说法。⑤更由于

① （唐）释道宣：《律相感通传》，《大正藏》第45册，第876页下—877页上。
② 尚永琪：《优填王旃檀瑞像流布中国考》，《历史研究》2012年第2期，第163—173页；蒋家华：《中国佛教瑞像崇拜研究》，齐鲁书社，2016年，第207—226页；Martha Carter, "The Mystery of the Udayana Buddha," Supplemento n.64 agli Annali, Vol. 50, No. 3 (1990), pp. 1–43。
③ 蒋家华和Carter均同意鸠摩罗什曾经从龟兹传来优填王像。其中蒋同时认同鸠摩罗什说（蒋称为"北传"）和梁武帝说（蒋称为"南传"）。参见蒋家华《中国佛教瑞像崇拜研究》，第207—226页；Martha Carter, "The Mystery of the Udayana Buddha," Supplemento n.64 agli Annali, Vol. 50, No. 3 (1990), pp. 1–43。
④ （唐）释道宣：《续高僧传》卷25《唐京师胜光寺释慧乘传》，第940页。
⑤ 《增一阿含经》卷28，《大正藏》第2册，第706页上。

《续高僧传·释慧乘传》和同书提及梁武帝优填王瑞像的《唐扬州长乐寺释住力传》，都出现在日本兴圣寺藏唐贞观二十三年（649）的古抄本中，很有可能两者都是《续高僧传》贞观十九年初次成书时的作品，因此撰文时道宣心目中的优填王像，应该是长乐寺的"龙光瑞像"，而非这里的"龟兹国檀像"。因此，《律相感通传》中的文字，也仅能说明初唐僧界流行着"龙光瑞像"由鸠摩罗什传来的说法，而不能将之等同于优填王栴檀瑞像，其理由与上文分析"宋孝武帝征扶南获瑞像"不算优填王瑞像来源说法的原因一致。[①] 至于这个所谓鸠摩罗什传来的瑞像，是否就是《续高僧传·释慧乘传》中的"龟兹国檀像"，暂时无法判断。当然，由于在传说的流传过程中，"龙光瑞像""龟兹国檀像""优填王栴檀瑞像"因文献相互关联的关系而非常容易产生混淆，不难理解为什么在中唐或晚唐会衍生出《历记》的说法。而这种说法流行的原因，《历记》在给出鸠摩罗什和梁武帝的两个故事以后，已经明显暗示："汉土虽有二瑞像，骞等负来是非优填王所造真像乎?"也就是说，在鸠摩罗什的故事中，优填王瑞像是其父鸠摩罗琰从天竺以原像持来，而梁武帝的故事

中，则是武帝派人请来的模像。两相比较，无疑原像的说法更加能得到信众的青睐。[②] 至于美国学者 Martha Carter 以释道安僧团对西域瑞像的重视以及优填王像传说最先于4、5世纪之交的长安译出为由，来推测优填王像来自鸠摩罗什弘始三年（401）入长安时带来的某尊佛像，因缺乏史料的支撑而无法得以证实。[③]

与缺乏史料支撑的"鸠摩罗什传来说"相比，有虞世南碑文做基础的"梁武帝请来说"得到了大多数学者的肯定。[④] 但具体到梁武帝从何处获得优填王瑞像，住力传没有提供更多的信息。《历记》的记载描述了梁武帝天监元年因正月初八夜梦瑞像入国，而派遣决胜将军郝骞、谢文华等八十人去中天竺祇洹寺求取瑞像的经过，而这一故事的内容全部取自道宣在麟德元年（664）夏安居时创作的《集神州三宝感通录》（以下简称《三宝感通录》）。[⑤] 肥田路美和稻本泰生经过考证，发现此故事虚构的可能性很大。首先，派遣如此庞大的使团跨海出使天竺，绝对属于国之大事，很难相信其中涉及的人物故事于任何世俗史料中全无踪迹；其次，梁武帝感梦佛像入国，以及瑞像抵达建康之后，皇帝百官出都徒行数十里迎回太

① 尚永琪、蒋家华、稻本泰生皆认为这段文字说明初唐僧界开始流传梁武帝优填王栴檀瑞像是鸠摩罗什带来的传说。参见尚永琪《优填王栴檀瑞像流布中国考》，《历史研究》2012 年第 2 期，第 163—173 页；蒋家华《中国佛教瑞像崇拜研究》，第 207—226 页；〔日〕稻本泰生《優填王像東傳考》，《東方學報》（京都）第 69 册，1997 年，第 357—509 页。

② 〔日〕肥田路美：《初唐時代における優填王像》，《美術史》1986 年第 2 期，第 81—94 页。

③ Carter 坚持鸠摩罗什传来说的另外一个重要原因，是他直接使用了索柏翻译自十明的《历记》（Alexander C. Soper, "Literary Evidence for Early Buddhist Art in China," *Artibus Asiae* 19, 1959, pp.259–265），但并没有对这份文献的可靠性做更多的分析，而是直接认为等同于 5—6 世纪的其他记载。

④ 认同梁武帝请来说的学者有肥田路美、尚永琪、稻本泰生以及蒋家华。其中肥田和稻本没有分析梁武帝从何得来瑞像，而蒋家华则同时认可鸠摩罗什传来说和梁武帝请来说。亚历山大·索柏对梁武帝请来说不置可否，但认为住力供奉的佛像可能是中土最初的优填王像，至于该像的来历则不可考。参见 Alexander C. Soper, "Literary Evidence for Early Buddhist Art in China," *Artibus Asiae* 19, 1959, pp. 259–265.

⑤ （唐）释道宣：《集神州三宝感通录》卷中，《大正藏》第 52 册，第 419 页。另，岑仲勉《佛游天竺记考释》中，引用了《艺文类聚》卷 76《阙名像记》："梁武帝天监元年正月八日，梦檀像入国内，发诏往迎像。案《佛游天竺记》及《优填王经》云，佛上切利天，一夏为母说法。"但在今本的《艺文类聚》中，却找不到这段文字，故未知岑氏所本为何。参见岑仲勉《佛游天竺记考释》，商务印书馆，1934 年，第 85—86 页。

极殿供养等诸多细节的刻画，明显取材于作者20多年前所撰《续高僧传》中梁武帝迎请荆州长沙寺阿育王瑞像的情节，[①] 切不可作为史实对待。除了先行研究中注意到的这些疑点以外，尚有多处与历史不合。如梁武帝于天监元年夏四月初八日方受禅即位，因此天监元年并无正月。[②]

二 优填王旃檀瑞像的入华：扶南国的佛教式朝贡

当直接相关的文献无法提供更多的有用信息时，研究者自然转向寻求间接证据。作为世俗史料中唯一可与僧传对应的记载，《梁书》的一条记录得到了关注："天监十八年（519），（扶南王留陀跋摩）复遣使送天竺栴檀瑞像、婆罗树叶，并献火齐珠、郁金、苏合等香。"[③] 目前史学界对这条史料的解读基本停留在将其作为史实的层面。尚永琪认为此像就是《历记》中优填王旃檀瑞像的最初来源，而稻本泰生则仅视其为道宣在《律相感通传》中创造"龙光瑞像"扶南获得说的源头之一。通过分析扶南国在梁天监年间佛教活动中所扮演的角色，以及此次入贡背后的政治动机，笔者猜测此天竺旃檀瑞像乃是杀弟自立的扶南国王留陀跋摩在了解到萧梁内部对优填王瑞

像的渴求之后，专门为武帝同年四月初八日受菩萨戒而准备的祥瑞。通过迎合武帝的奉佛行为，留陀跋摩希望能够获得武帝的欢心，从而得到中国对其统治扶南的政治认同，以巩固自己篡位之后的政权。

纵观整个南北朝时期周边各国与中国的外交往来，可知天监十八年扶南国的朝贡是当时典型的一次"佛教式朝贡"。[④] 这类朝贡的发起方通常为包括印度及东南亚在内的"海南诸国"[⑤]，其上表文以佛教式用语称赞中国和中国天子，并伴随着佛教经像和圣物（佛牙、佛发）的进献。进行朝贡的国家希望通过这种方式来迎合中国的崇佛和对西域经像的需求，以维持和发展与中国的贸易关系。[⑥] 而对于不断更替的南朝政权来说，佛教式朝贡亦有助于他们强化自身统治的神圣性和正当性。海南诸国中，进献佛教文物最多、次数最频、持续时间最长的，无疑是处于佛教式朝贡核心的扶南国。[⑦] 作为中古时期中印海路的枢纽，这个位处湄公河三角洲的古国是东南亚最早流行印度宗教的地区，并在5—6世纪成为众多天竺僧侣来华弘法的中转站。南齐永明二年（484）作为扶南国使节的天竺道人那伽仙，[⑧] 以及武帝使者大同五年（539）在扶南国遇到的西天竺优禅尼国真谛三藏，

---

① （唐）释道宣：《续高僧传》卷30《周鄜州大像寺释僧明传》，第1203页。此传兴圣寺抄本有，当是649年以前的作品。

② 萧衍于齐和帝中兴元年（501）十二月乙卯（初六日）入台城，中兴二年正月戊戌（初九日）拜为大司马。这段时间正是万事未定之秋，很难相信有空派人去天竺求佛像。见《南史》卷6《梁本纪上》，中华书局，1975年，第167—200页。

③ 《梁书》卷54《诸夷·海南诸国·扶南国》，中华书局，1973年，第790页。

④ 关于东晋南北朝时期"佛教式朝贡"的研究，参见〔日〕河上麻由子《佛教与朝贡的关系：以南北朝时期为中心》，《经学文献研究集刊》2014年第1期，第31—56页。

⑤ "海南诸国"一词出现在《梁书》卷54《诸夷·海南诸国·扶南》，用于形容当时在东南亚和南亚地区建立的国家。

⑥ 佛教式朝贡与中国统治者的崇佛程度正相关，始于东晋，兴盛于齐梁，梁武帝时代达至巅峰。〔日〕河上麻由子：《佛教与朝贡的关系：以南北朝时期为中心》，《经学文献研究集刊》2014年第1期，第31—56页。

⑦ 河上麻由子发现海南诸国佛教式朝贡的上表文具有互相抄袭的现象，很可能都是由扶南僧人制作的，尤其南海商人与扶南地区的僧人关系可能相当密切。参见〔日〕河上麻由子《中国南朝的对外关系において仏教が果たした役割について：南海诸国が奉った上表文の検讨を中心に》，《史学雑誌》第117卷第12号，2008年，第2047—2082页。

⑧ 《南齐书》卷58《东南夷传》，中华书局，1972年，第1014—1016页。

都是以扶南为跳板进入中国。与此同时，扶南本国的僧侣亦随商旅泛海而来。其中著名的沙门僧伽婆罗（460—524），南齐时来华，梁武帝"礼接甚厚，引为家僧"，从天监五年（506）开始，先在皇家内道场寿光殿、华林园参与译经工作，后武帝又专门为其设扶南馆译场，前后长达16年之久。[①]《续高僧传》将僧伽婆罗列于《译经篇》卷首，可见扶南国僧人在武帝天监时期的佛教中具有举足轻重的地位。

梁武帝时期两国频密的朝贡交聘、发达的贸易活动，加之与皇帝关系密切的梵僧，使得扶南比之前更能准确快速地掌握中国国内佛教信仰和活动的种种最新动向，并根据这些信息选择受贡方重视的物品进献。[②]比如，扶南国王阇耶跋摩在那伽仙的劝说下向中国进行第一次佛教式朝贡时（即上文提到的永明二年朝贡），所贡之物中有金镂龙王坐像、白檀像和象牙佛塔，但在造像的材质和样式上均具有浓厚的扶南地方特色，显然没有对中国佛教信仰的需求做太多的考虑。[③]

而在19年后阇耶跋摩为祝贺梁武帝即位而进行的朝贡中，不仅进献的是具有异域特色的珊瑚佛像，而且使团内的扶南僧人曼陀罗仙带来了包括两部《阿育王经》在内的14部梵本佛典。[④]梁武帝对入贡的《阿育王经》异常重视，专门请僧伽婆罗主持翻译，甚至在天监十一年六月译经首日，亲自于寿光殿笔录译文。[⑤]此经得到皇帝的关注，与南朝已蔚然成风的阿育王塔及瑞像信仰密不可分。[⑥]当时建康城最重要的佛教圣物，是供奉在长干寺内、传说由阿育王第四女所造的释迦佛金像，以及同寺内传说为阿育王所起的舍利塔。[⑦]这一塔一像皆因具有神异而备受推崇，武帝在天监年间亦曾将长干寺阿育王像请入大内供奉。[⑧]而在僧伽婆罗译出《阿育王经》之前，汉译文本中的阿育王故事不是独立零散的小经，就是从《杂阿含经》中摘录的片段，并没有形成将各种传说集合在一起的多卷大部经典。[⑨]因此，扶南国进献《阿育王经》，不仅暗含了将梁武帝比作佛教圣王的隐喻，还专门针对南朝的佛教信

---

① （唐）释道宣：《续高僧传》卷1《梁扬都正观寺扶南国沙门僧伽婆罗传》，第5—6页。
② 〔日〕河上麻由子：《佛教与朝贡的关系：以南北朝时期为中心》，《经学文献研究集刊》2014年第1期，第31—56页。
③ 《南齐书》卷58《东南夷传》，第1014—1016页。三件物品中的白檀像和象牙塔均是用热带特有的材料制作成的，而金镂龙王坐像应该就是高棉地区流行的以盘曲形那伽（Naga）为佛座的坐像。而根据中国的史料和柬埔寨出土的碑文可知，阇耶跋摩虽然能对佛教的发展取自由的态度，但其本人为一虔诚的婆罗门教信徒，因此恐怕此次进贡的内容主要是印度僧人那伽仙安排的。见赵令扬《中国与扶南关系研究》，陈佳荣编：《外国传》，香港：新华彩印出版社，2006年，第224—236页。
④ 《梁书》卷54《诸夷·海南诸国·扶南国》，第790页；（隋）费长房：《历代三宝纪》卷11，《大正藏》第49册，第98页。
⑤ （隋）费长房：《历代三宝纪》卷11，《大正藏》第49册，第98页。
⑥ 有关南朝阿育王塔及瑞像信仰的研究，见苏铉淑《政治、祥瑞和复古：南朝阿育王像的形制特征及其含义》，《故宫博物院院刊》2013年第5期，第145—160页。
⑦ 长干寺阿育王像及阿育王塔的来历，见《高僧传》卷13《释慧达传》，《大正藏》第50册，第409页中—下。此阿育王像为南朝最重要之瑞像，不仅在《高僧传》中列《兴福篇》卷首，亦被僧祐列为梁初重要的二十六躯佛造像首位，见（梁）僧祐《出三藏记集》卷12，《大正藏》第55册，第92页中。
⑧ 此事文献中并没有直接记载，是从沈约的《送育王像并上钱烛等启》一文推测。见苏铉淑《政治、祥瑞和复古：南朝阿育王像的形制特征及其含义》，《故宫博物院院刊》2013年第5期，第145—160页。
⑨ 《出三藏记集》在"新集经论录"中记载了刘宋时期求那跋陀罗翻译的《无忧王经》，但此经在僧祐时代已经佚失不存。另外，《历代三宝纪》中著录了一部归于西晋安法钦名下的七卷本《阿育王传》。但学者的研究表明，此经的翻译时间应该晚于僧伽婆罗译本。有关阿育王诸经的翻译情况，参见刘屹《印度Kauśāmbī法灭故事在中国的传播与影响》，《丝路文明》第2辑，上海古籍出版社，2017年，第189—204页。

仰特点，带有特殊的祥瑞性质。[①] 至于中国缺少《阿育王经》的信息，很可能就是由僧伽婆罗透露给扶南国主的。大概是因为扶南进献了此等满足夙愿的重要经典，武帝给了了阇耶跋摩所渴求的"安南将军""扶南王"封号。此封号在南齐时原本是授予扶南的宿仇林邑，扶南恰到好处的入贡，使得其虽比林邑晚一年入贡梁朝，反而后来居上获得中国新政权的认可。[②]

武帝对长干寺阿育王塔像的崇奉，因大同三年（537）八月在塔下发现舍利及佛爪发而达至最盛。[③] 在之后一年多的时间里，他屡幸长干寺举行无遮法会，并进行了规模浩大的扩修改建工程。扶南国主、笃信佛教的留陀跋摩得此消息，便于大同五年入贡，声称扶南国亦有佛发，"长一丈二尺"。[④] 这一消息被武帝视作祥瑞，于是派遣使节张氾和沙门释云宝往取佛发。这也是历史中留下的有关南朝官方跨海求取佛教圣物的唯一记载。

与天监二年和大同五年两次入贡相比，天监十八年的这次佛教式朝贡或许有更为重大的政治诉求。天监十三年，扶南国在国王阇耶跋摩去世后发生政变，其庶子留陀跋摩杀嫡弟自立为王。大概是担心上国降罚责难，篡位后的留陀跋摩于天监十六年首次奉表贡献。这次朝贡以天竺人当抱老为使节，颇有些挟天竺以自重的意味。天监十八年春，武帝开讲《金刚般若经》，同时举行舍身大忏，是为自天监五年乐游大会以来首次大型的佛事活动。[⑤] 到当年的四月初八，武帝更于无碍殿设等觉道场，与道俗四万八千人同受菩萨戒。这次菩萨戒法会，是武帝统治期内的首次无遮大会，被视为其以皇帝菩萨之姿全面朝向佛教治国的重要转折。相信梁朝要举行一系列重大佛教活动的消息，在天监十八年的春天以前就已通过僧伽婆罗和曼陀罗仙传回扶南国内，以至在菩萨戒法会结束三个月之后，留陀跋摩的入贡使节就能如期到达建康城。[⑥]

在如此精心设计的朝贡计划下，扶南国王为

① 〔日〕河上麻由子：《中国南朝の対外関係において仏教が果たした役割について：南海諸国が奉った上表文の検討を中心に》，《史学雑誌》第 117 卷第 12 号，2008 年，第 2047—2082 页。然而在包括僧伽婆罗译《阿育王经》在内所有现存汉译佛典内，并未找到关于阿育王造像的记载，甚至叙述阿育王行迹的《阿育王息坏目因缘经》《阿育王经》等中也无涉及。因此翻译的《阿育王经》象征意义大于实际的宗教意义。参见苏铉淑《政治、祥瑞和复古：南朝阿育王像的形制特征及其含义》，《故宫博物院院刊》2013 年第 5 期，第 145—160 页。
② 《南齐书》卷 58《东南夷传》，第 1013 页。
③ 有关大同三年至五年梁武帝的佛教活动，参见〔日〕諏訪義純《中国南朝仏教史の研究》，法藏馆，1997 年，第 66—71 页。
④ 赵令扬：《中国与扶南关系研究》，陈佳荣编：《外国传》，第 224—236 页。
⑤ 〔日〕諏訪義純：《中国南朝仏教史の研究》，第 11—78 页。
⑥ 扶南国此次入贡的路线并没有被史书或任何文献记录。当时海南诸国的朝贡路线大致有两种：一种是从海路到广州上岸，再转陆路到建康；另一种是直接从海路到建康。两种之中自然是第二种更为便捷。而且建康与扶南之间亦确实有直接的航线，如僧伽婆罗即从扶南国"随舶至都"（《续高僧传·僧伽婆罗传》）。走海路花费的时间，可以参考梁天监元年干陀利国的入贡情况。干陀利国在今日印尼苏门答腊岛巨港一带，根据《梁书》和《南史》的记载，其王瞿昙修跋陀罗于梁武帝天监元年四月初八日（502 年 4 月 30 日）夜梦神人，后数日决定遣使朝贡，使节到达建康的时间是天监元年八月丁未（502 年 10 月 8 日），则其航行时间可能在 4—5 个月。假设扶南国是在天监十八年春（519 年 2 月 15 日为天监十五年正月初一）得知武帝要举行法会，开始准备入贡的话，考虑扶南到建康的距离小于干陀利国到建康的距离，则总共需要的时间在 5—6 个月是合理的。这与史书记载其入贡时间为秋七月（519 年 8 月 11 日至 9 月 9 日）相符合。关于海南诸国 4—6 世纪与南朝的交通，见 Tansen Sen, "Maritime Southeast Asia between South Asia and China to the Sixteenth Century," *TRaNS: Trans-Regional and-National Studies of Southeast Asia* 2, No. 1 (2014): 31-59；石云涛《3—6 世纪中西间海上航线的变化》，《海交史研究》2004 年第 2 期，第 35—48 页。

了政治利益而急于获得南朝统治者的欢心，其进献的天竺栴檀瑞像，很有可能是武帝所熟知且迫切想得到的某件圣物，即闻名于世的优填王旃檀瑞像。梁天监年间对印度瑞像信仰的具体情况，僧祐《释迦谱》《出三藏记集》，以及庄严寺释宝唱撰于天监十五年（516）的《经律异相》有记载。[①] 而这三书皆把优填王旃檀像列在所有瑞像之首，可见其至高无上的地位。考虑到僧祐、宝唱与武帝的密切关系，这几乎可以直接等同于武帝自己的观点。与此同时，根据前文的分析可知，当时普遍认为优填王像最初是以摹写绘画的形式首先传入北方，而南方则并无优填王像传入的先例。虽然南朝声称北方的优填王像已不存在，且利用具有神物性质的阿育王像彰显了南方的正统地位，但南朝的奉佛天子们依旧希望有朝一日优填王像能够传来。[②] 比如《出三藏记集》中就有"齐文皇帝造栴檀木画像记"，从题目可知，南齐文惠太子萧长懋（458—493）曾以旃檀木造刻佛画。专门用旃檀造刻画像而非雕像，清楚地说明这是根据当时优填王像传说故事创作的优填王画。[③]

与旃檀瑞像同时进献的，还有三部未留下题目的佛经，武帝亦相当重视，敕令光宅寺寺主法云翻译。[④] 有了扶南进献《阿育王经》的先例，我们自然可以猜测这三部经是否与优填王造像的故事相关。这种可能性的确存在。从需求上看，天监十八年以前的中国与天监二年入贡《阿育王经》之前的情况类似，也缺少一部题为《优填王经》的专门讲述优填王造像前后经过的经典。[⑤] 而《三宝感通录》显示，有一部符合上述细节的汉译《优填王经》就出现在梁天监之后到初唐这段时间："案《佛游天竺记》及双卷《优填王经》云：'佛上忉利天一夏为母说法。王臣思见，优填国王遣三十二匠及赍栴檀，请大目连神力运往，令图佛相。既如所愿图了，还返座。高五尺，在祇桓寺，至今供养。'……故《优填王经》云：'真身既隐，次二像现。普为众生深作利益者是也。'"[⑥] 若将这段造像故事与《增一阿含经》《观佛三昧海经》《大方便佛报恩经》三经中的相关片段对比，可以发现最为明显的变化是多出了目连以神力遣工匠上天雕刻妙相的情节。在可考的文献中，类似的情节最早见于前文所引

---

① （梁）僧祐：《释迦谱》卷3《优填王造释迦栴檀像记》，《大正藏》第50册，第66页下；（梁）僧祐：《出三藏记集》卷12《法苑杂缘原始集·优填王栴檀像波斯匿王紫金像记》，《大正藏》第55册，第90页中；（梁）宝唱：《经律异相》卷6《优填王造牛头栴檀像》，《大正藏》第53册，第29页下。

② 有关阿育王像和优填王像在南朝的地位，亦见苏铉淑《政治、祥瑞和复古：南朝阿育王像的形制特征及其含义》，《故宫博物院院刊》2013年第5期，第145—160页。

③ （梁）僧祐：《出三藏记集》卷12，《大正藏》第55册，第92页下。

④ （唐）释道宣：《续高僧传》卷5《梁扬都光宅寺沙门释法云传》，第163页。法云（467—529）是梁武帝统治前半期最重要的高僧之一，为武帝御寺光宅寺寺主。普通六年（525）敕为大僧正，这也是中国历史上最早的大僧正。

⑤ 天监十八年以前译出的经典中，提及优填王造像起源经过的有《增一阿含经》《观佛三昧海经》《大方便佛报恩经》三部。另外，通过查阅初唐以前的经录，包括道宣《大唐内典录》、费长房《历代三宝纪》、法经《众经目录》、僧祐《出三藏记集》，可知初唐以前被题为《优填王经》并与造像相关的译典，仅单卷本《作佛形像经》，其内容着重在优填王请佛开示造像之功德福报，并不涉及具体造像经过。另有单卷本《优填王经》，《出三藏记集》记为失译杂经，《历代三宝纪》和《大唐内典录》则记为西晋释法炬译。此经为《大宝积经》九十七卷优陀延王会之异译，与优填王造像因缘无关。

⑥ （唐）释道宣：《集神州三宝感通录》卷中，《大正藏》第52册，第419页中—下。

道宣《行事钞》。① 考虑到青年道宣撰写《行事钞》时的审慎态度，这一情节不太可能出自他的创造，而更可能是来自当时留存的某部佛典，比如《三宝感通录》中所引用的《佛游天竺记》或双卷《优填王经》。

《佛游天竺记》阙失已久，其名仅见于《出三藏记集》，被归入晋末宋初入竺僧法显（337—422）的六部译作之中，大约是记录印度佛教圣迹的作品。② 十明的《历记》引用了一段据称出自《佛游天竺记》的优填王造像故事："佛成道后八年，思报母恩，遂升忉利天，为母说法。过夏经九十日，国主优填王思恋世尊，乃请大弟子目连接三十二巧工，持栴檀香木，往彼天宫，雕割三十二妙相。遂持下人间，置本精舍，置佛坐所。尔后世尊，却从天下来，其像躬出，低头问讯，仰侍于佛。尔时世尊，亲为摩顶，授记之曰：'吾涅盘后一千年外，当于东夏，广为人天作大饶益。'言说讫，其像却还本位。于是世尊，自移于南边小精舍之内，与像异处，相去二十步。"③ 这个故事后半段的情节和措辞，与法显自述西域行记的《法显传》相关部分极其相似。法显约在400年抵达舍卫国，礼拜祇洹精舍，他记道："精舍东向开门，门户两边有二石柱，左柱上作轮形，右柱上作牛形。精舍左右，池流清净，树木尚茂，众华异色，蔚然可观，即所谓祇洹精舍也。佛上忉利天为母说法九十日，波斯匿王思见佛，即刻牛头栴檀作佛像，置佛坐处。佛后还入精舍，像即避出迎佛。佛言：'还坐。吾般泥洹后，可为四部众作法式。'像即还坐。此像最是众像之始，后人所法者也。佛于是移住南边小精舍，与像异处，相去二十步。"④ 肥田路美指出《历记》这段佚文篡改《法显传》故事的造像主为优填王，并加以与中国相关的"当于东夏，广为人天作大饶益"，则《佛游天竺记》应该只是一部托名法显的伪作。⑤ 她又因为陈朝江总（519—594）《优填像铭》描述的"大仙下降避席为恭"情节，没有出现在已知的6世纪优填王造像故事中，将《佛游天竺记》的成书时间定为5—6世纪。但笔者认为，由于《出三藏记集》将《佛游天竺记》列在法显译著之中，说明该书的正本在梁武帝的年代并未缺失，因此其伪作（即《历记》所引佚文）成书的时代应该不早于《出三藏记集》编撰的6世纪上半叶，并且在梁代并未作为正式文本弘通。原因很简单：致力于搜罗6世纪以前经律及佛教文献故事的类书《经律异相》，在集录种种优填王造像传说时，并没有任何一种说法提到这个情节。若它当真出现在《佛游天竺记》原作中，笔者很难相信《经律异相》的撰者、掌管梁武帝华林园宝云经藏的释宝唱，会将其遗漏，⑥ 更何况宝唱在列举了《增一阿含经》和《观佛三昧海经》两种优填王造像传说之后，直接抄录了《法显传》中他视为异相的"波斯匿王造牛头栴檀像"故事，这也从侧面

---

① 而玄奘在中印度憍赏弥国闻得的优填王故事，也有该情节。见（唐）玄奘、辩机撰，季羡林等校注《大唐西域记校注》卷5《憍赏弥国》，第468—469页。

② （梁）僧祐：《出三藏记集》卷2，《大正藏》第55册，第12页上。

③ 〔日〕平林盛得：《優填王所造栴檀釈迦瑞像歴記》，《書陵部紀要》第25号，1974年，第77—86页。

④ 《法显传》，《大正藏》第51册，第860页中。

⑤ 〔日〕肥田路美：《初唐時代における優填王像》，《美術史》1986年第2期，第81—94页。

⑥ 法显归国以后即住于建康道场寺译经。根据《出三藏记集》，梁初时，建康存有法显众多译著和带回的梵本。（梁）僧祐：《出三藏记集》卷1，《大正藏》第55册，第11页下—12页上。

说明他对法显的著作相当熟稔。①

这样看来，双卷《优填王经》是目前已知最早——同时也很有可能是首部——在优填王造像故事中加入"目连遣匠上天"情节的译典。②罗汉遣匠上天观佛形象的故事，早在5世纪初已经出现在印度造像传说中。法显在北印度的陀历国，曾见到一尊举高八丈的旃檀弥勒菩萨像："其国昔有罗汉，以神足力将一巧匠，上兜率天，观弥勒菩萨长短色貌，还下刻木作像。前后三上观，然后乃成像。"③与法显同行的宝云、刘宋时期入竺的法盛以及初唐的玄奘法师，都分别在他们的行纪中记载了这尊著名的瑞像。④这一故事的基本情节，除了人物不同以外，与《行事钞》《三宝感通录》几乎一致，然而至迟到6世纪初，它并没有被吸纳入中国流传的优填王造像故事。从内容和时间上看，扶南国进献的梵本有可能就包含了这部缺失且不见于任何现存经录的《优填王经》。

另外值得注意的是，6—7世纪，优填王造像故事在印度的流传也发生了明显的变化。法显曾巡礼至拘睒弥国（即《大唐西域记》之憍赏弥国），但他的传记中只字未提优填王像，仅仅记录了该国都城的精舍瞿师罗园。而当时印度奉为"众像之始"的，则是上文提到的祇洹精舍波斯匿王造牛头旃檀瑞像。高田修和亚历山大·索柏猜测舍卫国的波斯匿王造像故事，应该是当地人为彰显本国传统（波斯匿王是佛陀时代舍卫国的国王）而对优填王造像故事做出的改编。⑤索柏则进一步从艺术史上最早的佛像诞生于1世纪的马图拉（Mathura）展开讨论，认为优填王造像传说的诞生，是源于马图拉为了向其下游的憍赏弥国输出佛像（如憍赏弥地区出土的三件同为迦腻色伽83年铭的佛坐像）而创造的经典依据，毕竟要改变早期佛教崇拜体系中不展示佛陀形体的既有传统，并非单纯靠输出艺术品可以解决。⑥这一故事的原始版本可以从2世纪译为汉文的《作佛形像经》（题为"阙译人名，出后汉录"）看出，该经中并没有提到优填王造像，而只是佛向优填王开示作佛形象的种种无上功德，这也与马图拉需要的宣传目的一致。而在优填王造像故事真正出现的3—4世纪（以《增一阿含经》为出现时间的主

---

① "波斯匿王造牛头栴檀像"的故事出处，《经律异相》注为《出外国图记》。此书不见于目前所知法显的著作，但其全文都与现在《法显传》所记相同。见（梁）僧旻、宝唱撰，董志翘、刘晓星校注《经律异相校注》卷1，巴蜀书社，2018年，第218—219页。

② 武周时期于阗僧人提云般若翻译的《大乘造像功德经》，是现存唯一一部专门记述优填王造像故事因缘的双卷本佛经。但此经在诸佛经目录中也从未冠以《优填王经》之名。肥田路美指出此经中造优填王像的天匠是毗首羯摩天，与目犍连无涉，而道宣所说双卷《优填王经》则可能是一部疑经。稻本泰生则认为《大乘造像功德经》与道宣的说法相差不大，而且有可能在道宣之前，有《大乘造像功德经》的梵本被翻译为《优填王经》，只是此经目前已阙。他们的相关讨论都没有涉及"目连遣匠上天"的情节。见〔日〕肥田路美《初唐时代における優填王像》，《美術史》1986年第2期，第81—94页；〔日〕稻本泰生《優填王像東傳考》，《東方學報》（京都）第69册，1997年，第357—509页。

③ 《法显传》，《大正藏》第51册，第858页上。

④ 宝云、法盛、玄奘的记载和法显的记载绝大多数相同，稍有差异。如宝云记为"金薄弥勒成佛像"；法盛云"牛头栴檀弥勒像"，为罗汉可利难陀造；玄奘记为"刻木慈氏菩萨像，金色晃昱"，造像罗汉为末田底迦。宝云与法盛的记载见《名僧传抄》所引梁僧宝唱《名僧传》卷26《宝云传》《法盛传》。有关两位僧人的情况，见阳清、刘静《六朝佛教行记文献十种叙录》，《大学图书馆学报》2017年第1期，第105—111页。玄奘的记载见《大唐西域记校注》卷3《乌仗那国》，第295—296页。

⑤ 〔日〕高田修：《佛像の起源》，岩波书店，1967年，第119页。

⑥ Alexander C. Soper, "Literary Evidence for Early Buddhist Art in China," *Artibus Asiae* 19, 1959, pp. 259–265.

要依据），也正是贵霜帝国势力撤出马图拉之时，这使得原本作为文化受容方的憍赏弥国有机会为本国创造一个更为神圣的传说。索柏的推理固然精彩，但他忽略了法显没有在憍赏弥国见到优填王像这个重要的事实，这就足以说明当时优填王造像的传说并没有在憍赏弥国乃至整个中印度占据主流。

与 5 世纪以前中印度不见任何优填王故事相反，犍陀罗（马图拉以外早期佛教艺术的另一个中心）的佛教遗址中发现了一些表现造像故事的佛传浮雕，这也是目前所知极少数乃至唯一在古印度留存下来可能与优填王像相关的艺术作品。如白沙瓦博物馆一块 3—4 世纪的藏品，浮雕正中是跏趺法座之上施说法印的佛陀（图 3）。佛陀右边立着一位国王模样的男子，他怀抱着一尊小型

图 3　巴基斯坦白沙瓦博物馆藏优填王造像故事浮雕，Sahri Bahlol 遗址出土，3—4 世纪（采自栗田功，*Gandharan Art*, Nigensha, 2003, fig. 425）

的坐佛像，被判定为向如来展示佛像的优填王或波斯匿王。[1] 而目前最早记载优填王造像传说的汉译《增一阿含经》和《观佛三昧海经》，其梵本诵出者与译者也皆来自北天竺，具有浓厚的罽宾佛教背景。基于这些考古和文献资料，笔者尝试提供一个猜测，即"众像之始"的传说在中印度（马图拉）和北印度（犍陀罗）有着不同的情节。中印度的故事传统以波斯匿王为造像主，而北印度的传统则以优填王为造像主。[2] 文本来源古老而相对复杂的《增一阿含经》，[3] 其造像故事是优填王先以牛头旃檀作如来形象，之后波斯匿王才效仿以紫磨金作像。这有可能反映了译者或经文梵本作者在处理原始文本和当地传统差异时的手段，即从造像的先后和材料来彰显北印度故事的正统性。而出自纯粹罽宾禅观源流的《观佛三昧海经》和《法显传》舍卫国流传的故事，则分别站在自己的立场上选择彻底忽视不同传说的存在。在中印度传说的影响下，舍卫国刻造了旃檀像安置在祇洹精舍。而与马图拉邻近舍卫国不同，犍陀罗虽然将优填王造像作为佛传故事传播，但并没有远涉千里到马图拉影响下的憍赏弥国创立佛像的能力。犍陀罗迄今发现的疑似优填王像故事浮雕，从未将造像以正面单尊的形式示人，而《增一阿含经》和《观佛三昧海经》都不曾提到优填王像的下落，这些信息从侧面证明在北天竺的传统中，优填王像仅作为造像的神圣缘起存在，而非实际

① Nicolas Revire, *Please Be Seated: Faxian's Account and Related Legends Concerning the First Buddha Image*, pp. 351–373.
② 笔者猜测，对于犍陀罗来说，为了区别于马图拉的波斯匿王造像传说，优填王不失为一个合理的造像主选择。虽然在其他佛经故事里，优填王以迷恋女色而闻名（西晋释法炬译《优填王经》，见《出三藏记集》），但毕竟不是像阿阇世王那样不信佛法的恶王。
③ 《增一阿含经》属于早期佛教的根本经典之一，每个佛教部派都有自己的传承。目前对于汉译《增一阿含经》的部派归属尚存在争论，主流看法是大众部本，但也有人认为是说一切有部本。参见 Chandra Shekhar Prasad, "The Chinese Agamas Vis-à-Vis the Sarvastivada Tradition," *Buddhist Studies Review*, Vol. 10, 1993, pp. 45–56。

的瑞像崇拜。

这一情况到玄奘西行时已是完全改变：此时在憍赏弥国都城的大精舍内，供奉着优填王刻檀像；舍卫城祇洹精舍内法显所见刻檀佛像依旧存在，只是其造像故事转变为波斯匿王仿效优填王像所造。[①] 玄奘的记载，显示至迟到 7 世纪中叶，优填王造像故事和瑞像信仰取代波斯匿王像，获得了中印度佛教文化圈中"众像之始"的正统地位。那么这一转变究竟发生于何时呢？不同时期的求法僧对于阗一尊瑞像的描述或可提供一些信息。此像供奉在于阗媲摩城内，根据贞观十八年（644）玄奘在于阗的见闻："有雕檀立佛像，高二丈余，甚多灵应，时烛光明。凡在疾病，随其痛处，金薄贴像，即时痊复。虚心请愿，多亦遂求。闻之土俗曰：此像，昔佛在世憍赏弥国邬陁衍那王所作也。佛去世后，自彼凌空至此国北曷劳落迦城中。"[②] 对于同样一尊像，北魏宋云等人在神龟元年（518）留下的记载则是："有金像一躯，举高丈六，仪容超绝，相好炳然，面恒东立，不肯西顾。父老传云：'此像本从南方腾空而来，于阗国王亲见礼拜，载像归，中路夜宿，忽然不见，遣人寻之，还来本处。王即起塔，封四百户以供洒扫。'户人有患，以金箔贴像所患处，即得阴愈。后人于此像边造丈六像者及诸像塔，乃至数千，悬彩幡盖，亦有万计。魏国之幡过半矣。幡上隶书，云太和十九年、景明二年、延昌二年。

唯有一幡，观其年号是姚秦时幡。"[③] 由此可见，这尊刻檀大立佛（宋云的记载是"金像"，大概是因为像的表面贴满了信众供养的金箔，类似的情况今天亦见于拉萨大昭寺的觉沃佛）供奉在于阗的时间不晚于姚秦（384—417），但被附会以优填王像传说的时间，应该是在 518—644 年。鉴于于阗与印度佛教文化圈在这一时期的密切往来，优填王像神圣地位在印度的确立时间不会与此相差太远。

6—7 世纪印度的变化，已经引起学者的注意，Carter 甚至猜测玄奘在憍赏弥国见到的优填王像，可能是佛教在中印度逐渐衰落后，当地人为迎合中国求法僧朝圣需求而刻造的。[④] 这虽不失为一种有趣的解释，但缺乏直接的文献支撑，且六朝隋唐时期的汉地求法僧在印度是否有如此巨大的影响力也值得思考。[⑤] 前文对扶南国天监十八年（519）入贡天竺旃檀瑞像的分析，或可为此问题提供一种新的思路：为了迎合中国南朝的优填王瑞像信仰，扶南声称其入贡的旃檀像是印度优填王瑞像（尽管实际情况是当时的印度根本不存在所谓的优填王瑞像）。当然，扶南方面宣称该像是天竺本像之模像的可能性要大于宣称是本像的可能性，毕竟后者需要杜撰出更多容易出现破绽的故事。随像来华的《优填王经》，应该是扶南国学问僧在中国流行的《增一阿含经》优填王造像故事基础上，通过融合北天竺旃檀弥勒像传说创

---

① （唐）玄奘、辩机撰，季羡林等校注：《大唐西域记校注》卷 6《室罗伐悉底国》，第 489 页。

② （唐）玄奘、辩机撰，季羡林等校注：《大唐西域记校注》卷 12《瞿萨旦那国》，第 1026—1027 页。

③ （北魏）杨衒之撰，周祖谟校释：《洛阳伽蓝记校释》卷 5，中华书局，2010 年，第 172—173 页。

④ Martha Carter, "The Mystery of the Udayana Buddha," *Supplemento n.64 agli Annali*, Vol. 50, No. 3 (1990), pp. 1–43.

⑤ 法显、玄奘之间的两个世纪，到达中天竺并留下的求法僧行纪，有释智猛《游行外国传》、释法盛《历国传》、昙无竭《外国传》等。他们的巡礼时间多集中在刘宋时期，因此 5 世纪后半叶到 6 世纪中天竺的情况，中国所知也很少。见阳清、刘静《六朝佛教行记文献十种叙录》，《大学图书馆学报》2017 年第 1 期，第 105—111 页。

造出的新文本。在《增一阿含经》的故事中，目连已经扮演了以神足力将一巧匠至忉利天请如来回阎浮提的重要角色，因此加上"遣匠上天"的情节也是很自然的。同时，《三宝感通录》提到双卷《优填王经》中有"真身既隐，次二像现"的描述，其中的二像，应该就是《增一阿含经》故事中的优填王像（旃檀）和波斯匿王像（紫磨金）。优填王像及其传说在扶南产生，随后通过扶南与印度的密切交流回传，最终促使了玄奘所见憍赏弥国瑞像的出现。大概也是因为扶南版新优填王故事的产生和流传，玄奘在憍赏弥国听闻的故事也出现了"目连遣匠上天"的情节。

以上结合文献、考古资料以及扶南国在5、6世纪之交处于中印文化枢纽地位所做出的推测，在没有出现新证据的情况下，或许已接近于真实历史。其实这在文献中绝非全无踪迹，只是往往在不同的再创作中变得面目全非。比如《三宝感通录》中的优填王瑞像，是梁武帝遣使从舍卫国祇洹精舍模刻而来，而《律相感通传》中的"龙光瑞像"，则是首先由佛奈遮罗汉从北天竺带到扶南，后由宋孝武帝征扶南得到。这些看似荒诞不经的故事，组成其情节的主要元素，都隐约透露出背后的真相。

三 荆州大明寺像与扬州长乐寺像：正统的争夺与文本的书写

因讨好中国奉佛天子而从扶南来到建康的天竺旃檀瑞像，也许是世上第一尊真正被冠以"优填王"之名的佛像。然而在梁武帝眼中，它却只是想象中安置在天竺的优填王瑞像的一尊模像，比起建康长干寺和荆州长沙寺具有诸般灵异事迹的阿育王像来说，少了甚多神圣色彩。但武帝依然非常高兴，因为这不仅是他受戒成为"菩萨"之后，第一个从域外佛国泛海而来的祥瑞，且北朝已经失去的优填王像出现在南方，也好似隐喻佛尊对其治世的肯定。因此，他虽然没有为瑞像大兴土木、营建高阁供奉，却也将之安置在因晋宋时期高僧竺道生住锡而闻名的建康龙光寺内。在这里，瑞像度过了数十年安静岁月，直到梁末侯景之乱。此后的一个世纪，它的历史又因混乱的记载陷入一片迷雾。

正如前文笔者对十明《历记》提出的第三点质疑，在优填王瑞像梁末至唐初的历史中，最令人困惑的莫过于荆州大明寺像的出现、流转，以及道宣对"何为本像"说法的转变。从文本撰写的先后顺序看，荆州大明寺像首先出现在《广弘明集·佛像瑞集》以及《三宝感通录》的记载中。[1]其中成文时间可能稍早的《佛像瑞集》，对大明寺像的记载如下："荆州大明寺檀优填王像者，梁武帝以天监元年梦见檀像入国，乃诏募得八十人往天竺，至天监十年方还。及帝崩，元帝于江陵即位，遣迎至荆都。后静陵侧立寺，因以安之。"[2]《三宝感通录》中的描述基本一致，只是更为详细："至天鉴十年四月五日，骞等达于扬都。帝与百寮徒行四十里，迎还太极殿。建斋度人，大赦断杀。继是弓刀稍等，并作莲花塔

---

① 根据刘林魁的研究，道宣开始编纂《广弘明集》的时间不早于显庆二年（657），初次成书约在麟德元年（664），而最后成书在乾封元年（666）。而《三宝感通录》则是道宣在麟德元年夏安居时创作的。参见刘林魁《广弘明集研究》，中国社会科学出版社，2007年，第19—22页。
② （唐）释道宣：《广弘明集》卷15，《大正藏》第52册，第201页中—203页下。

头，帝由此菜蔬断欲。至太清三年五月帝崩，湘东王在江陵即位，号元承圣，遣人从杨都迎。上至荆都承光殿供养。后梁大定八年，于城北静陵造大明寺，乃以像归之。今见在，多有传写流被京国。"①也就是从这两处文本开始，道宣把中国优填王像的名号从龙光瑞像转给了大明寺像。而他在圆寂当年因天人交感而写就的《律相感通传》中，则另给出一段荆州大明寺像在梁末隋初的逸闻：

> 又问："荆州前大明寺栴檀像者，云是优填王所造。依传，从彼模来至梁，今京师又有，何者是本？"答云："大明是其本像。梁高祖既崩，像来荆渚。至元帝承圣三年，周平梁后，收国宝皆入北周。其檀像者，有僧珍法师，藏隐房内。多以财物，赂遗使人，像遂得停。隋开皇九年，高祖遣使人柳顾言往迎。寺僧又求像，令镇荆楚。顾言既是乡人，从之。令别刻檀像将往供旨。当时访匠，得一婆罗门僧，名真达。为造。即今兴善寺像是也，亦甚灵异。本像在荆州，僧以漆布缦之，相好不及旧者。本是作佛生来七日之身，今加布漆，乃同壮年状相，故殊绝异于元本。大明本是古佛住处，灵像不肯北迁故也。近有长沙义法师，天人冥赞，遂悟开发。剥除漆布，真容重显，大动信心。披觌灵仪，全檀所作，本无补接。光跌殊异，象牙雕刻，

卒非人工所成。兴善像身，一一乖本。"②

从道宣的生平经历来看，荆州大明寺优填王像故事的最初版本，应该是其显庆四年至五年（559—660）"顾步江淮"时，通过实地踏查的传闻和碑志所了解到的。③而对道宣来说，这次近一年在长江中下游流域进行的游历和考察，最大的收获在于与以长沙寺为首的荆州僧众建立了密切的联系，从而为其毕生大事业——设立如法受戒之戒坛——获得了来自南方重要僧团的支持。④荆州长沙寺、四层寺、大明寺曾经设立的戒坛成为他仿效的对象，而当乾封二年二月道宣在终南山净业寺创立戒坛首次传戒时，从诸州"兴心响赴"的38名僧侣中，来自荆州佛寺的就多达11名，其中更包括两名长沙寺的律师。⑤故此，为了树立荆州佛教的权威性，道宣需要在扬州长乐寺存在龙光瑞像的情况下，为大明寺像争取到优填王像的正统地位，这也许就是他晚年改变立场的最根本原因。

那么，道宣笔下各版本的大明寺像故事，究竟哪些是历史真相，哪些是荆州地区的传说，而哪些又是道宣为了自身宗教事业需要做出的改动呢？在《三宝感通录》给出的故事中，优填王像从天竺祇洹寺迎回建康太极殿供奉的情节，根据前文的分析，是糅合了汉明感梦、扶南国进贡天竺祇洹寺瑞像、武帝迎请荆州长沙寺阿育王像等瑞像故事先例的结果。这一创作，使大明寺像

---

① （唐）释道宣：《集神州三宝感通录》卷中，《大正藏》第 52 册，第 419 页中—下。
② （唐）释道宣：《律相感通传》，《大正藏》第 45 册，第 877 页上—下。
③ 池丽梅则把具体时间定在显庆四年十月至五年四月十五日。参见池丽梅《道宣传的研究：以其早年河东行脚为中心》，《佛教史研究》2017 年第 1 期，第 125—146 页。
④ 〔日〕稻本泰生：《優填王像東傳考》，《東方學報》（京都）第 69 册，1997 年，第 357—509 页。
⑤ 〔日〕大内文雄：《6—7 世纪における荆州仏教の動向》，《大谷学報》1986 年第 1 号，第 32—49 页。

的供奉位置（太极殿）有别于龙光瑞像（龙光寺），故而显得其受重视程度远高于后者。但此时的道宣似乎尚未给龙光瑞像准备好适合的说法，故《三宝感通录》中虽竭力搜罗汉唐之间的瑞像故事，竟对其熟知的龙光瑞像避而不谈，有故意之嫌。而在撰写个人色彩强烈的《律相感通传》当年，他终于通过来访的中天竺大菩提寺僧释迦蜜多罗，了解到乌仗那旧都北山大寺五重精舍的旃檀像故事，便以此故事为基础，辅以求法僧的西域见闻与扶南国入贡瑞像的史实，形成了"宋孝武征扶南获北天竺栴檀像"的完整情节，从而顺理成章地取代了原本龙光瑞像的优填王像地位。[①]

通过以上文本分析，笔者成功排查出一部分具有捏造嫌疑的情节，但要找出故事背后的真相，则必须参考更多的文献史料。有关梁元帝萧绎遣人从建康迎回优填王像一事，可信度就相当高。首先，荆州在这一时期的确存在优填王像。欧阳询有《西林寺碑》一文，其中提到慧达禅师大业二年（606）在庐山西林寺兴建七间重阁，欲模刻瑞像安置其中："有顷，达公欲往长沙，模写瑞像，及刻优填王像。即轻举扁舟，俄而旋返。所造法身，光相殊特，势超镕楷，功逾琢磨，丹艧

竞姿，紫铣争耀，力虽人就，妙乃神输。"[②]此段文字中的"长沙"，即指东晋时道安高足昙翼建立在江陵城北的长沙寺，乃南朝荆襄地区首屈一指的名刹。[③]长沙寺内最著名的瑞像，是晋太元十九年（394）突然现于江陵城北的阿育王金像。[④]梁中大通四年（532），此像被武帝迎往建康，于大内供养三日。之后武帝又在同泰寺专门建立"三面重阁"的瑞像殿以安置此像，对其重视的程度丝毫不亚于建康长干寺阿育王瑞像。而慧达此行的主要目的，就是模刻这尊阿育王像。这大约有与当时同在庐山的东林寺阿育王造文殊师利瑞像比肩之意。[⑤]而长沙寺之有优填王像，依《三宝感通录》的记载，其时间至少可以上溯至开皇十五年（595）："开皇十五年，黔州刺史田宗显至寺礼拜，像即放光。公发心造正北大殿一十三间，东西夹殿九间……其东西二殿，瑞像所居，并用檀帖。中有宝帐花炬，并用真金所成。穷极宏丽，天下第一。"这里提到的东西二殿所供奉的瑞像，显然是指阿育王像和优填王像。其次，侯景之乱结束后，确实有荆州僧团前往建康迎还瑞像，即长沙寺僧法敬等请回阿育王像之事。[⑥]结合这两条信息，可以推测法敬在迎请阿育王像的同时，可能也负有元帝的使命，带回了一尊优填王像。

① 〔日〕稻本泰生：《優塡王像東傳考》，《東方學報》（京都）第 69 册，1997 年，第 357—509 页。
② （唐）欧阳询：《西林寺碑》，（清）董诰等编：《全唐文》卷 146，中华书局，1983 年，第 1482 页。另外，慧达前往长沙寺造像之事，《续高僧传》亦有简略记载："晚往长沙，铸钟造像。"见（唐）释道宣《续高僧传》卷 29《隋天台山瀑布寺释慧达传》，第 1210 页。虽然没有具体提到是何像，但后文"阁中像设并汗流地"，符合南北朝时期瑞像的神异性质。《慧达传》见于兴圣寺抄本，说明应该是 649 年以前的作品。此时道宣尚未游历江淮，对西林寺之事或有不太清楚之处。
③ 〔日〕石田德行：《東晋南朝時代の江陵長沙寺》，《東方宗教》1973 年第 4 期，第 51—74 页。长沙寺建寺时间被推定为咸安二年（371），参见陈志远《六朝前期荆襄地域的佛教》，《中山大学学报》2019 年第 2 期，第 108—123 页。长沙寺的位置，陈涛依《三宝感通录》的一条记载推定为江陵城北，参见陈涛《韩国庆州皇龙寺与中国南朝佛寺渊源关系探讨》，《中国建筑史论文集》第 5 辑，中国建筑工业出版社，2012 年，第 505—530 页。
④ 陈志远：《六朝前期荆襄地域的佛教》，《中山大学学报》2019 年第 2 期，第 108—123 页。
⑤ 此阿育王像是慧远（334—417）创建东林寺时请来，最初由陶侃在广州外海发现，被称为庐山东林文殊瑞像。见（梁）释慧皎《高僧传》卷 6《释慧远》，《大正藏》第 50 册，第 358 页中—下。
⑥ （唐）释道宣：《集神州三宝感通录》卷中，《大正藏》第 52 册，第 416 页。

被请至江陵的优填王像被供奉在皇宫的承光殿内，直到大定八年（562）建大明寺以安置之。值得注意的是，大定八年不满两个月，梁宣帝萧詧去世，其子萧岿即位，改元天保，同年八月葬萧詧于江陵城北纪山之平陵。[①] 按《佛像瑞集》和《三宝感通录》的说法，大明寺的寺址位于城北静陵之侧。营造时间和地理空间的接近，使笔者不禁猜测静陵即是平陵，[②] 而大明寺则如同梁武帝在其父萧顺之建陵旁修造的皇基寺那样，是专为宣帝祈请冥福的陵寺。[③] 这种专门效力于皇室、具有家祠性质的佛寺，功能上不同于以僧团学修为主的普通伽蓝。当王朝覆灭，陵寺亦失去依托，被废止也是很自然的事情。而大明寺至迟在初唐已经被废弃，故《律相感通传》中称为"荆州前大明寺"。其具体的废止时间，很可能是在开皇七年（587）隋文帝黜免后梁末帝之后不久，则大明寺前后存在约 20 年的时间。也是因为这个原因，虽然大明寺在道宣晚年的重要著作《中天竺舍卫国祇洹寺图经》和《关中创立戒坛图经》中扮演了重要的角色，但他的其他同时期著作中从未出现过具名的大明寺僧人，这与长沙寺、四层寺等其他荆州寺院的僧侣屡次现身形成鲜明的对比。[④]

大明寺废止以后，优填王像被迎入长沙寺，这就是《三宝感通录》提到的开皇十五年就在长沙寺供奉着的那尊优填王像。此事虽不见于文献，但《三宝感通录》记载开皇七年，后梁皇帝、百官被隋文帝征召入长安后，长沙寺僧法籍等从江陵大内仁寿宫迎阿育王像回寺。[⑤] 长沙寺是与梁皇室关系最为密切的荆州佛寺。梁元帝萧绎在称帝前任荆州刺史时，曾为其阿育王像撰写碑文，并利用寺内经藏抄写珍本文献。[⑥] 而当元帝被北周大军围困在江陵时，他离宫之后的居所就是长沙寺。后梁宣、明二帝，更是奉长沙寺高僧为荆州僧正。[⑦] 受到皇室信赖的长沙寺僧，既然能够接触到皇帝陵寺中供奉的瑞像，那么也可能在迎回阿育王像的同时，将优填王像也一并迎入寺。实际上，在优填王像从建康到荆州流转的整个过程中，背后都有长沙寺僧的身影。除了前面猜测的长沙寺僧两次请回优填王像以外，《律相感通传》故事中把瑞像从漆布中剥离出来的，也是来自长沙寺的义法师（此故事恐是道宣编造，后文会分析）。此外，因大明寺建于大定八年，所以承圣三年那位将优填像藏隐的珍法师不可能是大明寺僧，恐怕也是与长沙寺有关。

---

① 《周书》卷 48《萧詧传》，中华书局，1971 年，第 862 页。韩休（673—740）的《梁宣帝明帝二陵碑》（《全唐文》卷 295，第 2988—2999 页），记载了梁明帝玄孙萧嵩（668—749）为其祖重新建祠立碑之事，然未透露陵址。最早对陵址的记载见（宋）乐史《太平寰宇记》卷 146《山南东道·荆州·江陵县》（王文楚点校，中华书局，2007 年，第 2839 页）："白碑驿。在县西北四十八里，梁宣、明二帝陵。唐开元二十一年建。"由此可知是在江陵城北。

② 荆州无静陵的地名，且平与静意思接近，猜测其中一个或是后世避讳的结果。

③ 陵寺是因佛教盛行而在南北朝时期开始出现并同时影响三国时代朝鲜半岛的陵寝制度。著名的北朝陵寺有北魏文明冯太后方山永固陵兆域内的思远佛寺。参见梁银景《陵寺在高句丽、百济陵寝制度中的性质与特征——以与中国南北朝陵寺的比较为中心》，《古代墓葬美术研究》2015 年第 1 期，第 141—169 页。

④ 《续高僧传》中仅一处提到大明寺，但似乎只是以地名出现。见（唐）释道宣《续高僧传》卷 21《唐荆州四层寺释法显传》，第 784 页。

⑤ （唐）释道宣：《集神州三宝感通录》卷中，《大正藏》第 52 册，第 416 页上。

⑥ 萧绎自普通七年（526）至大同五年（539）出任荆州刺史长达 14 年，之后又于太清元年（547）复迁荆州刺史，直至于荆州称帝。萧绎与长沙寺的关系，散见吴光兴《萧纲萧绎年谱》，社会科学文献出版社，2006 年。

⑦ （唐）释道宣：《续高僧传》卷 16《后梁荆州长沙寺释法京传》，第 586 页。

虽然荆州大明寺像确实存在，但对于《律相感通传》故事中的大兴善寺优填王像，不仅没有更多的文献支撑，而且与隋初的情况殊为不符。首先，若隋义帝确实从荆州迎请过瑞像，那么他没有理由对名气更盛的长沙寺阿育王像视而不见，毕竟在攻克建康以后，他就把建康长干寺的阿育王像迎至长安大兴善寺供养。[①] 其次，有关隋初大兴善寺内所供奉的瑞像，开皇元年到十七年都在该寺译经的费长房应该是相当熟稔。[②] 而他在开皇十七年写成的《历代三宝纪》中，却仅仅记载了当时大兴善寺的两尊瑞像，一尊即长干寺阿育王像，隋开皇九年平陈后自建康迎来，另一尊则是师子国献白玉像。[③] 按照《律相感通传》的说法，优填王像在开皇九年从荆州被隋文帝迎往大兴善寺，而当时除了参与调包的柳顾言一行人外，无人得知此像是模像，皆以真正瑞像视之。因此，若此像供奉在大兴善寺，几乎可以肯定费长房的记录绝对不会遗漏。[④]

但在另一方面，据晚唐段成式《酉阳杂俎》引韦述《两京新记》佚文可知，在总章元年（668）以前，大兴善寺的确存在一尊优填王像。[⑤] 那么这尊像又是何时出现的呢？若比较《佛像瑞集》、《三宝感通录》和《律相感通传》三者的文字可以发现，成书时间最早的《佛像瑞集》没有提及大兴善寺像，《三宝感通录》则多出一句"多有传写流被京国"，指出长安流传着模写的大明寺像；直到最后成书的《律相感通传》，才交代出具体的造像经过。这些微妙的细节变化，或说明兴善寺像就出现在道宣与荆州僧团交流最为频密的显庆至乾封年间，而其出现自然与道宣亦大有干系。猜测道宣为了使长安僧众了解并承认荆州大明寺的权威性，便在"大有灵瑞佛像佛骨佛齿"[⑥] 的大兴善寺，指认寺内某尊檀像为优填王像。随后他又以隋文帝遣使迎长干寺瑞像的故事为蓝本，为此檀像创造了"荆州大明寺像模像"的来历，从而将其本像——荆州大明寺像——抬升至皇室瑞像的高度，以盖过当时北方普遍认可的扬州长乐寺龙光瑞像。《律相感通传》故事的精妙之处，则在于引入了"以漆布缦之"的情节。这并非向壁虚造，因为南北朝、隋唐时期盛行的佛教夹纻造像，其主流做法即是先以木或泥制成佛身形状的内胎，再于其外覆裹数层麻布，并反复多次涂漆，待干实后再在麻布表层髹漆。绝大多数夹纻像会被挖去内胎以维持像身轻巧，但内胎是否去掉并不影响造像效果。[⑦] 道宣基于造像技法的合理化创作，不仅为其所希望在长安宣扬的"优填王瑞像远在荆楚"提供了一个近在咫尺的实物证

① （唐）释道宣：《续高僧传》卷30《周鄜州大像寺释僧明传》，第1205页。
② 虽然《历代三宝纪》历来被认为是真伪淆杂，讹误丛生，但里面关于隋代大兴善寺情况的记载，因是作者亲身经历，可靠性很强。
③ （隋）费长房：《历代三宝纪》卷3，《大正藏》第49册，第38页上—40页上。建康长干寺阿育王像被送往大兴善寺之事，亦见（唐）释道宣《续高僧传》卷30《周鄜州大像寺释僧明传》，第1205页。
④ 《历代三宝纪》在梁武帝时期的年表内均未留下任何有关优填王瑞像传来的记录，或说明费长房对优填王瑞像在南朝的情况不太了解。见（隋）费长房《历代三宝纪》卷3，《大正藏》第49册，第44页上—46页上。
⑤ （唐）段成式：《酉阳杂俎》续集卷5《寺塔记上》，许逸民点校，中华书局，2015年，第1749页。《两京新记》的成书时间为开元十年（722），可信度高。
⑥ （唐）释道宣：《广弘明集》卷15，《大正藏》第52册，第203页中。
⑦ 朱若麟：《奈良時代の乾漆技法研究：聖林寺十一面観音菩薩立像の模刻制作を通じて》，东京艺术大学，2023年，第22—27页。

据，而且妥善解释了兴善寺优填王像与大明寺优填王像（当时在荆州长沙寺）的外观区别，可谓一举两得。

四 孰为真像？

至于长沙寺僧迎往江陵的优填王像与释住力迎至扬州的优填王像，哪尊才是天监十八年扶南国入贡的天竺旃檀瑞像，在缺乏史料的情况下，笔者仅能做一些初步的推测。若从常理推断，龙光寺的僧人不太可能拒绝当时控制建康的君主梁元帝的敕令，如此则荆州大明寺像是天竺原像的可能性很大。当然也不能排除另外一种可能，即龙光寺僧不希望优填王像被请走，便以一尊之前已制作好的模像代替原像送去江陵，这也说得过去，毕竟模写瑞像的做法在当时并不罕见。[①]

然而无论真实情况如何，历史所展现的，是在随后梁陈分立的时代，江陵和建康的两个敌对政权各奉自己域内的旃檀像为正统。荆州大明寺像在后梁的情况前文业已介绍，而有关南陈时期的龙光寺优填王像，可以从江总的《优填像铭》中得到一些信息。[②]江总历仕梁、陈、隋三朝，考其《陈书》本传，理论上他有机会见到梁武帝时期建康龙光寺的优填王像，以及陈朝建康龙光寺的优填王像。[③]考虑到优填王瑞像的神圣性，此铭

文最有可能创作于江总成为国家重臣的陈后主时期。[④]虽然江总的作铭不能作为此龙光寺像身份的佐证，但至少能够说明在陈朝君臣的眼中，此像无异于武帝时期的原像。

在隋统一南方的战争结束之后，建康遭到了彻底的毁弃。[⑤]而城内外诸寺的瑞像，唯有象征国运的长干寺阿育王像被文帝迎入长安。从《续高僧传·释住力》的记载可知，在此僧徒星散之时，建康泰皇寺的住持释住力，从焚毁的龙光寺中寻出优填王像和晋司徒王谧所得的定光佛像，送至他在扬州城新开辟的长乐寺。在隋帝平南后的江南统治中心扬州，住力因善于营造寺院而得到时任扬州总管的晋王杨广的信任。杨广不仅资助长乐寺修建了一座"金盘景耀、峨然挺秀"的五重塔，还响应住力的倡导为两尊瑞像修建高阁，并亲题"瑞像飞阁"悬于阁前。住力在杨广即位以后，亦亲自前往大兴城面圣。[⑥]毫无疑问，住力与炀帝的密切关系以及他的大兴之行，使得"扬州长乐寺供奉着原建康龙光寺优填王像"的消息在京城内外广为人知。大概也是从此时开始，长乐寺像便以"龙光瑞像"之名传世。而《行事钞》中以《高僧传·竺法兰传》优填王像（中天竺僧由西域传来的优填王瑞像之第四次模写）为蓝本的龙光瑞像传说，应该就是源自住力在逗留大兴

---

① 比较著名的例子，是被当作神异记录下来的东晋瓦官寺慧邃模写长干寺阿育王像的故事。见《梁书》卷54《诸夷·海南诸国·扶南国》，第790页。

② （唐）欧阳询编：《艺文类聚》卷77《内典部下》，汪绍楹校订，上海古籍出版社，1982年，第1320页。

③ 江总在侯景之乱以后避往会稽，之后又前往广州投靠亲戚，陈天嘉四年（563）还建康，因此没有机会见到荆州大明寺像。《陈书》卷27《江总传》，第343—347页。

④ 江总早年虽得到梁武帝赏识，但只是青年才俊而非重臣。唯有在陈后主时期，他才成为皇帝面前数一数二的红人，担任权力极大的"吏部尚书"和"尚书令"。现存的有关江总的佛教史迹，也都是这个时期的产物。参见段双喜《江总生平与佛教关系考述》，《安徽农业大学学报》2009年第2期，第115—119页。

⑤ 《隋书》卷31《地理志·丹阳郡》，中华书局，1973年，第876页。

⑥ 释住力的事迹，见（唐）释道宣《续高僧传》卷30《唐扬州长乐寺释住力传》，第1213—1214页。炀帝为瑞像阁题字之事，见〔日〕圆仁撰，白化文等修订校注《入唐求法巡礼行记校注》，第62页。

期间所讲述的故事，而被道宣记录下来。作为梁末出生、八岁出家的建康僧侣，住力不太可能不清楚龙光瑞像的真实来历。他之所以借助《高僧传》另创新说，一是因为萧梁时扶南国的入贡远不如东汉时中天竺僧由西域传来那么吸引人，毕竟后者自5世纪中期开始流传，至隋已经成为最早优填王像传来中国的一种正统说法；二是长乐寺像的姿态为立像，不同于《高僧传》中记载的倚坐姿态。

自住力以后，"龙光瑞像即优填王像"的观点便一直在唐代的关中地区占据着主流。直到晚唐段成式在讨论大兴善寺像来历时，他仍提到时人认为优填王像是来自建康。[①]而在另一方面，辗转传至长沙寺的大明寺优填王像虽然在荆襄地区一直被奉为正统，影响力甚至远及庐山一带，但其故事传入中国北方的时间却晚于龙光瑞像。尽管晚年的道宣为了提升荆州佛教在长安的影响力而竭力宣传大明寺像，从上引段成式的晚唐时人观点来看，其作用依然非常有限。长沙寺的优填王像在道宣的记录之后，便消失在历史中。应该指出的是，这一现象与唐代荆州长沙寺的衰落和扬州长乐寺（玄宗时易名为开元寺）的持续兴盛密不可分。[②]

五 倚坐·跏趺·站立：优填王像造型来源的艺术史再考

在上文大致厘清了清凉寺释迦如来立像一系优填王像的源流及其传播经纬的基础上，笔者最后就艺术史研究中最令学者困惑的优填王像造型分歧做一简单探讨，同时也试图为清凉寺像复杂难解的样式源流问题提供一个新的视角。目前所知的优填王像实物，存在三种全然不同的造型，即"倚坐"、"跏趺"和"站立"。其中倚坐像之例有7世纪后半叶洛阳附近的龙门、巩县石窟优填王像（图2），跏趺坐像有3—4世纪犍陀罗佛传浮雕（图3），立像有莫高窟吐蕃时期的瑞像画（图4）以及清凉寺释迦如来像（图1）。对于这三种造型的缘起及其相互关系，似乎从来没有全面深入的考察。

总的来说，先行研究的观点大致可以分为两类。第一类认为优填王像只存在一种正统的造型，持有这种观点的学者包括 Martha Carter、肥田路美和 Nicolas Revire。Carter 和肥田皆认为立姿是优填王像正统，但他们的讨论要不未考虑倚坐或跏趺坐的优填王像，要不将之视为非真正的优填王像而排除在外，故失之片面。[③]Revire 则恰恰相

---

① "据梁时西域优填在荆州，言隋自台城移来此寺，非也。"段成式：《西阳杂俎》续集卷5《寺塔记上》，第1749页。段成式在这里根据文献认为，梁的优填王像是在荆州，因此有关建康来的说法是错误的。他所依据的文献，很可能就是《律相感通传》和《三宝感通录》。

② 道宣以后，极少文献提及长沙寺。笔者仅找到一条，即《天王道悟禅师碑》："道悟，渚宫人。年十五，依长沙寺昙翥律师出家。"（《全唐文》卷713，第7321页）渚宫泛指江陵一带，所以此文中的长沙寺应该就是荆州长沙寺。天王道悟禅师（737—818），其十五岁为天宝十一载，如此可知荆州长沙寺至迟到玄宗天宝年间还存在。关于长沙寺最迟毁弃于元代的考证，见陈涛《韩国庆州皇龙寺与中国南朝佛寺渊源关系探讨》，《中国建筑史论汇刊》第5辑，第505—530页。

③ Carter 判定犍陀罗佛传浮雕为波斯匿王像，没有关注龙门、巩县石窟的优填王像。此外，他还将《高僧传·竺法兰传》中的"释迦倚像"解释为"前倾的释迦立像"。旁证是《魏书·释老志》中的竺法兰、蔡愔带回的佛像为"释迦立像"，但是《释老志》并没有将该像视为优填王像。参见 Martha Carter, *"The Mystery of the Udayana Buddha," Supplemento n.64 agli Annali*, Vol. 50, No. 3 (1990), pp. 1–43。肥田路美认为中国南北朝到初唐时期流传的种种造像故事，对优填王像的形制、法量、材质记载各异，因此优填王像在当时中国佛教中，充当了释尊授记涅槃之后的佛事咐嘱对象，而非指代具体某类有特定样式的佛像。她将龙门、巩县石窟的优填王倚坐像视作泛指的千佛之首。此外，她没有讨论犍陀罗佛传浮雕中的优填王像。参见〔日〕肥田路美《初唐时代における優填王像》，《美術史》1986年第2期，第81—94页。

西披左起第十格
榜题"中天竺憍焰弥宝檀/尅(刻)瑞像"

南披右起第五格
榜题"于阗媲摩城中琱(雕)檀瑞像"

图 4　莫高窟第 231 窟主室西壁龛顶的两幅旃檀瑞像图（采自《伯希和敦煌图录》，敦煌研究院提供）

反，他认为佛经和造像实践中主流都是坐姿优填王像，站立的优填王像可能是对《观佛三昧海经》的另类解读。[①] 由于没有在分析中对跏趺坐像和倚坐像做区别，Revire 的结论也存在问题。第二类观点认为优填王像的造像传统可能存在不止一种的来源，需要对不同造型的来源做讨论，代表学者有稻本泰生，而他的研究也是目前对各类优填王像流布最为深入的探讨。[②] 由于稻本的主要关注点在考察初唐时代龙门、巩县石窟的优填王像与玄奘带回的优填王像之间的关系，未能将优填王造像故事和瑞像信仰在印度、东南亚和中国的产生演变做通盘考虑，因此也有滞碍难通之处。比如他表示难以理解为何于阗存在两种不同的优填王像传统（跏趺坐、站立）。根据下文的讨论可知，前者是以造像故事的形态存在，而后者则已发展成单尊的瑞像信仰，不可以完全等而视之。

表 1　8 世纪以前文献中有关优填王像造型的描述

文献	译出、撰述年代	佛像造型及其他	文献性质
《增一阿含经》卷 28	384—398 年	五尺高，牛头旃檀像。造型不详	佛经
《观佛三昧海经》卷 6	410—420 年	金像。初成之时造型不详，迎还释尊的场合是立姿	佛经
《法显传》	414—416 年	牛头旃檀像。初成之时是坐姿，迎还释尊的场合是立姿，但随即坐下（造像主波斯匿王）	史传、见闻
《大方便佛报恩经》卷 3	5 世纪	牛头旃檀像。造型不详	佛经
《赞巴斯塔书》第 23 章	5—6 世纪	旃檀像。狮子座上跏趺坐姿	佛经辑选
《冥祥记》	约 501 年	倚坐像	灵验传说
《高僧传》卷 1	519 年	旃檀像。倚坐姿	史传

[①]　Nicolas Revire, *Please Be Seated: Faxian's Account and Related Legends Concerning the First Buddha Image*, pp. 351–373.

[②]　稻本则倾向于认为龙门、巩县石窟的优填王倚坐像源自玄奘在憍赏弥国所见，而清凉寺像传统则来自 5—6 世纪于阗的优填王立像。参见〔日〕稻本泰生《優填王像東傳考》，《東方學報》（京都）第 69 册，1997 年，第 357—509 页。

续表

文献	译出、撰述年代	佛像造型及其他	文献性质
双卷《优填王经》佚文	6 世纪	五尺高旃檀像。造型不详	佛经
《佛游天竺记》佚义	6 世纪后半叶	旃檀像。初成之时是坐姿，迎还释尊的场合是立姿	史传、见闻
《大唐西域记》卷 5《憍赏弥国》	646 年	旃檀像。初成之时造型不详，迎还释尊的场合是立姿	史传、见闻
《大唐西域记》卷 12《瞿萨旦那国》	646 年	二丈高刻檀像。立姿	史传、见闻
《续高僧传》卷 9	649 年	立姿	史传
《佛说大乘造像功德经》上卷	691 年	七尺高，纯紫旃檀像。狮子座上跏趺坐姿	佛经

需要指出的是，之所以出现数种不同造型的优填王像，根本原因在于——正如本文第二节所分析的那样——造像故事发轫之地的犍陀罗，并未真实创造并供奉一尊优填王瑞像，这就给予了之后种种造型产生的空间。从表 1 所罗列的文献记录看来，在《增一阿含经》《观佛三昧海经》《大方便佛报恩经》等佛经中最早出现的故事，也没有明确提到优填王像的姿态。不仅如此，《观佛三昧海经》的造像故事还专门提及了佛像"迎还释尊"的情节，似暗示优填王像在某些特定场合可以是站立的。而佛经中唯一一次描述优填王像的姿态，则出自《佛说大乘造像功德经》，乃"坐师子座结加之像"。该经的汉译本出现较晚，武周天授二年（691）方由于阗国三藏提云般若译于洛阳大周东寺，但更早的版本保存在 5—6 世纪的古于阗文《赞巴斯塔书》（*The Book*

of Zambasta）中的第 23 章。[①]《赞巴斯塔书》的作者在该章开头写道："为了一切有情的福祉，我将这段故事翻译为于阗文。这个故事是关于释尊如何从三十三天下降，优填王如何为释尊造像，以及优填王如何因此而积累无数福德的。因此，请听这个故事。但在之前要注意：于阗人甚轻于阗文之佛法，其人不甚解印度语言，然若写作于阗文，便认为并非佛法。而汉人之佛法用汉文书写，罽宾人也是同样，其人用迦湿弥罗文学习佛法，故亦能解其意。于阗人似乎根本无法理解佛法之意。"[②]这说明《赞巴斯塔书》中的优填王故事是译自某个更古老的文本，或许和罽宾—犍陀罗有些许关系。这样看来，同为跏趺坐像的犍陀罗优填王造像故事浮雕，确实有可能反映了罽宾地区后来对优填王像造型的规定，这也符合罽宾佛教重视禅观观像的大传统，并且在 5 世纪流传

---

① 《赞巴斯塔书》第 23 章基本相当于《佛说大乘造像功德经》。见 R. E. Emmerick，*The Book of Zambasta: A Khotanese Poem on Buddhism,* Oxford University Press, 1968, pp. 343–367。该书的成书年代目前尚无定论，Emmerick 认为是在 7、8 世纪之交，基本与提云般若的汉译本同时，但 Mauro Maggi 通过分析文本中出现的于阗文字体，指出文本最可能的成书时间是 5—6 世纪。各种有关文本时间的讨论，见 M. Maggi, "The Manuscript T III S 16: Its Importance for the History of Khotanese Literature," *Turfan Revisited: The First Century of Research into the Arts and Cultures of the Silk Road*, Dietrich Reimer Verlag, 2004, pp. 184–190。

② R. E. Emmerick, *The Book of Zambasta: A khotanese Poem on Buddhism*, pp. 343–345.

到于阗地区。[①]但这一规定是建立在优填王造像故事传统的基础上，并没有真正发展出相关的单尊瑞像信仰。

倚坐姿态的优填王像，似可溯源至祇洹精舍的波斯匿王像。龙门、巩县石窟的优填王倚坐像皆偏袒右肩，以紧贴佛身的法衣突出身体的立体感，呈现浓郁的印度笈多风格，明显区别于同窟相近时代的其他造像。由于这些优填王像的营造极盛期（650—665）几乎与玄奘归国后的活跃时间（649—664）相始终，相当部分学者判断其来源应该就是玄奘带回的"拟憍赏弥国出爱王思慕如来刻檀写真像刻檀佛像"。[②]以肥田路美为代表的另一些学者则对此提出异议，以莫高窟第231窟立像姿态的"中天竺憍焰弥宝檀刻瑞像"（图4）为主要依据，认为玄奘带回之优填王像亦为立姿，与龙门、巩县石窟出现的优填王像无涉；后者之所以在造像记中频频提及优填王像，并非特别的瑞像信仰，而是泛指千佛之首，取其承继印度佛法正统的象征和千佛忏悔灭罪的功德。[③]然而正如稻本泰生所分析的那样，莫高窟第231、237窟吐蕃时期的瑞像图，乃是于阗影响下的产物，因此其反映的优填王瑞像信仰应该是遵从当时当地的传统，也即同样现于敦煌瑞像图中的"于阗媲摩城中雕檀瑞像"。[④]笔者也赞同稻本泰生对龙门、巩县石窟优填王像营造与玄奘活跃时期密切时空关系的再次强调，认为在没有更多新证据的情况下，两者最有可能是模仿与被模仿的关系。况且即便是将优填王像视为千佛之首，也并不与作为特定的优填王像相冲突，龙门、巩县石窟优填王倚坐像与其周边跏趺坐千佛的造型差异，就很说明问题。另一方面，从本文第二节的分析可知，玄奘所见憍赏弥国优填王像很可能是6—7世纪中印度开始出现优填王瑞像信仰之后，当地人模仿祇洹精舍波斯匿王像所作。而波斯匿王像为坐姿的事实在法显的记载中是明确的。因此，"祇洹精舍波斯匿王像—憍赏弥国优填王像—龙门、巩县石窟优填王像"一系倚坐姿态佛像传承关系大致得以确立。至于《冥祥记》《高僧传》中的优填王像虽然也是倚坐像，其与波斯匿王像的关系却难以考证。虽然波斯匿王像的信息早在5世纪初便由法显传回，但就《法显传》本身而言，并未提及具体的坐姿。当然也不乏一种可能，即法显在建康文化圈讲述的故事要比他的文字记录更加丰富具体，并在5世纪下半叶与优填王造像一起加入南朝"汉明感梦"的传说中。倚坐像在2—6世纪印度和西域的造像中已不乏其例（图5），但对于魏晋南北朝时期普遍习惯于席地而坐的中国人来说，它天然带有"非中国"的

---

① 犍陀罗地区发现的优填王造像故事浮雕大多为跏趺坐像。唯一的例外是栗田功 Gandhāran Art 书中收录了一块日本私人收藏的浮雕，被其猜测题材为优填王造像故事，浮雕中的佛陀和佛像均是站立的姿态。然而由于佛像是被一位比丘托起，笔者认为是否为优填王造像故事尚值得商榷。见 Isao Kurita, Gandhāran Art, fig. 424.

② 龙门、巩县石窟带有"优填王像"题记的造像，龙门石窟计有70多身，巩县石窟有4身。其中纪年铭文最早的是龙门石窟敬善寺的永徽六年（655）铭，最晚的是龙门石窟万佛洞的调露二年（680）铭，由此可见这种造像的最盛是在唐高宗长期居住于洛阳的时期。〔日〕滨田瑞美：《千佛图像与优填王像》，《2004年龙门石窟国际学术研讨会文集》，河南人民出版社，2006年，第259—268页。

③ 〔日〕肥田路美：《初唐时代における優填王像》，《美術史》1986年第2期，第81—94页。

④ 〔日〕稻本泰生：《優填王像東傳考》，《東方學報》（京都）第69册，1997年，第357—509页。

犍陀罗石造倚坐佛像 于阗木造倚坐佛像 鹿野苑石造倚坐佛像 云冈石窟第8窟后室北壁上层龛中央主尊倚
2—3世纪·私人藏品 4—5世纪·大英博物馆藏 5—6世纪·大英博物馆藏 坐佛，471—494

图5 印度和中国2—6世纪的倚坐佛像（采自 Marylin M. Rhie, *Early Buddhist Art of China and Central Asia*, Vol. 2，以及水野清一、长广敏雄《云冈石窟》）

属性，故极少见于当时本土的造像中。[1]6世纪以前著名的单尊倚坐释迦像，目前仅知苻坚赠予道安的七尺"外国金箔倚像"一例。这种既罕有又充满外国感的佛像造型，恰如其分地投射出南朝对于异域圣物的想象。

至于立姿优填王像的传统，如前文的分析，始自扶南入贡的"天竺栴檀瑞像"是比较明确的。首先从京都清凉寺释迦如来立像推测，其直接仿效的龙光瑞像应该也是站立的姿态。此外还有更直接的证据。《续高僧传·释智脱传》云："初，（智）脱每开讲题，必梦与优填瑞像齐立。"智脱（540—607）为陈隋之际建康著名的论师，初住锡于庄严寺，在其师智瞚圆寂后即开讲成实论，时间上不晚于陈至德中（584）。[2]从智脱的生平经历来看，他梦见的优填王像就是龙光瑞像，"并立"云云，显然是立像。因本文

已说明龙光瑞像的身份不是扶南入贡的原像本身，就是直接从其模刻，故该像不出意外也是立姿。而于阗、敦煌一系的优填王立像传统，不仅出现时间晚于扶南像，而且还与于阗原来流传的优填王像造型（跏趺坐）相悖，如非受到来自外部的影响，当不至于有如此剧变。没有任何证据显示于阗与扶南这两个相隔甚远的地区存在直接的文化交流，优填王瑞像信仰传入于阗，必然是经由印度或者中原。相比倚坐姿态的印度优填王瑞像，由扶南传至中国南朝的优填王立像无疑更有可能充当于阗瑞像发生变化的外因。笔者推测，于阗获知南朝的天竺优填王瑞像，有两个可能的时间点。于阗与南朝的交聘往来始于梁武帝统治期间，大同七年（541），于阗"献外国刻玉佛"，此时距离扶南优填王像的传入已经过去了20多年，理论上使节们可以了解乃至见到建康龙

---

[1] 中国目前最早的倚坐佛像实例是甘肃金塔寺西窟中心柱上北凉时期（401—439）的倚坐弥勒像。最早的主尊倚坐佛是云冈石窟第8窟后室北壁上层龛中的主尊。南北朝时期的倚坐像既有弥勒，也有释迦，而单尊倚坐像似无实例。参见金申《榆林发现的刘宋金铜佛像质疑》，《文物》1995年第12期，第61—64页。

[2] （唐）释道宣：《续高僧传》卷9《隋东都内慧日道场释智脱传》，第256—258页。

光寺的优填王像。[①] 此外，南朝的优填王瑞像信仰在大业年间（605—617）因释住力的入京而传入北地，而这段时间恰巧频频朝贡中原的于阗使者，也是有可能在逗留大兴城期间听闻这个瑞像故事。[②] 两者之中，大同七年的建康因为存在真实瑞像而使前者的可能性要大得多。如果这一推测成立的话，媲摩城中雕檀瑞像的故事新编，当是于阗人有意结合优填王瑞像信仰与本地最著名立姿瑞像的结果。

扶南入贡的优填王旃檀瑞像，究竟是如其所声称的那样从印度请来，还是出自扶南本土工匠之手，本来是无从考证的。若从扶南来华朝贡的过程看，其使团从开始准备到抵达建康大约有 6 个月的时间，不太可能有足够的时间专门去印度请像，但是也无法排除扶南国中已经存在印度檀像的可能性，毕竟该国作为高度印度化的东南亚政权一直与印度本土保持着密切往来。若试图从清凉寺释迦立像的造像风格去探索其本像之源流，则更如进入一座迷宫。比如针对该像最具特色的涟漪状对称衣纹褶皱，目前就至少有来自犍陀罗、马图拉和西域诸国三种观点。[③] 而实际上，不管是犍陀罗式、马图拉式、笈多式，还是南印度、中

亚、中国的造像风格，似乎都能在清凉寺像中找到某些相似的对应之处。这种特殊的杂糅折中令最博学的艺术史学家都感到头疼，甚至慨叹从清凉寺像探知其所模仿本像的来源，或已超出了目前学者的能力范围。[④]

尽管优填王旃檀瑞像与扶南本土文化之间的关系晦暗不明，但就目前所知的扶南佛教艺术而言，的确相当突出地存在一批数量可观的木造佛像（图 6）。这批造像发现于越南南部湄公河口三角洲的俄厄（Óc Eo）文化遗址，因隔绝氧气的滩涂泥层而得以保留至今。俄厄是考古学家对 350 多个扶南时期遗址的统称，它被认为是 2—7 世纪该国重要的对外港口和文化商业中心。[⑤] 也就是说，天监十八年搭载旃檀瑞像的船只很有可能就是从这里启航前往建康的。这些木造佛像的高度从 133 厘米到 200 厘米不等，皆直立站于莲座上。碳 14 测年显示，绝大多数造于 6 世纪前后，最早的一尊可能是 4 世纪的作品。虽然不少造像损毁严重，但在一些能够辨别基本外观的个体中，还是能看出它们呈现不同的印度造像样式，既有一些偏袒右肩、无纹薄衣贴身，明显受到中印度笈多－萨拉纳特（Gupta-Sarnath）式风格影响，又

①《南史》卷 79《夷貊列传·于阗》。

②《隋书》卷 83《西域列传·于阗》，第 1852—1853 页。

③ 清凉寺释迦如来的风格分析，见 Gregory Henderson and Leon Hurvitz, "The Buddha of Seiryōji: New Finds and New Theory," *Artibus Asiae*, Vol. 19, 1956, pp. 5–55; Alexander C. Soper, "Literary Evidence for Early Buddhist Art in China," pp. 259–265；Marylin Martin Rhie, *Early Buddhist Art of China and Central Asia: The Eastern Chin and Sixteen Kingdoms Period in China and Tumshuk, Kucha and Karashahr in Central Asia,* Brill, 2002, pp. 432–445；金申《日僧奝然在台州模刻的旃檀佛像》，《佛教美术丛考》，科学出版社，2004 年，第 135—142 页；〔日〕奥健夫《清凉寺释迦如来像》，《日本の美术》第 513 号，2009 年。其中支持犍陀罗源流的有索柏和 Gregory Henderson，支持马图拉源流的有 Marylin Martin Rhie 和金申，支持西域源流的有奥健夫。

④ Gregory Henderson and Leon Hurvitz, "The Buddha of Seiryōji: New Finds and New Theory," *Artibus Asiae*, Vol.19, 1956, pp. 5–55.

⑤ 有关扶南佛教文化艺术的概况，参见 Pierre-Yves Manguin, "Early Coastal States of Southeast Asia: Funan and Śrīvijaya," *Lost Kingdoms: Hindu-Buddhist Sculpture of Early Southeast Asia*, Yale Univerisity Press, 2014, pp. 111–115; Angela F. Howard, "Pluralism of Styles in Sixth-century China," *Ars Orientalis*, Vol. 35, 2008, pp. 67–94。

图 6 越南俄厄遗址出土的木造立佛，约 6 世纪（采自노남희《6 세기 푸난 목조불상에 대한 試論》，《미술자료》第 99 号，2021 年）

有一些身着通肩袈裟、衣纹交叠的犍陀罗式佛像，同时某些佛像也可看到马图拉和南印度阿马拉瓦蒂（Amaravati）式佛像的某些因素。而另一方面，佛像在面容和身体比例上都出现了显著的东南亚本土艺术风格，因此并非从印度传来，而是扶南本土的作品。① 由于在俄厄遗址出土的印度教造像中从未有过木像，一些艺术史学家倾向于认为使用木料作为造像材质是扶南佛教艺术的特征之一。②

俄厄遗址的木造等身立佛，几乎涵盖了 7 世纪以前印度所有的佛教造像艺术流派，这说明当时的扶南完全有能力制造一尊印度风格的佛像，更何况这尊佛像所要求的材质还是扶南匠师最为擅长的木料。或许清凉寺像呈现的复杂多元的印度元素，正是扶南工匠制造优填王像时对所谓"印度样式"刻意模仿的结果。③ 而俄厄木造立像与清凉寺像在身体比例、手印、台座形式等诸多方面的差异，也是因为优填王像是特殊的专为模仿而造立的扶南木像。④ 目前最新关于扶南木像的研究，已经关注到优填王旃檀瑞像的流布，但尚

---

① 有关俄厄出土木造立像的研究，见 Kurt Behrendt, "Pre-Angkor Traditions: The Mekong Delta and Peninsular Thailand," *Heilbrunn Timeline of Art History*, The Metropolitan Museum of Art, 2000; Hien Le, "Indian Values in Oc Eo Culture Case Study–Go Thap, Dong Thap Province," *American Academic Scientific Research Journal for Engineering, Technology, and Sciences*, Vol. 25, 2016, pp.169–180; Heejung Kang, "The Spread of Sarnath–Style Buddha Images in Southeast Asia and Shandong, China, by the Sea Route," *The Asian Journal of Humanities*, Vol. 20, 2013, pp. 39–60; 노남희（卢南希）《6 세기푸난목조불상에대한試論》，《미술자료》第 99 号，2021 年，第 10—29 页。

② 노남희：《6 세기푸난목조불상에대한試論》，《미술자료》第 99 号，2021 年，第 10—29 页。

③ Gregory Henderson 和 Leon Hurvitz 也指出，不管清凉寺像的风格多么复杂，总的来说它呈现一种刻意模仿"印度样式"的效果，参见 Gregory Henderson and Leon Hurvitz, "The Buddha of Seiryōji: New Finds and New Theory," *Artibus Asiae*, Vol.19, 1956, pp. 5–55。

④ 笔者所观察到的清凉寺像与扶南木造立像的区别，前者右手现施无畏印相，左手结与愿印相，像之台座为覆莲样式（现在清凉寺像的台座为仰覆莲样式，但上半的仰莲座是 11 世纪中叶时加的。见〔日〕奥健夫《清凉寺释迦如来像》，《日本の美術》第 513 号，2009 年，第 67—74 页）；后者手印各异，但从未有和清凉寺像完全相同的个体，而像之台座多为仰覆莲样式。此外，前者约由 14 块香木（魏氏樱桃木）拼接而成，腹内部分掏空用以装藏；后者皆由整木雕成，木材种类有坡垒木（Hopea odorata）和海棠木（Calophyllum inophyllum）两种东南亚常用的硬木。当然，清凉寺像之所以使用多块木料，可能是大块香木难得的缘故，而其模仿的本像应该是整块的紫檀（Pterocarpus santalinus）或白檀（Pterocarpus indicus）（唐代玄应《一切经音义》卷 27《妙法莲华经》"旃檀"："旃檀那，谓牛头旃檀等。赤即紫檀之类，白谓白檀之属。"）

未进一步将之与清凉寺像做深入的比较分析，这应该是之后相关艺术史研究中的重点。[1]

结　语

南北朝以来中国历代传承的优填王像，最初是由扶南国使节在天监十八年七月入贡萧梁，正史中记为"天竺栴檀瑞像"。这是一次针对梁武帝当年四月初八日菩萨戒无遮法会而精心设计的佛教式朝贡。篡位自立的扶南国王留陀跋摩为获得上国的认可，依照中土当时流传的"众像之始"造像传说，为锐意奉佛的新戒菩萨天子进献了其渴望许久的祥瑞。也正是在此特殊的宗教、政治背景下，这尊可能出自扶南工匠之手的栴檀立像被冠以当时印度本土不存在的"优填王像"之名。历史的吊诡之处在于，尽管不论是制造祥瑞的留陀跋摩还是不详内情的萧衍，都未曾将其视为真正的优填王旃檀瑞像（至多作为模像），但该像却意外地成为世界上第一尊真实存在的优填王瑞像。优填王瑞像崇拜就这样开始发端，更在6—7世纪逐步遍及印度、中国北方与西域，形成倚坐和站立两大系统的优填王像造型。而更早时代在犍陀罗产生的跏趺坐优填王像，却始终停留在"众像之始"的造像故事内，未能有机会真正成为瑞像的传统（图7）。

在侯景之乱以降南朝持续不断的政治动荡中，原本被梁武帝安置在建康龙光寺的这尊优填王像及其一尊模像，被分别移到后梁政权所在的荆州以及之后作为隋朝江南统治中心的扬州，也就是道宣笔下的荆州大明寺像和龙光瑞像。面对如何给予瑞像正统地位的历史书写，荆州和扬州

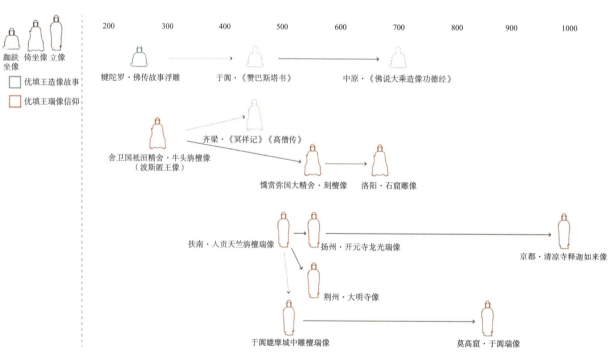

图7　三种姿态（跏趺、倚坐、站立）优填王像的产生及其流布

---

① 노남희：《6세기푸난목조불상에대한試論》，《미술자료》第 99 号，2021 年，第 10—29 页。

的僧团均站在自身的立场上创造了不同的瑞像故事，而这些故事因道宣不同时期的著作而得以保存。《三宝感通录》中武帝天监元年遣使从中天竺请像的故事，一定程度上代表了后梁时期荆州僧众的立场。这个故事将瑞像的传来建立在梁武帝即位当年的神启之上，同时把瑞像的供奉地点改为宫城的正殿太极殿，其目的无疑是在强调传承自梁的正统性的同时，避免提及容易与龙光瑞像混淆的龙光寺。《行事钞》记载的中天竺僧西域传来的故事，则是江南僧人为了使关中僧俗大众接受龙光瑞像的优填王像地位而创造的说法。从《律相感通传》和《历记》来看，这个故事至迟在初唐已经与鸠摩罗什联系起来，并在中晚唐发展出完整的故事情节，最终成为龙光瑞像在后世传承中的主流说法。[①] 对于同时了解两种说法的晚年道宣来讲，燃眉之急则是削弱龙光瑞像的地位，于是他创造出新扶南说。而这种破绽不少的说法，在之后的历史中似乎也不乏拥趸。[②]

值得注意的是，以上所有僧界给出的故事，都不约而同地远离了原本优填王瑞像由扶南入贡而来的史实。这个颇显平淡的瑞像出处，因缺乏神异性（政治性入贡）与正

统性（非中天正像）而遭到抛弃。真实的历史被揉为零星的片段情节，散落在荆州大明寺僧、扬州长乐寺僧以及道宣的叙述之中，被多重而复杂的历史书写覆盖（图 8）。

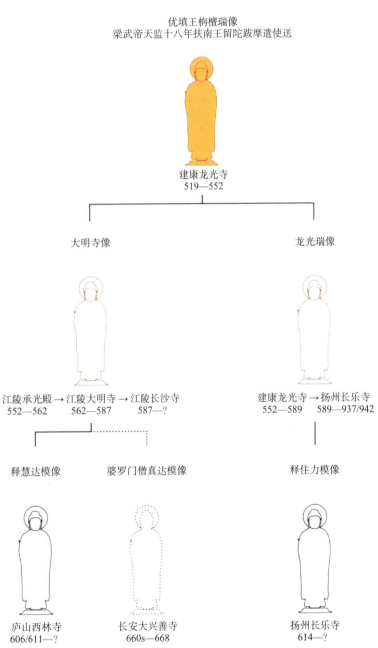

图 8　初唐以前中国优填王旃檀瑞像的传来及流布示意简图

① （唐）释道宣：《律相感通传》，《大正藏》第 45 册，第 876 页下。
② （清）董浩等编：《全唐文》卷 990《大唐江阴县光瑛院新建瑞像殿碑》，第 10245 页。该碑记载了晚唐江阴县（今江苏省江阴市）的光瑛院僧人去扬州开元寺复刻旃檀瑞像并建立殿堂的故事。文章开头所讲述的龙光瑞像故事，即是以《律相感通传》的故事为蓝本。根据碑文内容，可知光瑛院复刻旃檀瑞像的时间在 880 年（庚子岁）至 881 年（辛丑岁）。

麦积山石窟第 126 窟调查与研究 [*]

孙晓峰

（敦煌研究院 麦积山石窟艺术研究所）

麦积山第 126 窟为中小型平面方形窟，其形制在麦积山北魏晚期窟龛中极具代表性，特别是窟内主尊胁侍造像组合中表现出的非对称性现象，以及一铺五身组合样式，同时期大量再修痕迹等，对于认识和了解麦积山石窟北魏晚期至西魏初年佛教造像艺术发展演变规律及其渊源，以及同时期窟龛年代等问题具有重要意义和参考价值。本文拟在前人相关研究基础上提出自己的认识和看法，敬请指教。

一 洞窟概况

该窟位于窟区西崖顶层栈道，左邻第 120 窟，右邻第 124 窟。坐北朝南，方向北偏东 38 度，窟口下沿距栈道地面 0.96 米，窟外崖面在 20 世纪 70—80 年代麦积山石窟山体加固工程期间已全部被钢筋混凝土封护，原貌不详（图 1）。

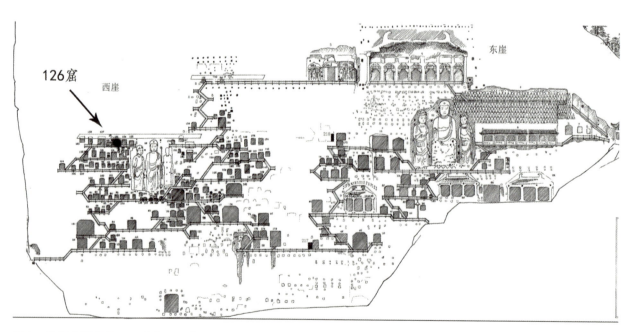

图 1　麦积山石窟第 126 窟位置示意图

* 本文系国家社科基金重点项目"麦积山石窟第 120—127 窟考古报告"（21AKG005）阶段性成果。

1. 窟龛形制

窟门及甬道方形，高 1.12 米、宽 1.08 米、进深 1.06 米。正室平面方形，平顶，高 1.75 米、宽 1.88 米、进深 1.70 米。窟内正壁砌长方形佛座，两侧各砌一个半圆形莲台，分别与左、右壁相连。左、右壁正中各砌一个半圆形双层莲台，两侧均连接方条形通壁窄坛基（图 2），其中右壁坛基历史上残毁，20 世纪 90 年代由麦积山石窟艺术研究所保护室工作人员进行了复原性修复。

20 世纪 60 年代初，窟口内约 0.4 米处装有木质窟门，现仅存壁面上镶嵌门框的凹槽。1978—1984 年山体加固工程期间在窟口重新安置了对开式木门，上半部镶有纱窗，以利于采光、通风和防止鸟类侵扰。

2. 佛座造像

窟内正壁方形佛座上泥塑一身坐佛，佛座左侧莲台上泥塑一身侍者立像，右侧莲台上泥塑一身弟子立像。左、右壁正中莲台上各泥塑一身护法力士像。此外，窟内四壁及顶部原粘贴有数量不等的影塑坐佛、弟子、飞天、供养人等，现多已无存，仅见痕迹（图 3）。

其中正壁主尊坐佛身高 0.86 米，通高 1.13 米，近圆塑。圆柱形肉髻，齐额式发髻。面形方正，弧形眉，双眼细长且略呈三角形，目视前方。鼻梁直挺，鼻翼内凹。四瓣形嘴，双唇紧闭，嘴角内敛，微带笑意，嘴唇尚残存原绘的朱红色，下颌饱满圆润。两耳宽平，紧贴后颊，耳坠略外撇，面部均已被烟熏呈黑色。细颈削肩，肩部较为圆润，挺胸敛腹。左臂平直前伸，掌心外露向下，施与愿印，掌心以下全部残毁。右臂平直前伸，置于右腹侧，掌心外翻向上，施无畏印，仅

存掌心部分。右足外露，脚掌向上，半跏趺坐于方形佛座上。佛装四层，内穿僧祇支，中衣胸前打结后下垂，外穿低通肩服，最外层穿垂领式裹右肩袈裟，右下摆自右肘外下垂至腹前，再上绕

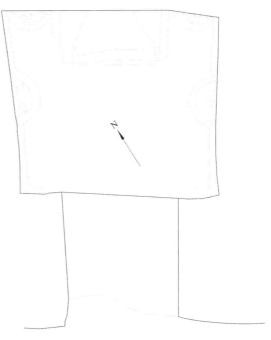

比例：1:20　单位：厘米

图 2　第 126 窟平面示意图

图 3　第 126 窟正壁正射影像图

搭左肘后垂覆于左膝之上。衣裾三片式，从内至外共计三层，垂覆于座前，佛装表面阴刻稀疏刚劲的衣纹线。佛身后侧壁面浮塑莲瓣形背光，尖拱处延伸至窟顶。背光表面绘有装饰图案，佛头后侧中心位置绘同心圆形头光，各层分别涂石绿、乳白、青灰、赭红等色，最外层绘折枝忍冬纹，现多已模糊不清。头光下方及佛身两侧壁面对称绘数道弧形背光，依次填涂赭黑、乳白、青灰、石青色，多已风化剥落。最外缘原彩绘由石青和赭红二色组成的火焰纹，现多已模糊不清（图4）。

佛左侧造像高1.11米，脸形长圆，束高发

图4　第126窟正壁坐佛

髻，发箍正面饰三角形物，发髻呈扇形展开。斜挑眉，双眼细长，两眼微睁，略视下方。悬鼻小嘴，口小唇薄，嘴角内敛，下颔饱满圆润，两耳紧贴后颊，神态安详恬静。细颈，削肩，挺胸。内穿僧祇支，外穿垂领式宽博袈裟，右下角垂至腹前上绕，再搭左肘覆披于左臂下方，衣褶均作波折状，下摆呈三片式。服饰表面阴刻稀疏刚劲的衣纹线。下着长裙，裙摆呈燕尾形展开，双脚已失。双手掌心向内，合十于胸前，虔恭侍立。头部后侧壁面浮塑圆形头光，表面彩绘同心圆形头光，已部分剥落，仅存少许色彩（图5）。

右侧弟子高1.01米，身体微微前倾，面形长圆，面容清秀，弧形细眉，两眼细长，双目略下视，直鼻小口，嘴角内敛，两耳紧贴后颊。颈部修长，双肩圆润，内穿僧祇支，外穿垂领式宽博袈裟，左下角于胸腹旁上绕，再搭左肘下覆，下摆呈三片式。内穿长裙，呈燕尾状垂覆于莲台之上。服饰表面阴刻稀疏刚劲的弧形衣纹线。左臂前伸上举，斜置于左胸与左腹之际，左手掌心向外，略侧向胸前。右手纳于袖中，微曲于右侧腹前。双脚均已毁。头部后侧壁面浮塑近圆形头光，表面彩绘同心圆形头光，内至外分为八层，色彩多已剥落（图6）。

左壁力士像高1.05米，束尖椎状发髻，前端有火焰宝珠状冠饰。长方脸，头略偏向右侧。斜眉长挑，牛眼圆睁，狮头鼻，鼻孔外翻。阔口，双唇微启，牙齿外露。面部肌肉紧绷，下颔方正，两耳短小，紧贴后颊。面部已被烟熏呈黑色。颈短而粗壮，肌肉凸起，表面基本已被烟熏。外穿方领皮质镶边裲裆铠，双肩有搭扣。内穿大袖袍服，服饰表面等距阴刻衣纹线，下穿贴身袍服，

图5 第126窟正壁左侧胁侍造像

图6 第126窟正壁右侧弟子像

后侧两下摆紧贴壁面之上。双足已毁，立于双层莲台之上（图7）。

右壁力士像高1.02米，头顶扎束发髻。长方脸，头略偏向左侧。额际有川字纹，眉头紧皱，牛眼圆睁，斜向后挑，鼻孔外翻，双唇张开，嘴角内敛，下颌方正，面颊肌肉紧绷。粗颈端肩，表面筋腱突起。脖颈及面部烟熏严重。内穿袒右衫，下着贴膝分裆裤，外穿束腰长裙，裙摆作燕尾状外撇，分开处作水波状折褶。飘带由后背前

绕，搭覆双肩，在膝前十字交叉后再上绕分别搭双肘贴膝下垂，外甩至壁面，其中左侧末端残毁。左手置于左腹侧，拇指与其余并拢的四指轻捻，掌心侧向外。右手横置于胸前，掌心向内，作握拳状。跣足立于莲台之上，右脚跟微微离地，充满动感（图8）。

3. 影塑造像

窟内四壁及顶部原均粘贴有影塑造像，具体分布如下。

（1）正壁主尊浮塑佛背光两侧和浮塑弟子头光上方及内侧壁面粘贴四排影塑造像。其中上至下第1—2排组合题材有坐佛及胁侍、供养天人和花朵，第3—4排仅有坐佛。

（2）左壁共粘贴六排影塑造像，每排之间多等距粘贴有圆形花朵做分隔，但壁面中间及外侧已大部分残毁无存。其中上至下第1排组合题材为影塑飞天和花卉，第2—5排组合题材为佛与胁侍弟子，第6排紧贴窟内地面坛基，题材为影塑供养人。

（3）右壁原亦粘贴六排影塑造像，保存基本完好，组合形式与左壁基本一致：上至下第1排

为影塑飞天和花卉，第2—5排为佛与胁侍弟子，第6排为影塑供养人。

（4）前壁上方及甬门两侧原粘贴六排影塑造像，其中甬门右侧部分影塑全部残毁无存。上至下第1—5排组合题材均为佛及胁侍弟子，第6排为影塑供养人。

（5）窟内顶部以正壁主尊浮塑背光为中心对称，原粘贴有数组影塑供养天人（图9）。

4. 壁画

该窟以造像为主，壁画内容大致由以下三个部分组成。

（1）窟内泥塑佛、弟子、力士像身后彩绘

图7 第126窟左壁力士像

图8 第126窟右壁力士像

图 9　第 126 窟顶部影塑供养天人像

的背项光等装饰图案，现多已残损剥落，模糊不清。

（2）窟内影塑造像身旁点缀的供养花卉和壁面空隙处插绘的莲花忍冬、供养比丘等零星图像（图 10），主要见于正壁和前壁。

（3）窟内顶彩绘的圆莲、飞天等图案。

5. 题记

窟内正壁主尊坐佛背光两侧彩绘供养比丘像旁原有题记，现仅残存部分榜题框。此外，窟内右壁力士像头光和肩部右侧壁面影塑造像贴痕附近有一条元代游人题记，竖向，墨书，行楷体，内容如下：

> 至治三年（1323）四月初八日一行人 /
> 秦州□①

图 10　第 126 窟正壁右侧彩绘供养比丘

二　窟龛形制

根据此前学者关于麦积山石窟北魏窟龛分期断代研究的相关成果，对于第 126 窟的开凿时间，阎文儒先生将其统一归纳为北朝二期（北魏时期）。②董玉祥先生将其归入北魏第三期，即孝明帝熙平年间至北魏灭亡（516—534）。③金维诺先生认为第 126 窟开凿于北魏晚期偏早阶段。④李

---

① “秦州□”几个字并列于原题记内侧，从字体、墨渍等综合分析应与原题记系同一时间题写，但在李西民、蒋毅明整理的《麦积山石窟内容总录》（原载于天水麦积山石窟艺术研究所编《中国石窟·天水麦积山》，文物出版社，1998 年，第 286 页）中这几个字被漏录。

② 阎文儒：《麦积山石窟的历史、分期及其题材》，阎文儒主编：《麦积山石窟》，甘肃人民出版社，1984 年，第 21—22 页。

③ 董玉祥：《麦积山石窟的分期》，《文物》1983 年第 6 期，第 18—30 页，该期窟龛还包括第 85、101、120、163、140、154、139、142、110、117、122、159、64、16、17、102、83、121、81、108、112、158、84、164、149、132、133、135、127、28、30 等三十余窟。

④ 金维诺：《麦积山石窟的兴建及其艺术成就》，《中国石窟·天水麦积山》，第 170—171 页；金维诺：《麦积山的北朝造像》，《雕塑》2004 年第 2 期，第 34—37 页。

裕群先生认为该窟开凿于北魏晚期（494—534）的第三期，即北魏孝明帝孝昌年间至北魏末年（525—534），在风格上已接近西魏。[1]李西民先生认为该窟开凿于北魏晚期。[2]陈悦新认为其开凿于北魏景明三年至北魏末年（502—534）。[3]达微佳则认为第126窟开凿于西魏时期。[4]可以看出，上述诸家观点多倾向于第126窟开凿于北魏晚期，个别认为晚至西魏。其中，阎、董、金的观点主要依据造像组合题材、服装样式、艺术风格和史料文献，李、达的观点主要依据石窟考古学和类型学分析方法并结合相关历史文献等材料，可以说各有道理，其结论也相差不大。笔者基本认同李裕群先生的观点，但在开展第126窟考古报告编撰工作时却感觉到，前人研究成果主要集中在某个时空范围内，单体窟龛的个案性研究却极易被忽视。而实践证明，恰恰是这些带有丰富信息的个体窟龛对于客观、科学判断和认识石窟寺考古中最困难的年代问题，以及揭示窟龛内涵和性质等具有重要价值和意义，可以在一定程度上弥补石窟寺考古分期断代工作过程中存在的不足。

如前所述，本文讨论的麦积山第126窟属较小的平面方形平顶窟，窟内四壁不开龛，甬道较深，窟内四壁沿地表设窄条形坛基。大致同时期形制相近的窟龛还有第85、92、93、95、101、108、110、117、122、131、139、140、142、154、159、160、161、162等二十多个窟（附表）。往前追溯的话，同类形制窟龛在麦积山最早出现的当数同处西上区的第115窟和中区东侧的第156窟。这两个窟高、宽、进深均在1米左右（前者甬道进深0.46米，后者因崖壁坍塌，前壁受损，原甬道情况不详），窟内四壁均设低坛基，其中第115窟也是麦积山唯一有明确开窟纪年的窟龛，具体时间为北魏景明三年（502）。稍后西魏时期这种类型的平面方形窟锐减，目前仅发现有位于西上区顶层栈道的第120窟和中区上方的第20窟。根据附表北魏晚期此类洞窟的统计结果，主室高、宽、深均在1.2米左右的5个，1.5米左右的6个（本文所讨论的第126窟被纳入此类），2.0米以上的8个，可见三种规格的洞窟在数量上所占比例相差不大。但根据董玉祥先生的分期研究成果，麦积山开凿于北魏晚期的窟龛总数约33个，那么平面方形窟在这一时期所占比例最少为三分之二，这还未把窟内正、左、右三壁开龛的平面方形窟统计在内。可见，这种样式的洞窟在麦积山北魏晚期十分盛行。那么，如何根据窟龛形制再进一步确定第126窟具体开凿的时间呢？笔者拟从以下两个方面略做讨论。

一方面是第126窟内部结构的横向比较分

---

① 李裕群：《麦积山北魏晚期洞窟分期研究——兼论与洛阳石窟造像的关系》，麦积山石窟艺术研究所编：《麦积山石窟研究》，文物出版社，2010年，第128—148页。该期窟龛还有第121、122、85、101、139、140、154、112、172、64等窟。李裕群：《北朝晚期石窟寺研究》，文物出版社，2003年，第112—140页。

② 李西民：《论麦积山石窟艺术史上的六个高潮》，天水麦积山石窟艺术研究所编：《石窟艺术》，陕西人民出版社，1990年，第72—82页。

③ 陈悦新：《从佛像服饰和题材布局及仿帐、仿木构再论麦积山北朝窟龛分期》，《考古学报》2013年第1期，第29—58页。

④ 达微佳：《麦积山石窟北朝洞窟分期研究》，中国古迹遗址保护协会石窟专业委员会、龙门石窟研究院编：《石窟寺研究》第2辑，文物出版社，2011年，第65—110页。具体时间为西魏初年至西魏恭帝"行周礼，建六官"之制前，即535—556年，该期窟龛还包括第139、92、87、83、44、102等窟。

析。麦积山北魏晚期盛行的此类平面方形窟内部结构相对简单，其变化主要体现在窟内佛座设置、坛基样式和壁面处理三个方面。其中规格在1.5米以下的平面方形窟内，由于受空间限制，基本上仅正壁设佛座，其余壁面则设坛基；而规格在2米以上的窟龛内，均正、左、右三壁各设一佛座，四壁设低坛基。至于壁面处理，则与窟内是否有影塑密切相关。无影塑的在窟内壁面直接彩绘，有影塑的则对窟内壁面进行相应处理，以方便粘贴影塑造像。

根据上述归纳结果，笔者发现第126窟在窟龛形制处理上与同期平面方形平顶窟有明显差异，主要体现在以下两点。

第一，麦积山第126窟内通壁低坛基为窄条形，直接与窟内正壁佛座和胁侍造像莲台连为一体，这与同时期平面方形窟采用的低平且较宽坛基的做法不同。后者多将胁侍像直接安置在坛基上，或者坛基上再筑半圆莲台安置造像，如第115、92、139、160等窟。第126窟采取的这种做法不仅减少了开凿和修饰四壁坛基的工作量，而且使胁侍造像莲台更加高大、突出，在视觉上也不会使窟内有限的空间显得拥挤。显然，这是当时工匠们在充分汲取此前开凿的同类型、同规模窟龛经验基础上优化工序流程的结果，客观上也表明了第126窟开凿时间上的滞后性。

第二，通过观察，可以发现麦积山这一时期带影塑的窟龛在相应壁面上都做过工艺上的处理，其目的就是使壁面上的影塑更整齐和牢固，也能保证每身影塑造像在壁面上都有合适位置。这种工艺本身也有时代性特征，如北魏中期开凿的第

115、156窟在壁面相应位置直接塑窄条形坛台，使其与壁面泥皮形成一个整体，最后在上面粘贴影塑造像（图11）。这种工艺在中晚期带影塑的窟龛内也多有发现，如第93、159、110等窟内的壁面坛台（图12）。

另一种工艺则多见于窟内空间相对较大的洞窟。工匠在抹敷窟内泥皮时，直接将四壁墙皮塑成横向展开的多层式坛台，每层坛台均作侈口外撇，上宽下窄，上方平整，以粘贴影塑，底端与墙面平齐，截面呈倒三角形。这种工艺最大的好处是可以大量在壁面上粘贴整齐划一的影塑千佛，如第92、122、101、131、142、154等窟（图13）。

有意思的是，第126窟满壁粘贴影塑，甚至窟顶也粘贴有影塑供养天人，虽然窟内各类影塑

图11 第115窟正壁右侧影塑坐佛

图 12　第 93 窟内坛台上的影塑造像

图 13　第 122 窟左壁影塑造像

都大致排成行列，但看不出统一规划的痕迹，这种做法与同时期带影塑造像的窟龛大相径庭。那么答案只有一个，即这些影塑是后来加上去的。所以，麦积山第 126 窟出现这种补贴影塑的做法显然受到了同时期此类题材的影响，故其开凿时间相对晚一些。

另一方面是第 126 窟崖面位置的综合比较分析。实际上，关于通过窟龛具体位置来推定其开凿时间的方法，早在 20 世纪 80 年代初师宾先生已做过相关研究和论述。①笔者十分赞同，并认为在缺乏明确证明材料的情况下，这种方法不失为一种相对客观、科学的判定方法，对于石窟寺断代分期研究具有重要价值和意义。

通过多年来的努力，麦积山石窟的开凿规律基本已搞清楚，并得到了国内外学术界的认可。即麦积山现存最早开凿的窟龛为西崖中下部以第 74、78、90、165 等窟为中心的窟龛群，时间在 5 世纪中叶前后。到北魏中期，开始呈扇形向上方和中区扩散。北魏晚期时，已扩展至西上

区、西崖上部及中区西侧。西魏时期，窟龛开凿营建主要依托北魏原来搭建的崖面栈道体系，呈现"见缝插针"的特点。到北周时期，则开始大规模开凿和营建东崖部分，甚至扩展到东侧山梁下方的王子洞一带。隋唐以后，则以重修和再次利用为主。

根据这一原则，笔者分析如下。

首先，这层栈道上的窟龛从西到东依次为第 153、158、127、120、171、125、126、124 和 123 窟（图 14）。其中第 153 窟为未完工即废弃的洞窟，第 158 窟开凿于北魏晚期，第 120、123 窟开凿于西魏时期，第 124、125、171 窟均为小型龛窟，仅第 124 窟内有一身泥塑坐佛，原作于西魏时期，宋代重修。第 127 窟为麦积山西崖三大窟之一，学术界多认为该窟是西魏秦州刺史、武都王元戊为其母乙弗氏开凿的功德窟，笔者也持这一观点。②因此，从上述洞窟的开凿时间大致可知，北魏晚期，栈道已搭建到这一层，最初搭好的可能是靠西侧的第 158 窟附

① 初师宾：《石窟外貌与石窟研究之关系——以麦积山石窟为例略谈石窟寺艺术断代的一种辅助方法》，《西北师大学报》1983 年第 4 期，第 84—98 页。

② 郑炳林、沙武田：《麦积山第 127 窟为乙弗皇后功德窟试论》，《考古与文物》2006 年第 4 期，第 76—85 页；孙晓峰：《天水麦积山石窟第 127 窟研究》，甘肃教育出版社，2016 年，第 63—78 页。

图14 麦积山西上区顶层栈道分布

近。到西魏初年，随着第127窟的大规模开凿，本层栈道开始向东延伸，直抵西崖大佛旁边，最后开凿的就是第123窟。这些信息表明，西崖西上区顶层栈道虽然最早搭建于北魏末年，但该层栈道的最终完善和窟龛开凿主要是在西魏时期，这可能与北魏末年秦州局势动荡不安有关，不再赘述。

其次，从第126窟具体位置看，其两侧较大的洞窟分别为第120、123窟，其中第120窟毗邻第127窟，它的正壁还打穿了第127窟前壁。尽管有学者根据相关供养人题记认为第120窟开凿时间在北魏太和末到正光五年（497—524），[①]但从现存造像特点与风格分析，笔者认为该窟应为西魏时期营建，容另文讨论。

这样的话，第126窟的开凿就有两种情况。一是该窟开凿时间较早，西魏第127窟营建时，开凿者为了避开它，有意将第127窟位置向西侧移动了一下。这样虽然更接近此前已开凿好的第158窟，但后者体量并不大，进深较浅，且位置较高，对第127窟实际影响并不大。二是第126

窟开凿于西魏，所选位置是为了避开第127窟，以示尊敬。但从窟龛形制、造像和壁画艺术风格等方面综合分析，这种情况应该不成立。同时，相较于下层栈道上北魏晚期开凿的第122窟，该窟又明显有一些新的因素和做法，故其开凿时间极有可能在北魏末年至西魏初年，但在时间上要早于第127窟。

三 造像题材与内容

受法华造像思想影响的麦积山石窟自北朝以来一直盛行三世佛题材，到北魏晚期依然如此。较大的平面方形窟内均为三壁三佛，如第85、101、122、131、140、142、154、162等窟。但体量较小的平面方形窟内，则以一佛二菩萨或一佛二弟子的一铺三身式组合居多，如第93、156、159、161窟，原组合情况不明的第95、110、117、160等窟，从残存佛座、坛基情况分析，亦应多为一铺三身式造像。这种组合方式很大程度上受到了北魏中期以来此类洞窟内造像题材的影响，如第115、156窟内主尊造像均为一佛二菩

① 郑怡楠：《天水麦积山第120窟开凿时代考》，《天水师范学院学报》2009年第1期，第55—61页。

萨。而同样开凿于北魏晚期的第92、139窟内的造像组合则明显不同。如第92窟正壁为泥塑坐佛，左、右壁原各并列两身胁侍像，构成一铺五身式组合。现仅存内侧造像，其中左壁内侧塑菩萨立像，右壁内侧塑弟子立像，外侧两身造像尊格不详（图15）。第139窟正壁塑一佛二弟子，左、右壁分别塑一菩萨一力士，构成一铺七身式组合。本文讨论的第126窟造像组合与这两个窟有许多相似之处。

1. 主尊造像组合

与这一时期同类平面方形窟内常见的一铺三身式组合不同，第126窟正壁正中塑一身坐佛，佛左侧塑一身胁侍立像，右侧塑一身胁侍弟子立像，左、右壁正中各塑一身护法力士，构成一铺五身式组合（图16）。与前述第92窟内造像的组合方式接近，故推测该窟左、右壁外侧残毁的造像可能为护法力士。相比之下，第139窟内组合题材虽然也是佛、菩萨、弟子和力士，但却以佛为中心，呈对称式排列，与北魏时期主流造像组合排列方式一致。

因此，从对第92、126、139窟内造像组合情况的介绍可以看出，第92、126窟采取了一种全新的非对称方式来表现佛说法场景，显然与窟内空间大小没有关系，而是功德主有意为之。第126窟仅正壁主尊两侧壁面残存有几身彩绘供养比丘，右壁外侧坛基上残存一身影塑女供养人形象，装束显示她有较高的社会地位。第92窟正、左、右三壁也保留有数身彩绘供养人形象，均宽袍大袖，脚穿方头或尖头高履，同样身份不低（图17），其家族开凿这种非对称性造像组合窟龛应该有其特殊含义。但就常见的北朝佛说法图像而言，绝大多数弟子、菩萨、力士等是以佛为中心对称排列展开，非对称性例证较为少见，如张掖金塔寺西窟中心柱底层龛内为结跏坐佛，龛外两侧分别为胁侍菩萨和密迹金刚。[1]永靖炳灵寺第169窟北壁西秦壁画无量寿佛左侧一组佛说法图中，佛左侧为弟子，右侧为胁侍菩萨。[2]可见其也是有图像渊源的。麦积山与炳灵寺在十六

图15 第92窟内部全景

图16 第126窟造像组合

---

[1] 姚桂兰主编：《金塔寺石窟》，甘肃人民美术出版社，2019年，第127、129页，图2-3、图2-7。
[2] 甘肃省文物工作队、炳灵寺文物保管所编：《中国石窟·永靖炳灵寺》，文物出版社，1989年，图版36。

图 17　第 92 窟左壁彩绘供养人

国时期均属于长安文化圈，两地之间在僧侣往来、佛教艺术互动方面均有较多史料记载，如著名高僧玄高当时就活跃于长安、秦州、河州、凉州一带。[①] 麦积山北魏晚期出现的这种一铺五身非对称式造像组合应是这种造像思想的延续和体现。值得注意的是，这一时期麦积山石窟此类非对称式造像组合中还有佛、弟子和螺髻弟子，其数量还不少，如第 101、121、122、154 等窟内均有此类组合样式。这表明，北魏末年麦积山石

窟在开窟造像过程中体现出更多的佛教思想内涵。考虑到后秦时期鸠摩罗什僧团在长安翻译的《妙法莲华经》《维摩诘经》等大乘经典在关陇地区的巨大影响，笔者倾向于日本学者长广敏雄、水野清一先生等在云冈石窟研究过程中的观点。[②] 认为麦积山第 126 窟正壁出现的佛、弟子、菩萨组合也是《法华经·譬喻品》反复强调的"会三归一"思想的反映：弟子代表声闻乘，这尊世俗装造像则综合了缘觉乘与菩萨乘的特点，从而达到最终的一乘目标。占据左、右壁核心位置的力士像则强调了信众修持过程中护持的重要性。

2. 主尊造像样式

（1）佛

第 126 窟正壁泥塑坐佛相较于北魏晚期盛行的"秀骨清像"和"褒衣博带"样式，佛面部明显由清秀转向圆润饱满，但肩以下部分仍保持着清秀挺拔的特征。佛双眼、鼻、两耳及嘴角等五官部分的处理技法仍保留着北魏晚期造像特点，透出一种恬静和安详气质。佛发髻主要采用麦积山及陇右地区北魏以来常见的磨光高髻，与巩县石窟北魏晚期窟内石雕佛像一样，[③] 除个别窟内造像（第 163 窟正壁坐佛）外，并没有完全继承洛阳龙门石窟盛行的水波纹发髻佛像样式。值得注意的是，出土于四川成都盆地一带 5 世纪末期的南齐佛造像，如茂县永明元年（483）造像碑、成都市西安路永明八年（490）和商业街建武二年（495）背光式造像，以及汶川无纪年背光式

① （梁）释慧皎：《高僧传》卷 11《释玄高》，汤用彤校注，中华书局，1992 年，第 409—413 页。
② 〔日〕水野清一、长广敏雄、常盘大定、关野贞：《支那佛教史迹》第 3 册，东京佛教史迹研究会，1926—1938 年，第 85—86 页。
③ 陈明达主编：《中国美术全集·雕塑编 13·巩县天龙山石窟雕刻》，文物出版社，1989 年，第 15、20、23 页。

造像①等佛头部采用的也是这种素面高髻。可见，麦积山北魏中期以来的佛头髻样式可能也受到了这种风格影响。但到西魏时期，旋涡状水波纹发髻开始在麦积山石窟流行，如第20、44、102等窟内坐佛均采用了这种样式（图18）。因此，从某种意义上讲，第126窟佛造形变化体现出麦积山泥塑佛像艺术风格由北魏末期向西魏初期转变的过程。

佛装服饰方面则更为复杂。第126窟正壁坐佛服饰由内至外多达四层：内着僧祇支，上罩汉式对襟衫，衣带胸前打结后下分两股下垂。上

图18　第44窟主尊佛头像

衣通覆双肩，衣缘呈"U"形垂至胸腹部，右衣角绕过腹前搭左肩，袒胸通肩。上衣外增加全披，覆盖两肩，右衣角自右腋下绕过搭左肘后下垂。衣裙呈弧形三片式，作三层垂覆于佛座前，两端还各有一小片呈弧形下垂的衣角。这种四层式佛衣在麦积山石窟并不多见，穿着样式则融合了当时洛阳地区和以成都为代表的南朝佛衣特征：中衣带对襟打结、上衣加外披的做法在洛阳龙门石窟的宾阳中洞、魏字洞、普泰洞、皇甫公窟等，以及河南巩县石窟第1、3、4窟的佛像服饰上广泛采用，其佛装下摆衣裙均呈八字形，作多层重叠，垂覆于座前，佛衣整体质感厚重。这种做法对麦积山北魏晚期窟龛内佛衣影响很大，如第87、81、83、92、132等窟，到西魏阶段则更加普遍，佛衣毛呢质感更突出，服饰线条更流畅，如第20、44、102、120、127、135等窟。

但第126窟佛衣多重式下摆样式却不见于中原地区，而是明显受到当时南朝地区造像影响。如出土于四川茂县的南齐永明元年（483）造像碑正面佛坐像②、成都市西安路永明八年（490）背光式造像③和商业街建武二年（495）造像④等（图19），褒衣博带式佛衣下摆衣裙均为三片式三层重叠样式，线条繁缛流畅。根据李裕群先生对成都南朝造像的分期研究，这类造像流行时间在南齐永明元年至萧梁普通年间（483—526），整体上数量不多，造像艺术特点和风格上融合了"秀骨清

①　雷玉华、李裕群、罗进勇、杨文成：《四川汶川出土的南朝佛教石刻造像》，《文物》2007年第6期，第88页，图6。
②　袁曙光：《四川茂汶南齐永明造像碑及有关问题》，《文物》1992年第2期，第68页，图1。
③　雷玉华、颜劲松：《成都市西安路南朝石刻造像清理简报》，《文物》1998年第11期，第6页，图4 H1：1。
④　张肖马、雷玉华：《成都市商业街南朝石刻造像》，《文物》2001年第10期，第7页，图7（90CST⑤：6）。

图 19 萧齐建武二年（495）背光式佛坐像

像"与"张家样"的某些时代特征。[①]麦积山北魏晚期部分窟龛内造像佛衣应该是受到其影响的结果，如第127窟正壁石雕坐佛（图20），以及第16、17、85、121、122、133、142、161等窟内均有类似衣裾的佛像（图21）。由此可见，第126窟主尊坐佛同时融合吸收当时中原和南朝地区造像艺术因素，充分体现和反映了麦积山石窟造像艺术来源的多元化特征。这种融合式佛装塑作方式体现的更多是一种变化和创新，既保持着麦积山北魏晚期佛像特点，又孕育着一些新的因素，可以说是处在麦积山石窟泥塑造像从北魏晚期向西魏时期过渡的变革阶段。

（2）胁侍造像

麦积山第126窟正壁左侧胁侍造像与同时

期菩萨像相比特征十分突出：内着僧祇支，上衣通覆双肩，右衣角于胸腹之际横绕再搭左肘下垂。既没有华蔓璎珞，也没有帔帛和肩饰，与僧衣无异，透出一种质朴、清新的气质，类似装束的造像仅见于第142窟左壁外侧胁侍菩萨立像。但这类装束却大量见于麦积山北魏晚期窟龛内的螺髻弟子，如第101、121、122、154等窟内相关造像莫不如此（图22）。它的发髻也很特别：头发集中向上扎束，发髻截面呈扇形，上面阴刻呈放射状的发丝，前端有一个三角形饰片夹束，底端戴发箍，仔细观察，可以看到发箍表面原等距贴饰花朵一类的饰物（图23）。麦积山石窟中与其相近的发髻样式仅见于第17窟，但三角形饰片后的发髻呈四瓣状。这类发髻与常见的戴各种冠或直接将发髻扎束起来的做法不同，显然参考了当时世俗社会女性发髻样式。可以说从古到今，女性对头发倾注了大量心血和精力，创造出丰富多彩的发型和饰物。但总的来看，北朝时期女性发髻开始向盘梳于头顶这一方向发展，如螺髻、双丫髻、飞天髻、双鬟髻等都是其中典型，在北朝墓室出土的陶俑、画像砖、石棺线刻画、传世绘画和石窟壁画中比比皆是，不再举例。

结合上述第126窟胁侍造像头饰和身衣特点可以看出，与北魏晚期麦积山石窟大量出现的螺髻弟子装束一样，这尊造像以穿僧衣和梳世俗发髻装束样式出现，更多表达的是世俗造像者对佛法修行理念的一种认识和理解。在法华"会三归一"的修行过程中，根据佛经说法，菩萨是"以智上求佛道，以悲下化众生。不为自己求安乐，

① 李裕群：《试论成都地区出土的南朝佛教石造像》，《文物》2000年第2期，第64—76页。

图 20　第 127 窟正壁石雕佛像

图 22　第 121 窟螺髻弟子与菩萨

图 21　第 85 窟右壁坐佛

图 23　第 126 窟胁侍造像头部特写

但愿众生得离苦"的救世慈悲者，这也意味着一切行菩萨道、修行佛法的众生，在成佛之前都可以称作菩萨。而缘觉道者本身出生于无佛之世，性好幽静，主要以才智单独悟道修行。当无佛出生时，修行成功被称为独觉；当有佛出生时，修行成功则被称为缘觉。因此，将第 126 窟正壁这位立于佛身旁、穿僧衣的造像定名为表现修行缘觉道的辟支佛更为准确。

（3）弟子

第 126 窟正壁右侧弟子形象与窟内佛、菩萨一样，在面部处理上清秀中略显饱满，体形也一改北魏晚期的厚重挺拔为清秀高挑，呈现一种新的形象。与同时期弟子像相比，其僧衣也略有变化，成三片弧形的袈裟下摆之间又特意塑出一片燕尾状裙裾，略显烦冗，以示内穿中衣，巧妙地展示出佛三衣样式，可能是表现这位弟子具有佛性的一种暗示。

（4）力士

第 126 窟的护法力士安放位置非常突出，分别位于窟内左、右壁。与麦积山同时期前后开凿的第 83、108、112、121、142、154 等窟内护法力士被安置于前壁两侧的做法有明显差别。与第 126 窟力士像安放位置相近的只有第 139 窟，但其力士分别位于窟内左、右壁外侧，和胁侍菩萨并排而立（图 24）。这种变化显然更在于强调力士的重要性，当然也和窟内造像组合题材有密切关系。

第 126 窟力士的体态与麦积山同期作品相比更显内敛和庄重。既没有过于夸张的动作和姿态，

也没有刻意表现的体姿和神情，如第 112 窟略身回首、跨步疾行的力士，第 139 窟紧握双拳、扭头呵斥的力士等（图 25），整体上表现出一种宁静与平和。在装束方面，其中一身穿大袖长袍，外罩裲裆铠，双手纳入袖中。另一身上穿袒右衫，下着长裙，帔帛搭肩绕臂下垂。与西上区下层栈道上北魏晚期开凿的第 121 窟门壁两侧力士像，[①]无论在体态，还是装束上均十分相近，可以说在塑作过程中受其影响较大。

此外，还有一点值得注意，第 126 窟内力士浮塑头光均为尖桃形，这与同时期力士像有所不

图 24　第 139 窟右壁全景

图 25　麦积山北魏晚期力士像
1. 第 108 窟力士；2. 第 121 窟门壁右侧力士；3. 第 139 窟右壁力士；4. 第 142 窟力士

---

① 第 121 窟门壁两侧力士像宋代时进行过重修，但除头部新塑、门壁右侧力士左手加塑了一把金刚杵外，其余均为北魏原作。

同。后者多为浅浮塑或彩绘圆形头光，部分还装饰有莲瓣形背光。但却与麦积山第 133 窟 16 号造像碑浮雕佛说法图佛座下方力士的头光完全一致（图 26），体现出一定的时代共性，表明带此类头光装饰的力士像可能会晚到西魏初年。

3. 影塑造像

第 126 窟内诸壁影塑造像排列相对规整，以正壁主尊佛为中心，背光两侧对称贴影塑天人，左、右壁近窟顶处亦横向面对正壁佛的方向粘一排影塑天人，在窟顶也做类似处理。窟内正、左、右及前壁均横向粘贴影塑及胁侍弟子，近底部坛基粘贴影塑供养人，每排之间多以粘贴的影塑花卉加以分隔。但通过仔细观察，笔者发现这些影塑造像并非开窟时统一规划安置，而是后来加上去的。而且在粘贴前还对原壁面彩绘做过覆盖处理，但两次营建活动的时间相距并不太远，具体原因不清楚，笔者推测最大可能是与北魏末年秦州地区持续动荡有关。当然，也不排除功德主因故改变原设计方案的可能性。

关于窟内影塑造像略晚出现的判断主要基于以下几点。

（1）影塑造像过于稠密和零乱

如果仔细观察，就会发现窟内四壁的影塑造像彼此之间十分拥挤和杂乱，非常不协调。具体如下。

正壁佛背光两侧第一排影塑，从现存造像及痕迹可知，左侧原四佛四胁侍，右侧原三佛三胁侍，导致左侧十分拥挤，右侧相对舒展悦目。从现状可知，影塑坐佛的圆形头光系提前粘贴于壁面相应位置，但这些头光却大小不一，如正壁左侧最边缘影塑坐佛头光要明显大于同排其他影塑

图 26　麦积山第 133 窟 16 号造像碑浮雕力士像

坐佛的头光。第二排影塑造像中，佛背光左侧影塑坐佛直接贴在壁面上，并无圆形头光，而右侧影塑坐佛身后却有粘贴好的圆形头光，显得非常不协调。在这排影塑上方起分隔作用的影塑花卉，左、右两侧不仅大小不一，而且数量也不相同，表现出很强的随意性。

左壁上至下第二排影塑从内向外明显呈倾斜状横向排列，其目的是避开左壁力士像身后浮塑的头光。在力士头像外侧粘贴的影塑造像中，近前壁处由于剩余空隙太大，临时贴上了一朵影塑花卉。如果是开窟时统一规划，就不会有这种情况出现。第三排影塑中，力士像内侧影塑坐佛为背屏式，外侧由于残损情况不明。第四排影塑中，力士像内侧影塑坐佛头光为单独粘贴，外侧残存的影塑坐佛却是背屏式，缺乏统一性。

右壁上至下第一排原并列贴影塑飞天，其间以影塑花卉做间隔，但靠外侧却少贴一身，空隙处以彩绘花束代替，这种现象应是仓促之举的结果。与左壁相比，右壁第 4—5 排影塑之间用作分隔的影塑花卉，不仅力士像外侧没有，力士像内侧粘贴的影塑花卉规格也是大小不一，缺乏统一性，应是临时之举。

（2）缺少影塑造像的粘贴工艺流程痕迹

带影塑造像的窟龛在麦积山石窟出现较早，其工艺流程经过北魏中期的发展，到北魏晚期已十分成熟。主要有三种形式：一是在窟内壁面开耳龛，内粘贴影塑造像，如第 76、100、128、155、163 等窟（图 27）；二是在窟内壁面砌横向方棱形坛台，其上粘贴影塑造像，如第 89、91、114、115、122、156 等窟（图 28）；三是在窟内壁面横向砌数层带侈口的坛台，其上粘贴影塑造像，如第 92、122、133、142、154 等窟（图 29）。

图 27　第 76 窟右壁实测图

但是，在窟内壁面上不做任何处理就直接整窟粘贴影塑造像的做法，目前还没有发现。只是个别窟龛内，或在顶部，或在主尊造像和龛楣等处粘贴飞天、供养天人等，如第 91 窟和第 154 窟顶部粘贴影塑飞天，第 86 窟和第 114 窟正壁主尊两侧壁面对称粘贴影塑飞天（图 30），第 155 窟正壁佛龛龛楣两侧对称粘贴影塑飞天、供养菩萨等。都属于一种辅助性装饰，且这类影塑体量较为轻薄，类似高浮雕，与壁面接触面积很大。

（3）部分题材样式杂乱

根据麦积山现存带影塑的窟龛内影塑造像的统计结果分析，无论是佛、菩萨、弟子，还是飞天、供养人，其样式均保持相对一致性，即同类作品基本上为同一模具制作而成，即使有变化，也是在安置过程中出于视觉效果需要而有意为之。如并排粘贴的影塑坐佛中，有的就将不同着装样式的佛像交错排列，如第 100、128、155 等窟，这也可能与当时造像艺术风格发生变化有关。

但第 126 窟内影塑造像却并非如此，给人一种临时拼凑的感觉。如该窟正壁佛背光上方两侧

图 28　第 156 窟正壁实测图

图 29　第 122 窟正壁实测图

图 30　第 86 窟正壁龛楣影塑飞天

的影塑飞天，从残存贴痕可知，左侧一身呈 V 形身姿，而右侧一身呈弧形身姿，非常不协调。窟内壁面用以分隔各排影塑的花卉的样式、大小、规格均不统一，显然是临时收集、拼凑的结果。特别是影塑中最重要的佛、弟子像也是如此。根据笔者统计，第 126 窟现存影塑坐佛样式就有三种。前两种均内穿僧祇支，外穿披右肩裹右肘袈裟，结跏趺坐，左手置于腹前，右手施与愿印。但前者仅模制圆形头光，后者整体模制莲瓣形背光。第三种穿垂领式褒衣博带袈裟，左手置于腹前，右手施与愿印，身后整体模制莲瓣形背光（图 31）。弟子像也存在类似情况，窟内各个壁面残存的胁侍造像贴痕多数轮廓不规则，原来是否有影塑胁侍菩萨像不清楚，从残存情况分析，影塑佛两侧胁侍应多为弟子像。但窟内左、右壁和前壁仅存的六身弟子像也并非同一模具制作而成。其中四身影塑弟子像挺胸腆腹，左手上举齐肩，五指并拢，掌心向外，右手微屈于腹前，纳于袖中。而右壁内侧下方一身弟子像则双手置于胸前，双手似捧一盘供养品（图 32）。前壁甬门左侧一身弟子形象较为模糊，但依稀可辨双手五指交叠，

合扣于胸前。

（4）与原作彩绘之间存在叠压关系

通过观察可以发现，第 126 窟影塑在粘贴前对窟内壁面进行过一定处理，主要是用白粉一类涂料对已有彩绘进行覆盖，影塑粘贴好后，又在较大的空隙重新彩绘一些装饰图案，使其成为统一的整体。

如正壁佛背光两侧第三排各贴一身影塑坐佛，仔细观察，可以发现这两身影塑周围墙面或多或少残存彩绘痕迹，其内容已无法辨识，但明显存在叠压现象。更有力的证据是前壁甬门上方，该窟烟熏严重，但仔细分辨可以发现，甬门上方正中原绘一身坐佛，两侧对称等距各绘三组由忍冬和莲花组成的团花装饰图案。图像现多已剥落或烟熏模糊不清，其中正中坐佛及圆形头光轮廓十分清楚，但其头光右侧部分则被影塑坐佛造像部分叠压，这表明影塑粘贴的时间是要晚于彩绘时间的。如果两者都是开窟时统一规划和考虑的题材和内容，就不会出现这种情况。

影塑造像中还有一个值得关注的现象就是窟内四壁上方及顶部粘贴的供养天人和四壁坛基上

图 31　第 126 窟不同样式的影塑坐佛

图 32　第 126 窟影塑弟子像

粘贴的供养人。

　　供养天人均为弟子状，光头，面容恬静含笑，身穿垂领搭左肘式袈裟，两腿后折呈 V 字形，一手齐肩，掌心并拢向外，一手置于腹前，托捧供品，作飞行姿（图 33）。这些影塑在窟内的粘贴排列也很有规律：以正壁主尊坐佛背

光为中心，沿背光尖拱处分两组对称展开。一组有六身，沿背光边缘对称排列，最前面两身位于窟顶。另一组十六身，分别沿左、右壁顶缘横向排开，每身之间点缀圆形花卉，均面向窟内正壁方向。此外，在窟顶正中靠左、右边缘还各粘贴一身供养天人。这些影塑与窟顶彩绘的飞天共同构成了欢乐、生动的佛国净土世界。类似表达手法在麦积山北魏晚期开凿的第16、91、142、154、170 等窟内均出现（图 34），应该是受到上述窟龛影响的结果。至于第 126 窟采用供养天人而非飞天的做法，则是在于强调对窟内主尊坐佛的供养，而非护法或歌舞娱佛。

　　影塑供养人现仅存右壁外侧坛基上一身，是位女性形象，头毁，内穿交领大袖服，外罩坎肩，下着曳地长裙，腰间系带，应是当时世俗社会贵

图33　第126影塑供养天人

图35　第126窟右壁影塑女供养人

族妇女装束（图35）。但与麦积山北魏晚期多数影塑供养人服饰有所不同，如第131、133、142窟内的影塑供养人，均头戴高笼冠，内穿交领衫，外穿大袖束腰袍，下着长裙，脚蹬高头履，有的还前呼后拥，身后婢女拖提宽大的裙摆（图36）。仅个别窟内有与第126窟相近的影塑供养人像，如第100窟正壁左侧下层坛台上的一身女性供养人与其有相似性，头毁，身姿挺拔，丰腴优雅（图37）。此类贵族女性服饰可能与供养人族属有一定关系，考虑到这种服饰样式更接近中原传统汉族女性"上衣下裳"的礼制规范，故推测第126窟功德主可能出身于秦州世家大族，其族属可能为汉族，或当时汉化程度较高的氐、羌等民族。

图34　第142窟顶部影塑飞天

图 36　北魏晚期影塑女供养人
1. 第 133 窟影塑女供养人；2. 第 142 窟影塑女供养人

图 37　第 100 窟北魏晚期影塑女
供养人

四　壁画题材与内容

第 126 窟内壁画极少，主要集中于窟顶和四壁影塑造像之间的空隙处。现存内容主要有顶部残存的两朵圆莲和数身彩绘飞天，正壁佛背光两侧并肩而立的彩绘供养僧侣像，前壁甬门上方的坐佛、莲花忍冬装饰，左、右壁空隙的忍冬装饰图案等，这些在麦积山北朝中小型窟龛中也盛行。不同之处在于，有影塑的窟龛中四壁彩绘多以各种装饰纹样为主，没有影塑的窟龛中除装饰纹样外，多绘有佛、菩萨、弟子或供养人形象。而带有故事性的本生或经变画主要见于北朝晚期的大型洞窟内。

第 126 窟顶部泥皮多数脱落无存，仅正壁左上方顶部和右壁右上方顶部内容保存相对完整。正壁左上方顶部近转角处绘一朵三层式圆莲，中心为绿色莲蕊，边缘绘一道红色圆环，保存基本完整。在圆莲近窟顶中心部分可见两身残存的彩

绘飞天痕迹，形象已不完整，可辨衣裙镶绿边，石青色飘带（图 38）。右壁右上方顶部近转角处绘一朵三层式圆莲，样式、色彩、构图等与前述圆莲一致，周边残存有彩绘飞天的石青色飘带痕迹。故根据现状并结合同期窟龛顶部彩绘内容可知，第 126 窟顶部正中亦原绘一朵大圆莲，四角各绘一朵小圆莲，其间穿插绘飞天、忍冬和祥云图案。随后不久，又粘贴上对称排列的影塑供养天人像，使窟顶内容更加丰富多彩。

窟内正壁佛座右侧两身保存相对较好的彩绘僧侣像中，隐约可辨后侧一身手持一把长柄香炉，推测这四名僧人应该有较高地位。遗憾的是，由于此后影塑造像的粘贴，壁面原绘的其他供养人形象已不清楚。但从窟内左右壁和前壁残存的绿色莲蒂、莲茎等痕迹可知，原窟内的彩绘供养人均应手持莲花。类似执长柄香炉的弟子图像也见于北魏晚期开凿的第 154 窟内，但均彩绘于胁侍

造像浮塑背光的空隙处，彼此间是一种组合关系。与第126窟此类弟子均立在佛两侧明显不同，表明后者的地位更加突出和重要。

窟内右壁力士旁空隙处和前壁甬门上方彩绘的由莲花、忍冬组成的火焰状装饰图案结构基本相同，以石青、石绿为主色，两边各绘一片忍冬

叶，中间夹着一根莲茎，向上升腾而起，充满生机与活力。由于麦积山地处常年阴湿多雨的林区，加之历史上各种人为破坏，壁画残毁严重，这种图案现存极少，目前仅在第154窟顶部发现有类似装饰图案。其忍冬叶较为颀长、灵动，与第126窟厚重、沉稳的忍冬叶有显著不同，体现出两种不同风格（图39）。后者在某种程度上更接近后来麦积山西魏、北周时期短胖型的忍冬叶纹样，这也是笔者认为该窟可能营建于北魏晚期至西魏初年的理由之一。

结 论

通过以上对麦积山第126窟相关内容的调查与比较分析，可以得出以下几点结论。

图38　第126窟顶部残存彩绘壁画

图39　麦积山北魏晚期忍冬纹饰
1. 第126窟忍冬纹；2. 第154窟忍冬纹

第一，该窟并非一次性完成，首次开凿和营建过程中并没有粘贴影塑造像的计划。最初窟内供养人也是以彩绘形式表现，主要分布在窟内左、右壁泥塑力士像两侧。整个开窟活动很有可能在外力影响下没有完成，而是在中断后不久再次续建而成。

第二，该窟独特的非对称性造像组合样式，实际上表现了《法华经》"会三归一"的修行理念。正壁长期以来被认为是菩萨的胁侍造像应是表现修行缘觉道的辟支佛，这进一步反映出法华思想对麦积山北朝造像体系的影响之深。

第三，窟内样式众多、形态各异的影塑造像的广泛使用，不仅说明影塑造像是麦积山北魏晚期窟龛造像题材的重要组成部分，更表明这一时期麦积山作为关陇地区重要的佛教文化中心，其模制造像规模、技艺与制作水平达到了一个前所未有的高度。

第四，窟内影塑供养人高度汉化特征表明，地处陇右的秦州地区到北魏晚期已深受当时中原及南朝文化影响，以宽袍笼冠、高履长裙为主要特征的褒衣博带式服装成为汉、氐、羌、鲜卑等社会各阶层女性的普遍装束。

第五，虽然没有明确的时代信息，但从该窟开凿位置、题材组合、造像风格、艺术特点等方面综合分析，基本可以判定其开凿时间约在北魏末年至西魏初期。

附记：文中图 1—3、14、16、20、29 由麦积山石窟艺术研究提供，图 4—13、15、17、18、21—24、30—39 为笔者拍摄，图 19 由董华锋教授提供，图 25—28 由臧全红绘制。

附表

麦积山北魏平面方形窟一览

单位：米

窟号	开凿时间	甬道			正室			窟龛所在位置	备注
		高	宽	进深	高	宽	进深		
20	西魏	不详			1.66	1.59	1.53（残）	中区上部，第 23 窟上方	该窟主室右前侧因地震残毁，原甬道情况不明
85	北魏晚期	1.00	0.80	0.80	1.70	1.70	1.70	西崖大佛底部，西上区入口	
92	北魏晚期	不详			1.40	1.40	1.40	西崖大佛底部东侧，第 90 窟和第 165 窟中间，第 76 窟上方	仅存主室，前壁右侧部分残损
93	北魏晚期	不详			1.64	1.55	1.44	第 92 窟东侧，毗邻第 165 窟	仅存主室大部，前壁全部残毁无存
95	北魏晚期	不详			2.05	2.03	2.02	第 93 窟斜上方	仅存主室大部，前壁毁，窟内造像无存
101	北魏晚期	1.80	0.74	0.82	2.20	2.50	2.20	西上区下至上第二层，西崖大佛西侧	

续表

窟号	开凿时间	甬道			正室			窟龛所在位置	备 注
		高	宽	进深	高	宽	进深		
108	北魏晚期	1.30	0.83	0.96	2.00	2.03	1.80	西上区下至上第三层中间	仅存前壁两侧力士像
110	北魏晚期	0.80	0.64	0.37	1.62	1.82	1.58	西上区下至上第三层中间	窟内造像无存
115	北魏中期	0.85	0.68	0.46	1.07	1.10	1.00	西上区下至上第四层东侧，西崖大佛旁边	
117	北魏晚期	0.85	0.70	0.65	1.30	1.30	1.30	西上区下至上第三层东侧，第115窟下方	窟内原造像无存
120	西魏	1.06	0.80	0.37	1.53	2.03	1.60	西上区顶层中间	
122	北魏晚期	1.25	1.12	0.64	2.15	2.57	2.10	西上区下至上第四层西侧	
126	北魏晚期	1.12	1.08	1.06	1.75	1.88	1.70	西上区顶层中间	
131	北魏晚期	0.97	0.81	0.74	2.22	2.40	3.00	西崖大佛东侧中部，第90窟上方	
139	北魏晚期	0.47	0.86	0.50	1.67	1.65	1.63	西崖第135窟右下方	
140	北魏晚期	1.48	1.23	0.48	2.14	2.17	2.01	位于第139窟东侧	
142	北魏晚期	不详			2.15	2.03	2.54	位于第140窟东侧	仅存主室大部，前壁基本残毁无存
154	北魏晚期	1.07	1.86	1.71	2.39	2.78	2.85	位于第139窟下方	
156	北魏中期	不详			1.16	1.16	0.70	中区上部，第43窟正上方	仅主室正壁、右壁完整，左壁大部分残毁
159	北魏晚期	0.89	0.66	0.45	1.13	1.35	1.14	西崖中部，第142窟左下方	
160	北魏晚期	0.83	0.65	0.57	1.36	1.23	1.37	西崖中部，第159窟左下方	
161	北魏晚期	不详			1.22	1.23	1.13（残）	西崖中部，第160窟西侧	主室基本完整，前壁部分残毁
162	北魏晚期	0.86	0.60	0.20	1.05	1.06	1.11	西崖中部，第160窟西侧	

注：表中所列平面方形窟仅指窟内四壁不开任何形式的小龛或耳龛，窟顶平直，没有弧形、拱形或套斗样式的窟龛。

莫高窟第 275 窟佛传图像与《佛本行经》关联试论[*]

樊雪崧　　　殷　博

（敦煌研究院）（美术研究所）

莫高窟第 275 窟是敦煌石窟中时代最早的洞窟之一，窟中造像种类丰富，不但有本生、佛传类壁画，也有交脚菩萨、阙形列龛等较为特殊的造像因素，已受到学界的广泛讨论。[②] 本文的主要研究对象是此窟主室南壁的佛传故事图像，并涉及阙形龛等图像内容的联系性。第 275 窟佛传故事图像是敦煌壁画中时代最早，且以通壁连环画形式绘制的叙事性绘画之一，具有重要的历史和

艺术价值。

《中国石窟·敦煌莫高窟》《中国美术全集·绘画编·敦煌壁画》等大型图录中，对相关图像内容多有刊布。日本学者高田修较为详细地梳理和论述了敦煌早期的本缘故事画。[③]1991 年前后，第 275 窟宋代隔墙被拆除，南、北壁露出部分早期壁画。赵声良在对敦煌石窟故事画的系列论述中均涉及第 275 窟故事画形式、风格、技法

---

* 本文为敦煌研究院青年项目"桑奇和敦煌：须大拏本生图像与文本比较研究"（2020-YS-QN-5）、"敦煌莫高窟第 257 故事画研究"（2020-YS-QN-4）阶段性成果。

② 关于此窟的主要研究成果有宿白《敦煌莫高窟早期洞窟杂考》，原载《大公报在港复刊三十周年纪念文集》（上），1978 年，修订稿见氏著《中国石窟寺研究》，文物出版社，1996 年，第 214—225 页；〔日〕肥塚隆《莫高窟第 275 窟交脚菩萨像与犍陀罗的先例》，《敦煌研究》1990 年第 1 期，第 22—30、122 页；赵秀荣《试论莫高窟第 275 窟北壁故事画的佛经依据——附 275 窟等年代再讨论》，《敦煌研究》1991 年第 3 期，第 13—27 页；张学荣、何静珍《莫高窟第 275 窟内容初探》，樊锦诗、刘玉权编《中国敦煌学百年文库·考古卷》（三），甘肃文化出版社，1999 年，第 306—322 页；刘永增《〈贤愚经〉的集成年代与敦煌莫高窟第 275 窟的开凿》，《敦煌研究》2001 年第 4 期，第 70—74 页；张元林《莫高窟第 275 窟故事画与主尊造像关系新探》，《敦煌研究》2001 年第 4 期，第 56—65、182—193 页；刘永增《莫高窟北朝期的石窟造像与外来影响（上）——以第 275 窟为中心》，《敦煌研究》2004 年第 3、4 期，第 83—92 页；何志国《天门·天宫·兜率天宫——敦煌第 275 窟弥勒天宫图像的来源》，《敦煌研究》2016 年第 1 期，第 1—11 页；赵蓉《敦煌莫高窟第 275 窟东壁残画内容试析》，《丝绸之路研究集刊》第 5 辑，商务印书馆，2020 年，第 376—393 页；韦正《莫高窟第 275 窟的年代方案》，《敦煌研究》2021 年第 5 期，第 48—60 页；白文《涅槃与弥勒——莫高窟北凉第 275 窟结构与图像》，《艺术工作》2022 年第 2 期，第 80—93 页；张南南《莫高窟第 275 窟与戒法关系推测》，敦煌研究院编印《2022 年"理论·方法·前景——敦煌十六国北朝石窟研究"论坛会议论文集》，2022 年，第 140—144 页；赵蓉《敦煌莫高窟第 275 窟研究——石窟本体现象及问题》，《2022 年"理论·方法·前景——敦煌十六国北朝石窟研究"论坛会议论文集》，第 205—225 页。

③ 高田修：《佛教故事画与敦煌壁画——专论敦煌前期的本缘故事画》，敦煌文物研究所编：《中国石窟·敦煌莫高窟》第 2 卷，文物出版社、平凡社，1984 年，第 200—208 页。

等方面的研究。① 樊锦诗对此窟的佛传图进行了探讨。② 贺世哲将敦煌早期本生和佛传图像系统性地纳入石窟禅观范畴的法身观与生身观类图像中探讨。③ 2011 年,《敦煌石窟全集·第一卷·莫高窟第 266—275 窟考古报告》(以下简称《报告》)出版,刊布了此窟的详细资料,④ 为进一步的研究打下了坚实基础。

在之前的研究中,笔者对第 275 窟北壁本生故事画进行了探讨,澄清了几处图像内容方面的误判,新辨识出个别人物形象的身份,并对图像的经典依据提出新的意见。⑤ 在重读此窟南壁佛传图像的过程中,笔者认为在石窟图像和佛典文本的关联方面,尚有新的资料及观察角度可以参考、补充。

一 第 275 窟"出游四门"与各地图像的联系与区别

第 275 窟主室南壁为通壁绘制的佛传故事画,与北壁本生故事画对应。画面由四个情节构成,每组之间以城门建筑为分界。西起的两幅保存状况尚好,墙壁中段清代时期被凿一洞,第三幅画面被破坏,不过墙洞东侧移去宋代隔墙后露出底层的伎乐、飞天原画,色彩如新,十分珍贵。西起第四幅画面残损最多,隐约可见太子从城门出的身形轮廓,其余仅有两身不清晰的伎乐形象(图 1)。

学者大多认为这幅画的主题是悉达多太子出家前出游四门,分别遇到老人、病人、死人、沙门,感悟人生无常,心愿求道的故事。⑥ 20 世纪 90 年代以来,有学者提出此图主题为"明

图 1　第 275 窟南壁立面图(第 275 窟相关图像除特别说明外均采自《敦煌石窟全集·第一卷·莫高窟第 266—275 窟考古报告》,不重复注明)

---

① 赵声良:《敦煌早期故事画的表现形式》,《敦煌研究》1989 年第 4 期,第 34—41 页;赵声良:《敦煌石窟艺术总论》,甘肃教育出版社,2013 年;赵声良等著,敦煌研究院编《敦煌石窟美术史·十六国北朝》上卷,高等教育出版社,2014 年。
② 樊锦诗主编:《敦煌石窟全集·佛传故事画卷》,香港商务印书馆,2004 年。
③ 贺世哲:《敦煌图像研究——十六国北朝卷》,甘肃教育出版社,2006 年。
④ 敦煌研究院编:《敦煌石窟全集·第一卷·莫高窟第 266—275 窟考古报告》,文物出版社,2011 年。
⑤ 樊雪崧:《早期敦煌石窟本缘故事图像研究》,博士学位论文,南京艺术学院,2022 年。
⑥ 季羡林主编:《敦煌学大辞典》,上海辞书出版社,1998 年,第 92 页。

月王施眼等本生故事"①、"天宫伎乐图"②、"弥勒兜率净土"③ 等。学者所援引的主要佛典均为弥勒相关佛经，但对于画面与经文的具体关联，论述大多比较简略。笔者赞同此图为出游四门的主题，但对个别画面人物和所据佛经有一些新的思考。

图中西起第一幅画面，绘城门建筑一座，共有八个人物形象。太子骑马从城门出，身形最为高大，身后有一侍从。马前有两身伎乐弹奏箜篌、琵琶，上方另有一人手指向太子方向。画面东侧站立一老人，发、眉、须皆白，上身赤裸，下着绿色腰布，右臂屈起，右手指向太子方向，手中似平托一物。老人身前有一身形较小男子，回首望向太子，伸手指向老人，应是侍者。画面右上方有飞天一身，面朝西侧，双手合掌，身体在空中呈 V 字形。画面空隙中多绘有小花蕾，应表示飞天所散之花（图 2）。

西起第二幅有子母阙式城门，出城门的太子形象已毁，现存八个人物形象。立姿伎乐天三人，手持琵琶、横笛（从手姿判断）、箜篌。飞天三身，

侍者一人，画面右下角为立姿比丘一人。比丘类似前图之老人，右臂屈起，手掌指向城门方向。

西起第三幅画面，现存十一个人物形象，画面尺寸为现存四幅中最大者。除太了骑马外，还有侍从一人（模糊），空中飞天四身，伎乐三身，供养菩萨一身（宋代墙体下剥出）。可惜的是，赖以辨明主题的右侧人物被清代穿洞破坏了，不过其位置处还残存一人物形象，《报告》描述为天人："仅存右侧少头部、头光、帔巾、右肩部分。头顶束高髻。"④ 如果此幅画面内容为见老人或病人或死人，从经文描述和其他地域相同案例来看，均不应该是天人的形象。也有可能表明内容的形象在此残存天人的右侧（西侧），但已完全被毁坏了（图 3）。

西起第四幅残损最多，但从画迹中城门建筑的白色台基残迹及乘马太子身形，可以判断城门的位置。此画面与前三幅不同之处在于，立姿弹奏乐器的伎乐天（三身，右一弹奏琵琶）之位置在画面上方，而不是下方。前三幅的上方位置均绘飞天。

图 2　第 275 窟南壁西起一、二幅故事画（采自段文杰、樊锦诗主编《中国敦煌壁画全集 1 · 敦煌北凉、北魏》，天津人民美术出版社，2006 年，第 31 页）

①　张学荣、何静珍：《莫高窟第 275 窟内容初探》，第 314—315 页。
②　郑汝中：《新发现的莫高窟 275 窟音乐图像》，《敦煌研究》1992 年第 2 期，第 1—4、119 页。
③　赖鹏举：《丝路佛教的图像与禅法》，圆光佛学研究所，2002 年，第 202—203 页。
④　《敦煌石窟全集 · 第一卷 · 莫高窟第 266—275 窟考古报告》，第 205 页。

图3　第275窟南壁西起第三、四幅故事画面及双树龛

也可以说，下方画面中右侧部分留给表明主题内容的空间是较小的。《报告》描述此位置"画面下部似有横向物体置于地上，疑为出西城门遇死人的情景"。其他地域描绘的遇死人画面，或者是众人抬着担架上的死人，或者是有人举引魂幡表明送葬队伍。此幅画面不绘飞天，也许就是为了给主题内容留出位置，具体是什么内容已难知其详。

出游四门图像在其他地域保存的早期图像中并不多。2—3世纪的一例犍陀罗浮雕中的出游四门，为横卷式连环画构图，各情节以列柱相间隔。

左侧画面太子与王妃交谈，有宫女随侍在旁，大概表现宫中生活。左一立柱右侧可见太子乘马出游，有侍者跟随。太子马前侧，地上坐一腹大如鼓的病人，身后有人扶持。这应是遇见病人的场面（图4）。从横卷式构图、建筑区隔、太子乘马行进之方向、所遇之人的位置等造像因素均可看到敦煌第275窟图像与犍陀罗图像的联系。尤其是太子坐马上，无马镫，腿长垂，比例不太协调的特点，在敦煌图像中也得到了继承。

克孜尔第76窟出游四门壁画将白发老人、倒地的病人、被众人抬着的死人，密集地绘在画面右侧，太子和马的身前（图5）。这种构图法也见于3世纪下半叶印度龙树丘遗址的浮雕石板中，此幅浮雕虽然有相当画面残破，但仍可辨识出右侧有头光的太子之上半身，以及左侧挂拐杖的老人和担架上众人所抬的死人（图6）。

云冈石窟第6窟的出游四门分别表现出见老人、病人、死人、沙门的情节，图像上继承了犍陀罗图像的基本构图。左侧为宫阙建筑，太子骑马向右行进，后有一侍者撑伞（图7），画面右下角为所遇的人物。以见老人的图像为例，画面右侧有一拄拐棍的老人，画面中没有伎乐供养，只

图4　犍陀罗浮雕出游四门（采自星云大师总监修《世界佛教美术图说大辞典·雕塑2》，佛光山宗委会，2013年，第562页）

 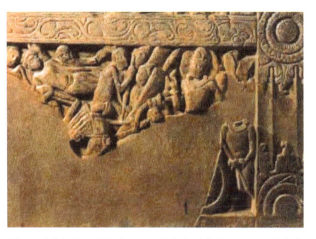

图 5　克孜尔石窟第 76 窟出游四门（采自
星云大师总监修《世界佛教美术图说大辞
典·石窟 2》，第 468 页）

图 6　龙树丘遗址出游四门浮雕（采自星云大师总监修
《世界佛教美术图说大辞典·雕塑 4》，第 1258 页）

图 7　云冈石窟第 6 窟出游四门（采自〔日〕水野清一、长广敏雄《云冈石窟：西暦五世紀における中国
北部佛教窟院の考古学的调查报告·第三卷·第六洞》，京都大学人文科学研究所云冈刊行会，1955 年，
图版 65）

有一身飞天。云冈石窟图像中出现的人物均已着
中式服装，不再是印度式的半裸帔帛，太子骑马
的身形比例也已趋于合理。

简言之，6 世纪以前，将释迦太子四门出游
的主题做通壁大画幅、连环画形式绘制的壁画遗
存，不但在中国属孤例，在印度、中亚的广大范
围内都较罕见。可知敦煌第 275 窟的设计者和匠
师拥有独特的创造性。

二　释宝云译《佛本行经》与此窟图像
的关联性

第 275 窟中西起前两幅图中右下角的老人和

比丘，实际上成为判断此图主题的关键。悉达多太子出游四门的故事广见于各部派所传的佛传典籍中，6 世纪以前的汉译文本主要为：

《修行本起经》，后汉竺大力、康孟祥译，197 年。

《中本起经》，后汉昙果、康孟祥译，207 年。

《太子瑞应本起经》，吴支谦译，222—228 年。

《普曜经》，西晋竺法护译，308 年。

《佛所行赞》，马鸣造，北凉昙无谶译，414—426 年。

《佛本行经》，刘宋释宝云译，421—453 年。

《过去现在因果经》，刘宋求那跋陀罗译，435—443 年。

贺世哲认为第 275 窟此图可能依据西晋竺法护译《普曜经》卷三《出观品》绘制，其所引出东门见老人、出北门见沙门的经文描述也的确可以和壁画较好地对应。[①] 然而此图中一个明显的特点和矛盾之处多为论者所略——图像情节顺序和佛传文本中出游四门所遇之人的顺序不符。也即是说，如按《普曜经》情节顺序，太子出游四门所遇之人的顺序为老人、病人、死人、沙门（论者在引用时为了与画面较好对应，一般对文本中

间的两个情节进行省略）。此图现存所示的顺序，却是老人、比丘（图 2），另外的两幅画面残损严重，学者多认为可能是"出南门见病人和出西门见死人"。[②] 壁画中这个不同寻常的情节错位现象，引起笔者的注意。

经查，几乎上列佛传文本中出游四门所遇之人顺序均为老人、病人、死人、沙门。按照常理，在 275 窟这样高规格的石窟中绘制此幅佛传壁画，这个常识性的情节顺序不应被打乱。而且遇老人、病人、死人、沙门的寓言式顺序也包含着佛教中修行体悟的渐进式次第，如果打乱，则难以说通。

上述佛传类经典中，体例大多为长行加偈颂，《佛所行赞》《佛本行经》两种则为纯偈颂体。其中《佛本行经》在太子出游四门所遇人的顺序和内容上与诸经均不同，很有特点。在《现忧惧品》中，太子所遇者为天人所化现，第一为病人，第二为老人，第三为"命过人"（死人），第四为梵志，第五为沙门。[③] 可以发现，此经相对淡化了四次出四门的叙述结构，在天人化现的各角色出场间连接得很紧密，尤为特殊的是在遇死人和沙门之间插叙了较长一段遇梵志的情节。[④] 此段插叙大意为太子请教了梵志的修行方法，梵志答

---

① 贺世哲：《敦煌图像研究——十六国北朝卷》，第 40 页。
② 樊锦诗主编：《敦煌石窟全集·佛传故事画卷》，第 22—23 页。
③ 《佛本行经》卷 2，《大正藏》第 4 册，第 64 页。
④ 天化作梵志，见形暴露憔，簇发须眉长，被粗鹿皮衣，手持澡瓶水，又执三枝杖。菩萨因问曰："仁修术愿何？"寻声应太子："唯听我所愿，无病老死患，是处名天上，今于此下种，生天广大花。愿求快安乐，萌芽天上生。"太子叹咄曰："斯士见计明，告御天离患，是亦吾所乐。"心惟怀一疑，为永恒不常，若必受安乐，可愿生天耳！天于上称善，叹太子心净。天上虽快乐，卒必当堕落。食福众善快，终无永长存，福尽即退道，三涂受苦分。日有千光炎，福尽堕暗冥；月满盛照耀，月天堕失明。天释无数天，虽实天荣位；还为可伤物，乞丐饿鬼形。昔为宝顶佛，燃灯立七日；始发求佛，誓愿甚坚固。即时魔心战，犹如芭蕉树；亦令魔宫殿，震动不得安。为三界所敬，今者不宜忘；于无央数佛，修若干劳勤。昔为施安佛，起七宝大塔；犹如须弥山，峙立于地上。上锭光七华，受莂当为佛；金华散普佛，终日愿大乘。又为起庙寺，事莲华上佛；及余无数佛，众宝香花施。以天华供养，无数能仁佛；又供现义佛，华香毕已寿。歌叹方面佛，乃至于七日；供养无见佛，尽己之形寿。复值顶王佛，七宝名衣服；布施无漏佛，求欲作沙门。又于理光佛，入道持净法；复于无限佛，剃头作沙门。于数千诸佛，执勤劳谦敬；有身喂饿虎，以妻息施与。舍眼身肌肉，手足心不乱；如是不可计，头施有千数。当施与之时，震动三千界；如是言说顷，现天寿终堕。后者悲叹慕，展转相怜伤；现八地狱，各十六官属。忽有大声出，普世皆当死。《佛本行经》卷 2，《大正藏》第 4 册，第 65 页。

以生天之道。太子对此赞叹，但心中仍有疑："心惟怀一疑，为永恒不常，若必常安乐，可愿生天耳。"意谓升天之道如果能常安乐，自己可愿修行生天。其后天人赞叹了太子对天道亦无常的判断，这为其后沙门引导太子进修佛道做出铺垫。紧接着天人追述了久远以来太子在菩萨道中供养诸佛、广修善行的广大功德。值得注意的是，在讲述了菩萨供养过去诸佛的善行后，天人也概要地回顾了太子广行布施的事迹："有身喂饿虎，以妻息施与。舍眼身肌肉，手足心不乱；如是不可计，头施有千数。当施与之时，震动三千界。"明确地对应着萨埵太子舍身饲虎、须大拏布施妻子、快目王施眼、毗楞竭梨王身钉千钉（舍身）、虔阇尼婆梨王剜身燃千灯（舍肌）、尸毗王割肉贸鸽（舍肉）、月光王施头等本生故事，而这后五个故事正是第 275 窟北壁所绘内容。

对西侧第一幅画面中"老人"形象的再观察，可以发现其发、须、眉之白色的确是老者特征，但其袒露上身、下身缠腰布的服饰表示他应是一个老年婆罗门，也即梵志（图 8）。其白发的画法也与北壁月光王本生图中坐筌蹄上的婆罗门一致。此人或许并非出游四门中的"老人"。已有研究者提出："他虽然被画得满头白发，长发飘飞，但是他一无手拄拐杖，二无趋步不前或倒在路旁，更无他人前来挽扶等情节，与佛经所述及常见的太子出四门画中的老人形象多有不同。"[①]笔者同意这个观察，但对其认为此图主题是月明王施眼给婆罗门的本生故事之观点并不赞同。诚然，此梵志手中似平托有红色物体，但很难认定

图 8　第 275 窟南壁西起第一、二幅画面

其就是"月明王施舍给他的眼睛"，画面中也看不出其是盲人。如将此人物身份还原为梵志，则此图中先遇梵志、后遇沙门的图像叙述顺序恰好可以和《佛本行经》的文本叙事顺序相一致。

因此，《佛本行经》文本与此窟壁画具有两个重要的结构性对应——北壁先遇梵志、后遇沙门的图像顺序；对北壁本生故事群的回顾。这表明此图和宝云译《佛本行经》可能存在某种关联性。

在这种解读方案中，剩下的西起三、四幅壁画确切内容为何，尚难确定，也许就是"见病人""见死人"内容。如参考《佛本行经》，正常的图像叙述顺序应为：见病人、老人、死人、梵志、沙门。此图只存四门痕迹，可能是在图像上合并了老人和梵志身份，保留了从梵志到沙门的特殊顺序。在对北壁本生图的讨论中，笔者认为此窟的设计者、工匠应是将原创性、重要性更强的画面（尸毗王本生故事）进行了石窟空间布局上的优先处理，即站在窟中主尊正前方的参礼核心位置向北转身，正对的是原创性最强的尸毗王故事画。这个位

① 张学荣、何静珍：《莫高窟第 275 窟内容初探》，樊锦诗、刘玉权编：《中国敦煌学百年文库·考古卷》（三），第 314—315 页。

置也应是北壁的重要位置。同理，站在洞窟核心位置向南转身，正对的则是西起第二幅"见沙门"的画面，而这个情节，无疑是出游四门故事中最重要的部分。而且，从图1可以看出，"见沙门"的图像位于上方阙形龛中交脚菩萨的正下方位置。可以推测，工匠应也使用了重要情节画面在重要壁面位置优先表现的设计思路，对图像情节进行了调整。试想如果按照正常顺序在重要位置上表现病人倒卧或死人横陈的图像，也许会对在核心位置的参礼效果产生些许不利影响。

《佛本行经》还有与此窟造像另一处值得注意的关联。文本中，在太子游观情节之后紧接的《阎浮提树荫品》起首处，太子到游观园，看到耕田的农夫和阎浮提树下的古佛伏藏："时见农田夫，兴功耕犁作。践截蠕动虫，即起悲痛心；如亲伤赤子，恺然而长叹。去其树不远，伏藏忽出现；辟方一由旬，七宝光盈满。"[①]于是太子生出慈悲无常之念，在树下思惟进入了禅定：

> 心思计无常，趣阎浮树下；即举金刚膊，置金色膑上。坐思坚不动，聚意专一定；观起灭合散，逮得一定住。[②]

这个记述可以和此窟南壁上层西起第三龛的思惟菩萨像产生关联。此龛为双树龛，位于前述西起第四幅太子游观壁画的正上方。菩萨塑像小臂、右腿已毁，从残存遗迹可推测，原为半跏趺

坐，与北壁西起第三龛中的塑像造型大致相同，作菩萨思惟状，右脚置于左膝之上，右臂屈起，搭于右大腿上，右手支颐（图3）。[③]可以看出，"趣阎浮树下"很好地对应于双树龛的特殊形制，"即举金刚膊，置金色膑上"也很精确地描述出树下半跏思惟像的造型特征。因此，《佛本行经》也能为南壁中层故事壁画与上层双树龛中思惟塑像之联系提供很恰当的经典依据。

三 阙形龛与"兜率观察"

第275窟主室南北壁上部均开三龛，其中各有两座浮塑阙形龛两两相对。母阙、子阙双阙之间连接庑殿式屋顶。庑殿顶上下有塑作、影作的屋脊、瓦陇、斗拱、椽条等建筑结构。阙形龛这种纯然汉式的建筑形象属于佛教艺术中国化的早期范例，几乎不见于其他各地北朝石窟中。[④]与阙形龛相仿的是南壁佛传故事画中的四座城门，也表现为汉式的城阙，其建筑形式和细节与上方立体的阙形龛十分相似。例如上龛下图中均绘有一斗三升斗拱（下支一组叉手拱或直斗）或一斗二升斗拱（下支着人字拱），这种结构特殊的斗拱，只见于此窟。[⑤]而且，如图9所示，南壁出游四门画中西起第一、二幅中的宫阙建筑，几乎垂直地绘于其上阙形龛西侧立柱的下方，形式上具有直观的联系性。

研究者已对敦煌早期石窟的佛龛形式进行详细梳理，其中出现17座阙形龛，只见于北凉、北

---

① 《佛本行经》卷2，《大正藏》第4册，第66页。
② 《佛本行经》卷2，《大正藏》第4册，第66页。
③ 《敦煌石窟全集·第一卷·莫高窟第266—275窟考古报告》，第198页。
④ 《敦煌石窟全集·第一卷·莫高窟第266—275窟考古报告》，第250页。
⑤ 孙儒僩：《敦煌石窟保护与建筑》，甘肃人民出版社，2007年，第139页。

图 9 第 275 窟南壁佛传图与上方阙形龛

魏时代，在壁面有上下层佛龛时，阙形龛通常出现在上层。① 萧默较早对莫高窟阙形龛进行论述，认为其可能与汉墓造像中的"天门"有关，并且认为第 275 窟佛传故事画中所绘城门，两阙之间城上的中央屋顶高耸，是隋唐以后宫阙形式的先声。② 张善庆推断河西石窟阙形龛的创意是由四川地区汉画像中的"西王母＋双阙"模式，被改造为佛教艺术的"补处菩萨＋阙形龛"组合。③ 何志国详细论及第 275 窟阙形龛，认为阙形龛与弥勒菩萨的组合图式继承了东汉以来各地墓葬艺术中天门图像的主要特征。双阙在汉晋传统中是天门的形象标志，在佛教石窟中被用于表现兜率天宫。④ 学界一般认为敦煌石窟中以阙来象征弥勒所居的兜率天宫，阙形龛中的交脚菩萨就是指居于兜率天宫中的弥勒菩萨。⑤

在第 275 窟中，用汉式阙形龛表示佛典中描述的兜率天宫的观点，笔者并无异议。但如果认为"阙形龛无疑就是代表弥勒菩萨的居所兜率天宫，汉阙龛是弥勒像独有的龛式"，⑥ 乃至于强调莫高窟早期三窟是对弥勒信仰"纯粹而完备的图像学表现"，⑦ 则有绝对化之虞。正如有学者所强调的，阙形龛中的菩萨造像，其最本质的尊格是一生补处菩萨，⑧ 并不特指弥勒菩萨。就第 275 窟造像而言，如果将上方阙形龛认为是弥勒菩萨所居的兜率天宫，其意涵如何与下方明确指征的释迦本缘事迹内容联系起来，似乎没有确切的文本可支持。而且，如果说用学者多已征引的《佛说观弥勒菩萨上生兜率天经》可以大概解读阙形龛为弥勒之兜率天宫，为何却要在窟中反复四塑？经典中并无表述，也并未被有效论述。

基于这些疑惑，如果从第 275 窟上龛下图中对宫阙建筑的关联性入手重新观察，则能够推测上方的四龛可能是以释迦菩萨降胎前于兜率天做"四种观察"与下图中菩萨出家前所做的"出游四门"，形成一种上（天宫）、下（人间）的对应性，这种对应性反映在建筑中的绘塑设计上，就呈现出上龛下图中对宫阙的整齐安排，以及建筑细节的相似性。

① 王洁、赵声良：《敦煌北朝石窟佛龛形式初探》，《敦煌研究》2006 年第 5 期，第 24—29 页。
② 萧默：《阙史小议——从莫高窟的阙形龛谈起》，《向达先生纪念文集》，新疆人民出版社，1986 年，第 276—299 页。
③ 张善庆：《河西石窟阙形龛溯源刍议》，《考古与文物》2012 年第 3 期，第 68—73 页。
④ 何志国：《天门·天宫·兜率天宫——敦煌第 275 窟弥勒天宫图像的来源》，《敦煌研究》2016 年第 1 期，第 1—11 页。
⑤ 赵声良等著，敦煌研究院编：《敦煌石窟美术史·十六国北朝》上卷，第 75 页。
⑥ 王静芬：《弥勒信仰与敦煌〈弥勒变〉的起源》，《敦煌石窟研究国际讨论会文集·石窟考古编》，辽宁美术出版社，1990 年，第 302—304 页。
⑦ 黄文昆：《敦煌早期三窟及湿壁画技法——〈敦煌石窟全集〉第一卷〈莫高窟第 266—275 窟考古报告〉编后》，《敦煌研究》2017 年第 5 期，第 1—11 页。
⑧ 张善庆：《河西石窟阙形龛溯源刍议》，《考古与文物》2012 年第 3 期，第 68 页。

"兜率观察"也称"四事观察",是释迦菩萨降生人间前在兜率天宫观察当生于何处、何国、以谁为父母、何时投生等事,出现在多种佛传中,如《修行本起经》载:

> 期运之至,当下作佛,于兜术天上,兴四种观,观视土地,观视父母,生何国中,教化之宜先当度谁?[①]

《太子瑞应本起经》没有明确言及四观察,但叙述中包含几种观察之意:

> 菩萨于九十一劫,修道德,学佛意,通十地行,在一生补处。后生第四兜术天上,为诸天师,功成志就,神智无量。期运之至,当下作佛,托生天竺迦维罗卫国,父王名白净,聪睿仁贤;夫人曰妙,节义温良。迦维罗卫者,三千日月万二千天地之中央也。佛之威神,至尊至重,不可生边地,地为倾邪,故处其中。周化十方,往古诸佛兴,皆出于此。[②]

《普曜经》卷一中对释迦菩萨从兜率天降下之前最后为天众说法的场面进行了大篇幅铺陈,其中有菩萨观四方城、化作高座、东南西北四维上下诸兜率天的描述:

> 于时菩萨观四方城,化作高座,如四

天下现若干品,诸好奇妙庄严文饰,悦一切心,其座严好过欲色界……菩萨适坐,告诸天人及大会众:诸贤者等!观此东西南北四维上下十方世界诸兜术天,一生补处咸欲降神;无数百千诸天大众眷属围绕,而侍从之皆令睹焉,佥为班宣《法曜道门》。[③]

《普曜经》在此处特别列出了《法曜道门》八百事种种法门的名称。正如研究者指出的,与兜率观察相关的这次说法其实可以看作释迦牟尼其后在人间说法的序言和预言。[④]

释宝云译《佛本行经·降胎品第三》也明确提到了释迦菩萨降胎前于兜率天做观察。不过此经中观察的重点不是其他佛传中多讲的土地、父母、国家、时机等事,而是概略地回顾了往昔本生时段中勤修布施、持戒、忍辱、精进、禅定的历程:

> 睹众生苦恼,追忆往古誓。本愿安众生,累劫劳求佛;生生遭艰难,不厌种德本。第一上祠祀,从发意以来;以金遍布施,惠施手成德。从初种种施,闻者衣毛竖;头目身手足,妻子所爱重。严驾名象马,宝车垂真珠;若当合聚此,普地不容受。……所生守戒胜,没命不秽禁;剃头为沙门,发积喻大山。生愚夫五欲,遭没命危难;不动毁净禁,具戒度无极。生得尊自由,未曾施人恶;截头目手足,心定得忍辱。情悟发求

<hr>

① 《修行本起经》卷1,《大正藏》第3册,第463页。
② 《太子瑞应本起经》卷1,《大正藏》第3册,第473页。
③ 《普曜经》卷1,《大正藏》第3册,第486—487页。
④ 任平山:《克孜尔中心柱窟的图像构成》,博士学位论文,中央美术学院,2007年,第58页。

佛，逮进超九劫；弥勒等应先，勇猛出其前。
贪慕深妙法，因身受慧义；入火投山岩，支
节铁针钉。十八法智慧，奉行无发劳；觉了
一切原，度智无极岸。施戒忍进定，智慧江
海渊；慈悲伤众生，成喜悦光耀。①

在这里，《佛本行经》呈现出释迦菩萨兜率
观察的另一层含义。其中对"头目身手足"（做
布施）、"截头目手足"（修忍辱）、"支节铁针钉"
（求智慧）等本生事迹分门别类地归纳提及。作为
一种经证，能够较好地关联起第 275 窟北壁本生
故事画与上部阙形龛所代表的兜率天宫，再次体
现出此经与第 275 窟造像的关联性。也就是说，
窟中浮塑四阙形龛，表示菩萨降胎前在兜率天做
四种观察（如诸佛传所强调的），北壁的本生故事
画则是回顾菩萨勤修六度的本愿事迹。因此，结
合前述，《佛本行经》不但可以为第 275 窟南壁佛
传故事画和上方双树龛建立关联，同样能够为北壁
的本生故事画与四座阙形龛提供直接的意义连接。

据佛教经典及思想的发展顺序，居于兜率天
上的一生补处菩萨，释迦菩萨为先，弥勒菩萨为
后。弥勒上生兜率天及下生成佛事多有模仿释迦
佛传的痕迹。从理论上推测，弥勒菩萨下生之前
也应有兜率观察之事。查阅弥勒系统诸经可知，
只有传为竺法护译《佛说弥勒下生经》中提及兜
率观察事，与释迦佛传相仿，然而很简略，且未

言及四种观察：

> 尔时，弥勒菩萨于兜率天，观察父母不
> 老不少，便降神下应从右胁生，如我今日右
> 胁生无异，弥勒菩萨亦复如是。兜率诸天各
> 各唱令："弥勒菩萨已降神生。"②

其余如沮渠京声译《佛说观弥勒菩萨上生兜
率天经》（T452），鸠摩罗什译《佛说弥勒下生成
佛经》（T454）、《佛说弥勒大成佛经》（T456），
乃至唐义净译《佛说弥勒下生成佛经》（T455）均
无弥勒菩萨兜率观察之事。

因此，如果考虑佛典中一生补处菩萨于兜率
天宫中做四种观察之事，可以较好地对应第 275
窟中对称出现的四座阙形龛，则释迦佛传类典
籍，能比弥勒系统典籍提供更丰富且明确的经典
印证。从这个角度也可以说，第 275 窟四座阙形
龛中交脚菩萨为释迦菩萨的理论合理性大于弥勒
菩萨。

上引《佛本行经》兜率观察部分也有释迦
菩萨拣择八大王土，最终选择了白净王为父王的
内容。③ 这部分内容在《普曜经》中有更详细的
铺陈，④ 却为其他佛传所不载。可以推知《佛本
行经》和《普曜经》应有相当的联系，也许为同
一部派所集出的佛传。前者全为偈颂体，言辞简
约；后者偈颂与长行兼有，内容较繁复夸张，已

---

① 《佛本行经》卷 1，《大正藏》第 4 册，第 57 页。
② 《佛说弥勒下生经》卷 1，《大正藏》第 14 册，第 421 页。
③ 实时种种击金鼓，任资赋与七觉筹；谁欲与吾降世间？故相延请法宾会。光从兜术照四方，乐役力渚阎浮提；即敕侍臣卿
月猛："汝识世间大国王。何国可托生？不违古典制；应遭遇菩萨，奉顺佛言教。"对曰："唯圣听，有大豪尊王，有王名善
求，典主王舍城。婆罗奈城主，王名曰善猛，蝎国王百才，郁禅王名巢，光焰王留生，又王名勇武，王善臂之子，又名白
雪王。是八大王有名闻，不审为可托生不?" 曰："有是王秽不真，遍更察观真正者。"思惟斯须曰："更有，转轮王种寿兴
后，王最盈后名师子，其子白净释中尊。"《佛本行经》卷 1，《大正藏》第 4 册，第 57 页。
④ 《普曜经》卷 1，《大正藏》第 3 册，第 485 页，

有大乘化因素。《佛本行经》集成年代也许更早一些。据印顺法师研究,《普曜经》与《方广大庄严经》是同本异译,虽已大乘化,但所叙佛传的结构与根本说一切有部的佛传一致。[①] 前引《佛本行经》兜率观察段落中插叙有"情悟发求佛,逮进超九劫;弥勒等应先,勇猛出其前"的内容,为其余佛传所未见。这首偈颂讲的是释迦菩萨在百劫修行时代"超越九劫"的故事。大意为:过去世有一佛,名底砂。底砂佛收有两个菩萨弟子,一名释迦牟尼,另一名梅怛丽药(弥勒)。由于释迦菩萨发大精进力,超越了九劫,先于弥勒成佛。部派佛教特别是说一切有部极力弘传此事,《阿毗达磨大毗婆沙论》《俱舍论》对此就有相关记载。据新疆石窟研究者考证,克孜尔石窟第 32、163、171、176 等窟多有此故事画面。[②] 综合几种因素可推测,《佛本行经》有说一切有部的某些色彩。

据《出三藏记集》,相传释宝云为凉州人,少年出家,精勤有学行。东晋隆安年间求法西域,与法显、智严先后相随,游历于阗、天竺诸国。他遍学梵书,对印度诸国音字训诂,悉皆备解。宝云回国后师从佛驮跋陀习禅,在佛经翻译、校订方面卓有建树,于晋宋之际,闻名江左。宝云晚年幽居六合山寺(在今江苏江浦),译出《佛本行赞经》,[③] 此应即是今所传《佛本行经》。释宝云为凉州籍名僧,其求法印度之往返或取道敦煌,其译出《佛本行经》年代约在 5 世纪中叶,与第

275 窟营建时间较为接近,两者之间的联系值得进一步研究。

四 南壁伎乐形象与《西凉乐》

第 275 窟南壁故事画另一个突出特点是在显要位置绘有正在奏乐的伎乐天人,手持乐器可辨者多达八人。画师对乐器和弹奏方式进行了精细的描绘(图 10)。郑汝中提出图中所绘是河西地区魏晋墓葬壁画之后最早的乐器图像,开创了敦煌石窟描绘乐器实物的先河,其中南壁所绘箜篌是敦煌最早的箜篌图像,在乐史上极为珍贵。[④] 但是如果认为太子出游故事情节本是一个哀痛的场面,不宜画出大量伎乐欢乐歌舞场面,则显然有

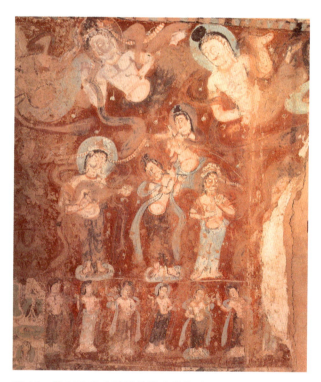

图 10　第 275 窟南壁佛传图中的伎乐天人

①　印顺法师:《初期大乘佛教之起源与开展》,《印顺法师佛学著作全集》第 16 卷,中华书局,2009 年,第 497 页。
②　霍旭初、赵莉、彭杰等:《龟兹石窟与佛教历史》,新疆人民出版社,2016 年,第 183、236 页。
③　(梁)僧祐:《出三藏记集》,中华书局,1995 年,第 578—579 页。
④　郑汝中:《新发现的莫高窟 275 窟音乐图像》,《敦煌研究》1992 年第 2 期,第 1—4、119 页。

误。[1]因为，几种佛传经典中均明确提到净饭王命令伎乐供养的盛况（并不必要在有关弥勒净土的天宫伎乐描述中寻求解释）。例如：《普曜经》卷3："时白净王入太子宫……太子将无欲行游观。当敕四衢严治道路，学调伎乐普令清净，却后七日太子当出，使道平正莫令不净，勿使见非诸不可意。"[2]《过去现在因果经》卷2："尔时太子，与优陀夷，百官导从，烧香散花，作众伎乐，出城西门。"[3]《佛所行赞》卷1："深责治路者，心结口不言，复增伎女众，音乐倍胜前。"[4]

在诸佛传中，《佛本行经》卷2出游四门情节中有对伎乐供养之盛大场面特别着重的描写：

> 王愍太子愁，劝令行游观……所将从贵重，如月与众星。功德充满备，形容甚殊妙……各各尽力严，若干幢幡盖。楼阁诸妇女，犹如天宫城；严饰甚靡丽，莫不怀欢庆。万民皆歌咏，声向震一国。

并且，此经还有对空中飞天散花的特别描写：

> 或头身自悬，犹如众华垂。或有倾屈礼，各怀敬叹曰：'当为世导师。'散众花香璎。见以皆愕观，展转相谓言：'此当为何神？'或云从天降，或云是天帝，魔王或梵王，怀疑欢踊跃，歌叹若干种。[5]

其中"或头身自悬"或有倾屈礼"散众花香璎"的描述，无疑和此幅壁画中显要绘出的多身飞天很有相似之处。这是佛传类其余诸经所没有的细节。

在印度、西域到中原其他地域的出游四门图像中很少看到伎乐天出现，可能是因为现存文物多为残缺局部，也可能是伎乐内容在此主题造像中并不受重视。若论与经典的匹配程度，则可以说此幅敦煌壁画更好地表达出佛典中太子出游的热烈欢庆氛围。

中古河西地区有着发达的乐舞传统，著名的《西凉乐》就产生于十六国时期的凉州一带，其后流行于北魏、北齐、北周、隋、唐各代，是中古时期重要的地域性乐舞流派。[6]据《隋书·音乐志》：

> 《西凉》者，起苻氏之末，吕光、沮渠蒙逊等，据有凉州，变龟兹声为之，号为"秦汉伎"。魏太武既平河西得之，谓之《西凉乐》。至魏、周之际，遂谓之《国伎》。今曲项琵琶、竖头箜篌之徒，并出自西域，非华夏旧器……其歌曲有《永世乐》，解曲有《万世丰》，舞曲有《于阗佛曲》。[7]

《旧唐书·音乐志》载：

> 《西凉乐》者，后魏平沮渠氏所得也。

① 郑汝中：《新发现的莫高窟275窟音乐图像》，《敦煌研究》1992年第2期，第1—4、119页。
② 《普曜经》卷3，《大正藏》第3册，第502页。
③ 《过去现在因果经》卷2，《大正藏》第3册，第630页。
④ 《佛所行赞》卷1，《大正藏》第4册，第6页。
⑤ 《佛本行经》卷2，《大正藏》第4册，第64页。
⑥ 黎国韬、陈佳宁：《西凉乐源流考》，《文化遗产》2018年第1期，第36—46页；牛龙菲：《古乐发隐——嘉峪关魏晋墓室砖画乐器考证新一版》，甘肃人民出版社，1985年，第403页。
⑦ 《隋书》，中华书局，1973年，第378页。

晋、宋末，中原丧乱，张轨据有河西，符秦通凉州，旋复隔绝。其乐具有钟磬，盖凉人所传中国旧乐，而杂以羌胡之声也。魏世共隋咸重之。①

《西凉乐》的兴起与前秦、后凉有关，尤其是与沮渠氏所建立的北凉有直接联系。据学者对北凉石塔与莫高窟早期三窟的比较研究，第275、272窟的营建年代大约在北凉末年至5世纪中叶。②第275窟壁画中出现了曲项琵琶、竖箜篌、横笛（南壁）、大角、筚篥（北壁）五种乐器。参考学者对《西凉乐》《清商乐》《龟兹乐》等乐部所用乐器的比较，③可知第275窟的曲项琵琶、竖箜篌、筚篥、横笛均属于《西凉乐》乐器，不用于汉晋传统的《清商乐》中，与《隋书·音乐志》之记载恰可印证。《西凉乐》中舞曲《于阗佛曲》有明确的佛教因素，第275窟南壁被特别强调描绘的且奏且舞的伎乐形象，很可能是受到十六国时期兴起、杂以西域羌胡之声的《西凉乐》之影响。

结 论

对于南壁佛传故事画的图像解读，释宝云译《佛本行经》较前人判断的竺法护译《普曜经》更为适合，并且能够为窟中其他造像的联系提供经典依据。《佛本行经》与莫高窟第275窟造像有以下六点关联性。（1）文本中先遇梵志、后遇沙门的特殊叙事，与此图中情节叙事的错位现象相一致。（2）"遇梵志"情节中，回顾了太子广行布施的本生事迹，可以和北壁的本生故事画对应。（3）文本中，在出游四门情节之后紧接太子树下思惟的情节，可与此窟南壁佛传图和上方双树龛中的树下思惟菩萨像对应。（4）可以用释迦菩萨在兜率天做四种观察解读窟中出现的四座阙形龛，从而使南壁上部的阙形龛和下方的佛传故事画联系起来。（5）文本中兜率观察部分也追忆了释迦本生事迹，能够关联起此窟北壁本生故事画与上部阙形龛所代表的兜率天宫。（6）文本中出游四门情节中对伎乐和飞天的描述与此图中着重绘出的伎乐、飞天形象相匹配。另外，佛传图中着重表现的伎乐演奏形象，可能受到十六国时期《西凉乐》的影响。

---

① 《旧唐书》，中华书局，1975年，第1068页。
② 殷光明：《从北凉石塔看莫高窟早期三窟的建造年代》，《2000年敦煌学国际学术讨论会文集——纪念敦煌藏经洞发现暨敦煌学百年·石窟考古卷》，甘肃民族出版社，2003年，第250—278页。
③ 黎国韬、陈佳宁：《西凉乐源流考》，《文化遗产》2018年第1期，第46页。

莫高窟第 249 窟四披内容新解

——兼谈南北朝佛经经文中手扪日月佛教人物形象

杨敬兰

（敦煌研究院敦煌学信息中心）

有关敦煌莫高窟第 249 窟窟顶的研究成果已有很多，松本荣一早在 1937 年就认为窟顶西披主题展现的是须弥四洲图，西披中心的天人为阿修罗；[①]段文杰、贺世哲提出该窟窟顶四披展现的是佛道思想融合的场面，西披主神是阿修罗，但对此画面没有做过多深入解释；[②]何重华首次提出第 249 窟西披展现的是维摩诘经的道场，[③]张元林也举证肯定了这个观点；[④]宿白认为此披是依据《观佛三昧海经》卷 1 "阿修罗攻帝释" 故事绘制，目的是突出帝释天王形象；[⑤]后来马兆民、

赵燕林通过考证窟顶四披画面，认为整个窟顶展现的应该是《大方等陀罗尼经》。[⑥]大多数对第 249 窟以及类似构图的研究成果，[⑦]对阿修罗的形象持肯定态度。宁强认为第 249 窟西披中心形象是中国道教传统神话故事人物方相氏，[⑧]赵燕林提出此四目四臂形象为北魏皇室拓跋氏追认的先祖黄帝。[⑨]纵观前人研究，分歧较大，因此有必要做进一步研究，笔者通过将壁画内容和隋以前相关佛经经文进行对比考证，推测应为西天付法藏二十八祖中第三祖商那和修。西披描绘的应是舍

---

① 〔日〕松本荣一：《敦煌画研究》（上），林保尧、赵声良、李梅等译，浙江大学出版社，2019 年，第 282 页。

② 段文杰：《道教题材是如何进入佛教石窟的——莫高窟 249 窟窟顶壁画内容探讨》，《1983 年全国敦煌学术讨论会文集·石窟艺术编》（上），甘肃人民出版社，1985 年，第 2 页；段文杰：《略论莫高窟第 249 窟壁画内容和艺术》，《敦煌研究》1983 年创刊号，第 2 页；贺世哲：《敦煌莫高窟第二四九窟窟顶西坡壁画内容考释》，《敦煌学辑刊》1982 年，第 29 页。

③ Chung Wa Ho（何重华）, Dunhuang Cave 249: A Representation of the Vimalakirtininiesa, Volume 1, Yale University,1985.

④ 张元林：《净土思想与仙界思想的合流——关于莫高窟第 249 窟窟顶西披壁画定名的再思考》，《敦煌研究》2003 年第 6 期，第 2 页。

⑤ 宿白：《东阳王与建平公（二稿）》，《中国石窟寺研究》，生活·读书·新知三联书店，2019 年，第 305—326 页。

⑥ 马兆民、赵燕林：《西魏〈大方等陀罗尼经〉的流行与莫高窟第 249 窟的营建》，《中国美术研究》2017 第 4 期，第 32 页。

⑦ 沙武田：《北朝时期佛教石窟艺术样式的西传及其流变的区域性特征——以麦积山第 127 窟与莫高窟第 249、285 窟的比较研究为中心》，《敦煌学辑刊》2011 年第 2 期，第 93 页；〔日〕斋藤理惠子《敦煌第 249 窟天井中国图像内涵的变化》，贺小萍译，《敦煌研究》2001 年第 2 期，第 156 页；马世长：《交汇、融合与变化：以敦煌第 249、285 窟为中心》，巫鸿主编：《汉唐之间文化艺术的互动与交融》，文物出版社，2001 年，第 305 页。

⑧ 宁强：《上士登仙图与维摩诘经变——莫高窟第 249 窟窟顶壁画再探》，《敦煌研究》1990 年第 1 期，第 30 页。

⑨ 赵燕林：《西魏黄帝信仰及其形象——莫高窟西魏第 249 窟西披图像新解》，《丝绸之路研究集刊》第 5 辑，商务印书局，2020 年，第 394—406 页。

那婆私因缘，整个窟顶展现的应为《阿育王经》第七卷《佛弟子五人传授法藏因缘品》。草成此文，求教于大方之家。

一 第249窟窟顶壁画解读

莫高窟第249窟西披高大的天人形象最早被松本荣一解读为阿修罗王，但是松本荣一也没有列出很明确证据说明这个天人形象就是阿修罗王："但须弥山图中绘有阿修罗王形象的实例却极为少见，如日本玉虫厨子[①]须弥座所描绘的须弥山图及东大寺大佛莲瓣的须弥四洲图等均没有绘出阿修罗王。"[②]笔者查阅有关西披"阿修罗"形象（图1）的多种资料，发现第249窟窟顶西披阿修罗王

形象与佛经描述不太一致。笔者经过多次对壁画内容进行考证，又有了新的发现。

第249窟窟顶画面几乎对《阿育王经·佛弟子五人传授法藏因缘品》内容都有涉及，该窟主题展现了佛五弟子涅槃传法因缘故事。窟顶西披主位应为商那和修尊者，整个西披描绘的应是舍那婆私因缘。整个窟顶展现的应为《阿育王传》或《阿育王经》中佛五弟子因缘故事。

商那和修，摩突罗国（马土拉）人，又名舍那婆私、舍那婆斯，姓毗舍多，父林胜，母憍奢邪，梵云商诺迦。与末田底迦为阿难两大弟子，为西天付法藏二十八祖中第三祖。佛教第一次结集时，商那和修受阿难指派，往古印度中部地区

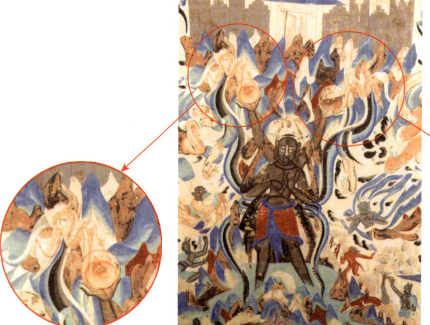

图1 莫高窟249窟西披中央·西魏（史苇湘、霍熙亮、关友惠临摹）

---

① 法隆寺著名的"玉虫厨子"实际上就是一个精致的佛龛。
② 〔日〕松本荣一：《敦煌画研究》（上），第282页。

弘扬佛教。笔者认为第 249 窟西披整个呈现的是舍那婆私因缘。有关记载见西晋安法钦译《阿育王传》，该书记述阿育王之事迹及摩诃迦叶、舍那婆私等因缘。[①] 其异译本有《阿育王经》十卷，为梁僧伽婆罗所译。

《阿育王传》商那和修因缘（舍那婆私因缘），在提到商那和修降龙时说"亦如尊者摩田提降龙之法"，将降龙细节省去，因此有关商那和修因缘，笔者参考了僧伽婆罗译《阿育王经·佛弟子五人传授法藏因缘品》：

舍那婆私因缘

尔时长老阿难入涅槃。时舍那婆私往摩偷罗国，于中路有寺名贫陀婆那（翻丛林），舍那婆私住寺一宿，寺有二老比丘，论议说偈：

无犯第一戒　　择法第一闻
是比丘谓是　　舍那婆私说

时舍那婆私语二比丘："汝所说义非我所说。正法和合是我所说。长老先过去世于波罗捺国有一商主，与五百估客欲入大海，于其中路见辟支佛病……时辟支佛即为商主现十八变，现神变已即入涅槃。商主供养其身作此誓愿，'我于此比丘修诸功德，以此善根如其所得我当得之'。时商主者我身是也，是故我今值最胜师令我得道。我着舍那婆私衣……"是时长老舍那婆私次第行至摩偷罗国，往优流漫陀山坐于绳床。优流漫陀山有二龙王兄弟与五百诸龙相随。舍那婆私思惟

"我不伏之不得教化"，即以神力动山。二龙王嗔往舍那婆私处，起疾风雨及以出火。舍那婆私入慈三昧能令风雨及火不近其身，变其水火悉为天花，谓优钵罗花、拘牟头、分陀利花等悉皆堕地；复起雷电，亦以神力变其雷电皆成天花；复以种种器仗欲掷舍那婆私，亦以神力变为天花；复以大山欲压舍那婆私，亦变大山而为天花。即时空中而说偈曰：

暴风疾雨　　不能为害　　雷电器仗
变为天花　　譬如雪山　　日光所照
悉皆镕消　　无有遗余　　入慈三昧
火不能烧　　器仗毒害　　不近其身

于是二龙王往舍那婆私处白言："圣人教我何作？"舍那婆私答言："我欲于此山中起寺。……佛已记汝二人于大醍醐山当起寺。"二人答言："若佛所记我当起寺。"乃至二人于山起寺，服饰等物悉皆具足，故名此寺为那哆婆哆。[②]

故事梗概：长老阿难入涅槃后，舍那婆私尊者往摩偷罗国行去，途中经过贫陀婆那寺，舍那婆私尊者在寺中留宿一晚。寺中有两位老比丘，正在议论说偈，"无犯第一戒，择法第一闻。是比丘谓是，舍那婆私说"。舍那婆私尊者告诉两位比丘："你们所议论的道理，并非我所说……"舍那婆私离开贫陀婆那寺，行至摩偷罗国。往优流漫陀山行去的路上遇见两龙王，身旁有五百诸龙相随。舍那婆私想"若我不降伏龙王，则无法教化群龙"，于是以神通力撼动大山。愤怒的龙王两兄

---

① 此因缘故事亦见于《经律异相》卷 16《声闻无学僧部第十二之四》，但叙述相对简单。
② （南朝梁）僧伽婆罗译：《阿育王经》，《大正藏》第 50 册，第 156 页。

弟来找舍那婆私，并且呼狂风、唤雷雨、出烈焰（图1放大部分）；此时，舍那婆私尊者"入慈三昧"，使得风雨及烈火都无法靠近其身，又以神力将水火化作青、黄、白莲花，种种天花缓缓落地。龙王又以种种兵器掷向舍那婆私，这些兵器悉数变成天花；龙王以大山压制舍那婆私，大山也变为天花。此时，虚空传来声音说偈："暴风疾雨，不能为害，雷电器仗，变为天花。譬如雪山，日光所照，悉皆镕消，无有遗余。入慈三昧，火不能烧，器仗毒害，不近其身。"两龙王终于屈服。

西披画面解读：经文中提到的贫陀婆那寺中的两位老比丘，对应西披画面底部左右两侧类似寺庙的建筑以及建筑内的两位比丘形象（图2中"1"处）；西披画面中央的天人应为"入慈三昧"的舍那婆私，天人身后的高山应为优流漫陀山，山两侧有两尾互相缠绕的龙，天人左右两侧分列风雨雷电四神（图2中"2、3、4、5"处），并且都对着天人发威，满披都是青、黄、白莲花及种种天花缓缓落地，暗示"暴风疾雨，不能为害，雷电器仗，变为天花"。另外，《阿育王传》佛弟子因缘中多次提到"舍那婆私商主从海而还""商

主与五百估客欲入大海""舍那婆私入大海"，通篇都在说明舍那婆私与海的关系，尤其是"商主白言，莫入涅槃，乃至我入海还，当以衣服、饮食、卧具、医药供养世尊"，说明舍那婆私长期"入海"，这就不难理解第249窟西披中心高大的商那和修尊者为何"足踩大海"。另外阿难因缘和舍那婆私因缘中都提到于摩偷罗国优流漫陀（大醍醐）山"当起寺"，摩偷罗国两长者子那哆、婆哆后来建成了那哆婆哆寺，即此披画面中心优流漫陀山上的类似宫殿建筑应为那哆婆哆寺，此处为对那哆婆哆寺的图像解读（图3）。

观者看到的第249窟西披优流漫陀山顶的那哆婆哆寺外围应该与第296窟须阇提故事中宫城

图2　第249窟西披·西魏（史苇湘、霍熙亮、关友惠临摹）

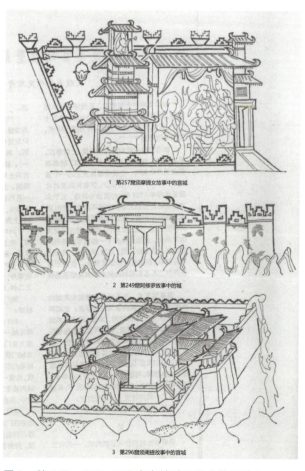

1　第257窟须摩提女故事中的宫城

2　第249窟阿修罗故事中的城

3　第296窟须阇提故事中的宫城

图3　第249、257、296窟宫城对比图（萧默绘）

的外围一样，只是因为观者处于"山下"，仰望山顶感觉像西方的"城堡"，实质是类似宫殿的寺庙建筑的一个正门墙面：正中是庙门，两旁为对称城墙，沿墙体及转角建了一系列凸出于墙体的垛堞，墩台中心的镂空造型为堞眼。①

有关多目多臂记载见《楞严经》卷6：

世尊，我又获是圆通，修证无上道故，又能善获四不思议无作妙德：一者，由我初获妙妙闻心，心精遗闻，见闻觉知不能分隔，成一圆融清净宝觉。故我能现诸多妙容，能说无边神秘神咒。其中或现一首，三首五首，七首九首，十一首，如是乃至一百八首，千首万首，八万四千烁迦啰首；二臂四臂，六臂八臂，十臂十二臂，十四十六，十八二十，至二十四，如是乃至一百八臂，千臂万臂，八万四千母陀罗臂；二目三目，四目九目，如是乃至一百八目，千目万目，八万四千清净宝目。或慈或威，或定或慧，救护众生得大自在。②

如上，菩萨在获得圆通，修证无上道，获四不思议时就可呈现多目多臂妙容。推测商那和修尊者经过阿难传法之后"入慈三昧"，同样获得圆通，修证无上道，才会出现四目四臂妙容。有关商那和修尊者手托日月的来源见下文。

西晋安法钦译《阿育王传》对优波笈多因缘收录了两次，但没有收录阿难因缘，估计《大正藏》收录时已遗失。但《阿育王经·佛弟子五人

传授法藏因缘品》记载了阿难因缘：

阿难因缘

尔时长老迦叶入涅槃，时阿阇世王礼阿难足说言："长老佛入涅槃我不见，长老摩诃迦叶入涅槃亦不见，若长老欲入涅槃愿来见我。"阿难答言"如是"，乃至舍那婆私商主从海而还。

…………

今我欲入涅槃，此佛法藏应当受持守护，于摩偷罗国有山名优流漫陀（翻大醍醐）。摩偷罗国有长者生二子，一名那哆（翻无），二名婆哆（翻军），是佛所记，于彼山中应当起寺。

…………

阿阇世王来逮阿难合掌说偈：

佛子入涅槃　　于三世间等
佛面如莲花　　今已入涅槃

…………

长老阿难于涅槃时大地六种震动。尔时于雪山有一仙人五通具足，共五百弟子。彼仙思惟何故地动？其见阿难欲入涅槃，乃至共五百弟子往阿难所。到已礼足合掌说言："我于长老当得佛所说法及出家具足修净梵行。"长老阿难生念"我一切弟子应当来"。生此念时五百弟子阿罗汉一切来集，长老阿难即以神力转此大地。乃至仙人及五百弟子出家受具足：于第一羯磨仙人及五百弟子得须陀洹果；于第二羯磨得斯陀含果；于第三

---

① 肖默：《敦煌莫高窟北朝壁画中的建筑》，《考古》1976年第2期，第109—110页。
② （唐）般剌密谛译：《大佛顶如来密因修证了义诸菩萨万行首楞严经》，《大正藏》第19册，第945页。

羯磨得阿那含果；于第四羯磨除一切烦恼得阿罗汉果。仙人及弟子于恒河中出家，是故名末田地。……长老阿难付法藏与末田地竟，现神通力作十八变，于虚空中行住坐卧，入火三昧。入三昧竟，从其身中出种种色青黄赤白，或身上出火、身下出水，或身上出水、身下出火。是时阿难其身端正，譬如名山出清流水及种种花。①

阿难因缘中记述：阿难涅槃时有一位仙人"五通具足"率五百弟子出家受具足。于第一羯磨仙人及五百弟子得须陀洹果；于第二羯磨得斯陀含果；于第三羯磨得阿那含果；于第四羯磨除一切烦恼得阿罗汉果。第249窟南北披均出现多位乘龙御凤仙人，似乎都是奔往阿难涅槃成佛之处。长老阿难传法藏与末田地后现神通力作十八变，于虚空中行住坐卧，入火三昧。入三昧之后，从阿难身中出种种色青黄赤白，与第249窟西壁佛龛内火焰纹颜色相同。当时阿难其身端正，"佛面如莲花"，②修成佛果。

其余佛弟子因缘，笔者参考了安法钦译《阿育王传》卷4：

摩诃迦叶涅槃因缘

……时王舍城有一长者生一男儿，合衣而出，衣名商那，即名此儿为商那和修。以渐长大将入大海。迦叶语阿难言"商那和修发意入海得宝来，还欲作般遮于瑟"。

…………

是时搥毗利摩诃迦叶语帝释言："憍尸迦，我乐看佛牙及佛天冠、摩尼宝珠、钵多罗等。"

…………

尊者阿难欲入涅槃即时大地六种震动。时雪山中五百仙人皆具五通而作是念"今此大地以何因缘六种震动"，观见阿难欲入涅槃是以大地六种震动。彼仙人中有一导首将五百仙人翼从，而来至阿难所。敬礼其足合掌而言听我出家。阿难心念言"我诸贤圣弟子今当来至"。作是念已，五百罗汉自然来至。尊者阿难化彼河水变成金地，乃至五百仙人出家皆得罗汉。③

这里再次提到了尊者阿难欲入涅槃时大地产生了六种震动。雪山中有五百仙人皆具五通观见阿难欲入涅槃。彼仙人中有·导首"将五百仙人翼从"而来至阿难所（图4）。这名"导首"估计是阿难因缘中提到的仙人，"翼从"指代的应该是第249窟整个窟顶所有带翅膀的翼兽、翼鸟和翼人，这就完美地解释了第249窟窟顶的大多数带翼形象的来源，虽说借鉴了我国传统文化中的神兽形象，但其来源还是佛经。有关摩尼宝珠供养，只有摩诃迦叶涅槃因缘里提到"是时搥毗利摩诃迦叶语帝释言：'憍尸迦，我乐看佛牙及佛天冠、摩尼宝珠、钵多罗等。'"所以对于第249窟窟顶东披的大画面，笔者能力不足，还不能给出完美

---

① （南朝梁）僧伽婆罗译:《阿育王经》,《大正藏》第50册，第155页。
② 这个形象保持至今，第249窟主尊面相清秀，面带微笑，年轻智慧，依然如其他洞窟中的阿难弟子相。
③ （西晋）安法钦译:《阿育王传》,《大正藏》第50册，第114页。

图 4　第 249 窟南披·西魏（史苇湘、霍熙亮、关友惠临摹）

的解释。对于窟顶南北披画面中央的人物，笔者只有摩诃迦叶涅槃因缘里提到的"导首"可以借鉴，说明这两披主位都是仙人，穿着服饰与其他仙人相同。

摩田提因缘

……时罽宾国有一大龙先在彼住，摩田提即向罽宾国结跏趺坐，作是念："若不恼触龙，此龙终不可降。"实时入定，令罽宾国六种震动，龙瞋恚而起，放雷电、霹雳，雨大雹雨。尊者摩田提入慈心三昧，乃至不能动衣一角，况能动身，化彼雷、雹、霹雳及以大雨，作钵头摩花、拘物头花、分陀利华、优钵罗花。龙复雨剑、轮、刀、稍种种器仗，摩田提复化作七宝。复雨大树，复雨大石山，摩田提化彼树山为饮食衣被。复注大雨七日七夜，尊者接雨着大海中。又口中出火欲烧尊者，尊者变火为真珠。彼复化作数千龙身，尊者化作数千金翅鸟。龙见金翅

鸟，恐怖走，来至尊者所，问言："尊者欲何所为？"答言："可受三自归。"①

摩田提尊者降龙的画面与商那和修因缘相似，不同之处是此处是一条龙，而商那和修因缘中提到的是两条龙。摩田提因缘故事中提到大龙与摩田提斗法时口中出火欲烧摩田提，摩田提尊者变火为真珠。由此可以推测莫高窟第 249 窟舍那婆私手中举的并不是日月，而可能是"真珠"（图 1 放大部分）。接着大龙又化作数千龙身，尊者就化作数千金翅鸟。最后斗法失败龙就皈依了摩田提尊者，这里出现的数千龙身、数千金翅鸟，补充了第 249 窟画面中南披多龙、北披多凤的情节（图 4）。

通读全篇《阿育王经·佛弟子五人传授法藏因缘品》，知道了五尊者继承衣钵的顺序，迦叶尊者涅槃时传法给阿难尊者，阿难尊者涅槃时分别传给罽宾国的摩田提尊者和摩偷罗国的商那和修尊者，后来商那和修尊者涅槃时又传法给优波笈多尊者。窟顶内容涉及优波笈多因缘的最少，主

① （西晋）安法钦译：《阿育王传》，《大正藏》第 50 册，第 116 页。

要依据阿难因缘（南、北披）、摩诃迦叶涅槃因缘（南、北、东披）、商那和修因缘（西披）和摩田提因缘（南、北披），而跟这四个因缘故事关系最密切者就是阿难尊者，由此此窟的主尊应该是阿难尊者法身辟支佛。[①]

东披画面解读（图5）：第249窟东披内容与莫高窟第285窟东披、南披呈现的主题一样，都是"观摩尼宝珠"。鸠摩罗什译《思惟要略法》阐述了禅修的方法以及"法身观法"中观摩尼宝珠所获得的神智无比的妙相，即禅修时观摩尼宝珠带给观者的神妙体验：

> 凡求初禅先习诸观：或行四无量；或观不净；或观因缘；或念佛三昧；或安那般那。
>
> …………
>
> 法身观者，已于空中见佛生身，当因生身观内法身，十力四无所畏大慈大悲无量善业。如人先念金瓶后观瓶内摩尼宝珠，所以尊妙神智无比：无远无近无难无易；无限世界悉如目前；无有一人在于外者；一切诸法

图5　第249窟东披·西魏（史苇湘、霍熙亮、关友惠临摹）

无所不了。常当专念不令心散。[②]

佛弟子五人传授法藏因缘出自《阿育王传》或《阿育王经》。该窟的绘制与敦煌当地南北朝时期阿育王信仰的流行分不开，有关河西四郡阿育王塔或阿育王寺的记载见《集神州三宝感通录》卷1：

> 六、瓜州城东古基者，乃周朝阿育王寺也。废教已后，隋虽兴法更不置寺。今为寺庄，塔有舍覆。东西廊庑，周回墙匝。时现光相，士俗敬重。每道俗宿斋集会兴福，官私上下乞愿有应云云。
>
> 七、沙州城内废大乘寺塔者，周朝古寺见有塔基，相传云"是育王本塔"，才有灾祸多来求救云云。
>
> …………
>
> 九、凉州姑臧塔者，依检诸传咸云"姑臧有育土塔"。然姑臧郡名，今以为其属州。《汉书》"河西四郡则张掖、姑臧、酒泉、炖煌也"，然塔未详。
>
> 十、甘州删丹塔者，今名为县，在甘州东一百二十里。县城东、弱水北、大道侧土堆者，俗传是"阿育王塔"，但有古基荒废极久，斯即疑为姑臧塔也。[③]

此书记载魏晋南北朝至隋中原地区阿育王寺有9处，阿育王塔有15处，说明当时阿育王信仰几乎遍及整个中原地区。榆林窟第16窟外室洞口

---

① 《阿育王经》中称阿难尊者为"辟支佛"，《阿育王传》中称"长老阿难"。
② （姚秦）鸠摩罗什译：《思惟要略法》，《大正藏》第15册，第617页。
③ （唐）道宣：《集神州三宝感通录》，《大正藏》第52册，第2106页。

北壁有西夏墨书《阿育王寺释门赐紫僧惠聪俗姓张主持窟记》，末署"国庆五年岁次癸丑十二月十七日题记"，此记载从侧面说明阿育王寺的名称从西魏一直保持到西夏。西魏时期，在敦煌及其附近地区《阿育王经》已经广为流传，而敦煌遗书 P.4039 罗列了藏于敦煌龙兴寺的经文目录，其中记载有"《阿育王传》七卷"，说明此经很有可能是南北朝时期的经文传抄本。有关阿育王寺、阿育王塔的记载和敦煌龙兴寺藏经目录为《阿育王经》的流行提供了有力证据。

另外，王惠民在《敦煌壁画中的祖师像》中提到敦煌遗书中有关于祖师的资料"约 20 件，多为禅宗之物"。祖师传承资料主要见于安法钦译《阿育王传》、佛陀跋陀罗译《达摩多罗禅经》、吉迦夜共昙曜译《付法藏因缘传》、僧伽婆罗译《阿育王经》、僧祐《出三藏记集》等，进一步说明南北朝时期禅宗的盛行，在莫高窟类似洞窟还有北凉三窟、同时期的第 285 窟等。

二 南北朝佛经经文中手扪日月佛教人物形象

《商枳略奥义书》说大神祇"神主四手臂，肢体四冲乐"。[1] 第 249 窟中的天人形象是四臂形象，四臂在印度教中用来指示不同空间方位。严耀中详细阐述了印度神话中"四"代表的重要意义，"四臂乃至愈来愈多的手臂带来了更多超常神力，用来显示力量的多手臂属于一种正面的形象，这种造型有利于在保持基本人形的同时又表现出神性来，温和又突出其威慑力"。[2] 在印度造像中，阿修罗的形象往往高大魁梧，但"长着兽头，或完全是野兽的形体"，[3] 而早期洞窟第 249 窟的天人形象却不符合这种特征。现存人英博物馆的一幅六道轮回图（图 6）显示：阿修罗处于六道时高大但形貌丑陋；而处于天道的多臂天人形象与第 249 窟西披高大威猛的天人形象相似。

严耀中梳理了四臂及多臂天人发展的脉络：最早见于印度史诗的叙述中，多见于大天的形象，在佛教的发展中"四臂亦是密教诸像里呈现多臂的起始"，[4] 所以之后的密教图像才逐渐发展出六臂、十臂、十二臂，甚至是千手千眼等形象，代表着神通越来越大。

莫高窟中后期壁画《维摩诘经变》见阿閦佛品东方妙喜世界中托举日月的天神均是菩萨装（图 7、图 8）。《正法念处经》记述了阿修罗王罗睺两次手障日月，造成日食、月食的故事。阿修罗王几次手障日月都"与天净"，遮蔽日月光辉。

图 6　十王经图卷局部，纸本淡彩，大英博物馆藏（采自〔日〕松本荣一《敦煌画研究》）

① 徐梵澄译：《五十奥义书》，中国社会科学出版社，1995 年，第 902—903 页。
② 严耀中：《从印度到中国的四臂像》，《敦煌学辑刊》2015 年第 2 期，第 96 页。
③ 〔德〕施德伯格：《印度诸神的世界——印度教图像学手册》，范晶晶译，中西书局，2016 年，第 134 页。
④ 严耀中：《从印度到中国的四臂像》，《敦煌学辑刊》2015 年第 2 期，第 99 页。

图 7 莫高窟第 9 窟·晚唐（敦煌研究院供图）

图 8 莫高窟 335 窟·初唐（段文杰临摹）

隋以前记录手"扪（摸）日月"者，[①]分别提到世尊、菩萨、梵志四兄弟、坐禅人、佛弟子、婆罗门、童子，共 7 种神祇 21 种经。其中提到菩萨的最多有 6 种经，佛弟子 5 种，坐禅人 3 种，梵志四兄弟 3 种，声闻 2 种，世尊 1 种，婆罗门 1 种，童子 1 种。具体见表 1。

表 1　隋以前历代佛经中有关"手扪（摸）日月"形象的统计

著者、译者	经文名	扪日月人物形象
佛陀耶舍、竺佛念译	《四分律藏》	世尊、佛弟子、婆罗门
竺法护译	《普曜经》	菩萨
僧祐撰	《释迦谱》	菩萨
支谦译	《太子瑞应本起经》	菩萨
无罗叉、竺叔兰译	《放光般若波罗蜜经》	菩萨
康僧会译	《六度集经》	菩萨
竺法护译	《渐备一切智德经》	菩萨
阿罗汉婆素跋陀撰，鸠摩罗佛提等译	《四阿含暮抄解》	声闻
尊者山贤造，僧伽提婆、慧远译	《三法度论三卷》	声闻

① 笔者查阅了《大藏经》中隋代以前的经典，用全文检索的方式检索了关键词"扪日月""摸日月""触日月""持日月"，笔者发现佛经中用得最多的是"扪日月""扪摸日月"，"持日月"用得很少，而且不是很正面，几乎不用"触日月""托日月""擎日月"，唐以后才逐渐有，但也很少。

续表

著者、译者	经文名	扪日月人物形象
旻宝唱等集	《经律异相》	梵志四兄弟
法炬、法立译	《法句譬喻经》	梵志四兄弟
法救菩萨造，竺佛念译	《出曜经》	梵志四兄弟
罗汉优波底沙造，僧伽婆罗译	《解脱道论》	坐禅人
诃梨跋摩造，鸠摩罗什译	《成实论》	坐禅人
龙树菩萨造，鸠摩罗什译	《大智度论》	坐禅人
支谦译	《佛开解梵志阿飚经》	沙门
昙摩崛多、昙摩耶舍译	《舍利弗阿毗昙论》	比丘
佛陀耶舍、竺佛念译	《长阿含经》	比丘
竺法护译	《生经》	比丘、目犍连
佛陀跋陀罗、沙门法显译	《摩诃僧祇律》	童子

对每个神祇"扪日月"故事的描述，大部分佛经描述情节相似，现只引部分具有代表性的原文，手扪日月的人物和场景可分为 7 种人物，10 种场景，具体如下。

1. 佛

佛陀耶舍、竺佛念译《四分律藏》：

于第十一日，世尊于大众中现神足变化，一身为多身，多身为一身，于近现处若远，不见处若近。山障石壁身过无阂，游行空中如鸟飞翔，出没于地犹若水波，履水而行如地游步，身出烟焰犹若大火，手扪摸日月身至梵天。时诸大众见世尊如是变化，皆大欢喜，得未曾有，厌离心生。①

2. 菩萨（释迦成佛前）

竺法护译《普曜经》行道禅思品第十九：

佛告比丘："菩萨坐佛树下，以降魔怨成正真觉……变化现法所欲如意，不复用思身能飞行；能分一身作百作千，至亿万无数，复令为一；能彻入地石壁皆过，从一方现，俯没仰出如出入水；能身中出水火，履水行虚身不陷坠；坐卧空中如鸟飞翔，坐能及天手扪日月；其身平立，能至梵天；出没自在，眼能彻视，耳能洞听；豫知诸天人龙鬼神蚑行蠕动之类身行口言。"②

3. 佛弟子

支谦译《佛开解梵志阿飚经》：

---

① （姚秦）佛陀耶舍、竺佛念译：《四分律》，《大正藏》第 22 册，第 949 页。
② （西晋）竺法护译：《普曜经》，《大正藏》第 3 册，第 186 页。

佛告阿飏："我沙门捐弃诸欲，奉行经戒，以断生死。则于今世，无复忧咒相恋之意……得道达视，如人鉴镜；飞行无碍，石壁皆过；能上须弥，手扪日月；能令身中别出水火；能没地下从一方出；能行空中坐卧自在；能使魔王梵释诸天无不倾侧。"①

昙摩崛多、昙摩耶舍译《舍利弗阿毗昙论》第二十二：

比丘思惟"日月为近，知近、解近、受近"。比丘住阎浮提，能舒右手扪摸日月。复次比丘自身起心，化为余色身，支节具足诸根无缺；以此化身至四天王上，以手扪摸日月；又以此四大色身，至四天王上，以手扪摸日月。是名"日月威德，以手扪摸定"。云何乃至梵天身得自在，如比丘定、亲近多、修学已，乃至梵天身得自在。②

竺法护译《生经》第五卷《比丘各言志经》：

目连答曰："唯舍利弗，假使比丘得大神足……身中出水犹如流泉，其身不濡。今此日月威神光光照于天下。从地举手扪摸日月。化大其身至于梵天"……目揵连得大神足无量，大尊自在，分一为万，万还合一，能扪摸日月，身至梵天。③

4. 坐禅人

罗汉优波底沙造，伽婆罗译《解脱道论》第十二卷：

坐禅人……以是修行心入第四禅，安详出手摸日月。以智受持，此当成近手，彼成近手。彼坐禅人或坐或卧，以手摸扪日月，起身乃至梵世，彼坐禅人有神通得心自在。④

又，诃梨跋摩造，姚秦三藏鸠摩罗什译《成实论》第二十卷六通智品第一百九十七：

有六通智……身通名行者身出水火，飞腾隐显摩扪日月，至梵自在及种种变化，如是等业名为身通。问曰："此事云何当成？"答曰："行者深修禅定故。"⑤

5. 梵志四兄弟

《经律异相》梵志部第四十，梵志谄施比丘说一偈能消第六：

梵志兄弟四人，各得五通，却后七日皆当命尽，自共议言。五通之力反覆天地，手扪日月移山住流，靡所不能，宁当不能避此死对。一人言，吾入大海，上不出现下不至底，正据其中，无常杀鬼安知我处？一人

---

① （东吴）支谦译：《佛开解梵志阿飏经》，《大正藏》第 1 册，第 20 页。
② （姚秦）昙摩崛多、昙摩耶舍译：《舍利弗阿毗昙论》，《大正藏》第 28 册，第 1548 页。
③ （西晋）竺法护译：《生经》，《大正藏》第 3 册，第 154 页。
④ 罗汉优波底沙著，（梁）僧伽婆罗译：《解脱道论》，《大正藏》第 32 册，第 1648 页。
⑤ 诃梨跋摩著，（姚秦）鸠摩罗什译：《成实论》，《大正藏》第 32 册，第 1646 页。

言，吾入须弥山中，还合其表令无际现，无常杀鬼安知吾处？①

6. 童子

佛陀跋陀罗、法显译《摩诃僧祇律》第一：

> 随其业所趣，自受其果报，为善者生天，恶行入地狱，行道修梵行，漏尽得泥洹。尔时仙人便即命终，于是童子净修梵行得外道四禅，起五神通有大神力，能移山住流扪摸日月。②

7. 婆罗门

佛陀耶舍、竺佛念译《长阿含经》卷第十二第二分清静经第十三：

> 沙门、婆罗门以种种方便，入定意三昧，随三昧心，作无数神力，能变一身为无数身，以无数身合为一身，石壁无碍，于虚空中结跏趺坐，犹如飞鸟；出入于地，犹如在水，履水如地；身出烟火，如火积燃；以手扪日月，立至梵天。若沙门、婆罗门称是神足者，当报彼言："有此神足，非为不有。此神足者，卑贱下劣，凡夫所行，非是贤圣之所修习。"③

另需注明，隋代以前经文中出现"持日月"时一般指的不是正面场景，如北魏西域三藏吉迦夜译《佛说称扬诸佛功德经》云："舍利弗：'惟天中天，最后末世凶愚暴恶，几所众生有能信持日月灯明如来名者，及诸世尊如来名号欢喜信者。'"④

总结以上 10 种"扪日月"场景，当佛显神通时，菩萨降魔成正真觉时，弟子得大神足时，坐禅人修行至第四禅时，梵志兄弟得五通之力时，童子得外道四禅时，婆罗门入定三昧时，都有扪摸日月的神通。如此，本文中的商那和修尊者在进入"慈三昧"时亦有"扪摸日月，身至梵天"的神通。

结　语

通过将壁画内容和隋以前相关佛经经文进行对比考证，笔者推测莫高窟第 249 窟整个洞窟表现的应该是阿难尊者涅槃时传法的主题，窟顶西披主位应为双手托"真珠"的商那和修尊者，整个西披描绘的应是《阿育王传》舍那婆私因缘，窟顶南披、西披、北披展现的是《阿育王传》中阿难涅槃时佛五弟子传法因缘故事中的情节。东披内容与莫高窟第 285 窟东披、南披呈现的主题一样，都是禅修方法"法身观法"中的"观摩尼宝珠"。

① （梁）旻宝唱等集：《经律异相》，《大正藏》第 53 册，第 2121 页。
② （东晋）佛陀跋陀罗、法显译：《摩诃僧祇律》，《大正藏》第 22 册，第 1425 页。
③ （姚秦）佛陀耶舍、竺佛念译：《长阿含经》，《大正藏》第 1 册，第 1 页。
④ （北魏）吉迦夜译：《佛说称扬诸佛功德经》，《大正藏》第 14 册，第 434 页。

北朝、隋至唐前期敦煌维摩诘经变空间结构的演变

魏健鹏

（敦煌研究院考古研究所）

图像对事物的描述方式有别于文本，一方面可以如文本一样，以线性时间的方式对情节进行排列叙述；另一方面也可以利用自身的平面空间特点，排列出自成体系的共时性、空间化叙述格局，进行多元化的内容表达。维摩诘经变自隋至唐前期，逐渐在二维平面上形成了空间化的叙事结构，将性质类似的情节设于图像中意义相近的位置，以维摩诘和文殊对坐的方丈室内为中心，形成了表现世俗世界的维摩诘室内（文殊师利问疾品、观众生品、不思议品、香积佛品）、室外（方便品、弟子品、菩萨行品）和表现诸佛国土的上方世界（佛国品、不思议品、香积佛品、菩萨行品、见阿閦佛品、法供养品）等相关内容。以往研究者对这些图像细节的梳理往往以各个情节为单位，侧重梳理图像细节的纵向时间序列，割裂了不同情节之间的联系。具有代表性的成果，如贺世哲先生最早开始系统关注图像内部结构的变化，初步对各个时期维摩诘图像的表现形式进行分类，并梳理了各个时期的新出图像情节及绘制位置。[①] 吴文星、卢少册也以《维摩诘经》中各品为单位，梳理了《佛国品》《方便品》《文殊师利问疾品》等画面内容的纵向发展历史。[②] 这些以品为单位的分析方法，使我们对局部画面在不同时期的演变过程有了具体的认识，但也往往因为疏于关注同一时期经变中各品之间的关联，对具体时代或画面的整体认识较为模糊。同时，维摩诘经变中有一些画面的绘制可能结合了经典的数品内容，诸如《佛国品》和《菩萨行品》的相关画面，在以往的研究中常常被分开看待，因此出现非此即彼的分歧，弱化了对画面情节之间联系的考察。因此，本文尝试对不同时期维摩诘图像中上述三个板块内部以及板块之间关联度及其演变过程进行梳理，以有助于更好地认识维摩诘图像在不同时空的发展演变过程，并期望能为该类图像的分析方式提供借鉴。不足之处，敬请方家教正！

① 贺世哲：《敦煌莫高窟壁画中的〈维摩诘经变〉》，《敦煌研究》试刊第 2 期，1982 年，第 62—71 页。

② 吴文星：《敦煌莫高窟壁画中的维摩诘经变研究——莫高窟维摩诘经变对〈维摩诘经〉的文化选择与时代解读》，硕士学位论文，华南师范大学，2002 年，第 35—64 页；卢少册：《佛教寺院维摩诘经图像研究》，博士学位论文，清华大学，2014 年，第 41—71 页。

一 毗耶离城方丈室内

《维摩诘经》主干情节的发生地都是维摩诘舍的方丈室内，以维摩诘和文殊对坐画面为中心内容。自北朝时期中原的云冈和龙门石窟全隋唐以后的敦煌及川渝等地，《维摩诘经》相关的造像都是以方丈室内维摩诘和文殊对坐为主要表现方式。笔者根据图像内容结构的变化特点，将这些内容分为北朝隋和唐前期两个大的时间段，对维摩诘方丈室内的图像内容进行梳理。

1. 图像中毗耶离城与方丈室内的空间变换

北朝、隋代维摩诘图像在整体结构上，并没有关于毗耶离城或者方丈室内相关内容的表现，

维摩诘和文殊各于一歇山顶式的小殿内隔龛对坐。座下听法者和化菩萨飞下及持钵复命等画面即使出现，如莫高窟第423、433窟绘于龛上的维摩诘图像（图1），也仍然以中间绘上佛说法图等内容将二元主角分割开来。

唐前期大幅维摩诘经变出现以后，维摩诘和文殊开始在画面内处于一个相对独立的空间之中。但如果观察这种空间边界的表现方式，可以发现维摩诘和文殊辩论的发生地点并非在维摩诘舍的方丈室内，而是在近似旷野之中的毗耶离城。以莫高窟第332窟北壁的大幅维摩诘经变为例（图2），维摩诘位于帐下，文殊一方则完全在

图1 莫高窟隋代第423、433窟西壁龛楣上方维摩诘图像（采自贺世哲主编《敦煌石窟全集·法华经画卷》，上海人民出版社，2000年，第193页）

旷野之中，背景全然为青绿山峰。这些山的出现可能与文殊相关的五台山信仰有关，并常见于后来的文殊变，当如潘亮文指出的，中唐时期文殊作品对山水云彩的表现较以往更为丰富多样，或有隐喻文殊道场五台山之意。[1] 敦煌石窟文殊变背景中的山水图应当最早见于莫高窟盛唐第172窟（图3）。在此之前的文殊变，诸如初唐时期

图2　莫高窟初唐第332窟主室北壁维摩诘经变（采自贺世哲主编《敦煌石窟全集·法华经画卷》，第197页）

图3　莫高窟盛唐第172窟主室东壁门北侧文殊变（采自数字敦煌，https://www.e-dunhuang.com）

莫高窟第220、331窟西壁龛外的文殊变（图4）等，并不甚重视背景的表现。因此，唐前期敦煌大幅维摩诘经变中在文殊背后出现的山峰，虽然在内涵上可能是借用了文殊信仰中五台山崇拜的思想，但在具体的表现方式上，应当是首创，并在此后影响了文殊变背景中山水图像的绘制。

唐前期的大幅维摩诘经变，诸如第220、332、335、103、194等窟，文殊菩萨身后基本是以山做背景，维摩诘的身后多为帐幔所遮挡，至多像第335窟后面出现若干树作为装饰。经变中出现的这些山峦，既与文殊信仰的背景相吻合，更是作为画面内部不同空间的分割带，将维摩诘和文殊辩论的场地与经变中的其他情节做了有效隔绝。

除了山林以外，建筑图像也起到了类似的界面分割作用。唐前期维摩诘经变对建筑的表现不多，仅在第335窟北壁的维摩诘和文殊之间，有一些较为规整的图案（图5），应当为简化的城墙类建筑，墙体一直向东（右）延伸并越过维摩诘帐幔的遮挡，成为画面分割的重要表现方式。类似的墙体表现方式至盛唐第194窟北壁的维摩诘经变（图6）则更为完善，同一位置被画上了更为具体的城墙和门楼，并有人源源不断地进来，明确地表示维摩诘和文殊辩论的场地是在城中，而非室内。

虽然《维摩诘经》中明确记述，文殊问疾是发生在毗耶离城中维摩诘舍的方丈室内，但唐前期敦煌维摩诘经变的这种变化，应当是借用了《不思议品》中"不可思议解脱"的概念，将之融入文殊菩萨率众问疾的场景之中。《维摩诘经·不

---

① 潘亮文：《敦煌唐代的文殊菩萨图像试析》，《敦煌研究》2013年第3期，第101页。

图4 莫高窟初唐第220、331窟主室西壁龛外文殊变（采自数字敦煌，https://www.e-dunhuang.com）

图5 莫高窟初唐第335窟主室北壁维摩诘经变（采自段文杰、樊锦诗主编《中国敦煌壁画全集·初唐》，第126页）

图6 莫高窟盛唐第194窟主室北壁维摩诘经变（采自数字敦煌，https://www.e-dunhuang.com）

思议品》的核心思想即是向诸人解说不可思议解脱法门，其要旨在于菩萨住不可思议解脱以后，可以实现空间和时间的随意变换。维摩诘向与会大众展现不可思议解脱的方式即是向须弥灯王借狮子座：

　　于是长者维摩诘现神通力，即时彼佛遣三万二千师子座，高广严净，来入维摩诘

室……其室广博，悉皆包容三万二千师子座，无所妨碍。于毗耶离城及阎浮提、四天下，亦不迫迮，悉见如故。①

因此，唐前期的维摩诘经变中将文殊率众问疾的场景表现为包含山峦、树木、城墙、城门等要素的环境，正是"其室广博"可以容纳毗耶离城及阎浮提、四天下等内容的具象表现。作为经

_____

① （后秦）鸠摩罗什译：《维摩诘所说经》，《大正藏》第14册，第546页中。

变的核心内容，维摩诘和文殊对坐画面虽被描绘在毗耶离城中，但实际仍是在维摩诘住所的方丈室内。这种变通既是表现《文殊师利问疾品》中文殊率众问疾，也是表现《不思议品》中不可思议解脱法门的重要方式，因而对经变中后者内容的认定，不应该仅仅依据画面中维摩诘上方正在飘下的狮子座或须弥相国等表象内容。

2. 由尊像崇拜向入世度人信仰过渡的人物表现

维摩诘图像中的人物除维摩诘、文殊这一对主角以外，还有数量众多的听法者，后者又可以细分为天人和世俗人士两类。自隋至唐，这两类人物的表现方式虽然各异，但都呈现出共同的脱离偶像崇拜，走向世俗化发展的趋势。

（1）隋代

在二元主角方面，隋代图像中的维摩诘常手执麈尾坐于矮榻上，有时身前出现几案，身体向前微倾；文殊则多着菩萨装，有飘带，趺坐于矮榻之上，仅第419窟坐于束腰须弥座上，《维摩诘经·不思议品》中的狮子座概念尚未影响到图像的绘制。整体而言，这一时期对二元主角的表现方式并不甚注重细节，仅是在衣着方面维持着大体的造像法度。

二元主角座下的听法者中，有头光的天人多数为站姿，立于文殊一侧，仅第380窟跪于文殊一侧（图7），个别立于维摩诘一侧；无头光的世俗世界的僧人和俗人多数为跪姿，一般位于维摩诘一侧，文殊一侧相对较少，仅第314窟为相对对称的状态。

此外，隋代维摩诘图像中还出现了《香积佛品》中化菩萨从上飞下和持钵复命的画面，但仅

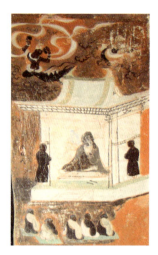

图7 莫高窟隋代第380窟西壁龛外两侧维摩诘经变（采自段文杰、樊锦诗主编《中国敦煌壁画全集·隋》，第194—195页）

图8 莫高窟隋代第419窟西壁龛外两侧维摩诘经变（采自敦煌研究院主编《敦煌石窟艺术·第419窟》，江苏美术出版社，1996年，第122—124页）

见于莫高窟第419、314窟。第419窟相对较为明显（图8），画面分为两个部分：在西壁龛外北侧维摩诘上方，有一天人自上而下飞行；在维摩诘座前，有一人持钵而立，其上方仍绘有一朵向下运动的云彩。这两个画面组合起来应当表示化菩萨从香积佛处化香饭归来和复命的场景。经变舍去了《香积佛品》更为侧重表达的香积世界内容，表明这一画面的设定是以维摩诘和文殊所在的方丈室内为唯一中心。

以上特征表明，这一时期维摩诘图像以维摩

诘和文殊为中心内容，二元主角周围的听法者都处于次要地位，仅从衣着可辨别其为天人、僧人或俗人，个体之间并未做差异化描绘。另从世俗世界人士多为跪姿的表现方式来看，同为听法者，世俗人士的地位等级远低于天人，二者之间一般有明显的界限区分。反映出这一时期维摩诘图像的绘制，重在强调维摩诘和文殊作为偶像崇拜的身份。而世俗人士在维摩诘一方居多，也表达了与维摩诘相关的居士佛教思想，但应处于从属地位。

（2）唐前期

作为维摩诘经变的最核心主角，方丈室内的维摩诘和文殊在初唐迅速形成了较为固定的标准坐姿。维摩诘通常坐于榻上，身体向几案的一侧倾斜，靠近几案一侧的手执麈尾，另一手置于膝上。受图像对称方向设计的影响，这一坐姿大体又可分为两种。第一种是当经变绘于同一个平面时，诸如洞窟南北壁或东壁，以莫高窟初唐第335窟北壁的维摩诘经变为例（图9），几案一般位于画内空间靠内一侧，维摩诘身体的倾斜方向面对中轴线，朝向文殊和观者，执麈尾的手也全部位于内侧；第二种是维摩诘和文殊所绘位置在有弧度的佛龛南北两壁，以莫高窟第334窟为例，由于该类布局的维摩诘经变将对称方向调整为朝向龛外，维摩诘身体的倾斜方向开始背对中轴线，朝向龛外的观者，几案被转移到画内空间的靠外侧，执麈尾的手仍然位于几案的一侧。维摩诘的姿态根据绘制位置所做的调整，都是为了使观者尽量全面地看到维摩诘的面貌。

文殊菩萨的形象则略为多元，整体都是跌坐于较为宽广的方形束腰须弥座上，面向观者和维摩诘。文殊的手姿和持物在不同的洞窟位置略有

图9 莫高窟初唐第335窟北壁维摩诘经变中的维摩诘形象（采自段文杰、樊锦诗主编《中国敦煌壁画全集·初唐》，第102页）

分别：当位于西壁龛内两侧时，则面向龛外，右手上举类似施无畏印，左手置于腹前类似施禅定印，仅第334窟是例外，文殊为双手合十状；当位于洞窟北壁时诸如第332、335窟，文殊为双手合十状；位于洞窟东壁时诸如第220、103窟，文殊则左手前伸，食指和中指上扬，应当表示不二法门之意，右手持长柄如意靠于右肩。最后一种文殊右手持长柄如意并靠于右肩的表现方式（图10）与第172窟文殊变中文殊的形象颇为相似（图11），二者之间应该存在直接影响。结合前文关于文殊变背景中山峰的出现，虽是受文殊五台山信仰影响的结果，但在图像上可能影响了文殊

图 10 莫高窟初唐第 220 窟主室东壁门两侧维摩诘经变中的文殊形象（采自数字敦煌，https://www.e-dunhuang.com）

图 11 莫高窟盛唐第 172 窟主室东壁门北侧文殊变中的文殊形象（采自数字敦煌，https://www.e-dunhuang.com）

变的绘制，故笔者认为，维摩诘经变中文殊持长柄如意的做法可能也对后来的文殊变产生了影响。

在二元主角的周围，文殊问疾的随行人员与下方听法的世俗国王和王子，应当是自隋入唐以后，维摩诘经变方丈室内变化最大的部分。隋代维摩诘图像中，仅对这两种身份的听法者进行大体区分，前者多为立姿，后者多为跪姿。唐代维摩诘经变在这一方面发生了两大重要变化：一是细化了每个听法者身份特征的描绘；

二是将世俗听法者全部以站姿绘出，在一定程度上缩小了世俗人士与天人之间的差距。

由于包括各类菩萨、弟子、释、梵、天王在内的天人都是随着文殊师利问疾而来，因此在画面的表现上，文殊的后方常常站满了各种身份的菩萨、弟子等，维摩诘身后则相对较为冷清，一般仅数位天王、力士装束的人物。虽然画面整体以二元对称的方式设计，但在具体情节安排上，维摩诘一方的人物数量明显少于文殊一侧。在天人身份的表现方面，天王、力士等护卫者的特征被绘制得更为细致：天王、力士一般为四人，皆穿铠甲，并在手中出现明确的持物。可以辨识的，在第335窟北壁，有持短剑者、托塔者（图12），第220窟东壁有持三叉戟、托塔者等（图13），其余则多不可辨识。

除天王以外，手托日月的四臂阿修罗形象也易于辨别，在莫高窟第332、335、220、334等窟中都有出现。鸠摩罗什译《维摩诘所说经·文殊师利问疾品》关于文殊问疾的随行者的身份仅记"诸菩萨、大弟子、释、梵、四天王等"。[①]关于其具体身份的表述，则可以追溯到《佛国品》中前来礼佛听法的三万二千菩萨和释、梵、天王等诸天。天王和阿修罗等护卫者形象的特别描绘，并

图12 莫高窟初唐第335窟主室北壁维摩诘经变中的天王形象（采自段文杰、樊锦诗主编《中国敦煌壁画全集·初唐》，第102页）

图13 莫高窟初唐第220窟主室东壁门北侧维摩诘经变中的天王形象（采自数字敦煌，https://www.e-dunhuang.com）

---

① （后秦）鸠摩罗什译：《维摩诘所说经》，《大正藏》第14册，第544页上。

与其他天人保持一定距离，可能一方面是将其作为《文殊师利问疾品》中文殊问疾的随行者，另一方面也因为《嘱累品》中四天王发下誓愿，护持解说、诵读《维摩诘经》者：

> 尔时四天王白佛言：世尊！在在处处、城邑聚落、山林旷野，有是经卷、读诵解说者，我当率诸官属为听法故，往诣其所，拥护其人，面百由旬，令无伺求得其便者。①

世俗听法者的相关叙述并未在《文殊师利问疾品》中出现，仅见于《方便品》，但记载国王大臣、长者居士前往维摩诘处问疾，与文殊问疾无关：

> 其以方便，现身有疾。以其疾故，国王大臣、长者居士、婆罗门等，及诸王子并余官属，无数千人，皆往问疾。其往者，维摩诘因以身疾广为说法。②

因此，维摩诘经变中出现的国王、大臣等形象，是将《方便品》内容融入《文殊师利问疾品》而来。这些画面并非敦煌地区的创造，基本的构图范围应当来自中原地区。整体而言，这一图像可能既是唐代中原与其他番邦诸国友好往来的历史反映，也是大乘佛教思想和维摩诘信仰不断深入世俗信众观念的体现，使图像中的世俗诸人最终得以和天人共同围绕在维摩诘和文殊周围听法。

除上述画面以外，方丈室内表现的画面还有《观众生品》中天女散花戏舍利弗的情节和《香积佛品》中化菩萨持钵复命及倾倒香饭的场景，但变化相对较少，此处不做重点说明。

整体而言，隋代维摩诘和文殊以类似主尊胁侍者的身份接受偶像崇拜，入唐以后则开始摆脱主尊的约束，甚至在佛龛内的布局中采用背对主尊面朝龛外的方式，以缩短与信众的距离，这反映出图像的整体设计开始越来越考虑画面外观众的观看效果。与此同时，维摩诘和文殊周围听法的天人和世俗人士之间的界限开始被打破，加上世俗人士的姿态由此前跪立向站立转变，反映出维摩诘和文殊与信众之间的距离被不断拉近。与此相应，则是隋代维摩诘图像中重视的维摩诘和文殊的偶像崇拜功能被不断弱化，强调维摩诘信仰中有关居士和佛教入世度人的思想成为主流。

二 方丈室外

此处对方丈室外范畴的界定，主要限于维摩诘经变画面的中下部二元主角所在区域以外的范围，主要包括《维摩诘经》中的《方便品》、《弟子品》和《菩萨品》相关内容。

自北朝、隋至唐前期，维摩诘经变对方丈室外情节的绘制相对处于弱势的地位。唐以前的维摩诘图像中尚未出现方丈室外的任何情节，入唐以后，这些情节的绘制也仍然相对较少，大体处在可有可无的地位上。整个唐前期的 13 处维摩诘经变中，仅第 334、103 窟绘制了内容较为明显的《弟子品》中维摩诘训诫声闻弟子或《方便品》中维摩诘度人的相关内容。

---

① （后秦）鸠摩罗什译：《维摩诘所说经》，《大正藏》第 14 册，第 557 页中。
② （后秦）鸠摩罗什译：《维摩诘所说经》，《大正藏》第 14 册，第 539 页中。

第334窟西壁龛内的维摩诘经变中,《弟子品》绘于画面下部,在龛内塑像之间缝后的壁面上,穿插绘制了维摩诘分别训诫舍利弗宴坐的方法、迦叶乞食的方法和须菩提接受食物的方法等情节。相比之下,《观众生品》中天女散花戏舍利弗和《香积佛品》中化菩萨献饭和倾饭的画面则都绘于龛内靠近外侧的位置(图14),表明《弟子品》的绘制在此时并不受重视。

第103窟东壁门两侧的维摩诘经变中,《方便品》绘于听法诸王画面的下方。文殊一侧脱落较重无法辨识,维摩诘一侧绘了两个画面,左侧(北)为两人跪于维摩诘前,右侧为房舍内两人在榻上跪于维摩诘前(图15)。这些画面应当是表现《方便品》中,维摩诘在酒舍、宫廷等处度化婆罗门、大臣、长者和宫女等人物的场景。

除上述两个洞窟以外,在中唐吐蕃统治以前,敦煌石窟的维摩诘经变基本再未对方丈室外的情节进行过多表现,表明这一时期维摩诘经变虽然出现前文所述缩短天人与世俗人士之间的距离、图像结构的设计考虑观看效果等方面的努力,但在具体涉及维摩诘与世俗人士有关系的《方便品》等相关内容方面,还未做出实质性的尝试。

三 诸佛国土

唐前期维摩诘图像中出现的诸佛国土主要有《佛国品》《菩萨行品》中涉及的释迦牟尼佛土、《不思议品》中的须弥相国、《香积佛品》中的众香国和《见阿閦佛品》中的妙喜国四大佛土。这些佛土在图像中一般位于维摩诘方丈室内的上方区域,以山峦、树木、城墙等物为界,和方丈室内的情节分割,界线一般较为明显。

1.《佛国品》《菩萨行品》的融合与释迦牟尼佛土的绘制

释迦牟尼佛土仅指代经中所言释迦佛所在的

| 1 | 2 | 3 |

图14 莫高窟初唐第334窟维摩诘经变《弟子品》中舍利弗宴坐、《观众生品》中天女戏舍利弗、《香积佛品》中化菩萨献香饭(采自贺世哲主编《敦煌石窟全集·法华经画卷》,第201—202页)

图 15　莫高窟盛唐第 103 窟维摩诘经变《方便品》中维摩诘度人情节（采自数字敦煌，https://www.e-dunhuang.com）

"毗耶离城庵罗树园"。唐前期的《维摩诘经》中共三品内容完全与此有关，分别为《佛国品》中宝积及五百长者子各持七宝盖礼佛，佛令诸盖合一，遍覆三千大千世界；其次为《菩萨行品》中文殊问疾结束以后，建议礼佛，维摩诘以神力将大众并狮子座置于右掌，前往释迦佛所；最后即为《法供养品》中释迦讲述转轮王宝盖供养药王如来或王子月盖向药王如来作法供养誓愿的情节。敦煌石窟直到唐前期的维摩诘经变中才开始出现释迦牟尼佛土，但仅涉及前述三品中的《佛国品》和《菩萨行品》两个部分，主要见于莫高窟第 332、335、103 窟。

由于释迦牟尼佛土是《佛国品》和《菩萨行品》的交集所在，因此在图像中这两品的内容一般绘于相邻的位置。笔者以保存状况较好的第 335 窟（图 16）为例，这一组画面分为两个大的部分，左侧画面中释迦跏坐于中央，为众菩萨、

弟子所围绕，左侧下部有五人各举宝盖仰面向佛，整体表现的是佛与弟子、菩萨住于庵罗树园，宝积及五百长者子持七宝盖礼佛并供养的场景；右侧画面的主体为云朵上二人对坐，周围簇拥着众多听法者，云朵左下方绘有维摩诘，表示诸人为其所携而来。整体表现的是文殊问疾结束以后，维摩诘掌擎大众至释迦佛所礼佛。

由于《佛国品》中五百长者子和《菩萨行品》中维摩诘掌擎大众的共性在于礼佛，因此图像将两处礼佛场景绘于同处，采用了异时同图的表现方式。以释迦佛为中心，左侧表现《佛国品》诸长者子持宝盖礼佛，右侧表现维摩诘掌擎大众至佛所后"到已着地，稽首佛足，右绕七匝，一心合掌，在一面立"[1]的场景。整体而言，画面虽然可以区分为两个部分，但又不存在明显的界线划分，因此，应当在图像中置于同处进行分析。

需要稍加说明的是，以往研究者对这两处画

---

① （后秦）鸠摩罗什译：《维摩诘所说经》，《大正藏》第 14 册，第 553 页中。

图16　莫高窟初唐第335窟主室北壁维摩诘经变《佛国品》《菩萨行品》情节（采自段文杰、樊锦诗主编《中国敦煌壁画全集·初唐》，第102页）

面通常做独立看待，可能造成了一些误读。何剑平先生指出，维摩诘经变的《佛国品》画面下方出现的维摩诘形象，并非依据《维摩诘经·佛国品》绘制，因为经典中并未出现维摩诘相关的情节，而应当是受《维摩诘经讲经文·佛国品》新增相关内容的影响。所依据内容为：俄藏 φ.101《维摩碎金》中增加维摩诘教化长者子宝积的情节：

> 居士已作念了，便入王宫。见宝积逐乐追欢，方便发言呵责，令厌奢华，交归三宝。

S.4571《维摩诘经讲经文》中增加维摩诘与五百长者子至庵罗树园礼佛的情节：

> 尔时居士种种说法，教化王孙，令往庵园，礼佛听法。当时五百王子宝积等，请居士同去……

这些内容皆为《维摩诘经》所不载，因而经变的《佛国品》中同时出现持七宝盖的长者子和维摩诘的形象，应是讲经文对图像绘制的影响。[1]卢少珊也指出，由于经典《佛国品》中维摩诘尚未登场，因而其出现于经变的《佛国品》是由于初唐以来俗讲盛行，相关的讲经文和变文中衍生的内容影响了经变绘制；维摩诘与长者子共立于释迦佛前，应当是表现五百长者子曾受维摩诘教化礼佛听法的内容。[2]

S.4571《维摩诘经讲经文》在讲述该部分情节时，维摩诘在与五百长者子同行出毗耶离城以后，即以病推辞，请长者子自行前往释迦处："居士曰：汝等五百弟兄，但往庵园礼佛听法。吾缘染患，寸步难移，遂即将别。"因此，维摩诘并未与长者子共至释迦说法处，在文本层面应当不能构成图像绘制的依据。另一方面，俗讲在中原开始流行的时间一般认为是在9世纪初。向达先生对唐代俗讲发展进行过梳理，指出"俗讲"一词不见于唐以前的记载，唐代记载最早的为《酉阳杂俎》中关于元和年间（806—820）俗讲僧文溆的事迹。[3]此后日本僧人圆仁在《入唐求法巡礼行记》中屡次提及俗讲活动："会昌元年（841）长安城左、右街七寺开俗讲。……会昌二年五月开俗讲，两街各五座。"[4]北宋钱易《南部新书》记载唐代约大中年间（847—859），长安"尼讲

① 何剑平：《中古中国维摩诘信仰研究》，巴蜀书社，2009年，第854—855页。
② 卢少珊：《佛教寺院维摩诘经图像研究》，第43—44页。
③ 向达：《唐代俗讲考》，《燕京学报》第16期，1934年，第122页。
④ 〔日〕圆仁：《入唐求法巡礼行记》，白化文、李鼎霞、许德楠校注，花山文艺出版社，1992年，第369—373页。

盛于保唐（寺）"。① 这些表明俗讲在 9 世纪以后甚至 9 世纪中叶才开始在长安流行。敦煌遗书中出现的《维摩诘经讲经文》相关文本虽未明确纪年，何剑平先生对其中 6 件的创作或抄写年代进行了考证，认为 S.4571、S.3872 讲经文的创作时间约在盛、中唐之际；ф.101《维摩碎金》创作和抄写时间在晚唐；P.2292 抄写于五代后蜀广政十年（947）；ф.101 创作年代应在盛唐；《西陲秘籍丛残》本讲经文抄写时间应在中唐。② 杜维茜亦考证出大体相近的时间范围。③

上述关于讲经俗讲在中原的流行时间和敦煌遗书中《维摩诘经讲经文》相关文本的创作或抄写时间的考订，大体可以说明这些活动和文本在中唐以后才开始流行。由于中唐以后敦煌长期处于吐蕃统治之下，与中原的交流较为有限，这些讲经俗讲的行文和相关文本影响到敦煌。当晚唐归义军政权建立以后，主流相关题材有纪年的文本也多为晚唐五代时期，诸如 P.2187《破魔变》变文结尾有"继统旌幢左大梁"，创作时间应在后梁时期（907—923）；P.3716《晏子赋》背面有题记"天成五年（930）庚寅岁五月十五日敦煌伎术院礼生张儒通"。因此，唐前期尤其初唐的维摩诘经变的绘制应当不可能受到《维摩诘经讲经文》相关文本的影响。

综上，对维摩诘经变中释迦牟尼佛土这一情节的认识，应回到图像和经典本身，将《佛国品》与《菩萨行品》相联系，可能才是对其做出恰当解释的路径所在。

2. 净土思想主导下他方净土的递进表现

《维摩诘经》涉及他方净土的地方共有三处，分别为《不思议品》中的须弥相国、《香积佛品》中的众香国和《见阿閦佛品》中的妙喜国。这三处净土在经中的描述程度和作用各不相同。《不思议品》中并未对须弥相国的国土特征进行具体描述，仅借狮子座之"高广严净"来阐述不可思议解脱法门的道具。至《香积佛品》中讲述香积佛国时，维摩诘开始以神通力向大众展示该佛国土的形态：

其国香气，比于十方诸佛世界人、天之香，最为第一。……其界一切皆以香作楼阁，经行香地，苑园皆香。……时彼佛与诸菩萨方共坐食，有诸天子皆号香严，悉发阿耨多罗三藐三菩提心，供养彼佛及诸菩萨……④

即便如此，经中关于该净土的描述，仅是为了通过香积佛国的美好来衬托娑婆世界所独有的"十世善法"，菩萨"一世饶益众生，多于彼国百千劫行"。因此，在述及这两处净土时，与会者并无人发心往生。至《见阿閦佛品》，由于妙喜国是维摩诘所来之处，大众渴望一睹无动如来及妙喜国净土，加之有如来要求示现，因此妙喜国的出现不再以化现的方式，而是以右手断取的方式将真实的妙喜国展现于大众面前。大众立即发心往生，并获得释迦佛之授记：

① （宋）钱易：《南部新书》，黄寿成点校，中华书局，2002 年，第 67 页。
② 何剑平：《〈维摩诘经讲经文〉的撰写年代》，《敦煌研究》2003 年第 4 期，第 64—67 页。
③ 杜维茜：《敦煌文献中的〈维摩诘经讲经文〉研究》，硕士学位论文，四川师范大学，2017 年。
④ （后秦）鸠摩罗什译：《维摩诘所说经》，《大正藏》第 14 册，第 552 页上。

现此妙喜国时，婆婆世界十四那由他人，发阿耨多罗三藐三菩提心，皆愿生于妙喜佛土。释迦牟尼佛即记之曰：当生彼国。[①]

这是《维摩诘经》所涉及的三处他方净土中，唯一一处使大众发心往生之处，因而该经中涉及的所谓净土思想，应当主要指《见阿閦佛品》中的妙喜国，其他净土仅起到陪衬作用。

在对《维摩诘经》中上述三处他方净土地位及作用认识的基础上，我们再来开展对经变中三处他方净土表现方式的分析。

（1）北朝、隋

唐以前维摩诘经变中出现他方净土的洞窟仅有莫高窟西魏第249窟和隋代第262窟，都是出现阿修罗护卫须弥山的场景，用以表现《见

阿閦佛品》中的妙喜国土。第249窟覆斗顶西披的维摩诘经变（图17）对该情节的描述较为细致：阿修罗双手托举日月立于大海之中，在其身后则绘有须弥山及诸宫殿，须弥山两侧绘有传统神话题材中的风雨雷电四神，可能是表现经中天龙鬼神的画面，也可能仅是象征天界，没有实质性含义。第262窟维摩诘经变中的《见阿閦佛品》保存较差，仅可见阿修罗手举日月的大体轮廓。

（2）唐前期

入唐以后，三处他方净土在维摩诘经变中开始出现，但在数量和表现方式上存在差异。唐前期的13处维摩诘经变中，须弥相国和香积佛国的画面见于第332、335窟；妙喜国的画面则出现于第332、335、220窟。

图17 莫高窟西魏第249窟覆斗顶西披维摩诘经变（采自吴健编著《中国敦煌壁画全集·西魏》，天津人民美术出版社，2002年，第71页）

[①] （后秦）鸠摩罗什译：《维摩诘所说经》，《大正藏》第14册，第555页下。

须弥相国的画面最为简略。第 332 窟保存相对较好，在维摩诘上方狮子座飘下的源头，绘有须弥灯王佛，为诸菩萨、弟子所围绕（图 18）；第 335 窟则仅在狮子座飘下的源头绘有一小身佛像（图 19），用以指代须弥灯王佛遣三万二千狮子座的情节。其他维摩诘经变关于《不思议品》的表现，基本仅是狮子座等与方丈室内相关的内容，极少出现须弥相国的画面。

香积佛国的画面在初唐第 332、335 窟的维摩诘经变中较为接近，这两处经变大体将《香积

图 18　莫高窟初唐第 332 窟主室北壁维摩诘经变中的须弥相国（采自段文杰、樊锦诗主编《中国敦煌壁画全集·初唐》，第 102 页）

图 19　莫高窟初唐第 335 窟主室北壁维摩诘经变中的须弥相国（采自 *Visualizing Dunhuang: The Lo Archive Photographs of the Mogao and Yulin Caves*, Edited by Dora C. Y. Ching, Vol.4, p.223）

佛品》的内容表现为化菩萨跪于香积佛前请饭、化菩萨持钵飞下、香积世界诸菩萨跟随飞下、化菩萨向维摩诘献饭、化菩萨向大众倾饭五个情节。以第335窟维摩诘经变为例（图20），香积佛国在画面中一般表现为香积佛为诸菩萨所围绕，化菩萨持钵跪于香积佛前，叙述化菩萨向香积佛问安、请饭的情节。

妙喜国的画面与经变内容基本一致。以第220窟的维摩诘经变为例，一般为维摩诘伸出右手，上有一个云彩状图案包围的画面，须弥山立于大海之中，周围有诸多宫殿环绕，山上的无动如来为诸菩萨所环绕，山前有四臂阿修罗手托日月立于海中。第220、332、335窟的表现方式完全一致（图21）。

图20　莫高窟初唐第335窟主室北壁维摩诘经变中的香积佛国（采自段文杰、樊锦诗主编《中国敦煌壁画全集·初唐》，第102页）

图21　莫高窟初唐第220、335窟主室东壁维摩诘经变中的妙喜国（采自数字敦煌，https://www.e-dunhuang.com；段文杰、樊锦诗主编《中国敦煌壁画全集·初唐》，第102页）

整体而言，虽然唐前期维摩诘经变绘出三处佛土的数量较少，但仍然呈现出明显的特征。从内容表现的细致程度上看，无疑是妙喜国最为细致，并在画面中占据较大空间，其次为香积佛国，须弥相国几乎处于可有可无的地位。将三处佛土在画面中的表现方式与前述《维摩诘经》的叙述方式做对比，即可注意到《维摩诘经》对三处他方净土的描述呈现出由须弥相国、香积佛国到妙喜国逐渐升级的趋势。在经变中也是以同样的方式呈现出来，三处他方净土的画面在数量和描绘精细程度上都是由妙喜国向香积佛国和须弥相国递减。

《维摩诘经》仅在《见阿閦佛品》对妙喜国的叙述中出现众人发心往生和如来授记的情节，因此对这一画面的表现完全以妙喜国净土为主要内容，并不涉及其他。至《香积佛品》《不思议品》，由于其内容本身并不涉及净土往生思想，因而在经变中表现香积佛国和须弥相国的画面较少，这两品内容和维摩诘方丈室内发生关系的部分，诸如前者的化菩萨请饭和献饭的情节、后者的狮子座由维摩诘帷帐上方飘下的内容等，则几乎见于每一处维摩诘经变中。因此，三处他方净土在维摩诘经变中表现方式的差异，应当是由《维摩诘经》中相应佛土所代表净土思想的强烈程度所决定。

结　语

以上即北朝、隋至唐前期敦煌石窟维摩诘经变空间结构演变的基本轮廓。本文试图改变过去以单体情节为主线梳理图像结构演变的思路，将完整的维摩诘经变划分为三个部分：毗耶离城方丈室内、方丈室外和诸佛国土。在此基础上，对三个部分的内部情节以及各部分之间的关联进行梳理。这种新的结构划分，使以往研究中易被忽视的画面也进入关注范畴，进而发现一些以往不曾被注意的新变化。诸如《维摩诘经》中记载文殊菩萨问疾以及同维摩诘的辩论，发生于维摩诘的方丈室内，但在经变中往往被描绘为毗耶离城内或旷野之中，以往被忽视的山川树木和建筑城池成为构成这些环境的基本要素。这种表现方式使得维摩诘和文殊对坐的画面既表现《文殊师利问疾品》中诸天人随文殊问疾，同时更通过对周围环境的描绘，形象地解释了《不思议品》中维摩诘施展不可思议解脱法门，使方丈室内可以包容"毗耶离城及阎浮提、四天下，亦不迫迮，悉见如故"。又如在诸佛国土部分，唐前期维摩诘经变中往往通过一处释迦说法的内容，同时表现《佛国品》中五百长者子向佛敬献宝盖的场景和《菩萨行品》中维摩诘掌擎大众共同礼佛的场景。以品为单位进行图像结构的划分，则难以对《佛国品》释迦说法图中出现维摩诘的画面进行合理解释，多以中晚唐甚至五代、宋时期出现的《维摩诘经讲经文》进行解释，既割裂了图像情节之间的关联，也造成了一些误读。

法隆寺金堂壁画、五重塔内塑像所见武周风格 [*]

杨效俊

（陕西历史博物馆）

前 言

位于日本古都奈良的法隆寺中保留着天平十九年（747）制作的寺院财产目录——《法隆寺伽蓝缘起并流记资财账》，记载推古天皇与圣德太子二人为用明天皇等丁卯年（607）创建法隆寺。①《日本书纪》天智天皇九年（670）条记载法隆寺被烧。《法隆寺伽蓝缘起并流记资财账》中记述法隆寺西院伽蓝的正面中门两侧的金刚力士立像的造像时间是和铜四年（711），推测亦是中门建成时间。②傅熹年引用铃木嘉吉的观点，③认为自发掘若草伽蓝遗址后，现法隆寺西院为毁后再建之说在日本学术界已成定论。"法隆寺为607年日本圣德太子创建，670年毁，680年以后在原址西北方再建，约在710年完成，即现在的法隆寺西院建筑群，包括金堂、五重塔、中门和回廊四部分。尽管是重建的，但日本学术界公

认其风格仍属于飞鸟时代。"④五重塔解体时发现塔内部和金堂相同构图的小壁面壁画绘在相同方位。⑤久野健认为五重塔与金堂的壁画为同时期，五重塔初层四壁和金堂内阵八小壁使用了同样的底稿。⑥由此推测金堂壁画的制作不晚于和铜四年。

前人已经研究法隆寺金堂壁画的渊源和主题，认为金堂壁画受到唐代长安、洛阳、敦煌佛教艺术的影响。山崎一雄通过调查发现法隆寺壁画中鲜艳的颜色如铜的化合物（石青、石绿）、朱砂（硫化汞，是辰砂的矿物）和人造的铅丹以及墨，在古墓中很少有，认为"这个和佛教的传来一样，颜料以及制造方法也是传来的"。⑦河原由雄指出隋唐长安、洛阳寺院形成的初唐样式在遥远的日本法隆寺金堂和五重塔的壁画、塑像上留下色彩浓厚的投影，法隆寺金堂六号壁画与

---

* 本文为陕西省宣传思想文化系统"六个一批"人才 2022 年度项目"隋唐长安佛教艺术在日本的传播和影响"阶段性成果。

① 〔日〕奈良县立橿原考古学研究所附属博物馆编：《圣德太子与斑鸠：藤之木古坟・法隆寺相关的人们》（平成 10 年度春季特别展示图录，第 49 册），明新印刷株式会社，1998 年，第 46—47 页。
② 〔日〕小学馆编集：《法隆寺》，法隆寺，2006 年，第 16 页。
③ 〔日〕铃木嘉吉：《日本建筑的发展与特征》，《国宝大事典五・建造物》，讲谈社，1990 年，第 9 页。
④ 傅熹年：《日本飞鸟、奈良时期建筑中所反映出的中国南北朝、隋唐建筑特点》，《文物》1992 年第 10 期，第 29 页。
⑤ 〔日〕法隆寺编集：《法隆寺》，便利堂，第 46 页。
⑥ 〔日〕久野健：《法隆寺五重塔壁画》，《美术研究》第 145 期，1947 年，第 1—12 页。
⑦ 〔日〕山崎一雄：《法隆寺壁画的颜料》，段修业译，《敦煌研究》1988 年第 3 期，第 79—80 页。

莫高窟第 332 窟的阿弥陀净土图类似。^① 宿白认为"壁画的时代，日本学术界一般认为绘制于公元 697 年至 711 年间，^② 即我国唐武则天神功元年迄睿宗景云二年。如与我国现存遗物比较，法隆寺满月面容的佛像和方宽颜面的菩萨，以及它们共同具有的宽肩雄健的身姿等，都和洛阳龙门石窟潜溪寺（斋被堂）造像相近；在莫高窟的壁画中，与法隆寺金堂壁画接近的是第 322、220、329、332 等窟中的形象"。^③ 李明伟认为法隆寺金堂壁画是典型的唐代风格。双飞天铁线描的流畅泼辣线描手法、晕染技法造成的明暗凹凸和衣服的质感效果透明这种画法正是 7 世纪流行于长安的西域画家尉迟乙僧的风格，双飞天图和莫高窟飞天壁画有直接的渊源关系。^④ 林静静推测金堂壁画的底本来自中国。^⑤

河原由雄通过与天平二年（730）建成的兴福寺五重塔山水塑壁、天平神护元年（765）元兴寺五重塔塔基塑像的四方净土对比研究，认为法隆寺金堂壁画是法相系四方四佛初期的例子。^⑥

前人关于五重塔内塑像的研究主要有以下观点。宫治昭认为塔基北面造涅槃像、南面造弥勒佛像与克孜尔石窟如出一辙，法隆寺的配置表现

出对中亚形式色彩浓郁的传承。^⑦ 田中健一认为塔基塑像受到了 7 世纪末武周时期佛教艺术的影响，以释迦、弥勒为轴心而构成，与国家佛法的正统意识相结合，并且还从根本上遵循了佛塔本来的安置舍利的含义。^⑧ 姚瑶详细梳理前人研究成果，从法隆寺中金堂与五重塔并列而置的特殊寺院布局，以及两者在内部装饰的题材、粉本等方面的密切关系着眼，认为五重塔应该是以南面的弥勒佛作为整个塔内空间的主尊，且承接相邻的金堂内的主尊释迦佛，象征着佛法的正统以及永续。^⑨

宿白认为法隆寺金堂四净土壁画的布置和五重塔内塑像的安排在中国找不到先例，推测创自当地。"此外，若前文所述堂内四净土壁画的布置（东壁释迦净土、西壁阿弥陀净土、北壁西侧弥勒净土、北壁东侧药师净土）和五重塔底层四面塑像的安排（东面维摩文殊，西面金棺、分舍利，南面弥勒净土，北面涅槃）无论实物图像，抑或文献记载，似乎都在我国找不出先例。因此，我们认为与其推测其来源于外地，不如作创自当地之设想。"^⑩

本文通过考察奈良法隆寺金堂壁画、五重塔

① 〔日〕法隆寺编集：《法隆寺与丝绸之路佛教文化》，日本写真印刷株式会社，1988 年，第 117—119 页。
② 〔日〕高崎富士彦：《金堂壁画について》，《金堂壁画·法隆寺》，便利堂，1978 年。
③ 宿白：《日本奈良法隆寺参观记》，《宿白集：魏晋南北朝唐宋考古文稿辑丛》，生活·读书·新知三联书店，2020 年，第 533 页。原刊《燕京学报》新 15 期，2003 年，第 227—238 页。
④ 李明伟：《从法隆寺宝物看敦煌艺术的影响》，《敦煌研究》2001 年第 4 期，第 34 页。
⑤ 林静静：《日本法隆寺金堂壁画艺术探究》，《美术文献》2019 年第 9 期，第 4 页。
⑥ 〔日〕河原由雄：《金堂壁画——依据壁画佛殿庄严的东迁》，朝日新闻社编：《法隆寺金堂壁画》，朝日新闻社，1994 年，第 85 页。
⑦ 〔日〕宫治昭：《涅槃和弥勒的图像学：从印度到中亚》，李萍、张清涛译，文物出版社，2009 年，第 507 页。
⑧ 〔日〕田中健一：《法隆寺五重塔塔基塑像群的主题构成的相关考察》，《大阪大谷大学文化财研究》2012 年第 3 期，第 98—119 页。
⑨ 姚瑶：《法隆寺五重塔初层塑像群含义探讨——兼论中日早期佛塔内的庄严》，《南京艺术学院学报》（美术与设计）2021 年第 6 期，第 128—135 页。
⑩ 宿白：《日本奈良法隆寺参观记》，《宿白集：魏晋南北朝唐宋考古文稿辑丛》，第 536 页。

内塑像的主题、建筑与图像程序，将其与武周时期的代表性佛教建筑——7世纪末8世纪初的长安光宅寺七宝台、敦煌莫高窟第332窟、山西临猗大云寺涅槃变碑像进行比较，探讨法隆寺金堂壁画和五重塔内塑像呈现出的武周风格。

一 8世纪初东亚新秩序与武周风格的传播

7世纪末8世纪初东亚新秩序趋于稳定。自663年白江口之战后，新罗统一朝鲜半岛，建立向唐朝的朝贡关系；日本走上独立发展道路。两国都深刻认识到大唐雄踞亚洲的核心地位和文明的先进性，自觉接受唐朝先进的政治制度和文化，并模仿唐朝进行本国的律令制度、都城、文化、佛教建设。日本通过藤原京的建造和大宝律令的制定等措施发展内政。7世纪末期，日本全面学习唐朝文明，出于对唐都长安文化的崇尚，日本朝廷整体从藤原京迁入新都平城京，模仿复制长安都城文化，"其主要推动力是日本皇室希冀建立如大唐一样恢弘强盛的封建大一统国家的深远政治意图和权力野心，仿照唐都长安构建奈良平城京耗时耗力之举，无疑是这种政治意图得以实现的重大举措"。[1] 在这种对大唐文明的尊重和向往中，日本试图恢复与中国已经中断30年的交往。东野治之认为此次外交再度开启后"遣唐使明确了

朝贡的姿态，试图加入以唐朝为中心的国际秩序"。[2] 文武天皇大宝元年（701）正月，宣告建成律令制度的日本安排组建了第七次遣唐使团人员。执节使（权位在大使之上）为粟田真人，大使为高桥笠间，著名的诗人、学者山上忆良为少录，王仲殊根据《续日本纪》所录元正天皇养老三年（719）十一月朔日的诏书及《扶桑略记》的记述，认为著名的僧人道慈也随第七次遣唐使团来唐，推测"从此前、此后派遣的遣唐使的规模推测，这次遣唐使团总人数至少在二百人以上，所乘船舶在二艘到四艘之间"。[3] 次年（702）六月二十九日出发。

《旧唐书》记载："冬十月，日本国遣使贡方物。"[4] 粟田真人一行到达京师长安的时间约在长安二年（702）十月。同书《东夷传》记载长安三年（703）武则天在麟德殿设宴款待粟田等，"长安三年，其大臣朝臣真人来贡方物。朝臣真人者，犹中国户部尚书，冠进德冠，其顶为花，分而四散，身服紫袍，以帛为腰带。真人好读经史，解属文，容止温雅。则天宴之于麟德殿，授司膳卿，放还本国"。[5] 武则天特授粟田真人以司膳卿之职。粟田真人因为担任司膳卿之职，得以进出武周宫廷，充分了解武周政治制度的运转方式、宫廷风格，以及武则天个人的思想、抱负、趣味。《续日本纪》记述，粟田真人于文武天皇庆云元年（704）七月一日归国，归国时途经洛

① 刘礼堂、田荣昌：《论日本奈良平城京对唐代"长安都城文化"的吸收和继承》，《人文论丛》2019年第1期，第271页。
② 〔日〕东野治之：《遣唐使》，王媛译，新星出版社，2020年，第48页。
③ 王仲殊：《关于日本第七次遣唐使的始末》，《考古与文物》2000年第3期，第21页。
④ 《旧唐书》卷6《则天皇后本纪》，中华书局，1975年，第131页。
⑤ 《旧唐书》卷199《东夷传》，第5340—5341页。关于大宝年间遣唐使的朝贡年代，诸书的记载有长安元年、二年、三年之别。《新唐书》卷220《东夷传》载："长安元年，其王文武立，改元曰太宝，遣朝臣真人粟田贡方物。朝臣真人者，犹唐尚书也。冠进德冠，顶有华花四披，紫袍帛带。真人好学，能属文，进止有容。武后宴之麟德殿，授司膳卿，还之。"（第6208—6209页）

阳。庆云元年十月九日，粟田真人在藤原宫做归朝述职报告。翌年（705）四月，粟田被任命为中纳言，其官位亦于同年八月由"正四位下"提升到"从三位"，成为日本朝廷决策集团的成员之一。粟田真人归国后进入政治高层，便有机会将在武周宫廷所学运用于日本国。

以第七次遣唐使为纽带，时隔三十年，日本重新受到大陆文明的强烈影响，极大地推动了文明进程。以粟田真人为首的第七次遣唐使将武周都城长安、洛阳的最新政治制度、文化、文物制度带入日本。据日本考古发现，武周文字、文物传入日本并在贵族之间和高层社会流动。如海兽葡萄镜发现于高松塚古坟①及法隆寺五重塔舍利瘗埋空间，可见这些珍贵的物品用于最高等级的世俗和宗教礼仪活动。制作于8世纪初的法隆寺金堂壁画和五重塔就是在武周文化、艺术强烈影响日本的背景下中日高层直接交流的过程中产生的。

武周时期的佛教经典、信仰、仪式全面传入日本。东京国立博物馆藏"法隆寺献纳宝物"中，有一卷纸本墨书的唐抄本"细字法华经"，②卷末题"长寿三年六月一日抄讫，写经人雍州长安县人李元惠于扬州敬告此经"，题记中年、月、日均用武则天所创用的新字。这卷写于扬州的经卷，也应是第七次取道南路的日本遣唐使带回国的。702年入唐的高僧道慈摹写过西明寺图，并于开元六年（718）返回日本。建于天平元年（729）的日本平安京大安寺就是按照道慈提供的西明寺图式

修建而成。道慈竭力推荐护国佛经《金光明最胜王经》，并号召遵循唐制，实现"一国佛法"，③模仿武周佛教的国家化。

武周时期的内道场制作大量刺绣佛画，用于传播。作为武周宫廷风格的载体，因为便于携带、易于模仿，武周时期的绢、刺绣佛画传播广泛，发挥着很强的影响力。据正仓院藏的垂拱二年（686）武则天写经题记，武则天造绣十一面观世音菩萨一千铺。《造菩萨愿文》卷第八，垂拱二年十二月四日："大唐皇太后奉为高宗大帝敬造绣十一面观音菩萨一千铺，愿文一首。奉为先王、先妃造十一面观世音菩萨，愿文一首，奉为……（下缺）"④从现存敦煌佛画可见武周时期这类刺绣、绢画的风貌。现藏大英博物馆的刺绣《凉州瑞像图》高241厘米、宽159厘米，描绘着红色佛衣、偏袒右肩、左手持衣角站立主尊，其图像、风格与武周圣历元年（698）第332窟中心柱北向面凉州瑞像、武周圣历元年铭一佛像碑（甘肃省博物馆藏）主尊一致，应是武周时期的佛画。林树中认为敦煌莫高窟藏经洞出土、现藏大英博物馆的绢画《树下说法图》制作于8世纪初武则天时期，该图是"佛传图"的中间一节，表现释迦正在菩提树下说法的情景。⑤韦陀指出印度新德里国立博物馆藏斯坦因收集品中的敦煌绘画Ch.xxii.0025，即S.452，该画与瑞像图的其他遗存在每个特征上都能吻合。该画为一身十一

---

① 王仲殊认为高松塚古坟发现的海兽葡萄镜与武周神功二年（698）迁葬于长安城郊铜人原的独孤思贞墓出土的海兽葡萄镜确属"同范镜"。参见王仲殊《关于日本高松塚古坟的年代问题》，《考古》1981年第3期，第278页。

② 〔日〕东京国立博物馆编集：《法隆寺宝物馆》，大日本印刷株式会社，2007年，第234页。

③ 《续日本纪》卷15，天平十六年冬十月辛卯。

④ 〔日〕池田温：《中国古代写本识语集》第647条，东京大学东洋文化研究所，1990年，第235页。

⑤ 林树中：《树下说法图》，《中国书画报》2007年5月24日。

面观音菩萨立像，仅存膝盖以上部分，与莫高窟第 340 窟东壁入口上部的十一面观音菩萨立像相似。其年代应为 7 世纪晚期的武则天统治时期，是陪王玄策出访古印度的宋法治或别的画家根据他们在古印度膜拜的神像在长安复制的。宋法治的绘画也可能是女皇武则天所建七宝台之十一面观音菩萨像的原型。[①] 本文推测这些佛画制作于都城，流传至敦煌，敦煌据此制作佛教艺术，确保都城地区创制的武周佛教艺术图像和风格精确地在敦煌再现。

宫廷作坊制作的佛画工艺品传入日本，成为日本佛画制作的蓝本。大西磨希子认为奈良国立博物馆所藏的《释迦如来说法图刺绣》（又称《劝修寺绣佛》，绢，高 208 厘米，宽 158 厘米，图 1），从图像的角度看制作年代应为 8 世纪初，是作为对遣唐使的回赐品被带入日本。大西磨希子将《释迦如来说法图刺绣》与唐代壁画墓及敦煌壁画进行对比之后，推定其年代为武则天时期，是将武则天与下生弥勒佛结合起来的特殊图案，因而其赍到日本只限于武周时期，把它带回的遣唐使应在大宝时期（大使：粟田真人；来华时间：702—704 年）。[②] 法隆寺金堂壁画正是受到这些武周佛画的影响制作的。

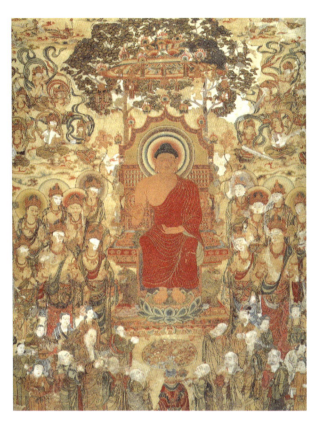

图 1　奈良国立博物馆藏《释迦如来说法图刺绣》（采自〔日〕百桥明穂、中野彻编《世界美术大全集 东洋编 第 4 卷 "隋·唐"》，小学馆，1997 年，第 276 页，图 254）

二　法隆寺金堂壁画的四方四佛图像与武周风格

法隆寺金堂内阵中央为长方形的佛坛，供养释迦三尊像、药师如来像、阿弥陀如来像、四方

四天王像，背后为吉祥天女、毗沙门天像、地藏菩萨像。金堂 12 面壁绘壁画。据文献记载和佛教造型风格分析，法隆寺的佛像和建筑、壁画分别属于始建、再建两个时期。

始建期的佛像有释迦三尊像、药师如来像，见于《法隆寺伽蓝缘起并流记资财账》记载。药师如来像据该像背光铭文记载是丁卯年（607）推古天皇与圣德太子造；释迦三尊像据该像背光铭文记载是癸未年（623）三月中为祈求圣德太子、间人皇后、膳夫人的冥福由司马

① 〔英〕韦陀:《〈瑞像图〉加一残片，再提几个问题》，王平先译，《艺术设计研究》2014 年第 4 期，第 13—15 页。
② 〔日〕大西磨希子著译:《奈良时代传入日本的文物与〈唐关市令〉——以〈天圣令·关市令〉为中心》，赵晶校，《中国古代法律文献研究》第 12 辑，社会科学文献出版社，2018 年，第 244—245、275 页。

鞍首止利佛师所造。① 这些佛像在法隆寺初建时供养在金堂内阵佛坛，670 年法隆寺烧毁时存留下来，7 世纪末 8 世纪初被移到再建的金堂内阵供养。

金堂内阵四隅安置守护四方的四天王像，像高 133—134 厘米，樟木雕刻，彩绘切金，宝冠和背光的边缘铜鎏金。守护东方的是持宝剑、戟的持国天立像，西方是持笔、卷子的广目天立像，北方是持宝塔、戟的多闻天立像，南方是持宝剑、戟的增长天立像。四天王从古代印度的守护神融入佛教，成为守护须弥山四方的护法神，都是中国武将的造型。金堂的四天王像与之后的作品相比，表情沉静，头部、足部大，胸部厚，表现出稳重站立的重量感，足踏邪鬼的造型也意味深长。广目天和多闻天立像背光内侧有铭刻，广目天的铭刻是"山口大口费"，多闻天的铭刻是"药师德保"。推测"山口大口费"与《日本书纪》白雉元年（650）条记载制作千佛像的"汉山口 直大口"是同一人物。② 由此两处铭刻推测在飞鸟时代与止利派并存着同样优秀的佛师。释迦三尊像、药师如来像、四天王像、玉虫厨子均为古样风格，佛像呈现出古风面容、繁复厚重的衣纹等特点。

玉虫厨子是木质黑漆彩绘，通高 226.6 厘米，宽 136.7 厘米，深 119.1 厘米。《圣德太子传私记》记载这是推古天皇的御厨子，橘寺衰退后移入法隆寺，安置在金堂。因此推测其年代是 7 世纪前期，属飞鸟时代。厨子由台基、须弥座构成的台座和单层四面佛殿组成。

佛殿内侧贴有一万三千身打制佛像，须弥座四面有彩绘佛画，正面为舍利供养图，背面为须弥山图，右侧绘萨埵太子舍身饲虎，左侧绘雪山童子施身闻偈，寓意舍身求法。佛殿正面门扉绘二天王，侧面门扉绘二菩萨，背面绘供养宝塔图。

与始建期佛像所呈现的古样风格不同的是，再建期的法隆寺金堂壁画呈现出新风格。壁画整体构图遵循中轴对称格局，画面两两对应（图 2）。

1. 图像

金堂壁画的主题是四方四佛净土：南方释迦佛，北方弥勒佛，东方药师佛，西方阿弥陀佛。10 号壁弥勒佛头顶为装饰宝珠的圆形天盖（图 3），天盖两侧各一俯身向前飞翔的飞天，其构图与七宝台始建期弥勒三尊像的天盖

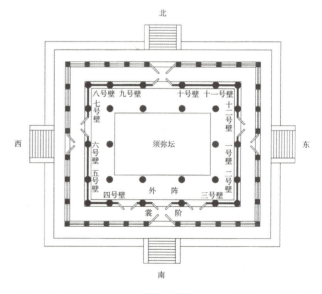

图 2　法隆寺金堂壁画布局（采自〔日〕《法隆寺金堂壁画》，第 86 页）

---

① 〔日〕《圣德太子与斑鸠：藤之木古坟·法隆寺相关的人们》（平成 10 年度春季特别展示图录，第 49 册），第 50—51 页。
② 〔日〕小学馆编集：《法隆寺》，第 30—31 页。

图3 法隆寺金堂10号壁弥勒净土图天盖（采自〔日〕《法隆寺金堂壁画》，第64页，图74）

图4 东京国立博物馆藏姚元景题弥勒三尊像天盖，长安四年（704）（笔者拍摄）

（图4）一致。四佛圆形头光由三至四重同心圆构成。菩萨像略呈S形的体态，上身只斜披天衣，佩戴璎珞，腿部整齐的平行线式U形衣纹都与七宝台始建期菩萨像一致。因此，本文认为金堂壁画呈现的新风格是武周风格。

1号壁画释迦净土图（图5），主尊着红衣结跏趺坐在方形束腰须弥台座上，右手示说法印，左手掌心向上置于右足上。主尊两侧为各一站立在莲台上的胁侍菩萨，左右共十名形貌各异的弟子像，为释迦牟尼的十大弟子。该图与莫高窟第332窟东壁北侧圣历元年释迦牟尼灵鹫山说法图（图6）的图像与风格高度一致。

10号壁画（图7），主尊着红衣，倚坐在方

形台座上，双足各踩一小莲台。主尊左右两侧为四菩萨、二罗汉、六神将。前人研究认为主尊为药师佛像，本文认为该壁画为弥勒净土图，图中主尊为倚坐的弥勒下生像，理由有二。其一，金堂壁画与五重塔年代一致，因此图像和风格一致。《法隆寺伽蓝缘起并流记资财账》明确记录五重塔南面塑像为弥勒佛像土，主尊为倚坐像，其图像特征与金堂10号壁画主尊一致，因此推定10号壁画主尊为弥勒佛。其二，这种倚坐的弥勒佛像是武周时期佛教造型的特征之一，表现武周时期的弥勒下生信仰。以薛怀义为首的僧侣在初唐时期已经流行的弥勒净土信仰的基础上制造了伪经《大云经》，建立武则天与弥勒佛、大

图 5　法隆寺金堂 1 号壁释迦净土图（采自〔日〕《法隆寺金堂壁画》，第 40 页，图 49）

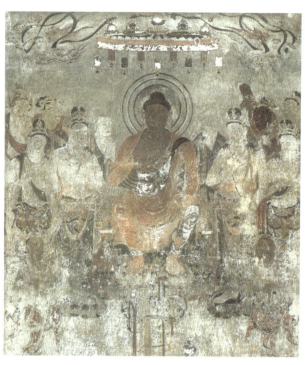

图 7　法隆寺金堂 10 号壁弥勒净土图（采自〔日〕《法隆寺金堂壁画》，第 64 页，图 74）

图 6　莫高窟第 332 窟东壁北侧释迦牟尼灵鹫山说法图，圣历元年（采自敦煌文物研究所编《中国石窟·敦煌莫高窟》第 3 卷，文物出版社、平凡社，1987 年，图 93）

周国土与弥勒净土之间的直接联系。"怀义与法明等造大云经，陈符命，言则天是弥勒下生，作阎浮提主，唐氏合微。故则天革命称周，怀义与法明等九人并封县公，赐物有差，皆赐紫袈裟、银龟袋。其伪《大云经》颁于天下，寺各藏一本，令升高座讲说。"[①] 如山西临猗大云寺武周天授二年（691）涅槃变碑像背面佛龛中央倚坐像弥勒像，与《大云寺弥勒重阁碑》碑文有关，[②] 表现弥勒下生信仰"而弥勒下生或济阎浮之境"。[③] 七宝台造像中萧元眘题长安三年弥勒佛三尊像，铭文中"闻夫香风扫尘，五百如来之出兴；宝花雨来，六万仙圣之供养。岂若慈氏应现，弥勒下生，神力之所感通，法界之所安乐。……于是大弘佛事，深种善根，奉为七代先生，爰及四生庶类，敬造弥勒像一铺并二菩萨。粤以大周长安三年九月十五日，雕镌就毕"。姚元之题长安三年弥勒佛三尊像、姚元景题长安四年弥勒佛三尊像的主尊均为倚坐像。[④] 敦煌莫高窟第96窟延载二年（695）主尊为大型弥勒倚坐像。

6号壁画阿弥陀净土图（图8），主尊着通肩红衣，结跏趺坐在带方形背屏的莲台上，双手于胸前作说法印。主尊左侧胁侍为宝冠中央有化佛的观音菩萨，右侧为有宝瓶的势至菩萨，三尊像周围有二十余体莲花化生图像，表现了阿弥陀净土的往生图景。该图与莫高窟第332窟门南侧的阿弥陀净土图（图9）的图像、风格一致。

9号壁画药师净土图（图10），主尊着双领下垂式红衣，结跏趺坐在束腰莲台上，右手示说法印，左手掌心向外垂于左膝上。左右有胁侍二菩萨、二神王、四神像、二金刚力士、二罗汉，台座前方有二狮子。

本文认为法隆寺金堂四净土图壁画的配置源自长安，如光宅寺七宝台奉纳石塔的四方四佛造型。笔者依据七宝台始建期的24件浮雕像复原这尊奉纳石塔，[⑤] 因其高耸，长安四年姚元景所奉纳弥勒龛像铭文"爰于光宅寺法堂石柱造像一铺"称其为法堂石柱，推测位于法堂中心。石

图8　法隆寺金堂6号壁阿弥陀净土图（采自〔日〕《法隆寺金堂壁画》，第54页，图64）

① 《旧唐书》卷183《外戚列传》，第4742页。
② 孙宗文：《千年石刻传法音——山西猗氏县〈大云寺涅槃变碑像〉考释》，《法音》1983年第2期，第39页。
③ 张建华：《山西临猗〈涅槃变相碑〉》，《山西档案》2014年第3期，第28页；张晓剑：《〈大云寺涅槃变碑像〉考析》，《文物世界》2019年第4期，第13页。
④ 杨效俊：《武周时期的佛教造型——以长安光宅寺七宝台的浮雕石佛群像为中心》，文物出版社，2013年，第317—323页。
⑤ 杨效俊：《武周时期的佛教造型——以长安光宅寺七宝台的浮雕石佛群像为中心》，第363—365页。

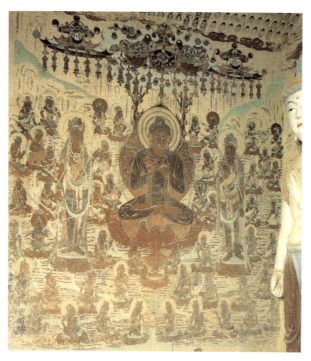

图9 莫高窟第332窟门南侧阿弥陀净土图，圣历元年（采自《中国石窟·敦煌莫高窟》第3卷，图94）

图10 法隆寺金堂9号壁药师净土图（采自〔日〕《法隆寺金堂壁画》，第62页，图72）

塔基为武周时期流行的八面柱体，正面为施降魔印的释迦五尊造像，周围七件十一面观音像，其中德感长安三年所题十一面观音像（图11）发愿"伏愿皇基永固，圣寿遐长"，具有护法的意味；塔身四层，每层四面为四方四佛，正面（南面）为施降魔印的释迦佛（图12），北面为倚坐的弥勒佛（图13），东面为药师佛（图14），西面为阿弥陀佛（图15）。长安年间的长安大慈恩寺大雁塔四面门楣残留线刻佛画。四面佛画的构图大致相同，中央为主尊坐像，两侧为胁侍弟子、菩萨、供养者群像。然而，四个画面主尊的姿态、胁侍、背景不同。因此前人研究中关于四面的主题有各种观点。代表性的观点是四面四佛说：西面为阿弥陀佛，东面为药师佛，南面为释

迦佛，北面为弥勒佛。[1]四方四佛体现了武周时期四佛与中国传统四方观念的整合，现在佛释迦涅槃后未来佛弥勒传承佛法，东方药师佛与西方阿弥陀佛分别解决人生前的疾病治疗和死后的净土往生，时间概念通过南北、东西对称的空间布局表现，体现了武周时期佛教神圣空间时空一体的特点。虽然法隆寺殿堂壁画图像的对应关系成立，却没有完全遵守四方空间关系，推测其原因是受到殿堂空间的限制。这种四方四佛的配置延续至光明皇后发愿、天平二年四月建造的兴福寺五重塔，据《兴福寺流记》与《兴福寺缘起》，塔基的四佛是东方药师、南方释迦、西方阿弥陀、北方弥勒。[2]

四佛净土图之间为四组两两相对的八幅菩

<hr/>

① 〔日〕小野胜年：《长安大雁塔的线刻佛画》，《佛教艺术》第59号，1965年第12期，第91—104页。
② 〔日〕法隆寺编集：《法隆寺》，第53页。

图 12　东京国立博物馆藏释迦三尊像，长安年间（笔者拍摄）

图 11　东京国立博物馆藏德感题十一面观音像，长安三年（采自〔日〕《世界美术大全集 东洋编 第 4 卷"隋·唐"》，第 172 页，图 137）

图 13　东京国立博物馆藏萧元眘题弥勒三尊像，长安三年（笔者拍摄）

图 14　东京国立博物馆藏药师三尊像，推测长安年间（笔者拍摄）

图 15　东京国立博物馆藏李承嗣题阿弥陀三尊像，长安三年（笔者拍摄）

萨像，4 号壁势至菩萨像与 3 号壁观音菩萨像对应，5 号壁半跏思惟菩萨像（月光菩萨）与 2 号壁半跏思惟菩萨像（日光菩萨）对应，7 号壁圣观音菩萨像与 12 号壁十一面观音菩萨像（图 16）对应，8 号壁文殊菩萨像与 11 号壁普贤菩萨像对应。这些菩萨像属于变化观音体系，体现了武周时期的杂密信仰，出现在佛殿中有守护四佛净土的意义。文殊、普贤的对应关系见于大雁塔内壁画。《历代名画记》卷 3 记载："慈恩寺，塔内面东西间，尹琳画。西面菩萨骑狮子，东面骑象。塔下南门尉迟画。西壁千钵文殊，尉迟

画。"①《寺塔记》卷下记载："塔西面画湿耳师子，仰摹蟠龙，尉迟画，及花子钵曼殊，皆一时绝妙。"②《唐朝名画录》记载："乙僧今慈恩寺塔前功德，又凹凸花面中间千手眼大悲，精妙之状，不可名焉。"③十一面观音像见于始建期的七宝台奉纳石塔造像。

2. 风格

法隆寺金堂壁画构图对称，遵循中轴对称格局，画面两两对应。佛像、菩萨像的面部（图 17），尤其是眼睛周围通过晕染表现慈悲、圆满、柔和的理想精神世界，具有超越性的神圣之美；

① （唐）张彦远：《历代名画记》卷 3，人民美术出版社，2004 年，第 50 页。
② （唐）段成式：《寺塔记》卷下，人民美术出版社，2003 年，第 31—32 页。
③ （唐）朱景玄：《唐朝名画录》，何志明、潘运告编著：《唐五代画论》，湖南美术出版社，1997 年，第 87 页。

图16　法隆寺金堂12号壁十一面观音菩萨像（采自〔日〕《法隆寺金堂壁画》，第70页，图80）

图17　法隆寺金堂6号壁阿弥陀净土图观音菩萨头部（采自〔日〕《法隆寺金堂壁画》，第56页，图66）

通过晕染表现肉体的起伏、圆润，具有高度的写实性和艺术感染力，这种神圣性与真实性的完美结合正是武周风格的特点，在七宝台始建期的浮雕像中得到充分体现。

　　法隆寺金堂壁画通过晕染、凹凸画法形成的立体感强、造型生动、色彩鲜艳的效果体现了武周绘画风格特点。文献记载七宝台始建期的壁画呈现出鲜明的武周风格，是由初唐至武周在两京地区以善画异国人物和佛像而著称的尉迟派①画家创作的。绘画的场所在七宝台的上层窗下、后面。"其上层窗下尉迟画……"②"尉迟乙僧……光宅寺七宝台后面画降魔像。千怪万状，实奇迹也。然其功德人物花草，皆外国之像，无

佛像、菩萨像符合人体真实比例，轮廓线洗练，衣纹线形式化，平行规整，富有韵律，表现轻薄的衣服下富有立体感的躯体，尤其是脖子、胸部

①　"尉迟乙僧，于阗国人。父跋质那，乙僧国初授宿卫官，袭封郡公。善画外国及佛像。时人以跋质那为大尉迟，乙僧为小尉迟。画外国及菩萨，小则用笔紧劲，如屈铁盘丝，大则洒落有气概。僧惊云：'外国鬼神，奇形异貌，中华罕继。'"（唐）张彦远：《历代名画记》卷9《唐朝上》，第172页。
②　（唐）段成式：《寺塔记》卷下，第19页。

中华礼乐威仪之德。"① 光宅寺还有两处尉迟派的降魔变，应该都是富有视觉冲击力的异国趣味佛画。普贤堂西壁降魔成道为大型变相构图，中间为释迦佛，旁边绘有妨碍释迦成正觉的变形三魔女，她们富有诱惑力的身体仿佛破壁而出。佛的头光以绚丽的色彩造成光芒万丈、使人眼花缭乱的视觉效果。与中华传统端正古雅之佛画不同的是，这些壁画以鲜艳的颜色、立体感强、极具异国情调的逼真夸张的人物造型给观者以"奇"和"险"的视觉感受。"普贤堂，本天后梳洗堂。葡萄垂实，则幸此堂。今堂中尉迟画，颇有奇处。四壁画像及脱皮白骨，匠意极险。又变形三魔女，身若出壁。又佛圆光，均彩相，错乱目成讲。东壁佛座前，锦如断古标。又左右梵僧及诸番往奇，然不及西壁，西壁逼之摽摽然。"② "光宅寺东菩提院内北壁东西偏，尉迟画降魔等变。殿内吴生、杨廷光画。又尹琳画西方变。"③ 大雁塔内壁画和七宝台一样，主要由尉迟派画家绘制。这些壁画同样呈现出艳丽的色彩、凹凸画法所表现的立体感，装饰出华丽灵异的塔内空间。

文献记载的武周绘画风格在法隆寺金堂壁中得到印证。金堂壁画富有装饰性，造型逼真，色彩艳丽，缀满闪闪发光的宝珠天盖，精巧华丽的台座富于装饰性，构造出庄严、华丽的佛教神圣空间。

三 法隆寺五重塔内塑像的佛舍利崇拜主题

《法隆寺伽蓝缘起并流记资财账》记载："合塔本肆面具摄一具涅槃像土一具弥勒佛像土一具维摩诘像土一具分舍利佛土右和铜四年岁次辛亥寺造者。"据此可知法隆寺五重塔的塔基塑像群的名称，制作年代为和铜四年。④ 有学者认为五重塔完成于 711 年。⑤

五重塔从塔基础石到相轮上下贯通塔心柱，础石上挖出圆锥形孔瘗埋舍利（图 18）。1926年，在五重塔中心柱础石的空洞内发现舍利容器（图 19）。最内侧的舍利容器是绿色琉璃器，依次套装在金、银质的卵形透雕容器内，⑥ 之后装入带锁的带盖扣合的高圈足铜碗，最后与海兽葡萄镜、金延板、玉类、香木等舍利供养物品一起装入大铜碗。⑦

笔者认为隋唐时期以地宫瘗埋舍利的空间体现出两个象征意义：一是释迦牟尼涅槃后遗体到舍利的过程；二是佛教的世界图像。⑧ 五重塔内构造舍利崇拜的神圣空间，也表现了这两个象征意义。五重塔塔基塑造立体的须弥山象征佛教世

① （唐）李昉等编：《太平广记》卷 211，中华书局，1961 年，第 1618—1619 页。
② （唐）段成式：《寺塔记》卷下，第 19—20 页。
③ （唐）张彦远：《历代名画记》卷 3，第 51—52 页。
④ 〔日〕滨田瑞美：《唐代敦煌与日本的维摩诘经变》，〔日〕筱原典生译，《丝绸之路研究集刊》第 3 辑，商务印书馆，2019 年，第 101 页。
⑤ 〔日〕前园实知雄：《飞鸟·奈良寺院伽蓝配置之我见》，韩国河译，《华夏考古》2003 年第 1 期，第 94 页。
⑥ 〔日〕《圣德太子与斑鸠：藤之木古坟·法隆寺相关的人们》（平成 10 年度春季特别展示图录，第 49 册），第 49 页；小学馆编集：《法隆寺》，第 36 页。
⑦ 〔日〕奈良县立橿原考古学研究所附属博物馆编集：《佛教传来》，明新社，2011 年，第 76 页。
⑧ 杨效俊：《隋唐舍利瘗埋制度的形成原因及特点》，《考古与文物》2012 年第 4 期，第 103—104 页；杨效俊：《隋唐舍利瘗埋空间中的世界图像》，《文博》2013 年第 5 期，第 52—61 页。

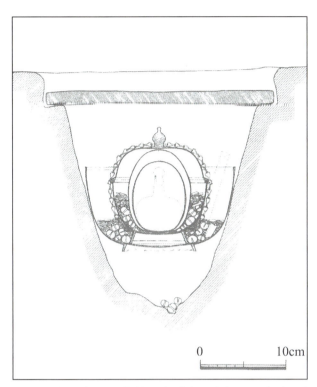

图 18　法隆寺五重塔塔基舍利瘗埋空间（采自〔日〕《圣德太子与斑鸠：藤之木古坟·法隆寺相关的人们》，第 49 页）

图 19　法隆寺五重塔基舍利容器（采自〔日〕奈良国立博物馆编《白凤——如花绽放的佛教艺术》，读卖新闻社，2015 年，第 53 页）

界。武周时期具象的须弥山图像还见于天授二年山西临猗大云寺涅槃变碑像。碑阳额部中央浮雕九山八海围绕之须弥山，一条道路盘旋而上，顶

上刻三座宫殿，中间两层，两侧均一层。莫高窟第 332 窟中心柱南面主尊法界佛像的佛衣正面中轴线上，底部外围的铁围山、大海、海内四大部洲围绕着中央的须弥山，左右对称的二龙缠绕上宽下狭、中部收拢的须弥山体，大海两侧为维摩诘、文殊对谈画面。须弥山位于天界与人界之间，易丹韵认为第 332 窟像描绘了一个自天界到人界再到地狱的佛教世界，更是借用维摩诘经变的相关图像来表现阎浮提大陆乃至释迦国土的意象。[1]Ataru Sotomura 认为玄奘所译《阿毗达磨俱舍论》是所有反映佛教宇宙观的汉译佛经中最精准的版本，并因为译者玄奘的影响力而被东亚地区普遍引用，以表述佛教的宇宙观。[2]玄奘译《阿毗达磨俱舍论》[3]卷 11《分别世品第三之四》云："于金轮上有九大山，妙高山王处中而住，余八周匝绕妙高山。于八山中前七名内，第七山外有大洲等。此外复有铁轮围山，周匝如轮，围一世界。持双等七唯金所成。妙高山四宝为体。谓如次四面北东南西金银吠琉璃颇胝迦宝。"玄奘将自己求法途经亚洲各地的经验与《阿毗达磨俱舍论》相结合，在《大唐西域记》[4]序中描述了以须弥山为中心的世界图像。敦煌遗书 P.2824《三界九地之图》系依据唐玄奘的新译本所绘制，是玄奘门人宣传俱舍学说时所用的一种图解讲义稿。[5]总章元年（668），道世在《法苑珠林》[6]第一至四卷的劫量篇、三界篇和日月篇中系统阐述

① 易丹韵：《如何解读法界佛像——以初唐时期作品为一例》，《丝绸之路研究集刊》第 5 辑，商务印书馆，2020 年，第 260—261 页。

② Ataru Sotomura, *Mt. Sumeru*, *Source Manual for Iconographic Research on the Buddhist Universe*, Nalanda-Sriwijaya Centre Working Paper, No.6 (Sep. 2011), p.5, http://nsc.iseas.edu.sg/ document s/working_papers/nscwps006.pdf.

③ 〔印度〕世亲：《阿毗达磨俱舍论》，（唐）玄奘译，《大正藏》第 29 册，第 57 页中。

④ （唐）玄奘、辩机著，季羡林等校注：《大唐西域记校注》，中华书局，2009 年，第 34—35 页。

⑤ 胡同庆：《P.2824〈三界九地之图〉内容考证》，《敦煌研究》1996 年第 4 期，第 48 页。

⑥ （唐）道世：《法苑珠林》，《大正藏》第 53 册，第 269—301 页。

了佛教的时空观和宇宙图式等，代表了初唐时期佛教界普遍的世界观。他依据《长阿含经》等，论述了世界的平面结构，说以须弥山为中心的四大洲是一国土，即一世界，如此一千个世界构成小千世界，一千个小千世界构成中千世界，一千个中千世界构成大千世界，小、中、大三种"千世界"合名为"三千大世界"。还依据《华严经》等佛典，论述了世界的立体结构为空—风—水—地自下而上逐层支撑。① 通过政治、贸易、宗教和文化等方面的中外交通，唐朝人对世界的感知是具体而生动的，对须弥山的想象是一座真实存在的山岳，因此对须弥山的图像表现趋于写实。从敦煌到奈良，共同的须弥山图像反映了共同的佛教世界观。

塔四面塑像表现佛舍利的生成和佛法永恒传递：西面的金棺和分舍利体现舍利的生成（图20）；北面释迦佛涅槃（图21）与南面的弥勒佛像土（图22）表现佛法的延续永恒；东面的维摩诘、文殊是此土（图23），象征从释迦向弥勒传承佛法，如敦煌莫高窟第332窟北壁。② 四面塑像的图像主题、构图成熟、完整，与武周时期同类主题图像一致。四面塑像顺着须弥山的立体背景，将主尊安置于中央、上段，胁侍对称分布在主尊两侧、下段。南面弥勒佛像土中央为带长方形背屏的宣字台座上的弥勒倚坐像，左右两侧各一尊半跏趺坐的菩萨像，弥勒佛前以骑狮的文殊菩萨像为中心，对称安置二狮子、二神王、二力士。倚坐像弥勒佛与前述金堂第10号壁弥

图20 法隆寺五重塔塔基西面分舍利佛土（采自〔日〕小学馆编集《法隆寺》，第39页）

图21 法隆寺五重塔塔基北面涅槃像土（采自〔日〕《法隆寺与丝绸之路佛教文化》，第23页，图17）

勒佛像一致，表现出武周时期弥勒下生图像的特征。北面涅槃像土中央是在佛床上右胁而侧卧的入灭释迦，身后二菩萨像，面前是把脉的耆婆大臣，佛床前两侧跪着痛哭哀号的形貌各异的十大弟子。涅槃像土与莫高窟第332窟西壁大型涅槃塑像相同。西面分舍利佛土将舍利的生成分为三个场景：上段中央安放金棺代表释迦入灭后入棺、荼毗等一系列供养环节；中段中央安置舍利容器，两侧为弟子像和形貌各异的跪拜者，表现

---

① 方立天:《中国佛教的宇宙结构论》,《宗教学研究》1997年第1期，第57页。
② 滨田瑞美认为："本窟的维摩诘经变拥有佛法相承的意义。"〔日〕滨田瑞美:《唐代敦煌与日本的维摩诘经变》,《丝绸之路研究集刊》第3辑，第107页。

图 22　法隆寺五重塔塔基南面弥勒像土（采自〔日〕小学馆编集《法隆寺》，第 39 页）

图 23　法隆寺五重塔塔基东面维摩诘像土（采自〔日〕《法隆寺与丝绸之路佛教文化》，第 23 页，图 16）

八王分舍利情景；下段有十四身跪姿僧俗供养者像。分舍利佛土与莫高窟第 332 窟南壁大型涅槃变和天授二年山西临猗大云寺涅槃变碑像中的"八王分舍利"一致。东面维摩诘像土将维摩诘居士与文殊菩萨对坐谈论佛法的场面安排在中央上部，面前塑造山峦间的台阶，两侧对称安置菩萨坐像和俗世男女坐像听闻说法，须弥山间云上有散花天女和献香饭菩萨。与莫高窟第 332 窟北壁维摩诘、文殊变构图基本一致，不同的是第 332 窟北壁维摩诘、文殊间描绘须弥山图像，而五重塔塑像以须弥山为背景。

通过以上对比可见，五重塔塔基四面塑像的图像均非当地所独创。五重塔塔基瘗埋舍利、塔内塑像表现佛舍利崇拜主题，体现了武周时期的佛舍利信仰，遵循了长安、敦煌形成的佛舍利崇拜建筑与图像程序。

法华思想统摄下的礼忏空间[*]

——莫高窟第 23 窟功能蠡探

陈凯源

一 问题的提出

《法华经》是大乘佛教中的一部重要经典，对中国佛教的发展有着深远影响。敦煌作为佛教圣地，其法华信仰源远流长且具有深厚的信仰基础。从敦煌藏经洞出土的文献情况来看，当中保存有总数五千号以上鸠摩罗什翻译的《妙法莲华经》，另有大量其他译本的《法华经》及相关的注疏文献。[1]此外，敦煌石窟中还保存了大量法华造像，其出现时代从北朝开始至宋代结束。

自北朝始，敦煌石窟中开始出现表现释迦、多宝二佛并坐于多宝塔内的法华造像（图1）。[2]到隋代，法华经变开始出现，这标志着敦煌法华造像发展到了一个新的阶段。隋代法华经变

的画面取横卷式，主要绘制经中"序品""方便品""譬喻品""化城喻品""见宝塔品""观世音菩萨普门品"等相对能集中反映《法华经》整体思想的画面（图2）。初唐时期，法华经变的表现样式从隋代的横卷式到向心式过渡。以莫高窟第331窟东壁门上方的法华经变为例（图3），该铺法华经变把各品的内容融合到一起，构图上虽分为上、中、下三横幅，总体上仍属于隋代的横卷式延续，但基本已是一个整体。[3]

盛唐时期，敦煌石窟中的法华造像越趋成熟，且与佛教义理和宗教实践活动的关系更为密切。此时石窟中的法华经变构图布局的重点在两方面：一是如何处理好法华经变中灵鹫会和虚空会的图像关系；二是如何处理好法华经变的相关

---

* 本文系高等学校学科创新引智基地计划"长安与丝路文化传播学科创新引智基地"（B1803）、陕西省石窟寺保护研究中心开放课题"唐长安对敦煌石窟影响研究"（C2021—003）、陕西师范大学中央高校基本科研业务费专项资金资助"唐代敦煌密教经变研究"（2021TS057）阶段性成果。

[1] 方广锠：《敦煌遗书中的〈妙法莲华经〉及其相关文献》，氏著：《敦煌学佛教学论丛》（下），中国佛教文化出版有限公司，1998年，第65—103页；方广锠：《敦煌遗书中的〈法华经〉注疏》，《世界宗教研究》1998年第2期，第75—79页。

[2] 张元林：《北朝—隋时期敦煌法华图像研究》，甘肃教育出版社，2017年，第333页。

[3] 贺世哲主编：《敦煌石窟全集·法华经画卷》，上海人民出版社，2000年，第40页。

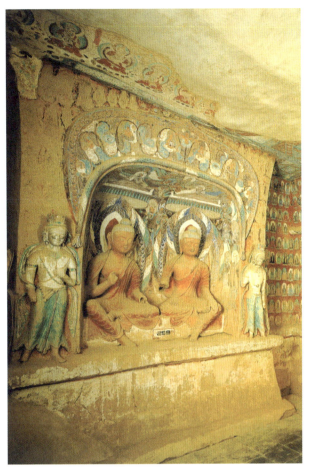

图2　莫高窟隋代第420窟西披法华经变（局部）（采自贺世哲主编《敦煌石窟全集·法华经画卷》）

图1　莫高窟北魏第259窟释迦、多宝二佛并坐（采自贺世哲主编《敦煌石窟全集·法华经画卷》）

图3　莫高窟初唐第331窟东壁法华经变（采自贺世哲主编《敦煌石窟全集·法华经画卷》）

内容与其他经变的布局关系。[①]其主要目的是凸显法华思想，进而为法华信仰及相关佛教实践提供帮助。

　　莫高窟第23窟正是盛唐时期开凿的以法华造像为核心的洞窟，又因洞窟主室壁画题材以《法华经》为主，故被称为"法华窟"。该窟主室北壁中间绘制灵鹫会，南壁中央绘虚空会，两会

南北遥相呼应，是敦煌法华经变发展史上的一种全新布局样式（图4）。第23窟历来受到学者关注，贺世哲先生在研究敦煌石窟法华经变的过程中，曾着重讨论该窟中的法华经变；[②]施萍婷、王惠民两位先生对洞窟北披的一佛五十菩萨进行了较为深入的分析；[③]邵明杰、赵玉平两位学者则针对该窟法华经变中的"雨中耕作图"，探讨当中的

①　于向东：《莫高窟第46窟佛龛造像的关系——兼谈该窟佛教造像中的法华思想》，《敦煌学辑刊》2007年第1期，第71—81页。

②　施萍婷、贺世哲：《敦煌壁画中的法华经变初探》，敦煌文物研究所编：《中国石窟·敦煌莫高窟》第3卷，文物出版社、平凡社，1987年，第180—181页；贺世哲主编：《敦煌石窟全集·法华经画卷》，第74—79页；贺世哲：《敦煌壁画中的法华经变》，氏著：《敦煌石窟论稿》，甘肃民族出版社，2004年，第135—224页。

③　施萍婷主编：《敦煌石窟全集·阿弥陀经画卷》，商务印书馆，2002年，第247—269页；王惠民：《一佛五十菩萨图》，氏著：《敦煌佛教图像研究》，浙江大学出版社，2016年，第56—74页。

图 4　莫高窟第 23 窟立体示意图（自西向东）（采自贺世哲主编《敦煌石窟全集·法华经画卷》）

祆教和粟特因素；[1] 日本学者下野玲子曾对洞窟主室法华经变中诸品的情节和位置进行分析；[2] 张元林则在学界已有研究的基础上，对第 23 窟法华经变的画面内容和表现形式提出了一些新的观点；[3] 笔者亦曾对洞窟东披的佛顶尊胜陀罗尼经变进行专门的考释。[4]

上述研究侧重于对第 23 窟单铺经变的研究，关注的是某一题材图像的本身，但就石窟造像的整体性而言，如何解释诸经变之间的内在联系是一个关键的问题。对于第 23 窟窟顶四铺不同类型的经变与洞窟法华思想的造像关系及洞窟功能等问题仍有进一步研究的空间，笔者在此不揣冒昧，尝试就这些问题谈一点自己的看法。以下所陈管见或有未当，敬请方家教正。

二　莫高窟第 23 窟的造像关系

莫高窟第 23 窟为盛唐时期开凿的洞窟，莫高窟的洞窟分期将其分在唐前期的第四期第一类洞窟中，其建造时代上限早不过天宝年间，下限晚不过代宗初期。[5] 第 23 窟主室西壁开一佛龛，内有清代所塑及重修塑像 7 身（图 5）。南壁以"见宝塔品"释迦、多宝二佛并坐为画面中心，表现的是虚空会的场景，周围分别绘制有"观世音菩萨普门品""提婆达多品""如来神力品""嘱累品"等内容（图 6）。北壁中央佛说法图，表现的是《法华经》中"序品"灵鹫会的场景，佛说法图周围绘制有"方便品""药草喻品""譬喻品""信解品""授记品"等内容（图 7）。东壁绘有"化城喻品""随喜功德品""常不轻菩萨品""药王菩萨本事品"等内容。窟顶四披分别绘制了四铺不同题材的壁画，分别为南披观音经变，西披弥勒经变，北披一佛五十菩萨图和东披佛顶尊胜陀罗尼经变（图 8）。

《敦煌石窟内容总录》记载，第 23 窟南披画观音普门品变，但笔者注意到在第 23 窟南壁西侧绘有《法华经》"观世音菩萨普门品"的内容。就

① 邵明杰、赵玉平：《莫高窟第 23 窟"雨中耕作图"新探——兼论唐宋之际祆教文化形态的蜕变》，《西域研究》2010 年第 2 期，第 97—106 页；赵玉平：《莫高窟第 23 窟"雨中耕作图"粟特文化因素解析》，《农业考古》2009 年第 4 期，第 123—127 页。

② 〔日〕下野玲子：《敦煌莫高窟唐代法華経変相図の再検討—第 23 窟壁画の位置付け》，《早稲田大學會津八一記念博物館研究紀要》第 8 号，2007 年 3 月。另载〔日〕下野玲子《敦煌仏頂尊勝陀羅尼経変相図の研究》，勉誠出版，2017 年，第 281—310 页。

③ 张元林：《莫高窟第 23 窟法华经变画面内容及构图再识》，麦积山石窟艺术研究所编《石窟艺术研究》第 5 辑，文物出版社，2021 年，第 107—119 页。

④ 陈凯源：《唐宋时期敦煌佛顶尊胜陀罗尼信仰研究》，硕士学位论文，西北师范大学，2021 年，第 41—73 页。

⑤ 樊锦诗、刘玉权：《敦煌莫高窟唐前期洞窟分期》，敦煌研究院编：《敦煌研究文集·敦煌石窟考古篇》，甘肃民族出版社，2000 年，第 143—181 页。

图 5　莫高窟第 23 窟西壁（采自数字敦煌）

图 7　莫高窟第 23 窟北壁（局部）（采自贺世哲主编《敦煌石窟全集·法华经画卷》）

图 6　莫高窟第 23 窟南壁（局部）（采自贺世哲主编《敦煌石窟全集·法华经画卷》）

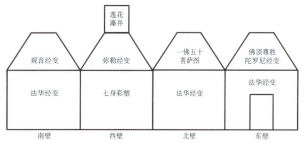

图 8　莫高窟第 23 窟造像分布示意图（笔者绘）

正常情况而言，在一个洞窟或一铺经变中不会重复出现一部经典里某一品的内容。对于南披经变的画面，笔者发现该经变以观音菩萨为主尊，两侧分别绘出"观音救诸难"和"观音三十三现身"的情节（图 9）。在敦煌石窟中，显教观音类的经变图像有观音普门品变和观音经变两种，它们依据《妙法莲华经·观世音菩萨普门品》或单行本的《观音经》绘制而成，二者的区别在于前者作为法华经变的一品，没有脱离法华经变的主题而独立，而观音经变则已经脱离《法华经》而独立存在，形成以表现观音为主题的经变。①《观音经》

作为北凉时期从《法华经》中抽取出来以单行本形式流行的经典，经中仍以表现观音菩萨大慈大悲、救苦救难的形象为重点。尽管这两种观音类经变在图像的表现形式上有所不同，但它们都突出地表达了观音信仰救诸苦难和满足众生各种需求的意涵。在第 23 窟南披的观音经变中，观音菩萨以主尊的身份出现，两侧的画面中，观音通过种种善巧方便示现，寻声救苦救度众生，引导世人脱离苦海，往生西方净土，表现出浓厚的观音信仰。因此，将第 23 窟南披的经变命名为"观音经变"应更加合适。

---

① 罗华庆：《敦煌艺术中的〈观音普门品变〉和〈观音经变〉》，《敦煌研究》1987 年第 3 期，第 49—61 页。

西披为弥勒经变（图10），画面可分为上、下两部分。上部绘制的是弥勒菩萨在兜率天宫说法，表现弥勒上生的内容；下部则以弥勒于龙华树下成道的三会说法为主体，周围绘制出弥勒佛降生的国土中的各种场景，表现的是弥勒下生的内容。《妙法莲华经·普贤菩萨劝发品》中载："若有人受持、读诵、解其义趣，是人命终为千佛授手，令不恐怖、不堕恶趣，即往兜率天上弥勒菩萨所。弥勒菩萨有三十二相，大菩萨众所共围绕，有百千万亿天女眷属，而于中生。"[1] 再有，惠详所撰专门传弘《法华经》功德的著述《弘赞法华传》中，多次提到信奉受持《法华经》可往生兜率。[2] 因此，第23窟西披的弥勒经变可以视为

受持《法华经》的功德之一。

北披的一佛五十菩萨图是西方净土信仰在敦煌佛教艺术中的一种表现形式（图11）。在这铺壁画中，三尊位于七宝池内，众菩萨各坐于莲花上，象征着阿弥陀佛的西方极乐世界。[3]《妙法莲华经·药王菩萨本事品》中说道："若如来灭后，后五百岁中，若有女人闻是经典，如说修行，于此命终，即往安乐世界阿弥陀佛、大菩萨众围绕住处，生莲华中宝座之上。不复为贪欲所恼，亦复不为瞋恚、愚痴所恼，亦复不为憍慢、嫉妒诸垢所恼，得菩萨神通无生法忍。"[4] 这说明信奉《法华经》的人，命终之后能往生阿弥陀佛西方极乐净土。其实早在莫高窟西魏时期的第285窟中，

图9　莫高窟第23窟南披观音经变（采自数字敦煌）

图11　莫高窟第23窟北披一佛五十菩萨图（采自数字敦煌）

图10　莫高窟第23窟西披弥勒经变（采自数字敦煌）

图12　莫高窟第23窟东披佛顶尊胜陀罗尼经变（采自数字敦煌）

---

① （后秦）鸠摩罗什译：《妙法莲华经》，《大正藏》第9册，第61页下。
② （唐）惠详：《弘赞法华传》，《大正藏》第51册，第24页中下、第37页中。
③ 施萍婷主编：《敦煌石窟全集·阿弥陀经画卷》，第247—249页。
④ （后秦）鸠摩罗什译：《妙法莲华经》，《大正藏》第9册，第54页。

已经出现了法华信仰与净土信仰合流的情况，①这说明两者之间有深厚的渊源。

东披的佛顶尊胜陀罗尼经变（图12），中央画有人幅的佛说法图，说法图上方绘有天宫，说法图下方及两侧画有经文中如何受持尊胜陀罗尼及受持功德的各个情节场景。《佛顶尊胜陀罗尼经》主要的功能是灭罪业和破地狱，经中主要讲述佛为善住天子免除七返恶道之苦而为其说佛顶尊胜陀罗尼，里面提到人们诵持此陀罗尼能灭除造重大恶业者"一切罪业等障"，短命者可以延长寿命，有大恶病者除病，还能免受"堕恶道地狱、畜生、阎罗王界、饿鬼界、阿修罗身恶道之苦"。②

第23窟作为一个以法华思想为主题的洞窟，法华思想对洞窟内所绘制的壁画应存在一种统摄关系。第23窟洞窟主室南、北、东三壁均绘制有《法华经》诸品的内容。至于窟顶四披的壁画，南披观音经变有着与"观世音菩萨普门品"同等的作用，西、北两披的弥勒经变和一佛五十菩萨图，虽不能直接对应《法华经》中某一品的内容，但通过"普贤菩萨劝发品"和"药王菩萨本事品"中的记载，可以将西、北两披的弥勒、阿弥陀净土理解成受持《法华经》的最终归宿。东披的佛顶尊胜陀罗尼经变虽然表面上看似与《法华经》没有太大关系，但其实《法华经》与密教本身有着较为密切的联系。《法华经》不仅有着"法华非秘密，是秘密"③之特性，经中还吸收了不少密教咒语的内容，并专门有一品名为"陀罗尼品"。而从唐代开始，《法华经》中的舍利塔信仰与佛顶尊胜陀罗尼经幢开始合流，出现塔幢互通的现象，同时佛顶尊胜陀罗尼可视为法华方便思想的具体体现，这为尊胜与法华的融合提供了依据。④佛顶尊胜陀罗尼经变在第23窟中的出现，不仅是法华造像与佛顶尊胜陀罗尼的结合，还在图像上开启了法华思想融摄密法的先例。

以《法华经》为建宗经典的天台宗自称是"一乘圆教"，"一乘"取自《法华经》中的"一佛乘"理论，"圆教"则是圆满之教，即其"所宣扬的是佛说最高教义，任何其他佛教学说都应当归服于它"。⑤通过上述分析，可发现第23窟窟顶四披的壁画均与《法华经》有一定关联，而第23窟法华思想的主题对窟顶四披壁画的统摄，亦可看作《法华经》"一乘圆教"的体现。

三　多种礼忏灭罪法门构建下的洞窟功能

礼忏即礼拜三宝，忏悔所造之罪。忏悔有悔恨、改过之意，但其重点在于灭罪的功能。佛经里所宣说的忏悔功能，不仅可以灭今世的罪业，过去世所造的恶业也可以一并灭去。⑥中国佛教的忏法起源于晋代，渐盛于南北朝，隋时，随着佛教的发展与佛教宗派的兴起，依据不同宗派经典形成的佛教礼忏仪式亦逐渐发展完备。就敦煌石窟造像的设计布局而言，除了为表达某种宗教思

①　张元林：《北朝—隋时期敦煌法华图像研究》，第113—124页。
②　（唐）佛陀波利译：《佛顶尊胜陀罗尼经》，《大正藏》第19册，第350—352页。
③　（宋）志磐撰，释道法校注：《佛祖统纪校注》，上海古籍出版社，2012年，第97页。
④　陈凯源：《唐宋时期敦煌佛顶尊胜陀罗尼信仰研究》，第93—101页。
⑤　施萍婷、贺世哲：《敦煌壁画中的法华经变初探》，《中国石窟·敦煌莫高窟》第3卷，第178页。
⑥　杨明芬（释觉旻）：《唐代西方净土礼忏法研究——以敦煌莫高窟西方净土信仰为中心》，民族出版社，2007年，第18页。

想外，洞窟图像和空间形制亦可能影响洞窟特定的宗教实践功能。敦煌藏经洞中保存有不少佛教礼忏文献，这预示着敦煌石窟很有可能具有礼忏的实践功能。

（一）法华忏法与法华经变

魏晋南北朝以来，法华思想在僧俗两众中都得到一定的发展，除高僧注疏、讲说外，民间个人或社邑群体亦从事与法华思想相关的佛像建造、斋忏法会等活动。现存最早、保存最完整的以《法华经》为基础创作的法华忏法是隋代智顗所撰的《法华三昧忏仪》。随后，唐代湛然根据《法华三昧忏仪》撰成《法华三昧行事运想补助仪》，以此说明仪式的过程中应如何运想作念。

敦煌藏经洞中保存有依据《法华经》而命名的礼忏文——《法华七礼文》（图13）。敦煌本《法华七礼文》大致是按照《妙法莲华经》各品的先后次序，依据经文的内容，并利用简单易懂的具象情节重新融会而成，强调的是脱离生死苦

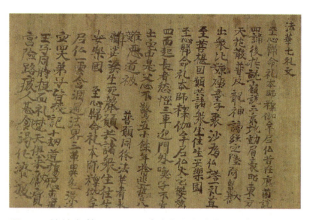

图13　敦煌文献 BD.6081《法华七礼文》（采自国家图书馆藏敦煌遗书）

海，往生净土。汪娟博士曾将现存的敦煌本《法华七礼文》与《妙法莲华经》各品品次进行对照，发现敦煌本《法华七礼文》现存的内容已经融会"序品""方便品""譬喻品""信解品""药草喻品""授记品""化城喻品"的内容。[1]

第23窟主室西壁正龛为释迦佛说法塑像，东、南、北三壁分别绘制出《法华经》诸品的内容，特别是南、北两壁分别绘有二佛并坐的画面，表现出虚空会的内容和"序品"灵鹫会的场面。第23窟虚空会和灵鹫会的构图，在视觉上构成巧妙的呼应关系，虚空会与灵鹫会具足法华全体，其相对绘出，从而形成法华道场。可以发现，上述敦煌本《法华七礼文》现存的七品内容与第23窟法华经变绘制的内容一一对应。如此看来，在第23窟中举行《法华七礼文》或其他相关的法华礼忏仪式，亦并非不可能。

（二）观音忏法与观音经变

随着观音信仰的盛行，不同类型的观音信仰开始广泛流传。除法华系统的救苦救难观音外，还有密教系统的千手千眼观音、净土系统的净土观音等，此外观音信仰还结合密教陀罗尼、佛教灵验记、礼忏仪等方式向信众展开宣传。敦煌石窟中保存有大量观音的经典和造像，而观音法会也曾在敦煌流行。观音法会又称观音忏，是以观音菩萨为本尊，念诵观音名号、供养观音菩萨以忏悔罪障、消灾祈福的佛事活动。[2]

敦煌藏经洞中保存有11件抄写年代为晚唐

①　汪娟：《唐宋古逸佛教忏仪研究》，文津出版社，2008年，第139—161页。
②　党燕妮：《唐宋时期敦煌地区的观世音信仰》，秋爽主编：《寒山寺佛学》第7辑，甘肃人民出版社，2012年，第236—237页。

五代时期的《观音礼》(图14),[①]但其实早在魏晋南北朝时期,已经出现礼拜观音菩萨进行忏悔的活动。东晋时期,帛法桥"少乐转读而乏声,每以不畅为慨。于是绝粒忏悔七日七夕,稽首观音,以祈现报"。[②]刘宋时期,求那跋陀罗"未善宋言,有怀愧叹,即旦夕礼忏,请观世音,乞求冥应"。[③]这些说明魏晋南北朝时期已经有僧人以观音作为礼忏的对象。

台湾学者郭祐孟在研究盛唐佛教造像所蕴含的法华思想时,通过分析《观音经》与法华三昧的关系,进而认为石窟中的观音经变可代表法华三昧的落实者。[④]其实观音法门与法华思想关系密切,天台宗创始人智𫖮亦与观音宿缘深厚。智𫖮不仅创作出《请观音忏法》,还使其成为天台宗僧人日常修行的忏法。[⑤]同时,智𫖮曾"躬自率众,作观音忏法",为"因出猎堕马将绝"的陈文帝皇太子永阳王祈福。[⑥]另外,智𫖮还创作了《观音玄义》《观音文句》《请观音经疏》,"他在《摩诃止观》卷2上依据本经阐明'非行非坐三昧'的行法,在《国清百录》卷1则阐说了观音忏法"。[⑦]智𫖮为观音法门所做的诠释,让法华圆教与大乘诸经的思想会通,并通过观音法门的解行圆证呈现出来。[⑧]

第23窟南披的观音经变,以观音菩萨为主

图14　敦煌文献 S.5650《观音礼》(局部)(采自国际敦煌项目)

---

① 汪娟:《唐宋古逸佛教忏仪研究》,第259—303页。
② (南朝梁)释慧皎:《高僧传》,汤用彤校注,中华书局,1992年,第497页。
③ (南朝梁)释慧皎:《高僧传》,第132页。
④ 郭祐孟:《盛唐法华造像新模式之探讨——以敦煌莫高窟第45窟为中心》,氏著:《法相拾珍:石窟图像学的研究与中国五大菩萨圣地朝圣纪录》,圆光佛学研究所,2017年,第61—88页。
⑤ 释大睿:《天台忏法之研究》,台北:法鼓文化事业股份有限公司,2000年,第187页。
⑥ (唐)释道宣:《续高僧传》,郭绍林点校,中华书局,2014年,第627页。
⑦ 圣凯:《佛教忏法观》,宗教文化出版社,2012年,第130页。
⑧ 郭祐孟:《盛唐法华造像新模式之探讨——以敦煌莫高窟第45窟为中心》,氏著:《法相拾珍:石窟图像学的研究与中国五大菩萨圣地朝圣纪录》,第73页。

尊，显示出该铺经变已经摆脱了《法华经》而独立存在，更加强调观音菩萨的身份和作用。这使得观音经变不仅具有救苦救难、接引众生往生净土的功能，还可以与观音忏法产生一定的联系，具备了礼忏灭罪的意涵。

（三）净土忏法与一佛五十菩萨图

在唐代，由于净土经典论疏不断完备以及道绰、善导等高僧的大力传弘，西方净土信仰的流行达到鼎盛。随着西方净土信仰的盛行，西方净土礼忏法也得到发展。净土宗大师善导在当时各种佛教法会仪轨的影响下，以西方净土思想为基础，创作出净土宗特有的忏悔体系。据研究，善导著有四部西方净土礼忏行仪，分别是《转经行道愿往生净土法事赞》《往生礼赞偈》《观念阿弥陀佛相海三昧功德法门》《依观经等明般舟三昧行道往生赞》。在这些著作中，忏悔、惭愧、悔过等字词随处可见，可说明善导对忏悔思想的重视。[1] 其实善导在创作这些净土忏法时，深受智顗的天台宗忏法仪轨的影响。以《转经行道愿往生净土法事赞》为例，其与《法华三昧忏仪》之间的对应关系是十分明显的，特别是当中"奉请四天王"和"三业供养法"的语句均是一致的，而《转经行道愿往生净土法事赞》的仪轨次第和内容都受到《法华三昧忏仪》的影响。[2] 另外，《观念阿弥陀佛相海三昧功德法门》中涉及的观佛三昧行仪与念佛三昧行仪强调的是观佛与念佛。可以说，善导在忏悔思想和仪轨方面不但继承了智顗的思

想，还将忏悔与礼拜、观佛、念佛相结合，认为观佛、念佛均具有忏悔的功能，从而表现出强烈的净土宗立场。

有研究认为早在初唐时期，善导的西方净土礼忏仪轨已经传入敦煌，莫高窟第431窟就被认为是表现善导净土法门、修行往生西方净土仪轨的场所（图15）。[3] 强调阿弥陀净土之依报庄严是阿弥陀净土的礼忏法的特色之一，因此在净土行仪的制定上常常会加入净土依报，以净土依报为礼拜对象的内容。[4] 按理来说，观无量寿经变更适

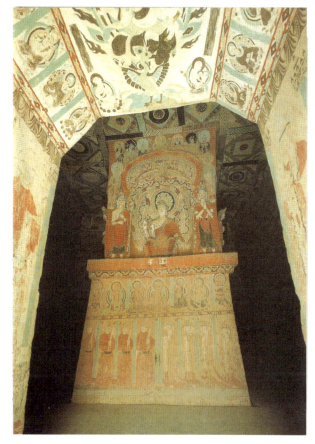

图15　莫高窟第431窟主室［采自《中国石窟·敦煌莫高窟》（一）］

---

① 杨明芬（释觉旻）:《唐代西方净土礼忏法研究——以敦煌莫高窟西方净土信仰为中心》，第46—56页。
② 圣凯:《晋唐弥陀净土的思想与信仰》，中国社会科学出版社，2009年，第139—158页。
③ 张景峰:《莫高窟第431窟初唐观无量寿经变与善导之法门在敦煌的流传》，《敦煌研究》2010年第4期，第34—43页。
④ 杨明芬（释觉旻）:《唐代西方净土礼忏法研究——以敦煌莫高窟西方净土信仰为中心》，第214页。

合观想礼忏，善导大师在《观念阿弥陀佛相海三昧功德法门》中记载：

> 若有人，依观经等画造净土庄严变，日夜观想宝地者，现生念念除灭八十亿劫生死之罪。又依经画变，观想宝树、宝池、宝楼庄严者，现生除灭无量亿阿僧祇劫生死之罪。又依华座庄严观日夜观想者，现生念念除灭五十亿劫生死之罪。又依经观想象、观真身、观观音势至等观，现生于念念中，除灭无量亿劫生死之罪。[1]

依观无量寿经变进行观想，具有灭无量生死之罪的功德。那么，莫高窟第23窟北披为什么不绘制观无量寿经变而选择一佛五十菩萨图？第23窟作为一个由法华思想主导构建起来的洞窟，《法华经》中的内容已经占据洞窟主室的主要壁面。这种情况下，在莫高窟盛唐洞窟如第45、103、217窟中流行的主室北壁绘制通壁的大型观无量寿经变的做法，在第23窟被上移至北披。但又因为洞窟北披壁面面积小，难以将《观无量寿经》的全部内容表达出来，因此洞窟设计者选择同样表现阿弥陀佛西方净土世界的一佛五十菩萨图来代替盛唐时期流行的观无量寿经变。更重要的一点是，一佛五十菩萨图同样具备观念礼忏的功能，《续高僧传》卷12《慧海传》中载：

> 释慧海，姓张氏，清河武城人。少年入道，师事邺都广国寺同法师……以周大象二年来仪涛浦。创居安乐，修茸伽蓝，庄严佛事，建造重阁……常以净土为期，专精致感。忽有齐州僧道诠，赍画无量寿像来，云是天竺鸡头摩寺五通菩萨乘空往彼安乐世界，图写尊仪。既冥会素情，深怀礼忏，乃睹神光照烁，庆所希幸。于是模写恳苦，愿生彼土，没齿为念。[2]

据研究，此处的无量寿像实为一佛五十菩萨图，[3]慧海对一佛五十菩萨图"深怀礼忏"，并最终往生净土。这说明一佛五十菩萨图与观无量寿经变均具有礼忏的功能，而两者在功能上的相似性亦成为其互为替换的一大原因。

（四）弥勒忏法与弥勒经变

除西方净土信仰外，唐代弥勒信仰也曾受到各方推崇。在政治上，武则天将弥勒信仰作为政治工具，其本人被塑造成"弥勒佛身"，[4]"弥勒佛下生，当代唐为阎浮提主"。[5]高僧玄奘亦是弥勒的忠实信仰者，玄奘的弥勒信仰不仅以上生兜率天宫为最终目的，还要随弥勒下生广作佛事。玄奘"法师一生已来常作弥勒业"，[6]可知的"弥勒业"有译经、礼忏、发愿、造塔、造像、洗浴众僧、给施贫人、功德回向等。[7]弥勒信仰有上生与

---

① （唐）释善导：《观念阿弥陀佛相海三昧功德法门》，《大正藏》第47册，第25页上。
② （唐）释道宣：《续高僧传》，第403页。
③ 王惠民：《一佛五十菩萨图》，氏著：《敦煌佛教图像研究》，第56—74页。
④ 《旧唐书》卷93《张仁愿传》，中华书局，1975年，第2981页。
⑤ 《资治通鉴》卷204"武则天天授元年"条，中华书局，1956年，第6467页。
⑥ （唐）释道世：《诸经要集》，《大正藏》第54册，第7页上。
⑦ 汪娟：《唐代弥勒信仰与佛教诸宗派的关系》，《中华佛学学报》第5期，1992年，第196页。

下生之分，上生指往生弥勒菩萨所居的兜率天宫，下生则是弥勒从兜率天下生至人间成佛的阎浮提世界。

弥勒信仰的发展促使其与忏悔思想相结合，并出现以弥勒为礼拜忏悔对象的礼忏文和礼忏仪。玄奘曾依经翻译出《赞弥勒四礼文》，每一礼都包括礼拜弥勒佛、赞偈和发愿"上生兜率天，奉见弥勒佛"。[①]敦煌藏经洞中保存有5件与弥勒相关的忏仪，名为《上生礼》（图16）。《上生礼》是一套专门修行弥勒净土法门的礼忏仪式，通过请佛供养、赞佛、称名、礼拜、诵咒、发愿、忏悔、回向等种种仪式，以期达到灭罪增福、往生弥勒净土的目的。同时，《上生礼》的偈文歌赞中也包含《弥勒下生经》中随弥勒佛下生于阎浮提世界，逢遇龙华三会的内容。因此，《上生礼》和弥勒上生、下生信仰都有密切的关系。[②]

第23窟西披的弥勒经变可分为上、下两部分。上部绘制的是弥勒菩萨在兜率天宫说法，表现上生的内容；下部则以弥勒于龙华树下成道的三会说法为主体，周围绘制出弥勒佛降生的国土中的各种场景，其表现的是下生的内容。弥勒上生与下生的内容同时绘出，这样看来第23窟的弥勒经变不仅象征着受持《法华经》的最后归宿，也可与弥勒相关忏仪相联系。

（五）尊胜灭罪法与佛顶尊胜陀罗尼经变

《佛顶尊胜陀罗尼经》的兴起与该经破地狱、可净除地狱等恶道之苦的功能，及志静所撰写的《佛顶尊胜陀罗尼经序》中佛陀波利东来传经的传说有着密切关系。[③]唐开元之后，依据《佛顶尊胜陀罗尼经》发展出一些破地狱的仪轨，即所谓的"尊胜法"。8世纪中，善无畏和不空两位密教大师各自译出以念诵尊胜陀罗尼为主的佛顶尊胜陀罗尼仪轨，这些仪轨提到

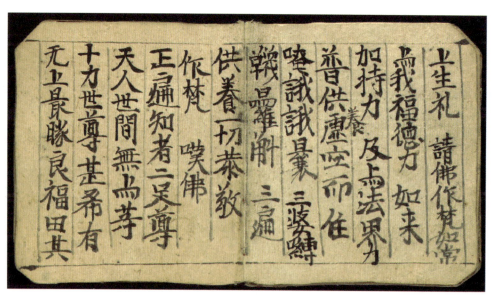

图16　敦煌文献 S.5433《上生礼》（局部）（采自国际敦煌项目）

---

① （唐）释道世撰，周叔迦、苏晋仁校注：《法苑珠林校注》卷16，中华书局，2003年，第534页。

② 汪娟：《唐宋古逸佛教忏仪研究》，第163—224页。

③ （唐）志静：《佛顶尊胜陀罗尼经序》，《大正藏》第19册，第349页。

灭一切重罪和解救三恶道众生的方法。^①佛顶尊胜陀罗尼经变从盛唐时期开始出现在敦煌石窟中，笔者曾对敦煌石窟中佛顶尊胜陀罗尼经变的构图样式进行分析，发现第 23 窟的佛顶尊胜陀罗尼经变更侧重表现如何受持尊胜陀罗尼以及受持尊胜陀罗尼所获功德这类实用性较强的画面（图 17），这些画面更有利于指导信众进行相关的尊胜陀罗尼仪轨活动。^②造窟者选择将佛顶尊胜陀罗尼经变绘制到洞窟中，则是希望借助具有灭罪、破地狱功能的佛顶尊胜陀罗尼经变达到净除恶业的目的。

图 17　莫高窟第 23 窟佛顶尊胜陀罗尼经变中受持、供养尊胜陀罗尼画面线描图（笔者绘）

（六）法华思想主导下礼忏灭罪功能的形成

在中国佛教的诸宗派里，以《法华经》为主要教义依据的天台宗最早提出"判教"，其系统性也最强，这为《法华经》和其他宗派的契合创造了思想条件。同时，天台宗十分重视智顗创造的各种礼忏仪轨，而智顗亦曾在不少经论中提到，先行忏悔才能灭除恶业，成就佛果，^③可见忏悔的重要作用。

《法华经》里阐述"开权显实""会三归一"的思想，教导人们通过"方便法门"开启"究竟法门"达到成佛的最终目标。第 23 窟主室法华经变构建出的法华道场，让进入洞窟的信众如同亲临法华盛会，而窟顶的"弥勒经变、阿弥陀经变及观音经变在唐代皆陆续地转为'忏法'的

性质"。^④南披的观音经变可视为法华三昧或观音忏法的落实者，西披的弥勒经变和北披的一佛五十菩萨图分别与弥勒礼忏法、西方净土礼忏法相联系。同时，东披加入以灭罪、破地狱著称的佛顶尊胜陀罗尼经变，可以说是将整个洞窟的灭罪思想发挥得淋漓尽致。第 23 窟东西长 4.5 米，南北宽约 4.55 米，面积约为 20.48 平方米，^⑤这样的空间可满足一般小型礼忏活动的空间需求（图 18）。如此看来，第 23 窟以法华思想为主题，奠定了该窟的主基调，再通过《法华经》的方便思想，引出窟顶上属于"善巧方便"的各类带有礼忏灭罪意涵的经变壁画，以此构成一个以法华思想融摄不同礼忏灭罪法门于一体的忏悔灭罪场所。

---

① （唐）不空译：《佛顶尊胜陀罗尼念诵仪轨法》，《大正藏》第 19 册，第 364 页中；（唐）善无畏译：《尊胜佛顶修瑜伽法仪轨》，《大正藏》第 19 册，第 368 页中。

② 陈凯源：《唐宋时期敦煌佛顶尊胜陀罗尼信仰研究》，第 41—73 页。

③ 如智顗大师在《金光明经玄义》中提到"圣人意令灭恶因，故忏悔品居先，乐是善果忏赞是因，忏罪赞圣恶灭善生"，详参（唐）智顗《金光明经玄义》，《大正藏》第 39 册，第 11 页下。

④ 赖鹏举：《敦煌石窟造像思想研究》，文物出版社，2009 年，第 171 页。

⑤ 石璋如：《莫高窟形》（一），台北：中研院历史语言研究所，1996 年，第 227 页。

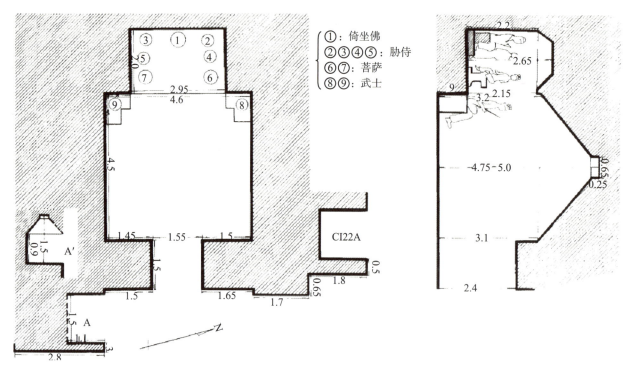

①: 倚坐佛
②③④⑤: 胁侍
⑥⑦: 菩萨
⑧⑨: 武士

图 18　莫高窟第 23 窟窟形［采自石璋如《莫高窟形》（一）］

结　语

莫高窟第 23 窟作为盛唐时期敦煌石窟的代表之一，其壁画题材独特，绘制技法精湛，具有极高的艺术价值和研究价值。通过分析，可看出第 23 窟窟顶四披的观音经变、一佛五十菩萨图、弥勒经变以及佛顶尊胜陀罗尼经变均与《法华经》有一定联系，是洞窟主题法华思想统摄下的产物。这种全新形式的造像组合是盛唐时期法华造像在设计布局上的一次探索创新，同时亦反映出法华信仰与当时流行的以西方净土信仰、弥勒信仰、观音信仰以及以佛顶尊胜陀罗尼信仰为代表的密教信仰的相互交融。

"在中国大乘佛教的观念中，念佛、拜佛、念咒都具有极大的忏悔功用，能灭除很重的恶业。"[①] 对第 23 窟的造像题材与法华、观音、净土、弥勒以及尊胜这几种佛教的礼忏灭罪法门进行探讨后，笔者发现洞窟中的各铺壁画均具有礼忏灭罪的意涵。由此推断该窟很有可能是一个以法华思想为主体，融摄不同礼忏灭罪法门于一体的礼忏场所。总之，莫高窟第 23 窟不仅可视为敦煌石窟中佛教义理和宗教实践活动有机结合的例证，同时还是盛唐时期法华造像以法华思想统摄多种经变的一种新探索。

---

① 圣凯：《中国汉传佛教的忏法》，宗教文化出版社，2001 年，第 3 页。

净土选择与现世救渡[*]

——莫高窟第 172 窟营建理念探析

焦树峰

（陕西师范大学历史文化学院）

莫高窟第 172 窟开凿于盛唐时期，按照樊锦诗、刘玉权等学者的研究，属于盛唐第四期，其上限早不过天宝元年（742），下限当晚不过沙州陷蕃的建中二年（781）。^①这一时期，唐代佛教处于发展的繁荣时期，在某种程度上甚至已经发展"成熟"，通壁宏幅的观无量寿经变出现在莫高窟洞窟之中，第 172 窟便是其中的代表性洞窟。第 172 窟因其"原创性"受到学界关注，杨明芬从净土礼忏的角度出发，认为第 172 窟属于净土礼忏的道场，从窟内空间到图像布局，皆可举行净土礼忏活动。^②

唐代佛教兴盛，各家学说争相竞出，传入敦煌后，体现在莫高窟造像之中。第 172 窟西壁有唐塑清修倚坐像，南北壁为观无量寿经变、观音图像，东壁门上绘制净土变、药师、地藏、观音等图像，门两侧绘有文殊普贤赴会图，其造像都是对这一时期佛教信仰的反映。在前贤研究的基础上，笔者认为第 172 窟仍有相关问题需进行深入探讨，如东壁门上净土变和一佛五十菩萨图的关系问题，南北两壁观无量寿经变图像结构及化生童子数量较少的原因，东壁门上药师、地藏等造像出现的原因，等等。鉴于此，笔者从敦煌石窟造像思想的角度，结合全窟造像及盛唐时代背景，对第 172 窟造像及其营造理念做出探究，以求教于方家。

一　第 172 窟四壁造像及图像特征

敦煌石窟第 172 窟是典型的净土类洞窟，经过精心设计而成，不论是南北壁的观无量寿经变，还是东西壁的造像，皆显示出和以往洞窟不同的造像特点。对第 172 窟内造像进行分析，可看出洞窟功德主的造像取舍。

---

* 本文为 2022 年度陕西师范大学"长安与丝路文化传播"专项科研项目"唐长安对敦煌石窟影响研究"（YZJDA03）、高等学校学科创新引智基地计划（Supported by the Project 111）"长安与丝路文化传播学科创新引智基地"（B1803）阶段性成果。

① 樊锦诗、刘玉权：《敦煌莫高窟唐前期洞窟分期》，敦煌研究院编：《敦煌研究文集·敦煌石窟考古篇》，甘肃民族出版社，2000 年，第 143—181 页。
② 杨明芬：《唐代西方净土礼忏法研究——以敦煌莫高窟西方净土信仰为中心》，民族出版社，2007 年，第 231—237 页。

（一）西壁龛内倚坐造像为弥勒

第172窟西壁龛内有唐塑清修倚坐佛一身。其脚踩莲花，右手作无畏印，左手作印契平放于膝上（图1），周围有二弟子、四菩萨。对于唐代倚坐佛造像，据古正美研究，倚坐且"双足踏莲"的弥勒造像与《证明经》所载弥勒佛王下生有关，[①] 并且隋唐以后倚坐逐渐成为辨识弥勒身份的重要元素，"无论是佛教石窟或单体造像碑等艺术品中，倚坐姿的造像基本上是弥勒，特别是作为主尊的造像，就更非弥勒佛莫属"。[②] 倚坐佛双足踏莲表示弥勒下生，而倚坐佛施无畏印亦表示"弥勒下生成佛说法"。[③] 因此，基于以上认知，对于西壁此铺倚坐佛，笔者认为其身份为弥勒。

图1　第172窟西壁龛内主尊（采自《敦煌石窟鉴赏丛书·第172窟》第6分册，甘肃人民美术出版社，1990年，图版4）

（二）南北壁的观无量寿经变

敦煌石窟观无量寿经变构图形式多样，有"山"字式、格子式、棋格式、中堂式等形式，代表性的洞窟有第217、66、171、172窟等。第172窟南北壁观无量寿经变的构图方式为"中堂式观经变"，[④] 即中央为净土庄严相，两侧绘制"十六观"和"未生怨"（图2、图3）。

在构图上，画家为给信众展现理想中的佛国世界，北壁观无量寿经变亭台楼阁和圣众人物以知觉透视创作。[⑤] 经变主体大殿为显高大，以仰视角度绘制，两侧配殿以俯视角度绘制，深邃广阔，后部阁楼取平视角度，深远而错落，使第172窟显得更加一体化，是对现实佛寺的忠实描绘。[⑥] 七宝池中的水域宽阔，微波荡漾，在敦煌石窟净土变中属于最好。[⑦] 南壁壁画建筑雕梁画栋，阿弥陀

---

① 古正美：《武则天与堕和罗的弥勒佛王信仰》，李振刚主编：《2004年龙门石窟国际学术研讨会论文集》，河南人民出版社，2006年，第597—628页。

② 沙武田：《莫高窟吐蕃期洞窟第154窟——主尊彩塑造像的性质与定名考》，《装饰》2010年第4期，第55页。

③ 李静杰：《唐宋时期三佛图像类型分析——以四川、陕北石窟三佛组合雕刻为中心》，故宫博物院编：《故宫学刊》第4辑，紫禁城出版社，2008年，第310页。

④ 施萍婷主编：《敦煌石窟全集·阿弥陀经画卷》，商务印书馆，2002年，第179—182页；敦煌研究院编：《敦煌研究文集·敦煌石窟经变篇》，甘肃民族出版社，2000年，第263—292页。

⑤ 杨雄：《论敦煌壁画的透视》，《敦煌研究》1992年第2期，第19—23页。

⑥ 萧默：《敦煌建筑研究》，中国建筑工业出版社，2014年，第333页。

⑦ 施萍婷主编：《敦煌石窟全集·阿弥陀经画卷》，第185页。

图2 第172窟南壁观无量寿经变（采自敦煌文物研究所编《中国石窟·敦煌莫高窟》第4卷，文物出版社、平凡社，1987年，图版9）

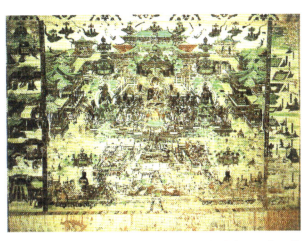

图3 第172窟北壁观无量寿经变（采自《中国石窟·敦煌莫高窟》第4卷，图版10）

三尊及其眷属排列紧密，水榭楼台中绘制乐舞图像，"日观想"中一派青绿山水景色，是盛唐敦煌壁画的代表作。

值得注意的是，第172窟观无量寿经变有三点特殊之处。（1）第172窟南北两壁观无量寿经变中化生图像数量较少。[①]南壁的化生图像不在显要的位置，出现在上座的身后；北壁化生图像出现在前方莲花宝池之中，共有八个化生。总体而言，化生数量较少。（2）北壁观无量寿经变中的"宝鸟宣道"[②]图像占据重要位置，成为一个独立的单元着重加以表现（图4）。（3）北壁观无量寿经变位置较低，平台下部中间开口（图5），表示和

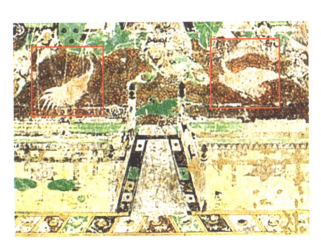

图4 第172窟北壁宝鸟位置（采自《中国石窟·敦煌莫高窟》第4卷，图版10）

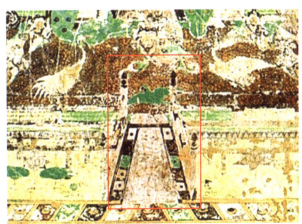

图5 第172窟北壁往生桥位置（采自《中国石窟·敦煌莫高窟》第4卷，图版10）

---

① 化生在《无量寿经》《观无量寿经》中表示三辈往生或者九品往生的含义，是信仰者生前功德的表现，并非可有可无之图像。《佛说无量寿经》记载："若有众生明信佛智，乃至胜智，作诸功德信心回向，此诸众生于七宝莲花中，自然化生，跏趺而坐，须臾之顷，身相光明，智慧功德，如诸菩萨具足成就。"《无量寿经义疏》记载三辈往生者"生时各异"，"上上生者，至即花开，不经时日……下下生者，罪障极重，十二大劫，莲花乃敷"。

② （唐）窥基：《阿弥陀经疏》，《大正藏》第37册，第321页中下。

娑婆世界相连，形成往生通道。对于这三种情况，下文将详细论述。

（三）东壁门上净土变与一佛五十菩萨图

第172窟东壁门上有一铺净土变。中央主尊于莲座之上结跏趺坐，左手结定印，右手施与愿印，周围有两大菩萨，游戏坐于莲座之上，四周分布十八尊菩萨，或坐或胡跪于莲花之上，手拿排箫、琵琶等乐器。值得注意的是在这铺净土变中，从主尊佛莲座之下蔓延出多条莲枝，分别连接于每一尊菩萨所坐之莲座（图6），和一佛五十菩萨图有相似的构图。

在敦煌石窟中，目前有三铺一佛五十菩萨图，分别在第332窟东壁南侧（图7）、第171窟西壁（图8）、第23窟窟顶北披（图9）。对于敦煌石窟中的一佛五十菩萨图像，张同标先生对其源流进行了考证，认为该图像源于印度笈多王朝流行的"舍卫城大神变"造像。[1] 于向东先生认为一佛五十菩萨图像和西方净土信仰紧密相关，盛行于隋唐，盛唐之后迅速衰微，其衰微的原因可能是含有"未生怨""十六观"的西方净土变更适合观像礼忏。[2] 王治先生认为莫高窟三铺一佛五十菩萨像并非单纯的"瑞像图"，而是融入了净土世界的相关内容，并与往生思想密切相关。[3]

从第172窟东壁门上净土变的构图形式来看，其和敦煌石窟这三铺一佛五十菩萨图非常相似，主尊佛结跏趺坐于莲座之上，从主尊莲花座下伸出多枝莲花枝蔓，延伸至每铺菩萨所坐之莲座，且每尊菩萨手拿乐器，面向主尊。不同之处是莲花上的菩萨数量较少，共有20身。朱天舒研究认为，这种造像作为一种"瑞像"，在传播的过程中，其所代表的意义并不一定总会得到人们的理解，其数目也会发生变化。[4] 笔者虽然无意将此铺净土变定名为一佛五十菩萨图，但从壁画内容与图像结构来看，这铺净土变很可能是受到敦煌石窟一佛五十菩萨图的影响而绘制。

（四）东壁门两侧的文殊普贤图像

初唐时期，文殊普贤图像开始以对称组合的形式出现在莫高窟中，目前骑狮文殊和乘象普贤这样的大型图像仅出现在第148、171、180窟，说明在此时期这种图像还未普遍流行。[5] 对于第172窟东壁门南北两侧的文殊、普贤赴会图（图10、图11），潘亮文先生从文殊赴会图中的供养菩萨及天部众等位置关系的角度出发，认为整铺构图存在主从的对应关系，容易令观者产生此画面的空间内即是一独立佛国的视觉感受。[6] 孙晓岗先生认为文殊赴会图以山水为背景，似有从后方山岳降下之感，在山岳中隐隐约约出现殿

---

① 张同标：《阿弥陀佛三尊五十菩萨像源流考》，《民族艺术》2012年第3期，第98—105页。
② 于向东：《阿弥陀佛五十菩萨图像与信仰——兼论其与西方净土变的关联》，《南京大学艺术学院学报》（美术与设计版）2014年第6期，第10—15页。
③ 王治：《隋唐西方净土信仰的兴盛及阿弥陀佛五十菩萨像的"重现"》，《美术学研究》第6辑，东南大学出版社，2018年，第216—228页。
④ 朱天舒：《"一佛五十菩萨图"新探》，《丝绸之路研究集刊》第3辑，商务印书馆，2019年，第120页。
⑤ 于向东：《中华图像文化史·佛教图像卷》，中国摄影出版社，2017年，第599页。
⑥ 潘亮文：《敦煌唐代的文殊菩萨图像试析》，《敦煌研究》2013年第3期，第86—102页。

图 6 第 172 窟东壁门上净土变（采自数字敦煌，https://www.e-dunhuang.com/）

图 8 第 171 窟西壁（采自施萍婷主编《敦煌石窟全集·阿弥陀经画卷》，第 258 页）

图 7 第 332 窟东壁南侧（采自施萍婷主编《敦煌石窟全集·阿弥陀经画卷》，第 250 页）

图 9 第 23 窟窟顶北披（采自施萍婷主编《敦煌石窟全集·阿弥陀经画卷》，第 256 页）

图 10　第 172 窟文殊赴会图（采自《敦煌石窟全集·尊像画卷》，第 160—161 页）

图 11　第 172 窟普贤赴会图（采自《敦煌石窟全集·尊像画卷》，第 160—161 页）

堂庙宇，似乎为文殊从山间化现而至人间。① 文殊、普贤在《华严经》中属于上首菩萨，② 出现在东壁门两侧，可能是第 172 窟对华严思想的引入。

（五）东壁门上药师、地藏、观音等图像

盛唐时期，阿弥陀佛、观音、地藏、药师成为敦煌石窟的组合之一，如第 176 窟（图 12）、205 窟（图 13）等都可见此种组合，且药师与地藏的组合和西方信仰有关。第 172 窟东壁门北上部画药师等四菩萨，门南上部画地藏、观音等四菩萨（图 14、图 15）。③ 第 172 窟观音造像较多，不仅出现在东壁门上，南北壁观经变西侧也绘有观音单体图像（图 16、图 17）。据赖文英女士研究，药师与观音、地藏的组合是延续了初唐以净土为主的结构。④

二　第 172 窟造像意涵及往生诉求

第 172 窟窟内造像内容丰富，弥勒、阿弥陀、观音、地藏、药师、文殊、普贤等都在洞窟内有所体现。对窟内造像进行分析，可看出第 172 窟的造像思想及营建理念。

---

① 孙晓岗：《文殊图像及信仰中国化表达形式研究》，《佛学研究》总第 25 期，2016 年，第 97—113 页。
② （唐）法藏：《华严经探玄记》，《大正藏》第 35 册，第 441 页下—442 页上。
③ 随着观音被赋予越来越多的功能，观音与其他尊像的组合也越来越多，比较常见的有观音与地藏，观音、地藏与七佛，观音、阿弥陀佛与地藏，观音与药师佛，观音、药师佛与地藏等诸种组合。
④ 赖文英：《唐代华严法界救渡思想的开展——兼论榆林窟第 25 窟卢舍那佛与药师、地藏的组合》，《敦煌学辑刊》2013 年第 1 期，第 119—129 页。

图 12 第 176 窟地藏图像〔采自《敦煌石窟全集·尊像画卷》，第 57 页〕

图 14 第 172 窟东壁门顶北侧药师等图像〔采自数字敦煌，https://www.e-dunhuang.com/〕

图 13 第 205 窟地藏图像〔采自段文杰主编《中国敦煌壁画全集 6·敦煌盛唐》，天津人民美术出版社，1989 年，第 51 页〕

图 15 第 172 窟东壁门顶南侧地藏、观音等图像〔采自数字敦煌，https://www.e-dunhuang.com/〕

（一）净土信仰是窟中主题

净土思想于两汉之际[①]传入之后受到关注，后随着支谦、康僧铠、竺法护、鸠摩罗什等高僧翻译的《无量寿经》《阿弥陀经》等净土类经典的流传，两晋时期已经出现净土信仰者。《法苑珠林》记载晋武帝时阙公则去世后，僧俗为其举行法会，听闻空中唱赞曰："我是阙公则，今生西方安乐世界，与诸菩萨共来听经。"[②]《高僧

① 参考李孝本《中国净土宗史》，张曼涛：《净土宗史论》第 65 册，大乘文化出版社，1979 年，第 65 页；李世杰《中国净土教略史》，张曼涛：《净土宗史论》第 65 册，第 36 页。
② （唐）道世：《法苑珠林·受请篇》，《大正藏》第 53 册，第 616 页中。

图16　第172窟南壁观音造像（采自数字敦煌，https://www.e-dunhuang.com/）

图17　第172窟北壁观音造像（采自数字敦煌，https://www.e-dunhuang.com/）

传》记载竺僧显"遇疾绵笃，乃属想西方，心甚苦至。见无量寿佛降，以真容光照其身，所苦都愈"。[①] 著名者还有庐山慧远大师等，在此不再赘述。随着净土信仰的发展，南北朝时期高僧昙鸾创造了最早的净土判教，且著有《礼净土十二偈》《赞阿弥陀佛偈》《略论安乐净土义》等，初步建立起净土的理论体系，确立了"称名念佛"的地位。净土信仰发展到隋唐时期，经慧远、智颛、吉藏、道绰、善导、窥基等高僧的注疏，已渐趋完善，形成净土宗。重要的是像唐太宗、高宗、武则天、玄宗等皇帝也支持净土宗的发展，这在某种程度上推广了净土信仰，[②] 使得净土造像也随之增多。敦煌石窟阿弥陀经变、观无量寿经变便是其中的代表。到盛唐时期，善导、法照的"称名念佛"即可往生西方极乐世界的修行法门受到信众欢迎，随即将此种信仰表现在敦煌石窟壁画中。第172窟南北两壁的观无量寿经变，不论从壁画位置还是构图上来看都可得到印证。

第172窟南北两壁绘制观无量寿经变，东壁门上为净土变，从窟内壁画位置来看，净土类壁画占据窟内主要位置，体现出净土信仰在第172窟的重要性。再者，东壁门上是时代新题材或特殊性出现的地方，是表现洞窟主旨的图像。[③] 从上节可知，东壁门上的净土变可能是受一佛五十菩萨图的构图影响，其作为一种净土变还可能和净土往生思想有一定关系。因此，无论是东壁门上的净土变还是南北壁的观无量寿经变，皆是第

172窟净土思想的反映，奠定了洞窟的净土主题，第172窟是典型的净土类洞窟。

（二）华严思想在窟中的体现

1. 文殊普贤造像对卢舍那佛"法身"的含摄

文殊、普贤在《华严经》中属于上首菩萨，和毗卢遮那佛组成"华严三圣"。法藏《华严经探玄记》记载：

> 名中先标上首二人，以其是助化主故。释有三义：一、普贤当法界门，是所入也。文殊当般若门，是能入也，表其入法界故。二、普贤三昧自在，文殊般若自在。三、普贤明广大之义，深广一对，故标上首。[④]

文殊主智、普贤主理，二者共同出现在第172窟东壁门南北两侧，体现出卢舍那佛的"法身"含义。文殊、普贤互为因果，彰显了华严思想的具体大用，澄观《三圣圆融观门》记载：

> 三圣之内，二圣为因，如来为果。果起言想，且说二因。若悟二因之玄微，则知果海之深妙……文殊、普贤二俱华严万行，披敷信智解行，皆是因"华"用"严"。[⑤]

三圣之内，文殊、普贤二圣为因，可以"披敷信智解行"，二者互相含摄，圆融无碍。

---

① （梁）慧皎：《高僧传》，《大正藏》第50册，第395页下。
② 陈扬炯：《中国净土宗通史》，凤凰出版社，2008年；王惠民：《敦煌西方净土信仰资料与净土图像研究史》，《敦煌研究》2001年第3期，第12—19页。
③ 沙武田：《吐蕃统治时期的敦煌石窟研究》，中国社会科学出版社，2013年，第73页。
④ （唐）法藏：《华严经探玄记》，《大正藏》第35册，第441页下—442页上。
⑤ （唐）澄观：《三圣圆融观门》，《大正藏》第45册，第671页上、下。

2."弥勒""弥陀"彰显"十方三世"的具体大用

东壁门上说法图为净土变，不论其如何定名，其主尊身份为西方净土世界主佛无疑。换句话说，即阿弥陀佛，和西壁主尊弥勒相对，组成三世佛。隋唐时期，自北凉涅槃思想建立起来的"十方三世"思想仍保留在莫高窟之中，弥勒代表三世，阿弥陀代表十方。[①]吉藏大师《观无量寿经义疏》中对此"十方三世"做出界定：

> 无量观辨十方佛化，弥勒经明三世佛化。十方佛化即是横化，三世佛化即是竖化也……然此两种具有通别，言通者，横化、竖化皆是大乘。大乘具明十方佛化及三世佛化。[②]

无量寿佛以处于西方世界而代表十方，弥勒以未来佛的属性而代表三世，二者共同组成"十方三世"的内涵。卢舍那佛是代表十方三世法界诸佛的法身，法身无相，可以用来含摄第172窟的阿弥陀佛与弥勒佛。赖文英女士也指出以《观无量寿经》与《弥勒下生经》来说明"十方"与"三世"之教化，故阿弥陀佛与弥勒佛代表十方佛与三世佛。[③]

需要说明的是，第172窟净土主题突出，华严思想尚依附净土信仰而发展，作为净土法事的一部分，[④]这可能是洞窟功德主有意为之。况且华严系高僧也在教导众生因弥陀愿重，可先往生西方净土。[⑤]

（三）地藏、药师信仰与净土信仰的互动

对于盛唐时期阿弥陀佛、观音、地藏、药师形成的组合，笔者认为应该从供养人或功德主的往生净土与救渡思想层面来解释。

在盛唐乃至中唐时代，人们对幽冥救赎表现出比以往更急迫的心情的情况下，地藏的救赎重心发生了偏移，[⑥]地藏和西方净土信仰逐渐结合。《大方广十轮经》记载："菩萨摩诃萨于其终身远离贪欲，乃至菩提。常生净国，地平如掌，众宝充满，亦以宝树而严饰之。"[⑦]并且地藏菩萨逐渐有了接引信众往生西方极乐世界的功能，《佛说地藏菩萨经》记载：

> 尔时地藏菩萨住在南方留璃世界，以净天眼观地狱之中受苦众生。……地藏菩萨不忍见之，即从南方来到地狱中……若有善男子善女人，造地藏菩萨像，写地藏菩萨经，及念地藏菩萨名，此人定得往生西方极乐世界……此人舍命之日，地藏菩萨亲自来迎，常得与地藏菩萨共同一处……[⑧]

---

① 赖鹏举：《敦煌石窟造像思想研究》，文物出版社，2009年，第171页。
② （隋）吉藏：《观无量寿经义疏》，《大正藏》第37册，第236页上。
③ 赖文英：《榆林窟第25窟研究》，博士学位论文，兰州大学，2014年，第68页。
④ 赖文英：《唐代华严法界救渡思想的开展——兼论榆林窟第25窟卢舍那佛与药师、地藏的组合》，《敦煌学辑刊》2013年第1期，第119—129页。
⑤ （唐）澄观疏，宗密抄：《华严经普贤行愿品别行疏钞》，《大正藏》第5册，第322页。
⑥ 尹富：《中国地藏信仰研究》，巴蜀书社，2009年，第192页。
⑦ 佚名：《大方广十轮经》，《大正藏》第13册，第712页下。
⑧ 佚名：《佛说地藏菩萨经》，《大正藏》第85册，第1455页中、下。

从经中可看出，若有信徒造地藏菩萨像、写地藏菩萨经或念地藏菩萨名，则命终之后地藏菩萨亲自来迎，往生西方极乐世界。

同时，西方净土信仰中也融入了地藏信仰。法照曾言"念阿弥陀佛、观音、势至、地藏菩萨，各三五十声，然后至心稽请"。[①]敦煌写本 S.4474《迴向发愿范本等》中关于"净土十念"就有地藏名号：

> 大众为称十念；南无大慈大悲西方极乐世界阿弥陀佛三遍，南无大慈大悲西方极乐世界观世音菩萨三遍，南无大慈大悲西方极乐世界大势至菩萨三遍，南无大慈大悲地藏菩萨一遍。向来称扬十念功德，滋益亡灵神生净土。惟愿花台花盖，空裹来迎；宝座金床，承空接引。[②]

这里仍然赋予地藏菩萨接引佛的功能，称念地藏便可"空裹来迎""承空接引"。姚崇新和于君方两位先生在对观音与地藏这一唐代"特殊"造像组合的研究中同样指出，在信众的潜在要求下，地藏菩萨具有了西方净土接引菩萨的身份。[③]

药师信仰兴起较早，方广锠先生认为药师佛信仰产生于中国，后流传到印度，翻译成梵文，于隋代传回中国，由天竺三藏达摩笈多译出，名《药师如来本愿经》。唐玄奘再次翻译为《药师琉璃光如来本愿功德经》，义净第三次翻译为《药师琉璃光七佛本愿功德经》。[④]

药师为东方世界教主，和西方弥陀世界构成平等的东西方净土，且双方之间关系密切。慧简《佛说灌顶经》记载："此药师琉璃光如来国土清净……亦如西方无量寿国，无有异也。"[⑤]隋达摩笈多译本《药师如来本愿功德经》记载："若欲往生西方极乐世界阿弥陀如来所者，由得闻彼世尊药师琉璃光如来名号故。于命终时，有八菩萨乘空而来，示其道径，即于彼界，种种异色波头摩华中自然化生。"[⑥]唐窥基《阿弥陀经疏》记载："念药师如来亦得生于西方极乐。"[⑦]可看出药师佛不仅可救渡现世世界，还和阿弥陀一样具有接引往生西方净土的功能。

综上，第 172 窟内的阿弥陀、药师、地藏、观音等造像，皆是西方净土信仰的反映。阿弥陀佛、观音与地藏造像的组合目的是往生净土与地狱拯救，往生净土的职能由阿弥陀佛和观音去执行，地狱拯救的任务则主要由地藏来承担，[⑧]并且地藏、药师等都具有接引往生西方净土的功能，这是对第 172 窟南北两壁观无量寿经变功能的补充与完善，使第 172 窟在净土信仰的兼顾下可以提供往生和现世的需求，满足大众的"终极"诉

① （唐）法照：《净土五会念佛略法事仪赞一卷》，《大正藏》第 47 册，第 475 页上。
② 黄征、吴伟校：《敦煌愿文集》，岳麓书社，1995 年，第 182—183 页。
③ 姚崇新、于君方：《观音与地藏——唐代佛教造像中的一种特殊组合》，《艺术史研究》第 10 辑，中山大学出版社，2008 年，第 495 页。
④ 方广锠：《国图敦煌遗书〈药师琉璃光如来本愿功德经〉叙录》，《敦煌研究》2012 年第 3 期，第 44—45 页。
⑤ （刘宋）慧简译：《佛说灌顶经》，《中华藏》第 18 册，第 314 页中。
⑥ （隋）达摩笈多译：《药师如来本愿功德经》，《中华藏》第 18 册，第 374 页下。
⑦ （唐）窥基：《阿弥陀经疏》，《大正藏》第 37 册，第 326 页中。
⑧ 邓新航：《唐宋时期巴蜀观音图像研究》，博士学位论文，东南大学，2019 年，第 99 页。

求。① 因此，将阿弥陀、药师、地藏、观音等各铺造像绘制在洞窟之中，体现出功德主的往生诉求及佛教信仰的综合性。

三 "称名念佛"背景下的净土信仰与营建理念

第172窟的洞窟空间和壁画位置经过精心设计，可以满足信众在洞窟内举行观像礼忏活动的需求。就空间而言，据石璋如测绘，第172窟空间面积较大（图18），② 可以举行10人以下的共修法会，和石窟图像配合修习西方净土行仪。这种单纯题材的图像功能，依净土信仰的兼顾性，可以提供往生和现世的需求。③ 对于第172窟的营建理念，不仅要结合上文提到的窟内的阿弥陀、地藏、药师、观音等造像去探究，更要结合洞窟造

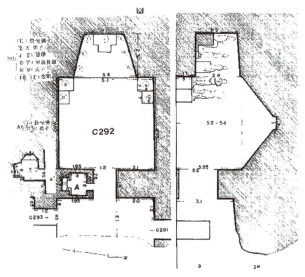

图18 第172窟平面面及剖面图 [采自石璋如《莫高窟形》（二），第193页]

像的特殊之处以及盛唐时期"称名念佛"的佛教背景去理解。因此，从洞窟造像的特殊之处及时代背景着手，才有可能对洞窟的营建理念做出较为全面的阐释。

上文提到第172窟南北壁观无量寿经变的化生图像数量较少（图19、图20），且不在显要的位置。作为莫高窟集中表现净土思想的洞窟，在窟内绘制数量如此之少的化生图像，似乎不符合第172窟的净土主题。但如果考虑到第172窟的绘制时代以及当时的净土修行法门，或许可以对其绘制数量较少的化生图像做出合理解释。

第172窟绘制于盛唐第四期，这一时期，净土宗改进往生净土的修行法门，只需念佛便可往生西方净土世界。善导大师推广"三经一论"后，持名念佛的修行方式更是打开了通往民间的大门，奠定了民间佛教的信仰格局。④ 善导大师认为"净土三经"是同样的经典，专念弥陀名号便可往生，"上来虽说定散两门之益，望佛本愿，意在众生一向专称弥陀佛名"。⑤ "今此《观经》中十声称佛……言'阿弥陀佛者'，即是其行。以斯义故，必得往生。"⑥

法照是推动念佛修持法门的重要高僧。法照于大历元年（766）创五会念佛法门，大历四年（769）由衡州北山五台山开始巡礼，大历五年（770）法照等人同住五台山金刚窟，见文殊菩萨。大历五年十二月初，法照在华严寺开启念佛道场，

① 孙博：《窟龛与场域——试探安岳、大足十六罗汉造像的读解方式》，《南京艺术学院学报》（美术与设计版）2022年第1期，第126—133页。
② 石璋如：《莫高窟形》（二），台北：中研院历史语言研究所，1996年，第193页。
③ 杨明芬：《唐代西方净土礼忏法研究——以敦煌莫高窟西方净土信仰为中心》，第227—237页。
④ 朱亚仲：《净土宗持名念佛的理论与修持探析》，《法音》2015年第7期，第34—43页。
⑤ （唐）善导：《观无量寿佛经疏》，《大正藏》第37册，第278页上。
⑥ （唐）善导：《观无量寿佛经疏》，《大正藏》第37册，第250页上、中。

图 19　南壁化生图像（采自数字敦煌，https://www.e-dunhuang.com/）

图 20　北壁化生图像（采自数字敦煌，https://www.e-dunhuang.com/）

分别于七日初夜和翌日两次见梵僧，劝其普示众生。① 法照创立的念佛法门因其简便易行的修持方式掀起新的高潮。

"五会念佛"法门传入敦煌后，对敦煌石窟观无量寿经变造像产生重要影响。第 172 窟北壁观无量寿经变中的"宝鸟宣道"图像被置于画面重要位置，成为一个独立的单元着重加以表现，这种特别强调宝鸟宣道的画面可能与法照有关。② 把宝鸟赞置诵《阿弥陀经》之后、其他诸赞之前，一方面表现出法照对此的重视，另一方面也暗示了观图次第。据杨明芬研究，诵经、唱赞环节之顺序为：诵《阿弥陀经》—宝鸟赞—其他诸赞—净土乐赞—西方礼赞文—发愿。不仅如此，第172 窟北壁观无量寿经变位置较低，中轴底部平台中间开口，探出桥阶通向净土庄严相外部，构

成净土世界与娑婆世界相联系的重要通道，可能即表现的往生通道（图 21），便于观者进入画面中笔直地参拜于阿弥陀佛前。③

敦煌写本 P.2066《净土五会念佛诵经观行仪》三卷中也有法照称名念佛的相关记载。法照于永泰二年（766）常入般舟念佛道场……二月七日夜……正念佛时，忽然道场屋舍，只见五色光明云台，"弥满法界"，忽见一座金桥，从其面前至西方极乐世界阿弥陀佛所。阿弥陀佛告诉法照："我有妙法，无价珍宝，今付嘱汝。今将此宝，于阎浮提广行流布，普利天下无量众生……有一无价梵音五会念佛法门，正兴彼浊恶世。今时末法一切众生，机感相应，闻汝暂念，悉皆发心……"④ 弥陀净国是净土初门，娑婆世界是秽土末处，信众从第 172 窟观经变的往生桥位置

---

① （宋）赞宁：《宋高僧传》，范祥雍点校，中华书局，1987 年，第 541 页；施萍婷：《法照与敦煌文学》，《社科纵横》1994 年第 4 期，第 12—14 页。
② 王治：《敦煌西方变空间结构研究》，故宫出版社，2019 年，第 133 页。
③ 〔日〕八木春生：《初唐至盛唐时期敦煌莫高窟西方净土变的发展》，姚瑶译，《敦煌研究》2017 年第 1 期，第 35—53 页。
④ 黄永武：《敦煌宝藏》第 113 册，台北：新文丰出版公司，1985 年，第 386 页。

图21 宝鸟和往生桥（采自萧默《敦煌建筑研究》，中国建筑工业出版社，2014年，第77页）

出发便可从娑婆世界进入弥陀净土。和此造像思想相似的例子还有盛唐第44窟南壁人字披下西方净土变（图22）等等。

从第172窟观无量寿经变及敦煌写本可看出，盛唐时期念佛法门的传播广开往生净土之门，即使生在地狱亦可往生超度。或许在当时信众的认知中，西方净土不再是遥不可及的存在。[①]念佛便可往生西方净土的修持法门使化生童子的重要性及地位下降，从而使窟内南北壁观无量寿经变中的化生童子数量相对减少。从第172窟观无量寿经变中化生童子数量的减少方面亦可看出盛唐时期信众对修行往生净土的认识，这是净土宗的修习由观想转向口念在变相中的体现，[②]集中体现了第172窟的造像内涵及营建理念，同时也是对盛唐净土修持法门"称名念佛"的时代背景的反映。温玉成先生指出，这种不依经典、冲破宗教仪轨束缚而根据施主需要自由组合佛教形象的做

图22 莫高窟第44窟南壁人字披下净土变（采自施萍婷主编《敦煌石窟全集·阿弥陀经画卷》，第204页）

法，从唐高宗晚期以来大有发展的趋势，乃是世俗信仰的一种表现。这种世俗信仰突出表现为两点，一是综合性，二是重复性。所谓综合性，就是把不同经典的佛、菩萨综合到一个佛龛中，甚至最后发展成把不同宗教的形象也综合到一铺造像中。所谓重复性，就是把所信仰的佛或菩萨数尊或数十尊雕造出来。[③]

结 语

图像的变动是在弥陀净土义学研究的基础之

① 〔日〕八木春生：《初唐至盛唐时期敦煌莫高窟西方净土变的发展》，姚瑶译，《敦煌研究》2017年第1期，第35—53页。
② 《敦煌研究文集·敦煌石窟经变篇》，第277页。
③ 温玉成：《洛阳龙门双窟》，《考古学报》1988年第1期，第127页。

上进行的，各个时代净土信仰的高僧对西方净土都有自己的理解，由此创作出的观无量寿经变便有不同的体现，这种不同的体现也是对时代的反映。随着佛教的发展，到盛唐时期往生西方净土已成为信众普遍的诉求。在善导、法照等高僧的阐释下，借助弥陀愿力和自身修行成为往生西方最简单可行的实践修持，西方净土信仰的优越性逐渐被众多佛教徒认同，信众的现实需求随之显现出来，进而表现在敦煌石窟造像之中。

第 172 窟开凿于盛唐第四期，无论是窟内的观无量寿经变还是东壁门上的净土变，都是窟内净土主题的反映。虽然笔者无意把东壁门上的净土变定名为一佛五十菩萨图，但其绘制思想或者粉本可能来自一佛五十菩萨图。主尊莲座上分出的莲花枝蔓连接到每尊菩萨座下，可能和窟内的往生思想有关。东壁门两侧的文殊、普贤图像体现出第 172 窟功德主对华严信仰的引进，文殊、普贤作为华严上首菩萨，彰显出卢舍那佛的"法身"含义。同时，东壁门上的净土变主尊阿弥陀佛和西壁龛内主尊弥勒组成"十方三世"的具体大用。东壁门上绘制药师、地藏、观音等图像，和西方净土的关系紧密，具有接引众生往生西方的功能，是功德主净土选择与现世救渡的思想的反映，体现出第 172 窟的营建理念。

总之，盛唐时期往生净土的佛教思想发展迅速，在义学高僧的反复倡导之下，"称名念佛"已成为往生净土的方便法门。在对西方净土诸佛、菩萨礼拜的同时，也加入了对文殊、普贤、地藏、药师等诸佛菩萨的礼拜赞叹，这在关于法照"称名念佛"的敦煌写本中有大量反映，体现出盛唐时期西方净土信仰和华严、药师、观音、地藏等信仰的融合。不论是洞窟内对华严思想的引入，还是药师、地藏、观音等图像的绘制，都反映出第 172 窟功德主造像思想的综合性与多元性，只有从这个角度去考察盛唐净土信仰的发展，才有可能理解盛唐时期称名念佛、往生净土的时代背景。再者，此时期敦煌和长安地区交流频繁，从盛唐佛教发展的大背景来看，这不仅体现出第 172 窟功德主的造像思想，称名念佛的修持方式也可能是对长安地区信众思想的反映。对此，笔者另撰文讨论。

三身索勋像所见归义军史事[*]

〔日〕阪尻彰宏 著　　巩彦芬　杨富学 译
（日本大阪大学）　　　　（敦煌研究院）

前　言

敦煌石窟中有很多供养人像，描绘的是归义军节度使及其家族成员等。归义军统治敦煌是在9世纪后期到11世纪初期，约150年。彼时莫高窟、榆林窟供养人像绘制之风盛行，仅见于莫高窟的供养人像就近4000身之多。^①尤有甚者，彼时的归义军统治者为夸耀权势，热衷于将自己的画像绘于石窟中。^②这些画像，可反映供养人的宗教信仰状况，而且有助于考察供养人的政治地位、人物彼此间的关系，是非常重要的史料。

敦煌归义军节度使及其家属的供养人像，很难说已经作为历史研究的材料得到充分利用。供养人像作为与敦煌政治、社会等相关的历史研究材料，长期以来，学者通常只关注与供养人像相关的题记，对供养人像本身的分析非常薄弱。^③确实，题记为了解供养人的地位和人际关系所提供的信息弥足珍贵。但题记本身只不过是供养人像的标签，如不充分把握画像的位置、造像之多寡、形象的具体描绘，那么，利用题记时就有可能对人物的地位和人际关系产生误解。

职是之故，本文基于笔者的实地调查，以敦煌莫高窟三个石窟中所描绘的索勋供养像为线索，拟对归义军史上索勋所处之地位进行考察。与美术史上价值较高的佛教壁画相比，供养人像资料公开者极少。是以，若不亲临现场考察就很难把握供养人之形象、配置等，^④故此探讨很大程度上仰赖于石窟调查之所得。另外，作为归义军政权第四任节度使（892—894年在位）的索勋，由于在位时间短，与之相关的资料甚少，故其在归义

* 本文系敦煌研究院院级科研课题重点项目"敦煌晚期石窟的分期与断代"（2020-SK-ZD-01）阶段性成果。

① 据张先堂调查，莫高窟全部供养人像计有9069身，其中晚唐938身、五代1736身、回鹘56身、宋代1220身，见张先堂《莫高窟供养人画像的发展演变——以佛教史考察为中心》，《敦煌学辑刊》2008年第4期，第96、98页。

② 张先堂：《莫高窟供养人画像的发展演变——以佛教史考察为中心》，《敦煌学辑刊》2008年第4期，第100—102页；张先堂：《晚唐至宋初敦煌地方长官在石窟供养人画像中的地位》，樊锦诗、荣新江、林世田主编：《敦煌文献·考古·艺术综合研究——纪念向达先生诞辰110周年国际学术研讨会论文集》，中华书局，2011年，第456—461、466页。

③ 张先堂：《莫高窟供养人画像的发展演变——以佛教史考察为中心》，《敦煌学辑刊》2008年第4期，第94—95页。

④ 2010—2014年的石窟调查是在敦煌研究院允准下进行的。考察伊始，曾得到敦煌研究院范泉的大力协助，此致谢意。石窟调查大部分是和四国学院大学的赤木崇敏共同进行的，共同见解也很多。但本稿所涉题记、有关供养人像的解释等，则完全出于己意。

军史上的作用若明若暗。[①] 鉴于此，本文致力于对莫高窟三个洞窟（第9窟、第196窟、第98窟）中的索勋像及题记进行分析。首先，根据图1所示"归义军节度使谱系"确认索勋所处政治环境和以他为中心的人际关系；其次，对作为供养人像分析线索的造像序列进行整理；最后，解读三身索勋像所暗含的政治内涵和画像本身意蕴，并以此为基础探讨索勋与归义军史之关系。

一　索勋所处的时代

索勋经历了第二代与第三代归义军节度使政权的激烈内斗。依照归义军节度使的谱系，若把归义军创立者张议潮视作第一代，则可分作五代（图1）。第二代乃张议潮子辈，侄张淮深、子张淮鼎、女婿索勋和李明振属之。第三代为张议潮孙辈，即张淮深之子张延晖、索勋之了索承勋、索勋婿曹议金、张淮鼎子张承奉、以李弘愿为首的李明振之四子，皆属这一代。第四代为曹议金之子辈，第五代为曹议金之孙辈。这一时期，从第二代到第三代，节度使的位置是从第二代张淮深开始，经过张淮鼎传给了索勋，然后从第三代张承奉开始到曹议金，历二十年左右之变迁。而且，从张淮深到张淮鼎的交替和从索勋到张承奉的交替都伴随着流血冲突。张淮深的妻与子皆被

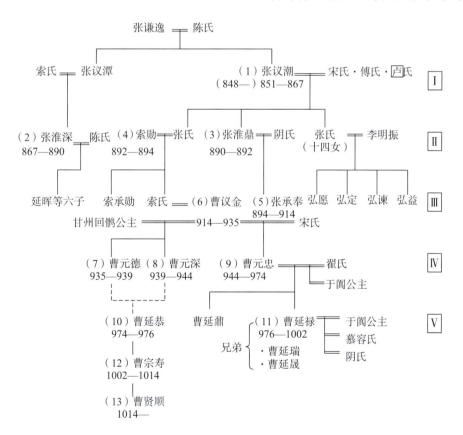

图 1　归义军节度使谱系

说明：（1）—（13）是节度使继承的顺序，公元纪年乃统治年代（其中张承奉是910—914年自称西汉金山国皇帝或者白衣天子），Ⅰ～Ⅴ显示第一代到第五代。

① 索勋生平参考了冯培红《敦煌的归义军时代》，甘肃教育出版社，2013年，第172—175页。

谋杀，[①] 索勋则被李氏剿毙。[②]

在这种权力交替过程中，索勋通过婚姻关系，成为与归义军政权世家大族（张氏、李氏、曹氏）相结合的第二代实力派人物。首先，索勋娶张议潮女（张氏）为妻，给张议潮生外孙索承勋和一个外孙女。[③] 通过姻亲关系，他和同样娶了张议潮女（第十四女）的李氏实权人物李明振成了义理兄弟。索勋和张氏所生女儿索氏又嫁给了曹议金，借由婚姻，索勋与第三代最终的获胜者曹氏之间也建立起了亲密的关系。由系谱观之，索勋在归义军内部人际关系方面可谓举足轻重，在政权中地位显赫。张淮鼎临死之际将儿子张承奉托付给索勋并让出节度使之位，依当时敦煌世家大族社会状况观之，与索勋复杂而重要的社会关系密不可分。[④]

二 归义军时期莫高窟、榆林窟甬道供养像序列

在归义军时代开凿、重修的石窟中，以描绘节度使及其家属等高层人物的甬道为中心，供养人像的排列发生了变化。在归义军以前，主室壁画均以佛像为中心排列供养人，至归义军时代，地方长官及其家人供养像被画在了甬道壁上，以表示对地方长官及其家人的尊重，造像则围绕地方长官排列。[⑤] 这一形式应是地方长官及其家族为了凸显权势和声威。[⑥] 换言之，此时甬道的高层人物排列反映的是权势地位和人际关系。

归义军时代洞窟甬道所绘节度使等高层供养人像之排列一般遵循两个原则。兹依此前查阅的资料和笔者的调查结果，以图 2 所示莫高窟甬道供养人像排列顺序和图 3 所示榆林窟甬道供养人像的排列顺序为依据，略做叙述。

面向主室甬道，左手（南壁）所绘多为节度使、男性亲属像，右手（北壁）则配以女性像。

第一，甬道南壁人物比北壁级别高。级别高的南壁上描绘了节度使或者男性亲属。北壁描绘的人物级别要低，具体来说，多为妻子、女儿等

---

① P.2913v《张淮深墓志铭》记载，唐大顺元年（890）二月二十二日，张淮深及其家人被杀，主谋以前被认为是索勋，现在多指为张淮鼎，还有张淮深非嫡子为主谋的说法。请参见冯培红《敦煌的归义军时代》，第159—165页。

② 索勋亡故后，李氏为炫耀功绩，撰成《陇西李氏再修功德记》，于唐乾宁元年（894）十月五日立碑。索勋亡故后发生的政变当发生于立碑之前。参见荣新江《归义军史研究——唐宋时代敦煌历史考索》，上海古籍出版社，1996年，第197—199页；李永宁《敦煌莫高窟碑文录及有关问题（一）》，《敦煌研究》1982年第1期，第68页。又据唐景福二年（893）九月《百姓卢忠达状》（P.2825v），百姓卢忠达曾向常侍索勋诉求裁决，索勋之死当在此之后，参见荣新江《归义军史研究——唐宋时代敦煌历史考索》，第90页。李正宇认为赞扬李氏荣花杀索勋的P.3552《儿郎伟》写成于景福二年（893）十二月末，索勋之死亦在同年九月到十月上旬前后。参见李正宇《索勋、张承奉更迭之际史事考》，郝春文主编：《敦煌文献论集——纪念敦煌藏经洞发现一百周年国际学术研讨会论文集》，辽宁人民出版社，2001年，第124—126页。

③ 根据莫高窟第94窟主室南壁中段第一身题记和《敦煌莫高窟供养人题记》第31页的记载，张淮深母（张议潭妻）出自索氏；根据P.3556《周故南阳郡娘子张氏墓志铭》的记载，张淮深一女又嫁了索氏，亲上加亲，则进一步加深了张议潮兄张议潭与索氏之间的关系。

④ 冯培红：《敦煌的归义军时代》，第174页。

⑤ 张先堂：《莫高窟供养人画像的发展演变——以佛教史考察为中心》，《敦煌学辑刊》2008年第4期，第100—102页；张先堂：《晚唐至宋初敦煌地方长官在石窟供养人画像中的地位》，樊锦诗、荣新江、林世田主编：《敦煌文献·考古·艺术综合研究——纪念向达先生诞辰110周年国际学术研讨会论文集》，第462页。

⑥ 张先堂：《莫高窟供养人画像的发展演变——以佛教史考察为中心》，《敦煌学辑刊》2008年第4期，第102页；张先堂：《晚唐至宋初敦煌地方长官在石窟供养人画像中的地位》，樊锦诗、荣新江、林世田主编：《敦煌文献·考古·艺术综合研究——纪念向达先生诞辰110周年国际学术研讨会论文集》，第466页。

【张氏时期 9世纪后半顷】

（←第1身）甬道南壁　　石窟　　甬道北壁（第1身→）

李弘谏□，索勋□ 〔009〕 □张承奉，□李弘定

……，张议潭□ 〔094〕 □张议潮，……

□□□，张淮深□，张议潮□ 〔156〕 ■宋氏，■秦贞（十一娘子），■

□ 〔196〕 □索勋，□索承勋

【曹氏时期 10世纪顷】

□，□，元忠□ 〔005〕 ■翟氏，■

……延禄□，延恭□，元忠□，元深□，元德□，议金□ 〔055〕 ■回鹘，■回鹘…… ……■……

元忠□ 〔079〕 ■翟氏？

□□□□□，议金□ 〔085〕 □翟法荣，□翟承庆，□，翟怀恩，□

□□□□□□，议金□ 〔098〕 □张议潮，□，□索勋，□□□□

□□□□□□□□，元德□，议金□ 〔100〕 ■回鹘，■■回鹘，于阗，■■■■■■■

□□□□□，元德□，议金□ 〔108〕 □□□□□

议金 〔121〕 ■回鹘，□

□□，？元忠□ 〔126〕 ■翟氏？，■■

于阗■，元忠□ 〔202〕 ■■■

元忠□ 〔203〕 ■翟氏

议金□ 〔205〕 ■回鹘

□，□，元忠□ 〔231〕 ■翟氏，■

议金□ 〔244〕 □元德

元忠□ 〔311〕 □延禄？/延恭？

延禄□，元忠□ 〔397〕 ■翟氏，■延鼐

议金□ 〔401〕 ■回鹘

元忠□ 〔427〕 ■翟氏

□，□，？延禄□ 〔431〕 ■■■

元忠□ 〔437〕 ■翟氏

？延禄□，？延恭□ 〔444〕 ■■

□，延禄□ 〔449〕 ■于阗，■

□□□□，延禄，延恭□，元忠□，□□，议金□ 〔454〕 □□□□□□□□□□

图 2　莫高窟甬道供养人像排序

说明：（1）本图依现场调查而制，按照时代排列，同一时代则按洞窟编号顺序排列。（2）□＝男性供养人像，■＝女性供养人像，供养人的画像壁画下部不明，议金＝曹议金，元德＝曹元德，元深＝曹元深，元忠＝曹元忠，延恭＝曹延恭，延禄＝曹延禄，延鼐＝曹延鼐，回鹘＝回鹘公主，于阗＝于阗公主。下同。

（←第1身）甬道南壁　　石窟　　甬道北壁（第1身→）

延禄□，议金□ 〔06〕 ■于阗，■慕容氏？阴氏？

□，慕容保实□□，慕容归盈□ 〔12〕 ■曹氏，■，□张氏

议金□ 〔16〕 ■回鹘

延禄□，元忠□ 〔19〕 ■翟氏，■延鼐

延禄□ 〔20〕 ■阴氏

□，延恭□，元忠□ 〔25〕 ■翟氏，■延鼐

延禄□ 〔32〕 ■于阗

延恭□，元忠□ 〔33〕 ■翟氏

元忠□ 〔34〕 ■翟氏

延瑞□，延禄□ 〔35〕 ■于阗，■慕容氏，■阴氏

延禄□，元忠□ 〔36〕 ■翟氏，■延鼐

图 3　榆林窟甬道供养人像排序

说明：有关主室甬道的供养人像排列，是根据调查现场作成。排列是按照洞窟编号的顺序。

女性亲属或裙带关系的男性。向达先生早就指出，莫高窟通往主室的甬道上，右手（南壁）优先于左手（北壁）。[①] 然而，若将窟门开口方位不同的榆林窟例子算入其内，可发现其次序不是基于石窟内的左右向，而是基于方位（南北）。因为，与莫高窟相反，榆林窟从东向西的洞窟从东侧第6窟开始到第25窟（图3），从主室甬道开始到洞口，左手（南壁）所绘为节度使、男性亲属像，右手（北壁）则配以女性像。换言之，不管窟门朝哪儿，南壁始终为上位。从榆林窟西区第32窟到第36窟，供养人像的排列与莫高窟几无二致。

第二，每个洞窟南北两壁第一身供养像级别最高，其中又以甬道南壁第一身为最高，描绘的一般为现任节度使或其父、祖父、哥哥等职位很高的人物。与南壁相对，北壁第一身多绘南壁第一身的正妻，配以多个女性供养像。当然，北壁绘男像的情况也是有的，如莫高窟第94窟北壁绘有张议潮、第244窟绘有曹议金子曹元德，其地位通常要低于南壁第一身。无论如何，供养人像排列不能无视性别、辈分、长幼乃至社会地位的高低。总体观之，没有哪个北壁的供养人身份高于南壁第一身。在洞窟南北两壁上，如莫高窟第55、454窟之南壁，都是以第一身起首，按照辈分、长幼顺序排列。

如此一来，归义军时期石窟甬道供养人的排列反映出所绘人物的地位，可以充任推想供养人像制作时基本状况的依凭。除了先行研究中频繁使用的题记之外，把握供养人像本身位置是判定供养人像不可或缺的要素。

三　三身索勋像和归义军历史

为明了索勋的政治身份与人际关系，兹以石窟甬道供养人像的排序为依据，对莫高窟第9窟、第196窟和第98窟现存的三身索勋像所反映的彼时状况做进一步考察。

（一）第9窟索勋像

莫高窟南区最北端的第9窟甬道中有包括索勋在内的4身供养像（图4、图5）。索勋位于甬道南壁第一位。由于壁画残毁，幞头已模糊不清；身穿朱衣，右手持长柄黑色香炉，左手前举。香炉表面贴金，腰侧插笏板，系金鱼袋，脚踩大花

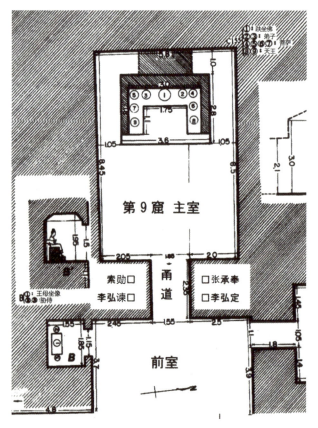

图4　第9窟图解［采自石璋如《莫高窟形》（二），第111页］

---

① 向达：《罗叔言〈补唐书张议潮传〉补正》，《唐代长安与西域文明》，生活·读书·新知三联书店，1957年，第424页。

图 5　第 9 窟甬道南壁第一身索勋像

纹刺绣镶边式地毯，色彩华丽，榜题框顶部装饰有极具特点的双头龙纹饰。①

　　甬道南壁第二身是李氏四兄弟排行老三的李弘谏供养像。李弘谏头戴幞头，身穿朱衣，手持笏板，腰间有金鱼袋。李弘谏脚下的地毯、榜题框装饰均比索勋、张承奉的要简单。

　　甬道北壁第一身是张承奉，头戴幞头，身穿朱衣，手持长柄香炉，香炉比索勋的样式简单，腰侧插笏板，系金鱼袋，脚下地毯装饰与索勋脚下地毯样式相同。榜题框顶部也装饰有与南壁相同的双头龙纹饰。

　　甬道北壁第二身是李氏四兄弟排行老二的李弘定供养像。李弘定头戴幞头，身穿朱衣，手举香炉。香炉上贴着金箔。腰侧插笏板，别着金鱼袋。地毯、榜题框装饰比索勋、张承奉的简单，但与其弟李弘谏相比，装饰又显得繁复一些。

　　由装饰豪华度观之，甬道南壁第一身索勋像为最，张承奉次之。甬道南北两壁供养人像身后绘有携带弓箭的侍从像。

　　供养人像旁边的题记，甬道南壁第一身题记：②

　　　　敕归义军节度管内观察处置押蕃落等使银青光禄大夫□□□□检校右散骑常侍兼□（御）史大夫索勋供□（养）。

甬道南壁第二身题记：

　　　　朝散大夫沙州军使银青光禄大夫检校左散骑常侍兼御史大夫上柱国陇西郡李弘谏一心供养。

甬道北壁第一身题记：

①　同样的装饰，在莫高窟第 9 窟甬道北壁第一身张承奉像、第 196 窟甬道北壁第一身索勋像上也有使用。参见梅林《"何法师窟"的创建与续修——莫高窟第 196 窟年代分论》，《艺术史研究》第 8 辑，中山大学出版社，2006 年，第 418 页，图 16、图 17。据笔者所见，莫高窟第 205 窟甬道南壁第一身曹议金供养人像的榜题上，也装饰了同样的龙头。
②　敦煌研究院编：《敦煌莫高窟供养人题记》，文物出版社，1986 年。

……光禄大夫检校司徒同中书门下平章事食……实……万户侯赐紫金鱼袋南阳郡开国公张承奉一心供养。

甬道北壁第二身题记：

……瓜州刺□（史）……光禄大夫检校左□（散）□（骑）□（常）□（侍）□（兼）□（御）□（史）大夫上柱国□（陇）西郡李弘定一心供养。

第9窟甬道供养人像的如是配置显示出索勋之所以被推为节度使，与张氏和李氏家族的支持密不可分。在第9窟甬道中，南壁第一身为索勋，最为高大，与之相对的北壁第一身为张承奉，南北壁第二身分别为李氏二兄弟。就这一形式看，明确地描绘的是以节度使索勋为中心，张氏和李氏予以支持而形成的结构。至于第9窟的营建，一说为索勋生前建造，[①]一说为索勋死后所建。[②]揆诸供养人像配置，李氏兄弟和张承奉将通过政变上台又被废黜的人物画在最高位的南壁第一身，却将自己绘在同一甬道次要的位置，于理难通。依第一种观点，该窟营建于索勋当政时期，索勋作为归义军节度使，且为张承奉姑父和李氏兄弟姨父，将其绘在南壁第一身理所应当。[③]因此，第9窟反映的应为索、张、李三氏和谐相处的情况，时当索勋执政之初。

（二）第196窟索勋像

在九层楼（第96窟）南面高处第196窟的甬道上描绘有3身供养人像（图6—图8），而索勋位于甬道北壁第一身。索勋头戴幞头，身穿朱衣，手举长柄香炉，腰侧插笏，脚下地毯上有绿色大花纹的刺绣。榜题框顶部有与第9窟相同的双头龙纹饰。

甬道北壁第二身乃索勋子索承勋之供养像。索承勋头部因壁画脱落看不清楚，身穿朱衣，手举香炉，腰侧插笏。地毯与索勋地毯的装饰一样，榜题框装饰很简单。甬道南壁第一身题记几乎不能解读，无以判定具体人物。此像头戴幞

---

① 一种观点认为作为节度使的索勋位处张承奉之下，参见向达《罗叔言〈补唐书张议潮传〉补正》，《唐代长安与西域文明》，第423—424页；姜亮夫《莫高窟年表》，上海古籍出版社，1985年，第444页；贺世哲《从供养人题记看莫高窟部分洞窟的营建年代》，《敦煌莫高窟供养人题记》，第214页。张承奉过高的职衔当是索勋为了奉承张氏与那些支持者而虚授的，见唐长孺《关于归义军节度使的几种资料跋》，《中华文史论丛》第1辑，中华书局，1962年，第279—282页；荣新江《归义军史研究——唐宋时代敦煌历史考索》，第91页。

② 索勋死后建窟说存在误解和不合理之处。首先，钱伯泉先生将索勋题记中的"敕"字误作"故"，遂推定索勋已亡，以此为前提进行讨论，见钱伯泉《为索勋篡权翻案》，《敦煌研究》1988年第1期，第68—69页。李正宇先生着眼于张承奉题记中的"司徒"称号而推定第9窟必不建于索勋当政时期，而应建于10世纪初张承奉当政之时，见李正宇《索勋、张承奉更迭之际史事考》，郝春文主编：《敦煌文献论集——纪念敦煌藏经洞发现一百周年国际学术研讨会论文集》，第119页。张景峰认为李氏兄弟称号见于索勋死后乾宁元年（894）所立《陇西李氏再修功德记》，因而第9窟的营建应为索勋死后之事，见张景峰《敦煌莫高窟第9窟甬道供养人画像年代再探》，《兰州学刊》2009年第11期，第20、24—25页。由于李氏兄弟"检校左散骑常侍"的称号不见于乾宁碑，故荣新江认为该称号的出现应在乾宁元年以后，见荣新江《归义军史研究——唐宋时代敦煌历史考索》，第206页。如果张承奉的职衔确为索勋所赠虚衔，那么李氏兄弟的职衔也很难说是实衔。李军、商宗奇二氏称"张承奉被绘于位置更为显赫的北壁，而已受到唐政府节度使册封且身为张承奉姑父的索勋反而屈尊南壁"，则是把南北壁之尊卑正好理解反了，参见李军、商宗奇《从供养人题记看莫高窟第9窟的建成时间》，中共高台县委等编：《高台魏晋墓与河西历史文化研究》，甘肃教育出版社，2012年，第505—506页。

③ 向达也非常重视洞窟甬道供养人像的排列顺序，指出索勋拥有很高的职位。参见向达《罗叔言〈补唐书张议潮传〉补正》，《唐代长安与西域文明》，第424页。

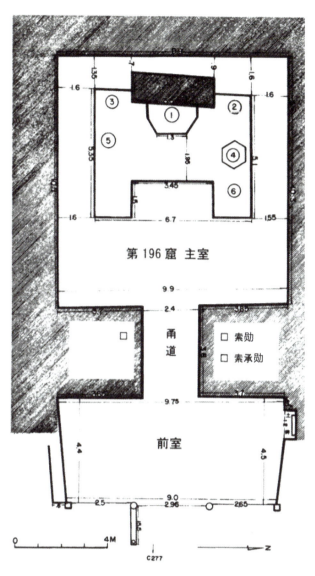

图 6　第 196 窟图解〔采自石璋如《莫高窟形》（二），第 204 页〕

图 7　第 196 窟甬道南壁

图 8　第 196 窟甬道北壁

头，身穿朱衣，手举长柄香炉。腰带上别着金鱼袋。脚下地毯使用了大花纹的红色碎花刺绣装饰，很豪华。与索勋像相比，榜题框顶部装饰无龙头，很简约。

在南北甬道供养人像身后描绘了持钵、宝刀、弓箭等侍从像各五身。[①] 这一现象表明，甬道南壁第一身至少是与索勋有着同等级别的节度使之类人物。[②]

---

① 敦煌文物研究所编《敦煌莫高窟内容总录》（文物出版社，1982 年）第 77 页记录了甬道南壁的供养人像等："南壁画男供养人二身，侍从四身。"其中第二身画像很清晰，但身旁没有榜题，与北壁侍从像几无二致，应非供养人像，而是侍从像。
② 同样的看法，藤枝晃早有指出，参见〔日〕藤枝晃《敦煌千佛洞の中兴—张氏诸窟を中心と 9 した九世纪の佛窟造营》，《东方学报》（京都）第 35 号，1964 年，第 117—118 页。

供养人像旁所附题记标明了身份[1]:

甬道南壁第一身题记:

> ……二千户实封二百户兼……

甬道北壁第一身题记:

> 敕归义军节度沙瓜伊西等州管内观察处置押番落营田等使守定远将军检校刑部尚书兼御史大夫巨鹿郡开国公食邑贰仟户实封二百户赐紫金鱼袋上柱国索勋一心供养。

甬道北壁第二身题记:

> 男故太保孙朝议郎守沙州长史兼御史中丞承勋一心供养。

从第 196 窟甬道供养人画像,不难看出索勋意在利用张议潮之血统关系将自己的权力正当化之运作。何以言之?此前,有人将甬道南壁第一身供养人像推定为张承奉,[2] 也有人推定为曹元忠,[3] 但笔者更倾向于张议潮。首先,第 196 窟之建当在索勋执政时期。[4] 彼时有可能被描绘在比索勋更高的位置上的人物,除了妻子(张氏)的父亲张议潮或者妻子的兄弟张淮鼎以外,其他人都不可能。还有南壁第一身题记上留下了供养人所享食邑封户的数量,与张议潮所享一致。[5] 此外,北壁第二身索承勋像题记书"男故太保孙",强调索承勋是太保(即张议潮)之孙。[6] 符合这些条件,最适合作为第 196 窟甬道南壁第一供养人者,舍索勋岳父、索承勋外祖父张议潮外别无他人。换言之,第 196 窟甬道意在彰显索勋是张议潮女婿,其子索承勋乃张议潮血统的接续者。

很有可能,索氏集团对正统性的态度成为之后政变的导火线。之所以这样说,是因为以索勋当时拥有的节度使权力,若其权位具有正统性,那么,将来索勋向索承勋移交政权也就顺理成章了。如果索氏承袭政权,对张氏和李氏来说,当属无法容许的叛逆。索勋的称号在第 9 窟为"常侍"(从三品),至第 196 窟营建时已晋升为"尚

① 《敦煌莫高窟供养人题记》,第 87 页。关于甬道北壁第一身题记第 1 行"刑部尚书"的解读,伯希和读为"刑部尚书"(Paul Pelliot, *Les grottes de Touen-Houang*, Vol. 2, 1920, p. 32),张大千和谢稚柳读为"户部尚书"(见《张大千先生遗著莫高窟记》,故宫博物院,1985 年,第 624 页;谢稚柳《敦煌艺术叙录》,上海古籍出版社,1996 年,第 412 页),向达等读为"吏部尚书"(见向达《罗叔言〈补唐书张议潮传〉补正》,《唐代长安与西域文明》,第 423 页;《敦煌莫高窟供养人题记》,第 87 页)。本文依现场调查认为当以"刑部尚书"合适。

② 贺世哲:《从供养人题记看莫高窟部分洞窟的营建年代》,《敦煌莫高窟供养人题记》,第 215 页;梅林:《"何法师窟"的创建与续修——莫高窟第 196 窟年代分论》,《艺术史研究》第 8 辑,第 418 页。

③ 〔日〕土肥义和:《论莫高窟中的何法师窟(第 196 窟)的建造年代——对供养人像题记的考察》,《2000 年敦煌学国际学术讨论会论文提要集》,敦煌,2000 年,第 54 页。

④ 金维诺:《敦煌窟龛名数考》,《文物》1959 年第 5 期,第 50—54、61 页;〔日〕藤枝晃:《敦煌千佛洞的中兴—张氏诸窟为中心とした九世纪の佛窟造营》,《东方学报》(京都)第 35 号,1964 年,第 9—139 页;姜亮夫:《莫高窟年表》;《敦煌莫高窟内容总录》。

⑤ 梅林收集了归义军节度使食邑封户的记录,张议潮、索勋、曹元忠的食邑封户与第 196 窟南壁第一身题记上的"……(食邑)二千户实封二百户"一致,对于张淮鼎、张承奉、曹贤顺的食邑封户数量,不清楚。参照梅林《"何法师窟"的创建与续修——莫高窟第 196 窟年代分论》,《艺术史研究》第 8 辑,第 417、429—431 页。

⑥ 张景峰把"男故太保孙"误记为"故男太保孙",却未给出任何理由。见张景峰《敦煌莫高窟第 9 窟甬道供养人画像年代再探》,《兰州学刊》2009 年第 11 期,第 23 页。

书"（正三品），由是观之，第196窟之营建显然是在第9窟之后。第196窟的供养人像排列暗示着第9窟所反映的索、张、李三氏的和谐关系正在逐渐转向对立。

（三）第98窟索勋像

位于九层楼（第96窟）稍南的第98窟甬道上描绘了索勋等18身供养人像（图9—图11）。索勋像位于甬道北壁第三位，戴幞头，着朱衣，持笏。脚下的地毯上虽然有花纹刺绣的镶边，但是服装比较朴素，榜题框顶部装饰简朴。

甬道北壁第一身是张议潮供养像。张议潮头戴幞头，身着朱衣，手持长柄香炉，腰侧插笏板。脚踩大花纹刺绣镶边式地毯，地毯装饰比北壁其他供养人像更华丽。榜题框顶部饰以普通的华盖。榜题框顶部装饰也比北壁其他供养人像的装饰要多。

甬道北壁第二身，题记已经被涂抹，无法判定人物身份。此像头戴幞头，身穿朱衣，手持香炉。腰侧插笏板。脚下地毯内容不清。

甬道北壁第三身以后，继续描绘身穿朱衣、手持笏板的六身男性像。由于壁画脱落，题记漫漶，图像不清，是否为侍从无法判定。

甬道南壁第一身是曹议金供养像。[①] 曹议金头戴幞头，身穿朱衣，手持长柄香炉，腰系金鱼袋，脚下地毯、榜题框顶部装饰与甬道北壁第一身张议潮的装饰相同。

甬道南壁第二身，题记漫漶不清，无法判定人物身份。此像头戴幞头，身穿朱衣，手持香炉，腰系金鱼袋，脚下地毯图案无法看清，榜题框顶

部饰以普通的华盖。

甬道南壁第二身以后，能够确认身穿朱衣、手持笏板的男供养像两身，身穿朱衣、手举花盆的男供养像四身，身穿碎花衣服合掌的男供养像一身。由于壁画脱落，题记无法识别，无从详观图像。甬道南壁供养人像的后面，虽然很不清楚，但仍能看出为持弓箭侍从像。

供养人像旁题记如下，甬道南壁第一身题记：

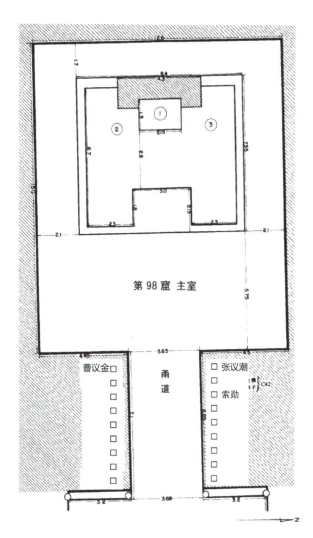

图9　第98窟图解［采自石璋如《莫高窟形》（二），第46页］

---

① 贺世哲、孙修身：《瓜沙曹氏与敦煌莫高窟》，敦煌研究院编：《敦煌研究文集》，甘肃人民出版社，1982年，第220—272页。

图 10　第 98 窟甬道北壁张议潮、索勋等供养像六身

图 11　第 98 窟甬道南壁曹议金父子等供养像五身

河西陇右伊西庭楼兰金满等州□□□□
观察□（处）……授太保食邑□（一）□
（千）户……万户侯赐紫金……

甬道北壁第一身题记：

故外王父前河西一十一州节度管内观察
处置押蕃落支度营田等使金紫光禄大夫检校司

□（空）食邑□（二）□户实□五佰户……节
授右神□（武）将军太保河西万户侯赐紫金
鱼袋上柱国南阳郡张议潮一心供养。

甬道北壁第二身，旁有题记的痕迹，但用白
色颜料涂抹，完全不能解读。

甬道北壁第三身题记：

敕归义军节度管内观察处置押蕃落支度
营田等使……金紫光禄大夫检校刑部……兼
御史大夫守定远将军上柱国巨鹿郡索讳勋一
心供养。

从第 98 窟甬道供养人像可以看出，张氏向
曹氏转让权力时，如同张氏和索氏的交接一样，
都利用了张议潮的血统关系。第 98 窟是曹议金在
位期间的后唐同光年间（923—926）建造的。①

① 王惠民：《曹议金执政前期若干史事考辨》，敦煌研究院编：《段文杰敦煌研究五十年纪念文集》，世界图书出版公司，1996
年，第 425—430 页；荣新江：《归义军史研究——唐宋时代敦煌历史考索》。

甬道绘张议潮、索勋画像，意在强调曹议金娶了具有张议潮血统的索勋之女，借以证明张氏向曹氏的权力转移并不出张议潮血统，具有正统性。[①]在显示索勋身份时，其地位明显要低于张议潮。以供养人像之手法来暗示与张议潮的血统，与其说是曹议金的发明，倒不如说是对其岳父索勋绘制第196窟供养人像的复制。换言之，这两个洞窟营建于第二代到第三代政治不安定时期，显示的是被视为绝对英雄的归义军创始者张议潮之血统对于归义军政权正统性的标志性意义。第196窟甬道南壁被绘制在第一身的张议潮，在本窟却被置于北壁第一身，虽强调了张氏与曹氏联姻的存在，但归义军政权已经完全从张氏手中移交给了曹氏。第98窟甬道南壁供养人像的配置，如果要强调张议潮张氏的血统，尽管题记已漫漶不清，

但可以肯定，南壁第二身供养人像很可能为张议潮之子张淮鼎。

结　语

如上所述，三身索勋像反映了索、张、李三氏的合作和对立、权力移交和以血统维持的正统性。这些供养人的形象表明，索勋对归义军政权从第二代向第三代转移来说，是一重要的关键性人物。

本文译自高田时雄主编《敦煌写本研究年报》第10号，2016年，第309—325页。本译文获得阪尻彰宏先生的授权。文中高清照片均由敦煌研究院提供，孙志军摄影。在此表示衷心的感谢。

---

① 荣新江：《归义军史研究——唐宋时代敦煌历史考索》，第241—242页。

佛道并流，共生共荣：唐宋时期的崆峒山宗教[*]

吴 通

（西北民族大学历史文化学院）

甘肃平凉市崆峒山，为六盘山支脉，位处秦汉鸡头道的形胜之地，亦是丝绸之路西出关中后的第一座名山，被誉为"西来第一山""西镇奇观"。因黄帝问道广成子的文化渊源、历代以来山上道教发展的传承积淀，以及民间信仰崇拜的社会影响等多重因素，崆峒山被认为是"道源所在""天下道教第一山"。

关于历史时期崆峒山的情况，以唐代为界大致可分为两个时期：唐代以前的崆峒山文化，主要体现在文献记载的黄帝问道、秦皇汉武登临以及学者们对"崆峒"这一地理概念的注解上；而自唐代开始，崆峒山的情况立刻明晰起来，相关文献以及文物资料可靠地揭示了崆峒山在此后不同时期的发展特点。对唐宋时期崆峒山宗教的研究，不仅有助于构建崆峒山宗教发展的历史框架，廓清明清时期崆峒山宗教繁荣的历史基础，而且对于丰富唐宋时期丝路宗教文化研究亦有所裨益。关

于唐宋时期崆峒山宗教的研究，佛教方面未有成果；道教方面主要有张鹏《崆峒山道教研究——以营建为中心的考察》，[①] 及樊光春《西北道教史》中的有限涉及。[②] 本文拟综合利用正史、方志和金石资料，对唐宋时期崆峒山宗教的发展情况进行系统阐述。

一 唐代之前的崆峒山文化

崆峒山的盛名源于"黄帝问道"。"黄帝问道"出自《庄子·在宥》，"黄帝立为天子十九年，令行天下，闻广成子在于空同之上，故往见之"。[③] 随后，《庄子·在宥》以黄帝与广成子相问答的方式，将道家治国思想、关于道的认识和求道的方法进行了全面深刻的揭示。[④]《史记·五帝本纪》记载，黄帝巡狩四方时，曾"西至于空桐，登鸡头"。[⑤] 于是，这两种记载被关联起来，演绎成了黄帝问道崆峒的典故，并引发人们将"崆峒"这

---

* 本文系西北民族大学 2020 年度中央高校专项资助项目"丝绸之路与少数民族历史文化研究"（31920200112）、国家社会科学基金西部项目"新疆丝路南道佛寺遗址研究"（18XKG007）的成果之一。

① 张鹏：《崆峒山道教研究——以营建为中心的考察》，硕士学位论文，兰州大学，2013 年。
② 樊光春：《西北道教史》，商务印书馆，2010 年。
③ 陈鼓应：《庄子今注今译》，中华书局，2008 年，第 278 页。
④ 刘永明、赵玉山：《"黄帝问道广成子"对道家和道教的影响——兼议陇东与道家道教文化》，《天水师范学院学报》2008 年第 6 期，第 52 页。
⑤ 《史记》卷 1《五帝本纪》，中华书局，1963 年，第 6 页。

一概念在具体地理位置上的认定。

黄帝问道广成子虽属传说，却是真实的历史文化，不仅对道家向道教的演变、道教修炼之术产生了深远影响，奠定了崆峒山在道家道教文化史上的重要地位、崆峒山早期道教营建的主题，而且在凝聚中华民族文化认同方面对后世历史不断地产生着实际影响。黄帝之后，崆峒山与尧、舜二帝又有了关联。南朝任昉《述异记》载："崆峒山中有尧碑、禹碣，皆籀文焉。"[①]民国时期甘肃著名学者张维以颇为认真的态度将尧碑、禹碣著录于《陇右金石录》中。[②]

进入秦汉时期，秦皇汉武的巡游登临，又赋予崆峒山非同寻常的历史意蕴。《史记·秦始皇本纪》记载："二十七年，始皇巡陇西、北地，出鸡头山，过回中焉。"[③]据刘满先生考证，当时的鸡头山就在今六盘山。[④]秦始皇从鸡头山过回中时，很有可能登临崆峒山。如果说秦始皇登崆峒只是巡游经过，那么汉武帝登崆峒则是抱着强烈的求仙目的。《史记》及《后汉书》载，术士公孙卿向汉武帝进献了一个升仙的办法——"黄帝由封禅而后仙"，封禅泰山可以成仙。除封禅外，公孙卿所言黄帝升仙过程是很具体的——"黄帝郊雍上帝……其后黄帝接万灵明廷。明廷者，甘

泉也……黄帝采首山铜，铸鼎于荆山下。鼎既成，有龙垂胡髯，下迎黄帝"，黄帝于是乘龙升天。狂热追求长生的汉武帝对黄帝成仙表示出极大的向往，称"吾诚得如黄帝，吾视去妻子如脱履耳"，"遂郊雍，至陇西，西登崆峒，幸甘泉"。[⑤]汉武帝郊雍、登崆峒、幸甘泉的举动显然是在效仿黄帝。可见，黄帝问道崆峒的故事在当时已然流行并受到了重视。

魏晋南北朝时期，关于崆峒山的情况罕见记载。或与当时不得长期稳定的政治形势及北方道教隐居深山的修行方式有关。

二 唐及五代时期的崆峒山宗教

从现有资料来看，崆峒山上的寺观营建最晚可以上溯到唐代。唐初，李唐皇室尊老子为先祖，自称"神仙之苗裔"，这种出于政治目的的做法以及奉道教为皇家宗教等一系列崇道举措，为唐代道教的发展开创了一个非常有利的环境。在道家道教文化系统中的"黄帝问道"故事，关乎道教起源，因此也被当时社会所重视。在此背景之下，崆峒山有据可查的早期道教营建开始出现。据嘉庆《崆峒山志》，"问道宫，山麓泾北，唐时已有之"，"轩辕宫，唐建"。[⑥]《太平寰宇记》卷8载：

---

① （梁）任昉：《述异记》，《丛书集成初编》第2704册，中华书局，1991年，第4页。
② 张维：《陇右金石录》，甘肃省文献征集委员会校印，1943年，第15953页。
③ 《史记》卷6《秦始皇本纪》，第241页。
④ 刘满：《秦汉陇山道考述》，《敦煌学辑刊》2005年第2期，第266页；刘满：《秦皇汉武巡幸陇右地名路线考释——兼论历史上的鸡头道》，《敦煌学辑刊》2015年第2期，第1—20页。
⑤ 《史记》卷12《孝武本纪》，第467—468页；卷28《封禅书》，第1393—1394页。《后汉书》志第七《祭祀上·封禅》，中华书局，1965年，第3163页。汉武帝登崆峒是在元鼎五年（前112）。《汉书》卷6《武帝本纪》载："五年冬十月，行幸雍，祠五畤。遂逾陇，登崆峒。"见《汉书》，中华书局，1962年，第185页。
⑥ （清）张伯魁：《崆峒山志》，《中国地方志丛书·华北地方》第352号，台北：成文出版社，1970年，第61、65页。崆峒山有专志始于明代，最早为万历十七年（1589）成书的《崆峒山志》，平凉李应奇编纂，共3卷，有分野、建革、疆域、形胜、田赋、仙迹、题咏7门，收入万历《内阁书目》和《四库提要存目》；明人许登也纂有《崆峒山志》，已佚无考。由于此二志均已不存，清代嘉庆二十四年（1819）张伯魁所修《崆峒山志》遂成为现存唯一一部古代崆峒山志。

"禹迹之内山名崆峒者有三焉：其一在临洮……其一在安定。二山高达，可取财用，彼人亦各于其处为广成子立庙。"[1]唐代崆峒山出现的早期主要宫观——问道宫、轩辕宫、广成子庙等，显然都是以"黄帝问道"为主题而营建的。确切而言，问道宫属于"问道"主题，"黄帝问道"故事中的黄帝、广成子都是道法很高的仙人，所以，轩辕宫、广成子庙属于"仙道"主题。

隋唐时期是中国佛教发展的鼎盛时期，崆峒山佛教在这种大环境下也得到了极大发展。据嘉庆《崆峒山志》和民国《平凉县志》，崆峒山真乘寺内有金大安二年（1210）铁钟，钟上铭文曰"崆峒明慧禅院开山祖师讳仁智，于大唐间创建禅林，唐太宗御赐田宅，历代六朝云"。[2]金大安铁钟铭文，在追溯崆峒山明慧禅院的历史时提到，明慧禅院为仁智禅师于唐初所创，唐太宗还为之御赐田地屋宅。据以上两处记载，真乘寺的前身正是明慧禅院。据嘉庆《崆峒山志》，真乘寺在崆峒山中台崟崄处，[3]则明慧禅院当时也当建在中台。金泰和六年《明慧禅院智琼和尚碑》（图1）所载"崆峒山明慧禅院……祖师智公和尚，开山于□□，始营佛宇，创立丛林"，[4]应该也是指仁智禅师创建明慧禅院一事。仁智禅师在崆峒山建寺弘法，为崆峒山禅宗的发展奠定了基础。

五代时期，崆峒山佛教发展依然兴旺，明慧禅院出现了赐紫沙门。[5]崆峒山现存一后周显德五

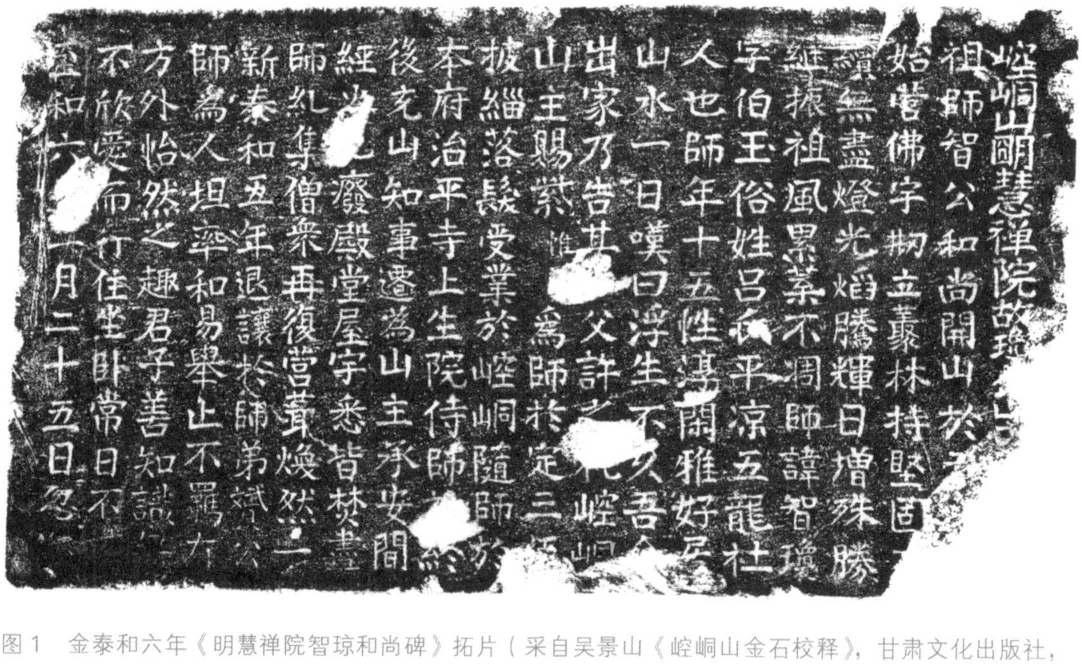

图1　金泰和六年《明慧禅院智琼和尚碑》拓片（采自吴景山《崆峒山金石校释》，甘肃文化出版社，2014年，第4页）

[1]（宋）乐史：《太平寰宇记》，王文楚等点校，中华书局，2007年，第145页。《太平寰宇记》成书于宋初，所记多为宋之前事。

[2]（清）张伯魁：《崆峒山志》，《中国地方志丛书·华北地方》第352号，第62页；郑濬、朱离明：《平凉县志》，《中国地方志集成·甘肃府县志辑》第13册，凤凰出版社，2008年，第377页。

[3]（清）张伯魁：《崆峒山志》，《中国地方志丛书·华北地方》第352号，第62页。

[4]金泰和六年《明慧禅院智琼和尚碑》，今存崆峒山文管所。

[5]自唐代至北宋元丰改制（1080年），三品以上官员常服为紫色，官品不及而有大功，或为皇帝恩崇者，特赐服紫，称为"赐紫"。僧衣有赤、黄、黑、青等色，本无紫色。修为高深或功德卓著的僧道也常被赐服紫，以示尊宠之意。

年（958）石经幢，^①正面刻佛像一身（头部残），其余刻"佛顶光聚真言""金轮佛顶真言"，款题为"大周显德五年岁次戊午七月庚辰朔十五日甲午，崆峒山主明慧禅院赐紫沙门志谔教法传空，印心化度，知身是幻，预切修茔，造窆显诚，乃镌斯□。前静难军随都孔目官马辅，□凉州司马嘉尧□"。此经幢创立于周世宗禁佛时期，乃平凉地方官吏为明慧禅院沙门志谔预修茔墓所立。志谔不仅是赐紫沙门，还是崆峒山主，可见，佛教显然成为唐到五代时期崆峒山宗教发展的主流，在地方官民间颇有影响。

三　宋代的崆峒山宗教

北宋时期的崆峒山佛教，在唐及五代的基础上继续发展。北宋天圣七年（1029），泾源路军政官吏三十余人发愿，请终南山铸铜匠人陈训、上清太平宫道士陈宗秀铸成铜钟一口（图2）。^②钟上关于负责此次铸钟一事的僧人题名中，有"崆峒山主赐紫沙门重仪"（图3）。这位重仪和志谔一样，是身为崆峒山主的赐紫沙门，他应该也是出自明慧禅院。之后不久，明慧禅院的僧人还受到了朝廷的褒奖。《续资治通鉴长编》卷138记载：

> （庆历二年十二月）乙巳，赐渭州崆峒山明慧院主赐紫僧法淳号志护大师，法涣、法深、法汾并赐紫衣，行者云来等悉度为僧。初，法淳率其徒与西贼战，能护守御书院及保蓄汉老幼孳畜数万计，故赏之。^③

图2　北宋天圣七年铜钟（采自政协甘肃省平凉市崆峒区委员会编《崆峒金石》，甘肃人民美术出版社，2014年，第34页）

图3　北宋天圣七年铜钟拓片（局部）（采自《崆峒金石》，第36页）

庆历二年（1042），崆峒山明慧禅院住持法淳因率领徒众抵御西夏，保护御书院及民众、财

---

① 砂岩质，仅碑身残存，八棱柱体，高37cm，直径18cm。今存崆峒山文管所。
② 天圣铜钟，原在平凉关岳庙，今存平凉市博物馆。钟上铭文可参见张维《陇右金石录补》卷1，国家图书馆出版社辑《地方金石志汇编》第26册，国家图书馆出版社，2011年，第569—570页。
③ （宋）李焘：《续资治通鉴长编》卷138，"庆历二年十二月乙巳"条，中华书局，1985年，第3328页。

物有功，被宋仁宗赐号"志护大师"，弟子法涣等被赐紫，行者云来等悉度为僧。宋仁宗景祐五年（1038），李元昊称帝建国，由此引发第一次宋夏战争。继三川口、好水川之战后，庆历二年（1042）九月，西夏"以兵十万，分二道，一出刘璠堡，一出彭阳城，入攻渭州。葛怀敏援刘璠，战崆峒北，败没"，西夏军队越过平凉直达潘原，[①]是为定川寨之战。定川寨（今宁夏固原西北）距崆峒山不远，法淳率徒抵御西夏之事应该就是在定川寨之战中。法淳此前就已经是赐紫僧人，而且明慧禅院的僧人在与西夏兵相抗中能保护民众、财物为数甚巨，足见崆峒山明慧禅院自唐初创建以来，发展到宋代时已然成为颇具规模、僧徒众多的大寺。

崆峒山现存有宋建中靖国元年（1101）佛顶尊胜陀罗尼幢，[②]首行刻"佛顶尊胜陀罗尼幢，西京□□广爱寺三藏沙门赐紫重达译"，文末刻款"皇宋建中靖国元年十月三日□□□□□僧海昭□□□□等建幢"。此经幢并未刻《佛顶尊胜陀罗尼经》全文，只刻了该经最为重要的音译"尊胜陀罗尼"部分，并且，经文前有非常珍贵的启请文。[③]

关于佛顶尊胜陀罗尼经幢上所刻经文，唐代几乎全是佛陀波利译本，只有少数是刻其他的译本。入宋以后，刻不空译本的经幢略有增加，另外，有极少数的经幢所刻的是其他译本，如《加句灵验佛顶尊胜陀罗尼记》，义净译本。[④]但崆峒山这座经幢上所刻尊胜陀罗尼，明确记为"西京□□广爱寺三藏沙门赐紫重达译"。文献中关于北宋西京广爱寺沙门重达的记载很少且极简略，北宋志磐《佛祖统纪》卷43《法运通塞志第十七》载：

（淳化）二年，太原沙门重达自西天还，往反十年。进佛舍利贝叶梵经，赐紫服，住

图4　北宋建中靖国元年"佛顶尊胜陀罗尼幢"拓片（采自《崆峒金石》，第2页）

① （宋）李焘：《续资治通鉴长编》卷138，"庆历二年十月己酉"条，第3310页。
② 砂岩质，今存崆峒山法轮寺。幢身八棱柱体，高131cm，直径35cm；幢座高18cm。幢顶现不存，但据《新修崆峒山志》，"幢帽高15cm"（仇非：《新修崆峒山志》，甘肃人民出版社，1996年，第106页）。
③ 从10世纪后半叶开始，有的经幢上开始出现"陀罗尼启请"。"启请"是密宗在读诵经典或陀罗尼之前奉请的启白。参见刘淑芬：《经幢的形制、性质和来源——经幢研究之二》，《中央研究院历史语言研究所集刊》第68本第3分，1997年，第659页。
④ 刘淑芬：《经幢的形制、性质和来源——经幢研究之二》，《中央研究院历史语言研究所集刊》第68本第3分，1997年，第658—659页。

西京广爱寺。①

崆峒山佛顶尊胜陀罗尼幢上所刻经文，显然是沙门重达于淳化二年（991）自"西天"取回贝叶梵经后的新译本。此译本《佛顶尊胜陀罗尼经》本就罕见，但百年之后出现在崆峒山，关陇佛教受中原地区的影响由此可见一斑。

宋代是唐代之后道教发展的第二个高潮。宋真宗、宋徽宗两位皇帝是推动道教在北宋达到高潮的关键人物。宋真宗不仅在东京营建极尽奢华的玉清昭应宫，诏令天下遍建天庆观，而且还注重道书的收集与整理。宋徽宗则更是狂热的道教信仰者，他甚至以"教主道君皇帝"自称。另外，宋徽宗还于大观二年(1108)将道教科仪《金箓灵宝道场仪范》颁行天下；仿照朝廷官吏的品秩，设立道官道职；提倡学习道经，设立道学制度和道学博士；编修道教历史为《道史》《道典》；组织人力编成并刊行《万寿道藏》。在一系列持续性政策、举措的扶持之下，道教几成国教，全国大兴道观。

赵宋以轩辕黄帝为赵氏始祖赵玄朗之化身，崇饰黄帝庙，崆峒山作为"黄帝道场"故而也受到当时朝廷的关注。宋代崆峒山道教的发展情况，主要见于元至正十七年（1357）《重修崆峒山大十方问道宫碑》，② 碑曰：

> 宋政和□年，集贤承旨张庄奉旨董修宫宇，命京兆天宁万寿观赵法师住持。迨金之

□□，殿庑俱烬。

这通元碑在回溯崆峒山问道宫营修历史时，明确提到北宋政和年间（1111—1118），宋徽宗敕令集贤承旨张庄重修了崆峒山道教宫观，京兆（长安）天宁万寿观的赵法师被延请来山住持。主持此次重修工程的张庄，在《宋史》中有传。《宋史·张庄传》记载：张庄，应天府人，元丰三年进士，"历提举司、讲议司检讨官，出提举荆湖、

图5　至正十七年《重修崆峒山大十方问道宫碑》（采自《崆峒金石》，第55页）

---

① （北宋）志磐：《佛祖统纪》卷43《法运通塞志第十七》，《大正藏》第49册，第400页。另，《佛祖统纪》卷52《历代会要志·诸国朝贡》载："沙门重达自西天还，进佛舍利梵经。"（《大正藏》第49册，第457页。）

② 砂岩质，通高374cm，宽144cm，厚31cm。碑首雕二龙盘绕；碑首正中为高106cm、宽96cm的长方形碑额，篆刻"重修崆峒山大十方问道宫碑"。现存崆峒山问道宫。

夔州等路香盐事。改提举荆湖北路常平、本路提点刑狱，进龙图阁直学士、广南西路转运副使"。宋徽宗崇宁年间，蔡京推行开边拓土政策，张庄与桂州知州王祖道锐意拓土设州，因功授集贤殿修撰、桂州知州，后任融州知州、黔南路经略安抚使、靖州知州。后因受广南西路安化民变事件影响，"责舒州团练副使，永州安置，再贬连州，移和州"。政和二年（1112），蔡京再度辅政后，张庄"起知荆南府，徙江宁。复进徽猷阁直学士，历知渭、亳、襄州、镇江东平府。宣和六年，坐缮治东平城不加功辄复摧圮，降两官，提举嵩山崇福宫。卒，赠宣奉大夫"。①

从上述张庄仕宦经历可以看出，因为广南西路拓土设州之事以及与蔡京微妙的政治关系，张庄经历了先迁后贬又再度被起用的官场曲折。政和二年（1112）之后出任渭州知州的张庄，在宦海浮沉起落之后对宗教恰有精神上的需求，所以在得到宋徽宗营建崆峒山宫观的旨意后，对其渭州辖境内的这座道教名山的营修工程非常重视，不仅完成了对问道宫等宫观的整修，而且特意从京兆天宁万寿观延请赵法师来山住持道教事务。

宣和六年 (1124)，张庄因修缮东平城无功导致倒塌，被降两官，提举嵩山崇福宫。②嵩山崇福宫是北宋知名的道教宫观，在宋真宗时期得到大规模扩建整修，并由朝廷设官管理。张庄被贬嵩山崇福宫担任提举，也算适得其所，使其在支持了崆峒山道教发展之后，又执掌了另一处道教场所，继续为北宋后期道教发展发挥作用。

综上来看，在极为崇信道教的宋徽宗对崆峒山道教发展颇为重视的有利形势下，从中央到地方的双重扶持，宫观营建、人才调配等多元举措，有效地推动了北宋时期崆峒山道教的发展，加强了崆峒山与关中、中原地区的道教交流，极大地提高了崆峒山作为道教名山的地位。

四 金代的崆峒山宗教

金代是道教从教派、教理，到教团组织、影响规模都全面鼎盛的阶段。北方地区出现了一些新的道教宗派，萧抱珍创立太一道，刘德仁创立真大道，王重阳创立全真道。金朝统治者对这些新兴道派的支持，使新道教很快就得到了北方人士的认同，教团组织发展迅速，社会的影响巨大。但由于直接资料的缺乏，金代崆峒山道教发展的具体情况还不甚明朗。

金代崆峒山佛教的发展情形，主要见于金石资料。崆峒山现存金泰和《明慧禅院智琼和尚碑》，③碑云：

> 崆峒山明慧禅院故琼□□□祖师智公和尚，开山于□□，始营佛宇，创立丛林，持坚固□，续无尽灯，光焰腾辉，日增殊胜，继振祖风，累叶不凋。师讳智琼，字伯玉，俗姓吕氏，平凉五龙社人也。师年十五……礼崆峒山主赐紫惟□为师。于定三年，披缁

---

① 《宋史》卷348《张庄传》，中华书局，1977年，第11042—11043页。
② 宋真宗大中祥符年间，随着道教宫观醮仪被纳入官方祭祀制度仪轨，为了加强对宫观的管理，开始特设宫观使。宋仁宗以后改设宫观提举官，由一般朝官担任。王安石变法以后，利用提举宫观制度解决大臣黜降退休问题，借以淘汰冗官，排斥异己。
③ 砂岩质，高30cm，宽57cm，厚6cm。碑左下角残损，今存崆峒山文管所。

落发，受业于崆峒。随师于本府治平寺上生院侍师礼终。后充山知事，迁为山主。承安间，经火□废，殿堂屋宇悉皆焚尽。师纠集僧众，再复营葺，焕然一新。泰和五年，退让于师弟赟公。……至（泰）和六年二月二十五日忽终。[1]

从此碑所载智琼和尚生平看，金代崆峒山明慧禅院仍有赐紫僧人，而且明慧禅院的住持也依然称为"崆峒山主"。智琼和尚本在崆峒山出家，后随师尊"惟□"和尚到平凉府城内的治平寺修习，再后又返回崆峒山任明慧禅院住持，并于金承安年间（1196—1200）重建了毁于火灾的明慧禅院。由此也可见，崆峒山僧人与平凉府城寺僧之间的参学交流情形。

崆峒山真乘寺原存金大安时铁钟，据嘉庆《崆峒山志》，铁钟上有铭曰"崆峒明慧禅院开山祖师讳仁智，于大唐间创建禅林，唐太宗御赐田宅，历代六朝云"。[2]民国《平凉县志》对此钟记载略详："崆峒真乘寺，旧名滹沱寺，内有金大安二年铁钟一，高丈余，口径如之。铭曰'崆峒明慧禅院开山祖师讳仁智，于大唐间创建禅林，唐太宗御赐田宅，历代六朝云'。"[3]这口金大安二年（1210）铁钟，毁于1958年大炼钢铁运动，其有关情况仅见以上记载。但泰和六年《明慧禅院智琼和尚碑》所记"祖师智公和尚，开山于□□，

始营佛宇，创立丛林"，应正是指大安铁钟铭文所言"明慧禅院开山祖师讳仁智，于大唐间创建禅林"之事。因此，大安铁钟当是金代崆峒山明慧禅院之物，而且是铸造于智琼和尚师弟、当时住持明慧禅院的"赟公"时期。唐初创立的明慧禅院，经历五代、宋代，到金代时依然是崆峒山最为重要的佛寺。

金代承安二年（1197），崆峒山中台还创建了准提庵。清道光《重修准提庵大殿碑》曰：

> 山之中台有准提庵焉，创自大金承安二年□□□□□修寺院一座。[4]

嘉庆《崆峒山志》载，准提庵在真乘寺右侧。据明嘉靖二十四年（1545）《建三天门铁索碑记》，[5]真乘寺乃元代时在明慧禅院基础上所建。嘉庆《崆峒山志》称，真乘寺、准提庵皆居北面南。[6]则金代所创准提庵正是在明慧禅院右侧，即西侧。显然，准提庵的创建改变了崆峒山中台自唐代以来一直以明慧禅院为主体的寺院格局，为此后崆峒山佛教发展、崆峒山中台建筑格局变化开创了新的局面。

结　语

回溯崆峒山历史文化的发展源流，"黄帝问道"的传说为崆峒山奠定了突出的文化优势，尧

---

[1] 碑末原为"至和六年二月二十五日忽终"，但金代无"至和"年号。卫绍王完颜永济曾用"至宁"年号（1213年五月至九月），可时间极短。结合碑文看，"至和六年"当为"泰和六年"或"至泰和六年"，此碑应立于金章宗泰和六年（1206），碑末漏"泰"字，或误"泰"为"至"。
[2] （清）张伯魁：《崆峒山志》，《中国地方志丛书·华北地方》第352号，第62页。
[3] 郑濬、朱离明：《平凉县志》，《中国地方志集成·甘肃府县志辑》第13册，第377页。
[4] 吴景山：《崆峒山金石校释》，甘肃文化出版社，2014年，第116页。
[5] 砂岩质，高117cm，宽58cm，现存崆峒山南崖宫门外崖壁下。
[6] （清）张伯魁：《崆峒山志》，《中国地方志丛书·华北地方》第352号，第123页。

碑禹碣的记载与秦皇汉武的登临，更是将崆峒山与华夏文明起源、古代大一统王朝的缔造联系起来。因"黄帝问道"而闻名的平凉崆峒山，从唐代开始，其宗教发展走出了神话传说与历史故事交织笼罩的氛围，立刻变得明晰而活跃起来。

唐朝、五代时期，崆峒山作为宗教名山开始得到中央王朝的实质性支持。基于"黄帝问道"渊源以及李唐皇室对道教的特殊尊崇，崆峒山出现了以"问道""仙道"为主题营建的问道宫、轩辕宫、广成子庙等早期道教宫观；随着明慧禅院在崆峒山中台创建，作为佛教中国化杰出成果的禅宗开始在崆峒山传播，佛、道二教遂一起在崆峒山奠基发展起来。五代时期，崆峒山佛教依然兴旺，明慧禅院出现了赐紫沙门、崆峒山主，佛教显然成为这一时期崆峒山宗教发展的主流。

赵宋以轩辕黄帝为赵氏始祖赵玄朗之化身，崆峒山作为"黄帝道场"因此受到朝廷重视。宋徽宗以敕令渭州知州张庄营建崆峒山道教宫观，张庄营修告成后，还延请京兆天宁万寿观的赵法师来山住持。这种从中央到地方的双重扶持举措，有效地推动了崆峒山道教的发展，极大地提高了崆峒山作为道教名山的地位。宋金时期，自唐初创建的明慧禅院已然成为颇具规模、僧徒众多的大寺，其周围还新建了准提庵等新寺院，明慧禅院住持法淳因率领徒众在宋夏定川寨之战中护守御书院及蕃汉老幼有功，被宋仁宗赐号"志护大师"。不仅如此，包括崆峒山在内的关陇佛教明显受到中原地区佛教的影响。

唐宋以来，由于中央王朝、地方官僚的重视与支持，佛教、道教有利的发展形势，崆峒山与关中、中原地区密切的宗教文化交流，以及崆峒山佛道二教长期和谐并存、共生共荣的发展传统，崆峒山逐渐发展为丝绸之路上影响甚大的宗教名山，并为元代崆峒山佛教的鼎盛、崆峒山作为"道源圣地"被教门认可以及明代崆峒山宗教发展的转折奠定了基础。

元朝时期，在皇族安西王家族及平凉地方军政长官的支持之下，崆峒山的佛教、道教都得到了快速发展。由于安西王忙哥剌、阿难答父子先后从大都礼请藏传佛教大德担任王师，命其驻锡崆峒山，广建佛寺，翻译经典，统领西北及四川等地佛教，阿难答还在平凉府周边专门划出大量香火田、畜牧草场、酥油僧户，用以供养崆峒山佛教发展，故而，崆峒山作为"道源所在"的尊崇地位尽管已被道教教门认可，但以全真道为主流的崆峒山道教的发展依然未能超过佛教。[①] 直至明代，明太祖分封诸子到全国要地以藩屏国家，建藩平凉且历时 218 年的韩王家族，带动当地士绅百姓将崆峒山作为焚修祝延的道场而持续营建，共同促进了崆峒山宫观群落的形成、佛教寺院的扩展和朝山斋醮活动的兴盛。韩王家族对崆峒山宗教的扶植虽然是佛道并重，但从实际情况来看，扭转了佛教建筑多于道教建筑、佛教盛于道教的局面，使崆峒山成了一座名副其实的道教名山。

---

① 吴通：《试论元代的崆峒山宗教》，段小强、李丽主编：《敦煌学·丝绸之路考古研究》，甘肃教育出版社，2016 年，第 563 页。

莫高窟第 465 窟曼荼罗八大尸陀林图像志[*]

李 国   沙武田   王海彬

（敦煌研究院）（陕西师范大学）（敦煌研究院）

八大尸林作为弃尸的场所，是人类肉身由凡界死亡以后，往生净土的必经之路。八大尸林亦为修行不净观的最佳地点，也是寻求生命真谛的修施身法者所必处之地。《佛本行集经》曰："彼处尸陀林者，四辈共同，无有简选。平等施身，福德之地。"^①藏传佛教强调修持"尸林怙主"法，能增加财富，添福增寿，消灾免难，死后得顺利转生，修佛者获得成佛顺缘，护持成就道果。

《佛说众许摩诃帝经》卷第六亦云："尔时菩萨往尸陀林中，右胁枕尸累足而卧。思想世间有为生灭，如蚁循环无有穷尽，思已复坐入三摩地。"^②据说释迦牟尼在悟道成佛之前，就曾于尸林中苦修。

莫高窟第 465 窟是一个表现藏密题材的佛教洞窟，四壁绘制的藏密壁画是藏区以外现存最早、最为完整的藏传风格石窟寺壁画，主室西壁、南壁、北壁八大曼荼罗周围的尸陀林图像完备，内容丰富，是了解八大尸林早期图像不可多得的历史遗存。北宋来华的印度僧人法贤译《佛说妙吉祥瑜伽大教金刚陪啰嚩轮观想成就仪轨经》中留下了绘制尸林图像的记载，在绘制了本尊大威德金刚（Vajrabhairava）四像之后：

> 于像前画尸陀林，中有种种啰叉娑鬼神吠多拏等。又画尼俱陀树，树上有悬挂人尸及有签尸。复于林下画众人尸，有杂类飞鸟及狐狗等食众尸相。^③

另，藏文《桑伐罗达雅密续》（*The Samvarodaya Tantra*）中载：

> 八大尸林中有各种恐怖的动物，如乌鸦、枭、秃鹫、豺、母豺、鹰、母鹰、狮面、虎面和生物，还有其他令人恐怖的生物，如蛇、牛面和爬行动物等。此外，尸林中还有骨架、被刺穿的尸体、挂在树上的死尸、烧得半焦的尸体和砍下的头颅。尸林中遍布着骇人的头骨、腿、腹、龇着牙的头颅

---

* 本文系国家社科基金重大招标项目"敦煌石窟文献释录与图文互证研究"（21&ZD218）、国家社科基金冷门绝学团队项目"敦煌壁画外来图像文明属性研究"（20VJXT014）阶段性成果。

① （隋）阇那崛多译：《佛本行集经》，《大正藏》第 3 册，第 747 页中。
② （宋）法贤译：《佛说众许摩诃帝经》，《大正藏》第 3 册，第 949 页中。
③ （宋）法贤译：《佛说妙吉祥瑜伽大教金刚陪啰嚩轮观想成就仪轨经》，《大正藏》第 21 册，第 206 页上、中。

和光秃的头颅。在八大尸林中央，还有许多成就者和持明者、行三昧耶之瑜伽者和瑜伽女们、夜叉、起尸、罗刹等发出欢呼的笑声，具备神通和大成就的阿阇梨。[①]

19世纪，萨迦派高僧蒋扬·洛特旺波等人编纂而成的三十二卷本藏文文献集成《续部总集》卷18对尸陀林有更加详细的记载，[②]也是目前对八大尸林记载最完备的资料，称曼荼罗：

> 外侧是八大尸林，东方暴虐寒林，南方怖畏寒林，西方烈焰寒林，北方密丛寒林，东北狂笑寒林，东南吉祥寒林，西南幽暗寒林，西北啾啾寒林。八大尸林里有八大树，东方希利厦树，南方族塔树，西方刚卡拉树，北方阿须瓦塔树，东北大树，东南卡染加树，西南蔓藤树，西北阿族那树。八大树的根部有八护方神，东方黄色帝释骑象，左手持以金刚杵为标识的骷髅碗；南方蓝色阎魔骑水牛，左手持骷髅碗和杖；西方白色水天骑摩羯鱼，左手持骷髅碗和罥索；北方黄色夜叉骑马，左手持骷髅碗和杖；东北白色自在天骑牛，左手持骷髅碗和戟；东南红色火天骑山羊，一面四臂，右面两臂持短杖和骷髅碗，左面二臂持水瓶和数珠；西南黑色的罗刹骑起尸，左手持骷髅碗和剑；西北蓝色风天骑兽，左手持骷髅碗和飞幡。各尊均以右手向佛敬礼。（八大尸林的）虚空
>
> 中有八大云，东方为黄色高声出，南方为蓝色盘卷，西方为白色怖畏，北方为黄色旋绕，东北为白色厚密，东南为红色充满，西南为蓝色降雨，西北为蓝色凶暴。八大寒林处有八大龙王，东方为黄色和修吉龙王，南方为白色莲花龙王，西方为黑色力行龙王，北方为红色德叉迦龙王，东北为白色大莲花龙王，东南为青色无边龙王，西南为绿色具种龙王，西北为黄色护螺龙王。各尊龙王宝冠上各有七个蛇头，且下身为蛇状，尾部盘卷，上身为神形，各尊均合掌。在树枝处有八土地守护，东方为白色神众，象面；南方青色阎魔，水牛面；西方红色云王，摩羯鱼面；北方黄色夜叉首，马面；东北烟色恶鬼聚，牛面；东南红色仙人聚，山羊面；西南黑色罗刹众，起尸面；西北绿色风王，饿鬼面。各尊均从树叶缝隙处露出胸以上部分，持钺刀和骷髅碗。（八大尸林里）还有砍下人头的尸体、捆扎的尸体、厉戈刺穿的尸体、人头、骨架、狐狸、乌鸦、猫头鹰、鹫，起尸们发出"派母"（phaim）的声音。一切相均为过去成就者悉知悉见，（尸林中有）药叉、罗刹、饿鬼、食肉鬼、发狂者、癫病者、空行、空行母等，还有水、火、佛塔、修行者。[③]

以上《续部总集》的记载，是理解莫高窟第465窟主室八铺藏传密教曼荼罗周围所绘"八大

---

① Shinichi TSUDA, *The Samvarodaya Tantra, selected chapters*, The Hokuseido Press,1974, pp.292–294.

② 张雅静：《〈续部总集〉的编纂及其曼荼罗》，《藏学学刊》第19辑，中国藏学出版社，2018年，第197—209页。

③ 蒋扬·洛特旺波等编纂：《续部总集》卷18，第13—15页，参阅张雅静《〈续部总集〉中记述的喜金刚曼荼罗》，《故宫博物院院刊》2010年第1期，第88—89页。

尸林"图像的重要文本。图文结合，洞窟壁画内容几乎能与《续部总集》文字相对应。

鉴于第 465 窟八大尸林图像时代早、内容全面、情节丰富、保存完好，是研究藏传佛教美术八大尸林图像最完整、最珍贵的文物遗存之一，迄今为止，学术界还没有专门的介绍材料，也没有针对此窟八大尸林图像研究的专门性文章，因此有必要以图像志的形式介绍给学术界。草成此文，以飨同好。纰缪之处，敬希方家教正。

一 西壁

1. 西壁中铺

西壁中铺主尊是俱生上乐金刚双身曼荼罗，[①]上乐金刚一面二臂、三目，二手持金刚杵和铃杵交于明妃身后，右脚踩黄色仰伏魔，左脚踩黑色俯伏魔。明妃同样一面二臂、三目，双手分别持钺刀和嘎巴拉碗。主尊两侧各二女尊，一面四臂，与曼荼罗方位完全一致。主尊两侧女尊上端分别为青色一面二臂上乐金刚单身像和赤色明妃一面二臂金刚亥母。主尊上方五身四面十二臂上乐金刚双身像，代表五佛。主尊下方呈凹字形绘大成就者八幅。[②]

在上乐金刚双身像四周，绘有八大尸林画面。现依绘饰龟、鱼、海蛇等水生动物画面涂金粉彩带为自然分割界栏，编号为Ⅰ—Ⅷ，呈"Z"

形依次介绍如下（图 1）。

Ⅰ 第一幅

A. 人体骨骼：呈左右对称式，南、北两侧各置带发头颅 3 颗、交叉棒骨 2 根、散置肋骨等 6 组。

Ⅱ 第二幅

A. 人物：修行者 1 身（图 2）。

B. 动物：虎 1 只、狗 1 只；凤鸟[③]1 只、乌鸦

图 1　莫高窟第 465 窟主室西壁中铺上乐金刚双身曼荼罗（本文图片均由敦煌研究院提供）

---

① 本文对第 465 窟各壁曼荼罗定名，采用的是阮丽博士最新的研究成果。阮丽女士在奥山直司、谢继胜、黄英杰等先生的研究基础之上有所推进。参见阮丽《莫高窟第 465 窟曼荼罗再考》，《故宫博物院院刊》2013 年第 4 期，第 61—85 页。为行文简洁，后涉及定名引此文不再作注。

② 赵晓星：《莫高窟第 465 窟八十四大成就者图像考释》，《汉藏佛教美术研究——第四届西藏考古与艺术国际学术讨论会论文集》，上海古籍出版社，2014 年，第 129—154 页。本文后述八十四大成就者相关问题，均参考赵晓星博士此文，为行文简洁，亦不再单独作注。

③ 凤鸟，亦谓凤凰，中国传说中的神鸟。《山海经·大荒西经》："有五采鸟三名：一曰皇鸟，一曰鸾鸟，一曰凤鸟。"按所谓五采鸟，皆凤凰属也。《山海经·海内西经》云："孟鸟在貊国东北，其鸟文赤、黄、青，东乡。"《山海经·海外西经》云："灭蒙鸟在结匈国北，为鸟青，赤尾。"所记皆凤鸟。

1 只；长蛸^①1 只。

　　C.人体骨骼：裸尸 1 具；带发头颅 5 颗、骷髅头带骨骼 3 具；棒骨及交叉棒骨 6 根、散置肋骨等 16 组。

　　说明：修行者拖拽站姿，身体重心向前，屈右腿，左腿蹬直，双手紧握裸尸左腿，用力扯拽。无头光，蓬松赤发披肩，裸上身仅着短裤。形姿近似南壁西铺曼荼罗下方东起第三身大成就者（图 3），即丹马巴（Dharmapa）。此修行者图像亦可以《八十四大成就者传》中第 48 位、《如意宝树史》中第 47 位，意译为"修持佛法者"，也就是"法称"为参照。

　　Ⅲ 第三幅

　　A.动物：虎 1 只；凤鸟 1 只、乌鸦 3 只；长蛸 1 只。

　　B.人体骨骼：仰卧裸尸 1 具；带发头颅 7 颗、骷髅头带骨骼 2 具、骨架 1 具；棒骨 3 根、散置肋骨等 12 组。

　　Ⅳ 第四幅

　　A.动物：乌鸦 1 只；长蛸 2 只。

　　B.人体骨骼：带发头颅 15 颗；棒骨及交叉棒骨 8 根、散置肋骨等 10 组。

　　C.火葬图：火化交叉棒状骨骼图 1 幅（图 4）。

　　说明：火葬图。在正常情况下，普通人死后焚烧叫火葬，僧人圆寂后火葬叫荼毗。"荼毗"二字是梵语的发音，译成汉语的意思就是焚烧。在敦煌莫高窟藏经洞出土文献 P.T.1286 写卷记载的一段神话传说中就有所反映。据藏族的民间传说，西藏最早的赞普被称为"天赤七王"，《敦煌本吐

图 2　西壁中铺拖拽站姿修行者

图 3　南壁西铺曼荼罗下方大成就者丹马巴

蕃历史文书·赞普世系表》对他们的生死做了如下描述："天神自天空降世，在天空降神之处上面，有天父六君之子，三兄三弟，连同墀顿祉共为七人。墀顿祉之子即为墀聂墀赞普也。来做雅砻大地之主，降临雅砻地方。天神之子做人间之

---

　　① 长蛸，属章鱼科，中国分类学界把蛸定为章鱼的简称。

图 4　西壁中铺火葬图

所说的 "彩虹" "发光的天绳"，其实就是赞普火葬时天空散发出橘红色的火光和腾起的白烟。藏学专家土登彭措在其著《藏史纲要》中亦写道："天赤七王进行火葬之后，烟火像彩虹一样飞上大空，之后烟消云散。"[5]《东噶藏学大辞典》亦道："本教认为天赤七王……死后抓着头顶上的白色绳子，像彩虹一样消逝在天空。"[6]

　　V 第五幅

　　A. 动物：兀鹫 1 只、乌鸦 1 只。

　　B. 人体骨骼：带发头颅 12 颗；棒骨及交叉棒骨 9 根、散置肋骨等 22 组。

　　C. 火葬图：火化交叉棒状骨骼图 1 幅。

　　VI 第六幅

　　A. 人物：结跏趺坐姿修行者 1 身（图 5）。

　　B. 动物：雕 1 只、乌鸦 1 只。

　　C. 人体骨骼：带发头颅 14 颗；棒骨 1 根、散置肋骨等 11 组。

　　D. 佛塔：1 座。

　　说明：修行者结跏趺坐于虎皮纹蒲团上，左手掌心向上平摊足上，类宝生佛之印，右手置于胸前，类说法印。无头光，裸上身仅着短裙。形姿类似西壁南铺曼荼罗下方凹字形北起第二身大成就者（图 6），即米那巴（Minapa），意译为"吞咽师"。此修行者图像亦可以《八十四大成就者传》中第 8 位、《如意宝树史》中第 13 位，即"金刚足"为参照。

　　塔是佛教中的一种专门建筑，随佛教传入我

王，后又为人们目睹直接返回天空。"[1]此传说流传甚广，以致藏族历代历史文献都将其视为重要的史料予以记录，如《西藏王统记》载曰：天赤七王 "均依次攀援天绳，逝归天界，如虹消散矣"。[2]《汉藏史集——贤者喜乐赡部洲明鉴》亦曰："天赤七王，具有发光的天绳，当儿子能够骑马时，父王就用发光的天绳返回天空，犹如彩虹一样消失，不留遗骸在人间。"[3]《红史》也说："天赤七王的陵墓建于天上，神体不留尸骸如虹逝去。"[4]这里

①　王尧、陈践译注：《敦煌本吐蕃历史文书》，民族出版社，1980 年，第 161—162 页。
②　索南坚赞著，刘立千译注：《西藏王统记》，民族出版社，2000 年，第 34 页。
③　达仓宗巴·班觉桑布著，陈庆英译：《汉藏史集——贤者喜乐赡部洲明鉴》，西藏人民出版社，1986 年，第 82 页。
④　蔡巴·贡噶多吉著，陈庆英、周润年译：《红史》，西藏人民出版社，1988 年，第 30 页。
⑤　土登彭措：《藏史纲要》，四川民族出版社，1996 年，第 155 页。
⑥　东噶·洛桑赤列编纂：《东噶藏学大辞典》，中国藏学出版社，2002 年，第 1219、1382 页。

图 5 西壁中铺佛塔、结跏趺坐姿修行者

图 6 西壁南铺曼荼罗下方大成就者米那巴

国。在古代印度，被称作"窣堵坡"（stūpa），原本是埋藏尸骨的半球状覆钵形的坟丘，后来佛教把埋藏佛舍利的"窣堵坡"作为崇拜的对象，供信徒顶礼膜拜。另一种称为"支提"（chaitya）的建筑，与"窣堵坡"相似，是供奉佛陀或是高僧大德之用。① 《魏书·释老志》中载"村坞相属，多有寺塔"，《续部总集》在曼荼罗外侧八大尸林中亦有关于佛塔的记载。莫高窟第 465 窟藏传佛教壁画尸陀林中的佛塔有其独具特色的建筑形式，而在第 465 窟中室西壁甬道门两侧和南北壁所画四塔，又可以说是主室尸林壁画中"佛塔的翻版"。四塔绘制基本相同，涂红地，画白塔，塔上用红、绿、蓝三色绘宝珠、火焰、云气等装饰（图 7）。

Ⅶ 第七幅

A. 人物：交脚坐姿修行者 1 身（图 8）。

B. 动物：猫头鹰 2 只、兀鹫 1 只、乌鸦 1 只。

C. 人体骨骼：带发头颅 12 颗、骷髅头 1 颗；棒骨 2 根、散置肋骨等 13 组。

D. 佛塔：1 座。

说明：修行者交脚坐于虎皮纹蒲团上，双手交置于胸前，无头光，裸上身仅着短裙。类似图像又见于南壁西铺金刚双身曼荼罗周围所绘八大尸林画面中。此修行者形姿近似南壁东铺曼荼罗下方凹字形东起第一身大成就者（图 9）。

Ⅷ 第八幅

A. 动物：猫头鹰 1 只、鹰 1 只、乌鸦 3 只；

---

① 有关敦煌壁画中的塔形建筑，可参见梁思成《敦煌壁画中所见的中国古代建筑》，《文物参考资料》1951 年第 5 期；孙儒僴《敦煌壁画中塔的形象》，《敦煌研究》1996 年第 2 期，第 1—16 页。两位先生的研究成果，论述甚详。

图 7　莫高窟第 465 窟中室西壁甬道门北侧佛塔　　　图 8　西壁中铺中的佛塔、交脚坐姿修行者

图 9　南壁东铺曼荼罗下方大成就者

蟒蛇 1 条。

B. 人体骨骼：带发头颅 36 颗、骷髅头带骨骼 2 具；棒骨及交叉棒骨 14 根、散置肋骨等 30 组。

C. 虚空中八大云：呈左右对称式，南、北两侧各绘八大云图 1 幅，云图中显赤上身尊者 1 身（图 10）。

D. 八大树：呈左右对称式，南、北两侧各绘树 1 棵（图 11）。

说明：虚空中的八大云，据《续部总集》卷 18："（八大尸林的）虚空中有八大云，东方为黄色高声出，南方为蓝色盘卷，西方为白色怖畏，北方为黄色旋绕，东北为白色厚密，东南为红色

充满，西南为蓝色降雨，西北为蓝色凶暴。"从莫高窟第 465 窟虚空中的八大云图形象来看，云朵中间还绘有赤上半身的尊者。这一现象说明，当时的画师并非完全教条地按照相关经籍描画，而是在绘画个体上打破陈规，按照自己的想法有所创新。谢继胜教授则认为，此图形很有可能是"天魔"的形象。

八大树，《续部总集》卷 18 记载："八大尸林里有八大树，东方希利厦树，南方族塔树，西方刚卡拉树，北方阿须瓦塔树，东北大树，东南卡染加树，西南蔓藤树，西北阿族那树。"莫高窟第 465 窟八大尸林里绘制的树形极像尼俱陀树，中国佛教典籍音译作尼拘陀树、尼拘屡陀树、尼拘

图 10　西壁中铺南侧虚空中的八大云、八大树

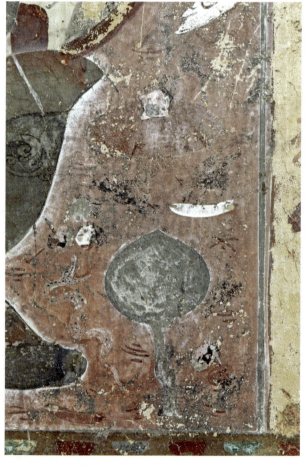

图 11　西壁中铺北侧虚空中的八大云、八大树

尼陀树、尼拘类树、尼俱卢陀树、诺瞿陀树，属桑科，形状类似榕树，多产于印度、斯里兰卡、缅甸等南亚地区。印度古籍《阿育吠陀》中即已有载，树呈广卵形或伞状，树皮灰褐色，枝叶稠密，叶呈椭圆形或卵状椭圆形，叶端为尖状。

2. 西壁南铺

西壁南铺主尊是上乐金刚单身曼荼罗。上乐金刚一面三目，双手置于胸前交持金刚铃和金刚杵，下肢展右，脚踩仰伏魔和俯伏魔。两侧各四女尊，展左，一面二臂，似左手皆持铃。主尊上方三尊分别为：中央白金刚萨埵，左侧一面二臂青色上乐金刚单尊像，右侧一面二臂白色上乐金刚单尊像。主尊下方呈凹字形绘大成就者八幅。

在上乐金刚单身像四周，绘有八大尸林画面。现依绘饰龟、鱼、海蛇等水生动物画面涂金粉彩带为自然分割界栏，编号为Ⅰ—Ⅷ，呈"Z"形依次介绍如下（图 12）。

Ⅰ 第一幅

A. 动物：狼 2 只；猫头鹰 1 只、乌鸦 1 只。

B. 人体骨骼：带发头颅 8 颗、骷髅头 2 颗、骷髅头带骨骼 1 具；桡骨及手骨 1 组；棒骨及交叉棒骨 3 根、散置肋骨等 18 组。

Ⅱ 第二幅

A. 人物：盘腿坐姿修行者 1 身、天葬师 1 身（图 13）。

B. 动物：狗 1 只；凤鸟 1 只、猫头鹰 1 只、乌鸦 1 只。

C. 人体骨骼：束手缚脚坐姿裸尸 1

具；带发头颅 10 颗、骷髅头 3 颗；棒骨 3 根、散置肋骨等 17 组。

说明：修行者坐于火焰状虎皮纹蒲团坐垫上，面前有一幅以三颗带发头颅为外接点的倒"▼"三角图案和嘎巴拉碗。左腿微曲前伸，左脚支地，右腿盘于左腿上，右脚心向外；左手扶胯，右臂前伸，右手高举，似持物。有头光，束发高髻，裸上身仅着短裙。在修行者的左侧，搁一具束手缚脚坐姿裸尸，有一疑似天葬师的人，两脚前后站立，左手揪提着裸尸的头发，右手按扶尸体左

图 12　莫高窟第 465 窟主室西壁南铺上乐金刚单身曼荼罗

肩，仰面正对修行者，似作询问状。此幅修行者形姿，类似北壁东铺曼荼罗下方凹字形东起第三身大成就者（图14），即嘎卡巴（Khadgapa），意译为"持宝剑者"。此修行者图像亦可以《八十四大成就者传》中第15位、《如意宝树史》中第22

图 13　西壁南铺坐姿修行者、天葬师

图 14　北壁东铺曼荼罗下方大成就者嘎卡巴

位为参照。

Ⅲ 第三幅

A. 人物：倚坐修行者1身、坐姿人物1身（图15）。

B. 动物：虎1只、犳1只[①]；猫头鹰1只、乌鸦2只。

C. 人体骨骼：上半身裸尸1具；带发头颅10颗、骷髅头2颗；棒骨1根、散置肋骨等15组。

说明：修行者倚坐于一张火焰纹动物皮垫上，面前置白色陶罐和盆状供器。左肘倚于身后椅式靠背扶手上，右手抚右膝，手指自然下垂，两腿弯曲，脚心相对。有头光，裸上身仅着短裙。形姿类似南壁中铺曼荼罗下方凹字形东起第五身大成就者（图16），即达忽力（Dhahulipa），又称"草绳师"。此修行者图像亦可以《八十四大成就者传》中第70位、《如意宝树史》中第66位为参照。

Ⅳ 第四幅

A. 动物：猫头鹰1只。

B. 人体骨骼：带发头颅11颗、骷髅头带骨架1具；棒骨及交叉棒骨9根、散置肋骨等10组。

C. 火葬图：火化并排平置两根棒状骨骼图1幅。

Ⅴ 第五幅

A. 动物：猫头鹰1只；长蛸1只。

B. 人体骨骼：带发头颅9颗、骷髅头1颗；半身骨骼1组；棒骨及交叉棒骨8根、散置肋骨等12组。

C. 火葬图：火化交叉棒骨及散置骨骼等图

① 犳，传说中的动物名。古书上的一种兽，像豹，没有花纹。《山海经·西次二经》："厎阳之山，其阳多赤铜，其阴多石涅，其兽多虎、犳、犀、兕。"《山海经·中次八经》载铜山亦有此兽。

图 15　西壁南铺倚坐修行者、坐姿人物

图 16　南壁中铺曼荼罗下方大成就者达忽力

1 幅。

　　Ⅵ 第六幅

　　A. 人物：人身蛇尾龙王 1 身。

　　B. 动物：雕 1 只、乌鸦 2 只。

　　C. 人体骨骼：带发头颅 8 颗；骷髅头带骨架 1 组；棒骨 4 根、散置肋骨等 9 组。

　　D. 佛塔：1 座。

　　E. 八大树和八土地守护：树 1 棵，树心绘赤上身人像 1 身（图 17）。

　　说明：人身蛇尾龙王。《续部总集》卷 18 记载："八大寒林处有八大龙王，东方为黄色和修吉龙王，南方为白色莲花龙王，西方为黑色力行龙王，北方为红色德叉迦龙王，东北为白色大莲花龙王，东南为青色无边龙王，西南为绿色具种龙王，西北为黄色护螺龙王。各尊龙王宝冠上各有七个蛇头，且下身为蛇状，尾部盘卷，上身为神形，各尊均合掌。"从第 465 窟八大曼荼罗周围尸林描绘的人身蛇尾龙王形象看，头上仅绘一蛇头，双手动作形态亦各异，有双手合十、单手半举作持物状等形态。这一实例说明，当时的画匠并没有墨守成规，而是根据画面内容和表现意图的需要，灵活地赋予了画面更多的想象空间，让画面的表现形式更具有视觉冲击力。在第 465 窟主室西披南端，亦绘有一幅人身蛇尾龙王像（图 18）。

　　八土地守护。《续部总集》卷 18 记载："（八大寒林里）在树枝处有八土地守护，东方为白色神众，象面；南方青色阎魔，水牛面；西方红色云王，摩羯鱼面；北方黄色夜叉首，马面；东北烟色恶鬼聚，牛面；东南红色仙人聚，山羊面；西南黑色罗刹众，起尸面；西北绿色风王，饿鬼面。各尊均从树叶缝隙处露出胸以上部分，持钺刀和骷髅碗。"古代画工在绘制第 465 窟八大曼荼罗周围八大尸林时则将八大树与八土地守护有机地结合在一起，将土地守护绘在树心，描绘也与经籍有所不同，又各具特点，既避免了画面拥挤，又使逼仄的空间变得简约疏朗。独具匠心的设计，使画面至臻至美。

Ⅶ 第七幅

A. 人物：人身蛇尾龙王 1 身。

B. 动物：凤鸟 1 只、鹰 1 只、猫头鹰 1 只、乌鸦 1 只。

C. 人体骨骼：带发头颅 6 颗、骷髅头带骨骼 1 具；半身骨架 1 组；棒骨及交叉棒骨 5 根、散置肋骨等 10 组。

D. 佛塔：1 座。

E. 八大树和八土地守护：树 1 棵，树心绘赤上身人像 1 身。

Ⅷ 第八幅

A. 人物：坐姿修行者 1 身（图 19）、盘腿坐姿修行者 1 身（图 20）。

B. 动物：虎 1 只、鬣狗 1 只、狗 1 只；凤鸟 1 只。

C. 人体骨骼：俯卧裸尸 1 具；带发头颅 29 颗；棒骨及交叉棒骨 15 根、散置肋骨等 24 组。

说明：修行者之一，绘于西壁南铺下方南侧，平坐于蒲团上，右腿残断，左腿平置前伸，

图 17　西壁南铺人身蛇尾龙王、八大树和八土地守护

图 18　主室西披南侧龙王

图 19　西壁南铺南侧坐姿修行者

右手置于胸前，左臂弯曲，左手上举，手指半握，掌心向外。无头光，髯须，束发斜竖额前，造型奇特，裸上身仅着短裙。此身修行者暂无参照依据，图像待考。

修行者之二，绘于西壁南铺下方北侧，坐于一张虎皮火焰纹动物皮垫上，面前左侧彩绘三足供器，右侧置嘎巴拉碗。盘左腿，右腿屈盘于左腿之上；右肘微支右腿上，手臂上举，半握拳，左手置于胸前，似持物。无头光，束发高髻，裸上身仅着短裙。修行者形姿类似东壁门北侧曼荼罗下方南端第一身大成就者沙瓦巴噶（Sarvabhaksa）（图 21），意译为"全部吃光者"，又称"食一切师"。此修行者图像亦可以

《八十四大成就者传》中第 75 位、《如意宝树史》中第 71 位为参照。

3. 西壁北铺

西壁北铺主尊是金刚亥母曼荼罗。金刚亥母二面三目，左手持嘎巴拉碗，右手持金刚钺刀，呈舞蹈状丁字立于莲花座上的日轮内，足下踏一仰卧死尸。右侧一猪首是金刚亥母的主要标识。周围是十三身尊形相同的女尊眷属，皆一面四臂、展右，踏一尸体。惜画面左侧下方三身残毁。主尊下方呈凹字形绘大成就者八幅。

在金刚亥母单身像四周，绘有八大尸林画面。现依绘饰龟、鱼、海蛇等水生动物画面涂金粉彩带为自然分割界栏，编号为 I - VIII，呈"Z"

图 20　西壁南铺北侧盘腿坐姿修行者

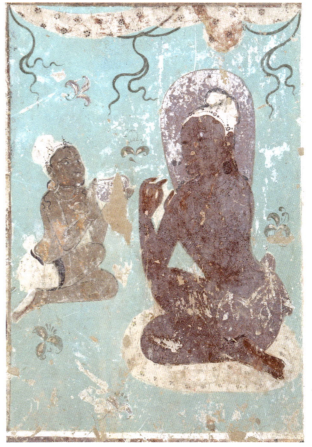

图 21　东壁门北侧曼荼罗下方大成就者沙瓦巴噶

形依次介绍如下（图 22）。

Ⅰ 第一幅

A.动物：乌鸦 1 只；腾蛇①1 条。

B.人体骨骼：带发头颅 10 颗、骷髅头 1 颗；棒骨 1 根、散置肋骨等 13 组。

Ⅱ 第二幅

A.人物：游戏坐姿修行者 1 身、侍者 1 身、作舞蹈状姿修行者 1 身、坐姿人物 1 身（图 23）。

B.动物：狗 1 只；雕 1 只、乌鸦 2 只。

C.人体骨骼：带发头颅 5 颗、骷髅头 3 颗、骷髅头带半身骨架 1 具、半身骨架 1 具；棒骨 1 根、散置肋骨等 15 组。

说明：修行者之一，游戏坐于蒲团上，前置三足供器。竖左膝，盘右腿，左手腕过左膝，手指自然下垂，右肘倚于身后椅式靠背扶手上，右手置于胸前。无头光，裸上身仅着短裙。右侧有一侍者，双膝跪地，两手合十举于胸前，作礼拜状，亦裸上身仅着短裙。此身修行者形姿，类似北壁中铺曼荼罗下方凹字形西起第四身大成就者（图24），可能为《伯希和敦煌石窟笔记》所记"麻号粹（？）巴此云取士师"。这幅修行者图像，无法与《八十四大成就者传》《如意宝树史》对应。

修行者之二，左足立地，右脚前踢，作舞蹈状，两手向两侧高举，持物不明。无头光，裸上身仅着短裙，形姿近似西壁北铺曼荼罗下方凹字形北起第二身大成就者之"腕铡师"（图25），即甘嘎那巴（Kankanapa）。奥山直司有考证。此修行者图像亦可以《八十四大成就者传》中第 29

图 22　莫高窟第 465 窟主室西壁北铺金刚亥母曼荼罗

图 23　西壁北铺游戏坐姿修行者、侍者、作舞蹈状姿修行者、坐姿人物

---

① 腾，一作"螣"。腾蛇，在中国古代文献中有记载，是一种远古神兽。螣蛇一词的典故出自《荀子·劝学》"螣蛇无足而飞，鼫鼠五技而穷"，指螣蛇虽然无足，却比多技的鼫鼠更能腾云驾雾，游走空中。《尔雅·释鱼》中亦提及"螣"即"螣蛇"；东晋郭璞为其作注，指螣蛇为"龙类也，能兴云雾而游其中"。曹操《龟虽寿》里面也有"神龟虽寿，犹有竟时。腾蛇乘雾，终为土灰"的诗句。

图 24　北壁中铺曼荼罗下方大成就者取士师

图 25　西壁北铺曼荼罗下方大成就者"腕钏师"

位、《如意宝树史》中第 31 位为参照。

Ⅲ 第三幅

A.人物：盘腿坐姿修行者 1 身、侍者 1 身（图 26）。

B.动物：虎 1 只、狼 1 只、狗 2 只；鹰 1 只、雕 1 只、乌鸦 3 只。

C.人体骨骼：骷髅头 1 颗；骷髅头带骨骼 1 具；棒骨 2 根、散置肋骨等 20 组。

说明：修行者坐于蒲团上，面前置嘎巴拉碗。竖右膝，盘左腿，左手支地，右臂前伸上举，右手似掷物，身后置玉米笋状饰物不明。无头光，长发披肩，裸上身仅着短裙。前方侍者盘右腿，高竖左膝，两肘支左膝上，捧双手供奉，裸身，

亦披肩长发。

Ⅳ 第四幅

A.动物：猫头鹰 2 只、雕 1 只、鹰 1 只、乌鸦 2 只。

B.人体骨骼：仰卧上半身裸尸 1 具；带发头颅 15 颗；骷髅头带骨骼 2 具；棒骨及交叉棒骨 8 根、散置肋骨等 25 组。

C.火葬图：火化交叉棒骨及散置骨骼等图 1 幅。

Ⅴ 第五幅（大部分壁画残毁）

A.动物：猫头鹰 1 只、雕 1 只、乌鸦 2 只；[①]长蛸 1 只。

---

① 第五幅"尸林"壁画大部分损毁，现"飞禽走兽"图像无存。1908 年伯希和拍摄照片较为模糊，隐约似存"猫头鹰 1 只、雕 1 只、乌鸦 2 只"，据 Paul Pelliot, *Les Grottoes de Touen-Houang*, Ⅵ, PL.CCCXLⅦ图版，补"飞禽"图 1 组，仅供读者参考。

图 26　西壁北铺盘腿坐姿修行者、侍者

B. 人体骨骼：带发头颅 7 颗；[1] 棒骨及交叉棒骨 3 根、散置肋骨等 10 组。[2]

C. 火葬图：火化交棒骨及散置骨骼等图 1 幅。[3]

Ⅵ 第六幅（部分壁画残毁）

A. 动物：虎 1 只；猫头鹰 1 只（残）、乌鸦 1 只（残）。

B. 人体骨骼：带发头颅 5 颗、骷髅头 1 颗；骷髅头带骨架 1 具、半身骨架 1 具；棒骨及交叉棒骨 3 根、散置肋骨等 8 组。

C. 佛塔：1 座。

D. 八大树：树 1 棵（仅存树干）。

Ⅶ 第七幅（壁画全部残毁）[4]

A. 人物：人身蛇尾龙王 1 身。

B. 动物：凤鸟 1 只、猫头鹰 1 只、乌鸦 1 只。

C. 人体骨骼：带发头颅 2 颗、骷髅头 1 颗；散置肋骨等 4 组。

D. 佛塔：（残毁）。

E. 八大树：（残毁）。

Ⅷ 第八幅

A. 人物：盘腿坐姿修行者 1 身、结跏趺坐姿修行者 1 身。

B. 动物：虎 1 只、豺 2 只、狗 1 只、狼 1 只；凤鸟 3 只、猫头鹰 2 只、雕 1 只、鹰 1 只、乌鸦 9 只；[5] 蟒蛇 1 只；长蛸 1 只。

C. 人体骨骼：侧卧枕右臂睡姿裸尸 1 具（蟒蛇缠绕）、束手缚脚弓形裸尸 1 具、匍匐状首存足缺裸尸 1 具、仰卧半身裸尸 2 具、腿 1 条；带发头颅 27 颗、骷髅头 3 颗、骷髅头带骨骼 1 具；[6] 半身骨架 1 具、棒骨及交叉棒骨 5 根[7]、散置肋骨等 35 组（图 27）。

说明：修行者之一，绘于西壁北铺下方南

① 第五幅"尸林"壁画大部分损毁，现残存"带发头颅"2 颗，据 Paul Pelliot, *Les Grottoes de Touen-Houang*, Ⅵ, PL. CCCXLⅦ和 Dora C. Y. Ching, *Visualizing Dunhuang: The Lo Archive Photographs of the Mogao and Yulin Caves*, 465-5 图版，补"带发头颅"5 颗，仅供读者参考。

② 第五幅"尸林"壁画大部分损毁，现残存"散置肋骨"等 3 组，据 Paul Pelliot, *Les Grottoes de Touen-Houang*, Ⅵ, PL. CCCXLⅦ和 Dora C. Y. Ching, *Visualizing Dunhuang: The Lo Archive Photographs of the Mogao and Yulin Caves*. 465-5 图版，补"散置肋骨"等 7 组，仅供读者参考。

③ 第五幅"尸林"壁画大部分损毁，现火化骨骼图无存，据 Paul Pelliot, *Les Grottoes de Touen-Houang*, Ⅵ, PL.CCCXLⅦ补火化图 1 幅，仅供读者参考。

④ 第七幅"尸林"壁画现已全部残毁。据《俄藏敦煌艺术品》Ⅳ"P.182（D.465）-9"西壁北铺图版局部，补充画面绘制部分内容，仅供读者参考。

⑤ 第八幅"尸林"北端上角壁画局部残毁，现有乌鸦 8 只。据《俄藏敦煌艺术品》Ⅳ"P.182（D.465）-9"图版，补"乌鸦"1 只，仅供读者参考。

⑥ 第八幅"尸林"北端上角壁画局部残毁。据《俄藏敦煌艺术品》Ⅳ"P.182（D.465）-9"图版，补"骷髅头带骨骼"1 具，仅供读者参考。

⑦ 第八幅"尸林"北端上角壁画局部残毁，现有棒骨及交叉棒骨 4 根。据《俄藏敦煌艺术品》Ⅳ"P.182（D.465）-9"图版，补"棒骨"1 根，仅供读者参考。

图 27　西壁北铺坐姿修行者、飞禽走兽、裸尸骨骼

侧，坐于一张动物皮垫上，右腿平置前伸，左腿盘于右腿外，右手支地，左肘微支左膝上，左手似持物于面前。无头光，高髻耳珰，裸上身仅着短裙。修行者形姿类似南壁西铺曼荼罗下方凹字形西起第二身大成就者葛鲁拉（Godhuripa）（图28），即"养鸟者峤缕罗"（go-ru-la），意译为"猎鸟者"，故又称"捕鸟师"。此修行者图像亦可以《八十四大成就者传》中第55位、《如意宝树史》中第54位为参照。

修行者之二，绘于西壁北铺下方北侧，结跏趺坐于蒲团上，右脚置于左脚上，两手置胸前。无头光，身后有靠背，裸上身仅着短裙。修行者形姿类似南壁东铺曼荼罗下方凹字形东起第五身大成就者"食鱼肠师"，即卢伊巴（luyipa），意译为"食鱼内脏者"。此修行者图像亦可以《八十四大成就者传》中第1位、《如意宝树史》中第6位为参照。

二　南壁

1. 南壁中铺

宿白先生认为第465窟南壁三铺曼荼罗"似皆具有时轮金刚之特征"。[①] 谢继胜先生则认为南壁中铺曼荼罗图像是密集金刚双身曼荼罗，[②] 阮丽博士定名作黑阎摩敌九尊曼荼罗。[③] 主尊高发髻冠，戴髑髅珠，三面三眼六臂，双腿展左，足踩赭色公牛长条台座上一右侧卧黑身男子，两侧各画尊形相同的四女尊，皆展左，一面四臂，画面持物漫漶，难以辨识。主尊与两侧八女尊构成一铺九尊曼荼罗。主尊上方四身是九尊曼荼罗以外的四空行母尊神。主尊下方呈凹字形绘大成就者八幅。

在双身曼荼罗四周，绘有八大尸林画面。现依绘饰龟、鱼、海蛇等水生动物画面涂金粉彩带为自然分割界栏，编号为Ⅰ—Ⅷ，呈"Z"形依次介绍如下（图29）。

---

①　宿白：《敦煌莫高窟密教遗迹札记（下）》，《文物》1989年第10期，第80页。
②　谢继胜：《敦煌莫高窟第465窟壁画双身图像辨识》，《敦煌研究》2001年第3期，第5页。
③　阮丽：《莫高窟第465窟曼荼罗再考》，《故宫博物院院刊》2013年第4期，第75—76页。

图 28　南壁西铺曼荼罗下方大成就者葛鲁拉

图 29　莫高窟第 465 窟主室南壁中铺曼荼罗

Ⅰ 第一幅

A. 人体骨骼：带发头颅 8 颗；交叉棒骨 2 根、散置肋骨等 8 组。

Ⅱ 第二幅

A. 人物：护法 1 身、眷属 1 身。

B. 生灵：兽首人身侧俯卧姿生灵 1 身。

C. 动物：虎 1 只、豹 1 只；凤鸟 1 只、猫头鹰 1 只、乌鸦 1 只。

D. 人体骨骼：带发头颅 11 颗、骷髅头 2 颗；骷髅头带骨骼 1 具；散置肋骨等 10 组。

说明：护法盘腿坐于降伏的兽首人身生灵背上，手置胸前，高发髻，裸上身仅着短裙。眷属则侧坐于护法右侧，亦裸上身仅着短裙。

《续部总集》卷 18 记载，在八大树的根部有八护方神：东方黄色帝释骑象，左手持以金

刚杵为标识的骷髅碗；南方蓝色阎魔骑水牛，左手持骷髅碗和杖；西方白色水天骑摩羯鱼，左手持骷髅碗和罥索；北方黄色夜叉骑马，左手持骷髅碗和杖；东北白色自在天骑牛，左手持骷髅碗和戟；东南红色火天骑山羊，一面四臂，右面两臂持短杖和骷髅碗，左面二臂持水瓶和数珠；西南黑色的罗刹骑起尸，左手持骷髅碗和剑；西北蓝色风天骑兽，左手持骷髅碗和飞幡。各尊均以右手向佛敬礼。在 465 窟主室曼荼罗周围所绘八大尸林画面中亦有护法的身影，但有些出现在了窟顶的四披，其身份和方位亦有所变换，手持法器以及手姿也各有不同。如，东披北侧乘白象护法（图 30），东披南侧乘白角红羊护法（图 31）；南披东侧乘独角牛护法，南披西侧乘降伏生灵护法；西披南侧

图 30　莫高窟第 465 窟主室东披北侧乘白象护法

图 31　莫高窟第 465 窟东披南侧乘白角红羊护法

乘獬豸①龙王，西披北侧乘鹿护法；北披西侧骑马护法，北披东侧蓝色阎魔乘水牛护法。

　　Ⅲ 第三幅

　　A. 人物：护法 1 身、眷属 1 身（图 32）。

　　B. 生灵：兽首人身侧俯卧姿生灵 1 身。

　　C. 动物：虎 1 只、豹 1 只、狼 1 只；凤鸟 1只、乌鸦 1 只。

　　D. 人体骨骼：裸尸 1 具；带发头颅 10 颗、骷髅头 1 颗；骷髅头带骨骼 2 具；散置肋骨等18 组。

　　说明：护法盘腿坐于降伏的兽首人身生灵背上，高发髻，右手握拳置于胸前，左肘轻倚眷属右肩，手自然下垂。眷属则侧坐于护法左侧，长发上扬，双手合十举于胸前。护法及眷属均裸上身短裙装束。此幅盘腿坐姿护法，亦可与主室南披西侧坐于降伏邪恶生灵背上之护法类

比（图 33）。

　　Ⅳ 第四幅

　　A. 动物：狼 1 只；猫头鹰 1 只。

　　B. 人体骨骼：带发头颅 14 颗；骷髅头带骨骼 4 具、半身骨架 1 具；棒骨及交叉棒骨 6 根、散置肋骨等 11 组。

　　C. 火葬图：火化交叉棒状骨骼图 1 幅。

　　Ⅴ 第五幅

　　A. 动物：猫头鹰 1 只、乌鸦 1 只。

　　B. 人体骨骼：带发头颅 11 颗、骷髅头带骨骼3 具；棒骨及交叉棒骨 5 根、散置肋骨等 16 组。

　　C. 火葬图：火化交叉棒状骨骼图 1 幅。

　　Ⅵ 第六幅

　　A. 人物：舞蹈状丁字立修行者 1 身（图 34）。

　　B. 动物：虎 2 只、狼 1 只、狐狸 1 只、狗 1只；凤鸟 1 只、乌鸦 1 只。

①　獬豸，又称獬廌，别称任法兽，是中国古代神话传说中的瑞兽。相传体形大者如牛，小者如羊，类似麒麟，全身长着浓密黝黑的毛，双目明亮有神，额上通常长一角，俗称独角兽。它拥有很高的智慧，懂人言知人性，善辨曲直，见人争斗即以角触不直者，因而也称"直辨兽""触邪"。当人们发生冲突或纠纷的时候，独角兽会用角指向无理的一方，甚至可以将罪该万死的人用角抵死，令犯法者不寒而栗。

图32 南壁中铺护法、眷属

图33 主室南坡西侧护法

C.人体骨骼：带发头颅15颗、骷髅头3颗、骷髅头带骨骼2具、半身骨架1具；棒骨及交叉棒骨4根、散置肋骨等15组。

D.火葬图：火化交叉棒骨及散置骨骼等图1幅。

说明：修行者作丁字立舞蹈状，微屈右腿，右脚立于兽皮之上，左腿高抬，屈悬于身前，呈独立之势；右手置胸前，左臂高举，紧握拳头。有头光，高髻束发，裸上身仅着短裙。修行者形姿近似西壁中铺曼荼罗下方凹字形南起第四身大成就者（图35），即古古力巴（Kukkuripa）。此修行者图像可以《八十四大成就者传》中第34位、《如意宝树史》中第34位为参照，亦可参照南壁

西铺曼荼罗下方大成就者"狩猎师"之形象。

Ⅶ 第七幅

A.人物：结跏趺坐修行者1身（图36）；仰卧俯坐云雨男女2身。

B.动物：犭1只、狼1只；雕1只、凤鸟1只。

C.人体骨骼：带发头颅12颗、骷髅头带骨骼4具；棒骨1根、散置肋骨等17组。

D.火葬图：火化棒状骨骼图1幅。

说明：修行者结跏趺坐于蒲团坐垫上，左手下垂至两脚交叉处，右手置胸前类说法印。有头光，长发披肩，裸上身仅着短裙，形姿近似西壁南铺曼荼罗下方凹字形南起第二身大成就者（图37），即《伯希和敦煌石窟笔记》所记"葛葛哩巴此云枯口师"，奥山直司考证的吉嘎力巴（Kankaripa）。此修行者图像亦可以《八十四大成就者传》中第7位、《如意宝树史》中第12位为参照。

Ⅷ 第八幅（以赭色公牛长条台座首尾呈左右对称式布局）

A.动物：东侧雕1只、乌鸦1只；蟒蛇1条。西侧长蛸1只。

B.人体骨骼：东侧带发头颅4颗、骷髅头带骨骼3具、棒骨1根、散置肋骨等6组；西侧带发头颅5颗、交叉棒骨2根、散置肋骨等6组。

C.虚空中八大云：呈左右对称式，东、西两侧各绘八大云图1幅，云图中显赤上身尊者1身。

D.佛塔：呈左右对称式布局，东、西两侧各绘白塔1座。

2.南壁东铺

南壁东铺主尊是大幻金刚双身曼荼罗。大

图 34　南壁中铺舞蹈状丁字立修行者

图 35　西壁中铺曼荼罗下方大成就者古古力巴

图 36　南壁中铺结跏趺坐修行者

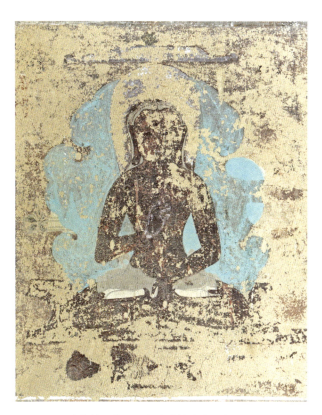

图 37　西壁南铺曼荼罗下方大成就者吉嘎力巴

幻金刚,梵文作 Mahâmâyâ,根本经典《大幻化本续》(Mahāmāyātantra)盛行于 9—11 世纪。大幻金刚戴发髻冠,四面四臂,三目,呈舞蹈状丁字立于仰伏魔身上。四臂的主二手持嘎巴拉和钺刀交于明妃身后,另外二手于身前张弓搭箭。明妃佛空行母(Buddhaḍâkinî)一面四臂,持物与男尊相同。主尊与两侧下方四空行母构成大幻金刚尊曼荼罗。四空行母皆四面四臂,呈右旋排列,与曼荼罗方位一致。主尊上方七铺及两侧顶端二铺双身像,主二臂皆持金刚杵和金刚铃,中央为三面六臂,其余八身为三面四臂。从尊像布局看,这九尊大幻金刚很可能又构成了一幅上乐金刚曼荼罗。主尊下方呈凹字形绘大成就者八幅。

在主尊大幻金刚双身像四周,绘有八大尸林画面。现依绘饰龟、鱼、海蛇等水生动物画面涂金粉彩带为自然分割界栏,编号为Ⅰ—Ⅷ,呈"Z"形依次介绍如下(图 38)。

Ⅰ 第一幅

A. 动物:呈左右对称式,东、西两侧各绘蟒蛇 1 条。

B. 人体骨骼:呈左右对称式,东侧带发头颅 3 颗、散置肋骨等 8 组;西侧带发头颅各 2 颗、交叉棒骨 2 根、散置肋骨等 5 组。

Ⅱ 第二幅

A. 人物:坐姿修行者 1 身、跪姿侍者 1 身(图 39)。

B. 动物:狼 2 只;鹰 1 只、乌鸦 3 只;长蛸 2 只。

C. 人体骨骼:带发头颅 6 颗;骷髅头带骨骼 2 具、半身骨架 1 具;棒骨 3 根、散置肋骨等 10 组。

说明:修行者侧坐于一张动物皮垫上,右腿平置伸出,脚掌心向上,脚趾上下分开,酷似狼嘴张开状;右臂弯举胸前,右手类说法印;左腿屈起,左肘轻支左膝上,手臂向上弯举,左手亦作狼嘴张开的形状。无头光,高髻束发,裸上身仅着短裙。前方侍者盘右腿,微竖左腿,捧双手高举供奉,裸身,亦披肩长发。此幅修行者的形姿近似北壁东铺曼荼罗下方凹字形东起第四身大成就者"养豹狼师"(图 40)。据考证,"养豹狼

图 38　莫高窟第 465 窟主室南壁东铺大幻金刚双身曼荼罗

图 39　南壁东铺坐姿修行者、跪姿侍者

师"大成就者即尸林中修行的"狼人"——夏力巴（Shyalipa），《八十四大成就者传》中第 21 位、《如意宝树史》中第 24 位。夏力巴住在尸陀林附近，每到夜晚，听到在墓场中游荡的野狼嚎叫就非常害怕，却又苦无解脱之法。后来，他请求比丘教授他克服恐惧的法门，比丘授夏力巴以恐惧摧毁恐惧、以毒攻毒的修持方法，如此修行九年之后证得成就，并从此披上一块狼皮，故被人称作"夏力巴"，即"狼人"之意。

Ⅲ 第三幅

A. 人物：坐姿修行者 1 身、胡跪侍者 1 身（图 41）。

B. 动物：虎 1 只；猫头鹰 1 只、雕 1 只、乌鸦 2 只；长蛸 1 只。

C. 人体骨骼：带发头颅 5 颗；骷髅头带骨骼 2 具；棒骨 2 根、散置肋骨等 12 组。

说明：修行者坐于蒲团上，面前置圆盘形供器。盘左腿，竖右膝，左手触地，右肘支右膝上，右手似持物于面前。有头光，髭须，裸上身仅着短裙。前方侍者胡跪于地，右手举于胸前，作礼拜状，左膝高竖，左肘支左膝上，手持颅钵供奉，高髻束发，亦裸上身着短裙。修行者图像形姿类似南壁西铺曼荼罗下方凹字形东起第四身大成就者（图 42），即阿卓基（Ajokipa），意译为

图 41　南壁东铺坐姿修行者、胡跪侍者

图 40　北壁东铺曼荼罗下方大成就者"养豺狼师"

图 42　南壁西铺曼荼罗下方大成就者阿卓基

"懒惰者",又称"懈怠师"。此修行者图像亦可以《八十四大成就者传》中第 26 位、《如意宝树史》中第 28 位为参照。

Ⅳ 第四幅

A. 人物:尊者 1 身;坐姿修行者 1 身(图 43)。

B. 动物:猫头鹰 1 只、雕 1 只、乌鸦 1 只;长蛸 1 只。

C. 人体骨骼:上半身裸尸 1 具;带发头颅 8 颗、骷髅头带上半身骨骼 1 具、半身骨架 1 具、骷髅头带骨骼 1 具;棒骨 3 根、散置肋骨等 22 组。

说明:尊者结跏趺坐于蒲团上,双臂四手,主二手中左手上举持花,右手亦上举,拇指虎口处吊挂一串骷髅珠。另两手合十举于胸前。有头光,高髻束发,头戴骷髅珠,裸上身仅着短裙,项、臂、手腕、脚腕均饰璎珞环钏。尊者形姿类似西壁北铺曼荼罗下方凹字形南起第五身大成就者养飞禽师(图 44),即邬笛力巴(Udhilipa),意译为"飞行",故称"飞行师"。此尊者图像亦可以《八十四大成就者传》中第 71 位、《如意宝树史》中第 67 位为参照。

修行者裸坐于地上,头戴白色尖顶高帽,尖嘴猴腮貌相,裸身通体赭红。左腿微屈前伸,脚掌心向外;斜竖右腿,右肘支于右腿上,右手置于胸前;左臂弯曲向上,抬头仰望,高举左手,疑似待食或观赏持物。

Ⅴ 第五幅

A. 动物:狗 1 只;猫头鹰 1 只、雕 2 只、乌鸦 2 只、麻雀 1 只;腾蛇 1 条;长蛸 1 只。

B. 人体骨骼:带发头颅 5 颗、骷髅头带骨骼

图 43 南壁东铺尊者 1 身、猴形坐姿修行者

图 44 西壁北铺曼荼罗下方大成就者邬笛力巴

3 具；棒骨及交叉棒骨 6 根、散置肋骨等 19 组。

C. 火葬图：火化交叉状棒骨及散置骨骼等图 1 幅。

Ⅵ 第六幅（部分壁画残毁）

A. 人物：护法 1 身、眷属 1 身。[①]

B. 动物：熊 1 只、狼 1 只；凤鸟 1 只[②]、乌鸦 3 只；[③] 长蛸 2 只。

C. 人体骨骼：带发头颅 14 颗[④]、骷髅头 1 颗、骷髅头带骨骼 2 具；棒骨 3 根、散置肋骨等 12 组。

D. 虚空中八大云：绘八大云图 1 幅，云图中显赤上身尊者 1 身。

E. 佛塔：1 座。

说明：护法盘腿侧坐于俯卧的动物背上，高髻束发，眷属则侧坐于护法左侧，护法和眷属皆裸上身仅着短裙。此幅护法图像在 1908 年伯希和法国中亚探险队的摄影师努埃特（Charles Nouette）和 1914 年奥登堡沙俄第二次中亚考察

团画家兼摄影师杜金拍摄的敦煌石窟照片中尚存，但在 1942 年由中央研究院组织的西北历史考察团历史组成员劳幹、石璋如拍摄的照片中却不见了。由此说明，此图是清末至民国年间被人为偷盗挖走了。

Ⅶ 第七幅（部分壁画残毁）

A. 人物：乘牛护法 1 身、眷属 1 身（图 45）。

B. 动物：卧牛 1 头、狗 1 只；凤鸟 1 只、乌鸦 4 只；蟒蛇 1 条（残）；[⑤] 长蛸 2 只。

C. 人体骨骼：带发头颅 12 颗[⑥]、骷髅头 5 颗[⑦]、骷髅头带骨骼 3 具、半身骨架 1 具、棒骨 2 根、散置肋骨等 12 组。

D. 虚空中八大云：绘八大云图 1 幅，云图中显赤上身尊者 1 身[⑧]。

E. 佛塔：1 座（残）。

说明：乘牛护法，盘腿侧坐于卧牛背部蒲团上，赤须红发，三目，利齿外露，佩饰耳珰，右手执法器，左臂将眷属揽入怀中。护法和眷属均

[①] 第六幅"尸林"壁画局部残损，此幅护法和眷属图已无存，疑被后世人为裁剥。据 Paul Pelliot, *Les Grottoes de Touen-Houang*, Ⅵ, PL.CCCL、《俄藏敦煌艺术品》Ⅳ "P.182（D.465）-10"照片，1914 年奥登堡考察队至莫高窟第 465 窟时此图尚完整。今依《图录》图版补齐，仅供读者参考。

[②] 第六幅"尸林"壁画局部残损，此"凤鸟"图现已无存。据 Paul Pelliot, *Les Grottoes de Touen-Houang*, Ⅵ, PL.CCCL、《俄藏敦煌艺术品》Ⅳ "P.182（D.465）-10"照片，此图尚完整。今依《图录》图版补齐，仅供读者参考。

[③] 第六幅"尸林"壁画局部残损，现存乌鸦 2 只，今据 Paul Pelliot, *Les Grottoes de Touen-Houang*, Ⅵ, PL.CCCL、《俄藏敦煌艺术品》Ⅳ "P.182（D.465）-10"照片，补"乌鸦"1 只，仅供读者参考。

[④] 第六幅"尸林"壁画局部残损，现存带发头颅 12 颗，今据 Paul Pelliot, *Les Grottoes de Touen-Houang*, Ⅵ图片，补"带发头颅"2 颗，仅供读者参考。

[⑤] 第七幅"尸林"壁画局部残损，"蟒蛇"仅残存蛇尾，今据 Paul Pelliot, *Les Grottoes de Touen-Houang*, Ⅵ, PL.CCCL、《俄藏敦煌艺术品》Ⅳ "P.182（D.465）-10"和 Dora C. Y. Ching, *Visualizing Dunhuang: The Lo Archive Photographs of the Mogao and Yulin Caves*, 465-7 等图版补齐，仅供读者参考。

[⑥] 第七幅"尸林"壁画局部残损，现存带发头颅 11 颗，今据 Paul Pelliot, *Les Grottoes de Touen-Houane*, Ⅵ, PL.CCCL、《俄藏敦煌艺术品》Ⅳ "P.182（D.465）-10"和 Dora C. Y. Ching, *Visualizing Dunhuang: The Lo Archive Photographs of the Mogao and Yulin Caves*, 465-7 等图版，补"带发头颅"1 颗，仅供读者参考。

[⑦] 第七幅"尸林"壁画局部残损，现存骷髅头 3 颗，今据 Paul Pelliot, *Les Grottoes de Touen-Houang*, Ⅵ, PL.CCCL、《俄藏敦煌艺术品》Ⅳ "P.182（D.465）-10"和 Dora C. Y. Ching, *Visualizing Dunhuang: The Lo Archive Photographs of the Mogao and Yulin Caves*, 465-7 等图版，补"骷髅头"2 颗，仅供读者参考。

[⑧] 第七幅"尸林"壁画局部残损，此虚空中八大云图现已无存，疑被后世人为裁剥。据 Paul Pelliot, *Les Grottoes de Touen-Houang*, Ⅵ, PL.CCCL、《俄藏敦煌艺术品》Ⅳ "P.182（D.465）-10"和 Dora C. Y. Ching, *Visualizing Dunhuang: The Lo Archive Photographs of the Mogao and Yulin Caves*, 465-7 等图版推断，1943 年以前莫高窟第 465 窟此图尚保存完整。今依诸家《图录》补齐，仅供读者参考。

裸上身仅着短裙。此坐姿护法，亦可与主室南披东侧乘牛护法类比（图46）。

Ⅷ 第八幅（莲座两侧各有部分壁画残毁）

A. 人物：呈左右对称式，东、西两侧各绘人身蛇尾龙王1身。①

B. 动物：虎2只、豺2身；凤鸟1只、猫头鹰1只、雕1只、乌鸦6只；腾蛇1条；长蛸6只。

C. 动物骨骼：熊头1颗、狗头1颗。

D. 人体骨骼：侧卧枕右臂睡姿裸尸1具、仰卧半身裸尸2具；带发头颅10颗②、骷髅头2颗；骷髅头带半身骨架1具、骷髅头带骨骼4具、半身骨架1具、人体腿骨及脚骨1组、人体胳膊及手掌骨1组、盆骨1组、棒骨及交叉棒骨10根、散置肋骨等35组。

E. 八大树和八土地守护：呈左右对称式，东、西两侧各绘树1棵，东侧树心绘马头，西侧树心绘鹿首。

3. 南壁西铺

南壁西铺谢继胜先生定名为大力金刚（Vajravega）双身曼荼罗，③阮丽博士则定名作上乐金刚曼荼罗。④主尊高髻，宝冠上有化佛，三面三眼六臂。上乐金刚和明妃金刚亥母居于中央，下肢展左，脚踩仰伏魔和俯伏魔。两侧六女尊饰骷髅冠，皆一面四臂，其中二手持鼗鼓和铃，另二手持人皮，三眼，裸身，展左立于饿鬼上的日轮中。两侧六女尊与曼荼罗实际方位相符，排列顺序则呈右旋，与曼荼罗旋转方向相反。主尊上方并列一排六身尊像，其中左侧五身皆为三面六臂单身像，展左，主二臂于胸前持金刚铃和金刚杵，

图45　南壁东铺乘牛护法、眷属

图46　莫高窟第465窟主室南披东侧乘牛护法

---

① 第八幅"尸林"壁画东、西两侧"人身蛇尾龙王"图像现已无存，疑被后世人为裁剥。据 Paul Pelliot, *Les Grottoes de Touen-Houang*, Ⅵ, PL.CCCL,《俄藏敦煌艺术品》Ⅳ"P.182（D.465）-11"和 Dora C. Y. Ching, *Visualizing Dunhuang: The Lo Archive Photographs of the Mogao and Yulin Caves*, 465-7 等图版，1943年以前莫高窟第465窟此图尚保存完整。今依诸家《图录》补齐，仅供读者参考。

② 第八幅莲座东、西两侧"尸林"局部壁画残损，现有"带发头颅"7颗。据 Paul Pelliot, *Les Grottoes de Touen-Houang*, Ⅵ, PL.CCCL,《俄藏敦煌艺术品》Ⅳ"P.182（D.465）-11"和 Dora C. Y. Ching, *Visualizing Dunhuang: The Lo Archive Photographs of the Mogao and Yulin Caves*, 465-7 等图版，1943年以前莫高窟第465窟此图尚保存完整。今依诸家《图录》补齐此残损处"带发头颅"3颗，仅供读者参考。

③ 谢继胜：《敦煌莫高窟第465窟壁画双身图像辨识》，《敦煌研究》2001年第3期，第6页。

④ 阮丽：《莫高窟第465窟曼荼罗再考》，《故宫博物院院刊》2013年第4期，第74—75页。

是三面六臂上乐金刚像，代表五佛。右侧最末端一身为一面二臂上乐金刚单身像。主尊下方呈凹字形绘大成就者八幅。

在金刚双身曼荼罗四周，绘有八大尸林画面。现依绘饰龟、鱼、海蛇等水生动物画面涂金粉彩带为自然分割界栏，编号为Ⅰ—Ⅷ，呈"Z"形依次介绍如下（图47）。

Ⅰ 第一幅

A. 动物：长蛸1只。

B. 人体骨骼：带发头颅10颗；棒骨及交叉棒骨5根、散置肋骨等11组。

Ⅱ 第二幅

A. 人物：盘腿坐姿修行者1身（图48）。

B. 动物：狗1只、豺1只；凤鸟1只、乌鸦1只。

C. 人体骨骼：带发头颅12颗；骷髅头2颗、骷髅头带骨骼1具、半身骨架2具；棒骨及交叉

图47　莫高窟第465窟主室南壁西铺双身曼荼罗

棒骨2根、散置肋骨等10组。

D. 八大树：1棵。

说明：修行者坐于一张虎皮纹坐垫上，面前置三足供器。左腿盘屈平置于地，脚心向外，右腿屈起，右脚搁在左小腿肚子上，双手合十举于胸前。有头光，束高髻，裸上身仅着短裙。形姿近似东壁门北侧曼荼罗下方北起第一身大成就者（图49）。

Ⅲ 第三幅

A. 人物：倚坐姿修行者1身（图50）。

B. 动物：豺1只、狼1只；凤鸟2只、乌鸦1只。

C. 人体骨骼：带发头颅5颗；骷髅头1颗、骷髅头带骨骼2具；棒骨1根、散置肋骨等10组。

D. 八大树：1棵。

说明：修行者倚坐于一张豹斑纹动物皮垫上，面前置三足供器和嘎巴拉碗。左腿前伸，脚心向上，右腿高竖，右肘支右腿上，手臂上举，半握拳；左肘倚于身后圈椅靠背扶手上，左手置于胸前。有头光，长发披肩，裸上身仅着短裙。形姿近似西壁南铺曼荼罗下方凹字形南起第五身大成就者"崑木里巴此云陶匠师"（图51），即古马力巴（Kumbharipa）。此修行者图像亦可以《八十四大成就者传》中第63位、《如意宝树史》中第62位为参照。

Ⅳ 第四幅

A. 动物：豹1只；猫头鹰1只、乌鸦2只。

B. 人体骨骼：带发头颅12颗；骷髅头带骨骼2具、半身骨架1具；棒骨及交叉棒骨6根、散置肋骨等10组。

C. 火葬图：火化交叉棒骨及散置骨骼等图

图 48　南壁西铺坐姿修行者

图 50　南壁西铺倚坐姿修行者

图 49　东壁门北侧曼荼罗下方大成就者

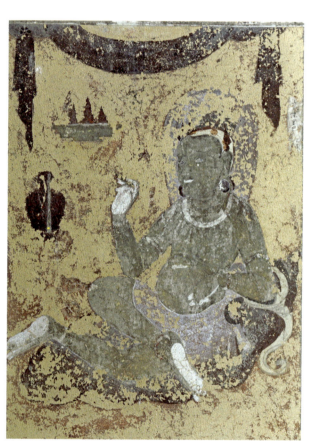

图 51　西壁南铺曼荼罗下方大成就者古马力巴

1 幅。

　　V 第五幅

　　A.动物：虎 1 只；乌鸦 1 只。

　　B.人体骨骼：带发头颅 11 颗；半身骨架 1 具；棒骨及交叉棒骨 5 根、散置肋骨等 10 组。

　　C.火葬图：火化交叉棒骨及散置骨骼等图 1 幅。

　　VI 第六幅

　　A.人物：坐姿修行者 1 身、胡跪侍者 1 身、食肉鬼或饿鬼 1 身（图 52-1）。

B. 动物：豹 1 只；凤鸟 1 只、乌鸦 2 只；长蛸 1 只。

C. 人体骨骼：坐姿裸尸 1 具、侧卧枕右臂睡姿裸尸 1 具；带发头颅 12 颗、骷髅头 1 颗、骷髅头带骨骼 2 具；棒骨及交叉棒骨 2 根、散置肋骨等 15 组。

D. 虚空中八大云：绘八大云图 1 幅，云图中显赤上身尊者 1 身。

E. 佛塔：1 座。

说明：修行者坐于一张梅花斑纹动物皮垫上，屈左腿，右腿平置前伸，脚心向上，左肘支左膝上，手臂上举，似取物状，右臂弯曲，右手置于胸前。无头光，高髻戴耳珰，裸上身仅着短裙。前方侍者胡跪于地，左手举于胸前，作礼拜状，右膝高竖，右肘支右膝上，手持颅钵供奉，束高髻，裸身。修行者形姿似可参照西壁中铺曼荼罗下方凹字形南起第一身榜书"□达巴此云针功师"大成就者，即甘大力（Kantalipa）。此修行者图像亦可以《八十四大成就者传》中第 69 位、《如意宝树史》中第 65 位为参照。

食肉鬼或饿鬼双膝跪于坐姿裸尸小腿上，左手揪提着裸尸头发，裸尸腹部肋骨和肠肚外露，凶神恶煞的厉鬼右手从尸体内抓出一根血肠，直接用嘴吸食，鲜血淋漓的场面血腥而凶残（图 52-2）。这种恐怖而又血腥的场面在第 465 窟壁画中是不多见的。

图 52-1　南壁西铺坐姿修行者、胡跪侍者、食肉鬼或饿鬼

图 52-2　食肉鬼或饿鬼（局部）

Ⅶ 第七幅

A. 人物：交脚坐姿修行者1身。

B. 动物：猫头鹰1只、凤鸟1只、乌鸦1只；蟒蛇1条；长蛸3只。

C. 人体骨骼：仰卧裸尸1具、带发头颅10颗、骷髅头带骨骼2具；棒骨3根、散置肋骨等5组。

D. 虚空中八大云：绘八大云图1幅，云图中显赤上身尊者1身。

E. 佛塔：1座。

说明：修行者交脚坐于梅花纹蒲团上，双手交置于胸前，面前横置仰卧裸尸一具。修行者无头光，裸上身仅着短裙。类似图像亦见于西壁中铺上乐金刚双身像曼荼罗周围所绘八大尸林画面中，形姿类似南壁东铺曼荼罗下方凹字形东起第一身大成就者。

Ⅷ 第八幅（漫漶）

A. 人物：舞蹈状丁字立修行者1身（图53）、男女坐姿人物2身。

B. 动物：虎1只、狼1只；凤鸟2只、乌鸦2只。

C. 人体骨骼：仰卧上半身裸尸1具；带发头颅22颗、骷髅头带骨骼4具；棒骨及交叉棒骨8根、散置肋骨等16组。

D. 八大树和八土地守护：呈左右对称式，东、西两侧各绘树1棵。东侧树心绘赤上身人物1身；西侧壁画漫漶，疑与东侧绘饰类同。

说明：修行者作丁字立舞蹈状，微屈右腿，右脚点地，左腿高抬，屈悬于身前，呈独立之势；右手半握置于胸前，左臂弯曲手上扬，亦半握拳，掌心向外。无头光，束高髻，裸上身

仅着短裙。形姿近似南壁西铺曼荼罗下方凹字形东起第二身"狩猎师"（图54），即沙瓦力巴（Savaripa），意译为"解脱的猎人"。此修行者图像亦可以《八十四大成就者传》中第5位、《如意宝树史》中第5位为参照，亦可参照西壁中铺曼荼罗下方大成就者古古力巴之形象。

男女坐姿人像，女前男后。女像屈盘右腿，左腿侧后弯伸，身体左转侧后，赤发尖顶类倒 Λ 字，含情目视男像，双手似持物举于男像前。女像仰首回眸，大有"回眸一笑百媚生，六宫粉黛无颜色"的神情。男像略高，一头赤红蓬松披肩发，双目俯视女像，亦盘右腿，左腿微弯自然侧伸，左手置于身后，右臂向上弯曲，手举于头顶。男女两身人像皆裸上身仅着短裙。

三 北壁

1. 北壁中铺

北壁中铺主尊是喜金刚双身曼荼罗。喜金刚男尊头戴髑髅冠，八面十六臂，面各三目，下肢展右，足下踏四魔，即印度教神梵天、帝释天、那罗延天和大自在天。十六臂皆托嘎巴拉碗，右手嘎巴拉内置人兽，左手置印度教神。主二臂持嘎巴拉碗交叉拥抱明妃身后，嘎巴拉内是象和地天。其余手臂展于身体两侧，右手嘎巴拉内自上而下是马、驴、牛、骆驼、人、狗和狮子；左手是水神、风神、火神、月神、日神、阎摩和多闻天。明妃右手上举持钺刀，左手抱男尊，右腿紧勾男尊左腿。喜金刚曼荼罗有九尊、十七尊等形式，其中九尊曼荼罗在西藏最为盛行。此铺九尊曼荼罗在中心主尊喜金刚双身像的两侧配有八空行母，皆一面二臂。

图 53　南壁西铺舞蹈状丁字立修行者

图 54　南壁西铺曼荼罗下方大成就者 "狩猎师"

主尊上方还有四身尊像，皆展右，主二手皆于胸前持金刚杵和金刚铃，可知四身尊像皆属九尊曼荼罗以外的上乐金刚系。主尊下方呈凹字形绘大成就者八幅。

在主尊喜金刚双身像四周，绘有八大尸林画面。现依绘饰龟、鱼、海蛇等水生动物画面涂金粉彩带为自然分割界栏，编号为 I—Ⅷ，呈 "Z" 形依次介绍如下（图 55）。

Ⅰ 第一幅

A. 动物：呈左右对称式，西侧绘蟒蛇 1 条。

B. 人体骨骼：呈左右对称式，东侧带发头颅 3 颗、棒骨 1 根、散置肋骨等 9 组；西侧带发头

颅 7 颗、棒骨 1 根、散置肋骨等 6 组。

Ⅱ 第二幅

A. 人物：乘狮护法 1 身、眷属 1 身（图 56）。

B. 动物：熊 1 只、狮 1 只、豺 2 只；凤鸟 1 只、雕 1 只。

C. 人体骨骼：俯卧裸尸 1 具；带发头颅 9 颗、骷髅头 1 颗、骷髅头带骨骼 2 具；棒骨 1 根；散置肋骨等 15 组。

D. 虚空中八大云：绘八大云图 1 幅，云图中显赤上身尊者 1 身。

说明：乘狮护法盘腿坐于卧狮背上，双手合十举于胸前，眷属则侧坐于护法身后，右手揽护

图 55　莫高窟第 465 窟主室北壁中铺喜金刚双身曼荼罗

图 56　北壁中铺乘狮护法、眷属

法后背，左手抚膝，目注护法。护法及眷属均高发髻，戴骷髅珠，裸上身短裙装束。护法乘狮，亦可与主室南披菩萨莲台狮座类比。

Ⅲ 第三幅

A. 人物：乘鹿护法 1 身、眷属 1 身（图 57）。

B. 动物：鹿 1 只；凤鸟 1 只、雕 1 只。

C. 人体骨骼：带发头颅 11 颗、骷髅头 1 颗、骷髅头带骨骼 1 具；散置肋骨等 13 组。

D. 虚空中八大云：绘八大云图 1 幅，云图中显赤上身尊者 1 身。

说明：乘鹿护法戴骷髅头冠或菩萨冠，跪坐于卧鹿背上，双手持红缨绿矛头三角旗。身后眷属，侧坐于护法身后，高发髻，戴骷髅珠，裸上身短裙装束。执旗乘鹿护法形象，亦见于主室西

披北侧之乘鹿护法（图 58）。

Ⅳ 第四幅

A. 动物：凤鸟 1 只、雕 1 只、鹰 1 只、乌鸦 5 只。

B. 人体骨骼：带发头颅 12 颗、骷髅头带骨骼 4 具、骷髅头带上半身骨架 1 具；棒骨及交叉棒骨 8 根、散置肋骨等 23 组。

C. 火葬图：火化交叉棒骨及散置骨骼等 1 幅、棒状骨骼图 1 幅。

D. 八大树和八土地守护：树 1 棵，树心绘半身马（图 59）。

Ⅴ 第五幅

A. 动物：豺 1 只；乌鸦 1 只。

B. 人体骨骼：带发头颅 17 颗、骷髅头带骨

图 57　北壁中铺乘鹿护法、眷属

图 58　莫高窟第 465 窟主室西披北侧之乘鹿护法

图 59　北壁中铺八大树和八土地守护

骼 4 具、上半身骨架 1 具；棒骨及交叉棒骨 7 根、散置肋骨等 16 组。

　　C. 火葬图：火化交叉棒骨及散置骨骼等 1 幅、带发 2 颗头颅图 1 幅（图 60）。

　　D. 八大树和八土地守护：树 1 棵，树心绘半身鹿（图 61）。

　　Ⅵ 第六幅（部分壁画残损）

　　A. 人物：立姿修行者 1 身[①]、人身蛇尾龙王 1 身（图 62-1）。

　　B. 动物：狮 1 只、虎 1 只；枭 2 只[②]、乌鸦 2

[①]　第六幅"尸林"壁画局部残损，此"立姿修行者"现已无存，疑被后世人为裁剥。据 Paul Pelliot, *Les Grottoes de Touen-Houang*, Ⅵ，PL.CCCL Ⅰ、石璋如《莫高窟形》（三）图版肆贰肆和 Dora C. Y. Ching, *Visualizing Dunhuang: The Lo Archive Photographs of the Mogao and Yulin Caves,* 465-9 图版推断，1943 年以前此图尚保存完整。今依诸家《图录》补齐，仅供读者参考。

[②]　第六幅"尸林"壁画局部残损，此处 2 只猛枭图像仅残存一只的头部和另一只的双爪。据 Paul Pelliot, *Les Grottoes de Touen-Houang*, Ⅵ，PL.CCCL Ⅰ、石璋如《莫高窟形》（三）图版肆贰肆和 Dora C. Y. Ching, *Visualizing Dunhuang: The Lo Archive Photographs of the Mogao and Yulin Caves,* 465-9 图版推断，1943 年以前此图尚保存完整。今依诸家《图录》补齐，仅供读者参考。

图 60　北壁中铺火烧带发头颅

图 61　北壁中铺八大树和八土地守护

只；[①] 蟒蛇 1 条；[②] 长蛸 1 只。

C.人体骨骼：仰卧裸尸 1 具、带发头颅 12 颗[③]、骷髅头 1 颗、骷髅头带骨骼 1 具；[④] 棒骨 1 根、散置肋骨等 5 组。

说明：修行者站立于蒲团之上，左腿伸直在前，右腿微弯于后，如常态走路姿势。上身前倾，回眸侧望，左手置胯侧，右臂弯曲置于胸前，似作舞姿状。无头光，高髻戴耳珰，裸上身

---

① 第六幅"尸林"壁画局部残损，此处 2 只乌鸦图像仅存下方站立于棒骨上一只乌鸦的右侧翅膀。据 Paul Pelliot, *Les Grottoes de Touen-Houang*, Ⅵ, PL.CCCLⅠ、石璋如《莫高窟形》（三）图版肆贰肆和 Dora C. Y. Ching, *Visualizing Dunhuang: The Lo Archive Photographs of the Mogao and Yulin Caves,* 465-9 图版推断，1943 年以前此图尚保存完整。今依诸家《图录》补齐，仅供读者参考。

② 第六幅"尸林"壁画局部残损，此"蟒蛇"图现已无存。据 Paul Pelliot, *Les Grottoes de Touen-Houang*, Ⅵ, PL.CCCLⅠ、石璋如《莫高窟形》（三）图版肆贰肆和 Dora C. Y. Ching, *Visualizing Dunhuang: The Lo Archive Photographs of the Mogao and Yulin Caves,* 465-9 图版推断，1943 年以前此图尚保存完整。今依诸家《图录》补齐，仅供读者参考。

③ 第六幅"尸林"壁画局部残损，现有"带发头颅"6 颗，依 Paul Pelliot, *Les Grottoes de Touen-Houang*, Ⅵ, PL.CCCLⅠ 和 Dora C. Y. Ching, *Visualizing Dunhuang: The Lo Archive Photographs of the Mogao and Yulin Caves,* 465-9 图版补齐 6 颗，仅供读者参考。

④ 第六幅"尸林"壁画局部残损，此"骷髅头带骨骼"图现已无存。据 Paul Pelliot, *Les Grottoes de Touen-Houang*, Ⅵ, PL.CCCLⅠ、石璋如《莫高窟形》（三）图版肆贰肆和 Dora C. Y. Ching, *Visualizing Dunhuang: The Lo Archive Photographs of the Mogao and Yulin Caves,* 465-9 图版推断，1943 年以前此图尚保存完整。今依诸家《图录》补齐，仅供读者参考。

图 62-1　北壁中铺人身蛇尾龙王

图 62-2　立姿修行者线描图（赵颖绘）

仅着短裙（图 62-2）。此幅修行者图像在 1908 年伯希和法国中亚探险队摄影师努埃特、1914 年奥登堡沙俄第二次中亚考察团画家兼摄影师杜金、1942 年中央研究院组织的西北历史考察团历史组成员劳幹、石璋如和 1943 年中央通讯社摄影部主任罗寄梅拍摄的敦煌石窟照片中均存，但在 1950 年后敦煌文物研究所拍摄的照片中却丢失了。由此来看，此图疑是民国年间被人为偷盗挖走的。

Ⅶ 第七幅

A. 人物：丁字立姿修行者 1 身、立姿乐师 1 身、人身蛇尾龙王 1 身（图 63-1）。

B. 动物：狗 1 只；枭 1 只、雕 1 只、乌鸦

2 只。

C. 人体骨骼：带发头颅 11 颗、胳膊 1 条；骷髅头 1 颗、骷髅头带半身骨架 1 具、骷髅头带骨骼 1 具；散置肋骨等 14 组。

说明：修行者双手上举于头顶合掌，左腿丁字立于彩绘七瓣梅朱红圆毯上，右腿直竖向上，举足于右肩过顶，似作舞蹈状。无头光，高髻戴耳珰，裸上身仅着短裙（图 63-2）。形姿类似唐卡大成就者杂兰达热巴和南壁中铺曼荼罗下方凹字形东起第二身大成就者札连达拉（Jalandhara）（图 64），意译为"持网子者"。此修行者图像亦可以《八十四大成就者传》中第 46 位、《如意宝树史》中第 18 位为参照。

图 63-1　北壁中铺丁字立姿修行者、立姿乐师、人身蛇尾龙王

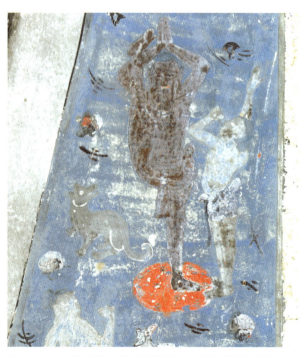

图 63-2　北壁中铺丁字立姿修行者、立姿乐师（局部）

图 64　南壁中铺曼荼罗下方大成就者札连达拉

吹兽角号立姿乐师，面对丁字立姿修行者，两脚跟并拢，脚尖呈 V 字形站立于丁字立修行者的彩绘七瓣梅朱红圆毯边缘。右手举过头顶，作礼敬姿势，左手握一兽角号，仰首吹奏，高亢凌厉。无头光，长发披至右肩，裸上身仅着短裙。

在该组图下端，有一幅以三颗带发头颅为外接点的倒置"▼"三角图案（图 65）。相同图案亦见于西壁南铺上乐金刚单身曼荼罗周围第二铺画面中。

Ⅷ 第八幅

A. 动物：豹 1 只、狗 1 只；凤鸟 1 只、雕 2 只、鹰 1 只、乌鸦 1 只；蟒蛇 2 条。

B. 人体骨骼：束手缚脚弓形裸尸 1 具、仰坐裸尸 1 具；带发头颅 28 颗、骷髅头 3 颗、骷髅头带骨骼 6 具、半身骨架 2 具；棒骨及交叉棒骨 8 根、散置肋骨等 28 组。

图 65　北壁中铺倒置"▼"三角图案

C. 虚空中八大云：呈左右对称式，东、西两侧各绘八大云图1幅，云图中显赤上身尊者1身。

D. 佛塔：左右对称式，东、西两侧各绘1座（图66）。

2. 北壁东铺

北壁东铺主尊是上乐金刚单身曼荼罗。奥山直司[①]与谢继胜都认为属上乐金刚系。主尊头戴髑髅冠，四面十二臂，面各三目。十二臂的主二臂于胸前持金刚杵和金刚铃，最上方二臂上举，似手指凡穴，次二手握举人皮。余右手持薮鼓、一面梵天头、钺刀；左手持索、三叉戟、嘎巴拉碗。呈舞蹈状丁字立，足下踏二魔。上乐金刚与明妃金刚亥母通常绘为双身像，而此铺却是右半身是上乐金刚，左半身是金刚亥母，将男女两性体现于一身像中。这种男女合一的尊像在印度教中较为常见，但在佛教中表现极少。主尊两侧及上方

图 66　北壁中铺虚空中八大云、佛塔、弓形裸尸与飞禽走兽

① 〔日〕奥山直司:《敦煌莫高窟第465窟の壁画について（Ⅰ）》,《密教図像》第13号，1994年，第24—32页;《敦煌莫高窟第465窟の壁画について（Ⅱ）》,《密教学研究》第27号，1995年，第151—163页。

围十二尊眷属，皆为兽面，即使主尊尊格不明，眷属的尊格亦应与上乐金刚十三尊曼荼罗相一致。眷属呈右旋，方位与上乐金刚曼荼罗完全一致。主尊下方呈凹字形绘大成就者八幅。

在主尊上乐金刚单身像四周，绘有八大尸林画面。现依绘饰龟、鱼、海蛇等水生动物画面涂金粉彩带为自然分割界栏，编号为Ⅰ—Ⅷ，呈"Z"形依次介绍如下（图67）。

Ⅰ 第一幅

A.动物：呈左右对称式，东侧蟒蛇1条，西侧豺1只、蟒蛇1条。

B.人体骨骼：呈左右对称式，东侧带发头颅3颗、散置肋骨等5组；西侧带发头颅4颗、交叉棒骨2根、散置肋骨等5组。

Ⅱ 第二幅

A.人物：禅定坐姿修行者1尊、胡跪侍者1身（图68）。

图67　北壁东铺上乐金刚单身曼荼罗

B.动物：虎1只、豺1只；雕1只、乌鸦1只。

C.人体骨骼：带发头颅13颗；骷髅头带半身骨架1具、半身骨架1具；交叉棒骨4根、散置肋骨等21组。

说明：修行者结跏趺坐于花纹蒲团上，双手结定印，有头光，赤裸上身，下着长裙，双脚露于外，此类装束甚为特殊。修行者左侧侍者，胡跪于地，发髻高束，裸身，左手举于胸前作礼拜状，右手持颅钵供奉。此幅修行者形姿近似北壁中铺曼荼罗下方凹字形西起第三身大成就者"圣天师"（图69），即嘎拿力巴（Karnaripa），龙树的著名弟子圣天菩萨。此修行者图像亦可以《八十四大成就者传》中第18位、《如意宝树史》中第3位为参照。

Ⅲ 第三幅

A.人物：盘腿坐姿修行者1身、站姿侍者1身（图70）。

B.动物：豺1只；猫头鹰1只、鹰1只。

C.人体骨骼：带发头颅10颗、骷髅头1颗；棒骨及交叉棒骨4根、散置肋骨等17组。

D.火葬图：火化交叉棒状骨骼图1幅。

说明：修行者盘腿坐于条纹蒲团上，身后有巨型赭红火焰状背龛，此类装饰在主室东壁门上四位供养比丘身后有相同之体现（图71）。修行者盘左腿，右腿盘于左腿上，右脚心向外，左手置于胸前，右肘支于右膝上，右臂上扬，手指半握，掌心向外。有头光，束高髻，裸上身仅着短裙。前方有侍者，两脚前后分立，双手置于胸前，似持物，亦裸上身着短裙。此修行者形姿近似南壁东铺曼荼罗下方凹字形东起第三身大成就者之

图 68　北壁东铺禅定坐姿修行者、胡跪侍者

图 70　北壁东铺盘腿坐姿修行者、站姿侍者

图 69　北壁中铺曼荼罗下方大成就者"圣天师"

图 71　莫高窟第 465 窟主室东壁门上供养比丘

"义筋师"（图 72），即沙拉哈巴（Saraha）。此修行者图像亦可以《八十四大成就者传》中第 6 位、《如意宝树史》中第 1 位为参照。

Ⅳ　第四幅

A. 动物：雕 1 只。

B. 人体骨骼：带发头颅 14 颗、骷髅头 1 颗、半身骨架 1 具；棒骨及交叉棒骨 7 根、散置肋骨

等 17 组。

C. 火葬图：火化交叉棒骨及散置骨骼等图 1 幅。

Ⅴ　第五幅

A. 动物：神猴 1 只（图 73）；凤鸟 1 只、雕 1 只。

B. 人体骨骼：带发头颅 15 颗、骷髅头带骨

图 72　南壁东铺曼荼罗下方大成就者"义筋师"

图 73　北壁东铺神猴

骼 3 具、半身骨架 1 具；棒骨及交叉棒骨 5 根、散置肋骨等 25 组。

　　C. 火葬图：火化交叉棒骨及散置骨骼等图 1 幅。

　　说明：神猴，尸陀林中这只形态似猴的动物，身上却有豹纹花斑，姑且将其称为"神猴"。有关藏族起源的几种传说中就有"猕猴和罗刹女后裔"之说。此说主要依据藏族古代神话传说而来。如《贤者喜宴》记载："《遗训》（ka-bkol-ma）一书中记载，最初仅有一猴雏。《总遗教》（bkav-chems-spyi）中则说：起初有六猴雏。总之，俟后繁衍众多，分为四部，并彼此发生争执，此即所谓西藏之四个人种：斯（se）、穆（rmu）、

桐（ldong）及冬（stong）等四种血统。还有一说是：增加查（dbra）、楚（vdru）等，谓之六人种。"[①] 再如《西藏王臣记》也记曰："西藏的人种为猴与罗刹女两相交合而生出的孩子，为赤面食肉之种。"[②] 此外，《玛尼宝训》《青史》《西藏王统记》《汉藏史集——贤者喜乐赡部洲明鉴》《敦煌古藏文写卷》等诸多藏传经典著作也对猕猴与岩魔女（又称"罗刹女"）的传说有所记录，只是详略不同。在西藏传统文化中，"猴文化"有悠久的历史、深厚的文化积淀，甚至成为藏民族的图腾文化，至今仍影响着藏民族的日常生活。

　　Ⅵ 第六幅（部分壁画残毁）

　　A. 人物：修行者（或瑜伽师）1 身（图 74）。

---

① 巴卧·祖拉陈瓦著，黄颢、周润年译注：《贤者喜宴——吐蕃史译注》，中央民族大学出版社，2010 年，第 4 页。参见《法王松赞干布遗训》（chos rgyal srong btsan sgam povi bkav chems ka khol ma），民族文化宫手抄本。此书有译作《遗训》《王窗柱诰》《柱间史——松赞干布遗训》者，是记载吐蕃早期历史的重要史籍。
② 五世达赖喇嘛（阿旺罗桑嘉措）著，郭和卿译：《西藏王臣记》，民族出版社，1982 年，第 12 页。

B. 动物：狮 1 只；凤鸟 1 只、乌鸦 2 只；长蛸 2 只。

C. 人体骨骼：仰卧半身裸尸 1 具；带发头颅 7 颗、骷髅头带骨骼 1 具；棒骨 2 根、散置肋骨等 9 组。

D. 佛塔：1 座。

说明：修行者，或瑜伽师，以微屈左腿支撑身体，左脚着地，成独立之势；右臂抱右腿，脚抬过头顶；左臂弯曲，左手置于胸前。无头光，马尾辫斜竖额前，裸上身仅着短裙。

Ⅶ 第七幅（部分壁画残毁）

A. 动物：虎 1 只、犰 1 只；猫头鹰 1 只、鹰 1 只、乌鸦 1 只。

B. 人体骨骼：俯卧（上半身仅存骨架，下半身腰脐至膝盖）裸尸 1 具；带发头颅 4 颗；棒骨及交叉棒骨 3 根、散置肋骨等 10 组。

C. 火葬图：火化交叉棒骨及散置骨骼等图 1 幅。

D. 佛塔：1 座。

Ⅷ 第八幅（莲座东侧局部壁画残毁）

A. 人物：疑呈左右对称式，东、西两侧各绘人身蛇尾龙王 1 身，惜东侧龙王残损无存。

B. 动物：犰 2 只、豺 1 只、狼 1 只；凤鸟 1 只、猫头鹰 3 只、雕 2 只、鹰 2 只、乌鸦 2 只；腾蛇 2 条；长蛸 1 只。

C. 人体骨骼：侧卧枕右臂裸尸 1 具；带发头颅 24 颗、骷髅头 1 颗；骷髅头带骨骼 1 具；盆骨 1 组、棒骨及交叉棒骨 9 根、散置肋骨等 36 组。

D. 火葬图：火化棒状骨骼图 1 幅。

图 74　北壁东铺修行者（或瑜伽师）

E. 八大树和八土地守护：呈左右对称式，东、西两侧各绘树 1 棵。东侧树心绘赤上身人手双角牛头 1 身（图 75）、西侧树心绘赤上身人物 1 身。

3. 北壁西铺

北壁西铺主尊是四面十二臂上乐金刚双身曼荼罗。主尊现已残毁，从伯希和 1908 年考察莫高窟第 465 窟照片判断，眷属中有双身，也有单身，尊像小且数量多，因此很有可能是上乐金刚六十二尊曼荼罗。[①]内蒙古自治区额济纳旗达来

① 　Paul Pelliot, *Les Grottoes de Touen-Houang*, Ⅵ ,CCCXLVII.

图 75　北壁东铺东侧树心绘赤上身人手双角牛头

呼布镇黑水城出土上乐金刚六十二尊曼荼罗唐卡有 X.2369、X.2408、X.2479 三幅。莫高窟第 465 窟北壁西侧的这铺曼荼罗的配列方式与黑水城出土上乐金刚唐卡 X.2369 形式相近，都是将曼荼罗的构造变为长方形，并结合了曼荼罗的实际方位，但两幅曼荼罗的排列方式略有差异。

北壁西铺四面十二臂上乐金刚双身像四周，未见绘尸陀林画面。

以上基于第 465 窟主室壁画实例，通过在现场仔细观察，将各壁曼荼罗八大尸林场景以图像志的形式记录下来，或可补此类图像资料之缺，供感兴趣者参考。另一方面，壁画曼荼罗八大尸林图像在第 465 窟的丰富遗存，不仅属藏传艺术史上此类图像的早期珍贵资料，或许也是思考第 465 窟营建动机与宗教思想和功能的重要参考。对此问题，结合在洞窟地仗层中多处新发现的动物（或人骨）骨骼资料，容另文探讨。

《金光明寺故索法律邈真赞并序》赞主考辨与研究

米文靖

（福建师范大学文学院）

引　言

敦煌，又名西垂、仙岩、灵岩、玉塞、龙堆等，这些别名或源于特殊的地理位置，或因莫高窟的社会功用，或其他。同理，敦煌遗书邈真赞中，载有对同一人的不同称谓，亦载有称谓近乎一致却是不同之人。这些称谓或源于官职，或源于籍贯，或源于姓氏。时至今日，仍有许多称谓同但非同一人的历史难题亟须解决。《金光明寺故索法律邈真赞并序》赞主索法律，就有索义辩、义辩和尚、钜鹿律公、释门法律、释门义辩等别称，亦载有与这些别称相似的称谓，如钜鹿索公、沙州释门索法律智岳等。究其原因有二：一则东晋以后，索姓在整个河西地区堪称威望与声名并存的世家大族，其子嗣兴旺广及政、商、教界，又因敦煌地区的执事僧素以"俗姓＋职位名称"称之，故僧团中任执事僧"都法律"的索氏一般被称作"索法律"，如敦煌文献中就有"索法律""二索法律""受索法律"等；二则敦煌地区素有以籍贯称呼某大姓氏族的习惯，如索姓之祖在钜鹿，汉武帝时迁居敦煌后，索姓子嗣广及敦煌地区，且有索靖、索紾等佼佼者，故对索姓年长者或有威望者以"钜鹿索公"称之。

因此，要区分《金光明寺故索法律邈真赞并序》赞主"索法律"的独一性，须确定其别称、族源、生平和功绩等。索法律任金光明寺都法律期间的活动较多，有建窟造龛、抄写教藏之功德，亦有度化信众、施医救人之善举，其住寺"金光明寺"赫然于众寺庙中，高僧辈出。故以《金光明寺故索法律邈真赞并序》为源，层层剥茧与之相关文献，考辨索法律的真实境况。

一　《金光明寺故索法律邈真赞并序》之索法律

《金光明寺故索法律邈真赞并序》见 P.4660 号卷，此卷主要汇录了敦煌地区的名人名僧。前有残缺，上面可考据者三十八人，皆生活于归义军前后期，此赞主"索法律"亦在其中。此赞重在追溯索法律之先祖和赞颂其平生功绩。P.3718《钜鹿□公邈真赞》是其抄本，几乎全文誊之，整体概述几近相同，个别字句略有出入。P.4660

《前沙州释门法律义辩和尚邈真赞》（拟题）赞主与此赞主是同一人，两篇撰者皆是悟真和尚。目前主要有郑炳林、饶宗颐、张志勇、唐耕耦和陈祚龙（以下依次简称郑本、饶本、张本、唐本和陈本）等人[①]为《金光明寺故索法律邈真赞并序》做校录和补正，但各家校录文字和注解释义略有不同。故秉承邈真赞行文特征及撰者悟真和尚的行文风格，还此赞之原貌，整理如下：

金光明寺故索法律邈真赞并序

河西都僧统京城内外临坛供奉大德兼阐扬三教大法师赐紫沙门悟真撰

钜鑢律公，贵门子也。丹之远派[②]，亲恩则百从无疎[③]。抚徙敦煌，宗盟则一族无异。间生律伯，天假聪灵，木秀于林，财充工用。自从御众，恩与春露俱柔，勤恪忘疲，威与秋霜比严[④]。正化无暇，兼劝桑农。善巧随机，上下和睦。冀色力而坚久，何梦奠而来侵。邻人毁春，闻者伤悼。赞曰：

堂堂律公，禀气神聪。行解清洁，务劝桑农。练心八解，洞晓三空。平治心地，克意真风。灯传北秀，导引南宗。神农本草，八术皆通。奈何梦奠，交祸所钟。风灯运捉，瞬息那容。缋像真影，晴盻[⑤]邕邕。请宣毫分记事，想殁后分遗踪。

于时文德二年[⑥]岁次己酉六月廿五日记。[⑦]

此赞以概述的方式颂赞索法律的族源及功绩，主要体现在以下四个方面。

（一）索法律"威望高"

索法律之所以功绩卓著，除自身"天假聪灵"外，与所在住寺"金光明寺"的显赫地位密不可分。金光明寺简称"金寺"，坐落于莫高窟中寺，立寺约在"公元769年至1019年"。[⑧]其名称最早出现于S.2729《辰年（788）三月沙州僧尼部落米净辩牒》"金光明寺张金曜……"，[⑨]此时期正好是支持佛教的归义军张氏统治期。因此，金光明寺依托政治所需，在二百余年存续期间社会地位颇高，这从两方面可看出。一方面，高僧辈出，

---

① 《金光明寺故索法律邈真赞并序》录文见于郑炳林、郑怡楠《敦煌碑铭赞辑释》（第360页），饶宗颐《敦煌邈真赞校录并研究》（第198—199页），张志勇《敦煌邈真赞译释》（第55页），唐耕耦、陆宏基编《敦煌社会经济文献真迹释录》（第108—109页），陈祚龙《唐五代敦煌名人邈真赞集》，周绍良《全唐文新编》（第12616—12617页），陈尚君《全唐文补编》（第1082页），王仁俊《敦煌石室真迹录》，羽田亨与伯希和《敦煌遗书》，前五者字句校录的差异略大，故列之。

② 张本和饶本作"派"，原卷作"泒"，意为分支、流派，是"派"的异体字。

③ 郑本作"疏"，张本作"疎"，原卷作"疎"，"疎"是疏的异体字，意为疏远之意。

④ 饶本和唐本作"丽"，陈本作"厉"，原卷作"严"。依原句意，应与"柔"相对，且有威严之意，故此处应为"严"。

⑤ 唐本作"盼"，依原句意，是"期盼"之意，故此处应为"盼"。

⑥ 历史关于"文德"二年的年号只有一个：太祖神圣文武帝段思平建立大理国，于944年去世，其子段思英继位，即位时间是938年，年号定为"文德"，故文德二年是939年，但属于十二天干地支乙未年，并不符合"文德二年岁次己酉"。"文德"是唐僖宗李儇的年号（888），共计1年，故只有"文德元年"没有"文德二年"之说。文德元年三月唐昭宗李晔即位，昭宗第二年改年号为龙纪，所以889年是龙纪元年，也是文德二年，按照天干地支计算，是己酉年。故此序作于889年。

⑦ 上海古籍出版社、法国国家图书馆编：《法国国家图书馆藏敦煌西域文献》第33册，上海古籍出版社，2005年，第20页。

⑧ 陈大为、陈卿：《唐宋时期敦煌金光明寺考》，《敦煌学辑刊》2016年第2期，第48—61页。

⑨ 中国社会科学院历史研究所、中国敦煌吐蕃学会敦煌古文献编辑委员会、英国国家图书馆、伦敦大学亚非学院编：《英藏敦煌文献（汉文佛经以外部分）》第4册，四川人民出版社，1991年，第217页。

且多出于显赫的世家大族。敦煌遗书中可考者，索氏 5 人、王氏 5 人、张氏 11 人、曹氏 5 人、氾氏 4 人等。大族子弟住寺金光明寺，且这些寺僧多为执事僧，在将佛教信仰作为家族之荣的社会环境下，家族之荣一定程度上与住寺之荣并行发展。另一方面，金光明寺的僧众与世俗社会来往密切。该寺寺僧经常与信众共同抄写佛经，同时也会受邀主持追念设供等法会活动，[1] 如 P.4810V《为亡姊追七功德请金光明寺僧疏》记录金光明寺寺僧为普通百姓举行法事一事。故"索法律"作为金光明寺仅次于都教授[2]的执事僧，其社会地位不言而喻。

索法律圆寂后，"河西都僧统京城内外临坛供奉大德兼阐扬三教大法师赐紫沙门"悟真和尚为其撰写邈真赞。悟真俗姓唐，归义军统治前后期住敦煌灵图寺。且看他的职位，僧统前以"都"做限定，更示其位望之隆，"河西都僧统"是统管整个河西道的执事僧，"京城内外临坛供奉大德"和"赐紫"是朝廷颁授的荣誉称号，"阐扬三教大法师"是其在教内的职衔。再看悟真和尚所历官职：

大中五年（851）五月：沙州释门义学都法师京城临坛大德。

大中十年（856）四月：京城内外临坛供奉大德兼沙州释门义学都法师都僧录。

咸通三年（862）六月：河西副僧统京城内外临坛大德都僧录三学传教大法师。

咸通十年（869）十二月：河西都僧统京城内外临坛供奉大德都僧录兼教谕归化大法师。[3]

悟真和尚是敦煌历任都僧统中任职时间最长的一位，从"都法师"升迁至"都僧统"，足以说明悟真和尚在教内的地位。悟真和尚涉政也较多，他曾跟随张议潮入朝，被召任"京城临坛大德"，同时往来于僧俗之间，沟通于官民之中。他通晓儒佛，是敦煌文书中保存作品较多的一位高僧，作《百岁诗》10 首并序，为当地僧俗名流撰写邈真赞及碑铭 28 篇，《金光明寺故索法律邈真赞并序》便是其中之一。可见索法律与悟真和尚的交情之深，由此也可窥探索法律在河西地区的声望之高。

（二）索法律"家门贵"

关于索姓之源，《百家姓辈分字行》载："索氏姓源盖有三支：一支以地名为氏，春秋郑国有索邑，故地在今河南省荥阳市，居者以地名为氏；一支出子姓，为殷商后裔；一支出于西北少数民族，所谓唐朝胡人有索姓也。"[4] 敦煌"索"姓源于第二支，P.2625《敦煌名族志》残卷载：

索氏，右其先商王帝甲，封子丹于京索，因而氏焉。武王灭商，迁之于鲁，封之为侯。秦并六国，庄侯索番致仕，国除。汉武帝时，太中大夫索抚、丞相赵周，直

---

① 陈大为、陈卿：《敦煌金光明寺与世俗社会的关系》，《敦煌研究》2017 年第 5 期，第 93—102 页。
② 810 年陷吐蕃后，寺院最高执事的称谓改都僧统为"都教授"，张议潮统治后，沿用"都僧统"之称。
③ 谢重光：《吐蕃占领期与归义军时期的敦煌僧官制度》，《敦煌研究》1991 年第 3 期，第 52—61 页。
④ 何兆吉、曲雯编著：《百家姓辈分字行》，江西人民出版社，2001 年，第 259 页。

谏忤旨，徙边，以元鼎六年从钜鹿南和迁于敦煌。凡有二祖，号南索、北索。初索抚在东，居钜鹿之北，号为北索。至王莽天凤三年，鸣开都尉索骏复西敦煌。骏在东，居钜鹿之南，号为南索。莫知其长幼，咸累代官族。[①]

故敦煌索姓先祖上溯至殷商王室七大公族。"索"姓由商王帝甲所赐，是七公族之一；周武王时迁至鲁地，始为索姓之发端；其后两支"索"姓先后从鲁地迁居敦煌。一支是汉武帝元鼎六年（前111），索抚因直谏忤旨，迁居敦煌，此为敦煌"北索"始端也，此脉诸如索班、索靖等；一支是王莽天凤三年（16），索骏避祸西迁敦煌，此为敦煌"南索"之源也，此脉诸如索颎等。相较之下，敦煌的北索之后嗣更为兴旺，索法律"远祖前汉太中大夫抚……以元鼎六年，自钜鹿南和徙居于流沙，子孙因家焉，遂为敦煌人也"。[②]为帝甲之后是索法律"家门"一贵也。

索姓迁居敦煌后，始以战功，后以文武兼得赫然立于河西四郡。S.2052《新集天下姓望氏族谱一卷并序》载"凉州武威郡出六姓：索、石、贾、安、廖、阴"，[③]可见十六国时期索姓就已经在武威郡声名鹊起。两晋南北朝时期，索姓郡望广及关中，关陇地区已有"武成堂、武威堂、敦煌堂、抚远堂、冯翊堂、求索堂、五龙堂"[④]等望堂，且已成为区分索姓宗族的重要标志。其中"抚远堂"始自索班，作为东汉官行军长史，他受元帝之命领军驻于夷吾，"招抚西域，德威并施，车师、鄯善皆归附"，故得"抚远堂"；"五龙堂"源于索靖，其善草书、通经史，居"敦煌五龙"之首，"五龙堂"因此得名。索法律隶属此二堂之后，出自名望郡堂是索法律"家门"二贵也。

（三）索法律"品性净"

索法律"间生律伯，天假聪灵，木秀于林，财充工用"，其禀赋过人且无公私之心，以己之物与他人之用；品性"平治心地，克意真风"，耻与世俗之污并行，具有名士风范；待人"宗盟则一族无异"，彰显大师慈爱之心，待他人如同族人一样亲近，不偏颇、无亲疏；事上御下"善巧随机，上下和睦"，既能对上亲近友好，受统治者重用，又能对下随和、睦众，博得信众之敬仰；处事"自从御众，恩与春露俱柔；勤恪忘疲，威与秋霜比严"，既能恩威并施以服众，又能宽严并济以御众。归义军统治前后期，"都法律"是仅次于都僧统或都教授的僧官，当时敦煌地区佛教盛行，无论在教内、教外都具有很强的号召力和影响力。索法律"正化无暇，兼劝桑农"，在教团内行传教之职，在教团外解民生之急。

（四）索法律"功德高"

索法律儒释晓通，对佛典知识"练心八解，洞晓三空"。此外，他精通医药之道，"神农本草，八术皆通"，"灯传北秀，导引南宗"是他传教的又一贡献。在政治上，他力劝节度使重视农桑，

---

① 《法国国家图书馆藏敦煌西域文献》第16册，第330—331页。
② 《法国国家图书馆藏敦煌西域文献》第32册，第250页。
③ 唐耕耦、陆宏基编：《敦煌社会经济文献真迹释录》，书目文献出版社，1986年，第93页。
④ 顾燕：《中国家谱堂号溯源》，上海古籍出版社，2015年，第212页。

这对敦煌农业和经济的发展非常重要。敦煌的牧业发展历史悠久，农业自西汉时期才得以进一步发展，但受自然条件所限，敦煌地区的农牧业发展水平一直不高，故重视农桑可在一定程度上减少农业发展的阻碍。同时，作为教团之人，他以建窟造龛、抄大乘教藏的方式传播佛教，同时也留下了灿烂的窟龛文化。

二 金光明寺"索法律"再考

确定索法律的别称很重要，因为这关乎如何确定索法律的具体事迹。敦煌遗书中"索法律"众多，郑炳林《敦煌碑铭赞辑释》整理了载有"索法律"称谓的文书编号：P. 4634、P.4754、P.4779、R.4004、P.3718、P.3240、S.5941、S.6031、P.3388、P.3421、S.5406、S.5718、S.5050、S.520等。所涉寺院包括金光明寺、灵图寺、显德寺、报恩寺等，仅金光明寺就有"索法律""受索法律""二索法律"[①]等相似称谓，故需逐一比对确定。

（一）"索法律"之别称：钜鹿律公、"义辩"和尚、（前）沙州释门索法律

P.3718《钜鹿□公邈真赞》[②]是《金光明寺故索法律邈真赞并序》的抄本。两篇赞文皆以"钜鹿律公"称索法律。"钜鹿"是索姓祖籍所在地，也是彰显其族源之标志，"律"是其作为执事僧的官

职，"公"是尊称，"钜鹿律公"之称谓在敦煌文献中较少出现。

"义辩"之称谓应用最为广泛。莫高窟第12窟主室东壁门上中央，有供养人题名"窟主沙州释门都法律和尚金光明寺僧索义辩"，[③]另该窟前室南壁西起第一身供养比丘题名"沙州释门都法律和尚义辩一心供养"。经学者考证，该窟主即金光明寺索法律。敦煌遗书中载有"义辩和尚"生平与功德的文书较多，主要录于《前沙州释门法律义辩和尚邈真赞》（P.4660）、《大唐沙州释门索法律义辩和尚修功德记碑》（S.530、P.2021）、《沙州释门索法律窟铭》（P.4640、P.2021V）等。以此三篇做补充，进一步揭示索法律的具体事迹。

1. P.4660《前沙州释门法律义辩和尚邈真赞》（P.4640作《沙州释门索法律窟铭》）的录文

前沙州释门法律义辩和尚邈真赞

河西都僧统京城内外临坛供奉大德都僧录兼教谕归化大法师[④]赐紫沙门悟真撰

轩皇之派，龙堆鼎族。晋代英贤，魏朝樟木。宗枝继踵，联支胤玉。间生兹息，知机厌欲。应法从师，披缁离俗。虽有丰饶，情无记录。克询无为，匪耽荣禄。禅慧兼明，戒香芬馥。寒松比操，慈云布簇。一郡人师，五凉钦伏。镌龛建刹，增修百福。黄金间错，白银缕鉴。箴诚兮门徒，琢磨兮三

---

① 索法律、受索法律、二索法律分别源于：P. 4660《金光明寺故索法律邈真赞并序》、S.520+S.8583《天福八年（943）二月十九日河西都僧统龙辩榜》、P.3388《开运四年（947）三月九日曹元忠请金光明寺马僧政等为故兄太傅大祥追念供疏》。
② 《法国国家图书馆藏敦煌西域文献》第27册，第104页。
③ 敦煌研究院编：《敦煌莫高窟供养人题记》，文物出版社，1986年，第7页。
④ 据P.3720号卷子所载悟真的四通告身，悟真和尚在咸通十年（869）十二月正式被授予河西都僧统，咸通十一年（870）由"教谕归化大法师"改称"阐扬三教大法师"。郑炳林以此考证，此赞应该撰写于869年前后，早于《金光明寺故索法律邈真赞并序》（889年撰）。

毒。四摄均齐，六和清睦。乃璇玑兮遄运，何年矢兮催促。俄然示疾，无常端速。旭日韬光，暑沉西谷。宗亲恸哭，门人荼毒。梵宇悽伤，行路频蹙。图写生前兮影像，笔端聊记兮轨躅。

沙州释门法师恒安书 [1]

此赞与《金光明寺故索法律邈真赞并序》中的索法律、撰者为同一人，相较之下，此赞可从内容上稍做补充。

其一，索法律有"知机"之才。蔡松年《庚申闰月从师还自颍上对新月独酌》"哲人乃知机，曲士迷其方"，"知机"是能看出事情发生变化的隐微征兆，即预知之才。此知机之能是他"天假聪灵"的具体体现，也是他应法从师的根本。

其二，影响之广之深更为确切。"一郡人师，五凉钦伏"，从地域之广度（敦煌郡）和时间之宽度（100 余年）记载索法律在敦煌地区影响久远。索法律作为金光明寺的执事僧，必然要事上御下，从外主内，也可推测其拥有出色的管理能力和协调能力。

其三，以"四摄" [2] 与"六和" [3] 之法度化众生。索法律的最大功德在于布施和传教，以"四摄"度化信众，是随时随地以财物布施，以言语教化，以行为引；"六和"即"外同他善谓之为和，内自谦卑名之为敬"，索法律对外行善、内自谦卑的性格，使他得半城信众，更好地布施传播佛教。

2.《沙州释门索法律窟铭》由唐和尚悟真撰写，经学者考证是莫高窟第 12 窟的窟铭，此窟铭主要对索法律的家世和具体功绩做了详细介绍

其家世，在《金光明寺故索法律邈真赞并序》的基础上补充了四点：其一，补充了索法律近三代的家族信息——皇祖索奉珍、皇考索定国、亡兄索清宁、故弟索清贞、兄之长侄僧常振、次侄索忠颢、小侄索忠信；其二，由抄本确定了索法律的香号（法号）"义辩"和俗姓"索"；其三，追溯了索法律家族对敦煌地区的"文、武"之功；其四，索法律与其侄僧常振造窟之功业。

其生平，《沙州释门索法律窟铭》更为细致地介绍了四方面。一则"弱冠进具，精五百之修持"，二十岁入佛门，索法律的人生就可以二十岁为界，分两个阶段，前者以受儒学文化为主，后者则受佛教影响，才促就他通晓儒释。"春秋七十有［六］，终于金光明寺"，可知他终年 76 岁。二则"穷七祖之幽宗，示三乘之淳粹。趋庭则半城缁众，近训乃数百俗徒"，说明索法律精深佛法，信徒众多，可见其在敦煌地区影响颇深，以讲法惠泽大众。三则"建宝刹于家隅，庄成紫磨。增修不倦，片善无遗。更凿仙岩，镌龛一所"，是赞颂索法律建窟（莫高窟第 12 窟）造龛和撰写大乘教藏之功德。四则述其"人驯俭约，风俗儒流；性恶工商，好生去煞；耽修十善，笃信三乘。惟忠孝而两全，兼文武而双美"的纯净性格特征。

---

[1] 《法国国家图书馆藏敦煌西域文献》第 33 册，第 40—41 页。
[2] 四摄：菩萨为摄受众生皈依佛法而常行的四事，包括"以财物、佛法等布施摄、以善言慰喻等爱语摄、以行善利人等利行摄、以随机教化等同事摄"。
[3] 六和：菩萨度化众生的六种态度。又作六和敬、六慰劳法、六可喜法。这六种即同戒、同见、同行、身慈、口慈、意慈。

3.《大唐沙州释门索法律义辩和尚修功德记碑》，经学者考证是莫高窟第12窟的造窟功德记

索法律在金光明寺以上等黄金建宝刹，在敦煌莫高窟"召良工而朴琢，凭郢匠以崇成。竭房资而赏劳，罄三衣而务就"，倾力修建第12窟，建至一半却撒手人寰，后其侄僧常振"上交下接，解营构而多方。倜傥出郡（群），孝敬之怀望（罔）极"，最终完成了第12窟的修建。故此功德记是为纪念此二人所作。对比P.4640《沙州释门索法律窟铭》和S.530《大唐沙州释门索法律义辩和尚修功德记碑》全文，两篇文章近乎相同。①经学者考证，功德记文为窟铭的不同抄本，故功德记文的撰者同是悟真和尚。但相较之下，两篇文章的五个不同之处值得商榷，故列下而究之。

其一，对索法律父之称呼：

（功德记）皇考，顿悟大乘贤者厶乙……
（窟铭）皇考，顿悟大乘贤者，讳定国……

其二，对索法律父卒年的记载：

（功德记）春秋五十有六，以元和七年，岁次甲（壬）辰，五月□日，终于释教坊之私第也，以其月厶日葬于……
（窟铭）春秋五十有六，以元和七年，岁次甲（壬）辰，三月十八日，终于释教坊之私第也，以其月廿五日葬于……

其三，对索法律卒地的记载：

（功德记）春秋七十有［六］，咸通十年岁次厶年厶月日坐终于金光明寺本居禅院……
（窟铭）春秋七十有［六］，终于金光明寺……

其四，对索法律亡兄名和官职之称的记载：

（功德记）亡兄前任沙州坊城使讳厶乙……其亡兄厶官兼［监］察侍御［史］忠颍……
（窟铭）亡兄前任沙州坊城使讳清宁……其亡兄……次子押衙忠颍……

其五，对索法律建窟龛数量的记载：

（功德记）更凿仙岩，镌龛一所……内龛素厶佛厶佛厶佛，素画周遍……
（窟铭）更凿仙岩，镌龛一所……内素并小龛十千周遍……

作为窟铭的抄本，功德记碑文内容略显粗糙，甚至将索法律亡兄与其子之名抄错位，可推测抄者应该不熟悉索法律。另则，功德记碑文在窟铭基础上，补充了索法律卒年时间是咸通十年（869），因此由"春秋七十有［六］"可推断索法

---

① P.4640《沙州释门索法律窟铭》与抄本P.2021V几乎同，P.2021V《大唐沙州释门索法律义辩和尚修功德碑》残存部分与抄本S.530（拟题）五处不同外，其他部分几乎相同。据《敦煌遗书总目索引》伯希和劫经录："P.2021粟特文，背为索法律（义辩）修功德记残文。"且P.4640《沙州释门索法律窟铭》与P.2021V《大唐沙州释门索法律义辩和尚修功德碑》残存部分高度吻合，故可确定《大唐沙州释门索法律义辩和尚修功德记碑》是《沙州释门索法律窟铭》的不同抄本。

律生于 794 年。[①]

（二）索法律非"钜鹿索公"

"钜鹿索公"是《唐河西节度押衙兼侍御使（史）钜鹿索公邈真赞》（P.4660）的赞主；敦煌遗书中另有《钜鹿索公故贤妻京兆杜氏邈真赞并序》（P.4986+P.4660）一文，经学者考证，此赞主是钜鹿索公之妻。故比较索法律的相关文献与此二文赞主的身份，知钜鹿索公并非钜鹿律公索法律，主要有如下四个理由。

第一，家门不同：钜鹿索公是"阀阅贵派"，是功勋世家；索法律是"丹之远派"，是贵族之后。

第二，身份不同：钜鹿索公是信士，P.3703V《释迦牟尼如来涅槃会功德赞》记载，"厥有信士钜鹿索公讳，趋庭受训，无亏鲤也……非教内人士；索法律"灯传北秀，导引南宗"，是金光明寺的执事僧。

第三，生平不同：钜鹿索公"文武双美，荣望崇迁。横谱八阵，操比苏单"，是文治武功的押衙；索法律"穷七祖之幽宗，示三乘之淳粹"，是讲经传教、度化众生的高僧。

第四，功绩不同：钜鹿索公战功显赫，"名播九天，敕赐衣冠"；索法律"设无遮之数供，味列八珍；惠难舍之资身，殷勤三宝。写大集之教藏，法施无穷；建宝刹于家隅，庄成紫磨。增修不倦，片善无遗。更凿仙岩，镌龛一所"，是建窟造龛传教之功德。

因此，对比二人的家门、身份、生平及功绩，可以确定"钜鹿索公"并非"钜鹿律公"索法律。

（三）索法律非"法律智岳"和尚

"智岳"和尚是《沙州释门索法律智岳邈真赞》（P.4660）的赞主，敦煌遗书除此赞之外，尚无关于智岳的文献。《前沙州释门法律义辩和尚邈真赞》与《沙州释门索法律智岳邈真赞》由悟真和尚于 870 年前后撰写，所以两篇赞文的书写风格较为接近。由邈真赞可看出智岳和尚与索法律有很多相同之处，如两者皆儒释兼晓、精通医道，都是佛教的传播者等，蒋斧认为此二位赞主是同一人，即索智岳即金光明寺索法律，郑炳林、张志勇否认此说法。仔细比较索智岳与索法律的异同，从三个方面可确定他们并非同一人。

1. 入佛门原因不同

索智岳：智岳和尚经历俗世生活后，毅然"投缁割爱，顿息攀缘"，其心境在入法前后变化很大。故索智岳入佛门之因是客观的，是由外在原因促就的。

索义辩：索法律之父索定国是"顿悟大乘贤者"，其长侄僧常振"钦念三乘，疑（凝）修四谛"，可以说索法律入佛门是有家族渊源的。他"应法披缁，智不亏于七觉；弱冠进具，精五百之修持"，故索义辩入佛门是主观的，是受家庭熏陶与其自身修习而做出的选择。

2. 功绩不同

索智岳：其教化方式"殷勤善诱，直示幽玄"；其修行"药闲中道，病释两遍"；其传授内

[①] 计算年龄的方法是：卒年—生年 +1= 终年年龄，如凉州公府寺释法颖（416—482），《敦煌志》载其"春秋六十有七"，其他人皆是以此法载其年岁，故索法律当生于 794 年。

容"门传孝悌，习教壁田"。

索义辩：其教化对象"趋庭则半城缁众，近训乃数百俗徒"，广而多；其修行"灯传北秀，导引南宗。神农本草，八术皆通"；其功绩"写大集之教藏，法施无穷；建宝刹于家隅，庄成紫磨。增修不倦，片善无遗。更凿仙岩，镌龛一所"。

3. 去世年岁不符

索智岳：据《沙州释门索法律智岳邈真赞》，"芳名才秀，可惜少年。奈悬蛇分遘疾，何奠梦兮来迁"，[①]可推测索智岳去世时年龄尚小。

索义辩：据索义辩功德记碑文"示疾数旬，医明无术。春秋七十有［六］，终于金光明寺"，七十六岁圆寂，当属高龄。

4. 住寺不同

索法律住寺金光明寺，但索智岳不是。也有学者认为"索法律智岳"住寺金光明寺，目前尚无文献可证明此观点，但依据僧官称谓习惯可推测"索法律智岳"住寺并非金光明寺。吐蕃统治敦煌地区前后，寺院对僧人称呼变化如下。

吐蕃统治前，寺庙僧众按职责分为执事僧和普通僧，执事僧称之以"俗姓＋职位名称"，如索法律；普通僧直呼法名，如宝印、道林。吐蕃统治时期，以"俗姓＋法名"称呼所有僧侣，如泛金镜、王金檀。归义军统治时期，则恢复吐蕃统治前的称谓传统，另外对普通僧亦会以"僧＋法名"称之，如僧庆戒、僧弘亮。

值得注意的是，敦煌对僧人的称谓有个约定俗成的习惯，即如果在同一住寺中有两个"张法律"，就分成"大张法律""二张法律"；如果还分不清楚，就在"大张法律"前加上"金"，即"金大张法律"，表示这个僧人是"金光明寺的大张法律"，在 S.520 号遗书中还有"莲李法律"等称谓。因此据《沙州释门索法律智岳邈真赞》撰写时间推测，智岳和尚与索法律去世时间相差不远，因此如果索法律与智岳和尚同住寺金光明寺，那么在称谓前需加"大"或"金"等字进行区分。故此，可推测索智岳并非住寺金光明寺。

三 金光明寺索法律之脉——家族谱系总论

由索法律窟铭及功德记碑文知，索法律之远祖索抚，于汉武帝时迁居敦煌，其后嗣凭文治武功在敦煌地区渐占一席之地。但西汉时期属于索姓崛起时段，故记载的索姓者并不多。随着东汉两晋时期战乱不断，索氏逐渐以军功在政坛占有一席之地，索氏家族一跃成为世家豪门大族。其子嗣遍及整个河西地区，故索姓支脉派系变得复杂。有关文献匮乏，加之分散失佚者颇多，因此索法律的宗族谱系关系记载散乱，只能层层剥茧。P.2625《敦煌名族志》残卷载"索氏，右其先商王帝甲，封子丹于京索，因而氏焉。武王灭商，迁之于鲁，封之为侯。秦并六国，庄侯索番致仕，国除。汉武帝时，太中大夫索抚、丞相赵周，直谏忤旨，徙边，以元鼎六年从钜鹿南和迁于敦煌"，这是索氏在迁居敦煌前的住地情况，与索法律功德记碑文记述吻合。另记载秦统一时"庄侯索番致仕，国除"，因此，可推测在索抚迁居敦煌

---

① 郑炳林、郑怡楠《敦煌碑铭赞辑释》注此句，释曰："梦奠，张议潮七十四卒，引用此典故，故此处指索智岳迁化，当在七十四岁左右。"此说法与前文"芳名才秀，可惜少年"相矛盾。因此"梦奠"意在指代死亡，并非特指七十四岁。

之前，已有钜鹿索氏迁往关陇地区生活。索抚之后，天凤三年索骏亦因避祸迁居敦煌，此后敦煌地区的索氏宗脉关系逐渐错综复杂。《敦煌名族志》残卷又载：

> 后汉有索颜，明帝永平中为西域代已（戊）校尉，居高昌城。颜子堪字伯高，才明举孝廉明经，对策高第，拜尚书郎，稍迁幽州刺史。其抚玄孙翙字后山，有文武才，明兵法。汉安帝永初六年，拜西域长史。弟华，除为郎。华之后展，字文长，师事太尉杨赐展。孙翰字子曾，师事司徒王即（朗），咸致士官。[①]

经日本学者池田温考证，索颜为索抚之后。索颜于汉明帝（58—75）时任西域校尉，抚玄孙"翙"于永初六年（112）拜西域长史，两者在年龄上符合"爷孙"之辈分，由此可推测此阶段人物与索抚的关系：索抚—（　）—索颜—索堪—索翙（其后嗣无载）、索华—索展—索翰，其中索堪与索翙是父子辈，并不一定是亲生父子关系。

又《前沙州释门法律义辩和尚邈真赞》载"晋代英贤，魏朝樟木。宗枋继踵，联支胤玉"，英贤和樟木代指两晋时期索靖、索綝父子，"联支胤玉"则说明索法律与索靖是同源不同宗，二人具体的宗源关系尚无法得知。因此依据已有材料，可大致勾勒出索法律的家族谱系图（图1）。

综上所述，可明确索法律如下两点。

"索法律"生卒年及族源。索法律俗姓"索"，法号"义辩"，在教团中任"法律"之职，有钜鹿律公、义辩和尚、释义辩、沙州索法律等别称。祖籍在钜鹿，其支脉"索"姓由商王帝甲所赐；汉武帝时索抚迁居敦煌，此为敦煌索姓之始端；皇祖是左金吾卫会州黄石府折冲都尉索奉珍，于天宝末年有驱蕃杀胡之功绩；皇考"顿悟大乘贤者"索定国"耕田凿井，业南亩而投簪，鼓腹逍遥，力东皋而守分"；亡兄前任沙州坊城使索清宁育有三子：长子僧常振继索法律未竟之遗愿，"上交下接，解营构而多方"，终完成莫高窟第12窟建窟造龛之功业；次子节度押衙兼监察御史索忠颛"勇冠三军，射穿七札，助收六郡，毗赞司空"；小儿子索忠信。故弟索清贞"礼乐名家，温恭素质，一城领袖，六郡提纲"。索法律为中子，生于794年，869年于金光明寺圆寂，终年76岁，其品性"寒松比操，慈云布簇。一郡人师，五凉钦伏"，被传颂久远。

索法律的传教之功。索法律通儒释之法，精医道之术，明世俗之理，二十岁身披缁衣，以"四摄、六和"之法，得僧俗信众之捧扬，受半城缁徒之追随。其传教之势，"趋庭则半城缁众，近训乃数百俗徒"可见分晓。除精研佛道与弘扬佛法传教外，索法律亦参加世俗活动，如P.4810V《为亡姊追七功德请金光明寺僧疏》就载有金光明寺一大批僧众为世俗大众举行法事的活动，其中就包括索法律。他也参与要政，与当时节度使曹议金的关系颇为密切。另外，索法律主持开凿的敦煌莫高窟第12窟，可谓"竭房资而赏劳，罄三衣而务就"，其"内素并小龛十千周遍。于是无胜慈尊，拟兜率而下降；多闻欢喜，对金色以熙怡。

---

① 唐耕耦、陆宏基编：《敦煌社会经济文献真迹释录》，第103页。

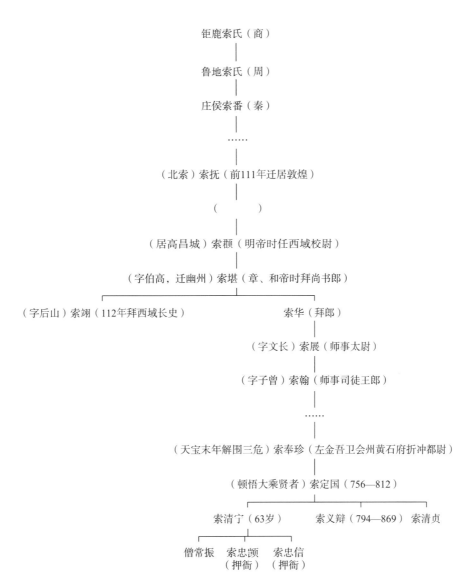

图 1　索法律家族谱系

大士凌虚，排彩云而务集；神通护世，威振慑于邪魔。千佛分身，莲花欢捧足"，有力地传播了佛教文化，让更多信众进一步接触到佛教内容，也为我们当下研究佛教在中国的传播提供了可贵的图文及雕刻文化。

从索法律的活动范围可以看出，当时敦煌地区，不仅佛教盛行于各个阶层，且僧俗来往密切。佛教表现形式趋向多元化，建窟造龛的佛事活动也突破寺院之门，走向民间，以祭祖为主题的家族活动以建窟形式呈现，这是敦煌地区独有的现象之一。十六国时期的敦煌，由于北朝政权更迭频繁，统治者对佛教的态度不尽相同，因此佛教的发展也起起伏伏，但总体呈现浩大之势。这段时期新的佛典不断涌入，佛教的表现内容也逐渐丰富，因缘故事、经变等内容渐以壁画的形式表现出来。总之，索法律的生平活动既代表着敦煌寺院僧人与世俗各阶层的频繁互动，也体现了佛教以更加世俗化的姿态融入敦煌民众的生活当中。

女性意识与汉唐七夕节的发展演变[*]

焦 杰 郑伟凤

（陕西师范大学）

关于七夕节文化和牛郎织女神话故事，学术界已有不少研究。最早探讨牛女故事的学者当数竺可桢，他在《二十八宿起源之时代与地点》(《思想与时代》第 34 期，1944 年）中认为二星赤经的重合是牛女故事的源头，而根据岁差的计算，牛郎织女二星赤经的重合时间约为公元前 3000 年。[①]这一推测为学界从天文学角度研究牛女故事的起源提供了有力的支持。比如冯时就认为："天鹰座的河鼓三星与天琴座的织女三星分别于赤道以北的天汉两际，遂有古人鹊桥相会的想象，这种想象是由同位于银河一侧的牛、女二宿所无法引发的。"[②]在此基础上，牛女故事和七夕文化的研究成果相当丰富。关于牛女故事的起源有先秦说、汉初说、两汉说等三种；[③]关于牛女故事的演变，既有刘学智、李路兵主张的两汉生成期、魏晋六朝定型期和

隋唐以后的演进期，[④]也有赵逵夫主张的牛郎织女的传说的孕育、形成、发展与演变经历了五个阶段，其中从战国中期至东汉末年，是牛郎织女传说的故事情节形成、发展的阶段。[⑤]至于牛郎织女于七月七日渡河相会，学术界普遍认为七月七作为一个岁时节日出现在先，牛郎织女相会附会在后，大约形成于东汉末至三国时期。[⑥]这些研究基本上已将牛郎织女故事的起源和演变的脉络交代清楚，但忽略了重要的问题，那就是：作为一个女性的节日，妇女的活动在牛郎织女故事和七夕节的发展及演变过程中起到了怎样的作用，这些活动又体现了汉唐妇女怎样的主体意识。纵观所有的研究，无一篇论著涉及。本文即从性别视角出发，通过考察汉唐时期七夕节俗的发展演变来探讨妇女的主体能动性在节日传承中的重要作用。

* 本文为国家社科基金后期资助项目"中古妇女文化研究"（19FZSB047）阶段性成果。

① 转引自牛天伟、金爱秀《汉代神灵图像考述》，河南大学出版社，2017 年，第 270 页。
② 冯时：《洛阳尹屯西汉壁画墓星象图研究》，《考古》2005 年第 1 期，第 71 页。
③ 王朝阳：《从秦简〈日书〉看牛郎织女故事之形成与流变》，《贵州文史丛刊》2011 年第 2 期，第 52 页。
④ 刘学智、李路兵：《七夕文化源流考论》，《陕西师范大学学报》（哲学社会科学版）2007 年第 6 期，第 58—62 页。
⑤ 赵逵夫主编：《西和乞巧节》，上海远东出版社，2014 年，第 233 页。
⑥ 刘学智、李路兵：《七夕文化源流考论》，《陕西师范大学学报》（哲学社会科学版）2007 年第 6 期，第 58—62 页；黄涛：《由牛郎织女传说看七夕节爱情元素的历史传承与当代重建》，《原生态民族文化学刊》2019 年第 3 期，第 132—138 页；赵逵夫主编：《西和乞巧节》，第 233—234 页。

一 牛郎织女相会为什么选择在七月七日

牛郎织女于七夕鹊桥相会是牛女故事的核心内容，也是故事发展的最高潮。那么一年三百六十五天，他们为什么要选择在七月七日这一天相会呢？关于这一点，学术界的主流观点认为：一则与牛郎织女在七月初的星象有关；二则七月七日原本是一个岁时性的节日。比如刘宗迪即讲道："七月黄昏，夜空中这种银河直贯南北、织女高悬天顶、牛女相映成辉的景观肯定给古人留下深深的印象。"[①]他认为七夕"原本只是一个秋天的节日，七夕故事所蕴含的意义，也不过是时令转换、秋天开始的消息"，[②]七夕陈设瓜果献祭"是因为七月之时，正是瓜果成熟的时候"。[③]黄涛亦指出："织女星是标志夏历七月的星。七月正是织女星在人们的视野中最亮的时候。"他认为至迟在汉魏时期，牛女故事与七夕节是无关的，"七夕节存在了约二三百年才跟牛郎织女故事融合"。[④]刘学智、李路兵赞同黄涛的看法，认为七月七日"古已有之，其节俗包括曝衣、曝书等。七夕则依托牛郎织女的爱情神话而产生"。[⑤]赵逵夫则认为："牵牛、织女在七月七日渡河相会，这一情节也在秦代就已形成……到了汉代，则已因此而造成了一个相当普遍的节日。"[⑥]也有学者认为"七夕祭祀牛郎织女，可能

与古人在夏历秋七月举行'秋尝'大典酬谢祖先的礼俗有关"。[⑦]

第一个原因是毋庸置疑的。每年的七月一日午夜前后，织女星正好位于一个近似直角三角形被称作夏季大三角的星群中，织女星（织女一）位于直角顶点，另外两个角分别是天鹰座的牛郎星（河鼓二）和天鹅座的天津四（图1）。由于附近鲜有亮星，所以夏季大三角在北部天空非常突出。对于这一星相，《甘石星经》已有记载："织女三星在天市东端，天女主瓜果丝帛收藏珍宝。及女变明大，天下平和，常以七月一日六七日见东方。色赤精明，女工善。"[⑧]毫无疑问，牛郎织女的天文学特点肯定是引起人们无限美好遐思的基础。这个时候牛郎和织女隔河相对，肉眼看起来间隔最近，也最容易给人以两星欲相会的印象。

第二个原因也是非常有道理的，但并不全面，需要进一步补充。从汉代的文献记载来看，七月七原本就是一个与季节有关的节日，那一天会举行许多与农家日用和日常生活有关的活动。但如果说这一天成为节日与瓜果成熟和曝衣、曝书习俗有关则不确切。相对而言，"秋尝"的说法最有道理，因为这天有一个"食糜粥"的尝新仪式，这正是促使七月七成为节日的真正原因。

七月是我国中原传统粮食作物——黍成熟收获的日子。从先秦时代起，每逢谷物果蔬成熟都

---

① 刘宗迪：《七夕故事考》，《民间文化论坛》2006 年第 6 期，第 19 页。
② 刘宗迪：《七夕故事考》，《民间文化论坛》2006 年第 6 期，第 22 页。
③ 刘宗迪：《七夕故事考》，《民间文化论坛》2006 年第 6 期，第 21 页。
④ 黄涛：《由牛郎织女传说看七夕节爱情元素的历史传承与当代重建》，《原生态民族文化学刊》2019 年第 3 期，第 134 页。
⑤ 刘学智、李路兵：《七夕文化源流考论》，《陕西师范大学学报》（哲学社会科学版）2007 年第 6 期，第 60 页。
⑥ 赵逵夫主编：《西和乞巧节》，第 78 页。
⑦ 吴天明：《七夕五考》，《中南民族大学学报》（人文社会科学版）2003 年第 3 期，第 82 页。
⑧ 《甘石星经》卷下，日本早稻田大学藏清乾隆刻本。按：原文为"七月一月六七日"，一月应为一日之误。

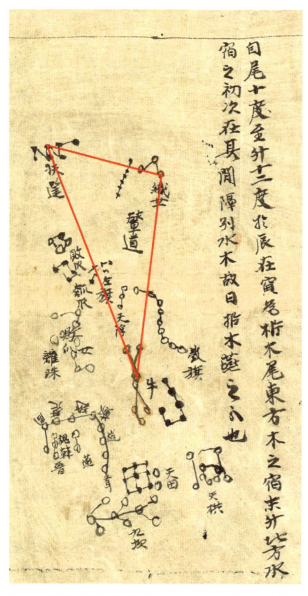

图1 《敦煌星图》局部，甲本，S.3326（采自大英图书馆）

月是新黍收获之季，按惯例也应该尝新，七月七日这天食糜粥便是尝新仪式。虽然汉代文献无食糜粥的记载，但据《风土记》："魏时人问董勋云：'七月七日为良日，饮食不同于古，何也?'勋云：'七月黍熟，七日为阳数，故以糜为珍。今北人惟设汤饼，无复有糜矣。'"② 则七月七日原本是要煮黍米粥来食用的，只是到了魏晋以后随着面食的流行就改食汤饼（汤面条）了。

先秦时期的尝新仪式只是在七月举行，并非固定在七日。汉代固定在七月七日应该与阴阳思想的流行有关。黄涛指出："选择重七为节日，跟古人习惯以数字重叠的日子为节日和对数字'七'的崇拜有关。古人认为'七'有利生殖、转生、长生，双七更是吉利数字，所以在这个日子要搞相应的仪式，就使它成为节日。"③ 在汉代，自从董仲舒将阴阳思想与儒家君权神授思想结合起来，阴阳思想便普遍流行。七是阳数，阳为吉，两个阳数相叠便是上上大吉，所以七日这天举行尝新活动最吉利。因为瓜果也多成熟于七月，故食瓜果也是尝新的内容，但与黍相比，瓜果的重要性肯定不及，所以食糜粥是七月七日最具代表性的仪式。尝新的目的除了庆丰之外，也是祈求来年黍米大熟，本质上是一种趋吉求祥的巫术活动。

除了食糜粥外，七月七还有不少具有趋吉求祥象征仪式的活动。比如要酿造黍米酒，制作除虫除毒的药丸，还要制作一种被称作"糗"的便于保存和携带的干粮，还要采苍耳等。崔寔《四

会举行尝新活动。重阳节的产生便是这一习俗作用的结果，四时节令祖庙荐新也与这一习俗有关。糜又名黍，其命名为黍与其成熟的季节有关。《神农本草经》云："黍者暑也。待暑而生，暑后乃成也。"① 黍即糜子，又称黄米，糜粥就是黍米粥。七

① 陈企望撰集：《神农本草经注》卷25，中医古籍出版社，2018年，第1635页。
② （宋）李昉：《太平御览》卷31《时序部十六》引《风土记》，中华书局，1960年，第150页上。
③ 黄涛：《由牛郎织女传说看七夕节爱情元素的历史传承与当代重建》，《原生态民族文化学刊》2019年第3期，第134页。

民月令》载道："七月……七日遂作麴，合蓝丸及蜀漆丸，暴经书及衣裳，习俗然也。作干糗，采葸耳。"[1]麴就是酒曲，用黍制作。许慎《说文》讲道："黍可为酒，故从禾入水也。"[2]以谷物酿酒是先秦以来的传统，但"只有农业获得丰收，粮食满仓之际，人们才开始用谷物酿酒"。[3]《诗经》即曰："疆场翼翼，黍稷彧彧，曾孙之穑，以为酒食。"[4]汉唐时期，黍的种植范围很广。因为黍米味甘、性温，有益气和补中之功效，所以除了食用、酿酒之外，也被人们用来制作药酒。唐人苏敬的《新修本草·米部下》言道："荆、郢州及江北皆种此。其苗如芦而异于粟，粒亦大。粟而多是秫，今人多呼秫粟为黍，非也。北人作黍饭，方：药酿黍米酒，则皆用秫黍也。"[5]蓝丸和蜀漆丸分别用兰草和蜀漆草制成，这两种草都是传统中药材，制成的药丸可用于除虫、解毒、治病。苍耳即是葸耳，其籽榨油可用于燃灯烛。想要一日之内完成这么多的工作是不可能的，所以合蓝丸和蜀漆丸、作干糗、采葸耳只是求祥趋吉的开工仪式。

有学者指出，牛郎织女的传说应该"是大地上的农耕信仰崇拜对象与天文上的实际星象（图2）观察结合而成的"。[6]从前文的分析来看，这一结论当然是正确的。然而，信仰之所以产生并且流传，除了充满神秘神圣禁忌的色彩之外，一定要

图 2　陕西靖边县渠树壕东汉墓墓室券顶牛宿、女宿壁画

与人类的生活密切相关，尤其是自发的充满功利性的民间信仰。所以，牛郎织女相会于七月七日的传说不仅与天文和农耕信仰有关，更与古代的日常生活习俗有关。

在我国古代，每个月中两两重合的日子都是非常重要的日子，比如"二月二""三月三""五月五""九月九"等。这些日子大都处于季节变换的时候，民间也会举行一些被除不祥的巫术活动。"七月七"是由夏入秋的开始，天气多晴朗，故自汉代以来，宫廷和民间都有登楼晒衣被的习俗。比如宋卜子《杨园苑疏》就记载说汉代的太液池西，"有武帝曝衣阁，常至七月七日宫女出，后登楼曝衣"。[7]妇女晾晒衣被，读书人则晾晒书籍，如东汉崔寔的《四民月令》："七日，曝经书及衣

---

① （清）严可均辑：《全上古三代秦汉三国六朝文·全后汉文》卷47《崔寔·四民月令》，中华书局，1958年，第1461页。
② （汉）许慎著，（清）段玉裁注：《说文解字注》卷13，上海书店出版社，1992年，第329页上。
③ 王赛时：《中国酒史》，山东大学出版社，2010年，第26页。
④ （汉）毛亨传，（汉）郑玄笺：《毛诗传笺》卷13《小雅·信南山》，中华书局，2018年，第311页。
⑤ 中华大典工作委员会、中华大典编纂委员会编纂：《中华大典·理化典·化学分典》（1），山东教育出版社，2018年，第458页。
⑥ 王孝廉：《牵牛织女传说的研究》，陈慧桦、古添洪编：《从比较神话到文学》，台北：东大图书有限公司，1983年，第189页。
⑦ （宋）李昉：《太平御览》卷31《时序部十六》，第149页上。

裳。"① 从巫术原理讲，晒衣被可以驱除邪气、霉气；从卫生角度讲，晒衣被可以消毒、除螨除湿，有利于更好地睡眠。最重要的是，"七"这个数字在汉代最为神奇，《说文解字注》："七，阳之正也。从一，微阴从中衺出也。凡七之属皆从七。"② 七是阳数，"从一，微阴从中衺出"意味着阴阳交会，所以黄涛认为"古人认为'七'有利生殖、转生、长生"。其实，"七"有利于生殖很可能与晒衣被容易让人联想到性和生育有关，两个"七"相桑则强化了这一观念，故而牛郎织女被安排在这一天夜里相会。

牛女七夕相会意味着性，意味着造人，具体表现就是汉魏的七夕活动包含乞子内容。崔寔的《四民月令》载道："七月七日，其夜洒扫于庭，露施几筵，设酒脯时果，散香粉于筵上，祈请于河鼓、织女，言此二星神当会。守夜者咸怀私愿，或云见天汉中有奕奕正白气，如地河之波，辉辉有光耀五色，以为征应。见者便拜乞愿，三年乃得。"③ 此条被晋人周处的《风土记》收录，个别文字有不同，唯在"见者便拜乞愿"之后增加："乞富乞寿，无子乞子，惟得乞一，不得兼求，三年乃得言之，颇有受其祚者。"④ 在时人的观念中，一个人如果有什么愿望想实现的话，就可以在七月七日那天守夜，看到银河中有奕奕白气升起，散发出五彩光芒，便可以下拜请愿。想求什么便会得到什么，无子者可以求子，无财者可以求财，想长寿的也可以求长寿，但是每次只能许一个愿，而且许的是什么愿也不能对他人说，三年之后才能打破这个禁忌，否则就不灵验。

史料显示，汉代的七月七的确有求子活动。《西京杂记》记载，长安皇宫有百子池，汉高祖宠爱戚夫人，逢年过节，经常于水边举行"祓禊"活动，七月七日则"临百子池，作于阗乐。乐毕，以五色丝相羁，谓之相连爱"。⑤《三辅黄图》卷 4 亦有记载，唯"毕"作"阕"。虽然《西京杂记》是晋人葛洪追述汉代宫廷生活之作，《三辅黄图》也是唐安史之乱以后的传本，书中关于刘邦与戚夫人的生活记录带有一定的想象与附会成分，但类似的活动在两汉后宫肯定是存在的。事实上，汉代的宫苑中不仅有百子池，还有昆明池，而且池中还立有牛郎、织女二石像。《三辅黄图》记载："《关辅古语》曰：'昆明池中有二石人，立牵牛、织女于池之东西，以象天河。'张衡《西京赋》曰：'昆明灵沼，黑水玄址。牵牛立其右，织女居其左。'今有石父、石婆神祠在废池。疑此是也。"⑥ 两汉文人的作品也有提到昆明池的牵牛织女石像。东汉班固《西都赋》即云："集乎豫章之宇，临乎昆明之池，左牵牛而右织女，似云汉之无涯。"⑦ 这些文献记载显示，牛郎织女的传说在汉宫中颇受推崇。刘邦与

① （清）严可均辑：《全上古三代秦汉三国六朝文·全后汉文》卷 47《崔寔·四民月令》，第 1461 页。
② （汉）许慎著，（清）段玉裁注：《说文解字注》，第 738 页下。
③ （清）严可均辑：《全上古三代秦汉三国六朝文·全后汉文》卷 47《崔寔·四民月令》，第 1461 页。
④ 车吉心总主编，孙家洲主编：《中华野史》第 1 卷《先秦至隋朝卷》，泰山出版社，2000 年，第 641 页。又，周勋初辑《唐钞文选集注汇存》（第 1 册，上海古籍出版社，2011 年，第 486—487 页）收此，"无子乞子"作"子孙贵位"。
⑤ （晋）葛洪：《西京杂记》卷 3 "戚夫人侍儿言宫中事"条，周天游校注，三秦出版社，2006 年，第 146 页。此条亦见于晋干宝所著《搜神记》卷 2（汪绍楹校注，中华书局，1979 年，第 24 页），文字略有出入。
⑥ 何清谷校注：《三辅黄图校注》卷 4，三秦出版社，2006 年，第 300 页。
⑦ 《后汉书》卷 40 上《班彪传》，中华书局，1965 年，第 1348 页。

戚夫人在七月七日这天以五彩丝相连，希望像牛郎织女一样恩爱永结，为何不去昆明池而来百子池呢？显然，连爱是手段而不是目的，真正的目的在于求子。

因为七月七日这天是吉祥的日子，所以一些与日常生活有关的希望和理想在这一天进行祈祷都可以实现。《龙鱼河图》云："七月七日，取赤小豆，男吞一七，女吞二七，令人毕岁无病。"[1] 赤豆有去湿化瘀的作用，对小便不利、下腹胀满、水肿和脚气等症状有较好的改善效果，很早以来就被视为养生的良品。人们相信，在这一天按照一定的方式食赤豆也可以起到去病的效用。对年轻的女子来说，拥有美貌当然是梦寐以求的，据说七月七日也可以帮助她们实现愿望。《淮南子》记载道："七月七日午时，取生瓜叶七枚，直入北堂中向南立以拭面，靥即当灭矣。"[2] 靥，一指酒窝儿，一指女子面部点搽的妆饰。不过《淮南子》所说之靥既非酒窝，亦非面部妆饰，而是指女孩子脸上的雀斑。生瓜即甜瓜，其叶有美白功效，以叶拭面的确可以消淡色斑。人们相信七月七日以生瓜叶拭面可以立马消除脸上的雀斑。不论是吃赤小豆去病，还是用生瓜叶拭面，人们迷信的都是七月七日带来的好运。

二　汉唐妇女与穿针习俗的起源及文化演变

有学者指出："在中国古代众多的民俗节日中，就其参与者性别、节日活动内容、活动方式

而言，七夕是个名副其实而且独一无二的女儿节。"[3] 但从前文的论述可知，汉魏时期的七月七活动内容是非常多的，而且基本上与农业生产、时令节气和日常生活有关。但是非常有意思的是，随着历史的发展，七月七渐渐成为妇女的专属节日，穿针乞巧活动（图3）成为节日的主要内容，并一代一代地传承下来。这里就有两个重要的问题需要探讨了：为什么七月七会由一个时节性的节日变成女性的专属节日？为什么七夕主题由丰富多彩的趋吉求祥变成了单一的乞巧，并以乞巧节的名目传承下来？

刘宗迪认为："七夕节乞巧风俗，显然就是源于其与入秋夜绩、女红劳作之间的关联。……七夕之后，妇女开始纺绩裁衣，因此在这一天陈设针线，祈求心灵手巧，既是一种郑重其事的仪式，也是一种劳作季节开始前的心理准备。"[4] 如果先有七夕节后有乞巧风俗，这一说法无疑是没有问题的。但根据崔寔《四民月令》的记载，汉代的七夕活动中并没有乞巧的内容，也没有提到妇女在这一天要穿针乞巧。虽然《四民月令》没有交代守夜乞愿的人是男是女，但祈祷的对象既有牛郎又有织女，故可推断守夜乞愿的人应该有男也有女。求子虽然是乞愿的内容，但不是唯一的内容，升官发财、风调雨顺、蚕桑丰收、四季平安等，只要是人们心中所想，都可以向牛郎和织女提出来。显然在东汉的民间，至少在崔寔生活的时代和地域是没有穿针乞巧活动的。因此刘宗迪认为乞巧源

---

① （宋）李昉：《太平御览》卷31《时序部十六》，第150页上。
② （宋）李昉：《太平御览》卷31《时序部十六》，第149页下。
③ 董乃斌：《唐人七夕诗文论略》，《文学评论》1993年第3期，第62—69页。
④ 刘宗迪：《七夕故事考》，《民间文化论坛》2006年第6期，第20页。

图3　明仇英《汉宫乞巧图》局部（采自台北"故宫博物院"）

于与农家妇女"入秋夜绩、女红劳作之间的关联"的观点是值得商榷的。

两晋时代的七夕乞愿活动与《四民月令》所载大致相同，依然没有穿针乞巧活动。周处《风土记》记载："七月初七日，其夜洒扫中庭。然则中庭乞愿，其旧俗乎？"[1]然而到了南北朝时期，七夕日穿针乞巧活动突然就流行开来，七夕俨然成为妇女的节日，男人从七夕活动中退出了。宗懔《荆楚岁时记》记载："七月七日，为牵牛织女聚会之夜。是夕，人家妇女结彩缕，穿七孔针，或以金、银、鍮石为针，陈几筵、酒、脯、瓜果、菜于庭中以乞巧。有喜子网于瓜上，则以为符应。"[2]文中明确记载乞愿的人是妇女，仪式比汉代隆而重之，内容更为丰富，要陈几筵瓜果酒菜（图4），妇女们穿七孔针以乞巧，翌日以喜子（蜘蛛）结网于瓜上为得巧的征兆。

既然两汉和魏晋时期并不见民间妇女有穿针乞巧习俗，那么缘何南北朝时期突然就开始流行了呢？汉代的七夕，男人和女人都可以向牛郎和织女表达自己的心愿，缘何南北朝时期的七夕就只有妇女是节日的参加者，七夕的活动也只有乞巧这一目的了呢？这就不能不从妇女的主观能动性来分析了。不可否认，穿针乞巧活动的确是女人的发明，也的确与女红有关，但女人于七月七日穿针的目的原本不是乞巧，而是连爱，因为穿针不是民间织女的活动而是汉宫彩女的创造发明。《西京杂记》记载："汉彩女常以七月七日穿七孔针于开襟楼，俱以习之。"[3]只是汉彩女为什么要穿七孔针，为什么要在开襟楼穿针，《西京杂记》并没有说明。

①　（宋）李昉：《太平御览》卷31《时序部十六》，第149页上。
②　（南朝梁）宗懔：《荆楚岁时记》，宋金龙校注，山西人民出版社，1987年，第55页。
③　（晋）葛洪：《西京杂记》卷1，第29页。

图 4　明仇英《汉宫乞巧图》局部（采自台北"故宫博物院"）

开襟楼又称开襟阁（图 5），位于掖庭宫，是候选彩女居住之处。汉代后宫之制初承秦制，皇后之下皆称夫人。武帝、元帝以后，后宫人数增多。皇后之下宫嫔分为十四等，分别为昭仪、婕妤、娙娥、容华、美人、八子、充依、七子、良人、长使、少使等。为充实后宫，掖庭宫每年八月都要从洛阳的民间挑选良家子为彩女。在正式被选入宫之前，这些彩女就住在掖庭宫里待诏。根据"俱以习之"的描述，七月七穿七孔针的活动在彩女中非常流行，似乎除了身家清白、品行端庄、肤白貌美之外，精于女红也是入选后宫的必备条件，但这显然不合常理。《西京杂记》又载："掖庭有月影台、云光殿、九华殿、鸣鸾殿、开襟阁、临池观，不在簿籍，皆繁华窈窕之所栖宿焉。"① 如果就是为了乞巧，

彩女们完全可以在自己的住所穿针，没必要跑到开襟楼来；如果因为开襟楼地势高，穿针得巧更为容易，那么月影台效果可能更不错，但彩女们为什么偏偏选择开襟楼？

据文献记载，古代宫廷园囿和规模较大的私家园林中以开襟命名的楼阁并不少见。这些楼阁通常建于高处，人游园至此，便有燥热之感，往往会开襟散热。王粲的《登楼赋》就写道："凭轩槛以遥望兮，向北风而开襟。"② 当人们坚信七月七日对着夜空中的牛郎织女星祈祷能满足求子的愿望时，彩女们热衷于开襟楼穿针意味着什么也就不言而喻了。戚夫人已经深得汉高祖之宠，在这一天还要"以五色丝相羁"的方式希望与高祖永远"连爱"。对绝大多数彩女来说，她们最好的结

① （晋）葛洪：《西京杂记》卷 1，第 43—44 页。
② （三国）孔融等：《建安七子集》卷 3《王粲集》，中华书局，2005 年，第 104 页。

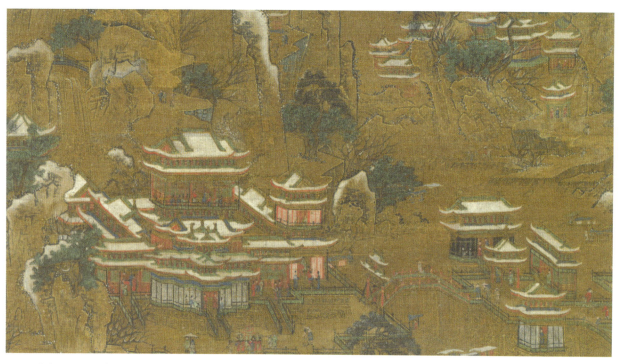

图 5 《京畿瑞雪图》纨扇，传为唐人作品（采自故宫博物院）

局就是能进入后宫，得到皇帝恩宠，再生下龙胎，所以待诏的彩女们于七月七日穿针也是一种"连爱"方式：针孔象征着女阴，针尖代表着阳具，穿针而过意味着自己能够入选后宫并得到皇帝的宠幸。这实际上是种模拟巫术，所以穿针地点选在开襟楼而不是月影台，或其他楼阁。采用七孔针，也是因为七为阳数为吉。以良家子身份入宫，获得皇帝宠幸，从而改变个人及家族命运的事情，在汉代并不少见。只不过在当时，七夕穿针仅仅是后宫彩女们的活动，在社会上并没有什么影响。

魏晋时期的后宫是否有相关的活动不得而知，但《荆楚岁时记》七夕条下杜邦瞻注引有宋孝武帝《七夕诗》"迎风披彩缕，向月贯玄针"（一作"迎风披采缕，阿月贯玄针"），[1] 说明南朝

刘宋的后宫七夕是有穿针活动的。这个活动应该是从前朝流传下来的。刘宋之后的萧齐，后宫穿针活动更为普遍，齐武帝还专门建了一座高台楼阁供宫人穿针乞巧。梁顾野王《舆地志》记载："齐武帝起层城观，七月七日宫人多登之穿针以乞巧，谓之穿针楼。"[2] 不过，从保存下来的与七夕有关的诗篇来看，提到穿针活动的相对较少。目前所见最早的便是宋孝武帝的《七夕诗》，其次是徐爰的《咏牛女诗》"结彩虣天路，颓芳菲灵台"，[3] 再次是梁简文帝的《七夕穿针》"怜从帐里出，想见夜窗开。针欹疑月暗，缕散恨风来"，以及柳恽、刘遵、刘孝威等人以《七夕穿针》为名的应制诗。[4] 这说明在梁以前，穿针习俗一直局限于宫内，在社会层面上广泛流行应该是萧梁

---

① （南朝梁）宗懔：《荆楚岁时记》，第 55、56 页。
② （宋）李昉：《太平御览》卷 31《时序部十六》，第 149 页下。
③ （唐）徐坚：《初学记》卷 4《岁时部下·七月七日第九》，中华书局，2004 年，第 76 页。
④ （唐）徐坚：《初学记》卷 4《岁时部下·七月七日第九》，第 78 页。

以后的事情。

前文讲过，汉代七夕乞愿活动本身就包含求子的内容，而彩女们穿针意味着连爱，意味着性，当然也意味着求子，那么为什么到南北朝时期却演变为乞巧了呢？究其原因有三。首先与织女的信仰有关。织女本是主管瓜果丝帛和珍宝收藏的神灵，七月初现东方的织女星"色赤精明"，意味着"女工善"，而穿针引线缝纫又是最基本的女红，故穿针很容易被附会为乞巧。其次与中国传统文化内敛而含蓄的特点有关。传统的夫妻关系讲究"举案齐眉""相敬如宾"，"食色"的本性并不适用于夫妻关系，尤其不适用于"夫御妻事"的夫妻伦理，[①] 所以穿针本意在流传过程中被有意淡忘了。最后与男耕女织的社会分工有关。在传统社会，虽然农业是主要的收入来源，但家庭纺织业的收入不可小视，女人所拥有的出色的纺织技术同样可以为家庭带来丰厚利益。《西京杂记》记载，东汉时期钜鹿人陈宝光的妻子会织一种非常名贵的蒲桃锦，虽然六十天才能织成一匹，却"匹值万钱"。[②] 南北朝时期的成都纺织业非常发达，名贵的纺织成品非常值钱，当地从事纺织业的家庭极多。左思的《蜀都赋》写道："阛阓之里，伎巧之家。百室离房，机杼相和。贝锦斐成，濯色江波。黄润比简，篾金所过。"[③] 纺织带来的可观收入，当然会刺激妇女们努力提高纺织技术。穿针所具有的女红意义，自然而然会让她们将自己的愿望寄于其中。

有愿望便会有想象，魏晋时期道教神仙思想的发展为女人的理想提供了充分的想象空间。汉孝子董永卖身葬父，欠钱千万，天帝被其孝心感动，特派织女下凡嫁其为妻，替主人家织缣，"十日而百匹具"，[④] 还清了债务。这个故事虽然是道教宣传的产物，却说明了妇女的纺织工作对普通家庭的重要性。尽管普通妇女根本拥有不了"十日而百匹具"的技能，但这并不妨碍广大妇女将其视为一种理想、一种期望。当穿针活动流传到宫外时，其所具有的女红性质自然而然地更受妇女的青睐，于是拥有织女那样的一双巧手、能为家庭带来更多收益的希望便渐渐超越了后宫彩女"连爱"的性暗示，穿针的本意——乞子，也被乞巧所取代。

后宫的"连爱"被民间的"乞巧"取代也可能与汉乐府诗《孔雀东南飞》的广泛传播有关。刘兰芝本是位家教极好、女红出色的大家闺秀，嫁人之后每日劳作，"鸡鸣入机织，夜夜不得息"。[⑤] 她的纺织技术高超，速度很快，但仍然不得婆婆欢心，被休回娘家。虽然大家都知道刘兰芝的被休"非为织作迟"，而是"君家妇难为"，但在女人只有出嫁从夫这一个人生规划的社会里，她们只有更加刻薄地要求自己才能改善生存环境。七夕的穿针乞巧活动为她们改善未来生存环境提供了一个合理的想象。

然而，在"不孝有三，无后为大"的传统社会，即使拥有出色的纺织技术，妇女们也摆脱不

① 焦杰：《东汉的夫妻关系中的男性与女性》，《文史知识》2014 年第 7 期，第 10—15 页。
② （晋）葛洪：《西京杂记》，第 33 页。
③ （清）严可均辑：《全上古三代秦汉三国六朝文·全晋文》卷 74《左思·蜀都赋》，第 3766 页。
④ （晋）干宝：《搜神记》卷 1，第 15 页。
⑤ （宋）郭茂倩编：《乐府诗集》卷 73《杂曲歌辞十三·焦仲卿妻》，中华书局，1979 年，第 1034 页。

了"七出"礼法和"三妻四妾"婚姻带来的困扰，穿针活动的本来意义自然不是女人想忘记并甘愿忘记的。既然不能公开谈性，聪明的她们就改变策略，通过"喜子网于瓜上"为得巧的符兆，含蓄地表达求子的愿望。

喜子就是蜘蛛，又称蝤蛸。《诗·豳风·东山》云："伊威在室，蝤蛸在户。"伊威学名鼠妇，俗称潮虫；蝤蛸是蜘蛛。孔颖达疏："蝤蛸，名长踦。郭璞曰：'旧说伊威，鼠蝠之别名；长踦，小蜘蛛长脚者，俗呼为喜子。'……陆机《疏》云：'……蝤蛸，长踦，一名长脚。荆州河内人谓之喜母，此虫来着人衣，当有亲客至，有喜也。幽州人谓之亲客，亦如蜘蛛为罗网居之，是也。'"[①]孔颖达提到的陆机其实是魏晋时博物学家陆玑，字元恪，吴郡人，仕至太子中庶子、乌程令，著有《毛诗草木鸟兽虫鱼疏》二卷传世。潮虫和蜘蛛是家中最常见的昆虫，先秦时人们认为这些昆虫对人类的生活并不构成威胁，故而采取"不可畏也，伊可怀也"的态度。到了魏晋南北朝时期，蜘蛛在民俗观念中便成了家有喜事的征兆，蜘蛛出现意味着有客人来，如果爬到人的衣服上预示着亲客造访。这里的亲客显非一般客人，而是娘家人。娘家来人，母亲最高兴，故称蜘蛛为喜母；家有亲客来访意味着会有好东西吃，孩子们也高兴，故称蜘蛛为喜子。而瓜在传统社会被视为多子的象征，先秦时期便有了"瓜瓞绵绵"的生育期待，故"喜子网于瓜上"也是模拟巫术，是穿针原本寓意的延伸，预示着求子成功。

庾信的《七夕赋》写道："兔月先上，羊灯次安。睹牛星之曜景，视织女之阑干。于是秦娥丽妾，赵艳佳人，窈窕名燕，逶迤姓秦。嫌朝妆之半故，怜晚饰之全新。此时并舍房栊，共往庭中。缕条紧而贯矩，针鼻细而穿空。"[②]庾信生活于南朝晚期，在他的笔下，穿针乞巧的姑娘们个个穿戴一新，打扮得花枝招展。显然，对南北朝时期年轻的姑娘们来说，七月七日之夜的意义不仅是乞巧，也是展示自己美丽容颜的舞台。另《五王传》记载："窦后少小头秃，不为家人所齿。遇七月七日夜，人皆看织女，独不许后出。有光照室，为后之瑞。"[③]文中的窦后是汉窦太后，据说她小的时候长得很不好看，故而被家人嫌弃，连七月七日乞巧都不让她出屋，生怕她给自家丢脸。《五王传》的具体成书年代不详，但肯定是在隋唐以前。其关于窦后的记载虽非信史，但至少可以说明南北朝时期存在一种社会习俗：年轻的姑娘往往利用乞巧的时机展示自己的美丽，自家的女儿长得美丽往往会令父母感到荣耀，反之则很没有面子。这也是七夕被称作"女儿节"的一个重要原因。

三 唐代妇女的乞巧活动与七夕文化的传承

大唐盛世，政治强盛，经济发达，社会富裕，相对开放的社会环境和包容的文化氛围使得妇女们更热衷于参加各种节日活动。七夕作为女性的节日得到了李唐妇女更大的关注与热情投入，

---

① （汉）郑玄注，（唐）孔颖达疏：《毛诗正义》卷8，《十三经注疏》（清嘉庆刊本），中华书局，2009年，第846页。

② （南朝）庾信撰，（清）倪璠注：《庾子山集注》，中华书局，1980年，第79页。

③ （宋）李昉：《太平御览》卷31《时序部十六》，第150页上。

并为之付出了更多的情感。在她们的参与和主导下，七夕乞巧活动越来越丰富，节日内容也越来越具有休闲娱乐色彩。

七夕乞巧活动在唐代的长安非常盛行，贵族豪门和富裕人家都搭建彩楼来供家中的女子穿针乞巧。《开元天宝遗事》记载，每至七夕，唐玄宗便会在宫中为妃嫔们建一座乞巧楼。乞巧楼以锦缎搭成，高百尺，可以承重数十人，不但陈列有瓜果、酒炙，还设有坐具（图6）。"妃嫔各以九孔针、五色线，向月穿之，过者为得巧之候。"[1] 乞巧之后，宫中大摆宴席，奏清商之曲，通宵达旦，热闹无比，引得长安士民之家尽皆仿效。关于长安七夕乞巧习俗的兴盛，崔颢的《七夕》写得最为生动："长安城中月如练，家家此夜持针线。仙裙玉佩空自知，天上人间不相见。长信深阴夜转幽，瑶阶金阁数萤流。班姬此夕愁无限，河汉三更看斗牛。"[2] 崔颢的诗虽然将妇女群体作为描写的对象，但关注的重点则是生活在长信宫中的"班姬"，"此夕愁无限"的哀怨说明她们穿针的目的与六七百年前的汉宫彩女并无两样。

天宝年间，杨贵妃独占唐玄宗之宠十余年，虽然两情欢洽，却一直未能生育。为了表示爱宠，每到七夕，唐玄宗就带着杨贵妃来到华清池，两人独享牛女相会之夜，这当然少不了乞巧的活动。《开元天宝遗事》载道："每至七月七日夜在华清宫游宴。时宫女辈陈瓜花酒馔列于庭中，求恩于牵牛、织女星也。又各捉蜘蛛闭于小

图6　五代佚名《乞巧图》局部（采自美国大都会美术馆）

合中，至晓开视蛛网稀密，以为得巧之候。密者言巧多，稀者言巧少。民间亦效之。"[3] 杨贵妃能歌善舞，以其聪明伶俐，女红之巧自不在话下，何况享有专房之宠，只是常年蒙主隆恩，却没有生育，未免意难平。对她而言，七夕的玩乐并不重要，重要的是求子，因此她令宫女们各捉蜘蛛置于盒中，希望通过这种模拟巫术尽早实现生子的愿望。

在民间，七夕乞巧活动也非常盛行，不论穷富，家家户户的姑娘、媳妇们都要穿针乞巧（图7）。权德舆的《七夕》吟道："今夕云軿渡鹊桥，应非脉脉与迢迢。家人竞喜开妆镜，月下穿针拜九霄。"[4] 参加乞巧的有未婚的姑娘，也有已婚的少妇。祖咏《七夕乞巧》曰："闺女求天女，更阑意未阑。玉庭开粉席，罗袖捧金盘。向月穿针易，临风整线难。不知谁得巧，明旦试相看。"[5] 卢纶《七夕诗》曰："祥光若可求，闺女夜登楼。

① （五代）王仁裕：《开元天宝遗事》卷下《开元天宝遗事十种》，丁如晦辑校，上海古籍出版社，1985年，第98页。
② 万竟君注：《唐诗小集·崔颢诗·崔国辅诗注》，上海古籍出版社，1982年，第20页。
③ （五代）王仁裕：《开元天宝遗事》卷下《开元天宝遗事十种》，第86页。
④ 《权德舆诗文集》卷10《七夕》，郭光伟校点，上海古籍出版社，2008年，第171页。
⑤ （宋）刘克庄编集，胡问侬、王皓叟校注：《后村千家诗校注》，贵州人民出版社，1986年，第114页。

图7　五代佚名《乞巧图》局部（采自美国大都会美术馆）

月露浩方下，河云凝不流。铅华潜警曙，机杼暗传秋。回想敛余眷，人天俱是愁。"①这两首诗描写的都是闺中少女乞巧的场景：一个少女在庭中乞巧，她天真活泼，对能否得巧浑不在意；一个少女登楼乞巧，她神情凝重，对乞巧的结果非常看重。同是未婚少女，她们对待乞巧活动的心情是不一样的。

描写已婚妇女乞巧的诗篇也有不少。沈佺期的《七夕》云："秋近雁行稀，天高鹊夜飞。妆成应懒织，今夕渡河归。月皎宜穿线，风轻得曝衣。来时不可觉，神验有光辉。"②刘言史的《七夕歌》亦道："星寥寥兮月细轮，佳期可想兮不可亲。云衣香薄妆态新，彩軿悠悠度天津。玉幄相逢夜将

极，妖红惨黛生愁色。寂寞低容入旧机，歇着金梭思往夕。人间不见因谁知，万家闺艳求此时。碧空露重彩盘湿，花上乞得蜘蛛丝。"③这两首诗的主人公都是闺中少妇，她们的丈夫可能出门远行，对她们来说，七夕之夜的最大愿望就是丈夫归来。她们穿针的目的与其说是乞巧，不如说是盼归。

值得注意的是，唐代乞巧活动的内容比南北朝时期更加丰富了。除了陈几设瓜果香粉之外，还会供奉鲜花，插上竹子，瓜果要切成一定的形状。刘言史《七夕歌》有"花上乞得蜘蛛丝"之句，即说明妇女在乞巧时会摆放鲜花。摆放何种鲜花并不固定，见于记载的有荷花。沈亚之《为人撰乞巧文》中即有"七夕祝织女，作穿针戏，

① （唐）卢纶撰，刘初棠校注：《卢纶诗集校注》，上海古籍出版社，1989年，第205页。
② （唐）沈佺期撰，陶敏、易淑琼校注：《沈佺期集校注》，中华书局，2001年，第243页。
③ （宋）蒲积中：《古今岁时杂咏》，三秦出版社，2009年，第289页。

取筥篁芙蓉杂致席上"①之句。乞巧插竹并将瓜果切成一定形状的记载见于柳宗元的《乞巧文》："柳子夜归自外庭，有设祠者，馔饵馨香，蔬果交罗，插竹垂绥，剖瓜犬牙，且拜且祈。"②傅道彬指出："用花卉、植物纹样象征女性生殖器官，反映生殖崇拜的意志，是中国母系社会文化遗址中的重要纹样。"③在唐代，虽然乞巧是七夕的主题活动，但求子的意义却贯穿始终。花代表着女阴，蜘蛛结丝于花象征着求子成功；瓜果切成交错状颇似花朵，蜘蛛结丝于其上比单纯的瓜更具有象征意义。

唐代妇女乞巧时插竹也与生殖崇拜有关。"原始先民对于竹的崇拜，与竹叶可状女阴之形，亦有莫大的关联……除了叶子外，竹茎外截口圆而中空，在先民的原始思维中，也极易被视为女性子宫的象征物，认为人可以从竹茎中生出来。"④不过，汉魏南北朝时期的相关记载并未见插竹的描写，说明这一习俗是后起的，很可能是受了南方民间信仰的影响。首先，在南北朝时期的文献中，江南很多地方鬼神的祭坛旁常有竹丛相伴，每有风起，竹丛轻拂祭坛，使其整洁干净，就像有人为鬼神服务一般。孙作云在《九歌山鬼考》一文中列举了相关记载近十处，皆属于南北朝时期的江南地区。其次，在南方的高禖信仰中，竹子具有特殊的象征意义。孙作云指出："巫山神女即是高禖之神，其'坛侧有竹垂之若雪'，而晋孝

武时禖坛石'文如竹叶'，可见禖坛石与竹确有着极悠久的关系。"⑤孙作云所说的禖坛石见于《隋书·礼仪志》："梁太庙北门内，道西有石，文如竹叶，小屋覆之，宋元嘉中修庙所得。陆澄以为孝武时郊禖之石。然则江左亦有此礼矣。"⑥郊禖即高禖，此典先秦时已有，进入国家祀典始于汉武帝时期，以后历代传承。据《隋书·礼仪志》行文语气分析，在梁太庙内的郊禖之石被发现以前，人们一直认为南方是不存在高禖之祀的。实际上，南朝不仅有高禖之祀，也有高禖石，只是上有竹叶的花纹。以情理来推，南朝的郊禖之祭是晋室东迁带过去的，在长期发展过程中，逐渐受到南方民间信仰的影响，禖石之旁应该是种有竹丛的。所以不论石上的花纹是自然生成，还是人为雕琢，都显示出江南文化的影响。唐代妇女在乞巧活动中使用竹子是对南朝高禖信仰的继承与应用。

虽然求子的象征意义贯穿七夕活动的整个过程，但乞巧赋予妇女以精湛女红的功能同样为人所重。柳宗元的《乞巧文》记载乞巧活动非常细致，除了具体描述怎么乞巧、摆放哪些供品、如何祈祷之外，也借女隶之口说明了妇女乞巧的目的："邀而祠者，幸而与之巧，驱去蹇拙，手目开利，组纴缝制，将无滞于心焉。"⑦在普通妇女心目中，拥有织女那样一双巧手的重要性并不亚于求子。唐代妇女对女红的看重在杜甫的《牵牛织女》诗里也有体现："嗟汝未嫁女，秉心郁忡忡。防身

---

① 肖占鹏、李勃洋校注：《沈下贤集校注》，南开大学出版社，2003年，第28页。
② 《柳宗元集》，中华书局，1979年，第487页。
③ 傅道彬：《中国生殖崇拜文化论》，湖北人民出版社，1990年，第92页。
④ 廖明君：《生殖崇拜的文化解读》，广西人民出版社，2006年，第188页。
⑤ 孙作云：《九歌十论》，河南大学出版社，2017年，第200页。
⑥ 《隋书》卷7《礼仪志二》，中华书局，1973年，第146页。
⑦ 《柳宗元集》，第487页。

动如律，竭力机杼中。虽无姑舅事，敢昧织作功。明明君臣契，咫尺或未容。义无弃礼法，恩始夫妇恭。"[1] 虽然唐代社会风气开放，上层社会的妇女地位较高，甚至悍妒风气流行，但对下层妇女来说，父权、夫权、婆权的压迫依然广泛存在，妇功不精往往成为被弃的理由。对普通人家未嫁的女儿来说，是否拥有一双巧手意味着她们出嫁之后能否得到舅姑的欢心，也在一定程度上意味着她们婚后的生活是否如意。故有学者指出，担心不能满足夫家要求而被冷落甚至遗弃是"大量古代女性，尤其是未出嫁的少女在七夕节中虔诚祭星拜月、乞巧求艺的真实心态反映"。[2]

乞巧之外，未婚的少女也会在这一天为自己未来的婚姻生活祈祷。唐代敦煌曲子《五更转》道："三更女伴近彩楼，顶礼不曾休。佛前灯暗更添油，礼拜再三求。会甚□北斗，渐觉更星候。月落西山欻星流，将谓是牵牛。"[3] 诗中描写几位年轻的姑娘在七夕之夜不但结伴登上乞巧楼行礼祈祷，而且还来到佛祖前添油上香礼拜，祈求自己将来能嫁给一位像牛郎那样勤劳能干又朴实真诚的郎君，过着男耕女织简单而幸福的生活。前引卢纶《七夕诗》中那位神情凝重的少女，她乞巧的内容恐怕也与婚姻有关。当然，不同身份的妇女所求是不一样的。沈亚之的《为人撰乞巧文》是为一个叫李容子的妓妇所写，她的心愿就与普通女子不同："是物之巧功善饰，愿赐

妾于针纫也。……是物之巧容善态，愿委妾于态媚也。……是物之巧音善感，愿付妾于管弦也。"[4] 因为职业的关系，除了希望拥有一双巧手外，她还希望自己更有魅力，更精擅音律歌舞。

七夕的月亮是上弦月，故被称作新月。年轻的姑娘们对着新月礼拜，默默地许愿，有的乞巧，有的求姻缘，年幼的女孩子依葫芦画瓢，学着姐姐们拜月玩乐。施肩吾的《幼女词》云："幼女才六岁，未知巧与拙。向夜在堂前，学人拜新月。"[5] 众多的女孩子聚集在一起，自然使整个乞巧过程充溢着欢乐的气氛，加之乞巧之后还有瓜果点心可吃，故而一场以家庭为单位的乞巧活动往往是家庭主妇主持下的孩童们的狂欢。权德舆在《七夕见与诸孙题乞巧文》中写道："外孙争乞巧，内子共题文。隐映花筵对，参差绮席分。鹊桥临片月，河鼓掩轻云。羡此婴儿辈，欢呼彻曙闻。"[6] 与南北朝时期一样，乞巧活动也是女孩子们展示自身美丽的时机，"昔年拜月逞容仪，如今拜月双泪垂。回看众女拜新月，却忆红闺年少时"。[7] 这四句诗出自吉中孚的妻子张氏所写的《拜新月》，该诗虽然是她为了回顾自己一生而写，却反映了年轻姑娘借乞巧比美的心态。爱美的姑娘们会在这一天使用一些秘方来美容或护理皮肤，最有名的秘方是太平公主独家专享的乌鸡桃花膏。韦行规的《韦氏月录》记载："是七月七日取乌鸡血和三月三日桃花末涂面及

① 《杜甫全集》，高仁标点，上海古籍出版社，1996年，第75页。
② 蔡丰明：《七夕乞巧习俗与古代女性文化心理》，《寻根》2009年第4期，第44页。
③ 任半塘编著：《敦煌歌辞总编》（下），上海古籍出版社，2006年，第1225页。
④ 肖占鹏、李勃洋校注：《沈下贤集校注》，第28页。
⑤ （清）彭定求：《全唐诗》卷494，中华书局，1960年，第5588页。
⑥ 《权德舆诗文集》卷10《七夕见与诸孙题乞巧文》，第173页。
⑦ （宋）郭茂倩编：《乐府诗集》，第992页。

遍身，三二日肌白如玉。此是太平公主法，曾试有效。"[1]

虽然七夕的主题从南北朝时期开始渐渐转至乞巧，食糜粥也被食汤饼取代，作麴、合蓝丸蜀漆丸、制干糒和采葸耳等象征仪式也不复举行，但传统的曝衣却被妇女们传承并发展下来。《世说》曰："郝隆七月七日见邻人皆曝晒衣服，隆乃仰，出腹卧，云'晒书'。"[2]《竹林七贤论》曰："阮咸，字仲容，籍兄子也。诸阮前世儒学，善屋室，内足于财，唯籍一巷，尚道业，好酒而贫。旧俗七月七日法当曝衣，诸阮庭中烂然，莫非绨锦。咸时总角，乃竖长竿，摽大布犊鼻裈于庭中，曰：'未能免俗，聊复尔尔。'"[3]南北朝时期的妇女认认真真地履行传统职责，为全家晾晒衣服以防虫蛀，文人士子们则插科打诨，借晒衣之俗展现自己旷达不羁、特立独行的品格。南朝梁诗人庾肩吾的"玉匣卷悬衣，针缕开夜扉"反映的也是妇女晒衣被的情景。[4]唐代诗人所作的《七夕诗》更多，涉及曝衣内容的不少，除了沈佺期的"月皎宜穿线，风轻得曝衣"外，杜审言有"襦服锵环珮，香筵拂绮罗"，[5]李贺有"鹊辞穿线月，花入曝衣楼"。[6]当然，规模最大、最热闹、最繁忙的晒衣被活动出现在皇帝的后宫。沈佺期《七夕曝衣篇》吟道："宫中扰扰曝衣楼，天上娥娥红粉席。曝衣何许曛半黄，宫中彩女提玉箱。珠履奔腾上兰砌，金梯宛转出梅梁。"[7]

结 语

七月七牛郎织女鹊桥相会是古代社会的星象观察与农业生产、日常生活及阴阳思想巧妙结合的产物。七月是我国传统粮食作物——黍——成熟的日子，传统上有"食糜粥"的尝新仪式。两汉时期，受阴阳思想的影响，七月七成为非常重要的日子，人们要在这一天举行一些与农家日用和日常生活有关的趋吉求祥的象征仪式，包括求子、却病强身和美容等。很巧的是，七月一日到七日这几天恰好是织女星最亮的时候，它与牛郎星分别居于夏季大三角的两个角，加之周边没有明显的亮星，在夜空中特别显眼，给人以牛女二星欲渡河相会的印象。因为七为阳数，七七相叠最吉祥，且含有阴阳相交的意义，所以人们便选择七月七日作为牛郎织女鹊桥相会的日子。

汉代的七月七日本是一个全民参与的节日，南北朝以后成为妇女们的专属节日则与穿针习俗有关。汉代民间，无论男女都要在七月七日这天拜牛郎和织女，向他们求福、求财、求长寿和求子，但没有穿针习俗。穿针是汉代后宫彩女的发明创造，属于模拟巫术的一种，寓意"连爱"和"乞子"，希望获得皇帝宠爱，从而改变自己的命运。南北朝以后，穿针活动传入民间，深受妇女群体欢迎，她们结合自己的现实需求，赋予穿针新的象征意义——乞巧。"连爱"和"乞子"的原本含义则通过蜘蛛结网于瓜上而含蓄地表达出来。

---

[1] （宋）李昉：《太平御览》卷31《时序部十六》，第150页上。
[2] （宋）李昉：《太平御览》卷31《时序部十六》，第150页上。
[3] （宋）李昉：《太平御览》卷31《时序部十六》，第150页上。
[4] （唐）徐坚：《初学记》卷4《岁时部下·七月七日第九》，第78页。
[5] （唐）徐坚：《初学记》卷4《岁时部下·七月七日第九》，第79页。
[6] （唐）李贺撰，吴企明笺注：《李长吉歌诗编年笺注》卷2《七夕》，中华书局，2012年，第148页。
[7] （唐）沈佺期撰，陶敏、易淑琼校注：《沈佺期集校注》，第209页。

从此，穿针乞巧成为七夕节主要的活动。年轻的姑娘在乞巧之余，还把这一天看作展示自己美丽容颜的重要机会。于是，七夕节就变成了女人的节日。

唐代妇女们更是热衷于七夕乞巧活动。在她们的参与和主导下，节日活动更为丰富，乞巧仪式明显带有南朝高禖信仰的影响。不同阶层的妇女通过穿针乞巧活动表达了不同的心理诉求。寂寞的皇宫妃嫔依然渴望得到皇帝的恩宠，受宠的妃嫔则渴望以生育来巩固自己的地位。贵族小姐希望今后能嫁一个如意郎君，深闺独居的思妇盼望远游的夫婿归来。普通民间少女则希望拥有织女的巧手以便获得未来夫家的认可，歌舞艺人则希望自己更有魅力，技艺更出色。年轻的姑娘们要梳妆打扮，继续在这一天展示自己的美丽。从两汉到魏晋南北朝，再到隋唐，七月七的节俗虽然发生了很大变化，但传统的曝衣习俗依然为妇女们所坚持。正是由于妇女们对传统的坚持与改造，七月七由全民参与的岁时节日变成了独具魅力的女人的节日，而她们也通过一系列的象征仪式含蓄而委婉地表达了自己对生活的渴望。

《千字文》回鹘译本综考[*]

赵洁洁

（中央民族大学）

《千字文》作为传统蒙学读物，凝聚着古代人民在儿童教育启蒙方面的思想智慧。有关《千字文》的流传，研究表明它在中原和西北地区广受欢迎，仅敦煌文献计有《千字文》写卷百余，并对日本、韩国、越南等周边国家的童蒙文献产生影响。然而，鲜有专门研究揭示它在古代少数民族中流传的具体情况，涉及西夏文、回鹘文、藏文、满文等多文种。如：西夏文本《碎金》共有千字，编排方法、叙事列名的顺序与《千字文》相仿，[①] 存世西夏文佛经在卷首标示勒尼语《千字文》帙号；[②] 法国巴黎国家图书馆藏伯希和搜集的敦煌文献第 3419 号，有汉藏对音《千字文》残卷一种；[③] 日本早稻田大学藏有康熙年间翰林院编修、尤珍书写的满文本《千字文》。

回鹘，8—15 世纪活跃于漠北蒙古高原、河西走廊、新疆吐鲁番等地的游牧民族，回鹘语属阿尔泰语系突厥语族，使用回鹘文书写。目前已知回鹘文译写的《千字文》残片总计 12 件，在回鹘的传播程度可见一斑。译者和出土地均不详，因其书写为草书体，且翻译风格相对成熟，推测约在 13、14 世纪创作而成。西胁常记（Nishiwaki Tsuneki）在 1997 年研究柏林收藏的吐鲁番出土汉语文献 Ch3716（图 1）时，发现并报告了回鹘人使用《千字文》的情况。该汉文《千字文》涉及纪年 1211 年，末有一行回鹘文［ming už］ik-lar-nïng čiziy-ï，对应为《千字文》的名称。[④] 近 20 年来，茨默（Peter Zieme）、庄垣内正弘（Masahiro Shōgaito）、阿不都热西提·亚库甫（Abdurishid Takup）等前辈陆续刊布图版及解读，分别研究了不同残片。通过系统的文本整理与分析，综考《千字文》回鹘译本，本文将揭示回鹘文如何翻译《千字文》及其释义特征，进而窥探它对古代周边民族的影响。

一 版本整理

目前已解读的回鹘文《千字文》分为四种版

* 本文系国家社会科学基金青年项目"汉文回鹘史料整理考释研究"（20CMZ005）、国家社会科学基金重大项目"敦煌河西石窟多语言壁题考古资料抢救性调查整理与研究"（22&ZD219）阶段性成果。

① 聂鸿音、史金波：《西夏文本〈碎金〉研究》，《宁夏大学学报》（社会科学版）1995 年第 2 期，第 8—16 页。
② 孙伯君：《西夏文〈大藏经〉"帙号"与勒尼语〈千字文〉》，《文献》2020 年第 5 期，第 74—85 页。
③ 〔日〕羽田亨：《汉蕃千字文的断简》，《东洋学报》第 13 卷第 3 号，1923 年，第 390—410 页。
④ 〔日〕西胁常记：《 ベルリン・トルファン・コレクション漢語文書研究》（柏林藏吐鲁番汉语文书），京都大学学术出版会，1997 年，第 98—110 页。

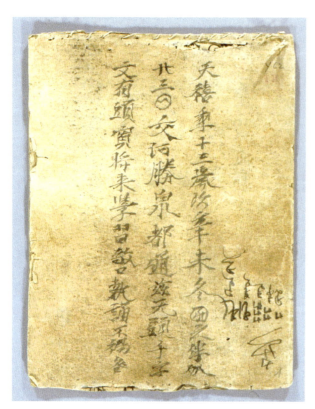

图1 Ch3716（采自 Depositum der Berlin-Brandenburgischen Akademie der Wissens-Chaften in der Staatsbibliothek zu Berlin-Preussischer Kulturbesitz, Orientabteilung）

图2 4bKr.182（采自 Masahiro Shōgaito, Abdurishid Yakup, "Four Uyghur Fragments of *Qian-zi-wen* 'Thousand Character Essay'," *Turkic Languages* 5, 2001, p.314）

本：[1] 柏林吐鲁番文献中心收藏的回鹘文残片，编号 Ch/U 6701（T II 1596），1999 年由茨默解读；[2] 圣彼得堡所藏 6 件断片包含了 3 种抄本，其中 4bKr.181、4bKr.182（图 2）、4bKr.185（图 3）、4bKr.194（图 4）由庄垣内正弘和阿不都热西提·亚库甫于 2001 年合作刊布，[3] SI 3Kr.14（图 5）和 SI 3Kr.15 则由庄垣内正弘于 2003 年单独刊布；[4] 2008 年，庄垣内正弘又刊布了圣彼得堡藏 SI Kr. IV 260 号残片，[5] 2015 年，茨默解读 SI 1850（Kr. IV 312）（图 6）号残片，[6] 据内容判断它们同 SI 3Kr.14、SI 3Kr.15 相互缀

---

[1] 回鹘文世俗文献以抄本为主。此处所论"版本"均为抄本，因翻译及抄写的内容、形式不同形成了不同本子。

[2] Peter Zieme , "Das *Qianziwen* bei den Alten Uiguren," *Studia Orientalia* 87, 1999, pp.321–326.

[3] Masahiro Shōgaito, Abdurishid Yakup, "Four Uyghur Fragments of *Qian-zi-wen* 'Thousand Character Essay'," *Turkic Languages* 5, 2001, pp.3–28.

[4] Masahiro Shōgaito , "Uighur Manuscripts in St. Petersburg: Chinese Texts in Uighur Script and Buddhist Texts," Kyoto: Graduate School of Letters Kyoto University, 2003, pp.116–125.

[5] Masahiro Shōgaito, "Uigurskii Fragment pod shifrom SI Kr.IV 260 iz sobraniia Instituta vostochnykh rukopisei RAN" [Uighur fragment SI Kr.IV 260 from collections of Institute of Oriental Manuscripts RAS], *Pis'mennye Pamiatniki Vostoka* (1)8, 2008, pp.177–186.

[6] Hiroshi Umemura, Peter Zieme, "A Further Fragment of the Old Uighur *Qianziwen*," *Written Monuments of the Orient* 2, 2015, pp.3–13.

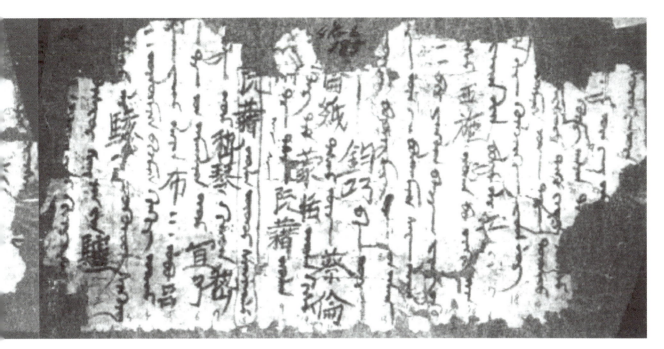

图 3　4bKr.185（采自 Masahiro Shōgaito, Abdurishid Yakup, "Four Uyghur Fragments of *Qian-zi-wen* 'Thousand Character Essay'," *Turkic Languages* 5,2001, p.317）

图 4　4bKr.194（采自 Masahiro Shōgaito, Abdurishid Yakup, "Four Uyghur Fragments of *Qian-zi-wen* 'Thousand Character Essay'," *Turkic Languages* 5,2001, p.315）

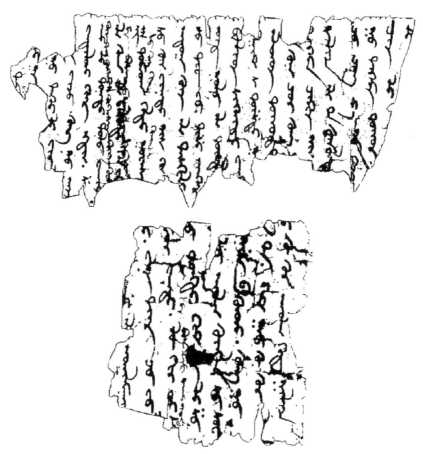

图 5　SI 3Kr.14 上、下（采自 Masahiro Shōgaito, "Uighur Manuscripts in St. Petersburg: Chinese Texts in Uighur Script and Buddhist Texts," XII）

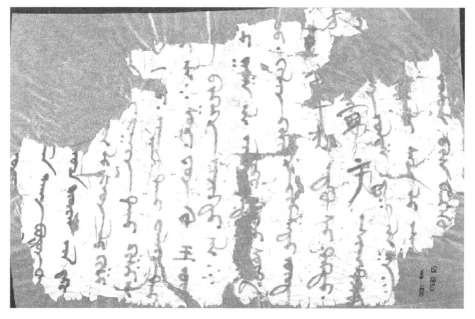

图 6　SI 1850（采自 Hiroshi Umemura, Peter Zieme, "A Further Fragment of the Old Uighur *Qianziwen.*" *Written Monuments of the Orient* 2, 2015, p.5）

合，^①属于同一抄本。2016 年，Raschmanna 报告了　片所译汉文内容基本没有重叠，无法互校。表 1 归
回鹘人在木板上记录"千字文"的情况。^②不同残　纳各版本所包含残片及内容。

表 1　回鹘文《千字文》各版本及内容

类别	残片	行数	首尾内容	对应汉文
版本一	Ch/U 6701（T II 1596）	9 行	L01: 千［……］文 ming üžik–［　］ L09: tiz yarïm［　　　］	L01：千字文 L09：（日月盈）昃
版本二	4bKr.182	15 行	L01:［　qo］dïqï–lar 上 ‖［　］ L14:［　守 ‖］küsüš qanur 逐 ‖ ädig	L01:礼别尊卑，上和下睦 L14:守真志满，逐物意移
版本二	4bKr.194	13 行	L03:［　宫 ‖ordu–larï–nï［　ng］ L12:［弁 ‖　］/ tägsinür qw［　］	L03：宫殿盘郁 L12：弁转疑星
版本二	4bKr.185	23 行	L01:［　骸｜］‖ ät' öz–intäki kirig s［uv–da　］ L22:［　］///dy üz–ä ay［　］	L01：骸垢想浴 L22：晦魄环照
版本三	4bKr.181	38 行	L01:［　］ürär pi lir čimɣuy 昇［　］ L38:［　假］‖ yoluɣ［　］	L01：鼓瑟吹笙 L38：假途灭虢
版本四	SI 3Kr.14	22 行	L03:［……］xo tängri–li yer–［li］［　］ L18: qïlïč–lar–ta küküldi	L03：天地玄黄 L18：剑号巨阙
版本四	SI 3Kr.15	21 行	L01:［　y］aratïltï yä L21: qïlïp yïɣïldurti［　］	L01：珠称夜光 L21：臣服戎羌
版本四	SI Kr.IV260	20 行	L01:čiv far in to［　］ L20: –ä bütmiš［　］vy	L01：周发殷汤 L20：四大五常
版本四	SI 1850	14 行	L01:［qam］aɣ bodunug［　］ L14:［tör］t ulug beš mängü	L01：爱育黎首 L14：四大五常

注：（1）首尾内容及下文转写均使用"标元音式回鹘文拉丁转写字母"，既参考前人的解读，也对照了残片原件。［　］表示残损，有时根据上下内容可以补缺；‖ 是原文中表示省写汉字的三条短线；/ 表示此处虽有字母，但难以辨认。
（2）版本四包括 4 件残片，其中 SI 3Kr.14 被分割成上、下两个片段，SI 3Kr.15 被分割成上、中、下三个片段，利用背面的汉文内容能判断其相对位置，这里只统计最大片段的行数。不同残片之间上下缀合，故对应汉文内容有所重叠。

版本一指残片 Ch/U 6701（T II 1596），破损严重，上半截有裂痕，开头"文"字状似"禾"。第 4 行 baɣlïɣ（译：姓……的），前一词 cyw 音译"周"姓，^③指《千字文》作者周兴嗣。第 6、7 行有 kök sarïɣ（蓝、黄，指天地的颜色，对应"玄黄"）、käng yätiz（都表示"宽"，对应"洪荒"），此两行对应"天地玄黄，宇宙洪荒"。该残片篇幅

小，内容少。

版本二以 4bKr.182（宽 13 厘米、长 26 厘米）为首，4bKr.194 后续，接着是 4bKr.185，同属一个抄本，上下皆残损。均以汉字开头，该汉字为四字韵文的首字，后用三条短线省写其余汉字，起提示作用，接着是回鹘文译文。4bKr.185与前两件有所不同，对人名的翻译兼具音译和夹

① 另据茨默在论文中介绍，4bKr.182 后缀接 SI 3924 (4bKr 155)，4bKr.194 后缀接 SI 3864 (4bKr. 38)，然而残片 4bKr. 155 和 4bKr. 38 至今尚未刊布。
② Raschmaan, "Uygur Scribbles on a Wooden Object," Lilla Russell–Smith/ines Konczak–nagel, ed., *The Ruins of Kocho. Traces of Wooden Architecture on the Ancient Silk Road*, Berlin, 2016, pp.42–48.
③ Peter Zieme, "Das *Qianziwen* bei den Alten Uiguren," *Studia Orientalia* 87，p.323.

写汉字两种方式。

版本三即4bKr.181，宽13厘米、长47厘米，与版本二形式相近，但因字迹、内容有所区别，当为第三种抄本。前3行与4bKr.194后几行均对应汉文的"鼓瑟吹笙，升阶纳陛，弁转疑星"。该残片出现与4bKr.185相似的现象，即翻译专有名词时，或采用原文，或先音译后夹写汉字。

版本四的4件残片经比对能够相互缀合，属同一抄本，书写在汉文《摩诃般若波罗蜜经》卷8或《大智度论》卷55背面。SI 3Kr.14起首，SI 3Kr.15续之，SI Kr. IV 260和SI 1850接后，较完整地译写出《千字文》自"天地玄黄，宇宙洪荒"至"盖此身发，四大五常"的全部内容。该版本极具特色，先用回鹘文音写汉语，再附上回鹘文译文。

二 专有名词翻译举要

《千字文》开头即讲述了华夏民族早期历史及商汤西周盛世，记载了历史发展进程中做出贡献的文臣武将，大量运用历史典故，涉及人名、地名、朝代、职官等专有名词，名物繁多，而专有名词在另一种语言里通常缺少指称，必须使用某种翻译技巧表达。因此以所有刊布的回鹘文《千字文》残片为基础，将回鹘文翻译的名词，主要是专有名词与汉文进行对照，后文简称为"专"，举要如下。

（1）千字文：ming üžiklärning čizïgï（1/ T II 1596）（"/"前的数字表示行数，后面的数字表示所属残片，后同）。

（2）节义廉退：tutmïš törü–sin–tin［ ］（11/4b

Kr. 182）。

（3）丙舍：［ ］–kä körür äv（7/4b Kr. 194）。

（4）甲帐：önglüg qap［ ］（8/4b Kr. 194）。

（5）承明：承明 tegm(ä)［ ordu-qa］（4/4b Kr. 181）。

（6）杜稿：tuu tsau［ ］tsav šu 草书（8/4b Kr. 181）。

（7）隶：čunšu 篆书（9/4b Kr. 181）。[①]

（8）槐卿：bäg–lärig elig–lärig（13/4b Kr. 181）。

（9）千兵：sen süüg（15/4b Kr. 181）。

（10）磻溪：banki 磻溪 ögüz（21/4b Kr. 181）。

（11）俊乂：el bašladačï（32/4b Kr. 181）。[②]

（12）楚：楚王 čiu［ wang］（35/4b Kr. 181）。

（13）赵：čiu quγ 赵国［ ］（36/4b Kr. 181）。

（14）布：löpu 吕［布］（5/4b Kr. 185）。

（15）僚：宜了［ ］（6/4b Kr. 185）。

（16）嵇：kišuγ 嵇［叔］（7/4b Kr. 185）。

（17）阮：tan tsik 阮籍（9/4b Kr. 185）。

（18）恬：mung tim 蒙恬（10/4b Kr. 185）。

（19）伦：tsai luin 蔡伦（11/4b Kr. 185）。

（20）施：［ši］ši 西施（16/4b Kr. 185）。

（21）律吕：tiši erkäk（10/SI 3Kr.14 上）。

（22）丽水：［li］šu atlγ körklä sw suv（5/SI 3Kr. 14 下）。

（23）昆冈：kung qo tegmä čykyn qïr（6/SI 3Kr.14 下至 17/SI 3Kr.14 上）。

（24）巨阙：ku kur atlγ käd qïlïč（8/SI 3Kr.14 下）。

---

① 回鹘文将"隶"翻译为"篆书"，明显有误。

② 庄垣内正弘认为这两个词翻译为"密勿"，当更正，el bašladačï 意为"国家领导者"，对应"俊乂"。参见 Masahiro Shōgaito, Abdurishid Takup, "Four Uyghur Fragments of *Qian-zi-wen* 'Thousand Character Essay'," *Turkic Languages* 5,2001,p.19。

（25）夜光：yä qo tegmä tünün（20/SI 3Kr.14 上）。

（26）龙师：luu eligi（8/ SI 3Kr.15 下 –7/ SI 3Kr. 15 上）。

（27）火帝：oot ärkligi（7/ SI 3Kr.15 上）。

（28）鸟官：quš bägi（9/ SI 3Kr.15 下）。

（29）人皇：kiši qanï（9/ SI 3Kr.15 下 –8/ SI 3Kr. 15 上）。

（30）有虞：有 gu atlɣ bilgä（11/ SI 3Kr.15 上）。

（31）陶唐：tav do atlɣ qan（11/ SI 3Kr.15 上 –13/ SI 3Kr.15 下）。

（32）黎首：qamaɣ qara bodunuɣ（1/SI 1850）。

（33）戎羌：uč qïdïɣ eldäki（2/SI 1850）。

（34）白驹：kilin käyik（9/SI 1850）。

（35）四大五常：[tör]t uluɣ beš mängü（14/SI 1850）。

三 常用的翻译方法

《千字文》承袭《诗经》体例，特点是四字一句且句句押韵，前后连贯，精炼整饬，这种形式便于儿童记诵。《千字文》翻译既要表达丰厚的内涵，又要兼顾其整齐的形式，难度整体上高于汉文佛经。那回鹘文译者是如何翻译专有名词及历史典故的？结合上一节内容举要，这里首要探讨直译、意译、音译三种翻译方法。

（一）直译法

回鹘文《千字文》诸译本主要采用了直译法，此种译法基本按照原文顺序逐词对译，不做引申和注释，最大限度地保持了原文的形式和内容。举例来看：

①寒来暑往，秋收冬藏

tumluɣ käldi quyaš［bardï］，küz yïɣdï qïš kiz-

 寒 来 暑 往 秋 收 冬 藏

［lädi］（SI 3Kr.14）

②云腾致雨，露结为霜

bulït sekridi yaɣmur yaɣdï，［sa］lqïm tüšdi

 云 腾 雨 致 露 结

q［ïraɣ］u tongdï（SI 3Kr.14）

 霜 为

③图写禽兽，画彩仙灵

yaraɣlïɣ čïsïɣlïɣ ol qušlarï［ ］，［ ］bädizlig ol

 图 写 是 禽（兽）（画）彩 是

aržilar qutluq（4bKr.194）

 仙 灵

仿照汉语的结构翻译，忠实地表达原文内容，同时使回鹘文《千字文》在形式上也呈现对仗工整的特点。这是因为，回鹘语作为一种黏着型语言，在词根后附加语法成分表示语法意义，如 –di/dï 表示第三人称单数过去式，–lar 表示复数，–lig/lïɣ/luq 表示与此有关的事物，因此，对偶句的词组构造、句式基本一致，每小句的末尾经常出现同样的形态，读起来朗朗上口。这不同于其他回鹘文韵文作品押头韵的形式，反而具备了汉文本句末押尾韵的特征。不过，它在表现思想内涵时非常困难，直译法难以阐释"节义廉退""四大五常"［详见专（2）、（35）］等理念，唯有字面意义的对应；有些人名如"龙师""火帝""鸟官""人皇"［详见专（26）—（29）］也采用直译，读者很难与上古时期的三皇五帝相联系。

（二）意译法

意译更强调表达的顺畅，根据原文大意来翻译，尤其面对巨大的文化差异时，直译相当受限，意译法与之互为补充、相互关联。在翻译"绮回汉惠，说感武丁""布射僚丸，嵇琴阮啸""恬笔伦纸，钧巧任钓"等历史人物典故时，可以看到译者基本使用意译。以"磻溪伊尹，佐时阿衡。奄宅曲阜，微旦孰营"为例，残片 4b Kr. 181 第 21—27 行是这四句的回鹘文译文：

④［　磻］‖‖‖ banki 磻溪 ögüz［　］

磻溪

［太］公 bilgä xua quɣ 化国［　］

太公智者化国

［　］bular ikigü 佐 ‖‖‖ basut［　］

这两个人辅佐

［　］song bolu 汤工 elig［　］

后来成为汤王

［奄 ‖‖‖ 奄宅 atl（ï）ɣ yer-täki

曲阜奄宅位于曲阜之地

［微］‖‖‖ kičig dan ärkän bögü［　］

小旦是贤明的

［　］yetip baliq ayɣučï qïltï……

到达并管理着城池

该残片由于首尾不全，呈现的信息并不完整。从以上翻译来看，如果直译字词导致文句不通，译者就不得不进行意译，以确保读者相对理解原文所述典故。"磻溪伊尹，佐时阿衡"是说周武王磻溪遇吕尚，尊他为太公望，伊尹辅佐时政，

商汤王封他为阿衡。回鹘文译文不完全准确，提到了关键词"磻溪""太公""辅佐""汤王"。"奄宅曲阜，微旦孰营"一句意指"古奄国居于曲阜，如果没有周公旦辅佐周成公哪里能成呢"，可见回鹘文误将"奄宅"视作一个独立的地名；"微"本义为"如果没有"，却译成了 kičig（"小"义），释为"小旦"。意译法给了译者更大的翻译自由，无须执着字词和原文的对应关系，但译者理解上的偏误直接影响了翻译水准。残片 4b Kr. 181 和 4b Kr. 185 多处使用意译法。

（三）音译法

在翻译专有名词及难以解释的词语时，译者倾向于以音节为单位，采用音译的方式。除了回鹘文文献中常见的汉语借词"楼 luu""龙 lun""碑 bi""辇 len""漆 tsir"，还包括：残片 4bKr.185 中，出现了 löpu、kišuɣ、mung tim、šiši 等词，分别音译吕布、嵇叔、蒙恬、西施；4bKr.181 则有 tsav šu、čunšu、banki、čiu 等词，对应草书、篆书、磻溪、楚。在音译后通常出现词语 tegmä（叫作）或者 atlïɣ（有……名字的），相当于音译词的标志符号。

此外，版本四还出现了音写汉字现象，即用回鹘文字母拼写汉字。每一句《千字文》译文前，先用回鹘文音写汉文的四字韵语，这样一来回鹘人可以诵读汉语《千字文》，体会原文的韵律美，起到注音的作用。庄垣内正弘认为，《千字文》汉语音写部分的语音特点属于回鹘汉字音的范畴，保留入声字，宕摄、梗摄脱鼻音化（鼻音韵尾 ng 的脱落）等诸方面与回鹘汉字音保持一致，足以看出回鹘人对学习汉字音的重视（表2）。

表 2 版本四：回鹘文音写汉字

汉文	回鹘文音写	汉文	回鹘文音写	汉文	回鹘文音写
（天地玄）黄	xo	宇宙洪荒	vičü gong xo	日（月盈昃）	šir
（秋收冬）藏	so	（律）吕调阳	lu tev yo	云腾致雨	yun tïng ču yu
露结为霜	lu ker vi š [o]	金生丽水	kim [š] a li šu	玉出昆（冈）	guɣ čur kung
剑号巨阙	kam xo ku kur	珠称夜光	ču čing yä qo	果珍李（柰）	qa čin li
菜重芥姜	sai čung qai ko	海咸河淡	xai xam xa tam	鳞潜羽翔	len sem vi se
龙师火帝	lung ši qa ti	鸟官人皇	tev qan žen xo	始制（文字）	šu či
乃服衣裳	dai fuɣ i šo	推位让（国）	ču wi žo	（有）虞陶唐	gu tau to
吊民伐罪	te vun var soi	周发殷汤	čiv far in to	坐朝（问道）	[s] a čev
垂拱平章	šu kung pi čo	爱育（黎首）	ai yuq	臣伏戎羌	šïn vuq ši qo
率宾归（王）	šok vun ko	（鸣）凤（在）竹	vung šu	（白驹食）场	čo
盖此（身发）	qai si				

综上论述，《千字文》回鹘诸译本，主要采用直译法，主张回鹘文对汉文的逐字对译，形式上对仗工整，节奏上句末押韵，尽量忠实于字词在原文的含义。另外，版本二、三使用意译法翻译历史文化典故，只求大意不求准确，版本四述及史前传说时仍沿用直译。在翻译专有名词时基本运用了音译法，常见的是和意译结合，如"夫子"的音译形式 fu ši 同 bilgä（意为"智者"）合指"群英"，又如名词举要（22）—（25）；有时也在音译后夹写汉字。可以看出，不同版本对应《千字文》的章节不同，翻译水平有高下之分。

四 释义手段与特点

考察回鹘译本对《千字文》的阐释，与回鹘文翻译汉文佛典相比，发现以夹写汉字为手段能起到提示、标注、迅速定位的效果。译本常用的直译法，其本质是以字为单位进行释义，回鹘译本在逐字释义时表现出哪些特征，是否遵循基本语法规则，是本节讨论的重点。

（一）夹写汉字

张铁山师曾研究回鹘文佛教文献中夹写汉字的现象，[①] 这在《千字文》回鹘译本里也频繁可见，使用语境有所不同，归纳为以下三种。第一，夹写汉字单纯起提示作用，便于读者将译文同汉文本对照。版本二和版本三，每句均以汉字和横线开头，以"楼 ‖ luu-larï körünč–lük lä［ri ］"为例，"楼 ‖"即"楼观飞惊"，后附译文。第二，夹写汉字用以标识专有名词，汉字前有回鹘文注音。有的采用原文汉字，如"承明"［专（5）］、"磻溪"［专（10）］；多数情况根据上下文补加，如"tsav šu 草书"［专（6）］，译者补加汉字"草书"解释"杜稿钟隶"之"稿"。第三，见于版本四，回鹘文音写部分夹写汉字，数量不多，包括往、大、火、文

---

① 张铁山:《回鹘文佛教文献中夹写汉字的分类和读法》,《西域研究》1997 年第 1 期, 第 99—104 页。

字、国、有、问道、黎首、王、鸣、在、身八、四大五常。根据前两类夹写汉字起到的作用，可以判断，在诵读回鹘文时不必认读这些汉字；而第三类夹写汉字更为基础常用，又出现在回鹘文音写的位置，因此推测其为"音读"（即按照汉字的实际读音来读，与训读相对），且在这类中出现了多个错别字，见表3。

表3 夹写汉字里的错别字

原文	果珍李奈	爱育黎首	坐朝问道	白驹食场	化被草木	盖此身发
别字	qa čin li 大	"y ywq 梨首	［s］a čev 问通	白记食 čw	化彼草木	q'y sy 身八

进一步证明这些夹写汉字为音读。作为回鹘人的译者和读者，重视学习汉字的读音和释义，却不苛求对文字本身的掌握，使用音同音近的常用汉字来代替本字未尝不可。在回鹘文佛典文献中也能见到音读的夹写汉字，不过很少出现别字。

（二）用词讲究，句式对偶

首先，一部分字词在回鹘语里没有对应的概念，只能找一个意义相类的词语来释义，比如用 tiši erkäk（男女）对应"律吕"，用上位词 quš（鸟）对应"凤"，用 yaɣï（敌人）对应"叛亡"。其次，《千字文》本身收录了大量近义关系的汉字，辨别它们具有一定的难度，当处于同一个句子时，译者能够使用不同词语区分汉文本的近义语素，如表4。

表4 近义词举例

原句	汉字	回鹘文	意译	汉字	回鹘文	意译
始制文字	文	užik	文字	字	čiziɣ	笔画
骇跃超骧	跃	yügürüp	跑	骧	sekrip	跳
诛斩贼盗	诛	ölürmiš	死	斩	bičmiš	杀
并皆佳妙	佳	yeg	好	妙	ädgü	好

同一句子讲究区别用词，每组词词尾保持一致；纵观上下文却又发现，不同位置的近义词则同训化现象严重，即一种释义用于多个汉字。bir 本义指基数词"一"，释《千字文》之"同、合、并、壹"，bäg（官）释"夫、卿、公、官"，qoš- 释"驾"和"驱"，此类的还有 qïl-（做）、uluɣ（大）、qan（汗）、ordu（宫）等，这自然有别于汉文用千字而无一重复的特点。

最后，巧用回鹘语的构词或构形附加成分。比如：针对"果珍李奈，菜重芥姜"两个主谓句，"果、菜"后附加位格 -ta，表示在某个范围内；用表示否定的构词附加成分 -mä 阐释否定词，如 tägšilmädi，其中 -mä 对应"颠沛匪亏"的"匪"；将"心动神疲"译作 ［ ］täpräsär bilig yorïlur，在 täprä-"动"后附加条件式 -sär，表示"心如果动则神疲"；"年矢每催"，oq（矢）后添加 täg "像……一样"，将"每"释作 turqaru（经常）。

句式层面，《千字文》的突出特点是运用比喻、借代、类比的修辞手法，产生大量对偶性语言组合。表达相同或相近的内容时，便使用相同或相近的句式，^①回鹘译本也表现出句式对偶的特点。"金生丽水，玉出昆冈。剑号巨阙，珠称夜光"四小句讲述天地间物产的丰盛珍贵，来看回鹘文的释义：

⑤ SI 3Kr.14 和 SI 3Kr.15（版本四）：
altun törüdi lišu atlɣ körklä sw suv–ta
qaš bälgürti kung qo tegmä cykyn qїrl–ta
qїlїč–lar–ta küküldi ku kur atlɣ käd qїlїč
mončuq–lar–ta yaratїltї yä qo tegmä tünün
ärdini mončuq

毋庸置疑，回鹘译本包含了时、体、态、式、数、格等语法形态，但通过分析语序发现，回鹘译本《千字文》并不完全遵循回鹘语语序。具体来看，《千字文》包括主谓和动宾两种句型，缺少主动宾成分完整的句子，但结合例⑤，动词 törüdi（生）、bälgürti（出）、küküldi（号）、yaratїltї（称）均位于句中，而非句末，同汉语语序保持一致，这在版本四中随处可见，基本按照汉文顺序排列。而回鹘语是典型的 SOV 型语言，宾语应一律置于动词前面。版本二、三除个别例子外也是如此。

结　语

《千字文》的主要读者是稚龄儿童，四字韵语适合儿童记忆，还做到文史结合，因此具备广泛的影响力。《千字文》的流传，一是以思想教化为目的，作为儿童启蒙读物；二是以汉字学习为目的，可作为书法练习的样本使用；三是文本的编排体例可供学习。显然，回鹘译本的创作动机与这三个目的都不相符。它对《千字文》的释义并非字典式解释，而是采用了多种翻译方法相结合的手段，翻译风格相当独特，语言也很精炼，通常用对应的回鹘语词来释义。版本四基本形成了"一字一音一义"，其他版本也做到"一字一义"。对此，阿依达尔曾论述："掌握词语是掌握第二种语言的关键。回鹘僧人在学习汉语过程中似乎编纂了很多词典。回鹘人所编纂的词典与一般意义上的词典有很大不同，它更强调的是其在译经活动中的应用性……在这里，词典的编纂者强调的不是词语的意义对应，而是在具体的语境中如何翻译。回鹘文《千字文》也能很好地证明以上观点。"^②换言之，《千字文》回鹘译本相当于回鹘人学习汉语的词典。

回鹘人西迁以后，接触了许多传世汉文典籍，包括翻译的大量汉文佛典，而《千字文》是回鹘译汉文作品中少见的世俗文献。据茨默研究，与之相当的还有回鹘译《开蒙要训》，^③但后者收录的词汇与回鹘文化差距较大，导致很多名词概念缺失，翻译质量有待商榷。《千字文》回鹘诸译本向后世全面展示了回鹘人为翻译汉文典籍所做的探索、对学习汉语读音及释义的热情，及回鹘受汉文化影响之深；侧面说明了在交流交往进程中，古代周边民族对我国传统语言文化强烈的心理认同。

---

① 白玲：《〈千字文〉语言研究》，硕士学位论文，重庆师范大学，2012 年，第 13—21 页。
② 阿依达尔·米尔卡马力：《回鹘僧人如何学习汉语》，《新疆师范大学学报》（哲学社会科学版）2014 年第 1 期，第 82 页。
③ Peter Zieme, "An Old Uyghur Translation of the *Kaimengyaoxun*," *Written Monuments of the Orient* 7, 2021, pp.71–99.

吐鲁番新发现三枚双面回鹘文钱币研究

芦　韬　　　　　　　李　刚

（吐鲁番学研究院）　（新疆大学中国语言文学学院、吐鲁番学研究院）

　　2016 年至 2020 年，为配合吐鲁番吐峪沟石窟抢险加固工作，考古工作者在吐峪沟石窟西崖区域考古工作中，陆续发现了三枚双面回鹘文钱币。它们的钱径和孔内径基本相同，均为圆形方孔，面有内外郭，当为重轮钱，[①] 钱径 2.5 厘米，内径 0.7 厘米，厚 0.1 厘米。相对于吉木萨尔出土直径为 2.3 厘米、孔内径 0.7 厘米、厚 0.15 厘米的回鹘文钱币而言，[②] 这三枚发现于吐峪沟西崖的钱币直径略大，厚度略薄。经释读研究发现，这三枚钱币的正反面内容完全相同，其中一枚钱币双面回鹘文字清晰可读（图 1，1），两枚钱币背面字迹模糊（图 1，2；图 1，3）。

一　铭文转写与释读

（一）正面释读

1. 原文转写

kül bilgä t(ä)ŋri buquq uyɣur qaɣan。

2. 汉译

阙毗伽天卜固回鹘可汗。

正面　　　　　　背面
1

正面　　　　　　背面
2

正面　　　　　　背面
3

图 1　吐鲁番吐峪沟出土的三枚双面回鹘文钱币图版

---

① 唐石父编：《中国古钱币》，上海古籍出版社，2001 年，第 175 页。
② 杨富学：《吉木萨尔文管所收藏的一枚回鹘文钱币》，《中国钱币》1991 年第 3 期，第 11 页。

3. 注释

（1）kül bilgä：译作"阙毗伽"。kül 表示"头衔、官衔"，[1] 对应汉语中的"阙"，[2] 在古代鲁尼文碑铭文献中较常见。bilgä 对应汉语中的"毗伽"，在《毗伽可汗碑》中出现了 bilgä qaɣan "毗伽可汗"，[3] 此处的 bilgä 表示"头衔、官职"。[4]

（2）buquq：铭文为 pwqwq，根据克劳逊（Clauson）的释读，这里可以转写为 boquq 或 boqoq。[5] 杨富学先生将该词转写为 buɣuɣ。[6] 威尔肯（Wilkens）认为这个词写作 boqoq 或 buquq，用来表示回鹘统治者名称。[7] 结合回鹘文与汉文对音关系，[8] 笔者认为取 buquq 为宜。

（二）背面释读

1. 原文转写

el tutmïš y(a)rlïɣ(ï)nga

2. 汉译

（奉）治国之令（颁行）。

3. 注释

（1）el tutmïš：构成动宾短语结构。其中，el 初意为"由一个独立统治者所操纵的政治团体、王国"，后来发展为"国家、省、人民、团体"；tutmïš 词根为 tut- "抓住"，与 el 连用这在古代碑铭文献和回鹘文献中较常见，有"控制国家、统治国家"等含义。试比较《阙特勤碑》elig tutup törüg itmiš "创建国家和法制"[9] 和缪勒（F.W.K.Müller）刊布的回鹘文木杵文书中 aḷpïn ärdämin el tuɣmïš aḷp aṛslan qutluɣ kül bilgä xan "威武之德立国之威猛之狮有福禄之阙毗伽可汗"。[10]

图 2 内容为 "el tutmïš"。经爬梳，笔者找到含有 "el tutmïš" 称号的可汗仅有移地健（759—779 年在位），唐封号为"英义建功可汗"，回鹘文写作 "Täŋridä qut bulmïš el tutmïš alp küküg bilgä qaɣan"。[11] 此外，还有西州回鹘王国的一位可汗，其称号为 "kün ai täŋridä qut bulmïš uluɣ qut ornanmïš, alpïn ärdämin il tutmïš alp arslan qutluɣ küt bilgä täŋri xan"。[12] 然而，在甘州（河西）回鹘可汗世系中并未找到与之一一对应的可汗号。根据罗新先生的观点，这里的 el tutmïš 应属"官号或可汗号"，[13] 用来修饰"官称"qaɣan（可汗）的。换言之，与本钱币上完全对应的回鹘可汗号尚未发现。

① Sir Gerard Clauson, *An Etymological Dictionary of Pre-Thirteenth-Century Turkish*, Oxford: The Clarendon Press, 1972, p.715.
② 罗新：《中古北族名号研究》，北京大学出版社，2009 年，第 196 页。
③ 罗新：《中古北族名号研究》，第 167 页。
④ Sir Gerard Clauson, *An Etymological Dictionary of Pre-Thirteenth-Century Turkish*, p.340.
⑤ Sir Gerard Clauson, *An Etymological Dictionary of Pre-Thirteenth-Century Turkish*, p.313.
⑥ 杨富学：《吉木萨尔文管所收藏的一枚回鹘文钱币》，《中国钱币》1991 年第 3 期，第 12 页。
⑦ Jens Wilkens, *Handwörterbuch des Altuigurischen*, Göttingen, 2021, p.186.
⑧ Edwin G. Pulleyblank, *Lexicon of Reconstructed Pronunciation in Early Middle Chinese, Late Middle Chinese, and 16 Early Mandarin*, Vancouver: UBC Press, 1991, p.42.
⑨ 耿世民：《古代突厥文碑铭研究》，中央民族大学出版社，2005 年，第 121 页。
⑩ F.W.K.Müller, *Zwei Pfahlinschriften aus den Turfanfunden*, Berlin: Akademie der Wissenschaften, 1915, p. 22.
⑪ 耿世民：《古代突厥文碑铭研究》，第 21 页。
⑫ James Russell Hamilton, *Les Ouïghous à l'époque des cinq dynasties d'après les documents chinois*, Presses Universitaires de France, 1955, p.142.
⑬ 罗新：《中古北族名号研究》，第 4 页。

杨富学先生将图 3 释读为"el tuγmïš"。[①] 经将两地钱币比较后，笔者发现，本文钱币上的回鹘文在正字法和字体外形上应与吉木萨尔的一致。因此，写作"el tutmïš"[②] 为宜。但需要指出的是，若将 el 音译，应译作"伊利"，[③] 在官号修饰官称时又可译作"颉利"。[④]

（2）y(a)rlïγ(ï)nga：词根为 yarlïqa-"命令"（上对下），yarlïγ 为其名词形式，y(a)rlïγ(ï)nga<yarlïγ+-i（第三人称单数附加式）+-n（增音）+-ga。[⑤] 这种增音现象在回鹘文献中较普遍，如，

özingä/öziŋä "向他自己"，qorqusïnta "在其恐怖中"，öwkälärintä "在他的气氛中"，等等。[⑥] 此处杨富学先生将字母 i 和 n 作为整体并认为 -in- 的意思为"走下"，[⑦] 值得商榷。

（三）两地发现钱币的比较

从吉木萨尔和吐鲁番发现的回鹘文钱币的铭文内容来看，两者大同小异，仅有个别读法差别。吉木萨尔出土的回鹘文钱币（图 4），正反面内容：kül bilgä t(ä)ŋri buγuγ uighur qaxan, el tuγmïš

图 2　吉木萨尔出土回鹘文钱币背面铭文 el tutmïš　　　图 3　吉木萨尔出土回鹘文钱币背面铭文 el tutmïš

① 杨富学：《吉木萨尔文管所收藏的一枚回鹘文钱币》，《中国钱币》1991 年第 3 期，第 12 页。
② 伊斯拉非尔先生也同意此转写，并直译为"持国者"，音译为"颉咄登密施"。参见伊斯拉非尔·玉素甫、安尼瓦尔·哈斯木《回鹘钱币再谈》，《新疆钱币》2009 年第 3 期，第 6 页。
③ 杨富学先生将 el 译作"依尔"。参见杨富学《吉木萨尔文管所收藏的一枚回鹘文钱币》，《中国钱币》1991 年第 3 期，第 12 页。
④ 罗新：《中古北族名号研究》，第 216—217 页。
⑤ 根据语法规则，此处的与格附成分应为 -gä，但根据回鹘语的语音和谐规律，已经固化为 -ga，类似的表达还有，bašïnga "向他的头"，sabïnga "向他的话"。参见耿世民、魏萃一《古代突厥语语法》，中央民族大学出版社，2010 年，第 109 页。
⑥ 〔德〕A.冯·加班：《古代突厥语语法》，耿世民译，内蒙古教育出版社，2004 年，第 90 页。
⑦ 〔德〕A.冯·加班：《古代突厥语语法》，第 12 页。

y(a)rl(ï)γ-ïngä。即"阙毗伽卜古回鹘天可汗，奉王命颁行或奉依尔·吐俄迷失之命颁行"；[1] 吐鲁番吐峪沟出土的回鹘文钱币（图1），正反面内容：kül bilgä t(ä)ŋri buquq uyγur qaγan, el tutmïš y(a)rlïγ(ï)nga。即"（奉）阙毗伽天卜固回鹘可汗治国之令（颁行）"。从图4和图1铭刻的回鹘文字迹来看，两者十分相像，两者字迹粗细基本一致，kül 和 bilgä, el 等笔锋和字母的弯曲弧度如出一辙。因此，笔者认为吐鲁番吐峪沟发现的这三枚回鹘文钱币与吉木萨尔出土的回鹘文钱币同属一个版式。

二 铸造工艺和年代

目前已知的两种回鹘文钱币类型均仿唐代开元通宝样式，为铜质圆形方孔钱。一种正面有回鹘文，背面为光背；一种为正反双面均铸有回鹘文。吐鲁番新发现的三枚回鹘文钱币均为同一版式，钱币两面均刻有回鹘文，钱币整体为圆形，但不规则，内有方形穿孔，外廓内穿孔均铸造不精且未经修整，钱身整体为中原王朝"外圆内方"

图4 吉木萨尔出土回鹘文钱币（正反）

的传统样式。材质为青铜，因铜比例高，钱身略微泛红，一枚因铸造时流铜不到位，钱身有缺口。用放大镜观看，钱身有明显砂眼，钱外廓未经打磨，有流铜和浇注口痕迹。再对比三枚双面回鹘文钱币的文字、内外廓、直径以及厚度，几乎一致，推测三枚钱币来自同一母钱，应采用翻砂法工艺，用母钱制作好钱模，然后让铜水流进钱模浇筑成型。学界公认以翻砂法铸造钱币始于唐代，可见这三枚双面回鹘文钱币的铸造工艺明显受到了唐代中原地区技术的影响。

关于双面回鹘文钱币铸造的年代，学界已经否定了为漠北回鹘汗国时期的牟羽可汗所铸。钱伯泉根据"可汗"称谓，将钱币铸造年代定于866—1036年；[2] 周延龄、袁林根据回鹘汗国与周边政治势力的关系，将铸造年代定在866—876年；[3] 杨富学考证回鹘文钱币上的文字，判断始铸造于10世纪上半叶，不晚于947年。[4] 根据杨富学先生的推理，笔者发现本文研究的回鹘文钱币正面和反面的部分内容，如 kül bilgä t(ä)ŋri qaxan 和 el tuγmïš 确与缪勒刊布的回鹘文木杆文书中的部分内容完全一致。与之不同的是，杨先生认为此吉木萨尔所出回鹘文钱币的铸造与流通必在 kül bilgä t(ä)ŋri qaxan 统治时期。[5] 笔者认为这种推断有待于商榷。

罗新先生认为，"任何获得一个政治职务（官称）的人都会同时获得只从属于他个人的、与官称一起使用的官号。政治名号＝官号＋官称"。[6]

① 杨富学：《吉木萨尔文管所收藏的一枚回鹘文钱币》，《中国钱币》1991年第3期，第12页。
② 钱伯泉：《高昌回鹘国回鹘文铜钱研究》，《中国钱币》2009年第3期，第52页。
③ 周延龄、袁林：《双面回鹘文钱币研究和我们的认识——双面回鹘文钱为高昌回鹘固仆可汗铸造考》，《新疆钱币》2005年第3期，第36页。
④ 杨富学：《回鹘文书所见高昌回鹘王国的纸钞与铸币》，《中国社会经济史研究》1992年第1期，第11页。
⑤ 杨富学：《吉木萨尔文管所收藏的一枚回鹘文钱币》，《中国钱币》1991年第3期，第13页。
⑥ 罗新：《中古北族名号研究》，第4页。

缪勒刊布的木杵文书的政治名号为 "aḷpïn ärdämin el tuɣmïš aḷp aṛslan qutluɣ kül bilgä xan"，官号 "aḷpïn ärdämin el tuɣmïš aḷp aṛslan qutluɣ kül bilgä" 与本文钱币中出现的官号 "kül bilgä t(ä)ŋri buquq uyɣur" 以及吉木萨尔出土钱币上的官号 "kül bilgä t(ä)ŋri buɣuɣ uighur" 都相去甚远，因此，很难确定木杵中使用 "aḷpïn ärdämin el tuɣmïš aḷp aṛslan qutluɣ kül bilgä" 的可汗与吐峪沟乃至吉木萨尔出土回鹘文钱币中的可汗有直接关系。因而无法断定该钱币的铸造和流通一定在 kül bilgä t(ä)ŋri qaxan 统治时期，只能说有这种可能性。所以，根据现有的资料并结合回鹘文的使用普及和钱币工艺及流通相关知识，笔者认为吐峪沟发现的三枚回鹘文钱币的铸造时间在 9 世纪中叶后期。

三 回鹘钱币形制渊源

这三枚回鹘文钱文内容（正面为可汗名，背面为奉令通行），与中原王朝铸行的钱币有着明显不同。与高昌回鹘同时期的辽、五代、宋、西夏等政权的钱文内容大多数为年号，如五代的开平通宝、天福元宝，北宋的太平通宝、庆历重宝、熙宁元宝，辽朝的寿昌元宝、咸雍通宝、天庆元宝，西夏有汉文光定元宝、元德重宝、天盛元宝，又有西夏文的大安宝钱、贞观宝钱。当然此时期也有国号钱，如北宋的宋元通宝、皇宋通宝，南宋的皇宋元宝、大宋元宝等。

但放眼 8 世纪至 9 世纪整个西域地区的铸币，回鹘文钱币与西域突骑施钱在钱文内容上存在较高的相似性。如图 5 所示突骑施钱，外形上仿唐开元通宝外圆内方，钱体铸造粗犷，钱文内容正面为粟特文，如苏联粟特语专家斯米尔诺娃解读为 "圣天，突骑施可汗钱"，[①] 背面为类似族徽的图案。该钱币铸造年代早于回鹘文钱币，以林梅村先生为代表的学者认为其始铸于 719 年。[②] 突骑施钱文与回鹘文钱币上的文字都是由粟特字母拼写，文字内容正面均为铸造钱币时部族可汗的姓名，所以两者铸造风格和钱文形式极为相似，回鹘文钱币显然受到了突骑施钱的影响。

突骑施原为西突厥属部，后乘西突厥衰落之机，其首领乌质勒率部脱离西突厥统治，至苏禄为可汗时达到极盛，其势力范围东至蒙古高原西部，西达昭武九姓地区，以碎叶城为牙帐驻地。突骑施与唐王朝关系密切。其首领乌质勒被唐中宗册封为怀德郡王，开元七年（719），唐玄宗册封苏禄为忠顺可汗，并将交河公主嫁与苏禄，突骑施部不仅接受册封，还主动朝贡，接受安西都护节制。铸造圆形方孔的突骑施钱，表明突骑施部族在政治、文化和经济上对唐朝中央政府的认同。

图 5 突骑施钱（正反）［采自李铁生编著《古中亚币（前伊斯兰王朝）》，北京出版社，2008，第 327 页］

---

① 林梅村：《从突骑施钱看唐代汉文化的西传》，《文物》1993 年第 5 期，第 46 页。
② 林梅村：《从突骑施钱看唐代汉文化的西传》，《文物》1993 年第 5 期，第 49 页。

苏禄死后突骑施部分裂，其部分为黄黑两姓而相互攻伐导致势力大减，"大历后，葛逻禄盛，徙居碎叶川，二姓微，至臣役于葛禄，斛瑟罗余部附回鹘"。[①]突骑施人融入回鹘部族，有可能将这种铸币风格传播给回鹘人。

聚居于河中地区、唐代被称为"昭武九姓"的粟特人也曾铸造圆形方孔的粟特文钱币，因此也存在粟特人将货币铸造方式传授给回鹘人的可能性。当时的丝绸之路上遍布粟特商人的足迹，突骑施曾统治粟特人聚集的昭武九姓地区。突骑施钱和回鹘文钱使用粟特字母拼写，体现了粟特人在丝绸之路上强大的影响力。在漠北回鹘汗国时代，回鹘人已经开始用粟特字母拼写回鹘文，比较著名的是《九姓回鹘可汗碑》，其中就使用了粟特文。[②]河中地区以昭武九姓为代表的粟特人，因所处区域商业活跃，经济发达，所需货币量大，当地的货币铸造很兴盛。河中地区的铸钱历史可远溯至波斯阿契美尼德王朝统治时期，[③]其铸造货币有金、银、铜多种材质，铸造风格模仿希腊化王朝货币样式，为打制币、冲制币。此外，唐朝中央政府曾于显庆四年（659）在昭武九姓地区的石、米、史、安、曹、拔汗那等国设立羁縻州县。受中原货币制度影响，粟特人不仅铸造了与突骑施钱极为相似的圆形方孔形制的粟特文钱币（图6），还铸造了著名的"汉粟二体"开元通宝钱。该钱圆形方孔，正面与开元通宝钱无异，背面铸有粟特文（图7）。因此粟特人中不乏铸币能手，所以铸造风格极为相似的突骑施钱和双面回鹘文钱币，亦有可能均出自西域粟特人之手。

双面回鹘文钱币从外观形制到钱文内容与西域地区突骑施、昭武九姓地区粟特人铸币的风格极其相似，具有鲜明的民族和地域特色，说明其与年代稍早的突骑施钱和粟特文钱存在密切渊源，也从侧面证明唐代西域各民族之间在中原文化影响下密切交往的历史事实。

四　所属货币体系

从双面回鹘文钱币圆形方孔的外观看，其不属于以古希腊、古罗马及古印度为代表的西方打制、冲制货币体系，而属于以圆形方孔铜钱铸造为核心的中原货币体系。中原货币体系进入西域地区

图6　粟特文古雷克王币（正反）〔采自李铁生编著《古中亚币（前伊斯兰王朝）》，第275页〕

图7　"汉粟二体"开元通宝钱（正反）〔采自吴树实《浅析丝绸之路上粟特人与粟特文钱币》，《长春金融高等专科学校学报》2016年第1期，第41页〕

①　《新唐书》卷215下《突厥下》，中华书局，1975年，第6066—6069页。
②　杨富学、赵天英：《粟特文在丝绸之路沿线的传播与影响》，《河西学院学报》2017年第1期，第8页。
③　吴树实：《浅析丝绸之路上粟特人与粟特文钱币》，《长春金融高等专科学校学报》2016年第1期，第33页。

始于西汉，目前已知铸造最早的圆形方孔铜钱是龟兹五铢，年代在东汉至隋朝。割据吐鲁番盆地的麹氏高昌曾铸造高昌吉利铜钱。唐代随着中央政府对西域控制加强，中原货币体系在此区域的影响力也进一步扩大，安西和北庭都护统辖下的各部族也仿照开元通宝，铸造了突骑施钱、粟特文圆形方孔钱。吐蕃利用安史之乱占据河西走廊后，虽然中原地区与西域的直接交通断绝，但中原货币体系依然在西域具有强大的生命力，生活在"飞地"的安西四镇的唐朝军民，还仿造开元通宝样式，铸造了大历元宝、建中通宝、元字钱、中字钱等圆形方孔铜钱。唐中央政府在西域设置安西、北庭都护府以及安西四镇，行使着对西域的有效管理权，但组织屯田、提供军队给养、发放官员俸禄、供给使者商旅等开销巨大，根据杜佑《通典》统计，开元至天宝年间，仅购买粮食一项开支，安西耗费布匹十二万匹段，北庭耗费布匹八万匹段。为节省开支，保障安西地区军政的正常运转，唐中央政府将中原地区的货币制度和货币体系引入西域。以高昌地区出土的借钱契约文书为例，在麹氏高昌国时期，当地的民间借贷货币主要是银钱，唐王朝平定高昌后的一段时间内，银钱还一直作为主要流通货币，直到仪凤二年（677）一份西州高昌县宁昌乡某人的举钱契文书中，所借的还是银钱。但随着唐朝中央政府对西州治理程度的逐渐深入，当地的货币流通发生极大变化，官府文书中出现公廨钱、料钱均用铜钱记账，民间借贷由银钱改为铜钱，如唐中宗景龙二年（708）西州交河县安乐城宋悉感举钱契中，宋悉感向成义感借的 300 文钱即是铜钱。铜钱在西域各地货币流通中逐渐占据主导地位，表明中原货币体系在西域逐步稳固。

高昌回鹘在深受中原文化熏陶的西州建立政权，其政治、经济、文化制度深受唐朝影响。宋朝使臣王延德出使高昌时，高昌回鹘国内使用唐朝开元七年历法，高昌城五十余所佛寺还保存着唐朝所赐的匾额，存放书籍档案的地方还保存着唐太宗、玄宗皇帝的敕令诏书。虽然没有发现关于西州回鹘货币制度的史料，但考虑到西州回鹘与唐宋等中原王朝交往密切，并且在多项制度上模仿唐朝，其货币制度承袭唐朝的可能性极大，所以为支撑货币制度顺利运行，回鹘人铸造了与中原货币类似的圆形方孔铜钱。此外，回鹘人铸造的钱币在外观上采取与开元通宝相似的外圆内方的形制，在对外贸易中可以更方便地与中原货币体系衔接，进一步巩固与中原王朝的"甥舅"朝贡贸易关系，进而获取丰厚利润。同时钱币双面铸造回鹘文，其渊源有可能来自突骑施钱和粟特文钱，钱文中出现的王的名号和奉令颁行等内容，目的应是在中原货币体系之中凸显自身的民族特色和部族政权发行货币的权威性。

综上所述，吐鲁番新发现的这三枚回鹘文钱币，根据钱文内容推测其铸造年代在 9 世纪中叶后期，铸造工艺采用了中原地区的翻砂法，其钱币铸造风格深受以开元通宝为代表的中原货币体系的影响，但其钱文内容又与突骑施、粟特等西域部族铸币存在渊源。回鹘人铸造回鹘文钱币既是对中原货币体系的吸收，也是发展对外贸易和凸显本部族特色的需要。回鹘文钱币具有鲜明的地域特点、民族特色和一定的国际性，充分体现了自古以来西域文化丰富多元的特色，印证了新疆文化与中原文化的相互交融，以实物形式呈现出中华文化一体多元的特点。

回鹘诸文字之渊源[*]

木再帕尔

（中国社会科学院民族学与人类学研究所）

一　文字及其物理来源

文字是人类取得的最显著的成就之一。它不仅能记录和传达当前的信息，还能使远距离或不同时期的交流变为可能。文字是文明发展的结果和先决条件，其发明虽不以文学娱乐为目的，但使文学创作变为可能。文字对人类文明的演变产生如此巨大的影响，以至于现在很难想象无文字的世界。

文字是表达语言的一种载体。就语言和文字的关系来讲，语言是主要的，文字是次要的。所有的语言都是被人说出来的，但只有其中的一部分用文字书写。所有的人出生后到一定的时期就会说话，后来其中的一部分学会用文字书写，而一部分则不会。对一个孩子来说，习得语言（母语）是自然而然的和自发的过程，但文字必须通过有意识的学习来获得。

人类通过文字记录自己的过去以及生存故事，可是语言的演变和文字的变化不是协调性的。随着时间的推移，语言会不断发生变化，但文字很长时间保持原状，因此，文字不一定能够准确反映语言的口语形式或变化特征。

文字不是语言。语言是置于人脑的一种复杂机制，它使人产生言语并对其进行编译，而文字使语言具有可见性。可惜，很多人在观念上对二者不加以区分，往往将其有意、无意地混淆。譬如，我们有时会听到"希伯来语或阿拉伯语没有元音"的说法，虽然这一说法适用于希伯来文和阿拉伯文，但从希伯来语和阿拉伯语的情况来看是不正确的。在回鹘语研究领域也有人经常将"语言"和"文字"混淆，习惯称"回鹘语"为"回鹘文"，结果颠倒二者的关系，出现将非回鹘文的回鹘语材料也称为"回鹘文"的荒唐说法。回鹘文虽然是用来书写回鹘语的一种文字工具，但不是唯一的工具，把用来书写回鹘语的其他文字也称为"回鹘文"，或者只把回鹘文叫"回鹘语"，而将用其他文字书写的形式叫"古突厥语"是不符合事实的，是非科学的。另外，也有用回鹘文记录其他语言的情况。

文字的创制是通过三种基本方法来实现的。首先，它被作为一种全新的现象来发明，即无

---

* 本文系国家社科基金重点项目"回鹘语和粟特语语法对比研究"（20AYY023）、国家社会科学基金重大项目"海外藏回鹘文献整理与研究"（20&ZD211）阶段性成果。

中生有。但一种文字很少在不知道另一种文字存在的情况下通过乱划线来发明。在大多数情况下，文字从一种文化的语言里借过来，嫁接到另一种新文化的语言里。还有一种情况是，一种文字可以衍生出新的书写形式，而不被作为全新的现象来看待。文字的发明是一种非常特殊的事件，这种事件在人类历史上只发生过两三次。五千年前最早的文字被美索不达米亚的苏美尔人发明。文字的最后无中创制事件被中美洲的玛雅人实现。有些学者认为古埃及人和古印度河谷的居民也发明过文字，但这些说法有出入或没有有力的证据。[①]

发明文字是罕见的，但把一种文字体系从一种文化嫁接到另一种文化是非常普遍的。目前，世界上除汉字之外的几乎所有的文字，都涉及相互借用，即现在世界上流行的几乎所有的文字最终要么源自汉字，要么源自闪米特文字系统。具体来说，早期美索不达米亚文字似乎启发过古埃及文字的发明，古埃及文字又导致闪米特文字系统的产生。古希腊人借用闪米特文字创制古希腊文，古希腊文被意大利的伊特鲁里亚人（etruscan）借用，而伊特鲁里亚文被罗马人用来记录拉丁语。目前世界上有几百种语言用罗马文书写。[②]

文字是人类文明历史上最成功的一种发明，所有文明的民族都用文字记录自己的语言。但考证一种文字的渊源很难，因为其发明往往与神话、传说交集在一起。比如，在印度，文字的发明归

功于 Ganesh（象头神）。据说，他折断自己的一支象牙当作铅笔。古埃及人相信 Toth（月神）是文字的发明者。在北欧神话中，文字的发明归功于 Odin（奥丁神，战神）。[③] 但有一点可以肯定，文字不是为了所有的人，或者被所有的人创制的，也不是有一天有人突发奇想，忽然感到有必要创造文字，然后坐下来进行发明的，而是统治阶级或者僧侣们为了实现自己的目的而创制的。

文字一般与"写"这一动作连在一起，或者由"写"这一动词派生出来。在很多语言中，"写"这一概念的最初形式与"切、割、划"有关，这可能反映文字最初出现的状态，即文字最初是通过雕刻、划线或刻写来实现的。一些语言中"写"的词源，如希腊语 gráfein（刻）、拉丁语 scribere（由此衍生出德语 schreiben，英语 scribe 和 inscribe）能够证明这种行为的物理来源。在闪米特语族语言中，表示"写"和"切""挖掘"的词有同一个词根。[④] 英语中的 write 来源于原始印欧语词根 *wrīd"撕、划"，可能与希腊语的 rhīnē"锉"有关系，并暗示最初印欧语中文字被视为地面上的划线痕迹。从这一印欧语词根衍生出原始德语的 *wrītanan"划、撕"，由它派生出瑞典语 rita"划、画"，德语 reißen"撕"和 ritzen"划"。Beowulf 中出现得最早的英语形式 wrītan 本来意为"刻痕，画"，后来表示"写"。其他的词，比如 scribe 和 script 分别借自拉丁语的 scrība"抄书吏"和 scrīptum"被写成的东西"，皆衍自拉丁语动词 scrībere"写"。英语 letter< 法

---

① Henry Rogers, *Writing Sytems: A Linguistic Approach*, Malden: Blackwell Publishing, 2005, p.4.
② Henry Rogers, *Writing Sytems: A Linguistic Approach*, pp.4–5.
③ Florian Coulmas, *The Writing Systems of The World*, Oxford: Basil Blackwell.1991, p.5.
④ Florian Coulmas, *The Writing Systems of The World*, p.19.

语 lettre< 拉丁语 lītera "字母"，其复数形式拉丁语 līterae 表示"书信，书信的一节，文学"。英语 graph 衍自希腊语 gráphein。①

维吾尔语 yaz- "写"（由此派生 yaz- "写" + iq "构名词词缀" =yaziq>yeziq "文字"）是非常古老的动词，与其相关的词是 yar- "劈开"（试对比：满语 ara- "写"）。原始保加尔语 ir- "写"，楚瓦什语 čir-(syir-) "写"。② 与其对应的另一个词：维吾尔语 siz- "划，画"，jiji- "划，乱画" < 回鹘语 čiz- "划，画"。14 世纪库曼语 čiz- "写"，13 世纪钦察语 čiz- "写，划"，与 yaz- 同义。③ 这些形式可能来源于原始诺斯特拉语（Proto-Nostratic）*č'ir-(~č'er-)，作动词表示"切，切割，劈，划"；作名词（č'ir-a）表示"被切割的事物，片；切割用的工具：刀、斧头"。④ 维吾尔语 yaz- "写"的另一个可能的来源是 tar(i)- "（地上划线）播种"。这种演变符合词首的 t/d 演变为 y，词末的 r 演变为 z 的规律。

二 回鹘诸文字

回鹘人曾经用多种文字记录自己的语言，主要有鲁尼文、粟特文、回鹘文、摩尼文、婆罗米文、古叙利亚文（阿拉美文）和阿拉伯文，偶尔还用汉文和吐蕃文。⑤ 这些文字各有特点，适用于不同的文化背景。其中，粟特文、回鹘文、摩尼文和古叙利亚文（阿拉美文）属于近亲文字，均溯源于阿拉美文。鲁尼文可能有单独来源，但从一些字母的形式来看，可以看出受到过多种文字的影响。阿拉伯文衍自更早期的那巴特阿拉美文。婆罗米文源自闪米特文或阿拉美文。回鹘人留下的这份遗产是中华民族历史和文化的一个组成部分。在今天，研究维吾尔文字学，不仅有其重要的理论价值，还有其深远的现实意义。⑥

粟特人在文字使用方面对回鹘人的影响比较大。由阿拉美文衍生出的粟特文和粟特摩尼文依次派生出回鹘粟特文和回鹘摩尼文。回鹘人信奉的基督教（Syriac Christianity）文献里也有不少粟特语借词，这表明粟特人在其传播当中起过一定的中介作用。因此可以推断回鹘人使用的叙利亚文可能来自粟特叙利亚文，但也有直接借用的可能性。这些借用的文字是在源文字上稍加修改而创制的。除此之外，也有粟特文被回鹘人原封不动地使用的情况。这几种文字之间存在诸多肉眼看得见的相似性。在鲁尼文身上也可以看到粟特摩尼文抑或阿拉美文的一些影子。因此，不少学者认为鲁尼文受到过粟特文的影响，至少一些字母是在粟特文的基础上创制的。而回鹘婆罗米文是由吐火罗文和塞克文演变而来的。

---

① Henry Rogers, *Writing Sytems: A Linguistic Approach*, pp.3–4.
② Sir Gerard Clauson, *An Etymological Dictionary of Pre-Thirteenth–Century Turkish*, Oxford at the Clarendon Press, 1972, p.983.
③ Sir Gerard Clauson, *An Etymological Dictionary of Pre-Thirteenth–Century Turkish*, p.432.
④ Allan R. Bomhard, *A Comprehensive Introduction to Nostratic Comparative Linguistics*, *With Special Reference To Indo-European Volume 1*, Charleston, SC, 2015, p.338.
⑤ A. von Gabain, *Alttürkische Grammatik*, Otto Harrassowitz, Wiesbaden, 1974, pp.9–41；张铁山：《突厥语族文献概论》，《满语研究》2013 年第 1 期，第 46—60 页。
⑥ 牛汝极：《维吾尔语古文字与古文献导论》，新疆人民出版社，1997 年，第 7 页。

回鹘语大体上分为 y 和 n 两大方言。[1]大多数回鹘佛教文献、晚期摩尼教文献和大部分世俗文献是用 y 方言写的，而大多数摩尼教文献和鲁尼文文献是用 n 方言写的。比如 y 方言的 ayïγ "坏，很" 在 n 方言中的形式是 anïγ，该词在更早期的碑铭文献中的形式是 anyïγ；碑铭文献中的 qony "羊" 在后期的 n 方言中的形式是 qon，在 y 方言中的形式是 qoy。喀喇汗王朝的回鹘人从 10 世纪起使用阿拉伯文，其语言属于 y 方言。

三　诸文字之来源及其特点

（一）鲁尼文

石头上刻写的碑铭文献和有些写本是用鲁尼文写的。碑铭文献一般发现于蒙古北部、叶尼塞河流域；写本发现在吐鲁番盆地、米兰和敦煌。碑铭文献涵盖最早的回鹘历史，写本大多数属于摩尼教范畴。关于鲁尼文的来源，学者们提出了不同的看法。由于表面上的相似性，学者们刚开始认为其与日耳曼人的鲁尼文有关系，到 19 世纪末有人提出与闪米特文有关，此观点后来被绝大多数学者接受。罗纳塔石（Róna-Tas）建议鲁尼文的发展阶段至少分四个阶段。喀拉（Kara）认为非草书体粟特文启发过鲁尼文的产生。汤姆森（V. Thomsen）认为鲁尼文源自后期闪米特（阿拉美/亚兰，亦译作"阿拉姆"）文，其来源可能是直接的，或者是以伊朗文为中介。多纳

（Otto Donner）认为鲁尼文可能演变自上古时期小亚细亚的利西亚语利西亚文（Lycian）和卡里亚文（Carian）。阿里斯托夫（N. N. Aristov）和马里提斯基（N. G. Mallitskiy）认为鲁尼文可能是从突厥氏族印记（Tamγa）演变来的。克利亚施托尔内（S. G. Klyashtorny）和列夫什茨（W. F. Livshitz）认为鲁尼文是从草体粟特文演变而来。Talat Tekin 认为鲁尼文有独立来源，是由表意象形文演变而来的。[2]

苏联学者波里瓦诺夫（Е. Д. Поливанов）在赞同上述观点的同时，指出它们还受到过阿拉美粟特（Sogdian）字母和巴列维字母的影响，个别字母可能有表意文字来源。其实粟特文、摩尼文和巴列维文有亲缘关系，即都衍自阿拉美。

文字的创制是一种全新发明，即有识之士的技术发明。学者们同意鲁尼文是在其他文字的基础上创制的。克劳逊（Sir G.Clauson）认为不管是谁发明了鲁尼文，这个人肯定是受教育程度很高、通晓几种语言、懂得怎样表达语音的人。据他研究，蓝突厥（köktürk）汗国的室点密（Istämi）可汗为了便于交流和管理，令人创制了鲁尼文。创制鲁尼文的这位有教养的人很可能是粟特人马尼亚赫（Maniakh）。[3]

据克劳逊的解释，创制鲁尼文的第一个灵感可能来自几个世纪以来记录中亚历史的所有中古伊朗语族语言，包括创制人母语的源自阿拉美文

---

[1] 这种分类的出现是因为早期鲁尼文文献中的 𐰤（ny［ŋ］）音在用其他文种书写的后期文献中没有对应的字母，要么用 n，要么用 y 来表示。这种用法自然导致 n 和 y 方言的产生。需要说明的是，一些摩尼文和回鹘文文献中的 n 音表示法由转写者所致，而原文献实际上要表达的可能是 ny 音。另外，这里所说的"方言"与今天的"方言"相差甚远，这只是根据常见的近 20 个词的写法提出来的文献分类标准。

[2] Niuruji, "A New Study on The Origin of Old Turkic Script," 李祥瑞、牛汝极主编：《阿尔泰学论丛》第 1 辑，新疆大学出版社，1994 年，第 156—163 页。

[3] Sir Gerard Clauson, "The Origin of the Turkish 'Runic' Alphabet," *Acta Orientalia Hung XXXII*, 1920, pp.51–76.

的伊朗文，这对他来说并不难。因为回鹘语和当时的伊朗语诸方言，即中古波斯语、帕提亚语、粟特语和花剌子模语的辅音结构极其相似，差异非常小。因此，他在创制新文字时很有可能以伊朗文为基础，并且加进一些希腊字母，以期表示出现该字母的词有前元音。

有个小问题需要解释。伊朗文和希腊文完全不同，尤其是伊朗文的写法从右到左，而希腊文则从左到右。创制者决定遵循伊朗文的先例，并将写法规定为从右到左，然后转变希腊字母的方向，以便所有字母朝向同一个方向。也有这种可能性：创制者根据命令或者故意改变有些字母的外形，不让创制出的新文字相似于粟特文。

虽然克劳逊的以上观点过于富于想象，但是鲁尼文的一些字母确实与粟特字母和希腊字母相似，只不过方向和音值不同。

罗纳塔石认为，鲁尼文的来源是一种阿拉美系文字，这种文字接近粟特文和阿拉美文，但不完全相似。当人们把这种文字镌刻在木板或石头上的时候就发生了变质。随着时间的推移，这个新文字无法表达回鹘语特有的语音系统，因为回鹘语需要区分前元音和后元音，结果他们发明了一些新的字母。为了发明字母，他们采取了两种方法：现存字母上加点和借用表意字母。[①]

虽然学者们提出了不同的观点，不可否认的一点是，鲁尼文一方面受到粟特文或粟特摩尼文的影响，另一方面也独立发展出了一些符号，其中有些符号与氏族印记（Tamγa）有关，有的则

完全表达象形。最重要的一点是：鲁尼文的创制有粟特人参与。克劳逊说鲁尼文受"粟特"影响的时候，他要说的也许是"粟特人"，而不是"粟特文"。因为鲁尼文的几个字母与粟特人使用的摩尼文字母完全相似。因此可以说，鲁尼文的创制有粟特人的参与，但未受到粟特文的直接影响。大部分鲁尼文字母在外形和拼写特征方面与阿拉美系文字存在很大的差异。至于表达前、后元音的两套字母：其中一套可能衍自表形文，另一套可能衍自其他文字。后文详解。

各派学者试图在帕提亚文、希腊文、粟特文以及阿拉美文等文字中为鲁尼文找到起源。但鉴于此类文字还存在早于鲁尼文的各种变体，如匈牙利出土的归于阿瓦尔人的一些物品上镌刻的鲁尼文，塔拉斯（talas）河谷发现的一些木棍上刻写的鲁尼文，以及东欧和西部欧亚存在的各种类鲁尼文字，笔者认为鲁尼文是本土创制的、土生土长的文字，虽然创制思想和一些字母的形式受过周边文字的影响。无论如何，鲁尼文的特征与回鹘语的语音系统完美结合，表示这个文字是由本民族或者精通本语的外族人创制的。[②]

以上种种观点虽然讨论了鲁尼文的来源，却未提及这种文字出现的年代。克劳逊的观点则把鲁尼文创制的时间直接推后了不少。一般来讲，一种文字不可能一创制就马上投入使用并得到普及，而是会经过筛选、完善等过程。因此鲁尼文的创制年代应该更早。

在诺音乌拉与蒙古以及外贝加尔湖地区的匈

---

① A. Róna-Tas, "On the Development and Origin of The East Turkic 'Runic' Script," *Acta Orientalia Academiae Scientiarum Hung*, XLI (1), 1987, pp.7–14.

② Volker Rybatzki, "Between East and West: Central Asian Writing Systems," in Mehmet Ölmez, Fikret Yıldırım, eds, *Orta Asya'Dan Anadolu'ya Alfabeler*, Istanbul, 2011, pp.175–268.

奴人墓葬的发掘物中，有 20 多个雕刻的字。这些字母中的大部分与中世纪早期突厥 – 回鹘人的鄂尔浑 – 叶尼塞字体（即"鲁尼文"）相同或者类似，这类字体不时见于欧亚草原地区。有些专家根据这些资料，认为匈奴有一种类似古代欧亚鲁尼文的字体，这些字母后来即成了古代突厥 – 回鹘鲁尼文的基础。①

图 1、图 2 的匈奴鲁尼文在外形上与古突厥 – 回鹘鲁尼文极其相似或相同，这种相似性当然不是偶然的。

综合以上种种观点，并根据笔者已掌握的知识，得出如下结论。（1）鲁尼文不可能源自粟特文，因为二者的字母形式或拼写方式都存在很大的差异。（2）至于鲁尼文中存在的两套字母，认为其中一套形式源自象形文，是表意的，如 ႙（b/v<äb "房子"）、X（d<äd "财产、牲畜"）、Ⴘ（γ<aγ "裤裆"）、D（y<ay "月亮"，ya "弓"）、Y（l<äl "手"）、Ⴒ（n<in- "下来"）、ↅ（r<är "人、男人、勇士"）、ₒ（t<at "马"）、↓（q<oq "箭"）等，而另一套形式有可能源自阿拉美系的文字，个别字母的形式和音质与摩尼文（以及巴列维文、叙利亚文）几乎一致，如 ↲（l）、ト（t）等。（3）从整体上来讲，鲁尼文字母的主体部分不属于阿拉美系文字，只是个别字母受过其影响。因此，鲁尼文应被列为单独系列。

鲁尼文的特征：一般横着从右到左书写，一共有 38 个字母，在不同的碑铭中出现略有差异的变体。其中有些字母有两种读法，两种字母有

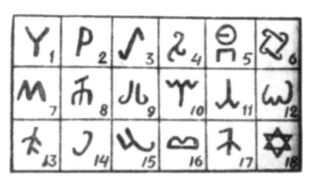

图 1　匈奴人墓葬中发现的雕刻字（采自 N. Ishjamts, "Nomads in Eastern Central Asia," in *History of Civilizations of Central Asia II*, p.166 ）

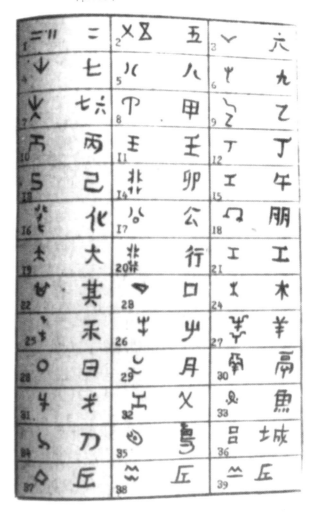

图 2　匈奴 – 鲜卑鲁尼文（采自 N. Ishjamts，"Nomads in Eastern Central Asia," in *History of Civilizations of Central Asia II*，p. 166 ）

---

① N. Ishjamts, "Nomads in Eastern Central Asia," *in History of Civilizations of Central Asia II* , Paris: Unesco Publishing, 1994, pp. 151–170; N. 伊什詹茨：《中亚东部的游牧人》，〔匈牙利〕雅诺什·哈尔马塔主编：《中亚文明史》第 2 卷，徐文堪译，中国对外翻译出版公司，2002 年，第 111—125 页。

一种读法，具体音质都可以按语音和谐率确认。元音方面，回鹘语有 a、ä、e、i、ï、o、ö、u、ü 9 个基本元音。这 9 个元音在鲁尼文中由 ↑（a、ä、e）、↑（i、ï、e）、>（o、ö）、N（u、ü）四套字母来表示，每一个字母表示两个及以上的语音，通过语音和谐率可以判断到底是哪个音。↑ 在词首和辅音之间经常省略，如：NΘX（DGU，ädgü）"好、善"，>>↑K（LTON，altun）"黄金"，↑h>（MTI，amtï）"现在"，↑>h（TMR，tämür）"铁"，Y↑↑h（QPΓ，qapïγ）"门"，↑↑D（YZI，yazï）"平原"，>↑↑h（QΓN，qaγan）"可汗"，↑JJD（YBLQ，yavlaq）"坏"。↑ 在词尾大多数情况下拼出来，如：↑B（NČA，anča）"那样的"，↑>Θ↑（BONČA，bunča）"这样的"，↑1（PA，apa）"爷爷、祖先"，↑YY（SRA，asra）"下面"。↑ 如果是长元音就拼出来，如：↑↑（AČ，āč）"饿"，↑Y↑↑h（AČSQ，āčsïq）"饿的"，δ↑（AT，āt）"名字"。[①] ↑ 除了表示 e、i、ï 3 个语音，在第一音节的首位可能表示 ä，就像回鹘文和阿拉伯文中表示 i 的字母的情况一样。比如 äl"人民、国家"有时写为 Y↑（IL），有时写为 Y（1）；yär"土地"有时写为 ↑↑9（YIR，yir），有时写为 ↑9（YR，yir）。[②] ↑ 词中可出现，可不出现，如：Y↑↑（BIR，bir）"一"，Y↑9（YIŠ，yïš）"山、山林、山谷"，↑ΘY↑↑（BILGA，bilgä）"有智慧的、有知识的"，↑↑Y>↑↑9（YIMŠAQ，yimšaq）"软的"，↑Θ（NYG，anyïγ）"坏的、恶的"。↑ 在词尾一般都出现，如：↑↑h（TNGRI，täŋri）"天、神圣的"，↑↑↑↑（KIŠI，

kiši）"人"。

（1）表圆唇元音的 o（o、ö）、ü（u、ü）一般都拼出来，因此在词尾音节中和词缀上省略的形式都可以看出来，如：↑↑↑（KÖN，kün）"天、日"，↑↑↑h（TÖN，tün）"夜"，↑↑↑↑h（TÖPÖT，töpüt）"吐蕃"，↑>↑↑（KÖMŠ，kümüš）"银"，Θ↑↑↑Y（SÖČIG，süčig）"甜的"，↑↑↑（ÖZA，üzä）"上面"，↑BD（YNČÖ，yinčü）"珍珠"，↑Θ↑（ÖGZ，ögüz）"河"，↑↑D>（OYΓR，uyγur）"回纥、回鹘、维吾尔"。在 ↓（q、ᵒq、ᵘq、qᵒ、qᵘ）和 ↑（ᵒk、ᵘk、kᵒ、kᵘ）的前后一般省略，但也有出现的情况，如：↑↑↑↑（BISᵒK，bišük）"摇篮"，↑>↓（QᵒOP，qop）"全部"，↓D（YᵒQ，yoq）"没有"，↑↑↑h（TÖRᵒK，türk）"突厥"，↑↑↑↑（ÖTᵒKN，ötükän）"于都斤山"。

（2）一些字母一字两读，较常见的两读字母有 Y（S₁ /s, š/）、I（S₂ /s, š/），一般在音节首读为 s，如 ↑I（SÖ，sü）"军队"，↑↑I（SKZ，säkiz）"八"，Y↑I（SNGL，singil）"妹妹"，↑>↑↑↑↑↑（SÖKÖRMŠ，sökürmiš）"使……跪下来"；在音节末读为 š，如：↑↑>↑（RMIS，ärmiš）"曾经是、据说是"，↑↑（IS，iš）"活儿、事儿"，Y↑↑h（TÖLS，töliš）"铁勒部、东部"，↑Θ↑↑h（TÖRGS，türgäš）"突骑施、西部"。δ（B₁ /b, v/）、↑（B₂ /b, v/）在音节首读为 b，如 ↑↑（BŠ，baš）"头"，↑ΘY↑↑（BILGA，bilgä）"有智慧的"，Θ↑（BG，bäg）"伯克"，↑J>↑（BOLNG，buluŋ）"角落"，↑↑D>↑↑（BOYRQ，buyruq）"谋臣"；在音节末读

① Mehmet Ölmez, *Köktürkçe ve Eski Uygurca Dersleri*, Istanbul, 2017, p.37. 关于鲁尼文字母表，请参看 Mehmet Ölmez（2017:39–41），Radloff（1895:2），Gabain（1974:12）。

② W. Radloff, *Die Alttürkischen Schriften Der Mongolei*. (Neue Folge). St.Petersburg: Commissionäre der Kaiserlichen Akademie der Wissenschaften, 1895, p.1.

为 v，如 ᛌᛏ（SB, sav）"话"，ᚷᚷᛑᚼ（TBGč, tavγač）"中原、唐朝"，ᛑᛌᛏ（SUB, suv）"水"，ᚼᚥᛑᛌᚼᛑᛌᚼ（QUBRATMš, quvratmïš）"聚集"，ᛏᚼᛑᛑ（YBGU, yavγu）"单于"。[1]

这种解读方式有什么依据？第一，根据古突厥–回鹘学鼻祖冯·加班（Gabain）的研究，两读字母的主要选择依据是莎车、吐鲁番方言中的情况。Gabain 认为，现代维吾尔语在现存语言中自然是与古突厥–回鹘语最接近的语言，它的一些特征呈现出莎车、伊犁等维吾尔语方言的特点。[2] 第二，除了 Gabain 的观点，鲁尼文、回鹘文中的两读字母在摩尼文、叙利亚文和阿拉伯文中由单独的字母来表达（表 1）。

表 1 鲁尼文、回鹘文中的两读字母在摩尼文、叙利亚文和阿拉伯文中的表达

文种 ＼ 音位	s	š	b	v
摩尼文	ᣥ	ᛃ	ᛃ	᷉（粟特语中表示 β，回鹘语中表示 v），ᢉ（除了表示元音 o、u，在粟特语中作辅音时表示 v）
叙利亚文	ᙦ	ᵎ	ᛓ	ᛓ
阿拉伯文	س	ش	ب	و

表 1 中以 B 结尾的词在用回鹘文、摩尼文、叙利亚文和阿拉伯文记录的文献中用 v 拼写。因此，鲁尼文词尾的 B 转写为 v 更合适。

（3）一些字母表示复辅音，如：ᛙ（lt），ᚦ（ny，应视为一个辅音 n+ 半个辅音 y，相当于国际音标 /ŋ/），ᚦ（nč），☉（nt）。一些字母表示组合音。如：ᗞ（y, ay, ya，这个字母像月亮，ay "月亮"；或弓，ya "弓箭"），ᚫ（b, äb，这个字母像毡房，äb "房子"），↓（q, oq, uq, qo,qu，这个字母像箭，oq "箭"）和 ᚻ（ök, ük, kö, kü），◁（q, ïq/qï），ᚤ（č, ič）。

（4）两读辅音字母中的一种与前元音，另一种则与后元音结合。如：ᛝᛞᛣ ᛝᛏᚻᚦᛎ（YITRÖ IDMS, yitirü idmiš）"丢失、失去"，ᚼᛁᚻᛏᛏᚻᛏᚻᛎ（KINGSÖRT°KIN, kiŋšürtükin）"因为教唆"，ᚦᚻᚼᛏᛞᛏᛕ（YONGSORT°QIN, yoŋšurtuqïn）"因为唆使"，ᚦᚻᚼᛏᛞᛏᛕ（ČISINTG, äčisintäg）"像他的哥哥"，ᛝᚼᛏ（INI, ini）"弟弟"，ᚼᛑᛏᛞ（OLRMŠ, olurmïš）"曾坐下、曾登基、曾即位"，ᚼᛝᛕᛏᛏᚻ:ᚼᛏᛏᛏ（ILIN TÖRÖSIN, älin törüsin）"把国家、把法律"，ᛞᛏᚼᚷᚦ（YÖKNTRMS, yöküntürmüš）"使跪下来"，ᛝᚼᛒᛞᛑᛞᛏ（BOLNGDQI, boluŋdaqï）"角落的"，ᛝᛏᛕᛏᛏ（ILGRÖ, ilgärü）"向前面、向东边"，ᛝᚼᛝᚦᛏ（KINRA, ekin ara）"二者之间"，ᚼᛝᛝᚦᛏᚦ（NIÖČÖN, anï üčün）"因此"，ᛏᚼᛏ（IDI, idi）"简直、完全"，ᛌᛝᗞᛑᛞ（BOYR°Q, buyruq）"谋臣、谋略者、梅录"，ᛑᚦᚼ（YMA, yimä）"又"，ᛏᚼᚼᛝᛑ（YOΓČI, yoγčï）"吊唁者"，ᛏᚼᛑᛝᛏᛞ（SIΓTČI,

---

[1] 前辈学者把以 B（ᚫᛑ）结尾的这些词倾向于转写为 b，如 sub, sab, qubra-, tabγač, yabγu 等，并根据用其他文字记录的文献中出现的 suv, sav 等，概括出 b>v 的语音演变规律。近来，国外学者将鲁尼文中音节末的 B 转写为 β，β 在音节首读作 b，在音节末读作 v。Mehmet Ölmez（2017）直接转写为 v。笔者认为鲁尼文中的 B（ᚫᛑ）类似西班牙语中的 b（在音节首读作 b，在音节中、末读作 v），音节末应读为 v。这样的话，以前的 b>v 的语音演变规律也就变得多此一举。

[2] A. von Gabain, *Alttürkische Grammatik*, p.2; A. von Gabain, *Eski Türkçenin Grameri*, Çeviren: Mehmet Akalın, Türk Tarih Kurum Basimevi, 1988, p.1.

sïyïtčï）"追悼者"，ΥΝλ（ČÖL, čöl）"沙漠、荒芜"，

ϽΗΥΛΧΛΛΝ（ÖČQᵒORIQN, üč qurïqan）"三骨利干"，

Ч88Н8◇⟩（OTZTTR, otuz tatar）"三十姓鞑靼"，338Ϩ

（QᴵITNY, qïtany）"契丹"，ΗᴵΥΥΗ（QLPN, qalïpan）

"留下来"，ΗᴵϪᴵ（ATN, atïn）"把名字"，ЛᴵϞ（YIL,

yil）"年"，ΥᴵΨϪΥ（QᵒORΓRO, qurïyaru）"往西边"，

Лᴵ4Η（QRA, qara）"黑"，ΓϪ◇（MTI, amtï）"现

在"，ᴵ8Γ（IDᵒQ, ïduq）"神圣的"，ΗᴵϞΗ（YITI, yäti）

"七"，ΙΧᴵ4Υ8（TŠᴵQMS, tašïqmïš）"往外出来"，

ΙΧΗᴵᴵ（INMS, inmiš）"下来"，ЛᴵϽD:ΓΗϞ:ΓᴵϪ84:ΗᴵΥΗ

（QᴵIRQ RTᵒQI YTI YOL, qïrq artuqï yäti yol）"四十七

次"。例句范例（《阙特勤碑》北面第4行）：①

ΗᴵϞΗᴵϞ:ϽϪ8Γ:ΗᴵΥΛΗ:ϪΥΓᴵϪΗΓᴵ8:ΓΜϽϪΥΗᴵϽ:ΗᴵΥΛΝ:ΗᴵΥΗᴵϪϽ:
ᴵϪϪϞ8Γ:ᴵΥΓᴵ:ΗᴵΥΗᴵ:ϞᴵΥᴵϞ

TOQZOΓZ BODN KNTÖ BODNM RTI

TNGRI YIR BOLΓQIN ÖČÖN YΓIBOLTI

toquz oγuz bodun käntü bodunum ärti täŋri yär

bulγaqïn üčün yaγï boltï.

九姓乌古斯人民原本是自己的人民（民族），

由于天地混乱，变成了敌人。

（二）粟特回鹘文

用粟特文刻写的布谷特碑（581—587）表示

粟特语言、文字在蓝突厥汗国时期具有重要的应

用价值。

粟特文源自叙利亚文（Syriac），而叙利亚文

又衍自阿拉美文（Aramaic）。年代最早的用粟特

文写成的文献属于4世纪，发现于离敦煌90公里

的一个烽火台里，少数回鹘语佛教文献是用粟特

文写的。在回鹘人那里，该文字派生出稍有差异

的两种形式。用粟特文写的手抄本的书写规则非

常不一致。粟特文横着从右向左写，绝大多数粟

特文字母彼此之间有区别，连用时形式不变。

回鹘文衍自粟特文，是回鹘人的民族文字。

它超越文化界限，内容包括佛教、摩尼教、基

督教、伊斯兰教以及各种哲学、医学和世俗的

文献。

回鹘文的借用时间最初可以追溯至8—9世

纪，并一直沿用至17世纪。粟特文刚开始运用到

回鹘语时无多大变化，后来出现一些变异。

回鹘文中单个a表示前低元音e或ä，词首

双a（即aa）表示a。词首a+i表示i/ï，词首a+o

表示o/ö，词首a+o+i表示ö/ü，非第一音节中出

现的元音音质可以根据元音和谐率确定。

闪米特语中存在的元音缺失现象在回鹘语中

得以保留。如：tngri（täŋri）"天、神、神圣的"，

词中的a和n的形式一样。带钩儿的r表示l，后

来这个钩儿越来越大，最后变成单独的字母。

回鹘文的书写方向后来发生巨大的变化，

变成从左到右，从横写变成竖写。用回鹘文写成

的各种佛教、摩尼教文献的数量相当庞大。那

么维吾尔人中还有没有人懂得回鹘文？根据麻

赫默德·喀什噶里《突厥语大词典》，作者懂得

回鹘文，并认为此文字无法清楚地表达回鹘语

的语音。②喀喇汗王朝境内撰写的《福乐智慧》

（*Qutadγu Bilig*）最初可能是用阿拉伯文写的，后

---

① 耿世民：《古代突厥文碑铭研究》，中央民族大学出版社，2005年，第133页。

② 麻赫默德·喀什噶里：《突厥语大词典》第1卷，民族出版社，2002年，第7—8页。

来被人用回鹘文抄写。[①] 这表明，到 15 世纪的时候，维吾尔人当中可能还有一些知识分子懂得回鹘文。《福乐智慧》的回鹘文版（赫拉特版）就是 1439 年被阿富汗赫拉特城的名叫卡拉萨伊尔（Šäms Qara Sayil）的人根据阿拉伯文版抄写成回鹘文的，奥斯曼宫廷中的回鹘抄书吏阿卜杜热扎克巴赫士（Šäyxzadä Abdurazzaq Baxši）于 1474 年令卡迪阿里（Fenarioglu Kadi Ali）将其从托卡特（Tokat）送到伊斯坦布尔。[②] 这一时期的另一本哲学著作《真理的入门》（Ätäbätul Häqayiq）也是用回鹘文撰写的。除此之外，莎车出土的两种地契（或土地买卖合同）中有一种是用回鹘文写的，而在另一种用阿拉伯文撰写的文献中，见人姓名都是用回鹘文签的。比如，在一份文献中见人的姓名用回鹘文写成 bu ḫaṭṭ ičindäki iškä män Muḥmat Vagatur tanuq（对这封信里的裁决，我穆罕默德·巴尕图尔作证）。[③] 这表明，回鹘文的分布比回鹘人用的其他文字更广，维吾尔人中也有不少人懂回鹘文。

回鹘文的拼写规则对其他文字的拼写规则产生了很大的影响。嗣后的摩尼文、叙利亚文和阿拉伯文很大程度上沿袭了回鹘文的拼写规则。

《突厥语大词典》有一章所有的词语都以双 a 开头，这导致有些学者论证其为长元音。在此，

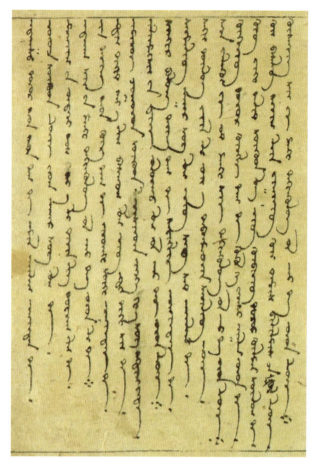

图 3 《回鹘诗歌》

笔者认为这很可能是对回鹘文词首双 a 的刻意模仿，而并非音质性长元音。

以下范例举自《回鹘诗歌》[④]：

adqašu turu qat qat taγ-ta

amïl aγlaq aranyadan-ta

artuč sögüt altïn-ïnta

---

① 对现存的回鹘文版有两种不同的看法：阿拉特（Reşid Rahmeti Arat）认为回鹘文版是根据阿拉伯文版转写的；而 Dilaçar 先生认为此回鹘文版是根据更早期的回鹘文版抄写的。参见优素甫·哈斯·哈吉甫《福乐智慧》（费尔干那抄本原文校勘版），米尔苏里唐·乌斯曼整理，新疆大学出版社，2013 年，前言，第 4 页。

② 参见 Yusuf Has Hacib, *Kutadgu Bilig*, A (Viyana) Nüsahası, B (Fergana Nüshası), C (Kahire nüshası). Türk Dil Kurumu Yayınları Ankara, 2015。以上论述出现在 Ön Söz（前言）和 Giriš（序言）部分。除了《福乐智慧》，之前的回鹘文作品还有 *Qissasu'l Anbiyā*（《列圣传》，1310 年）、*Mirajname*（《升天记》，1436 年）。

③ 莎车出土的文献由 7 篇阿拉伯文和 8 篇回鹘文文献组成。在阿拉伯文写的文献中见人姓名用回鹘文签名。参见 Monika Gronke, "The Arabic Yārkand Documents," *Bulletin of the School of Oriental and African Studies*, University of London, Vol.49, No. 3, 1986, pp. 454–507.

④ Reşit Rahmeti Arat, *Eski Türk Şiiri*, Ankara, 1991, p.66. 彩色图片由兰州大学的吐送江·依明教授提供。在此表示感谢。

aqar suw-luq-ta

amrančïγïn učdačï quš-qïa lar

tirin-lik quwraγ-liq-ta

adqaγ- sïz- ïn mängi tägingülüg ol

anï täg orun- lar- ta

在连绵不断的层层山脉里，

在寂静、孤独的山林里，

在飘动的柳树底下，

在潺潺流水岸边，

在那些欢快飞翔的小鸟们，

聚集在一起的境地，

让我们不思他物，愉悦地享受天伦之乐，

在那样的地方。

（图 3 前四行内容）

（三）摩尼文

回鹘摩尼教徒用过阿拉美文的另一个"后裔"——摩尼文。摩尼文有许多变体——帕提亚摩尼文（Parthian Manichean）、中古波斯摩尼文（Middle Persian Manichean）、新波斯摩尼文（New Persian Manichean）、巴克特里亚摩尼文（Bactrian Manichean）、粟特摩尼文（Sogdian Manichean）、龟兹摩尼文（Kuchean）和回鹘摩尼文（Uyghur Manichean）。摩尼文的传播同 3 世纪起摩尼教从西亚传播至中亚和其他地区有关。摩尼文接近巴列维文的早期形式，皆衍自阿契美尼德宫廷的阿拉美语官方方言所使用的文字——帝国阿拉美文（Imperial Aramaic）。与巴列维文不同

的是，摩尼文有粟特文的影响，而粟特文衍自阿拉美文的叙利亚文分支。摩尼文则基于叙利亚文的 Esṭrangelā（ܐܣܛܪܢܓܠܐ）形式。此文字之所以叫摩尼文，是因为该文字的创制是摩尼教的始祖摩尼本人。实际上，摩尼文的出现年代可能更早。[1]

摩尼通过摩尼文使普通人的口语代替了脱离社会的僧众语言，做到了口语和书面语的一致性：怎么说就怎么写。摩尼视之为摩尼教优于其他宗教的优点，并说：

dēn īg man wizīd az abārīgān dēn ī pēšēnagān pad dah xīr frāy ud wehdar ast[2]

被我所选择的宗教比以前的其他宗教在十个方面优等和高尚。

摩尼在其母语东叙利亚文的基础上创制了摩尼文，并以其传播摩尼教。该文字后来被众多伊朗语族民族，包括粟特人以及回鹘人所接受，从而大大简化了这些语言的书写形式。因各种原因，巴列维语不按它当时的发音，而根据几世纪前的发音形式拼写，这类似法语或英语的情况。为了确认其实际发音，我们可以参照 3—4 世纪写成的摩尼教文献的拼写形式，因这些文献的拼写形式能够反映当时巴列维语的实际发音。[3]比如 āzād "高贵的、贵族、自由"用巴列维文写为 'č't（ܐܟܬ），用同时期的中古波斯语摩尼文写

① Doug Hitch, "Aramaic Script Derivatives in Central Eurasia," *Sino–Platonic Papers,* Number 198, 2010, pp.1–18; Peter T. Daniels & William Bright, *The World's Writing Systems*, Oxford University Press, 1996, pp.530–531.

② Mary Boyce, *A Reader in Manichaean Middle Persian and Parthian*, Leiden, 1975, p.29.

③ Prods Oktor Skjærvø, *Introduction to Pahlavi*, Cambridge, Mass., 2007, p.9.

为 ''z'd（ ）；xrad "智慧" 用巴列维文写为 hlt'（ ），摩尼文写为 xrd（ ）；ahrimen "撒旦、恶魔" 用巴列维文写为 'hlmn（ ），摩尼文写为 'hrmyn（ ）；等等。

摩尼教徒在美索不达米亚（Mesopotamia）和萨珊王朝境内受到迫害之前已在中亚建立过牢固的根据地，之后摩尼教在回鹘人那里变成官方宗教，并盛行五个世纪。

回鹘摩尼文与粟特摩尼文一致，个别字母稍有变化，横着从右到左书写，其书写规则遵循回鹘粟特文。就像粟特摩尼文那样，回鹘摩尼文的书写规则基于早就存在的回鹘文写法，尤其是元音的表达法几乎与回鹘文一致，这说明其出现在回鹘文之后。虽然回鹘人在 762 年前后正式接受了摩尼教，[①] 在吐鲁番和敦煌出土的回鹘摩尼文文献却不早于 9—11 世纪。摩尼文的辅音系统非常丰富，能够完全准确地反映回鹘语的辅音，并且不会出现像其他文种那样的混淆现象。基本元音有 （A，表示 a、ä）、 （I，表示 i、ï，作辅音表示 y）、 （O，表示 o、u，粟特语中作辅音时表示 w）。词首的 i、ï 要么用 A+I（ ），要么用 '+I（ ）表达。有些文献中出现粟特摩尼文中的 （x），对应于 q 音。回鹘摩尼文中的 q 音用 或 表示。粟特摩尼文中的 （ḍ [d, θ]）有时表示 l。回鹘摩尼文中 l 用 来表示。 出现在词尾时为填充空白经常重复，这不一定表示长元音，此现象类似粟特摩尼文中的情况。以下范例来源于回鹘摩尼教徒忏悔书《摩尼教徒忏悔词》 Xwāstwānīft（ ）。[②]

表 2　or.8212.178 号文献（4）号图片《摩尼教徒忏悔词》片段

	换写	转写
	QWRWΓ 'WYL YYRK' BYŠ TWYRLWG TYNLΓQ' BYŠ TWYRLWG 'WWTQ' 'YΓ'ČQ' N'Č' Y'ZNTMZ 'RS'R . 'MTY TNGRYM Y'ZWQΔA BWŠWNW 'WYTWNWR BYZ MN'ST'R HYRZ'	quruγ öl yärkä bäš türlüg tïnlïγqa bäš türlüg otqa ïγačqa näčä yazïntïmïz ärsär. amtï täŋrim yazuqda bošunu ötünür biz manāstār xïrzā
无论我们对干枯和潮湿的土地、五类生命、五类花草和树木犯了多大的罪，现在，我的主啊，我们祈求脱离罪孽。请饶恕我们的罪过		

① 根据哈喇巴勒哈逊（Karabalgasun）碑中的信息，回鹘牟羽（Bögü）可汗可能早就掌握过摩尼教方面的知识。据克拉克（Larry Clark）的推测，Bögü 可汗登基（759）之前，大约在 755—756 年改信过摩尼教，后来转向佛教，到了 761 年又改回摩尼教。参见 Larry Clark, "The Conversion of Bügü Khan to Manichaeism," in Ronald E. Emmerick, Werner Sundermann, Peter Zieme, *Studia Manichaica. IV*, Internationaler Kongreß Zum Manichäismus, Berlin, 14–18, Juli 1997, Berlin, 2000, pp.83–123 (Berichter Und Abhandlungen/ Berlin-Brandenburgische Akademie Der Wissenschaften; Sonderband 4); Michael Knüppel, *Bemerkungen zum uigurischen" Manichäismus*, Die uiguristischen Beiträge des IV. Internationalen Manichäismus–Kongresses in Berlin (14-18, Juli 1997). *Zeitschrift für Religions- und Geistesgeschichte*, Vol. 55, No. 3, 2003, pp.272–278.

② Larry Clark, *Uygur Manichaean Texts: Texts, Translations, Commentary*, Turnhout: Brepolis Publishers. 2013, p.14.

摩尼文的表达力强过回鹘文，学习起来方便，回鹘文混淆的，摩尼文能够清楚地表达出来。比如在描述摩尼和 Ormizt 王子之间的争斗的文献中，研究者把 ﻣﺴﺎ 转写为 yaγï，并翻译为 feind "敌人"。Sundermann 刊布的阿拉伯语和新波斯语文献中 Ohrmizd 王子被称为 new "勇敢的"。^①因此，这里转写为 yaγï 可能不妥，应转写为 yāxē，或者根据回鹘语的特征转写为 yaxi。这是表示"勇敢"的一个粟特语借词，摩尼文写为 ﻣﺴﺎﺦ（yāxē）。摩尼文在准确性这一方面超过回鹘人使用的其他文种。

（四）叙利亚文

古阿拉美文（Aramaic Alphabet）衍自腓尼基（Phoenicia）文，并到了公元前 8 世纪完全变形。它用来记录阿拉美语，后被古希伯来文取代，而古希伯来文也是腓尼基文的一种变体，用来记录希伯来语。在公元前 9—前 8 世纪，南安纳托利亚和北美索不达米亚的操阿拉美语的人群使用腓尼基文，到了公元前 8 世纪中期演变成不同于腓尼基文的阿拉美文。公元前 6 世纪阿契美尼德帝国建立后，阿拉美语言文字变成从埃及到中亚和印度的统治阶层的官方工具，并被称为"帝国阿拉美语"（Imperial Aramaic，或称"官方阿拉美语"）。亚历山大大帝征服近东后，希腊语变成国际交流中的官方语言，但阿拉美文还是被广泛使用，到了公元前 3 世纪出现不同的地方变体，并变得各具特色。^②

公元前 200 年前后从阿拉美文的 Edessa（现在的土耳其 Şanlıurfa）变体衍生出叙利亚文，公元前 1 世纪起用来记录叙利亚语（Leshono Suryoyo ﻟﺸﻮﻧﻮ ﺳﻮﺭﻳﻮﻳﻮ）。它是横着从右到左书写的。后来由它衍生出粟特文和摩尼文。叙利亚文有三种形式：Esṭrangelā（ﺍﺳﻄﺮﻧﻐﻼ），Serṭā（ﺳﺮﻃﺎ）和 Madnḥāyā（ﻣﺎﺩﻧﺤﺎﻳﺎ）。

Esṭrangelā 意为"圆的"（亦被释为"东部教会"），是叙利亚文最古老和经典的形式。西部叙利亚语用 Serṭā（意为"线形"）文写成，该文亦被称为 Pšīṭā（ﭘﺸﻴﻄﺎ，"简单"），主要被西部叙利亚教会使用。它基于 Esṭrangelā，但更简单。

东部叙利亚语用 Madnḥāyā（"东部"）文，亦被称为 Swādāyā（ﺳﻮﺍﺩﺍﻳﺎ，"口语／现代"）、Assyrian（亚述）、Chaldean（迦勒底）或 Nestorian（涅斯托里）。它比 Serṭā 更接近于 Esṭrangelā。

叙利亚文虽然是以辅音为基础，但就像阿拉伯文那样，通过词的上、下加点来区别读音和语义。比如在辅音上加点表示 a，而不是 e：ﻗﺎﻃﻞ（qāṭel "杀死"，或 qaṭṭel "他谋杀"），ﻗﻄﻞ（qṭal "他杀死"）；ﻣﻠﻜﺎ（malkā）"国王"，ﻣﻠﻜﺎ（melkā）"忠告，建议"；等等。

另一种情况是，在辅音的上、下加希腊文的 A、O、E、H、OY 来表示元音。比如，ﻓ放在辅音上，表示短元音 a：ﻣﻦ（man）"谁"；ﻭ放在辅音上，在东叙利亚语中表示长元音 ā：ﺳﺎﻡ（sām），在西叙利亚语中读作 o/ō；ﻥ放在辅音上，表示短元音 e：ﺳﻢ（sem）；ﻑ放在辅音上，表示 ī/i：ﺳﻨﻲ

① 参见 Geng Shimin, Hans-Joachim Klimkeit & Jens Peter Laut, *Manis Wettkampf Mit Dem Prinzen Ein Neues Manichäisch-Türkisches Fragment Aus Turfan*, *Zeitschrift Der Deutschen Morgenländischen Gesellschaft* 137(1), 1987, pp.44-58。
② Doug Hitch, "Aramaic Script Derivatives in Central Eurasia," *Sino-Platonic Papers*, Number 198, 2010, p.3.

（rīš）；🜚放在辅音上，表示 ū/u：ܦܘܩ（pūq）；等等。叙利亚文也是横着从右到左书写。[1]

一些回鹘基督教文献和墓志铭用叙利亚文写成。回鹘叙利亚文的拼写规则也是基于回鹘文的，因此出现 b 和 p 不分的情况，元音的表达方式也类似回鹘文。元音的表达手段不靠上标符号，而尽量拼写出来，这类似阿拉伯文运用于回鹘语的情况。

表 3 为几篇叙利亚文墓志铭，仅供参考。[2]

表 3 叙利亚文墓志铭

	'LQSNDRWS	alïqsandros
	K'N S'QYŠ' MYNG	qan saqïša miŋ
	'LTY YWYZ YYGRMY	altï yüz yigirmi
	SKYZ 'RDY	säkiz ärdi
	TWRKČ' YYL YWNT	türkčä yil yunt
	'RDY	ärdi
	PW QBR'	bu qäbrä
	'YLT'Š QŠA NYNG TWRWR	eltaš qašaniŋ turur
	Y'T BWLZWN	yat bolzun

按亚历山大大帝历法是 1628 年，按回鹘历法是马年，此为 eltaš 牧师之墓，以此作为纪念

	S'QŠ MYNG ALTY YWZ	saqïš miŋ altï yüz
	'WTWZ TWRT	otuz tört
	'RDY TWRKČ' YYL TWNGWZ	ärdi türkčä yil toŋuz
	'RDY QWT TGYN PYG	ärdi qut tegin bäg
	'WGLY Š'DY PYG	oγli šadi bäg
	YYTMYŠ SKYZ Y'	yätmiš säkiz yašïnda qïrïltï
	ŠYN TA QWRYLTY	yat bolsun
	Y'T PWLSWN	

按亚历山大大帝历法是 1634 年，按回鹘历法是猪年，qut tegin 伯克之子 šadi bäg78 岁去世，以此作为纪念

（五）婆罗米文

婆罗米文和佉卢文的来源不明，但将其追溯至闪米特文原型或阿拉美文是令人信服的。Falk 认为婆罗米文可能是孔雀王朝时期在阿育王本人的命令下创制的。[3]中亚的和阗塞克人、吐火罗人和回鹘人用婆罗米文记录一些佛教内容的文献，但各变体之间稍有差异。回鹘人使用的婆罗米文源自吐火罗人使用的婆罗米文。婆罗米文是音节

---

[1] 关于叙利亚文，参见 John F. Healey, *Leshono Suryoyo. First Studies in Syriac*, New Jersey: Gorgias Press, 2005; Carl Brockelmann, *Syrische Grammatik. Paradigmen, Literatur, Chrestomathie und Glossar*, Leipzig: Veb Verlag Enzyklopädie, 1981; Wheeler M. Thackston, *Introduction to Syriac. An Elementary Grammar with Readings from Syriac Literature*, Bethesda, Maryland: Ibex Publishers, 1999。

[2] Daniel Chwolson, *Syrisch-Nestorianische Grabinschriften aus Semirjetschie, Neu Folge*. St. Petersburg: Imprimerie de l'Akadémie Impériale des Sciences, 1897.

[3] Peter T. Daniels & William Bright, *The World's Writing Systems*, Oxford University Press, 1996, pp.372–373.

文字，写法为从左到右。婆罗米文是回鹘人使用的诸文字中标示后元音 ï 的唯一文字。用婆罗米文刻写的、阐述回鹘菩萨（Bodhisatva）可汗战胜突厥泥利（Niri）可汗的 Hüis Tolgoi 碑说明回鹘人很早就掌握并熟练运用婆罗米文。[1]

丝绸之路上的婆罗米文包括吐火罗婆罗米文（甲、乙种使用相同的形式，13 世纪末还在使用，最早的吐火罗婆罗米文（文献属于 3—4 世纪）、图木舒克（Tumshuq）塞克语婆罗米文（文献属于 7—8 世纪）、回鹘婆罗米文（除了梵文，吸收了吐火罗婆罗米文和图木舒克塞克语婆罗米文的特殊字符）、粟特婆罗米文（就像回鹘婆罗米文，粟特婆罗米文也吸收了吐火罗婆罗米文和图木舒克塞克语婆罗米文的特殊字符）以及和阗塞克语婆罗米文（文献属于 5—10 世纪）。这些文字有共同的，但不确定其来源。[2] 虽然回鹘文是回鹘人通用的文字工具，但保守的萨婆多部派回鹘佛教徒倾向于用回鹘婆罗米文来书写宗教文献并记录梵语借词。现存大部分回鹘婆罗米文文献残缺不全，表 4 所示范例仅供参考。[3]

表 4 回鹘婆罗米文文献范例

u tti ṣṭha ta vya ya ma ta ((da)).　　oya ryo dū ru ṅla-ṛ ka tti hlā ṇi ṅla-ṛ

梵语 uttiṣṭhata vyāyamata　　　　回鹘语 örö turuŋlar qatïγlanïŋlar

　　　　　　　　　　　　　　　　　站　　起来　　努力

（你们）站起来吧，努力吧！

虽说文字没有好坏之分，但从表达回鹘语的能力来看，婆罗米文是回鹘人使用的诸文字中表达能力较弱的一种文字。尽管如此，在回鹘佛教徒的心目中，它可能是最神圣的文字。比如，在《弥勒会见记》（Maitrisimit）第十一章说 qop qamaγ užiklarda qutluγlarda qutluγï bu (brahmi atlaγ) užik ärür "所有文字当中最神圣的是这个（叫'婆罗米文'的）文字"。[4] 然而，婆罗米文连把回鹘语的 män xx män "我是 xx 人"这么简单的句子也无法表达清楚。

（六）阿拉伯文

阿拉伯文衍自那巴特阿拉美文（Nabatean Aramaic）。用这种文字刻写的阿拉伯语铭刻可上溯至 4 世纪。到了 7 世纪，阿拉伯文以字符上、下加点来区分多音字。[5]

10 世纪晚期，喀喇汗王朝境内的回鹘人改信伊斯兰教，随即开始将阿拉伯文与回鹘文并

① Étienne de la Vaissière, "The Historical Context to the Hüis Tolgoi inscription," *Journal Asiatique* 306.2, 2018, pp.315–319.

② Dieter Maue, *Non-Indian Brāhmī Scripts Along the Silk Road* [in the press. – Provisional internet version c/o academia.edu], 2010,https://www.academia.edu/8346125/Non_Indian_Br%C4%81hm%C4%AB_scripts_along_the_Silk_Roads_2010.

③ Dieter Maue, *Non-Indian Brāhmī Scripts Along the Silk Road*[in the press. – Provisional internet version c/o academia.edu], 2010.

④ Dieter Maue, "*Die alttürkische buddhistische Literatur in Brāhmī-Schrif*t," in *Türkoloji çalışmaları sempozyumu* 20–21 Eylül 1985. Ankara, Beytepe, 1987, pp.35–44；耿世民：《回鹘文哈密本〈弥勒会见记〉研究》，中央民族大学出版社，2008 年，第 310 页。

⑤ Doug Hitch, "Aramaic Script Derivatives in Central Eurasia," *Sino-Platonic Papers*, Number 198, February, 2010, pp.1–18.

用。这一时期问世的巨著《突厥语大词典》《福乐智慧》等就是用阿拉伯文写成的。回鹘人最初原封不动地使用阿拉伯文，但如上文提到的几种文字，阿拉伯文也无法表达回鹘语的元音系统。到古典维吾尔语（即"察合台语"）时期，用组合字母来区分引起歧义的字母。阿拉伯文的拼写法也基于回鹘文。《突厥语大词典》"中间带有动符的

词之篇"的"米萨尔词"这一章内容里以 a 开头的词语中，词首的 a 都重复（比如 اَتْ at "名字"、اَيْ "月、月亮"、اَقْ aq "白色"、اَزْ az "少"、اَچْ ač "饥饿" 等），[①] 因此有学者论证其为回鹘语长元音的证据。笔者认为这很可能是对回鹘文词首双 a 的刻意模仿，而不是音质性长元音。表 5 为一页《福乐智慧》片段，仅供参考。[②]

表 5 《福乐智慧》片段

bilik uquš ärdämin asïγïn ayur

tiläkim söz ärdi bilgä bögü
uqušuγ bilikig özüm sözlägü
uquš ol yula täg qaraŋqu tüni
bilik ol yaruqluq yaruttï säni
muŋar pütmäsä kör bu nušïn räwan
uquš közi birlä yaruttï jähan
törü töz yorïttï bayudï bodun
atïn ädgü qildi ol ädgü ödün
muŋar tägdi mundaγ bililkig sözi
tamudïn yïrar tep tamuluq özi
kičig oγlanïγ kör uqušqa ulam
yašï yätmäginčä yorïmaz qïlam
uqušluγ kiši kör qarïsa munar
uquš kätti tep häm qäläm mä tïnar

论知识、智慧和才华的好处

贤明的智者啊，请听我言，
让我把智慧和知识讲讲。
智慧好比黑夜的明灯，
知识能照亮你的心房。
智慧使人高升，知识使人高大，
借此二者，世人方能非同凡响。
如若不信，请看诺希尔旺大帝[③]，
他用智慧的眼睛把宇宙照亮。
他持法公允，人民得以富裕，
在美好的时代，留下美好的声望。
我曾听到一位智者这样说过：
即令他在火狱，也不受灾殃。
你看那孩提，终究会有理智，
懂事之前，天使不给他记账。
有理智的人老了，也要昏聩，
昏聩之人，天使也不记在账上。

后期的"察合台语""察合台文"归根结底是用阿拉伯文转写的回鹘语，[④] 而不是个别学者提出的那样是个单独的语言文字。只是因文化因素，比起其他回鹘语文献，其中增加了大量阿拉伯语、波斯语借词。阿拉伯文最终取代其他所有的文字，通过几经改革，变成维吾尔族目前使用的纯音素文字。

---

① 麻赫默德·喀什噶里：《突厥语大词典》第 1 卷，第 85—89 页。
② Yusuf Has Hacib, *Kutadgu Bilig*. B (Fergana Nüshası). Türk Dil Kurumu Yayınları Ankara, 2015, p.17b。优素甫·哈斯·哈吉甫：《福乐智慧》（维文版），民族出版社，1984 年，第 100—102 页；优素甫·哈斯·哈吉甫：《福乐智慧》（汉文版），郝关中、张宏超、刘宾译，民族出版社，1986 年，第 41—42 页。
③ 诺希尔旺，或称"艾诺希尔旺"，是伊朗萨珊王朝第十九代君主，以贤明公正著称。
④ Karl H. Menges, *The Turkic Languages and Peoples: An Introduction to Turkic Studies*, Otto Harrassowitz, Wiesbaden, 1994, p.70.

北宋初期王延德西行路线新探索

艾 冲

（陕西师范大学）

宋太宗太平兴国六年（981），供奉官王延德与其助手白勋①奉命回访高昌回鹘地区。王延德等人的西行路线与过往不同，即未依循传统的河西走廊主干道，而是沿着横亘于河西走廊北方的一条新路径。但是，千余年来，人们对于王延德西行路线的经由地始终未能探查清楚。尤其是近代以来，学界存在不同的推测与判断，并未取得一致认识。究其原因，既有其旅行路径所处自然环境偏僻荒凉，也存在王延德返回汴京后以李继迁为首的党项叛乱扩大而导致该路径阻塞的缘故。

探明王延德西行路线的真实位置，无论是对古代陆路交通史，还是古代民族关系史与文化交流史，皆具有重要的学术价值。笔者不揣浅陋，在既有研究成果的基础上，再做探索，期待得出符合历史实际的学术认识。

一 王延德生平及其西行背景

王延德，生于后晋高祖石敬瑭天福四年（939），卒于北宋真宗景德三年（1006），享年67

周岁。②他年轻时供事于晋王赵光义的王府，成为其家仆，一直到开宝九年（976）赵光义夺得帝位，改元太平兴国元年（976）。王延德于同年出任殿前承旨一职，随后迁任供奉官。

太平兴国六年至雍熙元年（981—984），王延德西行访问高昌回鹘地区，往返历时约三年。

自雍熙二年（985）始，王延德的官职屡经升迁。他西行访问高昌回鹘返回后，初任"崇仪副使，掌御厨"，即专门负责宋太宗皇帝的饮食事务。第二年，就转为正职——崇仪使。不久，他被委任为庆州（治今甘肃庆城县）知州。至淳化三年（992），自庆州返回京师（今河南开封），负责监管国库"折博仓"——掌庾。未逾月，就通过特殊手段获得官职升迁。所谓"上怒，即以延德领懿州刺史，以宠之。五年，回到京城，提点三司衙司、磨勘凭由司。未几，拜左屯卫大将军、枢密都承旨，俄授度支使"。可见，在宋太宗统治期间，王延德或外任地方官，或任职于朝廷，职务节节攀升，尤其是淳化五年至至道元年（994—995），官职屡迁，直至就任封建国家财政事务的

---

① "白勋"，《续资治通鉴长编》记作"白尚勋"。参见（宋）李焘《续资治通鉴长编》卷22"太宗太平兴国六年（辛巳，981）五月"条，中华书局，1995年，第492页。今从《宋史》的记载。

② 《宋史·王延德传》谓"景德三年，卒，年六十八"，系指其虚岁，实足年龄为67周岁。

高官——度支使。迄至道三年（997）太宗皇帝去世，亦然。

宋真宗皇帝于咸平元年（998）即位后，王延德转任"左千牛卫上将军"，依旧充任"度支使"。不久，被派往地方任职，"出为舒州团练使、知郓州，徙青州，坐市物有剩利，降授左武卫将军"。换言之，王延德在出任青州知州期间因采购物资出错而被降职。其时大约为咸平三年（1000）。其后，"延德前使西域，冒寒不汗，得风痹疾，艰于步履"。① 于是，居家养病数年。正因其"久病落籍，遣家人代诣登闻鼓院求休致。上以其久事先帝，复授左千牛卫上将军致仕"。王延德在获准退休后，至景德三年（1006）病逝。②

在宋朝初期，割据夏、绥、银、宥四州的党项族地方政权与宋朝关系日渐亲近，直至归降宋朝。李彝兴、李克睿、李继筠祖孙三代归附宋朝，两者关系密切；太平兴国五年（980），李继筠卒。弟李继捧继承其位，于太平兴国七年（982）赴汴京朝觐，归降宋朝中央政府。③ 在此20余年间，河套高原地区社会秩序呈现一派和平安宁的景象，为王延德一行西去高昌提供了安全条件。与此同时，西北边疆的高昌回鹘政权也频繁遣使东来，朝贡宋朝。宋太祖建隆三年（962）四月，西州回鹘阿都督等四十二人以方物来朝贡；乾德三年（965）十一月，西州回鹘可汗遣僧人法渊赴汴京，贡献佛牙、琉璃器、琥珀盏等。④ 尤其是太平兴国六年（981）春三月，高昌回鹘首领以"外甥"身份再度遣使贡献，即"其王始称西州外生狮子王阿斯兰汉，遣都督麦索温来献"。同年五月甲寅，"太宗以远人输诚，遣延德与殿前承旨白勋使焉"。⑤

王延德使团于太平兴国六年（981）五月自汴京出发，经由夏州城（今陕西靖边白城则古城）西北行，至太平兴国七年（982）四月抵达高昌城（今新疆吐鲁番市东南40公里、哈拉和卓乡附近）。所谓"自夏州渡河，经沙碛，历伊州，望北庭万五千里"，是也。在此逗留约一年时间，至太平兴国八年（983）五月踏上返程，即"又明年，延德与其使凡百余人，复循旧路而还，于是至京师"。至太平兴国九年（即雍熙元年，984）四月，回到汴京。⑥ 他们在旅途中，风餐露宿，冒寒耐暑，穿行沙碛，备尝艰辛。

王延德一行在沿途，与党项族、达靼族和回鹘族诸多部落交往频繁，礼尚往来。史称："所过蕃部，皆以诏书赐其君长袭衣、金带、缯帛，其君长各遣使谢恩。"⑦ 因此，沿途部落众多（若干部落不见于《西州使程记》所载），旅途稽留时间就长一些。每至一个部落，少者滞留数日，多者达十余日。例如，"延德初至达靼境，颇见晋末陷虏者之子孙。咸相率遮迎，献饮食，问其乡里亲

---

① 《宋史》卷309《王延德传》，中华书局，1977年，第10157页。
② 《宋史》卷309《王延德传》，第10157页。
③ 《宋史》卷485《外国一·夏国上》，第13982—13984页。
④ 《宋史》卷490《外国六·高昌国》，第14110页。
⑤ 《宋史》卷490《外国六·高昌国》，第14110页；《宋史》卷309《王延德传》，第10157页。引文中的"外生"即"外甥"。
⑥ 《续资治通鉴长编》卷25"太宗雍熙元年（甲申，984）四月"条，第578—579页；《宋史》卷490《外国六·高昌国》，第14110页。
⑦ 《续资治通鉴长编》卷25"太宗雍熙元年四月"条，第579页。

戚，意甚悽感，留旬日不得去"。[①] 显然，此乃王延德使团西行时间达一年之久的主要原因。其次，路况甚差，行速缓慢，也是旅行时间较久的重要影响因素。

雍熙二年（985），王延德撰成他西访高昌回鹘地区的旅行实录——《西州使程记》，献给宋太宗皇帝，[②] 为此次出使旅行画上一个圆满的句号。

二 王延德西行路线的几种成说评析

关于北宋太平兴国年间王延德使团奔赴高昌回鹘地区的西行路线，学术界迄今尚未取得一致认识。换言之，对于王延德使团西行路线经由地存在十分明显的认识分歧，甚至可以说呈现着南辕北辙的显著差异。大体来说，学术界存在三种认识或判断，即向北绕行鄂尔浑河流域的三角形路径说、河西走廊北侧说和夏州西北行说。在此三说中，尤以北绕鄂尔浑河流域说至为离奇古怪，完全违背王延德《西州使程记》的记述，最不可信。其次，既然河西走廊当时无法通行，那么河西走廊北侧说显然也不可能，因为距离甚近。唯有夏州西北行说相对接近历史实际，但也需要进行深入精细的定位研究。

（一）向北绕行鄂尔浑河流域说

王延德赴高昌回鹘向北绕道鄂尔浑河之说，是由岑仲勉于 20 世纪 50 年代提出的。岑仲勉认为：王延德的行程是三角式路线，从夏州城出发，经由唐代中受降城入回鹘路北上，经由蒙古高原中部鄂尔浑河流域的九族达靼之地后，西越杭爱山脉，再西南行经由伊州而抵达高昌城。[③] 其后，日本学者前田直典也秉持相同看法。[④] 当代学者白玉冬所持判断与二人基本近似，即"综上，宋使王延德北上漠北，途经九族达靼之地后抵达高昌回鹘。其在漠北最先访问的卧羊梁劾特族，[其]地当位于杭爱山脉东南部与翁金河之间，其次抵达的与契丹接界的大虫太子族当在卧羊梁劾特族之东，再次经由的屋地因族与达干于越王子族应在大虫太子族之北，拽利王子族地当在达干于越王子族之西、鄂尔浑河与土拉河之间，阿墩族在鄂尔浑河流域，托边城在杭爱山脉西部，小石州则西临哈密。从上述行程可以看出，当时的九族达靼，其居地主要在包括鄂尔浑河流域在内的杭爱山脉至土拉河一带，占据着漠北核心地区"。[⑤] 此外，顾吉辰的说法与此近似，但所推定位置大为偏南，而且模糊不明。[⑥]

此说最大的缺陷有三点。其一，脱离了王

---

① 《续资治通鉴长编》卷 25 "太宗雍熙元年四月"条，第 579 页。
② 王延德于雍熙元年（984）返回汴京，向朝廷报告其出使情况。他完成旅行记的撰写并献给宋太宗皇帝，当在雍熙二年（985）。其著作流传至今，名称不一。其本传作《西州程记》，《宋史·高昌传》作"行程"，《宋史·艺文志》作王延德撰《西州使程记》，南宋王明清在《挥麈录·前录》卷 4 中题作《王延德历叙使高昌行程所见》，近代人王国维曾对其做过辑录和校注，定其著作名称为《王延德使高昌记》。综合观察，应以《宋史·艺文志》辑录的《西州使程记》为其正名。至于《宋史·王延德传》写作《西州程记》，应是漏去一个"使"字，原作《西州使程记》。
③ 岑仲勉：《达怛问题》，《中山大学学报》1957 年第 3 期。
④ 〔日〕前田直典：《十世纪时代的九族达靼——蒙古人蒙古地方的成立》，《元朝史研究》，东京大学出版会，1973 年，第 235—242 页。
⑤ 白玉冬：《关于王延德〈西州程记〉记录的漠北部族》，《中国边疆史地研究》2019 年第 1 期，第 130—139 页。
⑥ 顾吉辰：《王延德与〈西州使程记〉》，《新疆社会科学》1985 年第 2 期。

延德《西州使程记》关于行进方向的记述，形成了南辕北辙的效果，产生了误导作用。《西州使程记》明白地记载：过黄河之后，王延德一行"次历楼子山，无居人，行沙碛中，以日为占，旦则背日，暮则向日，日中则止。夕行望月，亦如之"。[①] 毫无疑问，这是描述向西行进的天气现象。若如岑仲勉等学者所说，经由中受降城穿越阴山则是朝着北方行进，完全背离《西州使程记》的描述。其二，脱离了太平兴国六年前后的具体历史背景与政治环境，显然是面壁虚构的路线。早在 10 世纪 20 年代初，契丹族就武装攻入阴山南麓，牢牢地控制着胜州、振武军所在的今大青山南麓前套平原和阴山山脉北侧的漠南草原地带。[②] 至太平兴国五年（980），辽朝已控制河套高原东北部。其年九月，"契丹以书遗丰州刺史王承美，令毋与中国市马。承美不从，具奏其事。契丹怒，率众掠丰州关以西部族三百余帐"。[③] 丰州故城，即今准格尔旗纳日松镇二长渠古城。其三，辽太祖天赞三年至四年（924—925），契丹族武装已攻取嘧昆水（今鄂尔浑河）流域。延至北宋太平兴国六年（981），辽朝军队牢固地控制着嘧昆水及其附近地区。[④] 王延德一行焉能通过该地区？在此地缘政治格局中，经由中受降城穿越阴山北去的路线显然无法通行。这从太平兴国七年秋契丹使者抵达高昌回鹘后，极力离间高昌回鹘首领的话语就可看出端倪。实际上，这种南北过度迂回的西行路线也是不可能的。

（二）河西走廊北侧说

王延德使团西行路径依循河西走廊北侧说，是由陆庆夫等学者提出的。[⑤] 他们认为，王延德一行经由河西走廊北侧区域西去伊州。此外，在互联网络中也存在同样的判断，即"王延德赴高昌的路线比较特殊。他从汴京起程，向西北过陕西、陕北，继续向北，过玉亭镇（今内蒙古乌审旗南）、黄羊平，然后向西，在宁夏境内过黄河，沿河西走廊北山北麓，过合罗川、马鬃山，经哈密到高昌（今吐鲁番）。这说明，河西走廊南北，均有通道可行"。[⑥] 此说的致命缺陷在于，既然当时甘州回鹘阻碍着河西走廊的东西交通，即便循河西走廊北山（即龙首山、合黎山）之北麓西行也难以通过，而且对《西州使程记》所载诸多经由地并未清楚地予以定位。因此，此说仅仅属于后人的臆测而已。

（三）经由夏州城西北行说

王延德西行线经由夏州城向西北延伸说，乃为相当多的学者所持有。早期的历史地理学学者与地理学学者大多主张，王延德由夏州出发，西北行渡过黄河，斜穿今乌兰布和沙漠，再经过今阿拉善高原东北部的亚玛雷克沙漠，沿戈壁沙

---

① 《宋史》卷 490《外国六·高昌国》，第 14110 页。

② 《辽史》卷 2《太祖本纪下》，中华书局，1974 年，第 16 页。事在辽朝神册五年（920）。

③ 《续资治通鉴长编》卷 21 "太宗太平兴国五年（庚辰，980）九月"条，第 479 页。

④ 《辽史》卷 2《太祖本纪下》，第 19—21 页。

⑤ 陆庆夫：《河西达怛考述》，郑炳林主编：《敦煌吐鲁番文献研究》，兰州大学出版社，1995 年，第 565—566 页；谭蝉雪：《〈君者者状〉辨析——河西达怛国的一份书状》，敦煌研究院编：《1994 年敦煌学国际研讨会文集——纪念敦煌研究院成立 50 周年·宗教文史卷》（下），甘肃民族出版社，2000 年，第 111 页。

⑥ 《丝路人物：西行使者路线图》，搜狐网，https://www.sohu.com/a/223073769_523187，2018 年 2 月 18 日。

漠南缘西北行，继而穿过居延海绿洲区域，抵达伊州（今新疆哈密市），再赴高昌城。[①]

相对于其他两种判断，此说更为接近历史实际。但是，仍然需要进一步的精细化研究，以取得更为准确的王延德西行路线之空间定位。

三 王延德西行赴高昌回鹘路线的经由地

依据王延德所撰《西州使程记》关于西行路线的记载，结合其所描述宋初地理环境与当代地理环境的对比剖析，参照隋唐时期政区地理与驻防格局及交通道路的分布，经过综合研判，基本可勾画出其西行路线（图1）的地理位置。为便于探讨，将《西州使程记》所描述西行路径划分为四个路段，即夏州城至黄河东岸路段、黄河西岸至格啰美源路段、格啰美源至伊州城路段、伊州城至高昌城路段。在此逐段逐地展开定位探索。需要说明的是，本文并不涉及汴京至夏州城段道路。

（一）夏州城至黄河东岸路段

在夏州城至黄河东岸路段，王延德使团的行进方向大体呈现由东南向西北。《西州使程记》载："初自夏州历玉亭镇，次历黄羊平，其地平而产黄羊。渡沙碛，无水，行人皆载水。凡二日，至都啰啰族，汉使过者，遗以货财，谓之'打当'。次历茅女呬子族，族临黄河，以羊皮为囊，吹气实之，浮于水，或以橐驼牵木栿而渡。"[②] 其西行路线涉及五个地名，即夏州城、玉亭镇、黄羊平、沙碛、黄河，以及党项族的两个部落。[③]

夏州城，依据历史地理学和考古调查研究成果，其遗址就是今陕西靖边县红墩界镇白城则古城。夏州城的前身是五胡十六国晚期的赫连夏国都城——统万城，北魏时期更名为夏州城，一直沿用至南宋时期，蒙古军队攻灭西夏政权后废弃。

玉亭镇，据学者研究，其遗址就是今内蒙古自治区乌审旗嘎鲁图镇北部的呼和淖尔古城，处在夏州城北方偏西位置。此城早在唐代就已出现，作为唐代前期"河曲"地域中西部粟特人"六胡州"州城之一。唐后期"六胡州"粟特牧民东迁后，城池被夏州节度使司作为驻防城堡之一。至唐末，遂被党项族首领拓跋家族所控制，更名为玉亭镇。至北宋时期依旧沿用之。[④]

黄羊平，相当于今鄂托克旗东北部的平坦草原区域，包括今乌兰镇与木凯淖尔镇间的广阔地区。千余年前，此区地形平衍，湖泊星罗棋布，水草茂盛，野兽出没其间，尤其是大型食草动物黄羊数量众多。因此，被当地牧民称作"黄羊平"，位于"玉亭镇"（今乌审旗呼和淖尔古城）西北方。王延德使团当经行于今鄂托克旗东北部，进至今召稍村附近。

沙碛之地，这片沙碛区域是指今鄂托克旗西

---

① 朱震达、吴正、刘恕、邸醒民等：《中国沙漠概论（修订版）》，科学出版社，1980年，第25页；马正林主编：《中国历史地理简论》，陕西人民出版社，1987年，第83—84页。

② 《宋史》卷490《外国六·高昌国》，第14110页。

③ 宋代人习惯将部落实体称作"××族"。其名称所指，其实并非民族，而是指某一民族的某个部落。

④ 需要指出的是，玉亭镇，在《宋史》中也写作"王亭镇"。这其实是笔误所致，即书写"玉亭镇"地名时漏写一个点"、"，而形成别字"王亭镇"，应以"玉亭镇"为正确地名。换言之，"玉亭镇"与"王亭镇"皆指同一地方。

北部的内流水系区域，地表遍布砂砾和基岩，无常流河川，几无湖泊，植被稀疏，绵延数百里。其地西至桌子山，东接木凯淖尔镇，南至都斯图河北侧，北达鄂托克旗与杭锦旗边界。因此，王延德一行"渡砂碛，无水，行人皆载水。凡二日，至都啰啰族，汉使过者，遗以财货，谓之'打当'"。所谓"打当"，即指向借宿的牧民家庭支付一定的食宿费用。在《续资治通鉴长编》中就存在对"打当"一词的解释，如宋朝礼部尚书宋琪于淳化五年（994）正月上书言边事曰："……灵武路自通远军入青冈峡五百里，皆蕃部熟户。向来人使商旅经由，并在部族安泊，所求略遗无几，谓之'打当'。亦如汉界逆旅之家，宿食之直也。"① 即游牧部落向过往使者和商旅收缴住宿饮食费用，称作"打当"。这是王延德使团在西行旅途中的一项重要财务开支。其西行路线当经由今召稍村西行，历经今百眼井村、道劳恩庙村、吉拉坑兔村附近，抵达今碱柜镇附近。

都啰啰族，即党项族都啰啰部落，游牧于今内蒙古杭锦旗伊和乌素苏木西南部至鄂托克旗北部的公其日嘎区域。

茅女喝子族，即党项族茅女喝子部落，游牧在南起今内蒙古乌海市千里山镇、鄂托克旗碱柜镇北至杭锦旗巴拉贡镇间黄河东侧地带。王延德一行"次历茅女喝子族，族临黄河，以羊皮为囊，吹气实之，浮于水，或以橐驼牵木筏而渡"。他们抵达黄河东岸，在茅女喝子部落的帮助下，乘坐羊皮筏子或骆驼牵木筏而西渡黄河。于是，结束其第一段路程。至于他们在两个党项族部落逗留

了多久，不得而知。

黄河，此指自南而北流经今宁夏、内蒙古的黄河河段，具体指今内蒙古乌海市至杭锦后旗段黄河河道。其渡河地点，当在今阿拉善左旗巴彦木仁苏木驻地旧磴口与鄂托克旗碱柜镇附近至杭锦旗巴拉贡镇间的黄河东岸。此段黄河河面宽阔、水流平稳，适合以羊皮筏或木筏摆渡旅客与货品。

（二）黄河西岸至格啰美源路段

在黄河西岸至格啰美源段行程中，王延德使团的行进方向大体呈现由东向西的走向。《西州使程记》载王延德使团渡过黄河后：

> 次历茅女王子开道族，行入六窠沙。沙深三尺，马不能行，行者皆乘橐驼。不育五谷，沙中生草，名登相，收之以食。次历楼子山，无居人，行沙碛中，以日为占，旦则背日，暮则向日，日中则止。夕行望月，亦如之。次历卧梁劾特族地，有都督山，唐回鹘之地。次历大虫太子族，族接契丹界，人衣尚锦绣，器用金银，马乳酿酒，饮之亦醉。次历屋地因族，盖达于于越王子之子。次至达于于越王子族。次历拽利王子族，有合罗川，唐回鹘公主所居之地，城基尚在，有汤泉池。传曰，契丹旧为回纥牧羊，达靼旧为回纥牧牛；回纥徙甘州，契丹、达靼遂各争长攻战。次历阿墩族，经马鬃山望乡岭，岭上石龛有李陵题字处。次历格啰美源，西方百川所会，极望无际，鸥鹭兔雁之

① 《续资治通鉴长编》卷35"太宗淳化五年（甲午，994）正月"条，第769页。

类甚众。①

其西行路线涉及七个指示性地名，即六窠沙、楼子山、都督山、合罗川、汤泉池、马鬃山望乡岭、格啰美源，以及七个部落游牧地，即茅女王子开道族、卧梁劾特族、大虫太子族、屋地因族、达于于越王子族、拽利王子族、阿墩族。这段行程所涉及地名的区位是全线行程中谜团最多、分歧最大的部分，而且使团在经由各个部落期间，因为需要休整与交流而逗留时间较长（比如滞留十余日者）。这段路程大体穿行于今中国内蒙古巴彦淖尔市磴口县南部、阿拉善盟阿拉善左旗北部，以及今蒙古国南戈壁省南部区域。在此试做剖析与定位。

六窠沙，据历史地理学学者考证，即纵亘于今狼山与贺兰山间的乌兰布和沙漠区域。由于沙漠地带流沙松软，路况极差，踏陷马足，故"马不能行，行者皆乘橐驼"，其行进速度遂缓慢下来。此外，沙漠区域皆无农业经济，"不育五谷，沙中生草，名登相，收之以食"。"登相"是一种沙生植物。至秋季，其种子成熟，行人可采集加工成食物，今称沙米。其西行路线应自今磴口县城附近始，穿行今乌兰布和沙漠，途经今阿拉善左旗敖伦布拉格镇，抵达今巴彦毛道村侧近。

茅女王子开道族，即党项族茅女王子开道部落。其游牧地位于今内蒙古磴口县以南至阿拉善左旗巴彦木仁苏木（旧磴口）区域。

楼子山，当在今阿拉善左旗图克木苏木巴彦毛道村西侧，即指狼山山脉西南端某座山岭。其应是因山坡遗存着烽燧之类军事预警设施而得名。

自此向西，则进入今亚玛雷克沙漠及其北面的沙碛区域，属于阿拉善左旗银根苏木管区。其地貌正与《西州使程记》所载吻合，即"次历楼子山，无居人。行沙碛中，以日为占，旦则背日，暮则向日，日中则止。夕行望月，亦如之"。当时，王延德使团过楼子山后，经过一大片无定居人类活动的沙碛地区，即今银根苏木管区。在此应特别注意，王延德使团的行进方向大体是朝着西方，在此具体是西偏北走向。因为他们艰难地行走在沙碛地带，地表没有任何参照物，只能以太阳晨升暮落的天象作为辨别方向的指标，即"以日为占，旦则背日，暮则向日，日中则止"。在炎阳当空的中午及其后时段（11 时至 16 时），旅行者就得停止行进，以防日光直接照射而灼伤身体，且预防中暑晕倒。倘若在凉爽的夜晚赶路，其辨别方向则"夕行望月，亦如之"，与白天行进一样，黄昏背对月亮，黎明面向月亮，据此判断方向而避免迷路。由于沙碛地形地貌、道路艰难坎坷、夏季气候炎热等诸多因素的严重干扰，这段路途的行走速度非常缓慢。而后来的若干学者并不参考《西州使程记》的相关记载，臆测王延德使团经夏州向北出唐代中受降城而前往今鄂尔浑河及土拉河流域，真可谓离奇之至。若是那样，就是朝正北方向行进，与《西州使程记》记述完全脱节，大相径庭，实在不可采信。这一段行程大体经由楼子山（今巴彦毛道附近）斜向西北方，大体历经今银根苏木驻地、查干扎德盖村、特莫乌兰山（海拔 1310 米）东麓、银根村（放牧点）、北银根，再向西北，跨越今中蒙国界进入蒙古国南戈壁省境，抵达卧梁劾特族游牧地。

---

① 《宋史》卷 490《外国六·高昌国》，第 14110—14111 页。

都督山、卧梁劾特族。卧梁劾特族，即党项族卧梁劾特部落。在卧梁劾特部落游牧地区，存在一座都督山，即所谓"次历卧梁劾特族地，有都督山，唐回鹘之地。次历大虫太子族，族接契丹界，人衣尚锦绣，器用金银，马乳酿酒，饮之亦醉"。唐代天宝四载至开成五年（745—840），回纥部族在漠北建立藩属政权——回纥汗国。宋代都督山的地望，应在今蒙古国南戈壁省南部，略当今东朝黑敖尼山。卧梁劾特部落游牧区域，应在今蒙古国南戈壁省南部东朝黑敖尼山以南区域。王延德使团在此逗留时间较长，其后又访问大虫太子族（大虫太子部落），并明确指出该部落东"接契丹界"。据此判断，大虫太子部落游牧地应在今东朝黑敖尼山的北侧区域。王延德使团还曾经从此地造访被契丹政权迁至附近区域的五代后晋移民居住地，且逗留十多天时间。史称："延德初至达靼境，颇见晋末陷虏者之子孙。咸相率遮迎，献饮食，问其乡里亲戚，意甚悽感，留旬日不得去。"[①] 其位置必定在大虫太子部落的东方、辽朝西境，略当今赫尔赫山东侧区域。其后，王延德使团离开大虫太子部落游牧地西行，抵达合罗川。

合罗川、回鹘公主故城、汤泉池，位于拽利王子族游牧区域。《西州使程记》载：由大虫太子部落游牧地西行，"次历屋地因族，盖达于越王子之子。次至达于越王子族。次历拽利王子族，有合罗川，唐回鹘公主所居之地，城基尚在，有汤泉池。传曰，契丹旧为回纥牧羊，达靼旧为回纥牧牛；回纥徙甘州，契丹、达靼遂各争长攻战。"相继经过屋地因族（屋地

因部落）、达于于越王子族（达于于越王子部落），因为这两个部落的首领是父子关系，所以实为一个大的部落实体，而且达于于越王子部落首领在其时九族达靼部落群体中具有很高的社会地位。屋地因部落、达于于越王子部落呈现自东向西的空间分布，其地望大致在今蒙古国南戈壁省东朝黑敖尼山西方的占金附近。由此转向西南，抵达拽利王子族（拽利王子部落）所在地，即今蒙古国呼和勒则很戈壁东部边缘的湖泊沼泽地区。所谓"合罗川"，应是指由北方的戈壁阿尔泰山南坡山谷流淌下来的一条河川，汇聚成湖泊。唐代后期，此地存在一座回鹘汗国女性贵族成员居住的城镇，王延德一行到时"城基尚在"。此外，城址内尚存供其沐浴的"汤泉池"遗址。所谓"汤泉池"，很可能是地热泉出露于地表而形成温泉泉水，被回鹘人圈建为洗浴场所。至于回鹘公主故城、汤泉池的具体位置，有待实地调查。

马鬃山、望乡岭，《西州使程记》载："次历阿墩族，经马鬃山望乡岭，岭上石龛有李陵题字处。"马鬃山，应是指唐代居延海绿洲（今内蒙古额济纳旗）北方的花门山，建有花门山堡等军事设施，控制着南北交通道路。望乡岭，盖指马鬃山道路翻越的某个山岭。其地应在今蒙古国南戈壁省西南部敖包特呼拉勒村附近。王延德在望乡岭上看到一石龛，侧旁有所谓"李陵题字处"，即摩崖石刻。这就为我们今后展开实地调查提供了重要线索。翻过马鬃山望乡岭，就前往格啰美源湖泊地区。

格啰美源，王延德所谓"格啰美源"，以其

---

① 《续资治通鉴长编》卷25 "太宗雍熙元年（甲申，984）四月"条，第579页。

方位观察，实际是指古代居延海（湖盆在今内蒙古额济纳旗驻地东北方）区域。《西州使程记》载：翻过马鬃山的望乡岭后，"次历格啰美源，西方百川所会，极望无际，鸥鹭凫雁之类甚众"。从"极望无际"的湖区面积判断，唯有居延海方可当之，且在其前进方向与路段区域内。同时，古代居延海所处地势低洼，是弱水（今额济纳河）的尾闾湖，也是周边其他大小河川的汇聚之区，即所谓"西方百川所会"也。该湖既是秋冬季候鸟迁徙必经之地，也是本地水鸟栖息之佳境，因此"鸥鹭凫雁之类甚众"，即各种水鸟——包括候鸟在内数量众多。因此，所谓"格啰美源"无疑就是指居延海湖区。这个"格啰美源"湖泊名称应是王延德听自其时边疆游牧民族牧民的湖名音译，并非汉语地名。

至此，王延德使团第二段行程就告结束。其路径大体呈现向北略显弯曲的弧形格局。自今磴口县城附近西行至今巴彦毛道附近，转向西偏北行进，历经今银根苏木、查干扎德盖村、特莫乌兰山（海拔 1310 米）东麓、银根村（放牧点）、北银根村，再向西北，跨越今中蒙国界进入今蒙古国南戈壁省境，历经今东朝黑敖尼山、今赫尔赫山东侧、占金、呼和勒则很戈壁东部边缘的湖泊沼泽区、地热泉出露于地表而形成"汤泉池"、敖包特呼拉勒村附近，抵达"格啰美源"（今内蒙古额济纳旗驻地东北古居延海湖盆）区域。这段行程花费时间最为长久，大体是夏秋冬季节的大部分光阴。访问当地游牧部落的数量也是众多，但一些部落名称并未

出现在《西州使程记》中。

（三）格啰美源至伊州城路段

经由"格啰美源"（今额济纳旗驻地东北古居延海湖盆）至伊州城（今新疆哈密市）段路途，其实早在唐代就已存在。《西州使程记》载："次至托边城，亦名李仆射城，城中首领号'通天王'。次历小石州。次历伊州，州将陈氏，其先自唐开元二年领州，凡数十世，唐时诏敕尚在。地有野蚕，生苦参上，可为绵帛。有羊，尾大而不能走，尾重者三斤，小者一斤，肉如熊白而甚美。又有砺石，剖之得宾铁，谓之吃铁石。又生胡桐树，经雨即生胡桐律。"[1] 此段路程涉及三个地名，即托边城、小石州、伊州城。在此分别考之。伊州治城，故址在今新疆东部的哈密市。世人皆知，无须探考。

托边城，这是王延德等人对途经城镇的称呼。北宋初期，居延绿洲地区仅存在一座城池，即建造于唐代前期的"同城"（今内蒙古额济纳旗驻地东南的马圈城遗址）。托边城"亦名李仆射城，城中首领号'通天王'"。显然，该城名称、首领名号是王延德道听途说而来的，并非其本名。而在其时，西夏的哈拉浩特（黑水城）尚未出现。因此，所谓"托边城""李仆射城"就是指称唐代同城，亦即宁寇军城。[2] 其实，早在唐代从宁寇军城向西就存在一条交通道路。王延德使团走的应该就是这条通道。《新唐书·地理志四》载："瓜州晋昌郡，下都督府。……县二：……晋昌，中下……东北有合河镇，又百二十里有百帐

---

① 《宋史》卷 490《外国六·高昌国》，第 14111 页。
② 艾冲：《论唐代河西地区"同城"的边防地位》，《西夏研究》2020 年第 1 期。

守捉，又东百五十里有豹纹山守捉，又七里至宁寇军，与甘州路合。"[1]据此，王延德一行在此转向西去，历经唐代威远守捉城（今内蒙古额济纳旗格达井北侧）、豹门守捉城（今甘肃肃北蒙古族自治县马鬃山镇公婆泉村附近）、豹纹山守捉城（今肃北县芦草沟北侧）、百帐守捉城（今肃北县垒墩泉南），抵达小石州城及伊州城（今新疆哈密市）。或循该道路北方的路线西行，也可抵达伊州城。

小石州城，据学者研究，《永乐大典》引《站赤》延祐元年（1314）闰三月条与七月条，记录有驿站名"塔失城""答失城"。[2]日本学者杉山正明判断上述"塔失城"与"答失城"为同一地方，比定为《经世大典》地理图所记哈密东侧的"塔失八里"，即明代《畏兀儿馆译语》中的"他失八里"（石头城）、《明实录》中的"他失把力哈孙"。[3]因此，他推断王延德所见"小石州城"即指今哈密市东侧的"他失八里"（石头城）。[4]这个判断符合王延德行进方向，可备一说。

如此一来，王延德一行的西行路线就显得清晰可见。经过居延海（今额济纳旗东北古湖盆）畔，抵达托边城（今马圈古城址）转向西去，历经唐代威远守捉、豹门守捉、豹纹山守捉、百帐守捉城和小石州城，抵达伊州城，遂完成其西行的第三段旅程。其时已至当

年冬季，他们很可能在此逗留至翌年开春才西赴高昌城。

（四）伊州城至高昌城路段

伊州城至高昌回鹘中心城市高昌城段行程基本呈现东西走向。《西州使程记》载："次历伊州……次历益都。次历纳职城，城在大患鬼魅碛之东南，望玉门关甚近。地无水草，载粮以行。凡三日，至鬼谷口避风驿。用本国法设祭，出诏神御风，风乃息。凡八日，至泽田寺。高昌闻使至，遣人来迎。次历地名宝庄，又历六种，乃至高昌。高昌即西州也。"[5]据此，伊州城与高昌城间的路程经由七个地名，即益都、纳职城、大患鬼魅碛、鬼谷口避风驿、泽田寺、宝庄、六种。[6]

益都，位于伊州城西方约一日行程之地。换言之，其地在今哈密市区西方50—60华里之处。其具体地望尚待考古调查与实地考察来确定。学者钱伯泉认为，宋代"益都"故址即今新疆哈密市西部的二堡村。[7]笔者认同此说。

纳职城，应是唐代伊州属县之一——纳职县故城。至宋代，其城仍被当地居民所使用。其地理位置当在"益都"西方、大患鬼魅碛东南缘。在此，王延德使团行进路线转为西北方。钱伯泉将其遗址判定在今新疆哈密市西部的五堡村。[8]

① 《新唐书》卷40《地理志四》，中华书局，1975年，第1045页。
② 党宝海：《蒙元驿站交通研究》，昆仑出版社，2006年，第296页。
③ 〔日〕杉山正明：《蒙古帝国和大元乌鲁斯》，京都大学学术出版会，2004年，第360页。
④ 白玉冬：《关于王延德〈西州程记〉记录的漠北部族》，《中国边疆史地研究》2019年第1期，第139页。
⑤ 《宋史》卷490《外国六·高昌国》，第14111页。
⑥ 《宋史》卷490《外国六·高昌国》，第14111页。
⑦ 钱伯泉：《〈王延德历叙使高昌行程所见〉的笺证和研究》，《西域研究》2010年第4期，第26页。
⑧ 钱伯泉：《〈王延德历叙使高昌行程所见〉的笺证和研究》，《西域研究》2010年第4期，第26页。

大患鬼魅碛，分布于纳职城（今哈密市西部五堡村）西北，即今哈密市西方的沙漠区域。王延德一行历时三天才穿过大患鬼魅碛区域。钱伯泉认为，"大患鬼魅碛"应是王延德的笔误，实际应作"莫贺延碛"，即指伊州（今哈密市）西方的大沙碛。①

鬼谷口避风驿，这是一处行旅止宿之地，位于大患鬼魅碛西北侧。钱伯泉推断，其地在今哈密市管区西缘的七角井村。此地自古有驿站，因

四季多狂风，故称为避风驿。②因当地常年盛行强风，风声凄厉，犹如鬼叫，故避风驿所在山谷口得名"鬼谷口"。自其地西行八日之久，到达泽田寺。

泽田寺，是高昌回鹘控制地域的一座佛寺。其位置大体在今吐鲁番市东南 40 公里的哈拉和卓乡驻地东方。钱伯泉认为："唐时其地为赤亭守捉，山南有二佛寺，故宋时称其为'泽田寺'，'泽田'乃'赤亭'的异译。[泽田寺]故

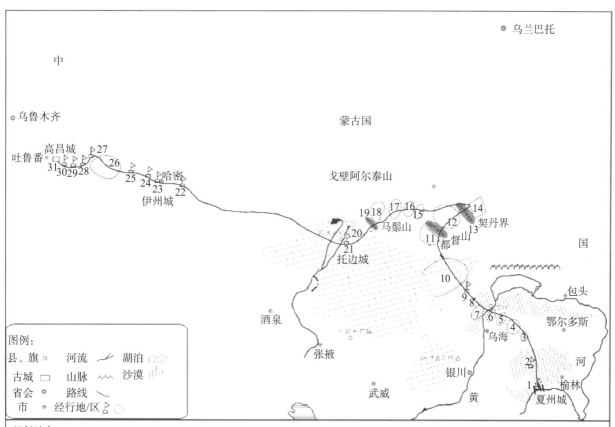

图例：
县、旗 ◦　河流 ～　湖泊
古城 ▢　山脉 ∧∧∧　沙漠
省会 ◦　路线
市 □　经行地/区

经行地名：
1.夏州城 2.玉亭镇 3.黄羊平 4.沙碛之地 5.都啰啰族游牧地 6.茅女啯子族游牧地 7.黄河、茅女王子开道族游牧地 8.六窠沙（今乌兰布和沙漠）9.楼子山（今巴彦毛道村西）10.沙碛区域（今亚玛雷克沙漠东北部）11.都督山、卧梁刭特族（今蒙古国南戈壁省东朝黑敦尼山）12.大虫太子族游牧地 13.契丹界（今赫尔赫山，即戈壁阿尔泰山东端）14.后晋遗民部落居地 15.屋地因族游牧地 16.达于越王子族游牧地 17.搜利王族游牧地、合罗川、唐回鹘公主城 18.阿墩族游牧地 19.马鬃山、望乡岭 20.格啰啰美源（今苏泊淖尔）21.托边城（今额济纳旗马圈城址）22.小石州城（今哈密市东侧的"他失八里"）23.伊州城（今新疆哈密市）24.益都（今哈密市西部二堡村）25.纳职（今哈密市西部五堡村）26.大患鬼魅碛（今柳林泉与鄯善间）27.鬼谷口、避风驿（今七角井村）28.泽田寺（今鄯善县城东30公里的七克台镇东侧）29.宝庄（今鄯善县城）30.六种（柳中，今鄯善县鲁克沁）30.高昌城（今吐鲁番县哈拉和卓乡高昌故城）

图 1 北宋初期王延德西行路线示意图（瞿飞绘制）

① 钱伯泉：《〈王延德历叙使高昌行程所见〉的笺证和研究》，《西域研究》2010 年第 4 期，第 26 页。
② 钱伯泉：《〈王延德历叙使高昌行程所见〉的笺证和研究》，《西域研究》2010 年第 4 期，第 26 页。

地在今新疆鄯善县城东三十多公里的七克台镇以东不远处。"[1] 笔者采纳此说。王延德一行西行至此，受到高昌回鹘代表的迎接。

宝庄，位于泽田寺（今新疆鄯善县七克台镇东侧）西方，赴高昌城的旅途中。其地相当于今新疆鄯善县城。[2]

六种，位于宝庄（今新疆鄯善县城）西方，赴高昌城的旅途中。钱伯泉指出："六种"，在《王延德历叙使高昌行程所见》中亦写作"六锺"，"汉晋为'柳中'，南北朝隋唐为田地县或田地郡，故址在今新疆鄯善县鲁克沁镇"。[3] 可备一说。

高昌城，经过"六种"（今新疆鄯善县鲁克沁镇）之地继续西行，遂抵达其西行路线的终点站——高昌城（今吐鲁番市哈拉和卓乡驻地附近高昌故城）。

通过前述考证，王延德西行路线虽经过千余年悠悠岁月终得到复原，使今人了解到其真实的地理分布信息。与其他学者的相关研究相比，这个结论更接近王延德使团西行路线的实际经由地。

四 王延德西行路线的历史作用

北宋初期，王延德一行赴高昌回鹘地区往返成功之后，不仅向朝廷做出详细报告，而且撰写出其旅行实录《西州使程记》，遂使其西行事迹得

以留存至今。[4] 更为重要的是，王延德所揭示的西行路线具有重要的历史交通价值。就此，可从以下三方面缕述。

（一）再现秦汉以后的民间通道

王延德行走的路线并非其首先发现，而是由来已久，早在秦汉时期就为游牧民所发现与利用。他的系统记述，遂使该条道路彰显于世人面前。东汉和帝永元年间（89—105），南匈奴贵族成员、伪可汗逢侯叛乱失败后，经朔方郡西界满夷谷而逃往漠北地域的涿邪山下，即循着此道行走。元初五年（118），穷途末路的逢侯率其残众复循原路归降汉朝。[5] 十数年后，鲜卑族乞伏部等四部也自涿邪山下循着逢侯旧路穿越大漠，辗转迁至今狼山南麓的后套平原，渡河进入"河南地"，再辗转南迁，最终抵达陇西地区。[6] 20世纪末叶，文物调查人员经过艰苦的实地调查，在今内蒙古阿拉善左旗、右旗北部区域发现汉代烽燧遗址群体。这表明，两汉时期曾经在今狼山山脉西侧区域建设军事防御设施——障塞、烽燧等，主要意图在控扼这条斜向穿越大漠的民间通道。[7] 此外，十六国晚期，北魏政权在北部边疆开拓其势力范围过程中，也曾循此道进军至涿邪山。

上述事例表明，王延德西行路线的前两段早就存在于两汉时期，魏晋北朝时期仍旧被游牧族

---

① 钱伯泉：《〈王延德历叙使高昌行程所见〉的笺证和研究》，《西域研究》2010年第4期，第26页。
② 钱伯泉：《〈王延德历叙使高昌行程所见〉的笺证和研究》，《西域研究》2010年第4期，第27页。
③ 钱伯泉：《〈王延德历叙使高昌行程所见〉的笺证和研究》，《西域研究》2010年第4期，第27页。
④ 《续资治通鉴长编》卷25"太宗雍熙元年（甲申，984）四月"条，第578—579页。
⑤ 翟飞：《东汉时期南匈奴逢侯叛乱探析》，《西夏研究》2018年第1期，第103—108页。
⑥ 艾冲、孟洋洋：《鲜卑族乞伏部南迁时间与路线新考》，《宁夏社会科学》2018年第3期，第161—165页。
⑦ 国家文物局主编：《中国文物地图集·内蒙古分册》（上），西安地图出版社，2003年，第275—276页。

群所利用。但古代文献记载简略，遂无从勾勒其具体路径。惟赖王延德撰写的《西州使程记》，方得以留存于今，难能可贵！

（二）王延德西行路线的后两段也是辽朝使者西行路线

经由"格啰美源"绿洲、伊州城而至高昌城的两段路程，也是辽朝使者赴高昌回鹘地区的旅行路线。

10世纪20年代，耶律阿保机指挥契丹军事力量攻进阴山南麓，将丰州居民东迁至振武军地区，遂控制胜州、振武军所在今大黑河平原，以及阴山山脉北侧的漠南草原地带。① 自辽朝上京临潢府（今内蒙古巴林左旗东南的波罗城）通往西域的交通道路起始段向西延伸，历经阴山山脉北麓的漠南草原，至今乌拉特后旗西北境，再穿越今中蒙国界，经行于今蒙古国南戈壁省南部，与王延德西行路线会为一线，前往高昌回鹘地区。

王延德《西州使程记》也明确记载，他抵达高昌回鹘数月后，契丹使者也来到高昌回鹘地区，并离间宋朝与高昌回鹘间的和睦关系。史称："七月，令延德先还其国，其王九月始至。亦闻有契丹使来，谓其王云：'高敞本汉土，汉使来觇视封域，将有异图，王当察之。'延德侦知其语，因谓王云：'契丹素不顺中国，今乃反间，我欲杀之。'王固劝乃止。"② 显然，辽朝使者是循着前述漠南地带道路经过居延绿洲而抵达高昌回鹘地区的，也就是史学界所谓的"居延古道"。

（三）王延德西行路线的大部分路段也是西夏西北边疆通道之一

西夏立国之后，在今内蒙古后套平原及其附近地区建立了一个地方高级军事驻防机构——黑山威福军司（故址即今乌拉特中旗东南新忽热古城），在居延绿洲也建立了地方高级驻防机构——黑水镇燕军司（故址即今额济纳旗东南哈拉浩特古城），分别作为其北疆的驻防单位。西夏都城——兴庆府（今宁夏银川市老城区）通往哈拉浩特（即黑水城）的交通线之一就是此前王延德西行路线的局部路段，其成为西夏西北边疆重要的交通道路之一。

蒙古数度进攻西夏的行军路线很可能也循此道运动。西夏灭亡后，该道交通趋于湮塞，再度降为民间交通路径。

结　语

史学界关于北宋初期王延德使团西行访问高昌回鹘地区路径的两种成说，即绕道今鄂尔浑河流域说、河西走廊北侧说，皆不可靠。唯有经夏州城西北行说比较接近历史真相。

王延德使团真实的西行路线可划分为四个路段，即夏州城（今陕西靖边白城则古城）至黄河东岸（今内蒙古杭锦旗巴拉贡镇至乌海市千里山镇河道）路段、黄河西岸至格啰美源（今内蒙古额济纳旗达来呼布镇东北）路段、格啰美源至伊州城（今新疆哈密市）路段、伊州城至高昌城（今新疆吐鲁番市哈拉和卓乡高昌故城）路段。全部行程呈现为西偏北走向。

---

① 《辽史》卷2《太祖本纪下》，第16页。事在神册五年（920）。
② 《宋史》卷490《外国六·高昌国》，第14113页。

本文揭示的王延德使团西行的真实路径具有重要的历史交通作用，主要是三点：再现秦汉以后的民间通道，即供游牧民行走、部落迁徙、军队行进的道路；王延德西行路线的后两段也是北宋时期辽朝使者西行的路径，于大虫太子部落游牧地（今蒙古国南戈壁省境东朝黑敖尼山北面）东侧与辽朝地界道路衔接；延至西夏时期，仍是国都兴庆府城与哈拉浩特间重要的西北边疆通道。

喀喇汗王朝与游牧民的一场战争

葛启航

（陕西师范大学丝绸之路历史文化研究中心）

10 世纪后期喀喇汗王朝兴起，势力扩张到七河流域、塔里木盆地南缘及河中地区。因地处丝绸之路交通要道，喀喇汗王朝不仅与周边政权，如吉慈尼王朝、塞尔柱王朝有和战关系，而且与辽朝和宋、西夏，以及巴格达政权甚至伏尔加河流域各部都有密切的经济、文化联系。[1] 研究喀喇汗王朝对外关系史是喀喇汗王朝史的重要课题。其中，喀喇汗王朝与北方游牧民族的关系，相对于其他几个方向的交往的研究稍显薄弱。喀喇汗王朝扩张到七河流域后，北面与蒙古高原西部接壤，与当地无疑有密切的关系，但文献资料缺乏。本文拟探讨大食历史学家记载的 1017 年前后喀喇汗王朝与来自北方的游牧民的一场战争，求教于方家。

一 战争经过

13 世纪阿拉伯史学家伊本·阿西尔（Ibn al-Athir）著有《全史》一书，该书为编年史巨著，从上古叙述至 1231 年的史事。虽成书较晚，对研究早期穆斯林世界的历史却有巨大价值。其中就有许多关于喀喇汗朝的记载，在伊斯兰历 408 年的记事中提到了游牧民族入侵喀喇汗朝，被喀喇汗朝统治者托干汗阿赫马德·伊本·阿里（Ahmad Ibn Ali）击退一事。苏联学者曾经摘译这部分内容。华涛先生则据阿拉伯史料原文直接将其翻译为中文。本文以华涛先生的翻译为主，结合俄译文将有关内容抄录如下：

> 这一年（伊斯兰历 408 年，1017—1018），三十多万帐突厥人离开了秦（Sin），其中有（后来）统治了河中的契丹人[2]。以后再讲他们的故事，如果至高无上的安拉想了解的话。突厥人入侵的原因是：托干汗统治突厥斯坦时得了重病，病得很重，于是他们（突厥人）垂涎那个地区，来到那里，占领了一部分土地，驱赶牲畜和俘虏，他们距

---

[1] A.King, "Eastern Islamic Rulers and the Trade with Eastern and Inner Asia in the 10th–11th Centuries," in *Bulletin of the Asia Institute*, *New Series*, Vol. 25, 2011, pp. 175–185; M.Biran, "The Qarakhanid's Eastern Exchange: Preliminary Notes on the Silk Roads in the Eleventh and Twelfth Centuries," in J.Bemmann ed.,*Bonn Contributions to Asian Archaeology*, Vol.7, 2015, pp. 575–595; D.Duturaeva, "Between the Silk and Fur Roads:The Qarakhanid Diplomacy and Trade," *Orientierungen:Zeitschrift zur Kultur Asiens*, Vol.28, 2016, pp.172–212.

[2] 这里的"契丹"一名，在阿拉伯文原文中写作 al-kh.ṭāb.yah，参看 A.King, "Early Islamic Sources on the Kitan Liao: The Role of Trade," *Journal of Song-Yuan Studies*, Vol. 43, 2013, p. 254, n.3.

离八剌沙衮八日路程。消息传到患病的托干汗那里，他正在卧病，他祈求至高无上的安拉治愈他的疾病，让他能够去向异教徒报仇，保卫国家。他的祈求实现了，真主满足了他的请求，治愈了他的疾病。于是他集合军队，向去信伊斯兰的世界动员人民，请求予以支援，他得到了十二万圣战者。突厥人得知他已痊愈，调集了军队并且追随者众多，便返回国内。托干汗跟随他们后面追击近三个月。当没有逼近时，他们以为路途遥远，坚信安全无事。但是托干汗军队突然袭击，打死了二十多万人，俘虏了十万人，掳获牛羊、营帐和从未见过的秦的金银器皿。他回到八剌沙衮，又病倒，后因病去世。他正直、善良、虔诚、热爱科学和人民，支持宗教人士，接近他们。他的故事多得如同（麦加）城壕之战中身先士卒的赛阿德·本·穆阿兹·安萨里啊！另外据说此事是托干汗的兄弟阿赫马德·本·阿里（Ahmad b 'Alî）喀喇汗所为，是在希吉勒历 403 年（1012—1013）。[1]

这里称"三十多万帐"游牧人，人数似有夸张，但也反映了战争规模之大。游牧民进至距离八剌沙衮八日程的地方，似以夺取其地为目标，这应与八剌沙衮位于楚河上游，地处肥美的锡尔河以东草原，适宜放牧有关。唐代西突厥和突骑施首领就曾卓帐于八剌沙衮附近的碎叶之地。[2] 约在 12 世纪初，有一万六千多帐突厥–契丹人迁徙到喀喇汗王朝统治范围内，喀喇汗王朝统治者压迫他们，迫使他们迁徙。他们曾经拦截住一个商队，要他们指出肥沃而宽广的牧场，商队即认为最好去八剌沙衮。[3] 喀喇汗王朝学者麻赫默德·喀什噶里（Mahmud al-Kashgari）的《突厥语大词典》提到，八剌沙衮又称虎思斡耳朵（Quz Ordu）或者虎思兀鲁思（Quz Ulus）。[4] 托干汗发行于伊斯兰历 394 年（1003—1004）的钱币上已经自称虎思斡耳朵统治者。[5] Ordu 即突厥语"宫帐"之意。八剌沙衮这一别名似与历史上乌古斯游牧部落首领曾卓帐于此有关，足见其地适宜游牧。

根据近年学者对喀喇汗朝钱币的研究，在 1017 年以前，喀喇汗朝曾经发生激烈的内争。阿赫马德之弟曼苏尔对抗其兄，夺取了许多地方，伊斯兰历 404 年（1013—1014）曼苏尔在钱币上已经自称阿尔斯兰汗（Arslan Khan，喀喇汗君主称号，意言狮子汗），伊斯兰历 406 年（1015—1016）更是从阿赫马德手中夺取了八剌沙衮，此后他统治其地直到 1025 年。[6] 有学者梳理钱币资

① Материалы по истории киргизов и Киргизии，I，москва，1973，стр.58；华涛：《西域历史研究（八至十世纪）》，商务印书馆，2020 年，第 88 页。此书承华老师惠赠，谨致感谢。
② 〔日〕内藤みどり：《西突厥史の研究》，早稻田大学出版部，1988 年，第 1—48 页。
③ Материалы по истории киргизов и Киргизии，I，стр.65—66.
④ R. Dankoff, J. Kelly, eds. and trans., *Compendium of the Turkic Dialects, by Mahmud al-Kašyari*, Vol. 1, Cambridge: Harvard University Printing Office, 1982, pp.105, 148.
⑤ 〔苏〕М. Н. 费多罗夫：《十世纪末至十三世纪初东部喀喇汗王朝历史概要（根据古钱资料）》，秦卫星译，华涛、魏良弢校，《新疆文物》1987 年第 1 期，第 84 页。
⑥ B. D. Kočnev, *La Chronologie et al généalogie des Karakhanides du point de vue de la numismatique, Cahiers d'Asie centrale* 9, 2001, p. 52.

料指出，1014 年，双方曾爆发激烈的战争，阿赫马德袭击曼苏尔，从他那里夺取了布哈拉和渴石（Kish），但是因为前面提到的游牧民的入侵，阿赫马德被迫东进迎战，给曼苏尔以喘息之机。在托干汗迎战游牧人的大约半年时间里，曼苏尔占领阿赫马德统治的包括八刺沙衮在内的许多城镇，并在伊斯兰历 407 年（1016—1017）在拔汗那东部的乌兹根附近与其兄作战。因为花剌子模沙的干涉阿赫马德才免于彻底失败。① 阿赫马德几乎失去了所有领地，只有布哈拉与撒马尔罕还承认他为宗主。② 鉴于八刺沙衮已为曼苏尔夺取，托干汗击败游牧人后是否能班师回八刺沙衮十分可疑。这一点，费多罗夫已经留意到，认为伊本·阿西尔的记述带有传奇色彩。而阔齐涅夫（B. D. Kočnev）则认为传世文献记载的战争日期是错误的。结合叙利亚史学家巴·赫卜烈思的记载，他提出伊本·阿西尔记载了伊斯兰历 403 年和 408 年两个时期，后一个日期八刺沙衮已经被曼苏尔占据，故而前一个日期更可信，这场战争更可能发生在伊斯兰历 403 年或者 404 年。③ 这可能不是托干汗第一次和来自东面的游牧部落作战，在一枚伊斯兰历 398 年（1007—1008）于白水城（Isfijab）铸造的钱币上，托干汗有"Ghazi"（圣战者）称号，④ 这意味着他曾经和异教徒作战，或

许即是来自东面的游牧部落。

这场战争在吉慈尼王朝史学家乌特比（Abu Nasr Muhammad al-Utbi）的《亚米尼史》（Tarikh al-Yamini）一书中也有详细记载。当时吉慈尼苏丹马赫穆德东征西讨，威震伊斯兰世界东部，巴格达哈里发授予其"Yamin-al-Dawla"（阿拉伯语，意为"国家的右臂"）称号，故乌特比撰写的史书以此为名。该书叙述了吉慈尼王朝建立者色布克特勤（Sebuktegin）及其子马赫穆德在位时期的历史。喀喇汗王朝和吉慈尼王朝关系密切，故该书中有许多关于喀喇汗朝情况的记载。

当时驻乌兹根，控制着河中地的喀喇汗宗王是托干汗之弟纳斯尔·本·阿里（Ilig Nasr b.Ali），他与其兄及吉慈尼王朝关系颇为敌对。托干汗曾经联合吉慈尼王朝对付纳斯尔。1008 年初在巴里黑附近的激战中，纳斯尔军队为吉慈尼军队击溃，乌特比记载："伊利克·纳斯尔，当他在巴里黑失败后，回到他自己拥有的土地，因为自己的虚弱而痛苦。他不断责备自己兄弟托干汗的拖延和懒于帮助他，直到经历这痛苦，他摔倒在床上，从这个世界走向永恒的家园。"⑤ 该书接下来记载：

他的去世发生在伊斯兰历 403 年（1012—

① M.N. Fedorov, R.A. Cannito and A.V. Kuznetsov, "Some Rare Early Qarākhānid Coins and Early Qarākhānid Appanage Rulers," *American Journal of Numismatics*, Vol. 24, 2012, p.168.

② Б. Д. Кочнев, Нумизматическая история Караханидского каганата (991–1209 гг.). Источниковедческое исследование, Москва, 2006, стр.169.

③ Б. Д. Кочнев, Нумизматическая история Караханидского каганата (991–1209 гг.). Источниковедческое исследование, Москва, 2006, стр.169.

④ E.A. 达维多维齐:《喀喇汗王朝》,〔塔吉克斯坦〕M. S. 阿西莫夫、〔英〕C. E. 博斯沃思主编:《中亚文明史》第 4 卷（上）, 华涛译, 中国对外翻译出版公司, 2010 年, 第 88 页。

⑤ al-Utbi, *The Kitab-i-Yamini: Historical Memoirs of the Amir Sabaktagín, and the Sultán Mahmúd of Ghazna, Early Conquerors of Hindustan, and Founders of the Ghaz-Navide Dynasty trans.* from *The Persian Version of the Contemporary Arabic Chronicle of al Utbi*, by the R. J.Reynolds, London, 1858, p.431.

1013），他的兄弟获得河中（Mawarannahr）王国，采用和平与互相尊重的方式对待苏丹（指吉慈尼君主马赫穆德——笔者注）。通过真诚的拥护，他从他兄弟的过错、亲属的影响中得到保护。有一支十万帐的军队从中国边界来攻击他，以及相当大的伊斯兰土地。他们数量如此之多，以至于在伊斯兰教存在时期从没有见过他们的踪迹，他们设计毁灭伊斯兰之光，建造偶像教的宫殿，不知道穆罕默德的信仰会不会被叛逆者的旗帜颠覆，这将把暴君的头颅扔在尘土中。托干汗从所有伊斯兰王国召集军队要击退他们，还有那些支持宗教的人帮助伊斯兰选定了十万人。这一可怕的宣言和鼓动人心的公告引起极大恐惧，以及相当大的激动和同情。所以在礼拜堂和清真寺，人们举手祈求，他们（向上天）表示忧虑。托干汗对这些人进行圣战，把他的心放在面对命运上，并筑城防御，走向殉道的尊严，希望上天能尊重宗教的胜利，并将坚定的信念提升为光荣的《古兰经》的标准，"我们让他们走向胜利，他们相信（另一个）世界的生活"。几天后，在那次交战的斗争中，有那场战斗的幸福，还有那些战士的弯刀击在驴驹咽喉上的幸福，从那些武士刀剑的同情心中砍下卑鄙的人，从那些刀片耀眼的光芒中，从对这些桀骜不驯的种族的胜利中，从弯刀对他们脖子的猛击中，溪流像雨霓还是潮湿的蜂巢。但是上帝把他的神圣仆人带进了安全堡垒，并以绝对的胜利和力量加强了他们崇并高举他关于伊斯兰教胜利的誓言崇将石头砸向魔鬼。直到有一天，当战争之火从天上升起时崇马尔（Mars）露出腰带，并允许双方友好地交换矛和盾。然后，军队陶醉在上帝的赞美中，带着天堂里微风的芳香，怀着一种热情想在仁慈的楼里安身，就像野生小马和发泡的海。和他们的马玩战斗游戏，从第一缕天光到黄昏，在崇高的力量的作用下，完成了神秘的举动。神圣的陛下提供了及时的援助，仁慈的风神吹来了胜利的风。他们在战场上投向地面，几乎十万具不忠的尸体的头颅向身体告别，灵魂被分割开。秃鹫的剑让不信教者的肝脏充满痛苦，狮子和鬣狗也因为从平原上采食而兴奋。近一千人被俘虏，他们的少女和孩子落入伊斯兰教徒之手，他们和月亮一样美丽，亮度超过所有漫射的光线。还有不可胜数的财富和掠夺物。军队的残余因为战斗被毁灭。这场重要的胜利和伟大的成功被普遍传颂，人们内心平静，灵魂宽慰，导致言语赞美天堂。在这次胜利后，托干汗最后一次到达，他的灵魂移到天堂的住处，住在烈士的内心中。于是王国衰落了。①

巴托尔德指出，伊本·阿西尔有关喀喇汗朝

---

① al-Utbi, *The Kitab-i-Yamini : Historical Memoirs of the Amir Sabaktagín, and the Sultán Mahmúd of Ghazna, Early Conquerors of Hindustan, and Founders of the Ghaz-navide Dynasty* trans. from *The Persian Version of the Contemporary Arabic Chronicle of al Utbi*, pp.432–434.

的记载有许多利用乌特比书。[①]《全史》有关这一战争的记载似有许多地方源自此书。例如伊本·阿西尔记载游牧民族大规模入侵喀喇汗王朝的时间："另外据说此事是托干汗的兄弟阿赫马德·本·阿里（Ahmad b 'Alî）喀喇汗所为，是在希吉勒历 403 年。"前引乌特比书在叙述完伊斯兰历 403 年纳斯尔死后，紧接着就叙述他的兄弟托干汗继承河中地区，之后就叙述游牧民族入侵，托干汗御敌，这些很可能不是发生在同一年的事情。而乌特比将这些事都列于伊斯兰历 403 年纳斯尔死后，没有谈到年份，这很可能让伊本·阿西尔误以为这些事都发生在伊斯兰历 403 年。如前所述，根据钱币学家对喀喇汗王朝历史的最新梳理，托干汗从曼苏尔手中扩张夺取布哈拉等地已经是 1014 年，之后曼苏尔利用托干汗抵御游牧人的机会反击，故而无论如何游牧民入侵不可能发生在伊斯兰历 403 年，这很可能是伊本·阿西尔的误读，将这些事情都系于伊斯兰历 403 年。另外这里也有误记，阿赫马德就是托干汗本人而不是他的兄弟，[②]产生这一误记似也可以从乌特比书中看见痕迹。如前所引，乌特比叙述完纳斯尔死后，紧接着就叙述他的兄弟托干汗即位和包括抵御游牧民在内的即位后的一些事。可能是这一记载导致了伊本·阿西尔的误传，将战争说成是托干汗的兄弟指挥。或许是伊本·阿西尔在写作过程中，读了阿赫马德御敌的故事外又读到托干汗御敌的故事，他不知道二人是一人，结合乌特比书，将二人混淆。

托干汗死于 1017 年，这一点得到近年新发现的喀喇汗钱币的印证。带有托干汗之名的发行于伊斯兰历 408 年（1017—1018）的钱币很罕见，故他应死于这一年上半年。[③]托干汗既死于是年年初，则他抗击游牧民事应该在这一年稍前。他和游牧民的战争应该发生在伊斯兰历 403—407 年。或如阔齐涅夫所推测，发生在伊斯兰历 403 年稍后的时间。伊本·阿西尔系此事于伊斯兰历 408 年，可能是根据记载托干汗卒年的材料进行的推理。

二 关于和喀喇汗朝作战部族的讨论

伊本·阿西尔记载的这次大规模入侵喀喇汗朝的游牧人是什么部族，学界存在争议。早期研究喀喇汗王朝历史的巴托尔德与普里查克（O.Pritsak）虽然在对喀喇汗朝历史的叙述中留意到这一事件，但没有指出游牧民的身份。[④]

一种意见认为是辽军，这大约是受伊本·阿西尔记载的游牧民中含有契丹人的影响（托干汗击败这支游牧民，所获的来自"秦"的金银器皿或许是其中的契丹人携带）。例如法国学者格鲁塞即提出是辽军。[⑤]一些学者赞同，如国内出版

① W. Barthold, trans. by V. And T. Minorsky, *Four Studies on Central Asia, Vol. I: History of the Semirechye*, Brill, 1956, p.94, n.4.

② 华涛：《高昌回鹘与契丹的交往》，《西域研究》2000 年第 1 期，第 28 页。

③ Б. Д. Кочнев, Нумизматическая история Караханидского каганата (991–1209 гг.). Источниковедческое исследование, стр.170.

④ 〔俄〕巴托尔德：《蒙古入侵时期的突厥斯坦》上册，张锡彤、张广达译，上海古籍出版社，2007 年，第 322 页；O. Pritsak, "Die karachaniden," *Der Islam*, Band 31, 1953, pp. 42–43.

⑤ 〔法〕勒尼·格鲁塞：《草原帝国》，魏英邦译，青海人民出版社，1991 年，第 167 页。

的《新疆简史》持其说。①拉维特（H.G.Raverty）在翻译《纳昔儿史话》的时候在一条长注中则说这些入侵喀喇汗朝的游牧民，"他们肯定不是后来被注意到的哈剌契丹人也就是欧洲人笔下的契丹人"。②以色列学者彭晓燕（Michal Biran）认为这支游牧民中的契丹人"很难说是民族概念（契丹族）还是政治概念（指辽朝的臣民或者以前的辽朝臣民），或者只是'来自中国的突厥人'中的一种，大部分后来的（哈剌契丹）资料来源与契丹人混合在一起"。③

11 世纪初塞尔柱王朝马鲁（Merv）的医生马卫集（Sharaf al-Zaman Tahir Marvazi）著有《动物的自然属性》一书，该书谈道："契丹（Qitay）和回鹘国王，尽管他们的国家远离伊斯兰国家，通向那里的道路被切断了，但他们的国王仍旧因为和伊斯兰国王与伊斯兰军队接壤而不安，因为他们已经听说并且见证了这个宗教的兴起、高涨以及追随者惩罚敌人的力量，因此他们封锁道路并派驻士兵，保卫自己的国家"。④当时伊斯兰世界东界毗邻辽朝和高昌回鹘的即喀喇汗王朝，这段记载似乎暗示了喀喇汗朝和这两个政权的敌对关系。该书接下来叙述 1027 年契丹和回鹘使者抵达吉慈尼之事，有学者即认为契丹这

次遣使吉慈尼的目的是对付喀喇汗王朝。然而，这很可能是马卫集对当时伊斯兰教传播的夸大之词，这一时期的有关记载似乎看不出喀喇汗王朝和辽有激烈战斗的痕迹。

《辽史·耶律化哥传》记载了一场耶律化哥讨伐阿萨兰回鹘的战争。耶律化哥在辽圣宗开泰初年（约 1013）讨伐阻卜，"化哥与边将深入。闻蕃部逆命，居翼只水，化哥徐以兵进。敌望风奔溃，获羊马及辎重。路由白拔烈，遇阿萨兰回鹘，掠之。都监裹里继至，谓化哥曰：'君误矣！此部实效顺者。'化哥悉还所俘，诸蕃由此不附"。⑤魏良弢先生留意到前引《全史》所记托干汗反击游牧民之事与耶律化哥进攻阿萨兰回鹘时间接近，提出可能当时耶律化哥攻击阻卜，阻卜部落大批西走进入七河流域，被托干汗击退，托干汗率军追击三个月，与耶律化哥相遇，被辽军攻击，《辽史》记载的耶律化哥攻击的阿萨兰回鹘就是喀喇汗王朝。⑥彭晓燕也认同这一观点。⑦如果此说成立，似乎当时辽朝和喀喇汗王朝敌对。但白拔烈即《元史·哈剌亦哈赤北鲁传》中提到的独山城，位于今新疆木垒县南约半公里处的破城子。⑧其地在高昌回鹘东部，托干汗不可能进至其地，故耶律化哥攻击的阿萨兰回鹘是高昌回鹘，

① 新疆社会科学院民族研究所编著：《新疆简史》第 1 册，新疆人民出版社，1980 年，第 157—158 页。
② *Tabakat-i-Nasiri: A General History of the Muhammadan Dynasties of Asia*，Vol.2，trans. by H.G.Raverty，New Delhi：Orental Books Reprint Corporation，1970，p.904.
③ M.Biran, "Unearthing the Liao Dynasty's Relations with the Muslim World: Migrations, Diplomacy, Commerce, and Mutual Perception," *Journal of Song-Yuan Studies* Vol. 43, 2013, p. 232.
④ V. Minorsky, *Sharaf al-Zaman Tahir Mavarzi on China, the Turk and India*, London: Royal Asiatic Society, 1942, p.19.
⑤ 《辽史》卷 94《耶律化哥传》，中华书局，1974 年，第 1381—1382 页。
⑥ 魏良弢：《喀喇汗王朝与宋、辽及高昌回鹘的关系》，《中亚学刊》第 1 辑，中华书局，1983 年，第 219 页。
⑦ M.Biran, *The Empire of the QaraKhitai in Eurasian History – Between China and the Islamic World*, New York, 2005, p. 35.
⑧ 戴良佐：《独山城故址踏勘记》，《元史及北方民族史研究集刊》1984 年第 8 期，第 107—108 页。

而不是喀喇汗王朝。① 华涛先生还详细梳理伊斯兰历日期和《辽史》记载的日期，指出即使《全史》提到的伊斯兰历 403 年说成立，也不存在耶律化哥和托干汗交兵的可能性。② 笔者在这里略做补充，如前所述，系此事于伊斯兰历 403 年的记载很可能是伊本·阿西尔对乌特比书的误读，乌特比书原文只是说纳斯尔去世于伊斯兰历 403 年，紧接着叙述托干汗即位及其以后的事，并不意味着托干汗抗击游牧民在伊斯兰历 403 年。此事无疑发生在伊斯兰历 403 年以后，这就否定了托干汗与耶律化哥交兵的可能。

当时辽与喀喇汗朝关系可以从辽朝将公主嫁给喀喇汗王子一事推出。《辽史·圣宗本纪》记载辽圣宗开泰九年（1020）十月，"大食国遣使进象及方物，为子册割请婚"。太平元年（1021）三月，"大食国王复遣使请婚，封王子班郎君胡思里女可老为公主，嫁之"。③1027 年辽圣宗派使者到吉慈尼，给吉慈尼苏丹的信中提到曾经把公主嫁给喀什噶尔统治者玉素甫之子查格里特勤（Chagri Tigin）。④ 查格里特勤即前引《辽史》提到的册割。⑤ 这表明双方关系是友好的，对否定入侵的游牧民为辽军是一个证据。

从前引《全史》记载不难看出，该书只是说这支入侵喀喇汗王朝的游牧人中含有契丹人，没有表明契丹人在其中占主导，故而不能轻易将其定为辽军。辽朝建立后，契丹人主体依旧维持游牧生活，逐水草而居，他们向遥远的欧亚草原迁徙，寻找更好的牧场似乎完全可能，尤其是当时辽朝对漠北的经略无疑为契丹人打开了通向西方的道路。故而在这支游牧民中有西迁的契丹人不足为奇。实际上辽亡（1125）前，欧亚草原似乎已经有契丹人活动的痕迹。喀喇汗朝学者优素甫·哈斯·哈吉甫（Yusuf Khass Hajib）撰写于 1069 年的长诗《福乐智慧》（Kutadghu bilig）写道："褐色大地披上了绿色丝绸，契丹商队又将桃花石（当时西域穆斯林对中原的称呼——笔者注）锦缎铺陈。"⑥ 表明当时有契丹商队来到喀喇汗朝境内。至于这里的"契丹"一词是指契丹族还是对来自辽朝境内的人的泛称，有待于进一步研究。11 世纪后期在欧亚草原西部的钦察（Qipchaq）部落联盟中也可以看到契丹人迁入的痕迹。1095 年，罗斯基辅大公弗拉基米尔（Volodimir Monomax）杀死了两名来自库蛮（Cuman，钦察部落联盟中的部分）的使者，其

① 刘迎胜：《西北民族史与察合台汗国史研究》，南京大学出版社，1994 年，第 41 页；华涛：《西域历史研究（八至十世纪）》，第 87 页。
② 华涛：《西域历史研究（八至十世纪）》，第 89 页。
③ 《辽史》卷 16《圣宗本纪七》，第 188—189 页。
④ V. Minorsky, *Sharaf al-Zaman Tahir Mavarzi on China, the Turk and India*, p.20. 参看周一良《新发现十二世纪初阿拉伯人关于中国之记载》，氏著《魏晋南北朝史论集》，中华书局，1963 年，第 411 页。
⑤ 刘迎胜：《丝路文化·草原卷》，浙江人民出版社，1995 年，第 235 页；胡小鹏：《辽可老公主出嫁"大食"史实考辨》，氏著：《西北民族文献与历史研究》，甘肃人民出版社，2004 年，第 79—82 页；黄时鉴：《辽与"大食"》，氏著：《黄时鉴文集 2：远迹心契——中外文化交流史（迄于蒙元时代）》，中西书局，2011 年，第 24 页；V.Hansen, "International Gifting and the Kitan World, 907–1125," *Journal of Song-Yuan Studies*, Vol. 43, 2013, p.288.
⑥ 优素甫·哈斯·哈吉甫：《福乐智慧》，郝关中、张宏超、刘宾译，民族出版社，1986 年，第 13 页。

中一位使者有契丹（Qitan）之名。[①]另外，在1103 年库蛮和罗斯的战役中有一位名叫 Kitanopa 的库蛮／钦察王子被杀，由此判断在当时已经有契丹人迁徙到了欧亚草原西部，并被纳入钦察部落联盟。[②]前引《全史》也提到，当 12 世纪 30 年代耶律大石征服西域的时候，东喀喇汗王朝境内还有突厥 – 契丹一万六千多帐。可见，在辽代，契丹人零星地向西方迁徙可能是多次性的事件，只是史书缺载。故而这支入侵喀喇汗王朝的游牧民中含有契丹人不能作为这支游牧民即辽军的确证。

考虑到辽圣宗统和二十二年（1004），辽朝经略阻卜取胜，在漠北设置镇州，西北路招讨司从胪朐河（克鲁伦河）流域迁入镇州，从此辽朝控制了漠北腹地。[③]此事距离游牧民入侵喀喇汗朝仅十余年，笔者认为这支游牧民中有契丹人或许是辽朝控制了漠北，打开了通向西方之路，故而有契丹人西迁进入游牧民中。在喀喇汗东北境的阿尔泰山有契丹人迁入的痕迹。《辽史·地理志》言辽朝疆域"西至金山，暨于流沙"。辽道宗寿隆（寿昌）三年（1097）二月，"闰月丙午，阻卜长猛葛撒、粘八葛长秃骨撒、梅里急长忽鲁八等请

复旧地，贡方物，从之"。[④]以此判断阿尔泰山一带的粘八葛部（乃蛮）是辽朝属部。在蒙古西部的沙漠戈壁契丹与阻卜胶着地带还曾发现契丹系文化遗址。[⑤]契丹人迁入阿尔泰山地区，在后世也留下痕迹。例如 16 世纪的文献中提到鄂毕河源头有契丹湖。[⑥]一直到近代，阿尔泰人中还有关于契丹的传说，言在遥远的时代阿尔泰人被俘虏并被带走，契丹人取而代之，他们留着金黄色的头发，有胡须，从事农业及青铜武器和工具的制造。在阿尔泰人的其他传说中，契丹人也是从事农业的民族。[⑦]可能是西迁到阿尔泰山附近的契丹进入游牧民中。

还有一种说法认为这支游牧民是高昌回鹘。当时高昌回鹘和喀喇汗朝因为宗教等原因敌对，可惜有关资料缺乏，详情不明。布莱资须纳德（E. Bretschneider）早在 19 世纪后期即提出这一观点。[⑧]萨莫林（W. Samolin）也指出，1017—1019 年，辽朝的注意力主要在高丽，辽的编年史对西方的用兵只字不提，故而入侵喀喇汗王朝的游牧人不是辽军而是回鹘人；他还认为 1017 年回鹘人是强大的，被托干汗击退的游牧民的进攻即

---

① P.B.Golden, "Nomads and Their Sedentary Neighbors in Pre-Činggisid Eurasia," *Archivum Eurasiae Medii Aevi* Ⅶ, 1987-1991, p.67, n.72；〔美〕丹尼斯·塞诺：《西方的契丹史料及相关问题》，曹流译，北京大学民族史教研室译《丹尼斯·塞诺内亚研究文选》，中华书局，2006 年，第 255—256 页。

② P. B. Golden, "Cumanica IV. The Tribes of the Cuman-Qipchaqs," in *Archivum Eurasiae Medii Aevi* Ⅸ, 1995-1997, p. 113.

③ 陈得芝：《辽代的西北路招讨司》，《元史及北方民族史研究集刊》1978 年第 2 期，第 9、11—12 页；康鹏：《辽朝西北路招讨司再探——兼谈辽朝西北路的防御体系》，姜锡东主编：《宋史研究论丛》第 11 辑，河北大学出版社，2010 年，第 115 页。

④ 《辽史》卷 26《道宗本纪上》，第 309 页。

⑤ 孙昊：《从"内陆欧亚"到"中央欧亚"——区域视野与契丹 – 辽史研究》，魏志江等：《欧亚区域史研究与丝绸之路》，社会科学文献出版社，2019 年，第 294 页。

⑥ 〔英〕约·弗·巴德利：《俄国·蒙古·中国》上卷第 1 册，吴持哲、吴有刚译，商务印书馆，1981 年，第 212 页；〔美〕丹尼斯·塞诺：《西方的契丹史料及相关问题》，曹流译，《丹尼斯·塞诺内亚研究文选》，第 251—252 页。

⑦ А. П. Потапов, Очерки по истории алтайцев, Москва, 1951, стр.99.

⑧ E. Bretschneider, *Mediaeval Researches from Eastern Asiatic Sources* Vol. 1, London, 1888, p. 253, n.629.

是通过他们的领土进行的。① 付马也认为这支入侵喀喇汗王朝的游牧民中有契丹人，而当时契丹和阻卜敌对，故而不可能联军入侵喀喇汗朝，入侵者应该是高昌回鹘及其控制下的突厥语族部落，很可能是高昌回鹘联结契丹劫掠喀喇汗朝。② 这一说法值得重视。11 世纪 10 年代高昌回鹘和喀喇汗王朝的敌对关系虽然传世文献中没有反映，但是考古资料印证了这一点。德国探险队 20 世纪初曾经在吐鲁番地区收获三件与高昌回鹘历史有关的木杵，现藏柏林亚洲艺术博物馆，其中第三件木杵文书编号为 MIK II 7279，系回鹘文。以往学界对该文书有一些研究，森安孝夫对该文书进行了最新的释读，并发表论文。根据他的释读，前三行内容如下："在吉祥的己火吉祥的羊年（己未年）二月初三日，在 Kün Ay Tängridä Qut Bulmïš Uluɣ Qut Ornanmïš Alpïn Ärdämin Il Tutmïš Alp Arslan（原意为自日月神获得恩威、身具伟大恩威、以勇气与恩德掌握国家的勇猛的狮子）——有福的智海天王（担任？）十姓回鹘汗，统治着东自沙州，西至 Uč 和巴儿思汗（Barsxan）时……"③

文中"己火吉祥的羊年"，森安孝夫研究认为即 1019 年。④ 文中的 Uč 即今新疆乌什。如森安孝夫研究不误，则 1019 年高昌回鹘的西部疆域抵达乌什和伊塞克湖东南的上巴儿思汗。然而，当时喀喇汗王朝似乎已经在这一地区扩张，喀什噶尔统治者玉素甫曾于 1016 年在乌什铸造钱币。⑤ 可见 11 世纪 10 年代双方已有激烈冲突。⑥ 但是当时高昌回鹘立国已久，大量回鹘人常居城镇，已从游牧生活逐渐过渡到定居生活。而乌特比明确记载入侵者是多达十万帐的游牧人，高昌回鹘是否有力量出动如此大规模的游牧民入侵喀喇汗王朝有些可疑。另外前引穆斯林史料明确说这支游牧民来自"秦"，似乎还难以直接和高昌回鹘挂钩。

还有学者提出其他说法。《突厥语大词典》多次提到喀喇汗王朝与牙巴库（Yabaqu）及与牙巴库结盟的拔悉密、处密等部的战争。⑦ 牙巴库部位于亦马儿河（Yamar，今鄂毕河）流域。喀什噶里在词典中摘录了许多诗歌的片段，描述这场战争。例如喀什噶里在解说"Bökä"（大龙）这个词的时候，就说道："yetti bašliɣ yel bökä，一种七首之龙。这个词被用作战士的名字。其中一个牙巴库首领被称为 Bökä Budrac。当哈齐·阿尔斯兰·特勤（Ghazi Arslan Tegin）率四万穆斯林进攻他们时，布克·布德拉奇手下的异教徒

① W.Samolin, *East Turkistan to the Twelfth Century: A Brief Political Survey*, London, 1964, pp.82–83.
② 付马：《西州回鹘统治者称号研究——年代、结构与特征》，《中央研究院历史语言研究所集刊》第 91 本第 2 分，2020 年，第 149 页。
③〔日〕森安孝夫：《西ウイグル王國史の根本史料としての棒杭文書》，氏著：《東西ウイグルと中央ユーラシア》，名古屋：名古屋大学出版会，2015 年，第 694—695 页。
④〔日〕森安孝夫：《西ウイグル王國史の根本史料としての棒杭文書》，氏著：《東西ウイグルと中央ユーラシア》，第 684—689 页。
⑤ Y.Bregel, *A Historica Atlas of Center Asia*, Leiden: Brill, 2003, p.26.
⑥ 付马：《西州回鹘统治者称号研究——年代、结构与特征》，《中央研究院历史语言研究所集刊》第 91 本第 2 分，2020 年，第 150 页。
⑦ 巴哈提·依加汉：《辽代的拔悉密部落》，《西北民族研究》1992 年第 1 期，第 139—142 页；刘迎胜：《辽与漠北诸部——胡母思山蕃与阻卜》，余太山主编：《欧亚学刊》第 3 辑，中华书局，2002 年，第 212—213 页。

有七十万，至高的神让他们那天彻底失败。"[1]丹柯夫（Robert Dankoff）辑录了这些诗歌，并做了详细的分析，认为这些诗歌描述的喀喇汗王朝与牙巴库的战争即前述托干汗在 1017 年去世前不久战胜游牧民之事。[2]

还有学者将这次战争与马卫集记载的一次民族大迁徙结合起来考察。这次大迁徙大约发生在 11 世纪前期。马卫集记载，Qun 部来自契丹地区，畏惧契丹可汗。他们是景教徒，因为草场的压力而从其故乡西迁。花剌子模沙也斤奇（Ekinci b.Kochqar）出自其部。追踪 Qun 的是 Qay 人，比 Qun 强大，将 Qun 从那些新的牧场驱逐出去，于是 Qun 迁徙到了 Shari 之地，Shari 迁徙到了突厥蛮（Turkman）之地，突厥蛮迁入 Ghuzz（古斯）国的东部，古斯突厥人则迁徙到佩切涅格人之地，靠近亚美尼亚海岸。[3]彼得·戈登将这次民族大迁徙和前述战争联系起来考察，认为很可能就是这次部族迁徙引起的游牧民入侵喀喇汗王朝。[4]彭晓燕也认为这一观点或许可能。[5]

另外还有前文提到的魏良弢的观点，认为入侵喀喇汗王朝的游牧民是受辽军打击进入喀喇汗王朝境内的阻卜人。华涛先生也说，很可能在辽军打击下漠西阻卜西迁喀喇汗境，引起托干汗东征，他们被托干汗打击东返，导致辽再派耶律化哥经略西境。[6]彭晓燕也说："学者们很难确定谁参与了这次战争，现有解释模糊了突厥斯坦和中国以及突厥人和中国人之间的界限。尽管如此，这些敌对行动可能和契丹镇压阻卜的反抗有关，从 1012 到 1013 年。"[7]

三 关于游牧民的身份

游牧民最大可能是喀喇汗朝的邻近部落。从伊本·阿西尔记载的游牧民来自"秦"（穆斯林史料对中国的称呼）看，这支游牧民应来自东面。关于喀喇汗朝东北边界，似乎距阿尔泰山、额尔齐斯河一带不远。《突厥语大词典》收录的一首诗歌称："夏天的酷热包围了我们，期待已久的朋友嫉妒我们。[敌人]就要穿过也儿的石河（Ärtis），正因如此人们惊慌失措。"[8]德里苏丹国史学家术兹扎尼在 1254—1260 年著有《纳昔儿史话》（Tabaqat-i-Nasri）一书，叙述了穆斯林各王朝的历史。其中有关于西辽的一章，该章关于耶律大石西征的内容记载："值得信赖的人以这种方式叙述，突厥人的第一次入侵是哈剌契丹（Karah

[1] Mahmud al-Kašγari, *Compendium of the Turkic Dialects*, Vol. 2, R. Dankoff & J. Kelly eds. and trans., Cambridge: Harvard University Printing Office, 1984, p.268.

[2] R. Dankoff, "Three Turkic Verse Cycles Relating to Inner Asian Warfare," *Harvard Ukrainian Studies*, Vol. 3/4, Part 1, 1979–1980, pp. 157–159.

[3] V. Minorsky, *Sharaf al-Zaman Tahir Mavarzi on China, the Turk and India*, London: Royal Asiatic Society, 1942, pp.29–30；刘迎胜：《西北民族史与察合台汗国史研究》，第 33 页。

[4] P. B. Golden, "The Karakhanids and ealry Islam," in Denis Sinor, ed., *The Cambridge History of Early Inner Asia*, Cambridge University Press, 1990, p. 363；Ibid., *Cumanica V. The Basmils and Qipchaqs*, *Archivum Eurasiae Medii Aevi X*, 1998, p. 22.

[5] Michal Biran, "Unearthing the Liao Dynasty's Relations with the Muslim World: Migrations, Diplomacy, Commerce, and Mutual Perception," *Journal of Song-Yuan Studies*, Vol. 43, 2013, pp. 231–232.

[6] 华涛：《西域历史研究（八至十世纪）》，第 48 页。

[7] M.Biran, "The Qarakhanid's Eastern Exchange: Preliminary Notes on the Silk Roads in the Eleventh and Twelfth Centuries," in J.Bemmann,ed., *Bonn Contributions to Asian Archaeology*, Vol.7, 2015, p.578.

[8] Mahmud al-Kašγari, *Compendium of the Turkic Dialects*, Vol. 1, R. Dankoff & J. Kelly , eds. and trans., Cambridge: Harvard University Printing Office, 1982, p.129.

Khita）部落由中国（Chin）的领土和东方之地出发，来到海押立（Kaialik）和八剌沙衮的边界，并从桃花石的君主（指喀喇汗朝统治者——笔者注）那里停止了他们的效忠，使伊斯兰的边界地带成为他们的居地和牧场。"[1]这一记载比较晚出，但是仍然告诉我们当时海押立一带是喀喇汗朝的边界。海押立在今哈萨克斯坦巴尔喀什湖以南的塔尔迪·库尔干以西的Chingildi（Dungene）镇附近，[2]似表明喀喇汗朝边界在这一带。普里查克在他绘制的喀喇汗王朝地图中，即将喀喇汗王朝的东北边界划在阿尔泰山。[3]喀什噶里书中虽提到喀喇汗军队在亦马儿河作战，不过没有证据表明喀喇汗朝曾长期立足其地。这些游牧民或许是突破阿尔泰山一带的喀喇汗朝边界入侵的。

巴·赫卜烈思（Bar Hebraeus）的叙利亚编年史记载，1046年撒马尔罕的景教主教曾报告有大批游牧民西进，突破古代亚历山大大帝关闭的缺口，经过吐蕃和于阗之间的山口，抵达喀什噶尔，他们人数多达七十万，共有七位国王，并听命于名为Nazrat的最高君主。[4]关于这些入侵者，有学者认为即乃蛮部，[5]知当时喀喇汗王朝和蒙古高原西部的部族可能常发生冲突。或许入侵者是漠北西部靠近七河流域的部族。

从漠北回鹘汗国崩溃到12世纪乃蛮部兴起前这一地区的形势，史书记载颇少。黠戛斯摧毁回鹘汗国后，势力在西南面长期停留在阿尔泰山。[6]但根据学者研究，黠戛斯在阿尔泰地区的活动不会持续到11世纪上半叶，在10世纪末甚至有放弃图瓦盆地北退的倾向。[7]12世纪居于这一地区的是乃蛮部。乃蛮部统治氏族历史上活动在唐努乌拉山一带，[8]后来向西南扩张占据了阿尔泰山东西，形成乃蛮部。

在乃蛮兴起前，从有关记载看，当时阿尔泰山及其附近的额尔齐斯河上游似乎分布着大批操古蒙古语的部落。入侵喀喇汗朝的游牧民可能和这些紧邻边境的部族有关。回鹘汗国崩溃后，东面室韦－达靼人逐渐西迁，占据漠北腹地。达靼各部占据漠北后，许多大漠南北的部落被泛称为

① *Tabakat-i-Nasiri: A General History of the Muhammadan Dynasties of Asia*，Vol.2，trans. by H.G.Raverty，New Delhi：Orental Books Reprint Corporation, 1970, p.900.

② Rubruck，*The Mission of Friar William of Rubruck：His Journey of the Court of Great Khan Möngke 1253-1255*，trans. by P.Jackson, London：Hakluyt Society,1990,p.148, n.1.

③ O.Pritsak，Von den Karluk zu den Karachaniden，*Zeitschrift der Deutschen Morgenländischen Gesellschaft*，Vol. 101，1951,map between S.300-301.

④ G.Oppert，*Der Presbyter Johannes in Sage und Geschichte: Ein Beitrag zur Voelker- und Kirchenhistorie und zur Heldendichtung des Mittelalters*，Berlin，1987，S.91.

⑤ 〔俄〕巴托尔德：《中亚突厥史十二讲》，罗致平译，中国社会科学出版社，1984年，第125页；P.B.Golden, *An Introduction to the History of the Turkic Peoples*, Wiesbaden, 1992, p.276,n.24；M.Biran, *The Empire of the Qara Khitai in Eurasian History-Between China and the Islamic World*, New York, 2005, p. 35.

⑥ 〔俄〕吉谢列夫：《南西伯利亚古代史》下册，新疆社会科学院民族研究所译，1985年，第115页；孙昊：《10世纪契丹西征及其与黠戛斯人的交通》，余太山、李锦绣主编：《欧亚学刊》新9辑（总第19辑），商务印书馆，2019年，第137—138页。

⑦ 巴哈提·依加汉：《9世纪中叶以后黠戛斯的南下活动》，《西域研究》1991年第3期，第36页。

⑧ 〔日〕森安孝夫：《チベット語史料中に現われる北方民族—DRU-GUとHOR》，《アジア·アフリカ言語文化研究》第14号，1977年，第5、24—25页；李盖提：《〈北方王统记叙〉考》，岳岩译，中国敦煌吐鲁番学会主编：《国外敦煌吐蕃文书研究选译》，甘肃人民出版社，1992年，第355—356页。

达靼，① 然而诚如陈得芝先生指出的："上述室韦 - 达靼诸部落西迁的过程说明，十世纪以后蒙古高原上的达靼 - 阻卜各部，应是来自东面的蒙古语族部落。尽管会有残留的突厥族人被吸收进达靼各部落中，但'达靼'作为特定种族——蒙古语族各部落的共名，性质没有改变。"② 故蒙古西征以前，出现在文献里的大部分"达靼"的名字应该是对操蒙古语部落的泛称。

达靼不仅占据着漠北腹地，而且向更遥远的西域和欧亚草原迁徙，③ 有许多来到漠西。

吉慈尼史学家加尔迪齐著有《记述的装饰》（Zayn al-akhbar）一书，有一章叙述了突厥各部起源的传说故事。其中提到了寄蔑（Kimak，即叶麦克）部起源传说：达靼首领死后留下二子，长子占据君位，幼子名叫"设"（Sad），他反对其兄未遂，带着一个女孩从其兄帐廷逃走，来到有一条大河的地方，在那里扎营定居。后来七个出自达靼的部落来到他们这里，加入他们，其中一个部落也称为达靼。在他们寻找草场的时候，设带来的女孩看见了他们，她说"ertis"，意思是"你们自己下马"，这条河于是得名为也儿的石河。设后来成为各部的首领。于是形成了寄蔑部落联盟。后来他们人口越来越多，在也儿的石河的山地形成了七个部落。④ 从这一传说看，许多达靼部落迁徙到也儿的石河流域，并成为新建的寄蔑部落联盟的重要组成。

彼得·戈登留意到了这一传说，指出这一传说表明蒙古语和突厥语世界的联系，他还指出寄蔑部落联盟有些人肯定是蒙古语族。⑤ 苏联学者库麦科夫（Б. Е. Кумеков）认为这个传说的来源不得而知，但是从名词的拼写看似乎是早期的作品。他还推测寄蔑部落联盟中的达靼是在 840 年以后和寄蔑七个部落之一的 Imi 部（或写作 Imur）一起出现在寄蔑部落联盟的。⑥ 刘迎胜也研究了这个传说，指出这个传说背后应该有真实的历史基础，大概在回鹘西迁以前或者以后一小部分达靼人来到也儿的石河，后来和达靼本部断绝了联系，寄蔑人中留下了他们起源于达靼的传说。⑦

从前引《辽史·耶律化哥传》也可以看出当时也儿的石河流域有操蒙古语部落分布的痕迹，其中提到"闻蕃部逆命，居翼只水，化哥徐以兵进"，之后耶律化哥进至白拔烈，即今木垒附近，以此判断翼只水在白拔烈西，即也儿的石河。蒙古语中带有 -j- 的词语许多是从突厥语中带有 -d- 的词中借来的，例如蒙古语的 ejen（主人）来自

① 周清澍：《汪古的族源——汪古部事辑之二》，氏著：《元蒙史札》，内蒙古大学出版社，2001 年，第 93—102 页。

② 陈得芝：《十三世纪以前的克烈王国》，元史研究会编：《元史论丛》第 3 辑，中华书局，1986 年，第 10 页。

③ 余大钧：《论阻卜与鞑靼之异同》，《历史研究》1981 年第 6 期，第 44—45 页；〔俄〕С.Г.克里亚·施托尔内：《12 世纪前中央亚细亚草原的鞑靼人及其国家》，丁淑琴译，《民族研究》2009 年第 1 期，第 90 页；刘迎胜：《蒙古征服前操蒙古语部落的西迁运动》，氏著：《海路与陆路——中古时代东西交流研究》，北京大学出版社，2011 年，第 227—254 页；付马：《西州回鹘王国建立初期的对外扩张——中国文化遗产研究院藏 xj-222-0661.09 号回鹘文书的历史学研究》，朱玉麒：《西域文史》第 8 辑，科学出版社，2013 年，第 153—155 页；白玉冬：《九姓达靼游牧王国史研究（8—11 世纪）》，中国社会科学出版社，2017 年，第 201—209 页。

④ Б. Е. Кумеков, Государство кимаков IX–XI вв. по арабским источникам, Алма-Ата, 1972, стр.35-36; A. P. Martinez, Gardīzī's Two Chapters on the Turks, *Archivum Eurasiae Medii Aevi* II (1982), 1983, pp.120-121.

⑤ P.B.Golden, "*Religion among the Qipčaqs of Medieval Eurasia,*" in *Central Asiatic Journal* , Vol. 42, No. 2 ,1998,p.183.

⑥ Б. Е. Кумеков, Государство кимаков IX–XI вв. по арабским источникам, стр.36,42.

⑦ 刘迎胜：《西北民族史与察合台汗国史研究》，第 46 页。

突厥语 idi，这种音变可能不是在突厥语里，而是在蒙古语里发生的。[①] 以此判断翼只水应该是当时的一种蒙古语读法 Irjis 的音译。[②] 刘迎胜先生认为这可能是操蒙古语的契丹人或者阻卜人对也儿的石河的称呼。考虑到进入契丹语的突厥语词似没有这一音变，笔者更赞同后一看法。不过，这里称耶律化哥在翼只水接触的是"蕃部"，似乎与前文提到的阻卜有别。这一材料表明当时辽军在也儿的石河流域接触过操蒙古语的部落。

收藏于中国文化遗产研究院的一件回鹘文文书，编号为 xj 222-0661.9，大约写成于蒙元时期。叙述了高昌回鹘一位君主在位时期的功绩，其中提到六姓达靼人离开契丹归附高昌回鹘，"由于给了力量，决裂而来的人们移居过来。由于我们仁慈神圣的圣天可汗的腰带，他们得到了庇护，向下方从 Bay Taɣ 直到横相乙儿（Qum Sangir）地方，他们定居并建立家园"，之后他们又进入仰吉八里的下部地区。[③] 文书中的 Bay Taɣ 之地，张铁山、茨默两位先生考证地处北纬 45° 15' 0"，东经 90° 49' 58" 处，[④] 应是今中蒙交界处的北塔山。横

相乙儿地处当时西域进入漠北的交通要道，在今乌伦古河上游的布尔根河折而西流处。[⑤] 可见这支达靼人投奔高昌回鹘后被安置的地区距离也儿的石河上源附近不远，似可证实当时金山一带分布有操蒙古语的部落。

写成于 930 年前后[⑥]的敦煌出土的 S. 6551 讲经文记述当时高昌回鹘势力强大，"遂得葛禄、药摩、异貌、达怛，竞来归附，争献珠金"。[⑦] 笔者认为讲经文中提到的达怛，不排除分布在高昌回鹘北境的金山附近的可能。据敦煌文书 P.3579《神沙乡百姓吴保住牒》，雍熙二年（985），吴保住出使甘州，途中被俘到伊州，后来被押衙曹闰成赎出，二人返回沙州途中曾"于达怛边买老牛壹头"。[⑧] 可见当时伊州和沙州间有达靼人分布，或许是漠西的达靼部众中靠南的一部分。20 世纪初，德国吐鲁番探险队在吐鲁番地区发现一件回鹘文书，编号为 T.II.B.21，这件文书列举了当时在高昌回鹘境内流通的床单和毯子，其中提到了达靼（Tarta）的毡毯。[⑨] 或有来自居高昌回鹘北面的达靼人的可能。

---

① G. Clauson, "The Turkish elements in 14th Century Mongolian," *Central Asiatic Journal*, Vol. 5, No. 4, 1960, p. 302. 这一颚化音变还可以参看何启龙《审音与堪同：〈世界征服者史〉Ghayïr ïnalcuq 与〈元史〉哈只儿只兰秃的再研究》，刘迎胜主编：《元史及民族与边疆研究集刊》第 20 辑，上海古籍出版社，2008 年，第 71—73 页。

② 刘迎胜：《辽与漠北诸部——胡母思山蕃与阻卜》，余太山主编：《欧亚学刊》第 3 辑，中华书局，2002 年，第 214 页。

③ Zhang Tieshan, P. Zieme, "A Memorandum about the King of the on Uygur and His Realm," in *Acta Orientalia Academiae Scientiarum Hungaricae*, Vol. 64(2), 2011, p. 143. 汉译见张铁山、茨默《十姓回鹘及其王国的一篇备忘录》，白玉冬译《胡风西来——西域史语译文集》，上海古籍出版社，2021 年，第 187 页。

④ Zhang Tieshan, P. Zieme, "A Memorandum about the King of the on Uygur and His Realm," in *Acta Orientalia Academiae Scientiarum Hungaricae*, Vol. 64(2), 2011, p. 148.

⑤ P. Pelliot, L. Hambis, *Historie des campagnes de Gengis Khan. Cheng-wu Ts'in-Tcheng Lou*, Leiden: E. J. Brill, 1951, pp.315– 316；〔法〕伯希和：《蒙古与教廷》，冯承钧译，中华书局，1994 年，第 207—209 页；陈得芝：《常德西使与〈西使记〉中的几个问题》，氏著：《蒙元史研究丛稿》，人民出版社，2005 年，第 622—624 页。

⑥ 张广达、荣新江：《有关西州回鹘的一篇敦煌汉文文献——S.6551 讲经文的历史学研究》，《北京大学学报》1989 年第 2 期，第 27 页。

⑦ 王重民、王庆菽、向达等编：《敦煌变文集》下册，人民文学出版社，1957 年，第 461 页。

⑧ 唐耕耦、陆宏基编：《敦煌社会经济文献真迹释录》第 1 辑，全国图书馆文献缩微复制中心，1990 年，第 308 页；荣新江：《归义军史研究——唐宋时代敦煌历史考索》，上海古籍出版社，1996 年，第 372 页。

⑨ V. Radloff, *Uigurische Sprachdenkmäler*, Leningrad, 1928, No. 79, S. 136.

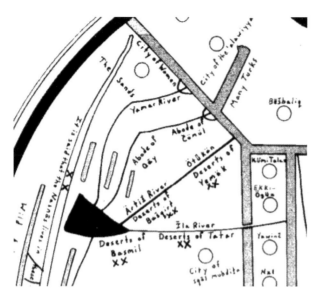

图 1 《突厥语大词典》中于都斤山的位置

麻赫默德·喀什噶里写作于 11 世纪 70 年代的《突厥语大词典》记载于都斤山（Otükän）："靠近回鹘的达靼荒漠的一个地名。"[①]于都斤山是突厥人和回鹘人心中的圣山，可汗牙帐在其地附近。一般认为于都斤山位于今杭爱山东南。[②]

许多学者以这条材料论证当时蒙古语族部落占据漠北核心地区。然而，在喀什噶里地图上，于都斤山却没有被标在漠北，而是被标在紧靠也儿的石河源头之地（图 1）。[③]

这明显和位于漠北腹地的于都斤山位置不符。而"达靼荒漠"在地图上也没有被标在漠北，而是被标在伊犁河以西的位置。波塔波夫指出在图瓦西北也有被称为于都斤的山林，[④]这一位置比起喀什噶里地图上的于都斤山亦过于靠东。

米诺尔斯基认为这一画法显然是错误的。[⑤]然而，前引诗歌反映喀喇汗人对也儿的石河上游地区应是熟悉的，不应有这一错误。钟焓先生认为，喀什噶里将于都斤山标在也儿的石河源头，很可能是受回鹘人影响，因为回鹘人长久保持着对漠北旧地的强烈关注导致喀什噶里误认为于都斤是一个靠近回鹘的达靼荒漠地名，这种地理观或促使喀什噶里在地图上将以于都斤之地为代表的漠北草原标在比实际方位更为靠西的地方，接近额尔齐斯河上游。[⑥]白玉冬先生认为喀什噶里了解到前文提到的加尔迪齐记载的叶麦克部落（寄蔑）出自达靼的传说，而对于都斤他仅了解到是靠近回鹘的达靼沙漠中的地名，所以他才把于都斤标在与他认为的距离达靼漠野并不遥远，而且和叶麦克部落产生有千丝万缕联系的额尔齐斯河流域。[⑦]

除此以外，喀什噶里在词典正文中对于都斤山没有其他描述，足见他对于都斤山并不熟悉。叶麦克出自达靼的传说，除了加尔迪齐记载外不见于别书，在喀什噶里的时代是否为人熟知十分可疑。在词典中即没有提到这一传说。从喀什噶里对于都斤山没有细致描述看，喀喇汗人并没有北方民族信仰中的于都斤崇拜。笔者赞同钟焓先生的观点，喀什噶里对于都斤山的信息很可能得自高昌回鹘人。额尔齐斯河发源于阿尔泰山，于

① R. Dankoff , J. Kelly ， eds. and trans., *Compendium of the Turkic Dialects*, by Mahmud al-Kašɣari Vol. 1, Cambridge: Harvard University Printing Office, 1982, p.159.
② 〔法〕勒内·吉罗：《东突厥汗国碑铭考释》，耿昇译，新疆社会科学院历史研究所（内部发行），1984 年，第 235 页。
③ R. Dankoff, J. Kelly ， eds. and trans., *Compendium of the Turkic Dialects*, by Mahmud al-Kašɣari Vol. 1, map between pp. 82–83.
④ 波塔波夫：《古突厥于都斤山新证》，蔡鸿生：《唐代九姓胡与突厥文化》，中华书局，1998 年，第 237—240 页。
⑤ V. Minorsky, *Sharaf al-Zaman Tahir Mavarzi on China, the Turk and India*, p.74.
⑥ 钟焓：《辽代东西交通路线的走向——以可敦墓地望研究为中心》，《历史研究》2014 年第 4 期，第 45—46 页。
⑦ 白玉冬：《九姓达靼游牧王国史研究（8—11 世纪）》，第 203 页。

都斤山既然被标在额尔齐斯河源头之地，应是今阿尔泰山。[①]喀什噶里很可能是听回鹘人提起心中神圣的于都斤山，并言这座山在北方，故简单地将这座山和喀喇汗王朝东北边界的阿尔泰山联系起来。

高昌回鹘建立后，虽然势力退出漠北，但是回鹘人对漠北的于都斤山旧地仍保持着关注。高昌回鹘初期对达靼用兵，深入土拉河流域，并远征胡母思部。[②]该部在元代漠北首府和林一带，距离于都斤山不远。[③]当时回鹘军队应到达了于都斤山。敦煌发现过一件回鹘商人寄出问候在沙州的亲人的书信，此信由哈密顿（J. Hamilton）研究刊布。信中写道："至于亚齐尔（Yazir），他后来到于都斤山（Otükän）。至今，我们一切平安。"[④]哈密顿指出，这里的"Otükän"指的是杭爱山区的于都斤山。[⑤]足见当时回鹘商人足迹曾抵达其地。[⑥]回鹘人前往辽、宋常取道漠北，于都斤山是必经之地。如宋太宗太平兴国六年（981）王延德出使高昌回鹘，即取道漠北鄂尔浑河流域前往西域。他在漠北，曾经"历卧羊梁劼特族地，有都督山，唐回鹘之地"。[⑦]前田直典认为这里的都督

山即于都斤之地。[⑧]虽然地望偏北，但史料明确说都督山为"唐回鹘之地"，历史上回鹘汗国确曾建牙帐于于都斤山附近。故其看法可备一说。马卫集记载了一条从西域通向契丹之路，其中提到经过沙州抵达 Khatun-san，然后经过 Utkin，最后抵达契丹都城 Ujam。[⑨]Utkin 即于都斤山。[⑩]通过以上二例，不难想见当时于都斤山在经过漠北的交通要道上，为回鹘人所熟悉。

高昌回鹘人对于都斤山的崇拜在其他资料中也可以得到印证。脱谷舍娃（L.Ju.Tuguseva）曾经刊布一件回鹘文书，现藏俄罗斯圣彼得堡，是一件成书于 10 世纪或 11 世纪的回鹘文佛经残卷，编号为 SI D/17。文书歌颂了神圣的卜古氏，即回鹘人传说中的始祖卜古可汗（Bugu Khan），其中写道："他在南赡部洲（Jambudvipa）的土地和水的后面，在位于八色楞格河（Selenga）和九土拉河（Toɣla）东部的名叫合木阑尤（Qamlncuin）的小树林的一棵树上诞生，在于都斤山（Otigan）地区出现，五个人一起在王位上长大。"[⑪]这里将于都斤山视作回鹘可汗始祖出生地，不难想象当时其地在回鹘人心中的神圣地

① 米诺尔斯基已怀疑是阿尔泰山，见 V. Minorsky, *Sharaf al-Zaman Tahir Mavarzi on China, the Turk and India*, p.96。

② 白玉冬、吐送江·依明：《有关高昌回鹘历史的一方回鹘文墓碑——蒙古国出土乌兰浩木碑释读与研究》，《敦煌吐鲁番研究》第 20 卷，上海古籍出版社，2021 年，第 207—226 页。

③ 刘迎胜：《蒙古征服前操蒙古语部落的西迁运动》，余太山主编：《欧亚学刊》第 1 辑，中华书局，1999 年，第 31 页。

④ J. Hamilton, *Manuscrits Ouïgours du IXe-Xe Siècle de Touen-Houang*, TomeI, Paris, 1986, p. 110.

⑤ J. Hamilton, *Manuscrits Ouïgours du IXe-Xe Siècle de Touen-Houang*, p. 112, n.9.

⑥ 〔日〕森安孝夫：《シルクロードのウイグル商人－ソグド商人とオルトク商人のあいだ》，氏著：《東西ウイグルと中央ユーラシア》，第 421 页。

⑦ （宋）王明清：《挥麈录》前录卷之 4《王延德历叙使高昌行程所见》，上海书店出版社，2001 年，第 29 页。

⑧ 〔日〕前田直典：《十世纪时代の九族達靼—蒙古人の蒙古地方の成立》，《元朝史の研究》，东京大学出版会，1973 年，第 237 页；汉译见前田直典《十世纪的九族达靼》，辛德勇译，刘俊文主编《日本学者研究中国史论著选译》第 9 卷《民族交通》，中华书局，1993 年，第 296 页。

⑨ V. Minorsky, *Sharaf al-Zaman Tahir Mavarzi on China, the Turk and India*, p.18.

⑩ 白玉冬：《九姓达靼游牧王国史研究（8—11 世纪）》，第 147—148 页。

⑪ L.Ju.Tuguseva, "Ein Fragment Eines Fruhmittelalterlichen Uigurischen Texts," in R.E.Emmerick et al.ed., *Turfan, Khotan und Dunhuang*, Berlin, S.357.

位。高昌回鹘摩尼教文献中经常出现"Il Otükän Qutï"一名，意思是"于都斤国"，"Otükän"是回鹘人崇拜的女神，于都斤之地的守护神灵。[1] 或许这会推动回鹘人对于都斤山的关注。中国文化遗产研究院藏回鹘文书叙述回鹘可汗的功绩，其中之一就是："他让于都斤山地方的人民居住在自己管理的土地上。"[2] 足见高昌回鹘对该地区的重视。

笔者认为，喀什噶里关于于都斤山的信息很可能得自东面回鹘人，他不了解于都斤山在遥远的漠北，只是笼统地知道在北方，于是将其地置于距离喀喇汗边境不远的阿尔泰山。从他称于都斤山是靠近回鹘的一个地名也可以推知这一点。这也解释了为什么他将达靼荒漠之地标在伊犁河流域，很可能当时喀喇汗人接触的达靼并不是分布在漠北腹地，而是分布在阿尔泰山一带到伊犁河流域的达靼人。这可以作为这一带分布着操蒙古语部落的证据。

从喀什噶里词典的其他内容也可以看出当时喀喇汗王朝东北境分布着讲的语言并不是突厥语的部族。在词典开头叙述北方各部语言的时候，喀什噶里写道："在游牧民族中还有处密人（Cömül），他们有自己的胡言乱语（ratana），但是也知道突厥语。Qay、牙巴库、达靼和拔悉密

这些部族都有自己的语言，但是他们也很熟悉突厥语。"他接下来列举了黠戛斯、钦察、乌古斯、突骑施、样磨、炽俟、喀鲁黑（Caruq）等部族，说"他们讲着纯正的突厥语，一种单一的语言"。[3] 由此判断，喀什噶里提到的牙巴库等部并不是使用突厥语的部族，巴托尔德即断言牙巴库（汉译本作"叶护"）很可能是蒙古语族，"如果真是那样，那么蒙古人在作者（指喀什噶里——笔者注）的时代已来到西方，所到达的地区的周围的邻族都是突厥部落"。[4]

喀什噶里多次提到名为 Yamar 的河流。[5] 此河即今鄂毕河上游。[6] 这一河名在古代突厥人中似常读作 Yabar 河。例如 18 世纪清使图理琛出使土尔扈特，途经西伯利亚回国，他在《异域录》中记载："托穆斯科，在塔喇斯科之东南，相去二千五百余里，鄂布河（即鄂毕河——笔者注）从托穆斯科二百里外来，自东南向西北而流，鄂罗斯呼为鄂布河，其巴尔巴忒人呼为牙巴里河。"满文本牙巴里河写作 Yabari，[7] 而 Yamar 似多为操蒙古语的人对此河的称呼。如《圣武亲征录》称其河为亦马儿河。突厥语含有 -b- 的辅音进入蒙古语中经常变成 -m-，例如 Kipchaq 一名被蒙古人读作"钦察"，合卜合纳思被蒙古人读作憨哈纳思（Qamqanas）。[8] 又如邱处机师徒在 1221 年远行西

① 白玉冬：《回鹘语文献中的 Il Otükän Qutï》，《唐研究》第 22 卷，北京大学出版社，2016 年，第 443—456 页。

② Zhang Tieshan, P. Zieme, "A Memorandum about the King of the on Uygur and His Realm," in *Acta Orientalia Academiae Scientiarum Hungaricae*, Vol. 64(2), 2011, p. 142.

③ R. Dankoff, J. Kelly, eds. and trans., *Compendium of the Turkic Dialects*, by Mahmud al–Kašɣari, Vol. 1, p.83.

④ 〔俄〕巴托尔德：《中亚突厥史十二讲》，第 100 页。

⑤ R. Dankoff, J. Kelly, eds. and trans., *Compendium of the Turkic Dialects*, by Mahmud al–Kašɣari, Vol. 1, pp.84,117,390.

⑥ 陈得芝：《元岭北行省建制考（上）》，《元史及北方民族史研究集刊》第 9 期，1985 年，第 40 页；刘迎胜：《亦必儿与失必儿》，《历史地理》第 4 辑，上海人民出版社，1986 年，第 65—67 页。

⑦ 庄吉发校注：《满汉异域录校注》，文史哲出版社，1983 年，第 175 页。

⑧ 周清澍：《元朝对唐努乌梁海及其周围地区的统治》，《社会科学战线》1978 年第 3 期，第 149 页；周良宵、顾菊英：《元代史》，上海人民出版社，1993 年，序言，第 7 页。

域，经过别失八里，曾听到"鳖思马"一名；"开平府"一名在拉施特记载中写作 KaiMinfu，而在马可波罗的书中写作 Kementu；等等。[①] 喀什噶里著录的鄂毕河上游的名称 Yamar，可能是从操某种蒙古语的人口中听到的。

12 世纪分布在阿尔泰山和额尔齐斯河上游的是乃蛮部。学界一般认为乃蛮是操突厥语的部族，然而对其部名意思是否为蒙古语"八"还有不同看法，伯希和就说："这个部族的名字虽为蒙古语（naiman 为蒙古语'八'之意），但其名号则多为突厥语。他们可能为蒙古化的突厥人。"[②] 白玉冬认为乃蛮前身即回鹘文《磨延啜碑》和叶尼塞碑铭中提到的八姓乌古斯（Säkiz Oguz）。[③] 如果乃蛮部名的意思确为蒙古语"八"，似透露出该部受到的蒙古语影响。笔者认为不无这种可能：乃蛮兴起后，征服了阿尔泰山地区前述大批操蒙古语的部族，其也受到影响。

综上所述，笔者认为与喀喇汗王朝发生激烈冲突的，可能是当时分布于漠北西部，紧邻喀喇汗朝的操蒙古语的各部落，他们和喀喇汗王朝发生战争，或是因辽朝对漠北各部作战引起的民族迁徙。

① E. Bretshneider, *Mediaeval Researches from Eastern Asiatic Sources*, Vol. 1, London, 1888, p. 65, n.155.
② 〔法〕伯希和：《高地亚洲》，耿世民译，中国社会科学院民族研究所历史研究资料室编译《民族史译文集》第 6 期，1978 年，第 22 页。
③ 白玉冬：《葛儿罕称号考》，朱玉麟主编：《西域文史》第 12 辑，科学出版社，2018 年，第 244—245 页。

海上丝绸之路与前现代贸易体系[*]

——波斯湾沿岸典型城发展与中古中国交往研究

韩中义　飞　龙　　　　韩紫芸

（陕西师范大学历史文化学院）（陕西师范大学中亚研究中心）

波斯湾是西亚著名的水域，也是重要的水陆交通要道，在海上丝绸之路中扮演着十分显要的角色，历来为学者所重视。笔者在前人研究的基础上，以撒那威（Sīrāf）[①]和霍尔木兹为典型沿海城市，结合相关文献，试图说明波斯湾在前现代时期与中国的关系密切，由此体现两地之间的友好交往。以下对撒那威与霍尔木兹进行考察，来展现曾经海上丝绸之路的繁盛，也恳请读者批评指正。

一　相关学术研究简要回顾

波斯湾自古就是重要的水陆交通要道，在世界历史上占有十分重要的地位，相关的研究数不胜数，概括起来，主要有以下几种。

一是中西交通史方面的研究。最具代表性的是张星烺先生著的《中西交通史料汇编》，其涉及了西亚、波斯湾等地交通，是一部中西交通史方面的开拓性著作。[②]冯承钧先生是中西交通史方

面的大家，相关的代表作有邬国义编《冯承钧学术著作集》（上中下册，上海古籍出版社，2015年）、《西域南海史地考证译丛》（商务印书馆，1998年）、《马可波罗行纪》（多种版本）、《冯承钧西北史地论集》（中国国际广播出版社，2013年）、《多桑蒙古史》（商务印书馆，2013年）等多种著作或译作，是一位研究中西交通史的专家，尤其擅长蒙元时期的材料，在这方面具有开拓性的贡献，后人很难企及。方豪先生著的《中西交通史》（上海人民出版社，2015年）是承前启后的中西交通史学术名著，其内就涉及了中国与波斯湾、西亚等交往的内容。向达先生是一流的学者，他在很多领域取得了瞩目的成就，中西交通史研究领域也不例外。他撰写有《中西交通史》（中华书局，1930年、1941年；岳麓书社，2012年），是较早关注中外交通史的大家，专门谈到了13—15世纪的中外交通，尤其是中国与西亚的交通。这对本文的研究有重要的借鉴意义。阎宗

---

* 本文系国家重大社科基金专项冷门绝学项目"9—14世纪中亚历史地理研究"（2018VJX021）阶段性成果。

① Sīrāf 有很多不同的音译法，诸如西拉夫、尸罗围、尸罗夫。

② 张星烺：《中西交通史料汇编》，中华书局，2003 年。

临先生的《中西交通史》（商务印书馆，2021 年）和以往学者不同的一点，在于整理了很多有关波斯湾的原始文献，由此有助于从一手文献角度了解相关的知识。西方学者也有大量中西交通史方面的著作，诸如日本东洋史京都学派的代表桑原骘藏就是一位研究中西交通史的重要人物。他撰有《蒲寿庚考》（上海中华书局，1929 年），从一个不起眼的人物入手考察了蒲氏家族的历史及其与阿拉伯的关系、西亚贸易交通等问题。内容涉及波斯湾与西亚的大量信息，是微观考察中外交通史的重要著作。桑原骘藏的《中国阿剌伯海上交通史》（商务印书馆，1935 年）可以算作《蒲寿庚考》和《唐宋贸易港研究》（商务印书馆，1936 年）的拓展版。尤其《唐宋贸易港研究》专门谈到了波斯、撒那威等的贸易与港口。这三本著作的显著特点是从小处着手，以汉文史料为根基，参考西方对阿拉伯的研究成果，做到了中西文献的互补，是中西交通史研究的典范之作。桑原骘藏还撰写过《张骞西征考》（商务印书馆，1931 年）等，由于篇幅之因，不再罗列。

1978 年以后，大量有关中西交通史的著述出版，其中不乏优秀著作，并推动了这方面的研究，但开拓性或者创造性研究罕见，多是泛泛而谈，专题性的细致研究不够深入。张俊彦著的《古代中国与西亚非洲地区的海上交通》（海洋出版社，1986 年），论述了我国自秦汉起直到明代同西亚、非洲的海上交往，以及由此对各方的社会、生产、文化等方面产生的影响，是重要的参考研究成果。汶江主编的《古代中国与西非地区的海上交通》（四川省社会科学院出版社，1989 年），专题讨论了古代中国与西亚、非洲的交通往来，尤其专门考察了与波斯湾的交流，对本文研究给予了诸多启发。

有关交通史的论文数量甚多，诸如马建春《唐朝与大食的海上交通》[1]、厦门大学历史系《泉州港的地理变迁与宋元时期的海外交通》[2]、李金明《唐代中国与阿拉伯海上交通航线考释》[3]、刘永连《唐代中西交通海路超越陆路问题新论》[4]、武伯纶《唐代广州至波斯湾的海上交通》[5]、郭应德《古代中阿交往路线》[6]等，这些论文从不同层面研究了中国与西亚的交通路线、贸易往来等，在一定程度上拓展了本文的研究视野。

二是中外关系史方面的研究。中国与西亚的关系研究是中外关系史，尤其古代史方面的重要领域。这方面成果丰硕，成绩突出，具体如下。

（1）中外关系史文献的整理与翻译，诸如中华书局中外关系史古籍文献与名著译丛，具有代表性的人物先有向达，后有耿昇。向达先生整理了诸多中外关系史文献，诸如校注《郑和航海图》（中华书局，1962 年）、《西洋番国志》（巩珍著，中华书局，1961 年）、《蛮书校注》（樊绰撰，中华书局，1962 年）、《两种海道针经》（中华书局，

①　马建春：《唐朝与大食的海上交通》，《宁夏大学学报》（社会科学版）1997 年第 3 期，第 34—39 页。
②　厦门大学历史系：《泉州港的地理变迁与宋元时期的海外交通》，《文物》1975 年 10 月，第 19—23 页。
③　李金明：《唐代中国与阿拉伯海上交通航线考释》，《广东社会科学》2011 年第 2 期，第 114—121 页。
④　刘永连：《唐代中西交通海路超越陆路问题新论》，《陕西师范大学学报》（哲学社会科学版）2013 年第 1 期，第 112—118 页。
⑤　武伯纶：《唐代广州至波斯湾的海上交通》，《文物》1972 年第 6 期，第 2—8 页。
⑥　郭应德：《古代中阿交往路线》，《阿拉伯世界》1994 年第 1 期，第 48—50 页。

1961 年）、《大唐西域记古本三种》（释玄奘撰，向达辑，中华书局，1981 年）、《真腊风土记校注 西游录 异域志》（中华书局，2000 年）等，这些文献是研究中外关系史的一手文献。向达先生也重视国外研究成果，并翻译了很多论著，诸如《斯坦因西域考古记》（中华书局，1936 年；上海书店，1987 年）、《鞑靼千年史》（巴克尔著，向达、黄静渊合译，商务印书馆，1937 年）、《史学史》（Harry elmer Barnes 著，商务印书馆，1934 年）等。已故耿昇先生翻译和著述了大量有关中外关系史的著作，内容主要涉及西亚、中亚、西域、西藏等地，著述甚多，无法细述详列，只择要列之，诸如《阿拉伯波斯突厥人远东文献辑注》（上下册，费琅著，中华书局，1989 年）、《柏朗嘉宾蒙古行纪 鲁布鲁克东行纪》（耿昇、何高济合译，中华书局，2002 年）、《海市蜃楼中的帝国——丝绸之路上的人、神与神话》（于格著，喀什维吾尔文出版社，2004 年）、《西域的历史与文明》（鲁保罗著，新疆人民出版社，2006 年）、《突厥历法研究》（法巴赞著，中华书局，1998 年）、《黄金原》（马苏第著，人民出版社，2013 年）等，这些译著多和中外关系史有关，也对笔者的研究论题有一定的帮助。

（2）有关中外关系史研究的专著。除了前文提到的交通史相关内容外，还有大量的研究著作，尤其是文化交流史方面。代表性的著作较多，诸如《唐代长安与西域文明》（向达著，商务印

书馆，2015 年）、《中外文化交流史》（何芳川主编，国际文化出版公司，2016 年）、《古代中外文化交流史》（王小甫等著，高等教育出版社，2006 年）、《中国阿拉伯世界文化交流史》（仲跻昆著，国际文化出版公司，2020 年）、《中国伊朗文化交流史》（叶奕良著，国际文化出版公司，2020 年）、《中国阿拉伯文化交流史话》（宋岘著，社会科学文献出版社，2011 年），尤其最后一部著作中相当一部分谈到了波斯湾、西亚文化、物产等，值得参考。国外学者的研究也较多，除了前文提到的桑原骘藏外，还有藤田丰八著的《東西交渉史の研究》（上下册，池内宏编，昭和八年。此著大部分译成了中文①），其系统地研究了中国与西亚、西域的交往。Rene J. Barendse 著的 *The Arabian Seas:The Indian Ocean World of the Seventeenth Century*（Routledge, 2001）比较系统地考察了波斯湾地区与世界各地的贸易联系。John W. Chaffee 著的 *The Muslim Merchants of Premodern China: The History of a Maritime Asian Trade Diaspora, 750–1400*（Cambridge University Press , 2018）有专章讨论元朝时期的海外贸易和文化交流。这些研究内容广泛细致，均有较高的参考价值。

（3）中外关系史方面的论文。这方面的论文较多，诸如叶文程《宋元时期泉州港与阿拉伯的友好交往——从"香料之路"上新发现的海船谈起》②、汶江《元代的开放政策与我国海外交通的发展》③、丁克家《唐代中国与大食的军事冲突及文化

---

① 如〔日〕藤田丰八《中国南海古代交通丛考》上、中、下册，何健民译，山西人民出版社，2015 年；《西域研究》，杨炼译，山西人民出版社，2015 年；《西北古地研究》，杨炼译，商务印书馆，1935 年。

② 叶文程：《宋元时期泉州港与阿拉伯的友好交往——从"香料之路"上新发现的海船谈起》，《厦门大学学报》（哲学社会科学版）1978 年第 1 期，第 74—86 页。

③ 汶江：《元代的开放政策与我国海外交通的发展》，《海交史研究》1987 年第 2 期，第 30—40 页。

交流》①、张彦修《中外文化交流与中华传统文化的发展》②、陈尚胜《论 16 世纪前中外文化交流的发展进程和基本特点》③、孔奇妙《从明清外销瓷看中外文化的交融》④ 等，这些论文从不同侧面考察了中国与波斯湾、西亚等地的交流，值得参考。

三是撒那威、霍尔木兹、波斯湾与中国交往的专题研究。这类研究成果国内不是很多，但多为专题性的研究，具有较高的参考价值。诸如，王平《16—17 世纪伊朗捍卫霍尔木兹岛主权论》⑤ 重点讨论了霍尔木兹岛被葡萄牙人占领，以及收复的过程，对了解此时的贸易路线和国际形势大有裨益。车效梅、马思《15—16 世纪霍尔木兹贸易圈与海上丝绸之路研究》⑥ 利用中外史料考察了这一时期霍尔木兹贸易圈的范围以及海上丝绸之路产生的影响。王保华《波斯湾的门户——霍尔木兹海峡》⑦、州《波斯湾的"咽喉"——霍尔木兹海峡》⑧、张铁伟《霍尔木兹海峡》等主要对霍尔木兹海峡做了基本介绍，有一定的参考价值。吴长春、于霞《元帝国与中西海上交通》简要介绍了元朝与波斯湾的交往史。⑨ 华涛《关于乌马里

"树形地理图"及其论述的初步研究》⑩ 利用乌马里《眼历诸国行纪》原始文献，考察各地道里，也考察了霍尔木兹的相关内容，具有较高的参考价值。但这方面国内的研究相对薄弱，尤其利用域外一手文献的能力较低，因此研究成果的可信度大打折扣。

在国外，霍尔木兹或波斯湾的研究长期受到高度关注，也取得了令人瞩目的成绩。相关成果诸如 Ralph Kauz and Roderich Ptak 著的 *Hormuz in Yuan and Ming Sources* 利用中外文献考察了 14—15 世纪霍尔木兹（波斯湾）与中国的贸易往来，⑪ 学术价值极高，笔者文章中也多有参考。该文的姊妹篇 Andrew Williamson 著的 *Hurmuz and the Trade of the 14th And 15th Centuries A.D.*,⑫ 利用了较多的波斯文献，梳理此时的变迁。上述两篇论文中的波斯文献主要来自 Jean Autin 译注的 "Le Princes d'ormuz du XIIIᵉ au XVᵉ siècle"⑬ 一文，因 Jean Autin 是著名的波斯语专家。由此，这三篇文章是研究 13—15 世纪霍尔木兹商业贸易的基本材料，对笔者研究的重要性不言而喻。Lawrence

---

① 丁克家：《唐代中国与大食的军事冲突及文化交流》，《阿拉伯世界》1990 年第 1 期，第 14—15 页。
② 张彦修：《中外文化交流与中华传统文化的发展》，《河南师范大学学报》（哲学社会科学版）1999 年第 3 期，第 64—68 页。
③ 陈尚胜：《论 16 世纪前中外文化交流的发展进程和基本特点》，《文史哲》2000 年第 4 期，第 120—126 页。
④ 孔奇妙：《从明清外销瓷看中外文化的交融》，《陶瓷研究》2021 年第 5 期，第 77—79 页。
⑤ 王平：《16—17 世纪伊朗捍卫霍尔木兹岛主权论》，《重庆大学学报》2007 年第 3 期，第 105—108 页。
⑥ 车效梅、马思：《15—16 世纪霍尔木兹贸易圈与海上丝绸之路研究》，《西亚非洲》2021 年第 6 期，第 28—47 页。
⑦ 王保华：《波斯湾的门户——霍尔木兹海峡》，《西亚非洲》1980 年第 3 期，第 67—68 页。
⑧ 州：《波斯湾的"咽喉"——霍尔木兹海峡》，《世界知识》1980 年第 4 期，第 9 页。
⑨ 吴长春、于霞：《元帝国与中西海上交通》，《历史教学》1992 年第 11 期，第 9—12 页。
⑩ 华涛：《关于乌马里"树形地理图"及其论述的初步研究》，《元史及民族与边疆研究集刊》第 38 辑，上海古籍出版社，2021 年，第 31—42 页。
⑪ Ralph Kauz and Roderich Ptak, *Hormuz in Yuan and Ming Sources*, in *Bulletin de l'École française d'Extrême-Orient,* Vol. 88, 2001, pp. 27-75. 中文译本参考〔德〕廉亚明、葡萄鬼《元明文献中的忽鲁谟斯》，姚继德译，宁夏人民出版社，2007 年。
⑫ Andrew Williamson, *Hurmuz And The Trade of The 14th And 15th Centuries A.D.*, in *Proceedings of the Seminar for Arabian Studies,* 1973, Vol. 3, Proceedings of Sixth the Seminar for Arabian Studies held at the Institute of Archaeology, London 27th and 28th September 1972 (1973), pp. 52-68.
⑬ Jean Autin, "Le Princes d'ormuz du XIIIᵉ au XVᵉ siècle," in *Journal Asiatique 241,*1953, pp. 77-138.

G. Potter 编的 *The Persian Gulf in History*[1] 一书中有专门章节讨论 12—17 世纪霍尔木兹的历史，使用了大量的原始文献，对本文具有较大的参考价值。Sir Arnold T.Wilson 著 的 *The Persian Gulf: An Historical Sketch from the Earliest Times to the Beginning of the Twentieth Century*，[2] 是一部有关波斯湾历史的著作，专章讨论了撒那威、记施岛（基什岛），是本文的重要参考资料。相关的外文论文较多，不再细列，在本文适当之处体现出来。

以上对霍尔木兹及与波斯湾相关的研究成果做了粗略的介绍，以方便我们接下来的叙述。

二 北波斯湾——撒那威与霍尔木兹历史变迁和贸易网络

（一）撒那威与霍尔木兹所在的北波斯湾地区海上通道变迁史以及贸易路线

波斯湾历史悠久，旧石器时代中期，波斯湾岛屿上就有人居住，诸如记施岛就发现有石器。[3] 公元前 4000 年的苏美尔文明就影响到了波斯湾，楔形文字在这些地区流行，说明文化在发展，并形成了有一定规模的城市和港口，由此也促进了波斯湾地区与其他地方的交流，形成了一定的贸易规模和网络。公元前 3000 年，美索不达米亚和阿拉伯半岛东部的居民迁居波斯湾地区，形成了波斯湾北岸众多聚居区或小城市。这里文化较为发达，也是去往印度的重要通道。考古工作者在波斯湾发现了公元前 2000 年的印度河文明（Indus Civilization）或哈拉帕文明（Harappan Civilization）的居住地，这些人将腓尼基拼音文字带到了南亚次大陆，开创了印度悠久的文字史。因此，波斯湾在东西文明交往中发挥着重要的作用。东方看到的所有拼音文字都和腓尼基拼音文字有关，而在文字传播过程中波斯湾发挥了重要作用。

以今天伊朗胡齐斯坦为核心建立的埃兰文明，经历了三个阶段：即古埃兰时期（约前 2700—前 1600）、中埃兰时期（约前 1400—前 1100）、新埃兰时期（约前 800—前 600）。早期埃兰文明直到新埃兰时期一直与波斯湾保持着密切的关系，波斯湾是埃兰王朝通往东方的重要道路。20 世纪 30 年代以后，考古学家在撒那威进行了多次考古发掘，发现了大量两河流域尤其埃兰文明时期的文化遗迹。波斯帝国（前 550—651），尤其阿契美尼德王朝和萨珊王朝，其发祥地就是今天的法尔斯省。波斯湾是波斯帝国的母亲海，具有崇高地位，因此这片水域被称为波斯海（Bahr-i Farsi），即英文的波斯湾（Persian Gulf）。有人试图将波斯湾称作阿拉伯湾（Arabian Gulf），但响应者稀少，甚至阿拉伯人撰写的地理学著作也称之为波斯海（Bahr-i Farsi），而很少称阿拉伯湾，但偶尔也称之为阿拉伯海（Shatt Arab）。[4] 足见波斯湾在波斯人或者西亚人心目中的地位。波斯帝国时期，波斯船队从波

---

[1] Lawrence G. Potter,ed., *The Persian Gulf in History,* ed., Palgrave Macmillan, U.S., 2009.

[2] Sir Arnold T.Wilson, *The Persian Gulf: An Historical Sketch from the Earliest Times to the Beginning of the Twentieth Century,* Oxford at the Clarendon Press, 1928（以下简称 *The Persian Gulf*）。

[3] *United Nations Group of Experts on Geographical Names Working Paper No.61 Archived 2012-10-03 at the Wayback Machine* , 23rd Session, Vienna, 28 March – 4 April 2006.

[4] Ibn Khurdādhibih, *al-Māsalik al-Mamalik*, BGA（阿拉伯舆地丛书），V6,1967, p.70。又见〔阿拉伯〕伊本·胡尔达兹比赫《道里邦国志》，宋岘译注，中华书局，1991 年，第 63 页。

斯湾启程向东到印度，甚至远到中国，而后运输奢侈品到波斯，再到罗马帝国。波斯湾向西沿着巴林岛，进入阿拉伯半岛；或者经过波斯湾，沿着阿曼、也门，进入红海，再经过运河，进入尼罗河，到亚历山大港，而后进入地中海。波斯帝国的贸易港口多位于波斯湾内或附近。诸如撒那威是萨珊王朝的一座港口，并在4世纪与中国进行了频繁的贸易往来。① 因此，波斯帝国时期以波斯湾为中心形成了庞大的海上贸易路线，由此说明波斯人在海上丝绸之路上发挥了重要的作用。

波斯帝国时期，波斯湾在军事上也发挥了重要的作用。波斯人不仅驻扎在波斯湾的岛屿上，而且经常有100—200人的船只在帝国的多条河流中巡逻，包括底格里斯河、尼罗河，以及印度的信德水道。② 阿契美尼德高级海军司令部在阿拉伯河沿岸、巴林、阿曼、也门等地建立了重要的海军基地。波斯舰队不仅可对沿阿拉伯河等地的安全做出快速反应，而且还保障了波斯湾与印度贸易道路的畅通。

阿拉伯帝国时期（632—1258），波斯帝国的疆域逐渐被阿拉伯人占领，波斯湾也归为阿拉伯统治，但阿拉伯帝国的最后阶段——阿拔斯王朝时期，王朝很快分裂了，波斯湾前后被布衣王朝、塞尔柱王朝、克尔曼塞尔柱王朝、花剌子模王朝

控制。③ 尽管波斯湾局势动荡，但没有阻止波斯湾与周边的贸易往来，尤其是与中国。④ 唐宋文献对波斯湾或者大食有大量的记载，他们多半经过波斯湾海路到中国。⑤ 宋朝，为管理港口贸易尤其海外贸易，建立了专门的机构——市舶司。⑥ 学者对唐宋海外贸易有大量的研究，内容就涉及大食贸易，也就是波斯湾贸易。⑦

13—14世纪，波斯湾名义上受到伊利汗国统治，与中国往来贸易频繁，学者多有研究。后文做补充性研究。波斯湾上的两座城市——撒那威和霍尔木兹（新）旧城发挥了重要作用，同样在后文做重点讨论。

14—16世纪，伊朗形势发生了比较大的变化，先是帖木儿帝国控制着伊朗绝大部分地区，波斯湾名义上归帖木儿帝国控制，但实际上是独立的。而后就是土库曼部建立的几个小王朝控制了伊朗地区，他们名义上控制着波斯湾。此时也是郑和下西洋时期，郑和曾经三次到达波斯湾。⑧ 这是中国与波斯湾交往历史上的一个重要事件，也体现了两地间的友好往来，后文做专题性讨论。

16—20世纪，随着萨法维王朝的建立，波斯湾被纳入该王朝的统治。就在此时，崛起的葡萄牙人于1507年进入波斯湾。直到1622年，英国与波斯联合攻占格什姆（记施）岛和霍尔木兹岛。

① David Whitehouse and Andrew Williamson, "*Sasanian Maritime Trade,*"in *Iran*, Vol. 11,1973, pp. 29-49.
② Kaveh Farrokh, *Shadows in the Desert: Ancient Persia at War*, Osprey Publishing, 2007, p. 68.
③ Sir Glubb John Bagot, *The Course of Empire the Arabs and Their Successors*, Prentice-Hall, inc., New Jersey,1966.
④ Roderich Ptak, "China and the Trade in Cloves, Circa 960-1435,"in *Journal of the American Oriental Society*, Vol. 113, No. 1(Jan.-Mar., 1993), pp. 1-13.
⑤ 黄纯艳：《宋代海外贸易》，社会科学文献出版社，2003年。
⑥ 〔日〕藤田丰八：《宋代之市舶司与市舶条例》，魏重庆译，商务印书馆，1932年；Wang Zhenping, "T'ang Maritime Trade Administration,"in *Asia Major*（中研院历史语言研究所主办），1991, Third Series, Vol. 4, No. 1 (1991), pp. 7-38。
⑦ 〔日〕桑原骘藏：《中国阿剌伯海上交通史》，冯攸译，商务印书馆，1935年。
⑧ 郑和在1412年、1417年、1421年三次到霍尔木兹进行贸易，具体情况后文谈及。

萨法维王朝统治者阿巴斯（Shah Abbas）一世放弃了霍尔木兹岛上的城市，并在岛对面，波斯湾海岸建立了港口，以他的名字命名为阿巴斯港（Bandar Abbas）。1625 年，荷兰人进入波斯湾，继而英国与荷兰在此展开争夺。从 19 世纪始，英国逐步控制了波斯湾。第二次世界大战中，波斯湾成为军用物资的运输线。战后，随着石油得到开发，海湾成了世界强国的觊觎之地。1960 年以后，波斯湾的战略和交通重要性不断凸显。从 20 世纪 60 年代后期到 80 年代初，波斯湾地区石油总出口量的 90%—95% 经由霍尔木兹海峡运出。霍尔木兹海峡也因此成了一个关系许多国家兴衰的战略要地。20 世纪 90 年代以后，美伊关系紧张，波斯湾，尤其霍尔木兹海峡地位更加凸显。

上文简要梳理了波斯湾历史发展的脉络，有助于我们更好地了解波斯湾在世界航海史、贸易史、军事史等方面的地位，也有助于更好地理解本文的撰写意图。

（二）撒那威的历史与贸易

撒那威，曾被称作塔黑尔港（Bandar-e Ṭāhirī[①]）城，今天也被称作撒那威港（Bandar-e Sīrāf），位于波斯湾岸边，是布什尔省坎甘（Kangan）县中央区的城市，2006 年人口为 3500 人。撒那威距离布什尔城有 220 公里，距离阿巴斯港有 380 公里，距离坎甘城有 30 公里，是波斯湾沿岸重要的交通要道，96 号、65 号公路交会于此。

这里是历史名城，著名海港，与世界各地进行贸易，一度是法尔斯的枢纽港口，[②]尤其与中国的往来，汉籍中多有记载。元人吴鉴的《重立清净寺碑》碑文称："宋绍兴元年（1131），有纳只卜·穆兹喜鲁丁（Najib Muzahir ud-Dīn——笔者注）者，自萨那威（Sīrāf）从商舶来泉（州）。"[③]《桯史》作尸罗围；[④]《诸蕃志》作施那帏。[⑤]这说明此地与中国，尤其与泉州关系密切。究其原因，此港是古代海上丝绸之路上的重要港口，在东西交往中发挥着重要作用。同时，近现代的考古发掘和田野调查在这里发现大量唐宋元时期的钱币、瓷器碎片，证明这里也是古城遗址所在地。[⑥]

萨珊王朝时期，撒那威就已是座港口，但大约毁于 970 年，后来又兴盛起来。[⑦]该港是非洲香料、印度名贵木材、中国丝绸瓷器的集散地，在中世纪一度成为最繁忙的海港和城市。随着海上丝绸之路道路改变和贸易衰落，此港口也逐渐衰落了。[⑧]历史文献对这座城市有大量的记载，大致在 7 世纪中后期被阿拉伯征服了，成为大食帝

---

① 之所以得到这样的名称是因为早前这里居住的都是犹太商人，阿拉伯人称他们为"不洁者"（Nahisa），为了让此地变得圣洁，就将地名改成了 Ṭāhirī（干净）。2008 年将这一名称改回历史上的撒那威。

② G.Le Strange, *The Lands of the Eastern Caliphate-Mesopotamia, Persia, and Central Asia from the Moslem Conquest to the Time of Timur*, London, Cambridge, 1905, p.11（以下简称 *The Lands*）。

③ （明）何乔远：《闽书》卷 7《方域志》，福建人民出版社，1994 年，第 166 页。

④ （宋）岳珂：《桯史》卷 11，中华书局，1981 年，第 125 页。

⑤ （宋）赵汝适：《诸蕃志》卷上，中华书局，1996 年，第 91 页。

⑥ Sir Arnold T.Wilson, *The Persian Gulf*, pp.92–93.

⑦ Robert B. Mason and Edward J. Keall, "The 'Abbāsid Glazed Wares of Sīrāf and the Baṣra Connection: Petrographic Analysis," in *Iran*, 1991, Vol. 29 (1991), pp. 51–66.

⑧ Alastair Lamb, "A Visit to Siraf, an Ancient Port on the Persian Gulf," in *Journal of the Malaysian Branch of the Royal Asiatic Society*, Vol. 37, No. 1, 1964, pp. 1–19.

国重要的贸易中心，8—10世纪这里成为通往东方的贸易门户。现存最早的大食文献应是商人苏莱曼的游记，此游记中提到了撒那威，称"货物从巴士拉（Bassorah）、阿曼以及其他地方运到尸罗夫（Sīrāf，即撒那威），大部分中国船只在此处装货：因为这里巨浪滔滔，在许多地方淡水稀少。巴士拉到尸罗夫水路120法尔萨赫①。货物装运上船以后，装上淡水"启程，到阿曼的马斯喀特。"尸罗夫到马斯喀特大约有200法尔萨赫。"②苏莱曼本人恰好来自撒那威。他还记载有个巴士拉人为了躲避战乱，从巴士拉逃到撒那威，从这里登上了去往中国的商船，还见到了中国皇帝，获得了大量赏赐。③又说在广府（广州）聚集着来自撒那威的商人。④这些说明撒那威在9世纪中是波斯湾著名的港口，也是从巴士拉向东方航行的第一大站。他记述当时撒那威商人越过波斯湾到阿曼，然后沿海绕过亚丁湾，进入红海到吉达、埃及、埃塞俄比亚等地，从事香料、丝绸、珠宝、皮张等贸易。⑤

根据这些资料大致可以勾勒撒那威沿海的三条路线：一是去往巴士拉的海路；二是到东方的道路；三是跨过波斯湾到阿曼、也门、吉达、非洲各地的道路。加之陆上通往设拉子的道路，由此形成了十字形的道路网络，可见在大食帝国鼎盛时期，其地位十分重要。20世纪60—70年代

的考古资料也可以证明这一点。⑥

其他文献对撒那威也有较多记述。伊本·胡尔达兹比赫只是提到了撒那威，没有记述。⑦而有些文献记述比较详细，诸如豪卡勒称："撒那威（Sīrāf）是波斯港口大城，建筑都是木质的。附近有山，山上可俯瞰海（波斯湾）。此地无水、无地也无家畜，但是波斯最富庶的地方之一。其在加纳韦（Jannāba）和纳吉拉姆（Najirem）附近。旅客若从撒那威出发，沿着海边行走，就可以到达伊本·奥马拉城堡（Ibn Omara Hisn），是海边上的一座强堡，波斯没有比这更坚固的城堡了。"⑧从他的记述中可以更多地了解撒那威。和豪卡勒同时代的穆卡迪斯增添了新内容，其称："撒那威是阿尔达什尔区（Ardashīr Khurah）的首府。在当时，人们喜欢住在此地，而不喜欢住在巴士拉，因为这里发展快速，建筑漂亮，寺院恢宏，市场熙攘，人有教养，远近闻名。那时候经过中国（海）就可以到阿曼。这里也是法尔斯和呼罗珊的货物集散地。总之，我在伊斯兰之地没有见过这么有名或者漂亮的建筑。这里的建筑都是用柚木和砖建成的。他们的房屋都是高塔形，每栋房屋价值超过100万银币⑨（dirham）。布伊王朝建立后，很多人逃到了阿曼。"他说685年或686年发生了地震，"持续了7天时间，绝大部分房屋倒塌，毁了，人们逃到海里"，每当人们想起这次地

---

① 1法尔萨赫为6.2—6.7公里，与西方的长度单位League基本等同。
② 穆根来、汶江、黄倬汉译：《中国印度见闻录》，中华书局，1983年，第8页。
③ 穆根来、汶江、黄倬汉译：《中国印度见闻录》，第103页。
④ 穆根来、汶江、黄倬汉译：《中国印度见闻录》，第113页。
⑤ 穆根来、汶江、黄倬汉译：《中国印度见闻录》，第131页。
⑥ David Whitehouse, "Excavations at Sīrāf:First Interim Report," in *Iran*, Vol. 6, 1968, pp.1–22.
⑦ 〔阿拉伯〕伊本·胡尔达兹比赫：《道里邦国志》，第48页。
⑧ Ibn Khallicān, *Biographical Dictionary*, trans. by Slane, William Mac Guckin, Vol. 3, 1842, p.408.
⑨ 钱币名称，一般4克，圆形，有铭文，是大食帝国时期及以后两种主要货币之一。另一种为金币（dinar），重量也是4克。

震，都感觉后怕。[1]

有学者说 12 世纪此港已毁了，[2] 实际未必，因此时豪卡勒书的一种抄本中边注提到了撒那威，称这里十分富有，有人还斥巨资装修天方大殿，将银喷头换成金色的，玄石帷布换成中国丝绸，到中国做一次生意回来赚百万金币。[3] 这说明 12 世纪时，撒那威仍然是很活跃的港口贸易城市，只是贸易中心转移到了基什岛。[4]

这可以从差不多与这位边注者同时代的《法尔斯志》记载中得到证实。此书中说："撒那威（及其周边）是很早以前的一座很大的城市，非常繁华，商品琳琅满目，是商队商船往来不绝的城市。因此，在（阿拔斯）帝国时期，这里是一处大商埠，因为这里可以找到玫瑰水（'attar）、香料，诸如香樟、芦荟木、檀香木等。（因商人）在这里获得了大量的钱财，一直持续到布伊王朝统治的晚期。然而此后，现在艾米尔凯什（Kaysh）的先祖得势掌权，他们占据了凯什岛及其附近所属岛屿，那里的税赋先前是上交给撒那威的，现在被截留，落入艾米尔凯什的手中。后来，阿塔毕鲁坤道拉·胡玛尔特勤（Atabeg Rukn-ad-Dawlah Khumārtagīn）（当时他第一次被委任为法尔斯省的总督）昏庸无能，将省务交给属下官员办理。他偶尔以督造战舰之名来撒那威一两回，做出一副佯攻凯什岛及其附近的样子。他每次有这样的举动，艾米尔凯什就纳贡给他，并贿赂他身边的那些官员，于是，这些人劝他不要督造了。紧接着，凯什岛上的一个汗（Khān），名叫阿布卡西姆（Abū-l-Qasim）的最终成功占据了撒那威。而后他（胡玛尔特勤）每年派军队攻打一次（企图将其赶出撒那威），但战之不利，无功而返。因此之故，现在情况就是这样，没有商人的船只进入撒那威休整，马赫鲁班或道拉格或巴士拉去往克尔曼的船只也不会在这里抛锚停歇，只有皮货、锅碗和法尔斯人必需之类物品才会经过这里。因此该城已经完全毁了。这里还有一座供人礼拜的清真寺。此地还有很多附属地区和周边地区。这里气候酷热，没有河水，只有几眼泉，当地人靠收集雨水（储存到水窖里）来饮用。"[5] 这里比较清楚地说明了撒那威 12 世纪以后，也是在塞尔柱王朝统治时期的变化。虽然城市遭到破坏，甚至毁了，但商业贸易依然存在，甚至城市本身也得到了恢复。

13 世纪初的亚库特到过撒那威，他说撒那威是靠近波斯湾岸边的城市。其"位于第三气候区，经度为 99° 30'，纬度为 29° 30'。在古文献中，此地名波斯人称作阿勒因沙（Al-Inshā）。这里就是犹太教徒的《旧约》和基督徒的福音书中提到的

① Muqaddasī, *The Best Divisions for Knowledge of the Regions*(Kitāb ahsan al-taqāsīm fī maʿarifat al-āqālīm), trans. by Basil Collins, Reading, U.K.: Garnet, 2001,pp.376,378（以下简称 Muqaddasī）。

② G.Le Strange, *The Lands of the Eastern Caliphate*: Mesopotamia, Persia, and Central Asia from the Moslem Conquest to the Time of Timur,p.257.

③ Ibn Hawqal, *Sūrat al-'Ard*, BGA,V2,1967,p.282; 又见 S. M. Stern, "Rāmisht of Sīrāf, a Merchant Millionaire of the Twelfth Century," in *The Journal of the Royal Asiatic Society of Great Britain and Ireland*, No. 1/2(Apr., 1967), pp. 10–14。

④ David Whitehouse, "Maritime Trade in the Gulf: The 11th and 12th Centuries," in *World Archaeology*, Feb.,1983, Vol. 14, No.3, *Islamic Archaeology* (Feb.,1983), pp.328–334.

⑤ Ibn-al-Balkhi, "Description of the Province of Fars (Farsnameh)," trans. by G. Le Strange, in *The Journal of the Royal Asiatic Society* (Apr., 1912), pp. 311–339.

凯库思（Kaikūs）——升天之地"。① 亚库特是著名的地理学家，在蒙古西征前游历西亚各地。从亚库特的记述来看，13 世纪初撒那威并没有毁掉，甚至是波斯湾沿岸的重要城市和港口。

13 世纪蒙古统治伊朗之地时，撒那威仍是很重要的港口城市。元代的《岛夷志略》提到了挞吉那，有学者认为就是 Ṭāhirī 的音译。② 如果这个说法成立，那么汪大渊对此地有详细的记述，称：

> 国居达里之地，即古之西域。山少田瘠，气候半热，天常阴晦。俗与羌同。男女身面如漆，眼圆，白发髯鬓。篦软锦为衣。女资纺织为生，男采鸦鹘石为活。煮海为盐，酿安石榴为酒。有酋长。地产安息香、琉璃瓶、硼砂，栀子花尤胜于他国。贸易之货，用沙金、花银、五色锻、铁鼎、铜钱、硫磺、水银之属。③

有些记载和撒那威实际状况比较接近，诸如靠海、土地贫瘠、煮海盐、贸易等，但有些记载和当地物产不符，诸如安息香、琉璃瓶、硼砂、铁鼎、铜钱、硫黄、水银等，尤其不产鸦鹘石，即金刚石，此物只有非洲产。如果说此地一定要有金刚石，也是转口贸易之品类，非本地之物。这些也许恰好说明了撒那威在贸易中占有特殊的地位。④

如前所说，在伊利汗国时期，撒那威还是相对繁华的，只是和以前相比重要性略有下降。这可以从当时亲历此地的旅行者的记录中得到印证。伊本·白图泰就是其中一位，他记载称：

> 后来，我从此地（拉尔）出发改斯（基什）城，又称锡拉夫（撒那威），该城位于也门、波斯海相连的海岸上，城区宽大，地势适当，家家有新颖花园，院内花草芬芳，树木茂密。居民饮用山泉水，他们是波斯贵族。居民中有一批阿拉伯人，是赛法夫族，他们能潜水取宝。⑤

他还详细记载撒那威附近采珍珠的情况：

> 潜取珠宝（珍珠）的场地在锡拉夫和巴林群岛之间，那里象是一大平静海湾。阴历四、五月间，万船云集，船上载着潜水员和波斯、巴林、卡提夫的商人们。
>
> 无论大小搜到一起，素丹取其五分之一，下余的由船上的在场商人购买。这些商人多数是潜水员的债主，他们用珠宝还债或购买必须的物品。⑥

笔者以为伊本·白图泰的记载比较可信，因

---

① Charles Barbier de Meynard, *Dictionnaire géographique, historique et littéraire de la Perse et des contrées adjacentes*, Paris, 1861, p.330（以下简称 Yakut）。
② （元）汪大渊撰，苏继庼校释：《岛夷志略校释》，中华书局，1981 年，第 306 页。
③ （元）汪大渊撰，苏继庼校释：《岛夷志略校释》，第 306 页。
④ Samuel Horsley, William Vincent, William Wales, *The Commerce and Navigation of the Ancients in the Indian Ocean*, London, 1807.
⑤ 《伊本·白图泰游记》，马金鹏译，宁夏人民出版社，1985 年，第 222 页。
⑥ 《伊本·白图泰游记》，第 222 页。

为他是当时的亲历者，尤其是记载撒那威的地理位置、城市面貌、水源、居民、附近采珠等状况和历史文献记述比较契合。但记述似乎有些混乱，如基什城，又称锡拉夫，因两者相距两百公里，有些说不通。因此两个互相不隶属地名，不可能相互对称。

此时，贸易中心开始转向波斯湾的不同城市，这从当时的文献中可以反映出来。马可波罗当时提到波斯湾的贸易中心在"怯失（基什）及忽鲁模思两城"，却没有提到撒那威。[①]

13 世纪的伊利汗国时期，撒那威尽管很重要，但贸易中心的地位发生了巨大的变化，这可以从当时记载文献中找到线索。诸如穆斯塔菲说："先前，这是一座大城，是海上（波斯湾）贸易的集散地，但布伊王朝统治者将贸易集散地从此地迁入基什（Qays）岛。这里天气极热，人们只能将雨水收入地窖中。这里还有三眼泉。物产为粮食和椰枣。纳吉拉姆（Najīram）和库拉什（Khūrāshi）是其附属地区。"[②] 穆斯塔菲虽然是伊利汗国时期的人，但他的很多资料传抄于旧史，尤其有关法尔斯部分多半来自《法尔斯志》，所以他说以前是大城，现在状况如何没有言明，但至少说不是大城，也没有毁灭。奇怪的是，《史集》里没有提到此地。

和穆斯塔菲差不多同时的阿布菲达提供了更多的信息，此时撒那威仍然是大港，主要从事贸易，人民富裕，屋宇奢华，其记述称：

《经度》（'Atwāl）说经度为 78°，纬度 26°；《马苏迪天文典》（Qānūn）说经度为 79°30′，纬度 29°30′。这里气候极热。在海边，介于加纳韦（Jannābah）和纳吉拉姆（Najirem）之间。撒那威是法尔斯的大港。此城附近没有田地、牲畜，只有海船的货场。这座城市十分繁华。这里的居民喜欢修建奢华的院落，有的房子花费超过 3 万金币（Dīnār）。此处的建筑都是柚木建成，这些木料都是从桑给巴尔运来的。撒那威极热。[③]

从早期文献到 14 世纪文献可以看到，撒那威一直是一个重要港口，在中西贸易中发挥着重要作用。

（三）霍尔木兹中古后期的兴盛与东西往来

1. 基本概要

霍尔木兹有三个方面的内容：一是霍尔木兹（海峡）地区；二是（新旧）霍尔木兹城；三是霍尔木兹岛。我国文献中记载的霍尔木兹主要描述的是整个霍尔木兹地区，甚至波斯湾。本文主要讨论的是第三个方面的内容，即霍尔木兹岛。

霍尔木兹的得名，有几种不同的说法。[④] 第一种说法是，1100 年阿拉伯人在海峡中的霍尔木兹岛上建立了霍尔木兹阿拉伯王国，海峡由此得名。第二种说法是，霍尔木兹是波斯民族的萨珊王朝第四位国王的名字，"霍尔木兹"在波斯

① 《马可波罗行纪》，冯承钧译，党宝海新注，河北人民出版社，1999 年，第 99 页。
② Hamd Allah Mustawfī, *Nuzhat al-Qulūb*, "E.J.W.Gibb Memorial" Series, Volxxīi, London: Luzac, 1915, p.116（以下简称 *al-Qulūb*）。
③ Abu-l-Fidā, *Taqwīm al-buldān*（《地理学》）, V2, trans. by Reinaud De Slane, Paris, 1848, p.96（以下简称 *Taqwīm al-buldān*）。
④ 屈庆全、吕松：《世界一些海峡名称的由来》，《教育艺术》2008 年第 2 期，第 40—41 页。

语中意为"光明之神"。[1]第三种说法是，马其顿国王亚历山大大帝派大将霍尔木兹雅率舰队出没于此，并在海峡中的一个无名岛上停泊。后来为了纪念这位舰队统帅，便把他的名字"霍尔木兹雅"作为海峡和那个无名岛的名字。以后，这个希腊人的名字慢慢阿拉伯化，变成了今日的"霍尔木兹"。第四种说法是"霍尔木兹"一名来源于葡萄牙人。1507年葡萄牙殖民者入侵后，发现这一带贸易兴隆，用葡萄牙语命名为Ormucho，意为这里金子多，后来Ormucho就演变为岛屿和海峡名。

上述各种说法似乎都有些依据，但不一定可靠。霍尔木兹来是琐罗亚斯德教神明的名字，后来成为很多国王名字，尤其萨珊王朝国王名字。波斯人的传统就是用国王名字来命名地名，这在今天的伊朗还保留很多，如内沙布尔、费鲁兹阿巴德、图斯等。

因此，本文以为霍尔木兹名称来源于波斯国王的名字，而这个海峡和岛名称源于1300年对岸霍尔木兹城搬迁加伦（Jarun）岛或吉伦（Jirūn）岛上，建了新霍尔木兹城，由此岛名变成了霍尔木兹岛，此地海峡也称霍尔木兹海峡。至于希腊人大将的名字，实际上就是一位波斯人的名讳，不是希腊人的名讳，希腊人称此岛为奥尔甘娜（Organa）。至于葡萄牙语的名称，完全是附会，Ormucho实际就是Hormuz的转音，14世纪的波斯文献写作Urmūs。[2]

用霍尔木兹命名整个地区和海峡是因为在中古时期，这里是波斯湾重要的贸易中心。就是在新霍尔木兹岛兴建之际，伊利汗国的穆斯塔菲多次提到霍尔木兹地区以及霍尔木兹岛。他说：基什岛到乌尔姆斯（Urmūs，即霍尔木兹）岛有25法尔萨赫，从设拉子到霍尔木兹岛有95法尔萨赫。还说霍尔木兹岛距离海岸线有4法尔萨赫。[3]这一名称和元明文献中的忽鲁谟斯暗合。

霍尔木兹地区地处副热带，属热带沙漠气候，终年炎热干燥，表层水温年平均为26.6℃，最热月（8月）达31.6℃，最冷月（2月）为21.8℃。高温、干燥促进海水蒸发，而年降水量只有300毫米，结果增大了海峡内海水的含盐量。

其最重要的地理坐标就是海峡，东西长约150公里，最宽处达97公里，最狭处只有38.9公里；南北宽56—125公里，平均水深70米，最浅处10.5米，最深处219米。海峡中多岛屿、礁石和浅滩。今天其为连接中东地区的重要石油产地波斯湾和阿曼湾的狭窄海峡，亦是阿拉伯海进入波斯湾的唯一水道。[4]海峡北岸是伊朗，有阿巴斯港；海峡南岸是阿曼，海峡中间偏近伊朗的一边有一大岛叫格什姆岛，北方有霍尔木兹岛等，皆是伊朗的岛屿。历史上霍尔木兹地区尽管很重要，但与今天相比，逊色很多。因古代这里虽是东西方国家间文化、经济、贸易的枢纽，但不一定是必经之路，可以选择陆路或者绕道。20世纪以后，海湾地区或者中东地区成为最重要的油气产地，巨型油轮的唯一通道，成为西方列强争夺之地，也是地区国家所仰赖的战略要地。这里成为

---

①   Abu-l-Fidā, *Taqwīm al-buldān*, V2, pp.28,98.

②   Hormuz Island, https://encyclopedia.thefreedictionary.com/Hormuz+Island.

③   Hamd Allah Mustawfī, *Nuzhat al-Qulūb*, p.177.

④   David E. Long, *The Persian Gulf*, Routledge, 2019, p.1.

当今全球最为繁忙的水道之一，又被称为世界重要的咽喉，具有十分重要的经济和战略地位，因此霍尔木兹海峡被誉为西方的"海上生命线""世界油阀""石油海峡"。

霍尔木兹岛是霍尔木兹地区的有机组成部分，面积大约 12 平方公里，离海岸线 8 公里，亦译为荷姆兹岛，波斯语称作 Jazireh-ye Hormoz，亦作 Ormūz。霍尔木兹岛是多山岛屿，而霍尔木兹村是唯一居民点，输出红赭石。但是地理位置十分优越，它与伊朗最大的岛屿格什姆岛共同遏制波斯湾的出口，与阿曼的穆桑达姆半岛隔海峡对峙。霍尔木兹岛在霍尔木兹海峡区域是比较小的岛屿，而且它南方有拉热克（Lārak）岛，拉热克岛与阿曼角之间形成了主航道。

古代这里就是贸易十字路口，至 1200 年前后垄断了波斯湾与印度和中国的贸易。伊利汗国早期，这里是主要的税收来源地。1315 年前后，霍尔木兹旧城统治者在加伦岛上建立了新霍尔木兹城，躲避盗贼和伊利汗国的打击，这里逐渐成为波斯湾重要的贸易中心。14、15 世纪后的元明时期，汪大渊、郑和访问过这一地区，留下大量资料。这里一度被帖木儿帝国占领。16 世纪以后，此地成为萨法维王朝的一部分。1507 年，霍尔木兹岛被葡萄牙殖民者攻占。1621—1622 年，葡萄牙人以霍尔木兹岛为基地，劫掠波斯湾沿海地区。1622 年，在英国海军的帮助下，霍尔木兹岛被伊朗收复。1798—1868 年，霍尔木兹岛及邻近的杰舒（Jeshun）岛和伊朗本土的阿巴斯港被租给马斯喀特（Muscat）和阿曼的统治者。现除葡萄牙人建造的城堡要塞外，几乎没留下任何名胜古迹。

2. 文献对霍尔木兹地区的记述

（1）11 世纪以前的文献记载

由前文的概要得知，霍尔木兹地区地理位置十分重要，在商业和军事上占有显要的位置，在历代文献中留下了大量记载。该岛在大食帝国早期就是克尔曼省的主要市场，经营棕榈、靛青、谷物和香料，9—10 世纪的文献中提到了霍尔木兹。[1]《道里邦国志》说："从伊本·卡旺（Ibn Kāwan）岛到乌尔木兹（Urmūz，霍尔木兹）为 7 法尔萨赫。"约 43 公里，这里的霍尔木兹不是霍尔木兹岛，而是该岛东北部的霍尔木兹旧城。该书又说从基什（Kis，即 Kesh）到伊本·卡旺岛有 18 法尔萨赫，[2] 也就是约 115 公里。这一距离恰好就是到现在的格什姆岛距离。还说这个岛面积为 3 法尔萨赫平方公里，即约 121 平方公里，岛上有居民。但有学者肯定说该岛就是霍尔木兹岛。[3] 但这与《道里邦国志》记载不合，因为霍尔木兹岛面积很小，且和路程不相符。

10 世纪的穆卡迪斯说：霍尔木兹岛距离卡拉增（Kārazīn）有 1 站路。[4] 也就是约 35—40 公里。卡拉增这一地名可能存在拼写错误，应该是

① Muqaddasī, *The Best Divisions for Knowledge of the Regions*, p.401.
② 〔阿拉伯〕伊本·胡尔达兹比赫：《道里邦国志》，第 65 页。
③ 〔英〕G. 勒·斯特兰奇：《大食东部历史地理研究——从阿拉伯帝国兴起到帖木儿时期的美索不达米亚、波斯和中亚诸地》，韩中义译，社会科学文献出版社，2018 年，第 457 页（以下简称《大食东部历史地理研究》）。
④ Muqaddasī, *The Best Divisions for Knowledge of the Regions*, p.401.

达拉增（Darazhin）。[1] 他还说："霍尔木兹城距离海（波斯湾）有 1 法尔萨赫。这里酷热。清真寺修建在市场里。这里的饮水取自运河的淡水。市场就在主街上。这里用土夯建房。"[2] 这座城市就是旧霍尔木兹城，也就是今天的米纳卜城所在地。[3] 他还提到霍尔木兹地区。[4] 比他稍早的《世界境域志》却说："霍尔木兹距离海有半法尔萨赫，而且气候炎热，是克尔曼的货物集散地。"[5] 这条文献记载说旧霍尔木兹城离海只有 3 公里多一点，而且提供的重要信息就是这里为克尔曼地区的贸易中心和沿海重镇。伊斯塔赫尔说这里距离海 1 法尔萨赫，城里有大寺和大货栈，仓库在 2 法尔萨赫的周边农村，产高粱、蓝靛、粮食、小茴香（孜然）、椰枣等。[6]

据现代卫星地图测量可知，旧霍尔米兹城所在的米纳卜离海有 27 公里，因此穆卡迪斯、伊斯塔赫尔等人的记载相对准确一些。这座沿海城市的地位相当重要，将克尔曼地区和锡斯坦地区连接了起来。[7]

10 世纪后半叶到 1055 年是布伊王朝统治法尔斯地区的时期，其也控制着波斯湾，尤其是霍尔木兹地区。由此霍尔木兹在中西贸易中，特别是在宋朝贸易中发挥了相当重要的作用。《密斯卡威史》记述 970 年 12 月布伊王朝统治者阿杜德道拉（Adhud Dawlah）的将领阿比德·本·阿里（'Abīd B. Alī）横扫了克尔曼地区，并将其势力范围扩张到霍尔木兹、提兹（Al-Tīz）、马克兰等地，并自立为主。[8] 伊本·阿西尔在《全史》（Al-Kāmil Fī al-Tarīkh）中只是重复了《密斯卡威史》的记述，没有增加新内容。[9] 但这些记述凸显了该地区的重要性。

（2）11—13 世纪霍尔木兹地区的历史变迁

11 世纪，名义上波斯湾受到塞尔柱王朝的统治。12 世纪，随着塞尔柱王朝四分五裂，法尔斯地区出现塞尔柱后裔阿塔毕政权，尤其在萨尔古尔王朝（Salghurids，1148—1282）时期控制着波斯湾地区。此时，也门人越过波斯湾占领了霍尔木兹地区，建立了旧霍尔木兹国，先后委身于克尔曼塞尔柱王朝、萨尔古尔王朝、伊利汗国。[10] 这个旧王国从 1100 年统治到 1243 年。[11] 此时是沙哈布丁·马哈穆德（Shahab al-Din Mahmud）统治时期。[12] 12 世纪的伊德里斯对当时的旧霍尔木兹记述称："霍尔米兹城是克尔曼地区的主要市场所在地，是座又大又漂亮的城市。此地也种植孜然

① Muqaddasī, *The Best Divisions for Knowledge of the Regions*, p.409；Istakhri, *Kitāb al-Masālik wa al-Mamālik*, BGA, V1, Paris, 1967, p.169.
② Muqaddasī, *The Best Divisions for Knowledge of the Regions*, p.409.
③ 〔英〕G. 勒·斯特兰奇：《大食东部历史地理研究》，第 456 页。
④ Muqaddasī, *The Best Divisions for Knowledge of the Regions*, p.413.
⑤ Anonymous, *Hudūd al- 'Ālam*（《世界境域志》）, trans. and explained by V. Minorsky, London: Luzac & Co., 1970, p.124.
⑥ Istakhri, *Kitāb al-Masālik wa al-Mamālik*, p.169.
⑦ 〔英〕G. 勒·斯特兰奇：《大食东部历史地理研究》，第 456 页。
⑧ *Miskawaihi, Kitāb Tajārub allumamī*（《密斯卡威史》）, 收入 *The Eclipse of the 'Abbasid Califate*（《阿拔斯帝国衰亡史汇编》）, V5, trans. by D.S. Margoliouth, Oxford, 1921, p.321。
⑨ Ibn Athir, *Al-Kāmil Fī al-Tarīkh*, V7, Beyrut, 1987, p. 325。伊本·阿西尔将提兹（Al-Tīz）抄录成提尼（Al-Tīn）。这是马克兰地区阿曼海岸边的港口城市，在中世纪很有名。
⑩ https://encyclopedia.thefreedictionary.com/Ormus.
⑪ Sir Arnold T. Wilson, *The Persian Gulf*, p.104.
⑫ Lawrence G. Potter, ed., *The Persian Gulf in History*, p.91.

（小茴香）和靛蓝。其质量无与伦比，有口皆碑，且大量外销各地。毛安（Maun）人和维拉斯吉尔德（Welasgerd）是种植这里作物的行家里手，他们精耕细作，由此有了主要的经济收入来源。这里还大量种植甘蔗，以及熬煮蔗糖。大麦是他们的主食，也是重要的农作物。此地也盛产椰枣。霍尔木兹城是建在叫作黑子（Heiz）珊瑚的长堤上。当地藩王就是通过长堤到城里的。"① 这说明在12世纪霍尔木兹周边地区获得了比较大的发展，而且是商业网络的重要环节，是整个丝路贸易体系的重要组成部分。12—13世纪波斯湾处在激烈动荡、战乱频繁的时期，给商业贸易造成了巨大损失。此时波斯湾先后受到塞尔柱王朝、花剌子模王朝、法尔斯阿塔毕三方争夺，霍尔木兹藩王游走于大国强权之间。沙哈布丁·马哈穆德去世，旧霍尔木兹国结束。鲁昆丁·马赫穆德·卡哈勒提（Rukn al–Din Mahmud Qalhati②）开启了新霍尔木兹国的时代（1249—1286）。③ 他在位时期是蒙古国和伊利汗国中期，表面上新霍尔木兹国是次一级的藩属，实际上是独立的。

马哈穆德去世后，其子努斯拉特（Sayf al–Dīn Nusrat）即位，但被其兄弟马苏德（Mas'ūd）所杀。效忠于马哈穆德与努斯拉特父子的巴哈丁·阿亚兹（Bahā' al–Din Ayāz）时任阿曼卡尔哈特的总督，起兵推翻了马苏德的统治，成为忽里模子的新国王。登基后，阿亚兹常往来于忽里模子和卡尔哈特两城之间；当他不在卡尔哈特时，其王妃比比·玛丽亚姆（Bībī Maryam）负责掌管卡尔哈特。从此，卡尔哈特成为忽里模子的第二首都以及印度洋地区的重要港口。13—15世纪，马可波罗、伊本·白图泰和郑和先后到访卡尔哈特。如前文所说，12—13世纪是霍尔木兹地区不断变化的时期，也是发展的大机遇期。有关内容，我们在后文继续讨论。

（3）13世纪以后霍尔木兹地区的历史变迁与贸易往来

13世纪以后，名义上这里是伊利汗国的统治地区，实际上被法尔斯阿塔毕所控制或者新旧霍尔木兹国控制，从中获取大量税收，也有相当一部分贡纳给了伊利汗国王庭。这里也是商人、使臣、旅行家等造访之地，留下了大量记载。

亚库特提到霍尔木兹城。亚库特说法勒（Fāl）城可以到达霍尔木兹城。通过这里可以到达基什岛。④

马可波罗曾两次访问属于伊利汗国的霍尔木兹及其岛，并做了详细记述。他从克尔曼经过14天路程，即约490公里，到了距霍尔木兹4日程远的地方。他说："已而又见一坡，长20哩，道路不靖，盗贼恶人充斥。抵此坡下，又见一平原，甚丽，名曰福鲁模思（Formose）平原。广二日

---

① Idrisi, *Géographie D'Edrisi (Nuzhat_al_muštāq fī 'khatirāq al–'āfāq)*, Paris, 1840, pp.423–424.
② 从此人的姓名后缀来看，出生于阿曼的卡尔哈特古城（Ancient City of Qalhat），即《岛夷志略》中的甘理，《郑和航海图》中的加剌哈。卡尔哈特古城位于阿曼苏丹国东海岸。11—15世纪，此城发展成阿拉伯的一座主要港口。它与阿拉伯其他地区、东非、印度、中国、东南亚之间有文化、商业往来。15世纪，卡尔哈特的港口地位逐渐被马斯喀特取代。15世纪后期，忽里模子和盖勒哈特经历了地震。趁着当地人灾后重建，葡萄牙人于1508年攻占卡尔哈特，将其洗劫一空并烧毁殆尽。至16世纪末，卡尔哈特古城几乎完全成为废墟。如今唯一较完整的建筑是比比·玛丽亚姆陵墓，今天是阿曼的旅游胜地。
③ Lawrence G. Potter, ed., *The Persian Gulf in History*, p.92.
④ Charles Barbier de Meynard, Yakut, p.415.

程，内有美丽川流。出产海枣及其他果物不少，并有种种美鸟无数。皆为吾辈国中所未见者。"①今天从克尔曼城到米纳卜城约 500 公里。由此可见吉罗夫特到法里亚布（Fāryāb）是山间平原，长 80—100 公里，这里还有吉罗夫特河与其他几条河流。最近伊朗德黑兰大学历史学系教授穆罕默德·博格尔·乌苏吉（Muhammad Bāqir Vusūqī）结合文献记述和实际考察，对克尔曼（起儿漫）到霍尔木兹（忽鲁模思）路线，尤其对马可波罗记载的模糊地名进行了分析和考证。他将留翰巴儿勒（Reobarles）或别翰巴儿勒（Beobarles）比为鲁德巴尔（Rudbar），②但也有些问题，因鲁德巴尔比较靠南，距离吉罗夫特比较远，有二日程之地，差不多与法里亚布平行，是吉罗夫特—鲁德巴尔—法里亚布平原的组成部分，也就是马可波罗所说的福鲁模思平原。

古典地理文献和近代西方游记都记述过这一平原，但没有给出具体的名称，只是笼统地说吉罗夫特—鲁德巴尔—法里亚布一线有平原、河流、田地、果园、各种物产等，一如马可波罗所记。马可波罗提到平原距离霍尔木兹（新）旧城还有一段距离。他说：

> 骑行二日，抵于大洋，海边有一城，名曰忽鲁模思（Ormus）。城有港，商人以海舶运载香料、宝石、皮毛、丝绸、金锦与夫象牙暨其他货物数种。自印度来此，售于他商，转贩世界各地。此城商业极其繁盛，盖为国之都城。所属城村不少。国王名称鲁墨耽阿合马（Ruomedam Ahomet）。阳光甚烈，天时酷热。城在陆上，外国商人殁于此者，国王尽取其资财。③

这里非常清楚地记载了经过前文提到的平原骑行 2 天即约 80 公里就到海边的霍尔木兹城，这里显然是旧城，和古典地理文献记载基本相吻合。商人贩运舶来的奇货多来自印度，商业繁荣，被独立藩国所控制，与汪大渊、其他记述是比较吻合的，足见这里的繁华和在东西贸易中的优越地位。④

他还详细记载了当地的物产、饮食、造船等：

> 此地用香料酿海枣酒，甚佳。初饮此酒者，必暴泄，然再饮之，则颇有益，使人体胖。其地之人惟于有病时食肉与面包，无病食之则致疾。其习食之物，乃为海枣、咸鱼、枸橼、玉葱。其人欲保健康，所以用玉葱代肉。其船舶极劣，常见沉没，盖国无铁钉，用线缝系船舶所致。取"印度胡桃"（椰子）树皮捣之成线，如同马鬃，即以此线缝船，海水浸之不烂，然不能御风暴。船上有一桅、一帆、一舵，无甲板。装货时，则以皮革覆之，复以贩售印度之马置于革上。既无铁作钉，乃以木钉钉其船。用上述

① 《马可波罗行纪》，第 113 页。

② 〔伊朗〕穆罕默德·博格尔·乌苏吉：《马可·波罗足迹考：从伊朗起儿漫到忽鲁模思的往返路线》，《新丝路学刊》2019 年第 1 期，第 17—29 页。

③ 《马可波罗行纪》，第 113—115 页。

④ Peter Nolan, *The Silk Road by Land and Sea*, *Horizons: Journal of International Relations and Sustainable Development*, No.4, Special Double Issue: A Tale of Two Planets (Summer 2015), pp.142–153.

之线缝系船板，所以乘此船者危险堪虞，沉没之数甚多。盖在此印度海中，有时风暴极大也。……船虽不坚，然有时不致破损者，盖有鱼油涂之。

马可波罗尤其记述造船甚详细。这里造船不是用钉子，使用棕榈树纤维制造绳子来捆绑制作船只，还对船只采取涂油的防护措施，相对粗糙，因此很容易出事故。船只有单桅、单帆、单舵，无甲板，但行驶时使用兽皮覆盖在船上，如同甲板。这些船只虽然不够牢靠，但千百年来往返于中国、印度、非洲与波斯湾，在海上贸易往来中占有十分重要的地位。马可波罗之前的胡斯罗在行纪中也提到了波斯湾有种船叫作布斯（Busi），船上乘坐了很多人，并祈祷道："布斯啊，愿主带给平安！"[1]

马可波罗还对这里人的肤色、宗教信仰以及气候、人文景观等做了记述："其人色黑，崇拜摩诃末。其地天时酷热，居民不居城中，而居城外园林。园林之间，水泉不少。虽然如是，若无下述之法，仍不能抵御此热。夏季数有热风，自沙漠来至平原。其热度之大，不知防御者遭之必死。所以居民一觉热风之至，即入水中，仅露其首，俟风过再出。""除海枣延存至5月外，别无青色植物，盖因热大，植物俱干也。"他对这里的气候记述十分准确，波斯湾尤其霍尔木兹地区十分炎热，五月后只有椰枣树会生存，其他植物都会枯死。这一方面是因干旱少雨，另一方面是因靠近沙漠戈壁，加之处在热带地区，气候炎热。但这

里的人在热浪涌来时会用土办法避暑，就是把自己泡在水中以避热风。

他还说这里种植冬小麦和其他作物，"每年11月播种小麦、大麦及其他诸麦，次年3月收获"。他对霍尔木兹地区种植冬小麦的记述十分准确。实际上绝大多数的冬小麦是在9、10、11月播种，这主要取决于当地气候，越是寒冷的地方播种越会提前；收割也是如此。若气候热收割就早，相反就晚，最晚到8月底，如扎格罗斯山脉高寒地区。

马可波罗记载了当地居民的葬俗，具体见后文讨论。他还记述了从霍尔木兹到克尔曼、印度、锡斯坦等地的道路。其称："兹置此地不言，至关于印度者，后再述之。今往北行，从别一道复至起儿漫城，盖赴别地者，不能不经过起儿漫也。君等应知忽鲁模思国王鲁墨耽阿合马是起儿漫国王之藩臣。从忽鲁模思还起儿漫之途中，路见天然浴泉不少。地为平原，城市甚众，果实亦多，其价甚贱。面包甚苦，非习食者不能食，缘其水甚苦也。上述之浴泉可治癣疥及其他数种疾病。"

这些记述和其他文献参证，就可以了解霍尔木兹地区的道路网络。马可波罗还说：大不里士城"位置适宜，印度、报达、毛夕里、格儿墨昔儿（Guermessir）及其他不少地方之商货辐辏于此"。该行纪注释称："波斯湾东北沿岸之地，包括忽鲁模思（Ormuz）及其他沿岸诸港。"[2]格儿墨昔儿是波斯语，含义为"热带地区"，特指波斯湾沿岸气候炎热地区，也包括霍尔木兹地区。由

---

[1]　Naser-e Khosraw, *Book of Travels*, trans. by Thackston, Albany, N.Y.1986, p.96.
[2]　《马可波罗行纪》，第90—91页。

此说明霍尔木兹岛是巨大的网络体系中的重要一环，从这里经海路结合陆路就可以到大不里士或元朝人都。

马可波罗到霍尔木兹海峡地区之时，"忽鲁模思国王鲁墨耽阿合马是起儿漫国王之藩臣"。尽管这里是独立的，但是属于起儿漫（克尔曼）国王的藩属，而克尔曼又是伊利汗国的藩属，双重藩属，这里自然与伊利汗国关系也很密切。

马可波罗走后几年，霍尔木兹形势发生了变化，那古答儿和哈剌兀纳蒙古部落不断袭击克尔曼到霍尔木兹地区路途中的人。14世纪初，一位不知名作者所著《帝王史》（*Tārīkh-i-Shāhī*）"一万军队从那古答儿到达法尔斯（Fārs）和起儿漫时，沿途摧毁各省，掠夺和杀害人民的故事"一章中记述：

> 一千多名士兵从迪克巴克里（Dik-i-Bakrī）向只鲁夫惕（吉鲁夫特）行进的过程中，毁坏该地区，杀害人民，浪费粮食，转移了牲畜，然后他们继续朝着忽鲁模思前行，通过萨苏朗（Sarsurān）到达卡凡（Khāvan），并摧毁了该地区。他们继续抢劫商人，杀害百姓，抢夺穆斯林的妻儿。然后，他们又去向塔兹亚（Tāziyā）城堡，到达了曲列斯单（Kowristān），这是伊拉昔思丹（Irāhistān）靠近法尔斯海的边界，而法尔斯海则可以通往伊鲁（Īlū）和帕图（Patū）以及附近的热带地区，直至阿拉伯人民放牧的地方——法鲁（Fāl）①和曲兰（Kurān）。这

个富庶地区幅员辽阔、家畜成群，如同起儿漫和忽鲁模思一般，而侵略者们掠夺的钱财、家畜、货物和设备，难以计数。彼时法尔斯省的统治者蔑利克·赡思丁·塔兹库（Malik Shams Al-ddīn Tāzīkū），就拥有该省的十二万头骆驼。可以想象被掠夺并转移的牲畜的数量多么可观。当时，在也里（Hirāt）聚集了两三千名精神亢奋的士兵——历史上从未出现过如此吸引人的场景。②

1300—1302年，伊利汗国历史学家沙拉夫·阿尔丁·阿卜杜拉·设拉子（Sharaf al-Dīn 'Abdullāh Shīrāzī）在他的《蒙古史》"那古答儿袭击法尔斯"一章中记述："在回历677年（公元1278年），起儿漫派遣一位特使前往泄剌失（Shīrāz），告知昔思丹（Sistān）将入侵那古答儿、起儿漫，然后达到泄剌失。人们听闻此讯，大为恐慌，随即开始准备自卫，并加固城墙，挖掘水沟。"入侵造成了很大的破坏，吉罗夫特到克尔曼的道路不宁，霍尔木兹（Bandar-i-Hurmuz）城人纷纷逃往霍尔木兹海岛上。马可波罗之后50年，霍尔木兹的一位统治者图兰沙阿（Turānshāh，1346—1377）写了本《图兰沙希王书》（*Shāhnāmeh Turānshāhi*），书中也记载了蒙古部落袭击克尔曼与法尔斯地区的状况，其称：

> 在回历700年（公元1302年），突厥军

---

① 即法勒。

② 此处内容根据〔伊朗〕穆罕默德·博格尔·乌苏吉《马可·波罗足迹考：从伊朗起儿漫到忽鲁模思的往返路线》（《新丝路学刊》2019年第1期）写成，特此说明。

队横空出世，他们征服了波斯的大片土地。他们先攻打了起儿漫（克尔曼）王国，紧接着攻打了忽鲁模思，随后弃之如敝屣；要是他们能就此收手便好。然而，由于在被征服的土地上发现了大量的财富，他们频繁地回到这些地方来进行掠夺。忽鲁模思人无法抵抗突厥的侵略，最终决定放弃这片土地。奎克索姆岛（The Isle of Queixome），亦称为布罗特岛（Broct），位于波斯海岸，与波斯仅相隔一条狭窄的海湾，长25里格，宽为2到3里格[①]。忽鲁模思人自愿听从阿亚兹（Ayāz）的指令，随身携带他们在原先土地上剩余的东西，逃离了突厥人的暴力行径。

从文献记载看，从13世纪下半叶到14世纪上半叶相当长的一段时间内，那古答儿部落在南部和法尔斯大片区域进行了洗劫，造成了巨大的损失和破坏。[②]因此，霍尔木兹大陆地区由于不断受到各种势力的袭扰，1296年，巴哈丁·阿亚兹将都城从旧霍尔木兹城先迁至基什（记施）岛，后迁到加仑（Jarun）岛，同一年登基。这里兴建了城市，此岛也就被称为霍尔木兹岛。这里成为波斯湾14—16世纪的主角。

文献记述从沿波斯湾的旧城陆续搬迁到霍尔木兹岛，此后逐渐发展起来，到1315年建成了新霍尔木兹城，距离岸边有1里格即1法尔萨赫。[③]也有说是1330年已经建好了新城。[④]岛主就是伊本·白图泰素丹古图本丁·台曼赫坦·伊本·图詹尼·沙（Qutb al-Dīn Tamahtan [Tahamtan] b. Tūrān-Shāh，即图兰沙）[⑤]。经过十几年发展，新霍尔木兹城成为一座繁华的港口城市。

和伊本·白图泰差不多同时代的阿卜勒菲达（Abul Fida）说："我们这个时代任何人一个去过（旧）霍尔木兹城都称：'霍尔木兹旧城被入侵的鞑靼人毁掉了。（多数）居民已经迁移到扎伦（Zarun，即加仑）岛上，为霍尔木兹旧城的西边海岛。只有一小部分的穷苦人还留在霍尔木兹旧城。'但历史文献告诉我们，蒙古人几乎没有触碰到克尔曼海岸（波斯湾）。"[⑥]

中国文献中最早出现霍尔木兹之名的应是《诸蕃志》，记作"甘眉"，属于大食属国。[⑦]到了元代，与伊利汗国的交往频繁起来，文献记载地也逐渐清晰准确。诸如元世祖忽必烈时期和伊利汗国有联系，他们交往的路线通过海上到霍尔木兹道，然后到汗国的都城。诸如元至元二十年（1283），孛罗受命出使伊利汗国，其副手为元朝任命的叙利亚人聂思脱里教徒爱薛。他们取道海路，于次年在霍尔木兹（忽鲁谟子）登陆，而

---

① 即league，等同于波斯里程单位法尔萨赫。
② 此处内容根据〔伊朗〕穆罕默德·博格尔·乌苏吉《马可·波罗足迹考：从伊朗起儿漫到忽鲁模思的往返路线》（《新丝路学刊》2019年第1期）写成，特此说明。
③ 〔英〕G. 勒·斯特兰奇：《大食东部历史地理研究》，第457页。
④ 〔摩洛哥〕伊本·白图泰：《异境奇观——伊本·白图泰游记》，李光斌译，海洋出版社，2008年，第260页注释8。
⑤ 此人在14世纪初开始控制霍尔木兹岛及其沿岸地区，名义上是克尔曼地方王朝和伊利汗国的属国，14世纪末被帖木儿所败，该王朝一直持续到穆扎法尔王朝中叶的15世纪初，也就是明永乐时期。郑和舰队访问波斯湾到的应该就是这个王朝的控制地区，但势力已经衰微。
⑥ Abu-l-Fidā, *Taqwīm al-buldān*, p.96.
⑦ （宋）赵汝适：《诸蕃志》卷上，第90页。

后沿波斯法尔斯北上，于 1284 年 10 月到达阿兰（阿塞拜疆境内），朝见了伊利汗阿鲁浑汗。[①]

又如 1953 年在我国泉州发现的一方墓碑，其刻有汉字云："大元进贡宝货，蒙圣恩赐赍。至于大德三年（1299）内，悬带金字海青牌面，奉使火鲁没思（即忽鲁模思，今作霍尔木兹——笔者注）田地勾当。蒙哈赞大王（即合赞汗——笔者注）特赐七宝货物，呈献朝廷，再蒙旌赏。自后回归本家，不幸大德八年十……"[②] 由碑文可知，当时元朝与伊利汗国之间关系密切，交往通过海上丝路，而霍尔木兹港在其中发挥着重要作用。又如杨枢两次到波斯。[③] 杨枢大德五年（1301）率领"官木船"到了马八儿，在那里遇见伊利汗国合赞汗的使臣那怀，于是他们一同启程航向元朝。杨枢与那怀在马八儿和前往中国的航程中结下了友谊。那怀入元完成使命后，准备回波斯复命。返航前，他向元成宗提出仍派杨枢护送他回国，得到元政府批准，且加封杨枢为"忠显校尉海运副千户"。大德八年（1304）冬，杨枢再次举帆，与那怀一起远航伊利汗国之境。此行历时三年，于大德十一年（1307）方抵霍尔木兹（忽鲁谟斯）。杨枢在伊利汗国购置了当地良种白马、黑犬、琥珀、葡萄酒等，满载而归，往返共历时五年。杨枢到的应该是霍尔木兹旧城，而不是新城。《元史》载：大德八年（1304）秋七月癸亥，"诸王合赞自西域遣使来贡珍物"。又说：元仁宗延祐

六年（1319）夏四月"丙辰，诸王合赞薨"。[④] 最后一条有些奇怪，此时合赞汗已经去世 15 年了（大德八年）。

和上文大德年间元朝与之往来的中文文献的记载同时，波斯文献《瓦萨夫史》中也有长篇记述伊利汗国尤其霍尔木兹与元朝交往的内容，并提到了奉伊利汗国合赞汗之命法赫尔丁·阿合马（Fakhruddin Ahmad）带各种宝物珍品于 1297 年（回历 679 年）到元成宗（Timūr Qān）宫廷，在元朝境内受到一路欢迎，并被护送到大都附近的上都。他们在元朝腹里住了四年（1301），带着元成宗（铁穆耳合罕）给合赞汗的回礼返回，经过三年（公元 1304 年 / 回历 704 年）到了波斯湾。但距离基什岛不远发生了海难，法赫尔丁·阿合马去世了。[⑤] 这些内容和杨枢使伊利汗国、合赞汗"遣使来贡珍物"可以相互印证，但是否同一件事还有待于考察。

《完者都史》提供了元朝与伊利汗国交往的更多细节，其记述回历 704 年 2 月 17 日（公元 1304 年 9 月）铁穆耳合罕的使臣到了，是出自逊都思部的探马赤（Tamāchī）、札剌亦儿部的脱而赤颜（Tūrchiyān）、札八儿火者（Ja'far Khwājah）之后穆思塔法火者（Mustafā Khwājah）。[⑥] 这里十分明确地记载了时间和人物的名字，应该可以说伊利汗国与元朝两地间的使臣往来频繁。但他们走的不是水路，也就是没有经过霍尔木兹，走的

① 刘迎胜：《丝绸之路》，江苏人民出版社，2014 年，第 463—464 页。
② 吴文良、吴幼雄：《泉州宗教石刻》，科学出版社，1984 年，第 643—644 页。
③ 据《松江嘉定等处海运千户杨君墓志铭》，杨枢"于大德八年（1304）发京师，十一年（1307）抵忽鲁模思（Hormuz）"，见（元）黄溍《金华黄先生文集》卷 35，《四部丛刊》本，中华书局。
④ 《元史》卷 21《元成宗本纪》，中华书局，1976 年，第 460 页；《元史》卷 26《元仁宗本纪》，第 589 页。
⑤ Wasaf, *Tarikh-i Wasaf*, Danisgah-iTehran（德黑兰大学），2022, pp.506–508。
⑥ 此为邱轶皓译文调整而成。也见波斯文本《完者都史》，第 31—32 页（Abu al-Qasim Abdallah Qashani, *Tarikh-i Uljaytu*, Tehran, 1969，以下简称 *Tarikh-i Uljaytu*）。

应该是陆路，因同时提到海都之子察八儿、都哇的使臣。[①]

这些信息也反映在 1304 年的《大德南海志》中，其作阔里株（抹）思，[②] 是 Hurmuz 的音译。《元史·地理志·西北地附录》作忽里模子。这些文献中只是提到了霍尔木兹，没有做任何描述，但从靠近的城市或地望来看就是霍尔木兹地区，具体新城还是旧城没有提供更多细节。

霍尔木兹岛君主和周边附近地区保持着往来，尤其和也门关系密切。1317—1318 年（回历 717 年），霍尔木兹主派使臣带着礼品和奇货到也门君主处，也门君主也回了价值相称的各色礼品。[③]

鄂多立克[④] 大致在 1322 年之前就登陆霍尔木兹岛，并记述称：新霍尔木兹城对岸，盛产椰枣，价格实惠。此城"我抵达海岸上的第一座城市是忽里模子（Ormes），这是个壁垒坚固、奢华商品充斥的城市。[该城系在距大陆约五英里远的岛上；其上不生长树木，亦无淡水。确实盛产面包、鱼和肉。但它不是个卫生的地方，生命无保障，热得难以置信。男人和女人都很高大。]"[⑤]

1330 年，汪大渊从泉州出发，1334 年返回。[⑥] 他到达波斯湾时，正是霍尔木兹新建不久的时期。他称霍尔木兹岛为甘埋里，并记载：

> 甘埋里，其迤南冯之地，与佛郎相近，乘风张帆二月可至小咀喃。……所有木香、琥珀之类，均产自佛郎国[⑦]来，商贩于西洋互易。去货丁香、豆蔻、青缎、麝香、红色烧珠、苏杭色缎、苏木、青白花器、瓷瓶、铁条，以胡椒载而返。椒之所以贵者，皆因此船运去尤多，较商舶之取，十不及其一焉。[⑧]

汪大渊对霍尔木兹制作船的办法以及船质量不够优良的记述和马可波罗完全一致，说明此时的造船术沿用了古代的技法，尤其没有甲板，而用乳香作为压舱物，上面运送马匹，以及其他货物。此地贸易十分繁盛，逐渐代替了撒那威港。当地文献对霍尔木兹也有大量记载，后文提及。

伊本·白图泰访问霍尔木兹地区时比汪大渊

---

① 刘迎胜：《察合台汗国史研究》，上海古籍出版社，2006 年，第 329—340 页。

② （元）陈大震：《大德南海志》卷 7，第 20 页，《宋元方志丛刊》本，第 8432 页。又见《元大德南海志残本（附辑佚）》，中华书局，1990 年，第 8432 页。

③ A.H.El-Khazrejiyy, *Pearl-Strings,Histotry of the Resūliyy Dynasty*, trans. by Sir James W.Redhouse,V.1, p.313, V.2, London, 1906, pp.217-218.

④ 鄂多立克（Friar Odoric, 1265—1331）是罗马天主教圣方济各会修士，他是继马可波罗之后来到中国的著名旅行者。大概在 1321 年他从君士坦丁堡前往濒临黑海的特拉比松，然后到埃尔兹伦、大不里士及孙丹尼牙。之后，经由设拉子，到了巴格达。在离开巴格达后，他去往波斯湾，在奥尔木兹登船，驶往沙尔塞特岛。几年前，有几位教友在那里遇难，鄂多立克收集起遗骨并装入行李，继续东行之旅。他驶向马拉巴，抵达旁达拉尼、葛兰等地；又去锡兰，以及马拉普，那里有教友圣托玛斯的祭坛。他的下一个目的地是苏门答腊，足迹所至有爪哇，或许还有婆罗洲、占城。大约 1322 年，鄂多立克在广州登岸。1328 年，鄂多立克离开大都，启程回国。经天德（今河套）、陕西、甘肃而至西藏，然后经中亚、波斯、阿拉伯等地，于 1330 年回到意大利帕多瓦。他口述了旅行的所见所闻及传教经历，由他人记录著成《鄂多立克东游录》。次年，这位旅行者在乌迪内修道院去世。

⑤ 《鄂多立克东游路》（合刊本），何高济译，中华书局，1981 年，第 38 页。又见 Yule, *Cathay and the Way Thither*, Vol. II, London,1913.

⑥ 汪大渊撰，苏继庼校释：《岛夷志略校释》，第 10 页。

⑦ Franki 的音译，本义指法国或法国人。引申指西方或西洋。

⑧ 汪大渊撰，苏继庼校释：《岛夷志略校释》，第 364 页。

晚2—3年，并对新旧霍尔木兹城以及相关的内容做了详细记述，而且他比较了解当地文化，也显得真实。他记述称：

> 我从阿曼地区去霍尔木兹地区^①。霍尔木兹是一沿海城市，对面海里是新霍尔木兹，两者相距为三法尔萨赫。不久。我们到达新霍尔木兹，这是一个岛屿，城名哲牢（Jarawn 或 Jarun，即加仑岛——笔者注）。是一座美丽城市，有热闹的市场，是印度信德的船只停泊口，从此将印度的货物运往两伊拉克（吉巴尔）、波斯（法尔斯）和霍腊散（呼罗珊）。素丹（苏丹）驻节于此。城所在的岛，为一日行程，多是沼泽地。山是食盐岩山，称做达拉尼（Dārābī）盐，岩盐可雕制装饰、器皿和灯台。当地的食物是鱼和从巴士拉、阿曼运来的椰枣。（缺 Khurmā wa māhī lūtī pādishāhnī 一句，意思是椰枣和鱼便是皇家御膳。）水在岛上较为稀贵，岛上虽有泉水和积存雨水的水池，但离城较远，人们带来水袋装满后，背到船上运往城内。我在清真大寺门与市场之间曾看到了一座奇怪的建筑，那是一个象小山岗一样大的鱼头，两眼象座大门，人们可以从一眼进去另一眼出来。在这里我会见了游方清廉（Sūfī）^②谢赫阿布·哈桑·吴格绥拉尼（Abu'l-Hasan al-Aqsarānī）^③，他原是罗姆（鲁姆，小亚细亚）人，承他款待和拜访我，并赠我衣服。离城六米里（哩）有一祠堂，据说是为先知海堆尔（al-Khidr）和先知伊德勒斯（伊德里斯，Idrisī 或 Ilyas）修建的，并说他们曾在此作过礼拜，而且显现灵迹。当地有一道堂，由一谢赫居住，供应过往行人，我在那里住了一日。我从此去拜访一位远在岛之尽端的清廉人士，他自己开凿了一个山洞居住，洞内有一道堂，一间小屋，屋内有一婢女。洞外有他的一批奴隶为他收放牛羊。该人原系巨商，朝圣后断绝一切关系，在此静修，而将其钱财交其弟兄从事贸易。我在此住了一夜，承他善意款待。^④

伊本·白图泰非常清楚地提到了沿海的旧城和霍尔木兹岛上的新城，两者相距3法尔萨赫，也就是约20公里，和现在卫星地图测量距离很接近，且说该岛周长有一天的路程，也就是30—40公里，和现代地图测量的基本一致。这座新城又被称为哲牢城，素丹驻跸于此，这座城市漂亮优美，市场繁华，有印度的商船，还有吉巴尔、法尔斯、呼罗珊、阿曼、伊拉克等地的商人。由此而论，泉州发现的墓志中有呼罗珊人，就不奇怪了，他们经过海路到达了泉州。他又提到这里的物产、水源、消费、寺院、名胜、建筑、道堂、陵园、修士等，即全景式地记述了霍尔木兹岛及其周边的状况。

---

① 英文译本 The Travels of Ibn Battuta A.D. 1325-1354（《伊本·白图泰游记》）（edited by H.A.R. Gibb, V.ī, Hakluyt Society, 1959, p.400）中，此地又叫 Mūghistān，《异境奇观——伊本·白图泰游记》中作穆厄伊斯坦（第260页）。

② 即修道者。

③ 此人来自鲁木国的阿克萨赖（Aqsaray），西亚和中亚的习惯就是将自己的出生地冠在姓名最后。因此有些中译本说他是拜占庭人显然不准确。

④ 〔摩洛哥〕伊本·白图泰：《异境奇观——伊本·白图泰游记》，第226页。

伊本·白图泰不仅记录了霍尔木兹岛的基本状况，而且记录了霍尔木兹岛的国王（素丹）的状况。这一资料十分重要而珍贵，原因就是他非常详细地记述了霍尔木兹王国，其控制范围是以霍尔木兹岛为中心控制着波斯湾沿岸的地区。

霍尔木兹素丹，他是素丹古图本丁·台曼赫坦·伊本·图詹尼·沙（Qutb al-Dīn Tamahtan [Tahamtan] b. Tūrān-Shāh），他是一位仁义素丹，为人谦恭下士，性格善良，他经常对来访的法学家、清廉人士或圣裔进行回访，以尽东道之谊。我抵该岛时，素丹正准备战争，忙于同他的弟兄尼杂门丁的两个儿子作战。当时全岛物价高涨。素丹的宰相舍木逊丁·穆罕默德·伊本·阿里（Shams al-Din Muhammad b. 'Ali），法官阿马顿丁·逊喀尔（'Imad al-Din al-Shawankarī）和部分贵人来看我，由于他们忙于战争，对我招待不周表示歉意。

我在此岛住了十六天，快要走时，我对一位同伴说："夜拜见素丹，怎好就走呢？"于是我们去宰相家，他家就在我们寄居的道堂附近。我对宰相说："我想向国王问安。"宰相说："奉安拉之名。"便拉着我的手去素丹处，素丹住在海岸边。他竟是一位身披既小又脏的大衣、头戴缠头、腰系手帕的老人。宰相向他问安，我也问安。在他身边的只是他的一位侄子，名叫阿里·沙·伊本·哲俩伦丁·肯智（'Ali Shah b. Jalal al-Din al-Kiji），我们都相识，我便同他攀谈了起来，我哪里知道那位老人就是国王啊！经过宰相

介绍，我很觉惭愧，不该迎上去同素丹的侄子聊天而置素丹于不顾。我向素丹道了歉。后来素丹起身回家，长官、大臣和官员都跟着。我随宰相进去，只见素丹仍旧穿着那套衣服端坐在宝座上，他手里有一串稀世的珠宝念珠，因为潜取珠宝的场地由他管辖。一位长官坐在他身旁，我挨着那位长官坐下。素丹询问我的情况，从哪里来，会见过哪些君王，我都一一作答。端上饭菜时，大家一齐就餐，但素丹未同他们吃。不久，素丹起立，我便告辞退去。素丹同他的两个侄子战争的原因，素丹有一次从他的新城乘船去旧霍尔木兹的花园庭院，两地相隔三法尔萨赫，前面已经谈过。而素丹的弟兄尼杂门下乘机造反，自封为素丹。岛上的百姓和军队也都拥护他。古图本丁考虑到难以保身，便渡海去上述的凯勒哈特（Qalhāt，阿卡尔哈特，甘理）城，那里原属他管辖。几个月后，他整顿船只回到该岛，当地人随同其弟将他打败，他回到凯勒哈特。如此者多次。看来只可计取了，于是他买通了他弟兄的妻妾之一，将其弟兄毒死，他才重返岛上。其弟兄的两个儿子携带钱财、细软、率领军队逃亡改斯岛，那里原是珠宝的潜场，竟变成了劫路强盗的巢穴，他们洗劫来自印度、信德和沿海一带的人，致使大部地区颓败。

这位国王是前霍尔木兹统治家族的后裔，在1319 年同他的弟弟尼扎木丁·凯库巴德（Nizam al-Din Kaiqubād）重新占领了霍尔木兹，1330 年或 1331 年占领了基什岛、巴林、卡提夫（Qatif）

港和麻楚勒（Māchūl）港。① 伊本·白图泰比较详细地描述了霍尔木兹国及其国王（素丹）的状况，尤其他的官僚组织、统治方式、兄弟与侄子间的矛盾、成功夺岛、侄子败北等状况。伊本·白图泰在岛上居住了 16 天后，离开了霍尔木兹岛。他说：

> 后来，我们离开哲牢岛，去混巴里（Khunju Pal）地方会见一清廉人士。渡海后，雇用土耳其（Turkman）人的牲口，他们是当地人，在这里旅行只有找他们作伴，他们既英勇又熟悉路途。这里有四日行程的沙漠，阿拉伯盗贼在此出没蹿径。阳历六、七月间会刮起毒风，遭遇毒风的人必死无疑。据说被这种风毒死的人，别人给他沐浴殓葬时，四肢都会脱落，沙漠里遇难者的荒冢比比皆是。我们夜里行进，日出后便在乳香树丛下停息，晡礼后再出发，直至日出。在此沙漠和其附近，有出名的劫路贼哲马勒·伦克（Jamal al-Luk）。②

混巴里（Khunju Pal）这一地名亦被亚库特提到，只是写法不同，记作法勒（Fāl），有学者专门研究了这一地名。③ 在旧霍尔木兹城不远地方刮毒风，这和马可波罗的记载很是相近，说明这

里气候炎热，需昼伏夜行，且盗贼横行。

伊本·白图泰记述之后约 20 年，卡兹·阿布都·艾再孜·尼米兹（Qazi Abd al-Aziz Nimdihi）详细记述了霍尔木兹岛各国的贸易与往来，其记述如下：

> 算端库图布丁（Sultan Qutb al-Din）确保自己国家在陆海上与阿拉伯人和非阿拉伯人对抗中稳定之后，他稳定统治和正义传递到古吉拉特各地的算端、印度国王(muluks)之地、信德、巴士拉、库法、阿曼、克尔曼、设拉子等。他准备了船舶，随时遣往各地。这里通过海路可与麦加、吉达、亚丁、索法拉（Sofala）、也门、中国、欧洲、古里佛（Calicut）、孟加拉等海港往来。原来优质的商品，由这里销往各地。（诸如）法尔斯、伊拉克、呼罗珊等所在地区城市中的名贵商品运输到这里。舶来品，十抽一。从（周围地区）带到呼罗珊的物品，这里也十抽一。直到现在，即本年（回历 747 年 / 公元 1346 年），荣光地在位 22 年后，归真。④

有关霍尔木兹的记载，除了上文提到的文献外，还有些文献，诸如《巴纳卡特史》中也提到了霍尔木兹。⑤ 卡尚尼的《完者都史》中提到了霍

---

① Mu'in ad-Din Natanzi, *Extaits du Muntakhab at-Tawarikh-i Mu'in*（《穆因史选》）, ed. by par J.Aubin Tehran, 1953,pp.103–105（以下简称 *at-Tawarikh-i Mu'in*）；〔摩洛哥〕伊本·白图泰：《伊本·白图泰游记》英译本卷 2，第 401 页。

② 〔摩洛哥〕伊本·白图泰：《异境奇观——伊本·白图泰游记》，第 219—220 页。

③ Jean Aubin, *La Survie de Shīlāu et la Route du Khunj-ō-Fāl*,Iran, Vol. 7, 1969, pp. 21–37.

④ Nimdihi, *Tabaqat-i Mahmud Shahi*, manuscript. 引自 Mohammad Bagher Vosoughi,*The Kings of Hormuz: From the Beginning until the Arrival of the Portuguese*, ed. by Lawrence G. Potter, *The Persian Gulf in History*, pp.89–104。

⑤ Dāvūd ibn Muḥammad Banākatī, *Tārīkh-i Banākatī, Rawżat Ūlā al-Albāb fī Ma'rifat al-Tavārīkh wa-al-Ansāb*〔《巴纳卡特史》（*Tārīkh-i Banākatī*）〕, ed., Ja'far Shi'ār〔Tehran, 1348（1969）〕,p.320.

尔木兹地区（岛）和霍尔木兹国王。[①]

这些记述反映了 13 世纪到 14 世纪末霍尔木兹的基本情况，因篇幅关系不展开讨论，未来另作专文讨论。

3. 15 世纪后的霍尔木兹地区

（1）15 世纪后国际形势的变化与郑和远航霍尔木兹岛的相关问题

15 世纪初，尽管伊利汗国早已灭亡，但一些被它统治过的藩国或直系分裂为小国，诸如札剌亦儿（Jalayirid）王朝以及帖木儿帝国等，它们先后统治了属于伊利汗国旧疆的霍尔木兹地区。霍尔木兹岛周边形势发生了比较大的变化，也促使霍尔木兹岛有了较大的发展。一个重要的原因就是帖木儿帝国对外征服活动基本结束，沙赫鲁统治时期比较重视东西方贸易。此时，白阿儿忻台、陈诚通过陆路访问了撒马尔罕、哈烈等地，而郑和从海路访问了波斯湾等地。

此时相关中文文献记载较多，主要有《明实录》《明史》《瀛涯胜览》《星槎胜览》《西洋番国志》《郑和航海图》等。《明史》摘录旧有史料，偶有补充新材料；《明实录》是当时官方档案，具有极高的权威性，但很多资料源自郑和随员的记录和奏报；后四本书是亲身经历的记述，彼此重复率较高，但具有很高的参考价值，尤其对物产、人文社会等方面的记录具有一定的客观性和全面性，有助于了解当时的文化社会生活。如下对相关文献记述做简单罗列和辨析。

《明实录》第一次提到郑和是洪武三十五年（建文四年，1402）十一月癸卯，"遣太监郑和祭乳母冯氏"。[②]此时，朱棣即位不久。而周边的国际形势就是帖木儿东征西讨，奥斯曼帝国正在崛起，欧洲处于黑死病的袭击下，金帐汗国在解体。到了永乐三年（1405），三宝太监郑和第一次受命下西洋，《明实录》载六月己卯，"遣中官郑和等，赍敕往谕西洋诸国，并赐诸国王金织文绮、彩绢，各有差"。[③]到了三佛齐[④]旧港。永乐五年（1407）九月壬子，"太监郑和使西洋诸国"。郑和船队携诸国使者、押陈祖义等俘虏还朝。[⑤]也就说郑和只到了东南的海岛，是一次成功的尝试。

郑和回国后，立即准备第二次远航，这次远航的主要任务是送外国使节回国，规模较小。郑和船队在永乐五年（1407）奉命出发，访问了占城（今越南中南部）、暹罗（今泰国）、爪哇和苏门答剌北部，目的地是印度洋的柯枝、古里（佛），印度的西海岸，连接西亚的贸易港。途中经过锡兰时，郑和船队向有关佛寺布施了金、银、丝绢、香油等。《明实录》载：永乐六年九月癸酉，"太监郑和等，赍敕使古里、满剌加、苏门答剌、（阿）阿鲁、加异勒、爪哇、暹罗、占城、柯枝、阿拨把丹、小柯兰、南巫里、甘巴里诸国，赐其王绵绮纱罗"。又永乐七年（1409）二月初一，郑和、王景弘立《布施锡兰山佛寺

---

① Abu al-Qasim Abdallah Qashani, *Tarikh-i Uljaytu*, p.320.
② 《明太宗实录》卷 14，台北：中研院历史语言研究所，1966 年，第 262 页。
③ 《明太宗实录》卷 43，第 685 页。
④ 三佛齐（阿拉伯语 Zabadj，爪哇语 Samboja），曾是大巽他群岛上的一古王国。唐代古籍又称室利佛逝（梵文 Sri Vijaya）、佛逝、旧港，是 7 世纪中叶在苏门答腊岛上代替干陀利国的古国。鼎盛时期，其势力范围包括马来半岛和巽他群岛的大部分地区。
⑤ 《明太宗实录》卷 71，第 987 页。

碑》，此碑现存科伦坡博物馆。永乐七年夏，郑和船队还朝。①

这次是远距离航行，已经到了印度西部海岸的古里（佛），其是贸易中心。《岛夷志略》称：古里佛"当巨海之要冲，去僧加剌密迩，亦西洋诸番马头也"，"畜好马，自西极来，故以舶载至此国。每匹互易，动金钱千百，或至四十千为率，否则番人议其国空乏也"。②汪大渊所言不虚。这里就是印度西海岸最为重要的港口，是连接霍尔木兹岛的首要港口，西亚、中亚等地的马匹就是从霍尔木兹岛港口用专门的"马船"输往古里佛。汪大渊专门对"马船"做了解释，他说："其地船名为马船，大于商舶，不使钉灰，用椰索板成片。每舶二三层，用板横栈，渗漏不胜，梢人日夜轮戽水不使枯竭。下以乳香压重，上载马数百匹，头小尾轻，鹿身吊肚，四蹄削铁，高七尺许，日夜可行千里。"③马船是海船或者深洋船只的一种，域外游记中亦提到了马船（Tava），如后文提及的沙哈鲁使臣、尼基京等人。应该说郑和的庞大舰队中有马船。

永乐七年（1409）九月，郑和第三次下西洋，其率领官兵两万七千余人，驾驶海舶四十八艘，从太仓刘家港启航，到了占城、宾童龙、真腊、暹罗、假里马丁、交阑山、爪哇、重迦罗、吉里闷地、古里、满剌加、彭亨、东西竺、龙牙迦邈、淡洋、苏门答剌、花面、龙涎屿、翠兰屿、阿鲁、锡兰、小葛兰、柯枝、榜葛剌、卜剌哇、竹步、木骨都束、苏禄等国。费信、马欢等人会

同前往。

永乐十年（1412）十一月丙申，郑和第四次下西洋，奉命统军两万七千余人，驾海舶四十（马欢记为"宝船六十三号"），出使满剌加、爪哇、占城、苏门答剌、阿鲁、柯枝、古里、南渤利、彭亨、急兰丹、加异勒、忽鲁谟斯、比剌、溜山、孙剌诸国，"赍玺书往诸国，赐其王锦绮、彩帛、纱罗，妃及大臣皆有赐。王即遣陪臣已即丁奉金叶表，贡马及方物。十二年至京师"。④

学者研究郑和下西洋很少和国际商业网络联系起来，往往就事论事，趋于表面化。实际上，从早前的航程来看，郑和不断地将自己的航线向西推进，第二次就和国际贸易的港口古里佛连接起来。虽然文献没有提到这次航行为郑和以后准备到波斯湾航行提供了什么信息，但可以肯定的是，郑和亲眼看到了古里港繁忙，也了解到更远航向的情报。可以说前四次航行主要是在东南亚和南亚沿海航行，从而为更远的航行做了充分准备。

（2）郑和与其他官员多次到过霍尔木兹岛

郑和到达霍尔木兹岛是中国航海史、交通史、贸易史、文化交流史上的一件大事，也是郑和下西洋的巅峰之行，是郑和及其随行人员长期尝试和努力的结果。虽然霍尔木兹岛与中国相距遥远，且路途艰难，但经过不断积累经验，最终实现了大规模船队到达遥远的波斯湾。有了充分的准备，航行是顺利的，如官方正史《明史·西域传》称："忽鲁谟斯，西洋大国也。自古里西北

① 《明太宗实录》卷87，第1755—1756页。
② （元）汪大渊撰，苏继庼校释：《岛夷志略校释》，第325页。
③ （元）汪大渊撰，苏继庼校释：《岛夷志略校释》，第364页。
④ 《明史》卷332《西域传》，中华书局，1974年，第8452页。

行，二十五日可至。"①

宣德六年（1431）春，郑和自己所立《娄东刘家港天妃宫石刻通番事迹记》中就提到了七次下西洋的经历，说："自太仓开洋，由占城国、暹罗国、爪哇国、柯枝国、古里国，抵于西域忽鲁谟斯等三十余国，涉沧溟十万余里。"还简要提到了七次下西洋的经过。他特别提到了三次霍尔木兹岛的经历。

具体为"永乐十二年（1414）统领舟师往忽噜谟斯等国"，"永乐十五年（1417）统领舟师往西域。其忽噜谟斯国进狮子、金钱豹、西马"，"永乐十九年（1421）统领舟师遣忽噜谟斯等各国使臣久待京师者，悉还本国"。因"其各国王贡献方物，视前益加。宣德五年，仍往诸番国开诏，舟师泊于祠下。思昔数次皆仗神明护助之功，于是勒文于石"。②

这一碑记通常不被学者关注，实际上其比《明实录》更有价值，原因在于郑和亲自立碑，并提及了三次亲历霍尔木兹岛的经历。因此，史料价值极高。另一方面也反映出当时人们对待航海的态度，以及祈求神明保佑的愿望，是当时社会史的重要侧面。

郑和到霍尔木兹岛时期，恰逢古特卜丁·费鲁兹·沙阿（Qutb ad-Din Firuzshah，1400—1417年在位）和赛弗丁·马哈尔（Saif ad-Din Mahar，1417—1436年在位）执政时期。这两位执政者对15世纪的忽鲁谟斯产生了深刻影响，这两位的继承人是土兰沙二世（Turanshahī II，1436—1470年在位）和萨勒加尔沙（Salghurshah，1475—1505年在位）。③

这里需要补充一点是有些文献称郑和永乐七年到过霍尔木兹。诸如《名山藏》中称："忽鲁谟斯又曰必鲁毋思，海中国也。永乐七年，遣郑和往其国，酋长感悦来朝。十八年，进麒麟、狮子、天马、文豹、紫象、驼鸡、福鹿、灵羊、长角马哈兽、五色鹦鹉等物。驼鸡昂首，高七尺。福鹿似驼而花文，可爱。灵羊尾大者，重三十余斤，雨则以车载其尾。长角马哈兽，角长过身。上喜，命侍臣为赋。石城石屋，民富饶，喜作佛事，常歌舞，恶杀。产大马，其酋长练兵畜马。田瘠宜麦，无草木。牛、羊、驼、马，尽食鱼腊。文武、医卜、技艺之人胜他国。国中有大山，四面异色，红如银珠，白如石灰，黄如姜黄。一面产盐，如红矾，凿为盘匜，乘食物不加盐矣。"④

尽管《名山藏》所记的内容有些是摘自《瀛涯胜览》《星槎胜览》《西洋番国志》《明实录》等，但也增加一些内容，诸如"永乐七年，遣郑和往其国"。如前文郑和所立天妃宫碑记和传统的说法，永乐七年（1409）九月是郑和第三次下西洋，于从太仓刘家港启航，最远到印度西海岸，诸如柯枝⑤或古里⑥。则到永乐九年（1411）六月，郑和还朝，并没有到霍尔木兹岛。《星槎胜览》也

---

① 《明史》卷 332《西域传》，第 8452 页。
② 原碑已佚，此据（明）钱谷《吴都文粹续集》卷 28《道观》（《四库全书珍本初集》本）。
③ 〔德〕廉亚明、葡萄鬼：《元明文献中的忽鲁谟斯》，第 24 页。
④ （明）何乔远：《名山藏》（下），张德信、商传、王熹点校，福建人民出版社，2010 年，第 3020 页。
⑤ 今印度西南部喀拉拉邦的柯钦（Cochin），至今是印度海岸的重要港口。
⑥ 古里，又作"古里佛"，是位于南亚次大陆西南部的一古代王国，是古代印度洋海上的交通要塞，在今印度西南部喀拉拉邦的科泽科德（Kozhikode）一带。

称："于永乐七年，随正使太监郑和等往占城、爪哇、满剌加、苏门答剌、锡兰山、小唄喃、柯枝、古里等国，开读赏赐，至永乐九年回京。"[①] 没有到过霍尔木兹岛的记述，费信也没有提到永乐七年郑和到过霍尔木兹岛。巩珍说只是到了锡兰山国。[②] 由此有人怀疑天妃宫碑记的真实性。何乔远摘录的现行文献有缺，也是可能的，但何乔远对进贡物品记述甚详，诸如民居、特产、异兽、气候等，这在当时旅行记如《瀛涯胜览》《星槎胜览》等中没有。

《明实录》载永乐十年十一月丙申，"遣太监郑和等，赍敕往赐满剌加、爪哇、占城、苏门答剌、阿鲁、柯枝、古里、南渤利、彭亨、急兰丹、加异勒、忽鲁谟斯、比剌、溜山、孙剌诸国王，锦绮、纱罗、彩绢等物有差"。[③] 这是《明实录》里第一次出现忽鲁谟斯。

《明实录》与郑和亲自所立的碑刻之间在时间上产生了矛盾。就权威性而言，《明实录》更可靠，这可以从《明史》记载中得到印证。

《明史·西域传》忽鲁谟斯条说："永乐十年，天子以西洋近国已航海贡琛，稽颡阙下，而远者犹未宾服，乃命郑和赍玺书往诸国，赐其王锦绮、彩帛、纱罗，妃及大臣皆有赐。王即遣陪臣已即丁奉金叶表，贡马及方物。十二年至京师。命礼官宴赐，酬以马直。比还，赐王及妃以下有差。自是凡四贡，和亦再使。后朝使不往，其使

亦不来。"[④]

但《明史》和《明实录》有出入。《明史》载当地王即遣陪臣已即丁，永乐"十二年至京师"，应该指的是使者随郑和船队一起于永乐十二年至京师。《明实录》载：永乐十三年秋七月癸卯，"太监郑和等奉使西洋诸番国还"。[⑤] 可知，郑和在永乐十年就到过霍尔木兹岛，与霍尔木兹岛建立了联系，其意义重大。此后，往来不绝，直到霍尔木兹国绝嗣，诸如"宣德五年复遣和宣诏其国。其王赛弗丁乃遣使来贡。八年至京师，宴赐有加。正统元年附爪哇舟还国。嗣后遂绝"。[⑥]

《明实录》详细记述了派郑和到霍尔木兹岛的因由，称：永乐十九年春正月癸巳，"忽鲁谟斯等十六国使臣还国，赐钞币、表里。复遣太监郑和等，赍敕及锦绮、纱罗、绫绢等物，赐诸国就与使臣偕行"。[⑦] 也就是将朝贡的使臣送回霍尔木兹等国，展示明朝的大国气度。

需要说明的是，记述郑和下西洋以及到霍尔木兹岛的最早记录应该是《瀛涯胜览》，此书真实地记载了郑和下西洋的活动，尤其是到霍尔木兹岛的活动。[⑧]

不管怎么说《瀛涯胜览》是第一手文献，其他记述郑和下西洋的同时代或稍后的文献与马欢的记述多有雷同之处，甚至不明就里的文献中出现了两个霍尔木兹。这些文献对霍尔木兹岛的记述，后文专门讨论。

---

① （明）费信撰，冯承钧校注：《星槎胜览校注》，中华书局，1954年，第1页。
② （明）巩珍：《西域番国志》，向达校注，中华书局，1961年，第55页。
③ 《明太宗实录》卷134，第1639页。
④ 《明史》卷332《西域传》，第8452页。
⑤ 《明太宗实录》卷166，第1589页。
⑥ 《明史》卷332《西域传》，第8452页。
⑦ 《明太宗实录》卷233，第2255页。
⑧ 〔德〕廉亚明、葡萄鬼：《元明文献中的忽鲁谟斯》，第70页。

除了派郑和到霍尔木兹岛外，明政府还派其他官员到霍尔木兹岛，并给予奖励。《明实录》记载：永乐十八年五月辛未，"命行在兵部，凡使西洋忽鲁谟斯等国回还，官旗二次至四次者，俱升一级。于是，升龙江左卫指挥朱真为大宁都指挥佥事，掌龙江左卫事水军"。①《明实录》又载：宣德元年春正月癸卯，"骁骑右卫指挥佥事刘兴等二百二十人，奉使忽鲁谟斯等国，还进方物，命行在礼部，计直赐钞"。②

与霍尔木兹岛的频繁交往说明了明朝自身的强大和外交远见。

（3）霍尔木兹岛多次到访明朝

明朝船队去往霍尔木兹岛，当地人也以回访或朝贡的形式与明朝开展贸易往来。这在文献中有较多的记述。诸如《明实录》载：永乐十二年秋七月甲寅，"忽鲁谟斯国人已即丁等贡马及方物，并赐文绮、袭衣"，"而酬已即丁等马值"。③永乐十三年冬十月癸未，"古里、柯枝、喃渤利、甘巴里、满剌加、麻林、忽鲁谟斯、苏门答剌诸番国使臣辞归，悉赐钞币及永乐通宝钱有差"。④对于这些来访问的使臣或者回程的使臣，按照明朝礼仪制度，都有相应的安排和回礼。

永乐十四年十一月戊子，忽鲁谟斯诸国"各遣使贡马及犀象方物"。⑤丙申，宴请忽鲁谟斯等国使臣。⑥

永乐十四年十二月丁卯，忽鲁谟斯使臣辞还，"悉赐文绮、袭衣，遣中官郑和等赍敕及锦绮纱罗彩绢等物偕往，赐各国王"。⑦

永乐十九年春正月戊子，忽鲁谟斯等十六国，"遣使贡名马方物，命礼部宴劳之"。⑧

永乐二十一年九月戊戌，西洋忽鲁谟斯等十六国，"遣使千二百人贡方物至京"，"礼部于会同馆宴劳之。如例，赐赍遣还其以土物来市者，官给钞酬其直"。⑨

宣德八年闰八月辛亥，"忽鲁谟斯国王赛弗丁遣番人马剌足等"。庚午，赐忽鲁谟斯等国番人马剌足"等六十六人，白金、彩币、绢布及金织、袭衣、纱罗、绢衣，有差"。⑩

正统元年闰六月癸巳，遣忽鲁谟斯等十一国使臣回国，给予赏赐。⑪

正统六年十二月辛酉，忽鲁谟斯国王派使臣要求恢复通商关系。⑫《明史》中记述与忽鲁谟斯的交往较为简略，只有五次，即永乐十三年、十四年、十九年、二十一年和宣德八年。

上述从实录和正史的角度进行了罗列，说明明朝政府十分重视与霍尔木兹岛的交往。这里

---

① 《明太宗实录》卷225，第2211页。
② 《明宣宗实录》卷13，347页。
③ 《明太宗实录》卷154，第1776页。
④ 《明太宗实录》卷169，第1882页。
⑤ 《明太宗实录》卷182，第1963页。
⑥ 《明太宗实录》卷182，第1963—1964页。
⑦ 《明太宗实录》卷183，第1969—1970页。
⑧ 《明太宗实录》卷233，第2255页。
⑨ 《明太宗实录》卷263，第2403页。
⑩ 《明宣宗实录》卷150，第2341页。
⑪ 《明英宗实录》卷19，第1755页。
⑫ 《明英宗实录》卷87，第1755—1756页。

需要说明三点：一是这些官方文献的记载多半来自郑和下西洋时随员的记述，因此这些记述比较准确；二是正统六年以后，明朝与霍尔木兹岛往来减少，尤其正统十四年（1449）土木堡之变之后，与霍尔木兹岛的往来减少；三是霍尔木兹岛的政治形势也在发生变化，内部冲突不断，尤其争位之战频繁。

（4）《三宝太监西洋记》反映的霍尔木兹岛状况

明朝与忽鲁谟斯国往来的信息在文学作品中也有反映，诸如《三宝太监西洋记》说："这个国叫做忽鲁谟斯国。王明站起来，一手隐身草，穿街转巷，走一走儿。只见国王叠石为宫，殿高有六七层；平民叠石为屋，高可三五层。厨、厕、卧室、待宾之所，俱在上面，无贵无贱是一样。再走一会，只见撞遇着几个番子。这番子比别的不同，人物修长丰伟，面貌白净，衣冠济楚，颇有些我们中国的气象。再走一会，又看见几个女人。女人却编发四垂，黄漆其顶，两耳挂络索金钱数枚，项下挂宝石、珍珠、珊瑚、细璎珞，臂腕脚腿都是金银镯头，两眼两唇，把青石磨水妆点花纹以为美饰，尽好齐整。""第三十六国忽鲁谟斯国。元帅①奉上表章，黄门官受表。元帅奉上进贡礼单，黄门官宣读忽鲁谟斯国进贡：狮子一对，麒麟一对，草上飞一对，福禄一对，马哈兽一对，名马十匹，斗羊十只，驼鸡十只，碧玉枕一对，碧玉盘一对，玉壶一对，玉盘盏十副，玉插瓶十副，玉八仙一对，玉美人一百，玉狮子一对，玉麒麟一对，玉螭虎十对，红鸦呼三双，青鸦呼三双，黄鸦呼三双，忽刺石十对，担把碧二十对，祖母刺二对，猫睛二对，大颗珍珠五十枚，珊瑚树十枝，金箔、珠箔、神箔、蜡箔、水晶器皿、花毯、番丝手巾、十样锦、毯罗、毯纱撒哈刺。献上龙眼观看，万岁爷道：'这一国何进贡之多？'元帅奏道：'这国国富民稠，通商贸易，故此进贡礼物颇多。'万岁爷道：'怎麒麟都有？'元帅奏道：'也是土产。'奉圣旨：'各归所司职掌。'"②

《三宝太监西洋记》的基本材料取自《瀛涯胜览》《西洋番国志》《星槎胜览》等旅行记，只是物件数量、情景是作者虚构出来的，但也是了解当时霍尔木兹岛基本状况、双方交往的一项资料。

（5）往返霍尔木兹的航海日志问题

尽管《郑和航海图》③《瀛涯胜览》《西洋番国志》《星槎胜览》《明实录》《明史》等文献保留了大量往来霍尔木兹岛的记录，但是比较分散，不系统，了解航程不够全面。《前闻集》《西洋番国志》均收录了明宣德五年到霍尔木兹岛的航海日志，笔者采用前一文献，④其称：

> 永乐中遣官军下西洋者屡，当时使人有著《瀛涯一（胜）览》《星槎胜览》二书以记异开矣。
>
> 人数
>
> 官校、旗军、火长、舵工、班碇

---

① 指郑和。

② （明）罗懋登：《三宝太监西洋记通俗演义》，上海古籍出版社，1985年，第62页。

③ （明）茅元仪辑：《郑和航海图》，《武备志》卷240，向达整理，中华书局，1961年，第62页。

④ 《西洋番国志》书后也有，讹误较多，因此采用《前闻集》的资料。

手、通事、办事、书算手、医士、铁锚、木艌、搭材等匠、水手、民稍人等，共二万七千五百五十员名。

里程

宣德五年（1430）闰十二月六日龙湾开船，十日到徐山打围。二十日，出附子门，二十一日到刘家港。六年二月十六日到长乐港。十一月十二日到福斗山。十二月九日，出五虎门，（行十六日）。二十四日到占城。七年正月十一日开船，（行二十五日）。二月六日到爪哇（斯鲁马益）。六月十六日开船，（行十一日）。二十七日到旧港。七月一日开船，（行七日）。八日到满剌加。八月八日开船，（行十日）。十八日到苏门答剌。十月十日开船，（行三十六日）。十一月六日到锡兰山（别罗里）。十日开船，（行九日）。十八日到古里。二十二日开船，（行三十五日）。十二月二十六日到鲁乙忽谟斯①。八年二月十八日开船回洋，（行二十三日）。三月十一日到古里。二十日大䑸船回洋，（行十七日）。四月六日到苏门答剌。十二日开船，（行九日）。二十日到满剌加。五月十日回到昆仑洋。二十三日到赤坎。二十六日到占城。六月一日开船，（行二日）。三日到外罗山。九日，见南澳山。十日晚，望见即回山。六月十四日到碕头洋。十五日到碗碟屿。二十日过大小赤。二十一日进太仓。②

上述文献清楚地交代了宝船上的人员构成、总计人数，尤为重要的是提到了从霍尔木兹岛往返的日程。从日志可以看出，完全是按照季风规律行驶，因此往返需要三年的时间。这里提到了从古里（佛）到霍尔木兹岛的航海行程为 35 天，返回时用了 23 天。但宋代时这段路程向东需要 35 天，③因绕道马斯喀特，用时多一些。

宣德五年（1430）是郑和最后一次，即第七次下西洋，亦到了霍尔木兹岛。这年明宣宗朱瞻基命郑和出使西洋忽鲁谟斯等国，《明实录》有记述："宣德五年六月戊寅，遣太监郑和等赍诏往谕诸番国。""诏曰'兹特遣太监郑和、王景弘等，赍诏往谕，其各敬顺天道，抚辑人民，以共享太平之福。'凡所历忽鲁磨斯④、锡兰山、古里、满剌加、柯枝、卜剌哇、木骨都束、喃渤利、苏门答剌、剌撒、溜山、阿鲁、甘巴里、阿丹、佐法儿、竹步、加异勒等二十国及旧港宣慰司，其君长皆赐彩币有差。"⑤沿途经过了很多国家，到了霍尔木兹岛、阿拉伯半岛南部海岸。

《明实录》中满含大国对外夷的怀仁情怀，实际上是一次重大的商业贸易、政治外交活动。此后明朝与霍尔木兹岛或者波斯湾的交流逐渐减少。

4. 域外文献对当时的记述

14—15 世纪，大量的旅人到过霍尔木兹岛，留下诸多文献。兹选取一些，说明当时霍尔木兹

---

① 即忽鲁谟斯。
② （明）祝允明：《前闻集》，许大龄等校，北京大学出版社，1993 年，第 1415—1416 页。
③ 〔日〕桑原骘藏：《中国阿剌伯海上交通史》，第 109—111 页。
④ 即忽鲁谟斯。
⑤ 《明宣宗实录》卷 67，宣德五年六月戊寅条。

岛的繁华和发展。

（1）沙哈鲁使臣对霍尔木兹岛的记述

差不多在郑和下西洋之时，帖木儿王朝沙哈鲁（Sultān Shāh Rukh）派使臣阿布都·拉扎克（Abdu ar-Razzak）在 1441 年 5 月 21 日从哈烈（赫拉特）到了霍尔木兹，再到印度。[1] 他于 1442 年 2 月 26 日到了霍尔木兹岛。极为巧合的是，这一年霍尔木兹岛国主要求与明朝通商，恢复以前频繁往来的关系。这在《明实录》中有记载，其称正统六年（1441）十二月辛酉，"礼部尚书胡濙等奏：'忽鲁谟斯国王速鲁檀土兰沙言："其居处极边，在先朝时，累蒙遣使往来，以通上下之情，今久不复遣使矣。迩因撒不即城哈只阿里回获知，大明皇帝为天下生灵主宰，不胜欢忭，遂遣哈只阿里来朝贡马。伏望朝廷宽恩仍如旧，遣使以通道路缘。"夷情未可轻信，请颁赐彩，段以慰其贡马、向化之意。仍降敕，以谕之，俾其安分守法，乐处边陲。'从之"。[2]

此时霍尔木兹的统治者就是马利克·法赫鲁·土兰沙（Malik Fakhru ad-Dīn Turān Shāh），是新霍尔木兹国的第 13 位统治者，也就是前文

中的"忽鲁谟斯国王速鲁檀土兰沙"。就是这位国王还给沙哈鲁使臣安排了从陆地到霍尔木兹岛的船只、食宿，是一位热衷于外交、商业往来的君主，谋求与各地保持友好关系。沙哈鲁使臣详细记述了霍尔木兹岛的繁盛及与各地的往来，其称："这是霍尔木兹，也被称为杰伦（Jerun，加仑），是一个海港，其地起伏不平。七大气候区[3]的商人都汇集在这里，诸如埃及、叙利亚、鲁木（Rūm 小亚细亚）、阿塞拜疆、两个伊拉克（米底）、法尔斯（Fars，波斯南部）、呼罗珊、河外（Māwara un-nahr）[4]、突厥斯坦（Turkistān）、钦察草原（Dasht-i-Kipchak）[5]、卡尔梅克（Kalmak）国[6] 等，以及东方地区如中国（Chīn）、大中国（Māchīn）、汗八里（Khānbālīk，北京）等。[7] 这里住着来自海边的人，诸如中国（Chīn）、爪哇、孟加拉、锡兰等地，输入了那些地区的商品。这里还有居住着兹尔巴德（Zīrbād）[8]、塔纳斯里（Tanasirī）[9]、索科特拉（Sacotra）岛、迪瓦·马拉（Diwah-Mahall，溜山国）[10]各群岛的 90 座城市，马拉巴尔（Malābār，马八儿）、埃塞俄比亚（Abyssinia）、桑格巴尔（Zangebar）[11] 等国居

[1] Abdu ar-Razzak, Matla'u-s Sa'dain, The History of India by its Own Historians, Vol. Ⅲ, London, 1872, p.95.
[2] 《明英宗实录》卷 87，第 1755—1756 页。
[3] 希腊、西亚等地将地区表面分为七个气候区。此处指世界各地。
[4] 中亚。
[5] 金帐汗国的一部分。
[6] 金帐汗国的一部分。
[7] 中国（Chīn）、大中国（Māchīn）都指中国，前者一般指华北，后者指华南。这里应该是元朝的行政区划。
[8] 应该是东南半岛地区。
[9] 《鄂多立克东游录》第 57 页提到了八丹（Pandan）国，此国又称塔纳马辛（Thalamasin），应该是塔纳斯里（Tanasirī）的笔误。应是今缅甸。
[10] 即 Maladive（马尔代夫）。Diwah 就是珊瑚的意思，《西洋朝贡典录》音译为牒干（黄省曾撰，谢方校注：《西洋朝贡典录校注 东西洋考》，中华书局，2000 年，第 75 页）
[11] 即僧祇。

民；又有 Bījānagar①、古尔伯加（Kulbarga）②、古吉拉特（Gujarat）③、孟买（Kanbā，Cambay）等港口，阿拉伯海岸，远至亚丁、吉达、占婆或占碑（Jamboo？）等人员居住。所有这些人都是带着商品、珍品、奇货，如日月、甘霖点缀于此。从世界各地来到这里的商旅，毫不费力地用他们自己的物品交换他们需要的物有所值的其他物品。他们可以现金购买或者物物交换。除金、银外，他们的每件商品付十抽一的关税。此城里随处可见各种宗教的学者，甚至是异教徒。任何（信教）人都没有受到任何不公正的待遇。因此，这座城市被称为'安全的居所'（dāru-l āmān）。当地居民（性格）是将'伊拉克人'的优雅与印度教徒的精明结合。我在那里居住了2个月，当地国主想尽一切办法挽留我。恰好，此时利于出海，即是季风开始和中间期。过了这个时间段，就会起令人生畏的海风和下暴雨，当地国主只好让我启程。由于人马不能同船航行，要分开用不同的船运送。于是我们扬起帆启程。""并经历了一段艰难路途之后，我们在马斯喀特港下船了。"阿曼的卡尔哈特（甘理）港到印度古里佛（Kālīkot）需要18昼夜。④再加上霍尔木兹岛到马斯喀特需要5昼夜，一共23昼夜。这与前文郑和回程所需时间一致。

上述沙哈鲁使臣的记述比较详细、全面，尤其记述了世界各地的商人和商品汇集在霍尔木兹岛，不同文化的人群生活在一起，也记述了与中国的往来。这些详细的记述反映了霍尔木兹岛的繁华和发展，也在一定程度上补充了其他记述的不足。

（2）孔蒂的《东方旅行记》对霍尔木兹岛的简要记述

尼古拉·德·孔蒂（Niccolò dei Conti，1395—1469）是威尼斯商人。⑤年轻时居住在大马士革，并学习了阿拉伯语。1414年，他前往巴格达，然后沿底格里斯河南下，到达了波斯湾。接着他到了波斯湾的贸易中心——库勒库斯（Colcus，Calacatia）⑥，学习波斯语，而后到霍尔木兹岛。作为商人，孔蒂与波斯商人关系密切。而后到了印度，娶当地女子为妻。游历印度的孟买、Vijayanagar（今卡纳塔克邦亨比）、马利亚普尔（Maliapur，即 Mylapore）、古里佛、柯枝、马拉巴尔（马八儿）等。而后他到了苏门答腊、缅甸（Tenasserim）、恒河三角洲、暹罗、锡兰，最远

---

① 即 Vijayanagar（维贾亚纳加尔，含义"胜利"），今卡纳塔克邦亨比（Hampi）。位于克里希纳河下游，曾是印度王朝名和其都城。王朝统治时间是1336—1565年。都城今已毁。维贾亚纳加尔（卡纳塔克）王国位于印度的最南端，是印度洋上的贸易大国，与东南亚、地中海沿岸各国和中国有着密切的贸易关系。大宗出口商品有印度细棉布、细罗纱、印染纺织品、靛蓝、胡椒、蔗糖，输入品主要是黄金、战马、中国丝绸。阿布都·拉扎克在旅行记中做了详细记述（第103—108页）。

② 这座城市在卡纳塔克邦北边，今天拼写为 kalabaragi（古尔伯加）。

③ 《诸蕃志》中古吉拉特为胡茶辣国，并称："胡茶辣国，管百余州，城有四重。国人白净，男女皆穿耳，坠重环，着窄衣，缠缦布，戴白暖耳，蹑红皮鞋。人禁荤食，有佛字四千区，内约二万余妓，每日两次歌献佛饭及献花。献花用吉贝线结缚为球，日约用三百斤。有战象四百余只，兵马约十万。王出入乘象，顶戴金冠，从者各乘马持剑。土产青碇至多、紫矿、苟子、诸色番布，每岁转运就大食货卖。"（第72页）中国文献中也称瞿折罗。

④ Abdu ar-Razzak, *Matla'u-s Sa'dain*, *The History of India by its own Historians*, Vol. Ⅲ, p.95.

⑤ https://www.britannica.com/biography/Niccolo-dei-Conti.

⑥ 按照里程计算，应该就是撒那威或者甘加（Kangaan）。但就读音而言应该是古里佛。

到了爪哇。① 周游各地后，1444 年他回到威尼斯。孔蒂的《东方旅行记》说到过霍尔木兹岛，并称：他从巴格达行 28 天到了巴士拉，而后 4 天到波斯湾岸边，而后 5 天到库勒库斯，而后到了霍尔木兹岛。他说此岛距离海岸有 20 英里。② 但孔蒂的有些叙述比较随意，有些地名很难确定。

（3）尼基京的《印度旅行记》或《三海旅行记》对霍尔木兹岛的简要记述

尼基京（Afanasii Nikitin），生年不详，卒于 1472 年，俄罗斯旅行家和作家。出生于特维尔（Tver），今加里宁市。1466 年，尼基京为了贸易从特维尔出发，沿伏尔加河而下，经海路到达杰尔宾特，访问了巴库，然后渡里海到达里海南岸的波斯黑羊王朝国土，并居住了大约一年。1469 年春，他到了霍尔木兹岛，然后经阿拉伯海到印度，他住了约 3 年，到处旅行。回途经波斯国土，到达特拉布宗，过黑海，于 1472 年抵达卡法（Kafa，Feodosiia，费奥多西亚）。1472 年秋天，尼基京在斯摩棱斯克附近去世。尼基丁在旅途中详细记述了沿途的人民、社会秩序、政府、经济、宗教、日常生活、自然特征。他的旅行记是一部出色的著作，也是俄罗斯古代文学的重要经典，已被翻译成多种语言。

他从里海南岸的拉伊（德黑兰南）而后向南到卡尚、纳因（Nain）、亚兹德、锡尔詹（Sirjan）、塔鲁姆（Tarom）、拉尔（Lar）、港口（阿巴斯港，作者说此处是海港）、印度海（Doria Of Hodustan）。作者说这是当地人对波斯湾的称呼。他说："霍尔木兹城在一座岛上，距离海岸有 4 英里。每天涨潮两次。我到这里后庆祝了大节③第一日。我到达霍尔木兹岛的时间在大节前的 4 周。我没有记录曾经过的很多大城市。霍尔木兹岛炙热难耐，如火中烧。我在这里停留了一个月。在大节后的第一周，我把马匹运到马船（Tava）上，经过印度海（波斯湾）航行 10 天到达马斯喀特（Moshkat，即 Muscat）。此地可到达伊布勒（Degh？）④，再到更远的古吉拉特（Kuzrat，即 Gujarat）和生长靛蓝的孟买。最后到奇维尔（Chivil）⑤。我们在马船上航行了 6 个星期。"⑥

尼基京的《印度旅行记》对到波斯湾再到印度的行程记述比较详细，尤其航行路线和上文沙哈鲁使臣的路线完全一致。即先从霍尔木兹岛出发向东南航行到马斯喀特，由于是在逆风或者风力较弱时行驶或人马同船，用时较多。从马斯喀特经过阿拉伯海到达今天的卡拉奇附近，再到古里佛。佩德罗·泰赫拉（Pedro Teixeira）在他的游记中也记述从印度返回霍尔木兹岛时，先沿着阿拉伯海岸航行，沿途艰险，然后越过阿曼湾到达马斯喀特，再到霍尔木兹岛。⑦ 从文献记录和《郑和航海图》来看，郑和船队是沿着阿拉伯海沿

---

① Richard Henry Major Poggio Bracciolini, *India in the Fifteenth Century：Being a Collection of Narratives of Voyages to India in the Century Preceeding the Portugese Discovery of the Cape of Good Hope*, London, 1857, pp.3-4（以下简称 *India in the Fifteenth Century*）。

② Richard Henry Major Poggio Bracciolini, *India in the Fifteenth Century*, pp.7-8.

③ 复活节，原译者注。

④ 应该就是卡拉奇。

⑤ 就是古里佛。

⑥ Richard Henry Major Poggio Bracciolini, *India in the Fifteenth Century*, p.5.

⑦ Sinclair, *The Travels of Pedro Teixeira,* London,1902,pp.18-20（以下简称 *The Travels of Pedro Teixeira*）。

岸向西航行，直接到霍尔木兹岛，没有采用阿拉伯人、波斯人、印度人的航行路线，即经过马斯喀特到霍尔木兹岛，可能的解释就是郑和船队导航技术好、船载量大等，不用拐弯先去马斯喀特，再到霍尔木兹岛。

需要说明的是，沙哈鲁使臣和尼基京记述的航行有诸多相近之处，但也存在一些差异。如沙哈鲁使臣说人马不同船，而尼基京交代得不是很清楚，但从记录来看人马可以同船。一种合理的解释就是使臣为官员，不是商人，而尼基京是贩马商人，因路途需照看马匹，因此要同船航行。两人路途用时也有差异，使臣说航行了18昼夜；尼基京说用时6个星期，也就是42天。从用时来说，尼基京应该是和马同船航行。

上述差不多同一时间段的游记，可以相互做比较研究，由此深入探讨当时霍尔木兹岛商业路线。尤其尼基京的记述很重要，他行走的路线是欧亚贸易路线的组成部分。当时，钦察草原马匹应该就是通过这条路线运往印度市场，甚至作为贡品进入中国。由此，发现霍尔木兹岛在此时几乎连接了欧亚贸易体的主要经济体，它的繁荣背后是巨大的贸易网络。

总之，这一地区频繁地与中国和世界交往，尤其中国船队还到达过波斯湾，并在海图中绘有霍尔木兹岛，可以说这是对该岛最直观的图像资料。这些记载比较清晰地反映了后伊利汗国时期和帖木儿帝国时期霍尔木兹与明朝的交往。有关霍尔木兹的细节，明代游记记载得更详尽。

5. 霍尔木兹岛衰落和葡萄牙统治

这一内容有很多成果，尤其孔哈的研究全面系统。[①]为了内容的完整性，此处略做补充。

14世纪随着伊利汗国的灭亡，霍尔木兹国依附于法尔斯内陆的穆扎法尔王朝和克尔曼地方政权，由此喘息。[②]15世纪开始，内陆王朝逐渐衰落，霍尔木兹国失去靠山，加之内部不稳。尽管如此，霍尔木兹国表面依然繁荣，甚至持续到葡萄牙人的到来。

15世纪末，霍尔木兹岛王国不断发生内讧，王位更迭频繁，并受到了来自内陆的打击。[③]诸如土兰沙二世（Turan Shah Ⅱ）的四子之间为了争夺继承权展开血腥争夺，起先沙赫维斯·闪格勒沙（Shahweis Shengelshah）夺得王位。但其兄弟萨尔古尔沙（Salghur Shah）不满，推翻其统治并剥夺了侄子们的继承权。他统治到1504年，是霍尔木兹岛被本土统治者统治的最后繁荣时期。此后由萨尔古尔沙的两子即位，在位不到一年。后被他们的堂兄赛义夫丁·阿布纳斯尔沙（Sayf ud-Din Aba Nasr）推翻。就在此时，波斯腹地出现了萨法维王朝，其势力逼近波斯湾。[④]

阿布纳斯尔沙统治期间，霍尔木兹国面临着更大的危机，那就是葡萄牙向东扩张，逼近霍尔木兹岛。葡萄牙人1507年首次入侵霍尔木兹岛。1515年，葡萄牙人阿方索·德·阿尔伯克（Alfonso de Albuquerque，1453—1515）率军第二次入侵，并征服了此岛。

阿方索·德·阿尔伯克在1515年去世，但

① João Telese Cunha, "The Portuguese Presence in the Persian Gulf," in *The Persian Gulf in History*, pp.207–234.
② Sinclair, *The Travels of Pedro Teixeira*, pp.188–193.
③ Sinclair, *The Travels of Pedro Teixeira*, p.260.
④ Sinclair, *The Travels of Pedro Teixeira*, p.20.

后继者继续占领霍尔木兹，岛上建有堡垒、海关等，结果导致霍尔木兹商业帝国逐渐衰落。

葡萄牙人扶持霍尔木兹国王为傀儡，共经历 9 位傀儡国王，一直到 1622 年阿巴斯一世征服霍尔木兹岛，岛上的设施整体搬迁到岛北面的阿巴斯港，由此霍尔木兹岛一蹶不振。这是霍尔木兹岛或者波斯湾历史上的大事，研究者认为："1622 年，霍尔木兹岛被伊朗军队攻占，这不仅意味着结束了葡萄牙对波斯湾的统治，也意味着当地商业地理的转变。主要港口转移到贡布隆（Gombroon），即后更名为阿巴斯港（Bandar-i' Abbasi，Bandar Abbas）。"① 霍尔木兹岛命运发生了改变。

葡萄牙人占领该岛期间，不断向周边扩张势力。1521 年葡萄牙人入侵巴林岛，霍尔木兹国作为傀儡参与了这次活动。霍尔木兹国还消灭了不愿意纳贡的波斯湾岛屿小藩国贾布里（Jabrid）朝。霍尔木兹国王沦为葡萄牙藩属，受果阿节制。但此时，马斯喀特逐渐强大起来，从原来霍尔木兹藩属变成霍尔木兹国遗产的继承者，成为葡萄牙的殖民地。1602 年，葡萄牙和霍尔木兹国傀儡被赶出了巴林岛，葡萄牙人多次试图夺取巴士拉，但并未成功。②1622，萨法维王朝统治者阿巴斯一世在英国人的帮助下夺回了霍尔木兹国，③ 捍卫了领土主权。④

尽管霍尔木兹岛及其周边战事不断，又有葡萄牙的残酷掠夺，但还是保留了往日繁荣的余晖。葡萄牙传教士加斯帕达·克鲁士（Gaspar da Cruz）1565 年从明朝回途中在霍尔木兹岛居住了 3 年。他如此写道：霍尔木兹岛"是印度所有富裕国家中最富有的国家之一，琳琅满目的商品来自印度各地、阿拉伯与波斯诸地、极远的鞑靼（Tartar，金帐汗国），我甚至看到了来自欧洲的俄罗斯、威尼斯的商人。因此，霍尔木兹之地是整个世界的一个环，也是中介或掮客"。他还不惜笔墨地记述当地与世界的商船往来、当地统治者的慷慨等。⑤ 由于篇幅不再细述。

葡萄牙统治时期，只能说霍尔木兹岛仍在发展，并与世界各地发生联系，但由于各大势力不断争夺，开始出现败落的趋势，尤其到 1622 年萨法维王朝占领霍尔木兹岛后，此地完全破败，失去了往日的辉煌。

6. 明代游记内容的专题讨论

明代游记是研究霍尔木兹岛及波斯湾的珍贵文献，也是了解当时霍尔木兹岛人文、社会、物产以及与外部世界联系的重要参考。此处以《瀛涯胜览》《星槎胜览》《西洋番国志》为例简要分析，以补霍尔木兹社会生活的相关内容之不足。

对上述文献做如下分析。⑥

（1）距离："忽鲁谟厮国，自古里国开船投西北，好风行二十五日可到。"（《瀛涯胜览》，以下简称《瀛》⑦）

① Shireen Moosvi, "India's Sea Trade with Iran in Medieval Times," in *Proceedings of the Indian History Congress*, Vol. 70, 2009–2010, pp. 240–250.
② https://encyclopedia.thefreedictionary.com/Ormus.
③ https://encyclopedia.thefreedictionary.com/Abbas+I+of+Persia.
④ 王平：《16—17 世纪伊朗捍卫霍尔木兹岛主权论》，《重庆大学学报》（社会科学版）2007 年第 3 期，第 105—108 页。
⑤ Sinclair, *The Travels of Pedro Teixeira*, pp.240–266.
⑥ 这里将三种文献合在一起，记述相同或相似的没有重复摘录，主要是将不重复的罗列在一起。
⑦ （明）马欢撰，冯承钧校注：《瀛涯胜览校注》，中华书局，1955 年，第 63—67 页。

古里佛（Kallikot，Kalikut）国，也即印度西海岸的科泽科德（Kozhidoke），顺风向西北行25日可以到达霍尔木兹，每日行45海里，大约3100公里，和今天通过电子地图测量距离基本接近。原因就是当时郑和船队对每日的行程里数做了详细记录，因此也是比较准确的。

（2）位置："其国边海倚山，各处番船并旱番客商，都到此地赶集买卖，所以国民皆富。"（《瀛》）

郑和船队到达霍尔木兹的时间在15世纪，此时正值帖木儿帝国时期，霍尔木兹是该帝国的藩属，《郑和航海图》中也有反映。因为是亲历，对当时记述比较准确。说是靠海背山，海路和陆路商人到岛上贸易，十分繁华，人民富有。这点在伊利汗国时期或前后的文献中俱有反映。

（3）教门："国王国人皆奉回回教门，尊谨诚信，每日五次礼拜，沐浴斋戒。"（《瀛》）"王及国人皆奉回回教门，每日五次礼拜，沐浴持斋，为礼甚谨。"（《西洋番国志》，以下简称《西》[1]）

这里记载比较准确，无论巩珍还是马欢都熟悉这种宗教，当地人每日"五次礼拜"，还举行"大小净"、斋戒，体现了"五功"的内容。

（4）救济："风俗淳厚，无贫苦之家。若有一家遭祸致贫者，众皆赠以衣食钱本而救济之。"（《瀛》）

这种救济行为既体现在民间行为，也体现在政府层面。尤其政府收取贫困税，主要收取同教者的税，名义上支持有困难者，但支持力度是有限的。

（5）体貌："人之体貌清白丰伟，衣冠济楚标致。"（《瀛》）

霍尔木兹人的体貌不能一概而论，如果是波斯人，皮肤白皙，长相标致，但其他肤色人种不一定就白净个儿高。至于衣着，若经济条件好，衣冠楚楚，整齐干净是没有问题的；若经济条件较差，做到衣冠济楚显然是不可能的。因此具体问题具体分析，不能一概而论。鄂多立克也说这里人长得高大。[2] 由此看来，一个区域的人种、体格不可能在短时间内发生变化。

（6）婚丧："婚丧之礼，悉遵回回教规。男子娶妻，先以媒妁，已通礼讫，其男家即置席请加的。加的者，掌教门规矩之官也。及主婚人并媒人，亲族之长者，两家各通三代乡贯来历，写立婚书已定，然后择日成亲。否则官府如奸论罪。如有人死者，即用白番布为大殓、小殓之衣，用瓶盛净水，将尸从头至足浇洗二三次。既净，以麝香片脑填尸口鼻，才服殓衣，贮棺内，当即便埋。其坟以石砌，穴下铺净沙五六寸。抬棺至，则去其棺，止将尸放石穴内，上以石板盖定，加以净土厚筑坟堆，甚坚整也。"（《瀛》）

这里对婚丧的记述是比较详细和准确的，记录字数相对也比较多。第一部分主要记述的是婚姻程序。这和中世纪很多地区一致，都是包办婚姻，且有一整套的程序，主要由"加的"（Kadi），即法官负责。他既掌管宗教事务也掌管世俗事务，因此他要提供"婚书"的证明，这样婚姻才变得合法，具有法律效力。而后就会置办宴席，迎娶新人。不按照这些程序，就会被视为违法，"否则

---

① （明）巩珍：《西洋番国志》，第41—43页。
② 《鄂多立克东游录》，第38页。

官府如奸论罪"。古今婚姻同法，只是罪责程度不同而已。第二部分主要讲葬礼。葬礼是每个人的终点之礼，古今中外都很重视。这里比较详细地介绍了葬礼的程序，采用土葬，并且不用棺椁。这是传统的穆斯林葬礼仪式，至今也如此，倡导速葬薄葬。《明史·西域传》亦载：哈烈人"居丧止百日，不用棺，以布裹尸而葬"。①

但比此文献早一百多年的马可波罗、鄂多立克看到的葬礼却是另一番景象。马可波罗说："居民有死者，则持大服，盖悲泣亘年也。在此期内，亲友邻人会聚，举行丧礼，大号大哭，至少每日一次。"②鄂多立克的记述和马可波罗比较接近，并称："有天我路过那里，适逢有人死了；于是人们就把该地所有的乐人都召来，接着，他们把死人放到房屋中央的床上，同时有两个女人围着他跳舞，乐人则玩弄铙钹和其他乐器。然后妇女中有两人抓住死人，拥抱他，给他唱悼词，其他的妇女一个接一个地站着，并且取出一只笛子，吹奏片刻。当某个人吹完后，她就坐下；这样他们持续通宵。到清晨时他们把他运往坟墓。"③这一习俗是非常特殊的。按照伊斯兰教严格的逊尼派传统，人去世一般就地举行葬礼，也就是速葬之法，特殊情况才会留到第二天，比如傍晚去世第二天下午才会举行葬礼。举行葬礼时，虽无特定孝服，但也很庄重，一般不可大哭，如此是对上苍的不敬。一般举行纪念活动是在人去世后的一周、周年、每年等，通常不会有四年之说。实际上，这

类葬礼仪式是典型的苏非派葬礼仪式，要举行"跳神"。这种仪式在中亚的很多地方流行。可见当地葬礼仪式除了传统的仪轨外，还有苏非派的仪式，说明当时苏非派对这一地区有深刻的影响。

（7）饮食："人之饮食，务以酥油拌煮而食。市中烧羊、烧鸡、烧肉、薄饼、哈喇澈一应面食皆有卖者。二三口之家多不举火做饭，止买熟食而吃。"（《瀛》）"地无草木，牛、羊、马、驼皆食海鱼之干。"（《星槎胜览》，以下简称《星》④）

霍尔木兹地区位于波斯湾，多海鲜，加之文化禁忌，主要食用牛、羊、驼、鱼等肉，也食用面食。食用的方法是烧、烤、煮。若家中人口较少，则多买而食之。这种饮食方式直到今天在波斯湾沿岸依然如旧，并没有多少变化。

《瀛涯胜览》特别提到了哈喇澈，冯承钧先生在校注时未加句读，也就是将薄饼和哈喇澈视为一物，实际上是两种食物。这里对其稍做解释。薄饼的主要原料是面粉，用水将面粉和好揉匀后，加入微量的盐和糖，待其自然发酵，反复揉擀，薄如纸，放烤炉中烘烤而成。饼可以夹肉、菜之类。贫者可夹酸黄瓜、蚕豆糊之类；富者可夹烤肉、鹰嘴豆丸子、名贵蔬菜等。这是阿拉伯地区的著名食品，风靡全球，今天在大型超市里可以购买到，种类繁多，味美劲道。哈喇澈是西亚的传统美食，但地域、民族不同，做法也不同。阿拉伯语的哈喇澈，是Hariisah的音译，翻译为肉丸。⑤波斯语的哈喇澈就是Hareese的

① 《明史》卷332《西域传》，第8612页。
② 《马可波罗行纪》，第90—91页。
③ 《鄂多立克东游录》，第38页。
④ （明）费信撰，冯承钧校注：《星槎胜览校注》，第41—43页。
⑤ 北京大学外国语学院阿拉伯语系编：《阿拉伯语汉语词典》，北京大学出版社，2008年，第1310页。

音译，一种用肉和麦粒做成的食物。[①]上述是两部大字典里的解释，不一定十分准确，或是这种食物在西亚种类繁多，做法差异造成的。《瀛涯胜览》记载的是霍尔木兹岛的事，哈喇澈显然偏向于波斯型食品，这种食品在波斯湾地区很出名，各处皆有，今天仍然存在。Hareese 的做法就是将小片肉、小麦、水等放入瓦罐中温火熬煮，直到成为粥状物，而后可食用。其和我们的肉粥类似。

（8）货币："王以银铸钱，名底那儿。径官寸六分，底面有纹，重官秤四分，通行使用。"（《瀛》）

底那儿（Dinar）是南亚、西亚常用的货币，如《西域番国志》也记载了苏门答剌（苏门答腊）的货币，称："王以七成淡金铸钱，名底那儿。圆径官寸五分，底面有纹，官秤重三分五厘。国中使用，买卖则用锡钱。"[②]所造货币的功能是有差别的。

西亚传统上是双货币体系：金币（Dinar，底那儿）和银币（Dirham）。但马欢说忽鲁谟斯国用银铸造的货币叫作底那儿，这和历史上的一般状况不合。原因有两点：首先，应该是当地没有足够的黄金冲制金币，只能用银代替；其次，当地货币名称就是底那儿，这在今天也可以看到，如伊拉克的纸币就叫作第纳尔（Dinar），显然不是金属制作，更不是黄金，是等价的交换物，至于用什么材料制作无关紧要。这一记载反映了15世纪西亚货币体系的变化，约略此时的南亚正在经历王朝更替，稍晚的16世纪详细记录了莫卧儿帝

国货币的相关资料，可做比较研究。

（9）文字："书记皆是回回字。"（《瀛》）

这里所谓回回字应该就是波斯文，因为从10世纪开始波斯地区开始普遍使用新波斯文，尤其伊利汗国及其以后波斯文成为波斯或伊朗的主要文字，阿拉伯文成为次要文字。还有就是明代与西亚交流的文书多出自回回馆，而回回馆的来文就是使用波斯文书写的，但这种波斯文已经完全被本地化了，里面夹杂有汉字，多半是在哈密一带伪造的。此外，马欢在"天方"条说当地讲"阿拉毕言语"，在"阿丹"条中作"阿拉壁"（《瀛》），都是 Arab 的音译。显然，作者是想把阿拉壁（毕）和回回字区分开。因此，这里的回回字不会是阿拉伯语或文字，而是波斯语或文字。但要具体问题具体分析，不能一概论之。

（10）禁酒："其市肆诸般铺面百物皆有，止无酒馆。国法饮酒者弃市。"（《瀛》）

这是西亚饮食禁忌之一，今天在这些地区也多是禁止饮酒。但私下达官贵人饮酒成风，尤其在伊利汗国时期，多位汗王因嗜酒身亡，帖木儿帝国时期也是饮酒成风。禁止只是对普通百姓而言或文本法上有约束作用，实际无法禁绝。西方游记，尤其马可波罗提到了波斯湾有售卖酒的事，主要是果酒。

（11）百戏："文武医卜之人绝胜他处。各色技艺皆有，其撮弄把戏，皆不为奇。惟有一样，羊上高竿，最可笑也。其术用木一根，长一丈许，木竿头上止可许羊四蹄立于木。将木立竖于地，扶定，其人引一小白羝羊，拍手念诵。其羊依拍

---

① 北京大学东方语言文学系波斯语教研室编：《波斯语汉语词典》，商务印书馆，1981年，第2543页。

② （明）巩珍：《西域番国志》，第18页。

鼓舞，来近其竿，先以前二足搭定其木，又将后二足一纵立于竿上。又一人将木一根，于羊脚前挨之，其羊又将前两足搭上木顶，随将后二脚纵起。人即扶定其木，其羊立于二木之顶，跳动似舞之状。又将木一段趸之，连上五六段，又高丈许。俟其舞罢，然后立于中木，人即推倒其竿，以手接住其羊。又令卧地作死之状，令舒前脚则舒前，令舒后脚则舒后。又有将一大黑猴，高三尺许，演弄诸般本事了，然后令一闲人，将巾帕重重折迭，紧缚其猴两眼，别令一人潜打猴头一下，深深避之，后解其帕，令寻打头之人，猴于千百人中径取原人而出，甚为怪也。"（《瀛》）

这是比较详细的杂耍记述，古人称之为百戏。这里各色技艺均有，其中记录了两项杂耍。一是木杆上舞羊杂耍，技艺精湛，被马欢称为"最可笑也"。一只小羊在杂耍者的指挥下，在高竿上表演，甚为绝妙的是高竿上表演结束后，羊还会装死，"令舒前脚则舒前，令舒后脚则舒后"。可以说人羊配合默契。二是耍猴技艺。其中有蒙眼猴找人游戏，即用巾帕蒙住猴子眼睛，随便找一个观看者打一下，然后解开巾帕，猴子很快会找到打它的人。马欢觉得很奇怪，实际如魔术表演一样，旁有辅助人员，也就是北京人所说的"托儿"。

（12）气候："其国气候寒暑，春开花，秋落叶。有霜无雪，雨少露多。"（《瀛》）

霍尔木兹岛位于波斯湾，气候夏季炎热潮湿，雨水较少，雾气较大，但春秋气候相对宜人。

这些其他游记中几乎都提到了。由于岛上无河流，水资源缺乏，如前文所说现在是居民不多的荒凉岛屿。只有在北边有个小镇，有医院、超市、中学、博物馆等，还有葡萄牙人修建的城堡。和历史时期的盛况无法相比，逊色很多。

（13）异产："有一大山，四面出四样之物。一面如海边出之盐，红色。人用铁锄如打石一般凿起一块，有三四十斤者。又不潮湿，欲用食，则捶碎为末而用。一面出红土，如银朱之红。一面出白土，如石灰，可以粉墙壁。一面出黄土，如姜黄色之黄。"（《瀛》）

这是座盐岛，[①]中间是不高的山。泰克希拉记述称："这些盐在炽热的阳光下凝结，经常是水还在下面流动，我已在盐上行走。"[②]这里有很多盐井、盐矿，至今还可以开采。还有白色的石灰矿，与历史的记述完全一致。在小镇东边，有红土矿，也在开采，和马欢等人的记载是一致的。今天这里是伊朗著名的旅游胜地，尤其红色盐山是胜景。

（14）监管："俱着头目守管，各处自有客商来贩卖为用。"（《瀛》）

此处的盐矿是由专门管理人员监管，并且有商人到岛上贩盐。盐业在中世纪的政府税收中占有重要地位，霍尔木兹也不例外。

（15）米麦："土产米麦不多，皆是别处贩来粜卖，其价极贱。"（《瀛》）

霍尔木兹岛雨水较少，土质较差，因此不适合种植米麦等粮食作物，多通过从外地贩运来解决粮食问题。

① Andrew Williamson, "Hurmuz and the Trade of the 14th And 15th Centuries A.D.," in Proceedings of the Seminar for Arabian Studies, 1973, Vol. 3, Proceedings of the Sixth Seminar for Arabian Studies held at the Institute of Archaeology, London 27th and 28th September 1972 (1973), pp. 52-68.
② Sinclair, The Travels of Pedro Teixeira, pp.165,260.

（16）果蔬："果有核桃、把聃果、松子、石榴、葡萄干、桃干、花红、万年枣、西瓜、菜瓜、葱、韭、薤、蒜、萝卜、甜瓜等物。其胡萝卜，红色如藕大者至多。甜瓜甚大，有高二尺者。其核桃，壳薄白色，手捏即破。松子长寸许，葡萄干有三四样：一样如枣干，紫色；一样如莲子大，无核，结霜；一样圆颗如白豆大，略白色。把聃果如核桃样，尖长色白，内有仁，味胜核桃肉。石榴如茶钟大，花红如拳大，甚香美。万年枣亦有三样：一样番名垛沙布，每个如母指大，核小结霜如沙糖，试甜难吃；一样接烂成二三十个大块，如好柿饼及软枣之味；一等如南枣样略大，味颇涩，彼人将来喂牲口。"（《瀛》）

上文对果蔬的种类做了非常详细的罗列，但霍尔木兹岛干旱少雨，很难种植如此多的水果蔬菜，应该是从岛外输入的。这里的胡萝卜个儿大。甜瓜高有两尺，也就是六十公分，实际在伊朗个儿大的甜瓜很多，而且味道甘美。核桃皮很薄，一捏就破，是脆皮核桃，也叫纸皮核桃。葡萄干有很多种类：紫色的葡萄干，现在叫作黑加仑，个儿有大有小；无核如莲子大葡萄干，就是无核葡萄干，有绿色、红色等；圆形白色葡萄干。葡萄干是伊朗人日常生活中必备的干果，也是招待客人的佳品。把聃果就是Badam（巴旦杏）的音译，学名为偏桃，是西亚、中亚等地区著名的干果，营养丰富，味道甘美。笔者从撒马尔罕去往沙赫里萨布兹途中看到成片的野生巴旦杏，果实较小，味道尚可。石榴个儿大味美色红，品质极高，原因是伊朗气候炎热干旱，有助于促进糖分含量的提高。万年枣（椰枣），有三种。一是蜜枣。当地人叫作垛沙布，即波斯语Dūshāb的音译，就是椰枣，核小肉多，甘甜如砂糖，用来熬制糖浆。马欢说"试甜难吃"，大概东方人不是很喜欢太甜的食物，但伊朗人喜欢甜食，甚至嗜糖如命。笔者在伊朗考察时，发现他们离不开糖，尤其茶无糖不饮。二是软枣。这种椰枣颜色略黑，很容易被挤烂，但也很甜。三是粗枣。味道不够甘美，主要当作饲料。

上述对果蔬的记载反映了当时霍尔木兹及波斯湾沿岸人民的社会生活状况，也是作者对亲历的真实记录，真实性较高。

（17）宝货："此处各番宝货皆有，更有青、红、黄雅姑石，并红刺、祖把碧、祖母刺、猫睛、金钢钻。大颗珍珠如龙眼大，重一钱二三分，珊瑚树珠并枝梗，金珀、珀珠、神珠、蜡珀、黑珀，番名撒白值。"（《瀛》）

雅姑石就是yaqut的音译，一般翻译为金刚石，但此处应该是翡翠、玉髓之类的宝石，颜色有青（黑）、红、黄。如果是金刚石，这几种颜色是稀有的。《南村辍耕录》中提到了各种鸦鹘（雅姑）："红亚姑（雅姑），上有白水。马思艮底（Māsjayyidī），带石无光，二种，同坑。青亚姑，上等，深青色。你蓝，中等，浅青色。屋扑你蓝，下等，如冰样，带石，浑青色"。[1]《岛夷志略》也多次提到了。

红刺之刺是波斯语词La'l的音译，是一种淡红色宝石。从品质而言，"红刺"是红色的尖晶石，是一种透明且色泽艳丽的红宝石。《南村辍耕录》说：红刺"淡红色，娇"。又记元成宗铁穆耳"大德间（1297—1307），本土巨贾商中卖红刺一

---

[1] （元）陶宗仪：《南村辍耕录》卷7，中华书局，1980年，第85页。

块于官，重一两三钱，估直中统钞十四万锭，用嵌帽顶上。自后累朝皇帝相承保重。凡正旦及天寿节大朝贺时则服用之。呼曰剌，亦方言也"。[1]足见其昂贵与奢靡。但在霍尔木兹岛上是极为重要的商品。

祖把碧（al-Dhubbābi），是一种绿宝石，祖母绿的一种。《南村辍耕录》说："上等，暗深绿色。"[2]《荟萃》称："祖母绿有四个品种，即苍蝇色的（al-Dhubbābi），它是其中最珍贵的，价值最高，也最有特色。品质最佳，是纯绿色的。具有优质的水色，即从石内向外射出灿烂的色彩。之所以喻作苍蝇（Dhubbābi），乃因其色彩同绿豆蝇的颜色颇相似。它的颜色又像绿色的羽毛，即同孔雀的毛色相似。"[3]是一种名贵的祖母绿，西亚贵族的奢侈品。

祖母剌就是波斯语 Zumurud 的音译，含义为绿色之石，今天的祖母绿就是波斯语的音译。《南村辍耕录》说："助木剌，中等，明绿色。"[4]

《瀛涯胜览》中提到很多琥珀，多来自波罗的海，至今该地仍是琥珀的主要产地。其中有黑珀"番名撒白值"，而撒（撒）白值是 Sabaj 的音译，煤玉、黑玉、化石木、黑琥，是木头变成化石形成的。[5]

《瀛涯胜览》中提到的宝货较多，由于篇幅有限，不一一考察。

（18）器用："各色美玉器皿、水晶器皿。"

（《瀛》）"货用金银、青白花磁器、五色段绢、木香、金银香、檀香、胡椒之属。"（《星》）

霍尔木兹虽然建城时间不算长，但贸易十分繁盛，具体体现在使用器物上。这些器物的原料比较名贵，诸如美玉、水晶、金银、瓷器。还使用各种香、琥珀等。这些产品并非全部产自本地，而是从中国、桑给巴尔、印度、东亚等地贸易而来。由此可见，当地贸易很活跃。

（19）织品："十样锦翦绒花单，其绒起一二分，长二丈，阔一丈，各色梭幅，撒哈喇毡、氆罗氆纱、各番青红丝嵌手巾等类皆有卖者。"（《瀛》）

这里出售大尺幅的十样锦翦绒花单、各种锦缎，还有撒哈喇毡，即 Sakklat 毡子。[6]氆罗氆纱就是产自 Marv（马鲁）的纱。这里产的纱很有名，因马鲁很早以前就是盛产棉花之地。但英译本将此专有名字断成两个词，显然是不合适的。[7]

（20）畜产："驼、马、骡、牛、羊广有。其羊有四样：一等大尾棉羊，每个有七八十斤，其尾阔一尺余，拖着地，重二十余斤；一等狗尾羊，如山羊样，其尾长二尺余；一等斗羊，高二尺七八寸，前半截毛长拖地，后半截皆翦净，其头面颈额似棉羊。角弯转向前，上带小铁牌，行动有声。此羊性快斗，好事之人喂养于家，与人斗赌钱物为戏。"（《瀛》）

这里主要提到了大型牲畜，尤其是四种羊，

---

[1] （元）陶宗仪：《南村辍耕录》卷7，第85页。
[2] （元）陶宗仪：《南村辍耕录》卷7，第85页。
[3] 参见宋岘《"回回石头"与阿拉伯宝石学的东传》，《回族研究》1998年第3期。
[4] （元）陶宗仪：《南村辍耕录》卷7，第85页。
[5] Ahmad ibn Yusuf Al Tifaschi, *Arab Roots of Gemology: Ahmad ibn Yusuf Al Tifaschi's Best Thoughts on the Best of Stones*, trans. by Samar Najm Abul Huda, London, 1998, p.236.
[6] （明）马欢：《瀛涯胜览》（英译本），剑桥出版社，1970年，第171页。
[7] （明）马欢：《瀛涯胜览》（英译本），第171页。

但记录是大尾棉羊、狗尾羊、斗羊三种，第四种羊的记述文字有脱漏或者根本没有记载。有学者企图补充第四种为九尾羊，显然不合适，没有这种说法。斗羊全世界皆有，西亚久负盛名，且具有赌博娱乐的性质。

（21）异兽："又出一等兽，名草上飞，番名昔雅锅失，如大猫大，浑身俨似玳瑁斑猫样，两耳尖黑，性纯不恶。若狮豹等项猛兽，见他即俯伏于地，乃兽中之王也。"（《瀛》）

这里所记的就是猞猁，波斯语 Siyāh Gūsh，马欢记为昔雅锅失，是非常准确的，但说狮、豹都屈服于这种异兽，是兽中之王，显然夸大了其凶猛程度。

（22）装扮："男子卷发，穿长衫，善弓矢骑射。女子编发四垂，黄缭其项，穿长衫。出则布幔兜头，面用红青纱一方蔽之，两耳轮用挂珞索金钱数枚，以青石磨水，妆点眼眶唇脸花纹为美。项挂宝石、珍珠、珊瑚，纫为璎珞。臂腕腿足俱金银镯，此富家之规也。"（《星》）

这里的男性卷发应该是长发，穿长衫，这种穿着至今也是如此。女子留发辫，围黄色围巾，也穿长衫，今亦如此。穿斗篷如恰杜尔，即黑袍，用红布或黑布蒙面，戴各式耳坠，尤其青石为耳坠，还上妆、眉毛、嘴唇、脸等。项链有宝石、珍珠、珊瑚、璎珞等，臂腕腿足有金银镯，今天在西亚、南亚也可以看到这种装扮。所有这些均是富家女子的打扮。

（23）筑城："垒石为城，酋长深居，练兵畜马。"（《星》）

这里用石头筑城，当地的统治者就住在城堡

里，还可以在城里训练兵马，看来城不算小。前文的鄂多立克也提到了该城有城墙。

（24）物产："产有珍珠、金箔、宝石、龙涎香、撒哈剌、梭眼、绒毯。"（《星》）

上述提到的物产，除了珍珠产自当地，其他应该是从外地贸易而来，不是当地产品。

（25）屋宇："垒堆石而为屋，有三四层者，其厨、厕、卧室、待客之所，俱在上也。"（《星》）

这里的房屋使用石料建成，楼房，层高三四层，设备齐全，应该说居住条件尚好。前文域外游记多次提到当地的屋宇，多半奢华、昂贵，说明当地人富有，也是贸易繁荣的体现。

（26）贡品："其国王亦将船只载狮子、麒麟、马匹、珠子、宝石等物并金叶表文，差其头目人等，跟随钦差西洋回还宝船，赴阙进贡。"（《瀛》）

狮子、麒麟、马匹、珠子、宝石等这些朝贡品在文献中有大量的记述，但需要指出的是，这些贡品实际不是产自霍尔木兹或者附近的地区，而是来自较远之地。诸如麒麟即长颈鹿产自非洲，由此可知这里是一处商品贸易集散地，而不是商品生产地，进而凸显了其在商品贸易网络中的重要地位。

霍尔木兹与元明两朝贸易往来频繁，尤其名贵之物较多，以朝贡形式输入中国，实际就是贸易逐利。明永乐帝曾言："回人善营利，虽名朝贡，实图贸易，可酬以直。"[①] 说出了朝贡的实质。

上述从明代有关文献角度对霍尔木兹地区的社会生活、经济贸易、物产宝物等做了简要介绍，是对这一地区历史轨迹的一些补充。

---

① 《明史》卷332《西域传》，第8625页。

三　撒那威、霍尔木兹两座沿海城市与世界道路贸易体系的联结

严格意义上说，撒那威与霍尔木兹在同一个道路体系之中，尤其在海上丝绸之路上线路基本一致，也就是彼此之间有密切的联系，是整个西亚道路体系的重要组成部分，但各自的功能、连接区域、地位、发挥作用的时间段存在一定差异。如下做简要分析。

（一）撒那威的商业路线及与世界的贸易往来

就海路而言，撒那威向东与霍尔木兹海上路线是连接在一起的。撒那威向北可以通往伊朗之地（Iran Shahr），这是一条十分重要的道路。众所周知，世界上所有重要的道路都是从政治中心或者商业中心通往各地的。伊朗历史上的道路也是如此。伊朗历史悠久，尤其公元前6世纪到公元7世纪建立的波斯帝国，持续了1300年。在此期间，政治中心不断在发生变化，从苏萨[①]到波斯波利斯，从泰西封到哈马丹，从尼萨[②]到泰西封，但始终与波斯湾保持着密切的往来，波斯湾在波斯帝国的贸易、交通中占有举足轻重的地位。原因就是撒那威往往与政治中心或道路中心连接在一起。诸如阿契美尼德王朝国王大流士一世，公元前5世纪修建了波斯御道，其从首都苏萨到地中海东岸小亚细亚的以佛所[③]，距离超过2000公里，几乎将西方主干道路线连接了起来。从苏萨到撒那威有两条道。一条是从苏萨向南沿着迪兹夫勒河而下，经过今天的石油城阿瓦士，继续南下到阿巴丹港或巴士拉城，再乘船向东到撒那威城。这条道距离相对较远，而且先陆路后水路，对商人而言，有些不方便。另一条的前半段和第一条重合，但在阿瓦士，向东南沿着扎格罗斯山脉东行，到设拉子，然后南下就可到达撒那威港。这条道路在以后的时代里基本路线没有发生根本性的变化，只是随着不同政权政治中心的改变而启程点在变化。

阿拉伯帝国建立后，政治中心不断变化，诸如大马士革、库法、巴格达等，但撒那威不同的道路方向最后仍然是与王朝干道连接在一起。比如从撒那威陆路北上到设拉子，再到达伊朗腹地，也就是米底的伊斯法罕城，再北上到拉伊城，这里是拉齐的家乡。这里距离今天德黑兰的南边不远，笔者2018年11月23日到过此地。拉伊城长久以来是米底或吉巴尔（Jibal）的首府，历史上很多地方王朝以此地为首都，是历史文化名城，但现在基本毁了，成为污染严重的炼油厂地。这里也是呼罗珊大道经过的地方。这条道路的得名源于巴格达城呼罗珊门，因道路就是从此门启程的。该条道路从巴格达向东经过伊朗腹地，再到阿姆河，而后到达费尔干纳盆地，是阿拉伯帝国的东西大动脉，属于丝绸之路西段，也就是帕米尔以西的干道。实际上，这条道路早已存在，至少在阿契美尼德王朝时期就已经存在，一直到萨珊王朝时期还在使用，玄奘就曾经过这条道路的东段部分。可以说，这条道将丝绸之路上的三颗

---

① 位于伊朗胡齐斯坦上迪兹夫勒城西南边，今天被称作 Shush（舒什）。
② 位于今土库曼斯坦首都阿什哈巴德附近。
③ 位于今土耳其第三大城市伊兹密尔（Izmir）南边大约50公里处。

明珠——长安、巴格达、罗马连接到了一起。尽管王朝在更迭兴亡，但基本的干线没有根本变化，今天伊朗的东西大通道就是沿这条线建设的。不断变化的只是随着政治中心发生变化，道路的启程点在发生变化。伊利汗国时期，前期的都城在马腊格，中期的都城在大不里士，后期的都城在孙丹尼牙（苏丹尼耶）。伊利汗国时期，文献就记述了从孙丹尼牙到波斯湾的基什（记施）岛的路线，且非常详细，抄录如下：

孙丹尼牙到波斯湾的道路：从孙丹尼牙呈对角线向伊朗边境的基什（岛）的路程为254法尔萨赫。

1. 从孙丹尼牙到萨瓦的道路里程：从孙丹尼牙行5天路程或24法尔萨赫到如前所记的萨格扎巴德村，这里道路向呼罗珊方向分开。从萨格扎巴德行6法尔萨赫到哈吉布·哈散卫所，再7法尔萨赫到达瓦尼格卫所，再5法尔萨赫到萨瓦城。从孙丹尼牙到萨瓦共计42法尔萨赫，萨瓦是很多道路的启程地。2. 从萨瓦到卡珊的道路里程：从萨瓦行4法尔萨赫到阿瓦，再6法尔萨赫到库姆，再12法尔萨赫到卡珊，从萨瓦到卡珊共计22法尔萨赫。

3. 从卡珊到伊斯法罕的道路里程：从卡珊行8法尔萨赫到库赫鲁德村，再6法尔萨赫到瓦斯特村，再6法尔萨赫到穆尔察·胡尔德卫所，再8法尔萨赫到幸村，也可经米亚妮之路行12法尔萨赫到幸村。从幸村行12法尔萨赫到伊斯法罕新城。从卡珊到伊斯法罕共计32法尔萨赫，从萨瓦为54法尔萨

赫，从孙丹尼牙为96法尔萨赫。

4. 从伊斯法罕到亚兹迪哈瓦斯的道路里程：从伊斯法罕行3法尔萨赫到伊斯法罕纳克村，再5法尔萨赫到伊朗边界的马赫亚尔村，再6法尔萨赫到库米沙赫城。从伊斯法罕到库米沙赫共计14法尔萨赫。从库米沙赫行5法尔萨赫到鲁德坎村，再7法尔萨赫到亚兹迪哈瓦斯。从库米沙赫到亚兹迪哈瓦斯共计12法尔萨赫，从伊斯法罕为26法尔萨赫。从亚兹迪哈瓦斯有条冬季道路向左拐，而夏季路（近路或西路）经库什克扎尔德向右转。

5. 从亚兹迪哈瓦斯经夏季路到设拉子的道路里程：从亚兹迪哈瓦斯行3法尔萨赫到迪赫·吉尔德，再7法尔萨赫到库什克扎尔德，经吉里瓦·马德尔与都赫塔尔关隘（母女关）行5法尔萨赫到叫作达什特·伦平原上的萨拉赫丁卫所，再3法尔萨赫到普勒沙赫里亚尔桥（靠近乌建，在库尔河上游）附近的卫所，再7法尔萨赫经过马因的巉岩关到马因城。所有通往马因的道路都怪石林立，十分艰险。再4法尔萨赫过伊斯塔赫尔堡和什卡斯特堡，道路向右到普勒瑙（新桥，过库尔河），再5法尔萨赫到设拉子。从亚兹迪哈瓦斯到设拉子共计44法尔萨赫，从库米沙赫为56法尔萨赫，从伊斯法罕为70法尔萨赫，从卡珊为102法尔萨赫，从孙丹尼牙为166法尔萨赫。

6. 从设拉子到伊朗边境的道路里程（基什）：从设拉子行5法尔萨赫到沙赫拉克村，再5法尔萨赫到卡瓦尔城，过吉里瓦·赞吉

兰（丛关），再5法尔萨赫到贾穆甘卫所，向右7法尔萨赫可到费鲁兹巴德，再5法尔萨赫到麦阳德，再6法尔萨赫到斯穆甘区的边界，再6法尔萨赫到走进这个区，再7法尔萨赫经萨尔·萨费得（白头）关到卡尔扎穆，再5法尔萨赫到拉吉尔，再6法尔萨赫到法利亚布区，再6法尔萨赫到浑吉城，再6法尔萨赫经陡峭的山关到达鲁克村，再6法尔萨赫到马汉，再6法尔萨赫经拉尔达克关到海边的胡组[1]。从这里渡海4法尔萨赫到基什（此为该岛之名）城。从设拉子城到基什共计88法尔萨赫，从伊斯法罕为158法尔萨赫，从卡珊为190法尔萨赫，从萨瓦为212法尔萨赫，从孙丹尼牙为254法尔萨赫。[2]

这是伊利汗国道路网络中很有特色的路线，向西南方向行进，最后和从巴格达启程的道路在波斯湾重合，是如前所说的丝绸之路上的重要组成部分。实际上，这条道从埃兰王国到波斯帝国，再到阿拉伯帝国都在使用，尤其在阿拉伯帝国时期保留下来的地理文献中有大量的记述。诸如前文所提到穆卡迪斯记述了从设拉子到（老）霍尔木兹的道路，具体为："从设拉子到沙哈赫（Sāhah）是一站路程；再到达什特·阿尔赞（Dasht Arzan）是一站路程，这里路途艰难，此地有上阿卡巴塔（Akabat Bālān）；从法萨（Fasā）到卡拉增（Kārazīn）是一站路程；再到霍尔木兹是一站路程。"[3] 穆卡迪斯的记述显然

没有穆斯塔菲的详细，但我们至少知道这条道在10世纪阿拔斯帝国由盛转衰时期仍然发挥着重要的作用。

撒那威就在设拉子的正南面，12世纪的文献《波斯志》比较详细地记述了从设拉子到撒那威的道路，其记述称："从设拉子经过菲鲁兹扎巴德（Firūzābād）到撒那威有86法尔萨赫或里格。第一站路程从设拉子行5法尔萨赫到卡费拉赫（Kafrah）；第二站行5法尔萨赫到库瓦尔（Kuvār）；第三站行5法尔萨赫到胡奈夫干（Khunayfqān）；第四站行5法尔萨赫到菲鲁兹扎巴德；第五站行8法尔萨赫到斯穆甘（Simkān）；第六站行7法尔萨赫到哈布拉克（Habrak, Hirak）；第七站行7法尔萨赫到卡尔增（Kārzin）；第八站行8法尔萨赫到拉吉尔（Lāghir）；第九站行8法尔萨赫到库兰（Kurān）；第十站从库兰到撒那威需要4天的路程，里程为35法尔萨赫。"[4] 从设拉子到撒那威约有541公里，需要13天的行程。原因就是中世纪沿着扎格罗斯山脉褶皱山谷行进，略有绕行。今天修建的公路差不多从设拉子直接向南到撒那威，距离约260公里，差不多比古代路程缩短了一半。

如上所说，从设拉子北上就可以到呼罗珊大道。由此形成了撒那威向北的道路网络，这在西亚商业大陆体系中占有十分重要的地位。唐宋元明文献中发现很多呼罗珊、里海南岸、中亚等地的人活动在泉州、杭州、广州、镇江等东南沿海地区，从事贸易活动。这些人中很多就是沿着呼

---

[1] 就在基什岛北边的波斯湾岸边。

[2] Hamd Allah Mustawfī, *al-Qulūb*, pp.175–177. 文中所有数据皆系原文。

[3] Muqaddasī, *The Best Divisions for Knowledge of the Regions*, p.401.

[4] Ibn-al-Balkhi, *Description of the Province of Fars*, p. 886.

罗珊大道向东或向西，再向南，经过设拉子，再到波斯湾的撒那威或霍尔木兹岛乘船到中国。

撒那威向西的道路除了向西北方，还有就是从撒那威乘船到巴士拉，而后或水路或陆路到巴格达，这里是 8 世纪以后的交通中心、贸易中心、消费中心、娱乐中心，不同时期的政治中心，是中世纪西亚道路的心脏和枢纽，连接着世界各地。中国的奢侈品在这里成为抢手货，尤其麝香，成为当地的极品，除了达官贵人消费外，还常常在文学中受到歌颂。世界上名贵的香料如乳香通过海路或者陆路输入中国，尤其宋代经过海路输入中国的奢侈品名目繁多，不胜枚举。这些物品能进入中国，波斯湾沿海港口在其中发挥了重要的作用。

撒那威向南的道路前文已经谈及，这里略做补充。重要的道路有两条。一条是从撒那威直接经过波斯湾到巴林，登陆后又分成三条，即向北、西、南。而最重要的道路就是向南的道路。《道里邦国志》记述："从巴士拉至阿巴丹为 12 法尔萨赫，再至海舍巴特（Al-Khashabat）为 2 法尔萨赫，以后，则为海路。海的右岸属阿拉伯人，海的左岸属波斯人，海面宽为 70 法尔萨赫。海中有两座山，即苦赛义尔（Kusayr）和欧沃依尔（'Uwayr），海的深度为 70 巴厄（Ba）[①] 至 80 巴厄。从海舍巴特至巴林（Al-Bahrayn）城为 70 法尔萨赫，巴林城在阿拉伯海上。巴林人是一些拦截船舶的海盗，他们不务耕稼，拥

有椰枣和骆驼群。""从巴林城至都尔杜尔（Al-Durdūr）为 150 法尔萨赫，再至阿曼为 50 法尔萨赫，再至席赫尔（Al-Shihr）为 200 法尔萨赫，从席赫尔至亚丁（Adan）为 100 法尔萨赫，亚丁乃最大的港口之一。亚丁没有庄稼和牲畜，有龙涎香（'Anbar）、沉香（'Ud）、麝香（Misk）和来自信德、印度、中国、赞吉（Al-Zanj）[②]、老勃萨（Al-Habshah）[③]、波斯、巴士拉、久达（Juddah）[④]、古勒祖母（Al-Qulzum）[⑤]等地的物产。此海乃东方大海，海中产优质龙涎香。赞吉、老勃萨、波斯均与此海通连。"[⑥] 胡尔达兹比赫很清楚地记述了从撒那威到巴林，再到阿曼、也门、红海等地的道路。

这条道通往乳香的产地——阿曼和也门。乳香从这里被贩运到世界各地，包括中国，宋代文献中经常提到和阗产乳香。其实和阗不产乳香，如同今天新疆不产椰枣一样。实际上，乳香就是通过呼罗珊大道运入和阗的，这里一度成为乳香的集散地。

撒那威、波斯湾、呼罗珊大道等构成了丝绸之路上的庞大贸易网络，内部形成了一种分阶段运输、销售的商业模式。因此，贸易体系是一种复杂的运行体系，最后到中国看到的中亚商人诸如粟特商人，实际他们是贸易接力运输的最后"一棒"。也就是说，我们不能孤立、单纯、表层、浅层地看待丝路贸易体系，而是要以整体、宏观、全面、普遍联系的方式去认识这条道路。

---

① 阿拉伯尺，约 0.5883 米——原译者注。
② 桑给巴尔——原译者注。
③ 埃塞俄比亚——原译者注。
④ 沙特阿拉伯的吉达港——原译者注。
⑤ 红海。
⑥ 〔阿拉伯〕伊本·胡尔达兹比赫：《道里邦国志》，第 48 页。

撒那威尽管在波斯湾岸边，但自始至终和干道的脉搏一起跳动，成为世界贸易体系的重要组成部分。也就是说，将撒那威纳入世界贸易体系去观察，会有意外的收获。因此，对待任何问题不能简单、机械地去思考和认知。

（二）（新）霍尔木兹城崛起的背景与水陆交通和贸易路线的形成

就世界历史而言，14—15 世纪是比较沉寂的时期，世界大国，尤其西边的大国在解体或者衰微，加剧了动荡，由此传统不断被打破。具体到本文考察的两座沿海城市或港口所在区域，则经历了四次巨大的变动。

一是曾经不可一世的塞尔柱帝国在 12 世纪末不知不觉中瓦解，其余绪在小亚细亚扎下了根，为奥斯曼土耳其帝国崛起准备了力量。孱弱的阿拔斯帝国统治者的圣旨走不出巴格达皇宫，西亚进入诸侯纷争的时期。混乱给波斯湾商业造成一定的冲击和伤害。

二是蒙古的西征、阿拔斯王朝的灭亡、伊利汗国的建立，相互之间是有因果关系的。但 14 世纪初，随着伊利汗国的瓦解，西亚出现很多地方王朝，诸如札剌亦儿（Jalayir）王朝[①]、土库曼人建立的黑羊（Qara Qoylu）王朝[②]等，西亚王朝林立，混战不已。

三是帖木儿帝国从中亚崛起，席卷了周边地区，也席卷了西亚，直到波斯湾，造成巨大的破坏。但随着 1405 年帖木儿去世，帝国很快就分裂了，处在战乱状态。

四是欧洲正在为文艺复兴、重商主义准备着力量。迷乱的东方，觉醒的西方。这些巨大变动为波斯湾发展，也为西方殖民统治西亚埋下了或深或浅的伏笔。

耐人寻味的是，在如此混乱的西亚，波斯湾的霍尔木兹岛却迎来了前所未有的发展，似乎一夜之间成为东西方贸易的中心。

新霍尔木兹的崛起与撒那威城有很大的不同。首先，撒那威城作为商业贸易地有超过 5000 年的历史，几乎和世界文明进程同步。除了短暂的衰落外，多半时间是波斯湾的明星城市，带着耀眼的光环，充满"贵族"气息。而霍尔木兹岛在 14 世纪以前只是一座往来船只歇脚的荒岛，几乎没有商业价值，且远离波斯湾海岸边。在一定程度上说，往来不便，与撒那威的优越条件无法相比。其次，如前文所说，霍尔木兹岛是荒岛，很长时间以来无人居住，地域狭小，没有常流河，也不产多少物产，因此难以为继。最后，霍尔木兹岛的战略位置与撒那威相比，不具有任何优势。

以上系统地分析了波斯湾商业繁荣的原因，这些原因虽只是笔者初步的认识和思考，但有助于我们更广泛地认识、探索问题，不能简单地停留在问题的表面，就事论事。

结 论

考察波斯湾典型城市的交通路线和商业贸易

---

① 札剌亦儿王朝是蒙古伊儿汗国解体后，札剌亦儿人于 14 世纪 30 年代在伊朗西部于伊拉克成立的小汗国。首都在巴格达，大致范围包括今伊拉克、伊朗西部及阿塞拜疆等地。

② 黑羊王朝是一古代的土库曼人部族联盟建立的王朝，约于 1375—1468 年统治今天的阿塞拜疆、伊朗西北部与伊拉克地区。因其旗帜上绘有黑羊图案，故名黑羊王朝。

网络之后，可得出如下结论。

一是沿海城市自始至终和内陆城市保持着十分密切的关系。内陆城市的繁荣是沿海城市发展和繁荣的基本保证。如果沿海城市和内陆失去了紧密的联系，沿海城市的繁荣和发展就会受到阻碍。撒那威和（新旧）霍尔木兹城的历史以及波斯湾沿岸城市的兴衰均是很好的例证。

二是两座波斯湾城市，尤其新霍尔木兹城，是典型的转口贸易城，本地能够生产或者为市场提供的产品不多。这也就决定了此类城市的命运，一旦转口贸易转向其他港口，诸如转到阿巴斯港，会给霍尔木兹岛带来致命的打击。

三是波斯湾沿岸城市的交通网络随周边地区政治中心的变化而变化。波斯帝国时启程点在苏萨、泰西封等；阿拉伯帝国时期启程点在麦地那、大马士革、库法、巴格达或者分裂藩属的都城布哈拉、内沙布尔、赫拉特等。交通网络的变化说明了中心的变化，也是商业中心的变化。

四是波斯湾沿海地区一以贯之地与海上丝绸之路和陆上丝绸之路连接在一起，也就意味着与世界的贸易大国和世界名贵产品连接在一起。因此有了郑和到波斯湾带去的丝绸、瓷器等，中亚的马匹经过霍尔木兹岛到达印度，南阿拉伯半岛的乳香经过和阗到达宋朝都城，中国与佛林（小亚细亚）的使臣往来。[①]

波斯湾沿海城市的空间分布与格局往往和本身的地理条件有密切关系，也和世界形势变化密切相关。本文从点的角度观察线、面的网络体系，仅是一些粗浅认识，敬请批评指正。

附　录

一　旧霍尔木兹国王统

List of kings of Hormuz Old Kings（Muluk al-Qadim，克尔曼的藩属至 1247 年）。

1.Muhammed I Deramku, About 1060.
2.Sulaiman b. Muhammad Isa Jashu b. Sulaiman (d. 1150).
3.Lashkari b. Isa (d. 1189).
4.Kay Qobad b. Lashkari Isa b. Kay Qobad Mahmud b. Kay Qobad Shahanshah b. Mahmud (d. 1202).
5.Abu Nasr b. Kay Qobad (conquest of Hormuz by Atabeg of Fars, Abu Bakr).
6.Mir Shihab ud-Dina Mahmud (Malang) b. Isa (d. 1247) (jointly with his wife, Bibi Nasir ad-Din bt. Abu Nasr).

二　新霍尔木兹国王统

New Kings (Muluk Jadid)

1.Rokn ed-Din Mahmud Kalhati (1242—1277)（与其妻 Bibi Nasir ad-Din bt. Abu Nasr 联合执政）。
2. Qutb ud-Din Tahmtan I b. Mahmud Kalahati（由 Bibi Nasir ad-Din 摄政）。
3.Seyf ed-Din Nusrat b. Mahmud (1277—1290).
4.Taj ud-Din Mas'ud b. Mahmud (1290—1293).
5.Mir Baha ud-din Ayaz Seyfi（与其妻 Bibi Maryam 联合执政；1293—1311；都城加仑岛）。
6.Izz ud-Din Gordan Shah（ibn Salghur ibn Mahmud Malang,1317—1311）。
7.Shihab ud-Din Yusef (1317—1319).

---

① （明）陈循等：《寰宇通志》卷180，广文书局，第14页。

8.Bahramshah (1319).

9.Qutb al-Din Tahmtan Ⅱ b. Gordan Shah(1319—1345).

10.Nizam ud-Din Kay Qubad b. Gordan Shah (usurpation, 1345—1346).

11.Turan Shah I (Yusef) b. Tahmtan (1346—1377).

12.Bahman Shah b. Turan Shah (1377—1389).

13.Muhammad Shah I b. Bahman Shah (1389—1400).

14.Bahman Shah Ⅱ b. Muhammad Shah.

15.Fakhruddin Turan Shah Ⅱ b. Firuz Shah b. Muhammad Shah.

16.Shahweis Shengel Shah b. Turan.

17.Shah Salghur Shah b. Turan Shah.

18.Turan Shah Ⅱ b. Salghur Shah.

19.Sayf ud-Din Aba Nasr Shah b. Shengel Shah（葡萄牙人入侵，1507—1513）。

21.Turan Shah Ⅳ b. Shengel Shah（1513—1521，1515 年葡萄牙人 Albuquerque 占领霍尔木兹国 ）。

22.Muhammad Shah Ⅱ b. Turan Shah (1521—1534).

23.Salghur Shah Ⅱ b. Turan Shah (1534—1543).

24.Fakhr ud-Din Turan Shah V b. Salghur Shah Ⅱ (1543—1565).

25.Muhammad Shah Ⅲ b. Firuz Shah b. Turan Shah V (1565).

26.Farrukh Shah I b. Muhammad Shah (1565—1597).

27.Turan Shah Ⅳ b. Farrukh Shah (1597).

28.Farrukh Shah Ⅱ b. Turan Shah VI (1597—1602).

29.Firuz Shah b. Farrukh Shah Ⅱ (1602—1609).

30.Muhammad Shah Ⅳ b. Firuz Shah (1609—1622), Imam Quli Khan 以 Shah Abbas（阿巴斯一世）的圣旨占领了霍尔木兹岛。[1]

---

[1]　https://encyclopedia.thefreedictionary.com/Ormus.

宁夏海原出土第十二副将款石牌补考

李进兴

（海原县文化旅游广电局）

1993年夏天，海原县贾塘乡马营村南的古城遗址临羌寨出土了两块石牌。为弄清其用途，笔者撰写并发表了《海原县西夏秋苇平遗址出土第十二副将款石牌考析》（以下简称《考析》）的文章，引发了诸多专家学者的关注，特别是河北师范大学历史文化学院副教授陈瑞青进行了补考，撰写了《宁夏海原出土第十二副将款石牌补释》（以下简称"陈文"）的文章，发表在宁夏社会科学院西夏研究所主办的《西夏研究》期刊上。陈文对弓弩石牌上"打硾"二字的正确释读，让笔者茅塞顿开，并对石牌的用途有了初步的认知。但陈文对两块石牌考证后认为是"箭靶"，笔者查阅相关史料后，发现陈文对其用途的考证也有误，故再做补考，与各位专家进行探讨。

一 第十二副将石牌概述

在考述第十二副将石牌之前，有必要介绍一下该石牌的出土情况，这有助于了解该石牌的用途及价值。

（一）石牌发现始末

这两块石牌于1993年出土于海原县贾塘乡马营村南之宋夏时期的城池遗址，是当地农民耕种时发现的，后被当地收藏家所藏。当时临羌寨出土文物甚多，笔者曾写信给北京大学宋史专家邓广铭、西北师范大学教授米寿祺、宁夏社会科学院专家李范文进行交流，他们均认为研究价值极高。对此笔者走访调查并整理出一本册子《西夏天都海原文史》，其中就收录了这两块石牌。1995年接到"首届西夏学国际学术研讨会筹委会"的邀请函，很想将临羌寨出土的文物介绍给与会的专家。专家的认可，可以作为向文化部门推介征集这批文物馆藏的依据。1996年，笔者调任海原县文管所并任所长后，开始收集整理临羌寨所出土的文物，其中就有带西夏铭文的弩机、西夏秃发摩睺罗和这两块石牌。1998年，银川西夏王陵的西夏博物馆建成并竣工，因恰逢宁夏回族自治区成立40周年，遂作为献礼工程。博物馆刚刚建立，西夏文物缺乏，筹备组的工作人员驱车到处求援。笔者将散落于民间的文物收集造册，借给博物馆作为展品。展出结束后，应博物馆的要求，并与各收藏家协商将此批文物征集给了博物馆。

这批文物在第一次征集时，尺寸、大小、重量、铭文等均是由收藏鉴赏家们各自填写的，肯定有纰漏，沿用其资料时也会出现差错。

（二）石牌基本概况

海原县贾塘乡马营村南的临羌寨遗址出土的这两块带铭文的石牌，根据其上的铭文，暂且将其命名为"第十二副将石牌"。石牌高 25 厘米，厚 56 厘米，质地系当地红砂岩石，呈长条形，上部呈半圆形，下部呈长方形，石牌上端有穿孔。正面自上而下阴刻三行楷书，背面阴刻"九斤四两"，实测为 5425 克。现对两块石牌再做录文，以方便研究。

第一块石牌正面（图 1）铭文：

1. 第十二副将
2. 一样六十五个
3. 将

第二块石牌正面（图 2）铭文：

1. 第十二副将打硾弓
2. 将
3. 弩石牌共三十五个

海原发现的这两块第十二副将石牌形制特别，所载文字信息丰富，研究价值极高。

二 第十二副将石牌铭文考释

海原县贾塘乡马营村南的宋夏城池遗址出土的这两块石牌，铭文均为汉字。

（一）"第十二副将"铭文系驻军

临羌寨，原属西夏，地名秋苇平。宋于元符二年（1099）占领之后以秋苇川堡寨为基础，建成临羌寨，成为牧马军寨，并置秋苇驿，东南通镇戎军，西通西安州。《宋史·地理志》载："天都寨，元符二年，洒水平新寨赐名天都。东至临羌寨二十里，西至西安州二十六里，南至天都山

图 1　第十二副将石牌

图 2　第十二副将弓弩石牌

一十里，北至绥戎堡六十五里。"《宋史·兵志》载："元符元年，章楶又请增置泾原第十二将。"[1]元符元年八月甲午，"泾原路增置第十二将，以折可适、曲克权将、副"。[2]北宋此次增设的泾原第十二将是以通峡、荡羌、九羊三寨"见管防守正兵及新招弓箭手、马步军"为班底重新组建的。通峡、荡羌、九羊三寨属怀德军管辖，据《宋史·地理志》："怀德军。本平夏城，绍圣四年建筑。大观二年，展城作军，名曰怀德，以荡羌、灵平、通峡、镇羌、九羊、通远、胜羌、萧关隶之，增置将兵，与西安、镇戎互为声援应接。"[3]元符二年（1099），宋军攻取南牟会（宋称"西安州"）之后，又"创置泾原路第十三将，应西安州、天都、临羌寨汉蕃兵马并隶本将管辖训练，正将令西安州知州兼，其副将于天都寨驻札，仍同共管认西安州及两寨地分"。[4]《宋史·钦宗纪》载，靖康元年九月"夏人陷西安州"，[5]临羌寨也复归西夏。

据统计："从宋咸平初（1002年或1003年），西夏夺取海原地区，到1227年夏亡的220余年间，宋朝统治海原地区约28年，西夏统治海原地区将近200年之久。"[6]也就是说，临羌寨在元符二年（1099）至靖康二年（1127）北宋灭亡这一段时间是由宋朝占据，其余时间则由西夏占领。西夏前期在这里设置过"天都监军司"，中后期又增设过"南院监军司"，"疑驻天都山。前期无，中期增设，防线在西安州、萧关一线。备御金朝之德顺州、怀德军"。[7]又据《贞观玉镜》中将、正将、正副行将、正副佐将、正首领、小首领等主要军职名称，可看出西夏武职系列和军队编制源于宋军制中的"将兵法"。

由此可知，临羌寨距西安州四十六里路。陈文中说："元符二年，第十二将官兵参与收复南牟会的军事行动，并驻防西安州，其正将折可适被任命为西安州知州兼任第十三将正将。故石牌最有可能是折可适原带第十二将官兵携带入西安州。"[8]其实这两块石牌是在临羌寨遗址出土的，并非出土于西安州，而且临羌寨驻将史料无载，驻将不明。前期进驻天都地区的宋代泾源路第十二副将是曲克，后来担任第十二副将的还有吴玠。早期第十二副将的驻地是在天都寨（今海原县城），驻将是曲克（史料中也作"曲充"），增设第十三将之后，第十三副将曲克驻天都寨，也就是洒水平一带。第十二将的驻地在海原县东南一带，即西夏时期所谓的没烟峡和平夏城（今固原市原州区黄铎堡镇）、九羊寨（今中卫市三角原县李俊乡）一带。如果在临羌寨发现石牌的话，可以肯定不是曲克任期所使用的石牌，应该是后任第十二副将所使用的石牌。西安州知州与守将曾有几任，不仅折可适，种师道、张叔夜、任得敬等

① 《宋史》卷188《兵志二·禁军下》，中华书局，1985年，第4630页。
② （南宋）李焘：《续资治通鉴长编》卷580"元符二年"条，上海师范大学古籍整理研究所、华东师范大学古籍整理研究所点校，中华书局，2004年，第12109页。
③ 《宋史》卷87《地理志三》"陕西"条，第2160页。
④ （南宋）李焘：《续资治通鉴长编》卷508"元符二年四月己丑"条，第12109页。
⑤ 《宋史》卷23《钦宗纪》，第431页。
⑥ 固原地区地方志办公室：《固原史地文集》，宁夏人民出版社，1990年，第35页。
⑦ 李范文：《西夏通史》，宁夏人民出版社，2005年，第441页。
⑧ 陈瑞青：《宁夏海原出土第十二副将款石牌补释》，《西夏研究》2020年增刊，第139页。

也先后任过知州。也无史料证明这两块石牌就是折可适携带至西安州的。另，宋代在标明石牌或者行牌时都以"×路×将"的格式，如"鄜延第四将带器械"款铜牌（图3），而这两块石牌均省略了"路"，归属值得商榷，故陈文论述主观臆断，缺乏翔实的史料佐证。

（二）"将"字的铭文属落款

在临羌寨出土的石牌中，"将"字出现的位置不同。第一块石牌，"将"字出现在第三行末尾；而第二块石牌，"将"字单独出现在第二行且字号较大，说明"将"字并不与其他文字连读，它的出现意在标明石牌的监制单位。黑水城所出《宋西北边境军政文书》中也保留了一件"将"字款公文（图4），第66页文书录文如下：

1. 第七将
2. 右今有人将此坚勒汉弓
3. 箭手第三十一指挥苏玘壹名
4. 送本指挥所在，别听本将指
5. 挥，仍取知管文状连申。建
6. 炎元年六月初七日
7. 差李怀 限一日
8. 将

说明这件文书的行文主体是第七将，文书末尾"将"字字号明显大于正文文字，从其出现的位置看，应当属于落款，意在标明该文书出自"将"这一机构，应是由第七将长官签署的，还预示着该文书属于军事文书。有意思的是，该文书的背面是西夏文，其归属值得商榷。回过头来再观察这两块石牌中的"将"字，其字号比其他文字略大，出现的位置一个是在中间，一个是在文末，用途应当和第七将文书中的"将"字类似，意在标明石牌为第十二副将监造，应是第十二副将检校弓弩性能的。

从而亦可证实，海原临羌寨出土的"第十二副将"石牌，应是同时期的文物。

图3 "鄜延第四将带器械"铜牌

图4 黑水城出土《宋西北边境军政文书》

（三）"打硾"铭文意为挂砲

第二块石牌上的"打硾"铭文，是标明石牌用途的关键词语，陈文对其进行了考证和解释，其意有二。

一是"打造"的意思。如陈文中所述：

"硾"字作动词用有敲打的意思，《说文解字》称"硾，捣也"。所谓"打硾"即"打造"，如《说郛》卷二十上《斛石之辨》称："及弓弩较力，言斗言石，此乃古法打硾以斤为别，而世反疑之。"石牌中的"打硾"意在说明这些弓弩石牌是由第十二副将统一打造的，与"行牌"绝无关联。①

二是"箭靶"的意思。如陈文言：

通过仔细观察石牌我们不难发现，石牌正面斑驳，有多处被硬物打击造成石片脱落。我们再结合第二块石牌中的文字"弓弩石牌"，可以推测该石牌应为练习弓弩所用箭靶之类的训练器械。石牌上方的圆孔是士兵从远处射击，使弓弩箭头穿过之用。那些未能穿过圆孔的箭镞，撞击石牌正面，造成石牌表面石片脱落。古代对于这类器械的称呼很多，如侯、鹄、的、臬、正、质等，如《小尔雅·广器》："射有张皮谓之侯。"《礼记·中庸》："鹄，谓大射之侯。"《玉篇·白部》："的，射质也。"《类篇·木部》："臬，射准的也。"《周礼·天官·司裘》："质者，正也。"《战国策·齐策五》："的，即鹄也。所谓侯中。"《孙子兵法》中将这类箭靶称之为"招"，如《孙膑兵法·兵情》称："弩者，将也。弩张柄。不正，偏强偏弱而不和，其两翔之送矢也不壹。矢虽轻重得，前后适，犹不中招也……将之用心不和……得，犹不胜敌也。矢轻重得，前后适，而弩张正，其送矢壹，发者非也，犹不中招也。"唐代也将其称为"标的"，如《国子助教河东薛君墓志铭》称："会九月九日大会射，设标的高出百数十尺……君执弓腰二矢……射三发，连三中，的坏不可复射。"虽然从史籍记载来看，没有将箭靶称作"石牌"的先例，但是通过观察实物和分析文字应该可以证实笔者的这一推测。②

笔者查阅资料时发现了陈文，对此与陈教授又进行了交流，他说之前的考释有误，慎用。"打硾"的意思应当是弓箭比试中，力量比较（较力）的一种标准。从远处用弓箭射击石牌，以能够击倒石牌为胜，以射穿石孔为准。

经查阅资料，笔者发现陈文的考释和后来的补充解释，对"打硾"的释读均是有误的。首先，硾，（1）古同"缒"，拴上重物往下沉。（2）揣量物体的重量。[chuí]：捣，敲打。[duǒ]：石头。《辞海》对"硾"的解释：硾（zhui坠），系上重物，使之下沉。③《古代汉语

---

① 陈瑞青：《宁夏海原出土第十二副将款石牌补释》，《西夏研究》2020年增刊，第140页。
② 陈瑞青：《宁夏海原出土第十二副将款石牌补释》，《西夏研究》2020年增刊，第140页。
③ 辞海编辑委员会编：《辞海》，上海辞书出版社，1989年，第4312页。

字典》中，"打"除"敲击""攻打"之意外，还有这样的解释："打，某些动作的称呼。欧阳修《归田录》：'至于造舟车者曰打船、打车，网鱼者曰打鱼，汲水者曰打水。'"

"打碨"一词，最早出自宋代叶梦得《岩下放言》一书。叶梦得曾历任翰林学士、户部尚书、江东安抚大使等官职。其归田后随笔札记之作《岩下放言》，文中所及内容，从古到今，谈释论道，且有补阙史实价值，颇为后来学者重视。《岩下放言》卷上就提到了"打碨"一物，其中有这样一段记载：

> 名生于实，凡物皆然。以斛为石，不知起于何时。自汉已来，始见之石本五权之名，《汉志》重百二十斤为石，非量名也。以之取民赋，如二千石之类，以谷百二十斤为斛，犹之可也。若酒言石，酒之多寡本不系谷数，从之取其醇醨。以今准之，酒之醇者，斛止取七斗或六，醨者多至于十五六斗。若以谷百二十斤为斛，酒从其权名，则权当为酒十五六斗；从其量名，则斛当谷百八十九斤，进退两无所合。是酒言石者，未尝有定数也。只于觕言石斛，觕未必正为麦百二十斤，而麦之实又有大小虚实，然沿至今，莫知为非。乃弓弩较方言斗言石，此乃古法。打碨以斤为别，而世反疑之，乃知名实何常之有。以妍为丑，以丑为妍，以美为恶，以恶为美，惟其所称，此亦学道者之

一警也。①

其中提到弓弩："乃弓弩较方言斗言石，此乃古法。打碨以斤为别，而世反疑之，乃知名实何常之有。"文中的"较"即"校订"，释义"校核考订"，也就是说，弓弩校核考订的方法，一说是斗一说石（斗、石是一种计量单位），这是古代的方法。今用挂碨测试弓弩的性能则以斤来区分的，世人反而怀疑它，才知道名目与实际有什么不一样的。由此可知，弓弩性能的测试是用"打碨"，也就是以碨测弓、弩斗力的核验方式，即将其悬空，弓体在上，弦在下，以碨挂于弦上，使以自重拉动弦，当坠满弓时，弦上所挂碨的重量便是该弓的斗力。②很显然，陈文对"打碨"的解释是错的。

（四）"九斤四两"铭文表示"一个力"

测量弓力对于做弓弩者和使用者都是必要的。对做弓弩者而言，他们对其成品的性能要有一个定量标准。对使用者而言，他们要衡量其弓弩是否适合其使用。弓力，用现代的术语指的是弓弩的弹力。《宋会要》描写当时武举考试时所用弓的力量大小是这样标记的："弓，步射一石一斗力，马射八斗力……"③

海原县临羌寨古遗址出土石牌后面有"九斤四两"的铭文（图5），据史料，相当于1个力。这说明驻扎在临羌寨的第十二副将开始使用一些特殊的单位"个力""力"等来描述弓弩的弓力。

① （宋）叶梦得：《岩下放言》卷上，《景印文渊阁四库全书》第863册，台湾商务印书馆，1986，第726—727页。
② （清）徐松辑：《宋会要辑稿》兵二六，刘琳、刁民忠、舒大刚校点，中华书局，1957年，第15册，第9176页。
③ 诸葛忆兵编著：《宋代科举资料长编》第114册《宋会要·选举》，凤凰出版社，2017年，第600页。

对此，明代李呈芬在《射经》中写得比较清楚：

> 古者，弓以石量力。今之弓以个量力，未详出处。然相传九斤四两为之一个力，十个力为之一石。或曰，九斤十四两为之一个力云。凡弓五个力而箭重四钱者，发去则飘不稳。而三个力之弓，重七钱之箭，几迟而不捷。何哉？力不相对也。[①]

明朝以前用"石"作为弓力的单位，在明朝以"个"来计量弓力，1个力相当于9斤4两（或9斤14两），10个力相当于1石。但不知这种计量方法源于何处。

图5　第十二副将石牌背面镌刻"九斤四两"

因此，从海原县宋夏古城池临羌寨遗址出土的这两块石牌来看，宋夏时期已经开始使用"个"来计量弓弩的弓力了。

（五）"六十五""三十五"铭文指数量

第一块石牌上有"一样六十五个"汉字铭文，第二块石牌上有"共三十五个"，是指石牌的数量。第一块石牌中出现的"一样"两字，意在说明石牌的材料、形制、重量是一样的，属于制式石牌；第二块石牌中的文字"弓弩石牌共三十五个"，也就是说这类石牌一共有三十五个。早在汉代，人们就用"石"等单位来计量弓弩的弓力，如"今力三石二十九斤射百八十步劈木郭""夷胡七石具弩"。[②] 也就是说，六十五个或者三十五个石牌正好是一组，能检测出一个弓弩的弓力。

结　语

综上所述，宁夏海原县贾塘乡马营村宋夏临羌寨古城遗址出土的第十二副将石牌和第十二副将打碎弓弩石牌，就是宋、西夏第十二副将检校弓弩弓力的石秤砣。这两块石牌的发现弥补了史料无记载的缺憾，其也是研究宋、西夏弓弩性能测试不可多得的实物资料。

---

① （明）李呈芬：《射经》，上海古籍出版社，1988 年，第 1684 页。
② 仪德刚：《中国古代关于弓弩力学性能的认识》，《全国中青年学者科技史学术研讨会论文集》，2003 年，第 70—81 页。

武山拉梢寺元代喇嘛塔艺术的风格特征

丁万本

（陕西师范大学美术学院）

　　元朝，自忽必烈即位尊八思巴为国师后就奠定了藏传佛教的绝对地位。这一时期，随着藏传佛教的发展，藏式佛塔也逐渐盛行。武山水帘洞石窟群拉梢寺单元现留存有一定数量的元代泥塑喇嘛塔。关于水帘洞石窟群现存的元代泥塑喇嘛塔的研究，大致有通过喇嘛塔图像论述其所反映的藏传佛教、佛塔的传播以及藏传佛教对水帘洞石窟群的影响；[1] 或有谈及之所以以浮塑、石胎泥塑为主，且主要为喇嘛塔的两方面因素；[2] 赵世金的硕士学位论文《甘肃武山水帘洞石窟群研究》中也稍有提及。[3] 针对以上研究现状，笔者拟以武山水帘洞石窟群现存的元代泥塑喇嘛塔为研究对象，在前人研究的基础上，以佛塔实物为根据，结合历史背景、地方环境对其所表现的风格特征做一详细的考察与探讨。

一　拉梢寺元代喇嘛塔

　　武山，元代时称宁远县，属巩昌府。地理位置上邻近临洮府、秦州、陇州等地，是大都至西藏地区的必经之地。由是武山水帘洞石窟群有较为集中的藏式佛塔遗存。

　　武山水帘洞石窟群现存的佛塔分布于拉梢寺单元与水帘洞单元。根据相关资料以及实物对比，水帘洞单元佛塔开凿绘制时间较早，拉梢寺单元佛塔群则多开凿绘制于元代，且其形制均为喇嘛塔。故笔者根据佛塔实物，对拉梢寺单元现存的元代藏式佛塔的分布与造型做一整理。

　　拉梢寺喇嘛塔艺术以开龛塑塔、浮塑、彩绘的形式展现。其中，浮塑、彩绘的喇嘛塔多已残毁、漫漶不清，故本文以遗存状况较好的开龛而塑的佛塔为研究对象，参考《水帘洞石窟群》一书编号，对其进行整理。拉梢寺 L13、L15、L19、L22、L23、L24 号均为元代藏式佛塔，共计 6 组，分布如图 1。其中 L19、L23、L24 号未通栈道，且毁坏严重，故以下对 L13、L15、L22 号进行简单描述。

　　L13 号佛塔位于拉梢寺单元壁画的右下方，L15 号的左侧，为一梯形龛。龛内塑一喇嘛塔（图 2、图 5），由塔基、塔身、塔刹构成。塔基为

---

① 王雪梅、汪新颖、杨成军：《甘肃武山水帘洞石窟群舍利塔历史探究》，《文化产业》2018 年第 6 期，第 47—48 页。
② 张玉璧：《甘肃武山水帘洞石窟佛教建筑的艺术特征及成因探究》，《敦煌学辑刊》2014 年第 1 期，第 129—134 页。
③ 赵世金：《甘肃武山水帘洞石窟群研究》，硕士学位论文，兰州大学，2017 年，第 103—104 页。

四层台基，从下至上依次递减，塔基下两侧现已残毁。塔身是较有棱角的圆形覆钵体，覆钵体上侧有一长孔，留有烧香供奉的痕迹；覆钵体下侧为一圈仰莲台。塔刹分为四部分：下侧是由下至上依次递减的十三层相轮；相轮上为一菱形饰物；刹尖则为摩尼宝珠；连接刹顶与菱形饰物的为伞盖，伞盖上绘覆莲纹饰。塔身表面多残毁，颜色少存。龛内于相轮两侧以石绿色绘制了飘逸的幡带，左侧以朱红色绘画了火焰纹装饰。

L15 号位于 L13 号的右侧，一舟形龛内塑一喇嘛塔（图 3、图 6），其基本形制与 L13 号相似。塔基由五层依次递减的长方形台基组成，整体台基占比较大。连接塔身与塔基的为一圈仰莲台。塔身是一整体偏饱满、圆润的覆钵体，其上有十三层从上至下依次递增的相轮。相轮上方为一带有圆点的菱形饰物，菱形饰物上为一伞盖，刹顶则装饰有摩尼宝珠。佛塔保存完好，基本无残毁，仅饰色较为模糊。龛内于菱形饰物两侧以石绿色绘制了幡带；刹顶上方、龛顶以及龛两侧

绘有大量的火焰纹装饰。

L22 号位于拉梢寺单元左侧，偏梯形龛内塑一喇嘛塔（图 4、图 7），形制与上述佛塔一致。由塔基、塔身、塔刹三部分组成：塔基是四层自下至上依次递减的长方形台基，其上有十字几何装饰；塔身为一偏方圆的覆钵体，上绘有连续的珠状纹饰；塔刹由四部分构成，刹柱是七层相轮，其上有一菱形饰物，刹尖饰有摩尼宝珠，刹尖下连接一伞盖。龛内纹饰已残损，但从现存的颜色和模糊的形状看，相轮两侧同样绘以石绿色的幡带。

二 拉梢寺元代喇嘛塔形制分类整理

元代藏传佛教的兴盛使藏式佛塔艺术在汉地流传开来。除其基本形制参考藏式佛塔外，由于汉地工匠以及地方信仰的差异，佛塔呈现诸多个性。现就拉梢寺元代喇嘛塔形制本身以及龛内装饰整理分析，以表格形式总结其内容（表 1），归纳拉梢寺元代喇嘛塔艺术的特征。

图 1　拉梢寺元代喇嘛塔分布图（采自甘肃省文物考古研究所、麦积山石窟艺术研究所、水帘洞石窟保护研究所《水帘洞石窟群》，科学出版社，2009，第 33 页）

图 2 拉梢寺 L13 号喇嘛塔（笔者摄）　　图 3 拉梢寺 L15 号喇嘛塔　　图 4 拉梢寺 L22 号喇嘛塔（笔者摄）
（笔者摄）

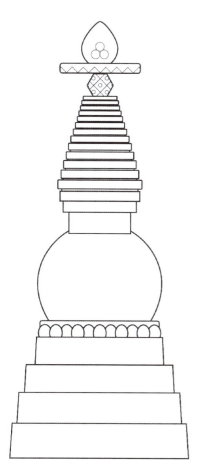

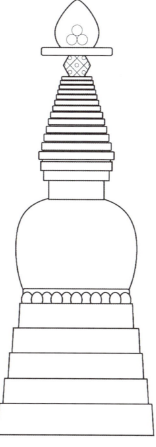

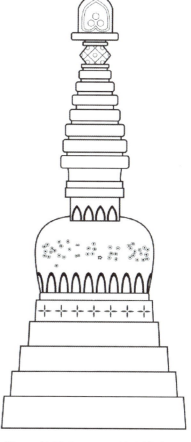

图 5 拉梢寺 L13 号喇嘛塔线稿　　图 6 拉梢寺 L15 号喇嘛塔线稿　　图 7 拉梢寺 L22 号喇嘛塔线稿
（笔者绘）　　　　　　　　　　（笔者绘）　　　　　　　　　　（笔者绘）

表 1　拉梢寺元代喇嘛塔形制一览

编号	塔基：从下至上	塔身	相轮层数	塔刹：从下至上	龛内装饰	龛内装饰线稿
L13 号	四层依次递减的长方形台基	较有棱角的圆形覆钵体	十三层	菱形装饰物，伞盖，上绘覆莲纹饰，刹尖为摩尼宝珠	石绿色幡带，火焰纹	
L15 号	五层依次递减的长方形台基	一上部饱满、整体偏圆润的覆钵体，覆钵体下有仰莲台	十三层	菱形装饰物，伞盖，刹尖为摩尼宝珠	石绿和白色相间幡带，火焰纹	
L22 号	四层依次递减的长方形台基，上有十字几何装饰	一偏方圆的覆钵体，上绘有连续的珠状纹饰	七层	菱形装饰物，伞盖，刹尖为摩尼宝珠	石绿色幡带（模糊）	模糊

　　喇嘛塔本身：拉梢寺现存元代喇嘛塔具备藏式佛塔要素，分为塔座、塔身、塔刹。塔座由台基与莲花座构成，台基呈方形台状，由四至五层叠加石砌而成，有承载覆钵体，使其"漂浮在原始的海洋"上，台基上为莲花座，且均为仰莲。L22 号无莲花座，台基上为一须弥座，但在覆钵体下方绘有一圈仰莲纹饰，或有莲花座之意，同时上层台基上绘有连续的十字纹饰。塔身部分均为覆钵体，L15 号、L22 号喇嘛塔的覆钵体更趋于方圆，而 L13 号喇嘛塔则棱角较为分明。不同的是，L22 号覆钵体上绘有连续珠状纹饰，更为注重装饰性。塔刹部分又细分为相轮、伞盖、刹尖。拉梢寺元代喇嘛塔相轮均为半圆状，同元代藏塔相轮特征一致，下大上小明显。L13 号、L15 号的相轮为 13 层，即藏式"十三天"，L22 号喇嘛塔相轮则只垒至七层。伞盖部分基本形制相同，为圆状。L13 号喇嘛塔伞盖装饰有覆莲，且比其他伞盖更为厚重。伞盖下连接相轮的均为菱形装饰物。刹尖以相同的摩尼宝珠为饰。

　　龛内装饰：拉梢寺元代喇嘛塔装饰主要分为幡带饰物、火焰纹饰。幡带饰物：拉梢寺元代喇嘛塔均装饰有幡带，自相轮两侧绘制，呈 S 形、"八"字状，如"礼花"包装佛塔。幡带用墨线勾勒外形，再以石绿、白色相间绘制填色，整体形态飘逸灵动，转折自然。火焰纹饰：龛内顶部、左右两侧装饰均以火焰纹为主。纹饰用平涂手法，墨线勾勒，填色装饰，样式不求凸显立体效果，是此期典型的纹饰图案化。

三　拉梢寺元代喇嘛塔艺术风格特征

（一）与周边喇嘛塔艺术的比较

　　佛塔作为佛陀的象征，代表着涅槃重生、佛法无边。《佛说造塔功德经》记载：

　　　　尔时，世尊告观世音菩萨言：……未有塔处，能于其中建立之者……其人功德如彼梵天，命终之后生于梵世，于彼寿尽生五净居，与彼诸天等无有异。[1]

---

① 中华大藏经编辑局编：《中华大藏经》（汉文部分）第 24 册，中华书局，1987 年，第 277 页。

《右绕佛塔功德经》同样记载了右绕于佛塔者，所得的诸多果报。佛教经文的宣传自然使得佛塔题材被广泛应用，如马蹄寺石窟佛塔群、妙应寺白塔、琉璃舍利塔等。以下就拉梢寺元代喇嘛塔与周边同一时期的喇嘛塔艺术做一横向比较，试图在时代共性中分析其自身的"个性"。

1. 与周边石窟、寺喇嘛塔艺术的比较

石窟、寺当中，与拉梢寺最为邻近的是武山木梯寺石窟。其第 11 窟喇嘛塔（图 8）与拉梢寺佛塔形制相似，均为元代雕刻。但木梯寺佛塔塔基较低、塔身比例小、形制更偏短圆，塔刹相轮部分差异较大，拉梢寺佛塔相轮自下而上逐渐递减，木梯寺相轮则采用中间大两头小的形制，相轮上伞盖更为厚重。整个塔形较拉梢寺来说更为简单，且龛内无装饰。

宁夏回族自治区固原市原州区的须弥山石窟第 112、114 窟的舟形龛内各塑一藏式佛塔（图 9）。其样式与拉梢寺佛塔较为一致，整体比例接近，台基均较为高大、厚重，覆钵体与拉梢寺 L15 号佛塔无差别，只有相轮层数与塔刹存在一定的差异。

同处于丝绸之路上的马蹄寺石窟现存有规模宏大的摩崖佛塔群，其大部分开凿于西夏末至明清，佛塔造型和装饰极为丰富。如马蹄寺南寺石窟东段的佛塔，开凿于元至明代。与拉梢寺佛塔相比较，马蹄寺石窟中的佛塔整体不设色，但台基形制多样，覆钵似铃铛状、瓶状，多开佛龛，相轮更为矮圆，刹尖装饰种类繁多，有宝珠顶、日月宝珠顶、葫芦顶等（图 10）。而拉梢寺石窟喇嘛塔色彩装饰丰富、形制统一，

伞盖下的装饰物较为独特，龛内主要装饰内容固定。炳灵寺石窟佛塔与拉梢寺佛塔比较，亦是如此。

2. 与同期出土喇嘛塔艺术的比较

现藏于武山县博物馆的元代琉璃舍利塔（图 11）与拉梢寺喇嘛塔有诸多相似之处。如台基上有莲台；覆钵体上连续的纹饰则与拉梢寺 L22 号喇嘛塔覆钵体装饰有相同意味；伞盖覆莲纹饰与拉梢寺 L13 号龛伞盖相似。二者的差异在于，琉璃舍利塔为仰莲台、覆莲台，拉梢寺则只雕刻有仰莲台。拉梢寺覆钵体较琉璃舍利塔覆钵体更为圆润；相轮更为细长；塔刹形制也不同，拉梢寺塔刹均饰以摩尼宝珠，琉璃舍利塔刹尖则为桃形装饰。

图 8　武山木梯寺第 11 窟喇嘛塔（笔者摄）

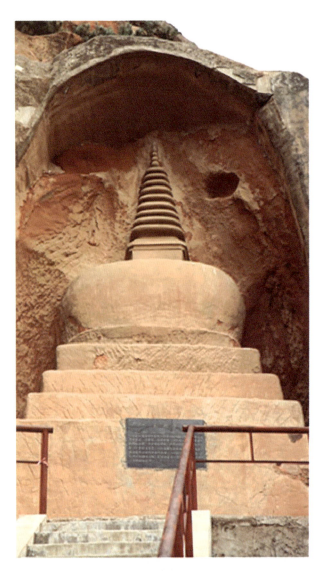

图 10　马蹄寺佛塔群（采自敦煌研究院、甘肃省文物局、肃南裕固族自治县文化局《肃南马蹄寺石窟群》，科学出版社，2020 年，图版 3—4）

图 9　宁夏固原须弥山石窟喇嘛塔（采自 http://www. 360doc.com/content/14/1113/22/13005549_424927 379. shtml）

图 11　武山县博物馆藏元代琉璃舍利塔（笔者摄）

元朝时期同属巩昌府管辖的陇西出土了相似的舍利塔，现藏于陇西县博物馆。其中有佛龛的舍利塔与拉梢寺喇嘛塔形制区别较大，塔刹装饰、覆钵体形状不一。有佛龛的舍利塔台基上有高大的须弥座，纹饰丰富（图12）。较为相似的点在于覆钵体的装饰以及台基之上的莲台。另一件（图13）舍利塔则与拉梢寺喇嘛塔更为接近，与武山县博物馆藏舍利塔除却覆钵体装饰不同外，并无其他差异，故与拉梢寺喇嘛塔的相同点与差异点一致。

3. 与同期其他喇嘛塔艺术的比较

现存建于元代，最为盛名的喇嘛塔建筑应数北京妙应寺白塔。该塔整体造型壮硕，相轮下大上小明显，塔刹为一小型窣堵波。拉梢寺喇嘛塔形制与之基本相似，造型简洁。

新乡市辉县白云寺的普照大禅师石塔、江门市新会区圭峰山玉台寺的镇山宝塔同样为元代修建的喇嘛塔，但因功能不同，其与拉梢寺佛塔差异较大，整体造型精致，更为注重装饰性与细节刻画。

从石窟、寺中的佛塔群、出土的喇嘛塔艺术品以及喇嘛塔建筑，可以看出武山拉梢寺元代喇嘛塔艺术的出现并非个例，但同期的元代喇嘛塔也因地理位置与环境的差异而各有特点。

图12　陇西县博物馆藏有佛龛的元代琉璃舍利塔（笔者摄）

图13　陇西县博物馆藏无佛龛的元代琉璃舍利塔（笔者摄）

（二）拉梢寺元代喇嘛塔艺术风格特征

1. 形制简洁一致，菱形饰物独具特色

拉梢寺元代喇嘛塔遗存作为秦州等地少有的藏传佛塔艺术，相比较规模宏大的马蹄寺石窟、炳灵寺石窟佛塔群来说则显得较为"渺小"，或许正是由于较为"渺小"，其形制才更为统一。根据以上整理归纳，不难发现拉梢寺元代喇嘛塔整体的形制更为一致，造型简洁。同时武山拉梢寺喇嘛塔与武山木梯寺喇嘛塔以及周边同期出土的舍利塔形制也较为相似，由此反映了同一地区的佛教信仰与其艺术表现形式。

在一致的形制基础上，拉梢寺喇嘛塔也有其个性的造型。元代喇嘛相轮一般为十三层，但其并非固定式样。拉梢寺元代喇嘛塔除去有十三层相轮出现，也有七层相轮的存在。拉梢寺元代喇嘛塔艺术最为特殊之处应是宝盖下菱形饰物的存在。拉梢寺元代喇嘛塔宝盖下均有一菱形饰物，并在菱形饰物上做了精巧细致的细节刻画，选择用几何形、菱形和圆点来装饰饰物。其将伞盖与相轮的圆润之感与几何、菱形代表的理性相结合，使佛塔更为和谐，体现出更深层次的意涵。参考水帘洞、拉梢寺较早绘制的佛塔同样有菱形饰物，而同期其他喇嘛塔艺术伞盖下多装饰圆状环形饰物。因此，菱形饰物可以说是拉梢寺喇嘛塔独具地方特色的内容。

2. 喜以繁多装饰烘托佛塔形象

拉梢寺元代喇嘛塔不论是塔本身还是龛内，均做以装饰，追求造型效果。尤其是 L22 号喇嘛塔塔身装饰极为丰富，其他佛塔虽塔身装饰较少，但注重对龛内的装饰。

一般喇嘛塔覆钵体为与基座繁多的装饰形成强烈对比而较少装饰，如上文提到的木梯寺、炳灵寺佛塔。但结合武山县、陇西县博物馆藏的舍利塔来看，个体的舍利塔更为注重覆钵体装饰。或许拉梢寺元代喇嘛塔参照了周边舍利塔的制作。从拉梢寺元代喇嘛塔自身看，塔基均用直线、几何形表现，即点、线、面元素的勾勒组合，不同形状元素间相互融合，而塔身的装饰将佛塔形象修饰得更为美好。龛内装饰较周边石窟、寺来说也更为纯粹统一，但其表现更为细致，整体以幡带、火焰纹为饰。幡带装饰以其柔美的线条、具有生命力的色彩增加了佛塔的神圣之感；火焰纹的装饰最早应用于佛背光，本身就是极为圣洁的，拉梢寺佛塔龛内的火焰纹，其光明与新生之意烘托出了佛塔的神性与光芒。

拉梢寺元代喇嘛塔用不同的几何形塑造了其简洁的造型，展现了元代喇嘛塔艺术的雄壮之美，周边灵动的曲线纹饰与塔身的简洁形成对比，塔身的高大形象与龛内装饰的灵动之感共同塑造了佛教信徒崇拜的对象。

3. 红色为主色调，辅以石绿点缀

通过整体归纳，笔者发现周边的石窟、寺佛塔基本不设色。而拉梢寺元代喇嘛塔却喜用颜色来烘托形象，并有其自身规律。在色彩搭配上，西藏地区的藏传佛教壁画的色彩艳丽，对比强烈，大体可分为红绿色调和红蓝色调。可是敦煌地区的壁画包括藏传佛教壁画整体上是以石绿色为基调，呈冷色调。[①] 拉梢寺元代喇嘛塔则以红色为主色调，辅以石绿点缀。红色在藏传佛教中代表

---

① 张静：《藏区藏传佛教壁画与敦煌藏传佛教壁画色彩差异性之浅析》，《美术界》2011 年第 6 期，第 72 页。

崇高、权力与信仰。拉梢寺元代喇嘛塔艺术采用了这一形式，在塔身与龛内纹饰上大量选用红色，尤其是 L15 号龛内装饰与 L22 号塔身装饰。石绿色则主要运用于幡带的装饰上，并使用少量的白色，使整个佛塔形象增添了几分淡然与理性。相较西藏地区藏传佛教艺术用色强烈的视觉冲击，拉梢寺喇嘛塔艺术的色彩缓和了视觉冲击，使佛塔更为和谐、含蓄。

结　语

元代是水帘洞石窟群营建、修缮的又一黄金时期。这一时期较为集中地在拉梢寺单元开龛泥塑了一定量的喇嘛塔，它所呈现的风格特征体现了佛教艺术之间的交流与碰撞。正是藏传佛教传入中原，与中原文化相适应，因地制宜，才使得拉梢寺喇嘛塔在其共性之中体现出诸多个性，塑造出了简洁、和谐、独特的藏式佛塔。同时拉梢寺、木梯寺的喇嘛塔以及同地区出土的舍利塔，又说明了元代巩昌府等地藏传佛教的兴盛，为我们研究该地区的藏传佛教信仰与藏传佛教艺术提供了珍贵资料。

明成祖遣使西域新论 *

杨天雪

（四川省社会科学院民族与宗教研究所）

前 言

学界对于明成祖遣使西域的研究已取得丰富成果。既往研究多单独研究某一位使者，鲜有将不同时期出使的不同使者和事件联系起来进行研究，对明成祖遣使西域缺乏全面和动态的把握，且对个别重要问题的论证尚存疑，如陈诚第四次出使西域的时间、沙哈鲁劝明成祖信奉伊斯兰教、中国瓷器作为外交礼物通过陆上丝绸之路流入中亚地区等问题，仍然值得进一步研究。

阿伯特·拉柴克（Abdur-Razzaq Samarqandi）为沙哈鲁国王后裔所作传记《双福星的升起处和双海之汇合处》（*Matla-i Sadain wa Majima'i-Bahrain*）收有明朝与沙哈鲁国王往来资料，因而此书很早就引起相关研究学者的注意。英国人张白士（William Chambers）、法国学者郭德梅尔（Etiene Marc Quatremère）和布洛晒（E.Blochet）、俄国学者布莱特施耐德（E.V. Bret-schneider）等对相关的波斯文史料亦有所研究，其中英国人张

白士最早涉猎此研究。张星烺先生于1930年由1785年张白士版译文转译之明成祖与沙哈鲁交聘国书等史料，[①] 为历代学者研究明成祖遣使西域的必引资料。邵循正于1936年根据布洛晒《蒙古史导论》书后节录的《沙哈鲁史》也转译了其中的三封国书。然而既存研究皆引两位先生转译之文，未见考证张白士转译之文。张白士转译之文由波斯语译为英文，是相较于张星烺（英译汉）译文更接近原文的译文，且发表于1785年，是国际上最早的研究论著，应当作为最接近一手史料的二手史料进行研究。

张白士由波斯文翻译为英文的明成祖与沙哈鲁交聘国书，于清乾隆五十年（1785）在印度加尔各答发表在 *The Asiatic Miscellany*（《亚洲杂志》）。[②] 或因年代久远，有关该杂志创办的相关信息乃至原版杂志都较难获取，学界对该杂志也鲜有研究。

笔者有幸找到并获取1785年《亚洲杂志》原版，结合明朝基本史料，梳理基本史实，厘清

---

* 本文为国家社会科学基金青年项目"明成祖'多封众建'与汉藏交往交流交融研究"（22CMZ035）阶段性成果。

① 《邵循正历史论文集》，北京大学出版社，1985年，第86—98页。

② William Chambers, "An Account of Embassies and Letters that Passed between the Emperor of China and Sultan Shahrokh, Son of Amir Timur," in Daniel Stuart, ed., *The Asiatick Miscellany*, Calcutta, pp.71–113.

陈诚使帖木儿与傅安、白阿儿忻台出使之间的联系，论证陈诚第四次出使西域的时间为永乐十六年。此外，从明成祖赐沙哈鲁国书原文发现，沙哈鲁在与明成祖交往的过程中地位得到了提升，但明成祖的君主地位始终未有动摇。尽管明成祖与沙哈鲁的交流是有冲突和碰撞的，然而这并未影响两者维持和平友好、互派使节、通商贸易的外交立场。"使者往来—国书交聘—贡赐贸易"共同构成永乐时期明朝与帖木儿陆上丝绸之路的网络。明成祖与沙哈鲁的友好关系保障了永乐时期明朝与帖木儿陆上丝绸之路的畅通，对明朝与帖木儿及后世的陆上丝绸之路影响深远。

一 明成祖遣陈诚使西域与傅安、白阿儿忻台使西域的联系

永乐时期出使西域的使者很多，如傅安、郭骥、陈德文、白阿儿忻台、陈诚、李达等，其中陈诚的影响最大。从永乐十一年（1413）到永乐二十二年（1424），明成祖遣陈诚四次出使西域。[①] 在当时出使西域的使臣中，陈诚出使的次数最多，

行迹也最广，是当时西北陆路上最出名的使节。[②] 早在洪武二十九年（1396）三月至九月，陈诚就应朱元璋之谕前往撒里畏兀儿建置安定卫，[③] 缓和西部局势，并使西域诸国更加深入了解明朝，[④] 因而"诚还，酋长随之入朝，贡马谢恩"。[⑤] 这是陈诚第一次出使西域。由此可知，明朝开国皇帝朱元璋在建国之初就认识到西域战略地位的重要性，不费兵卒，遣陈诚出使便收到其来"朝贡"的效果，也从侧面反映了西部地区对明朝的归附。毫无疑问，这对明成祖西部边疆地区观念的形成具有一定的影响。永乐时期，明成祖"锐意通四夷"，开拓海陆交通，陈诚有出使西域的经验，前后四次出使西域，所著《西域行程记》《西域番国志》成为明代使西域的亲历记录。[⑥]

陈诚使西域与同时期的多名使者出使西域事件密不可分，尤其应与傅安和白阿儿忻台出使西域联系起来进行考察。以下通过《明史》《明实录》等基本史料，按时间顺序梳理使者出使情况，分析陈诚使西域与傅安、白阿儿忻台使西域在时间和事件上的关联性。

---

① 关于明成祖遣陈诚使西域事，王继光等有系列专题研究。王继光先生的论著如下：《〈西域番国志〉版本考略》，《文献》1989 年第 1 期，第 126—138 页；《陈诚西使及洪永之际明与帖木儿帝国的关系》，《西域研究》2004 年第 1 期，第 17—27 页；《陈诚家世生平考述》，《西域研究》2005 年第 1 期，第 11—22 页；《陈诚家世生平续考》，《西域研究》2006 年第 1 期，第 1—5 页；《陈诚及其西使记研究述评》，《中国史研究动态》2009 年第 1 期，第 17—23 页；《〈四库全书总目〉"使西域记提要"辨证》，《西域研究》2008 年第 4 期，第 23—29 页。学界有关明朝与帖木儿陆上丝绸之路的研究成果也颇为丰硕，代表性研究有刘迎胜《海路与陆路：中古时代东西交流研究》（北京大学出版社，2011 年）等。

② 晁中辰：《明成祖传》，人民出版社，1993 年，第 312 页。

③ 《明太祖实录》对遣陈诚建立安定卫的记载如下："遣行人陈诚立撒里畏兀儿为安定指挥使司。初，自安定王卜烟帖木儿遣使朝贡，诏立其酋长为四部，给铜印，守其地。后番将朵儿只巴叛，遁沙漠，过其地，大肆杀掠，并夺其印去。由是其部微弱。蓝玉西征，兵徇阿真，川土酋司徒哈昝等惧窜，匿山谷不敢出。及肃王之国甘州，哈昝等遣僧撒儿加藏卜等至甘州见王，乞授官以安部属。王为奏请，于是遣诚立其部为安定卫，以铜印五十八给之，置官属如诸卫。"《明太祖实录》卷 245，洪武二十九年三月壬午条，第 3556—3557 页。《明史》亦载："二十九年，命行人陈诚至其地，复立安定卫。"《明史》卷 330《西域传》，中华书局，1974 年，第 8550 页。

④ 胡睿：《陈诚出使西域与明朝前期对西域的经营》，《林区教学》2013 年第 10 期，第 35—37 页。

⑤ 《明史》卷 330《西域传》，第 8550 页。

⑥ 永乐十三年，陈诚自西域还，"所经哈烈、撒马儿罕、别失八里、俺都淮、八答黑商、迭里迷、沙鹿海牙、赛蓝、渴石、养夷、火州、柳城、土鲁番、盐泽、哈密、达失干、卜花儿凡十七国，悉详其山川、人物、风俗，为《使西域记》以献，以故中国得考焉"。《明史》卷 332《西域传》，第 8605 页。

1395 年，傅安第一次使西域。洪武二十八年（1395），傅安、郭骥等使西域，被扣留撒马儿罕13 年。

1396 年，陈诚第一次使西域。洪武二十九年（1396）三月，陈诚前往撒里畏兀儿建置安定卫。九月，安定卫酋长随陈诚入朝贡马。

1407 年，傅安回朝，遣白阿儿忻台往祭帖木儿。永乐五年（1407）六月，傅安、郭骥等自撒马儿罕还，言帖木儿驸马已卒，哈里嗣之，乃帖木儿之孙。明成祖遂遣白阿儿忻台等往祭帖木儿，而赐哈里玺书、银币，并赐其部属有差。

1408 年，傅安第二次出使。永乐六年（1408）四月，撒马儿罕头目沙黑奴儿丁等贡，辞归，遣给事中傅安等偕行，赐其王哈里彩币十四表里，并赐哈烈等处头目有差。此次出使于 1409 年回朝。

1409 年，傅安第三次出使。永乐七年（1409）六月，傅安等自哈烈·撒马儿罕还，哈烈等处遣使臣么赍等，并所经火州等处，各遣使贡西马共五百五十匹，上赐钞各有差，寻遣安等送么赍等还国，并赐其酋长锦绮、彩币。这一年，哈烈地位得到提升。傅安回朝当月又出使。

1410 年，白阿儿忻台劝和沙哈鲁与哈里（国书 1），沙哈鲁劝明成祖信伊斯兰教（国书 2）。永乐八年（1410）二月，哈烈沙哈鲁把都儿遣头目迷儿即剌等贡方物，赐赍有差。沙哈鲁时与侄哈里构兵。因其使还，明成祖遣都指挥白阿儿忻台等赍敕往谕劝和。白阿儿忻台于永乐十年（1412）

五月抵达哈烈，并于十二日将国书呈交给沙哈鲁。[1]沙哈鲁分别用阿拉伯文和波斯文回复明成祖两封书信（国书 2），并专派使者拔克西（Sheikh Mohammed Bakshy）代表他与白阿儿忻台一道回朝，劝明成祖信奉伊斯兰教。[2]

1411 年，傅安第四次出使。永乐九年（1411）闰十二月，傅安等送别失八里使臣马黑麻等还，于永乐十一年（1413）十一月回朝。

1413 年，白阿儿忻台带回劝信伊斯兰教国书，陈诚第二次使西域。永乐十一年（1413）九月，遣使偕哈烈、俺的干、哈实哈儿等八国随白阿儿忻台入贡方物，命李达、陈诚等赍敕偕其使往劳。此时明成祖收到了沙哈鲁劝他信伊斯兰教的国书。陈诚为接替白阿儿忻台的使者，于 1413 年前往西域，1415 年十月回。

1414 年，傅安第五次出使。永乐十二年（1414）冬十月，有使西域还者言别失八里王马哈麻之母及弟相继卒，命给事中傅安等赍敕慰问，并赐之文绮表里。

1416 年，傅安第六次出使。永乐十四年（1416）三月，别失八里王马哈麻侄纳黑失只罕遣使哈只等贡马及方物，且告马哈麻卒，无子。中官李达、给事中傅安等往祭马哈麻。

1416 年，陈诚第三次使西域。永乐十四年（1416）六月，哈烈、撒马儿罕、失剌思俺都淮等朝贡，赐钞币，命礼部谕所过州郡宴饯之，仍遣中官鲁安、郎中陈诚等赍敕偕行。陈诚此次于 1417 年抵达哈烈。

---

① William Chambers, "An Account of Embassies and Letters that Passed between the Emperor of China and Sultan Shahrokh, Son of Amir Timur," in Daniel Stuart, ed., *The Asiatick Miscellany*, p.77.

② William Chambers, "An Account of Embassies and Letters that Passed between the Emperor of China and Sultan Shahrokh, Son of Amir Timur," in Daniel Stuart, ed., *The Asiatick Miscellany*, p.81.

1418 年，陈诚第四次使西域（带去国书 3）。永乐十六年（1418）十月至十八年（1420）十一月，哈烈沙哈鲁、撒马儿罕兀鲁伯使臣阿儿都沙等辞还，遣中官李达等赍敕及锦绮纱罗等物往赐沙哈鲁、兀鲁伯等，并赐哈密忠义王兔力帖木儿、亦力把里王歪思及所过之地酋长彩币，与阿儿都沙等偕行。永乐十七（1419）年十月，陈诚等抵达哈烈。

1424 年，陈诚第五次使西域。永乐二十二年（1424）四月至十一月，中途被召回，未达西域。陈诚行至甘肃时，明成祖宾天，遗诏仁宗皇帝即位。仁宗诏赦天下，停止四夷差使，陈诚便被召回。

由上可知，陈诚是傅安和白阿儿忻台使西域之间的过渡性人物，也是关键人物。此外，《明实录》和《明史》未记陈诚第四次出使时间，既有研究将陈诚第四次出使西域的时间确定为永乐十六年十月，皆依《历官事迹》。本文依据 1418 年明成祖致沙哈鲁国书，提到明成祖"前曾遣中官李达等往使"，对照邵循正据波斯文原文指出"李达"的原文为"'Lida va čānk-qū'，k-qū 为 čin 之误"，[1] 意即原文为"Lida va čānčin"，翻译为中文即为"李达和陈诚"，由此可知 1418 年明成祖遣"中官李达等"包括陈诚在内。又，张白士译拉柴克《双福星的升起处和双海之汇合处》里

对 1419 年明朝使者到达的情况记载：1419 年十月底，明朝派去的使节毕马清（Bîmâ-chîn）和贾马清（Jân-mâchîn）到达哈烈，带去诸多礼物珍品和一封明成祖的国书（国书 3）。[2] 贾马清即陈诚。[3] 中西两相互证，《历官事迹》言陈诚于永乐十六年十月再次出使西域为实。

二 明成祖与沙哈鲁交聘国书再解读

汉文史料《明史》只见一封明成祖赐沙哈鲁国书。[4] 据阿拉伯史料，明成祖与沙哈鲁之间一共有四封交往国书，第一封为 1410 年明成祖遣白阿儿忻台带去劝和的国书，沙哈鲁于 1412 年收讫。第二封和第三封为 1412 年五月沙哈鲁回复明成祖的国书，分别用阿拉伯文和波斯文写成，明成祖于 1413 年九月收讫。第四封为 1418 年明成祖敕沙哈鲁国书，沙哈鲁于 1419 年收讫。

这四封国书在阿拉伯文史料里的记载如下。

（1）《双福星的升起处和双海之汇合处》（Matla–i Sadain wa Majima'i–Bahrain），作者为帖木儿宫廷史官阿伯特·拉柴克。

（2）《帖木儿武功记》（Zafar–name），作者谢里夫丁·阿里（Maulana Sherif–eddin Ali）。这本书没有收入明成祖写给沙哈鲁的第一封国书，此封即为 1410 年白阿儿忻台前往哈烈劝和所带国书，大约于 1411 年底（1412 年初）抵达哈烈。

---

① 《邵循正历史论文集》，第 96 页。
② William Chambers, "An Account of Embassies and Letters that Passed between the Emperor of China and Sultan Shahrokh, Son of Amir Timur," in Daniel Stuart, ed., *The Asiatick Miscellany*, Calcutta, p.91.
③ 张星烺编注，朱杰勤校订：《中西交通史料汇编》第 3 册，中华书局，2003 年，第 1224 页。
④ 《明史·西域四》：撒马儿罕酋哈里者，哈烈酋兄子也，二人不相能，数构兵。帝因其使臣还，命都指挥白阿儿忻台赍敕谕之曰："天生民而立之君，俾各遂其生。朕统御天下，一视同仁，无间遐迩，屡尝遣使谕尔。尔能虔修职贡，抚辑人民，安于西徼，朕甚嘉之。比闻尔与从子哈里构兵相仇，朕为恻然。一家之亲，恩爱相厚，足制外侮。亲者尚尔乖戾，疏者安得协和。自今宜休兵息民，保全骨肉，共享太平之福。"因赐彩币表里，并敕谕哈里罢兵，亦赐彩币。《明史》卷 332《西域传》，第 8610 页。

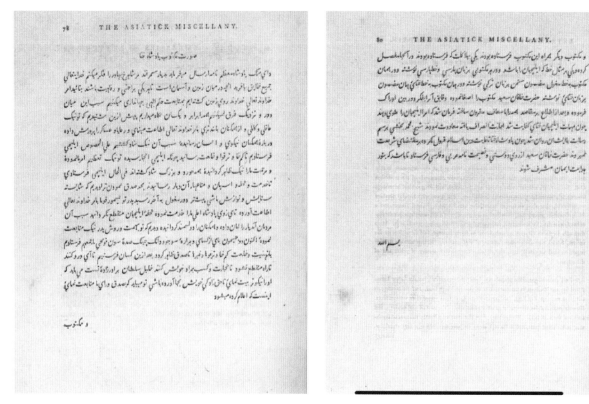

图 1　1410 年明成祖致沙哈鲁国书（《明史》中有记录，张星烺与邵循正皆转译）(采自 William Chambers, "An Account of Embassies and Letters that Passed between the Emperor of China and Sultan Shahrokh, Son of Amir Timur," in Daniel Stuart, ed., *The Asiatick Miscellany*, pp.78,80)

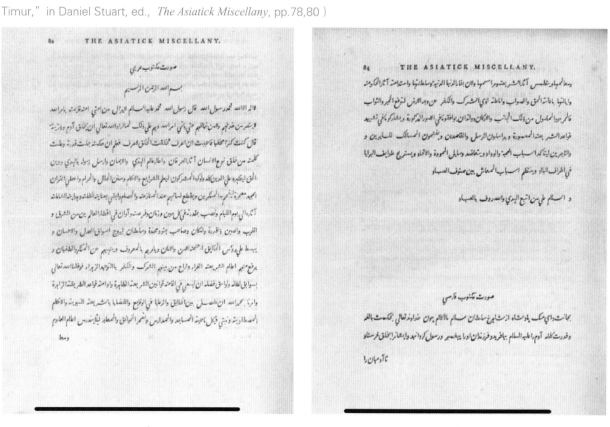

1

2

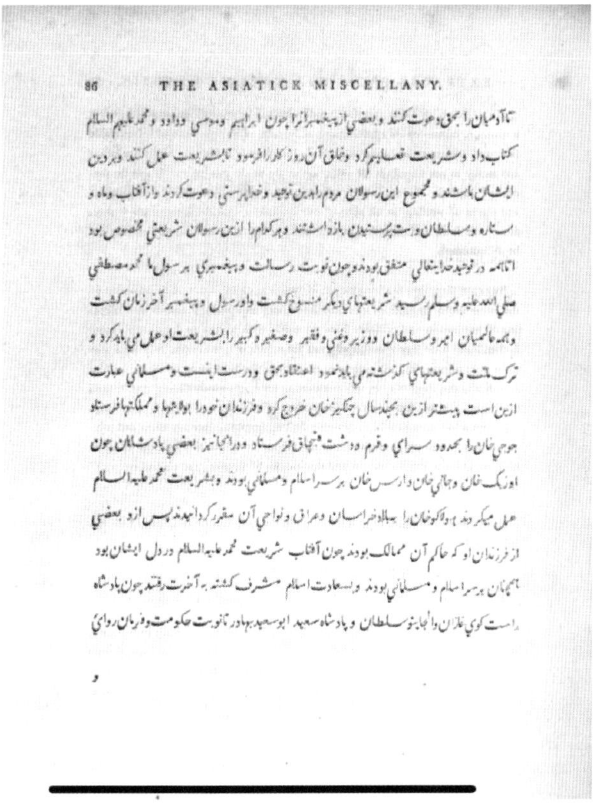

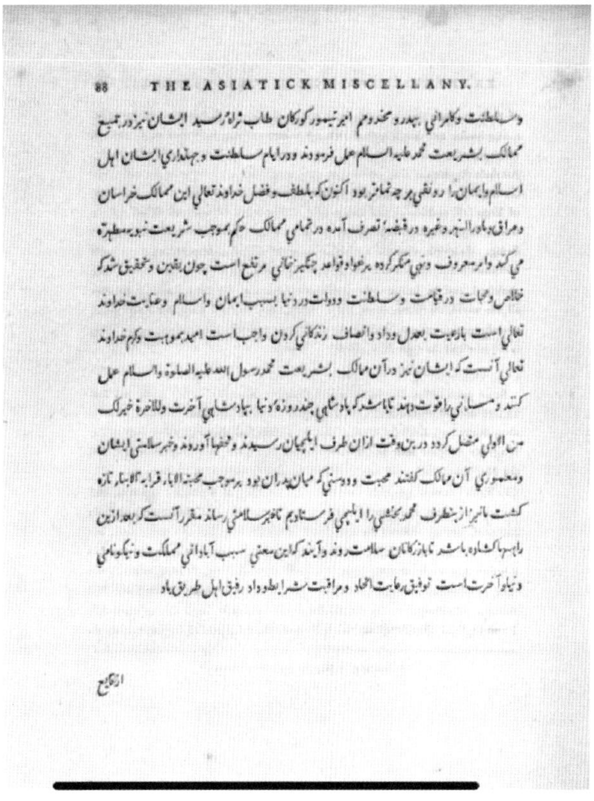

图 2　1412 年沙哈鲁回复明成祖国书，为阿拉伯文、波斯文各一封（《明史》《明实录》未记载，张星烺未转译，邵循正转译）（采自 William Chambers, "An Account of Embassies and Letters that Passed between the Emperor of China and Sultan Shahrokh, Son of Amir Timur," in Daniel Stuart, ed., *The Asiatick Miscellany*, pp.82,84,86,88）

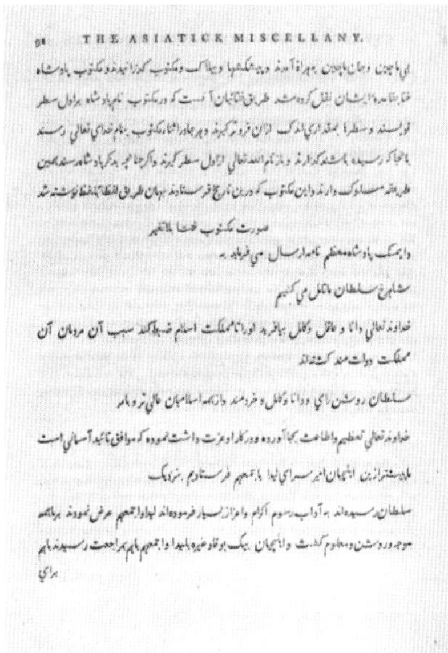

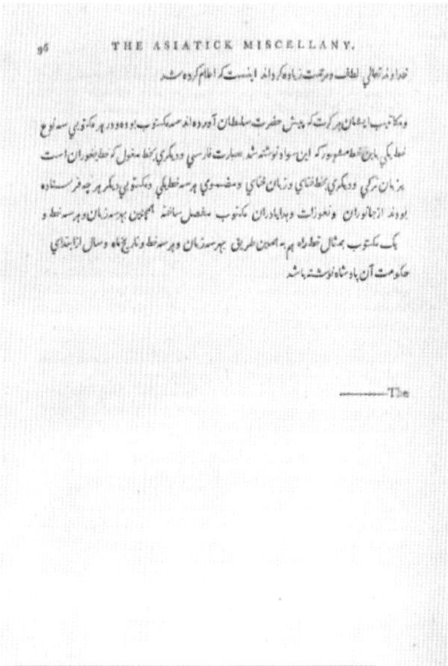

图 3　1418 年明成祖致沙哈鲁国书（张星烺与邵循正皆转译）（采自 William Chambers, "An Account of Embassies and Letters that Passed between the Emperor of China and Sultan Shahrokh, Son of Amir Timur," in Daniel Stuart, ed., *The Asiatick Miscellany*, pp.92,94,96）

张白士认为，该国书中明成祖建议沙哈鲁与侄子哈里和睦相处，态度傲慢，作者出于对沙哈鲁的忠诚，故意没有收录这封国书。

张白士据以上两种史料，按照原文格式将四封国书转录和翻译，如图1—3所示。

图1为1410年明成祖致沙哈鲁国书，这封国书也是《明史》唯一有记录的国书。张星烺先生和邵循正先生皆将张白士由原文翻译成的英文转译为中文。

图2为1412年沙哈鲁回复明成祖的国书，为阿拉伯文、波斯文各一封，这应当是沙哈鲁第一次给明成祖致信。书中沙哈鲁没有回应明成祖对其叔侄关系的调解，将其与明朝的关系描述为"爱和友谊"，以伊斯兰地区宗主国的身份与明成祖对话，希望与明朝通商贸易，保持友好。最重要的是，此国书大篇幅宣扬了伊斯兰教的荣耀和帖木儿帝国的文治武功，请明成祖也崇奉伊斯兰教。张星烺先生未转译这两封沙哈鲁的国书，邵循正据张白士英文版转译为了中文，但只将张白士翻译的波斯文版国书转译为中文。

这两封国书是沙哈鲁劝明成祖信奉伊斯兰教的直接凭据。尽管阿拉伯文和波斯文版国书实则为一封国书的两个版本，但是阿拉伯文版的国书开头部分与波斯文版差异较大，因而本文仍然将其视为两封国书，阿拉伯文版国书至今尚无中译本。张白士译文中，阿拉伯文版的国书开头为：

"IN THE NAME OF THE MOST MERCIFUL GOD. There is no God but God, and Mohammed is his Apostle..."（"以最仁慈的上帝之名，除了真神，别无他神，穆罕默德是他的使徒……"）而波斯文版的开头部分则为"To the Emperor Day-ming, the Sultan Shahrokh sends boundless peace!"（邵循正译文"沙哈鲁锁鲁檀致书大明皇帝陛下，敬问圣安"）。从两封国书的开头可知，波斯文版国书是意在让明成祖读到的那一封。而阿拉伯文版的国书，张白士认为很可能是由沙哈鲁朝中的穆斯林大臣们草拟，以此满足他们的自尊心，且可能以为当时明朝宫廷只能读懂波斯文版国书。[1]

图3为1418年明成祖致沙哈鲁国书，张星烺和邵循正皆译过此封国书，张星烺版未按波斯文原格式翻译，邵循正版则按照原格式翻译。对照张白士刊布的波斯文原文国书及英译版和邵循正中译版，可知这封国书的格式是不容忽视的重要信息。在沙哈鲁与明成祖的交流中，沙哈鲁的地位的确得到了提高。[2]

在几封国书的抬头称呼中，明成祖一直自称"大明皇帝"，第一封为"The Great Emperor, Day-Ming"（大明皇帝），对沙哈鲁则直呼其名"Shahrokh Bahadur"（沙哈鲁把都儿）。[3]图3国书中，皇帝之名于第一行抬写，沙哈鲁之名另起一行也抬写，且对沙哈鲁的称呼由之前的"沙哈鲁把都儿"换成了"锁鲁檀沙哈鲁"。陈诚在《西域番国志》中

---

① William Chambers, "An Account of Embassies and Letters that Passed between the Emperor of China and Sultan Shahrokh, Son of Amir Timur," in Daniel Stuart, ed., *The Asiatick Miscellany*, pp.103–104.

② 杨永康、王晓敏《洪武永乐时期明朝与帖木儿帝国外交关系新探——从大国争衡到平等合作》(《太原师范学院学报》2021年第3期)以此认为这封国书标志着朱棣最终认可明、帖之间的关系是平等的朋友关系，不再寻求与帖木儿帝国建立不平等的朝贡关系，本文对此存疑。

③ William Chambers, "An Account of Embassies and Letters that Passed between the Emperor of China and Sultan Shahrokh, Son of Amir Timur," in Daniel Stuart, ed., *The Asiatick Miscellany*, p.79.

翻译了 30 个波斯语词语，[①]为后来使者所借鉴使用。其介绍"哈烈"时称其"国主"为"锁鲁檀"，[②]此为波斯语"Sulṭān"（国王）的音译，意即明成祖承认沙哈鲁为当地的"王"。且在 1410 年国书中，明成祖直呼沙哈鲁为"thou"（尔汝），[③]而在 1418 年的国书中则转变为"your majesty"[④]（王），[⑤]这些表明沙哈鲁的地位得到了提升，明成祖或以"藩王之礼待之"。[⑥]

值得注意的一点是，无论明成祖如何看待沙哈鲁，沙哈鲁方面一直都视明成祖为"皇帝""可汗"。如尽管明成祖 1410 年国书中直呼"沙哈鲁把都儿"，沙哈鲁回信以及在此后的国书中始终称明成祖为"The Emperor Day-Ming"。并且在张白士翻译的拉柴克《双福星的升起处和双海之汇合处》译文中，拉柴克多次称明成祖为"Day-Ming Khan, Emperor of China"（大明可汗），同时称沙哈鲁为"His Majesty"（王）。[⑦]这表明明成祖在帖木儿朝也是公认的明朝最高统治者。在沙哈鲁与明成祖的交往过程中，尽管帖木儿于明朝的地位有所提升，但明成祖的君主地位始终未有动摇。

三　碰撞中的友好交流——外交礼物"中国瓷器"

1410 年明成祖致沙哈鲁国书宣布明王朝是神授的、公平的、公正的普遍宗主国，以居高临下的姿态赞扬了沙哈鲁治理有方，明确了沙哈鲁的父亲帖木儿（1370—1405 年在位）为隶属明朝的封臣，称赞沙哈鲁以他父亲为榜样，保持对明朝贡品的稳定流动，并敦促他在跨欧亚贸易的繁荣中保护明朝的利益。最后，这封国书还"建议"沙哈鲁解决他与自己侄子的不和问题。[⑧]然而，沙哈鲁对明成祖这封国书的回复并不遂明成祖的心愿。在 1412 年沙哈鲁的两封回信中，他将自己的父亲帖木儿与明太祖的关系定义为"爱和友谊"（love and friendship），而不是屈从（subordination），[⑨]盛情邀请明成祖皈依伊斯兰教，在明朝实行伊斯兰统治。明成祖婉拒了其请求皈依伊斯兰宗教的邀请。

> 大明大国皇帝致书算端沙哈鲁：朕深悉天赋尔聪明善德，政行回邦，故人民丰富宴乐……尔之诚敬，朕已洞悉。西方为回教发

---

① Johannes S.Lotze, Translation of Empire: Mongol Legacy, Language Policy, and the Early Ming World Order, 1368–1453, Ph.D. Diss., University of Manchester, Manchester, U. K. , 2016, pp.105–106.
② Johannes S.Lotze 将原著繁体的"锁鲁檀"误写成了"镇鲁檀"。Johannes S.Lotze, Translation of Empire: Mongol Legacy, Language Policy, and the Early Ming World Order, 1368–1453,p.106.
③ William Chambers, "An Account of Embassies and Letters that Passed between the Emperor of China and Sultan Shahrokh, Son of Amir Timur," in Daniel Stuart, ed., The Asiatick Miscellany, p.79.
④ William Chambers, "An Account of Embassies and Letters that Passed between the Emperor of China and Sultan Shahrokh, Son of Amir Timur," in Daniel Stuart, ed., The Asiatick Miscellany, p.93.
⑤ 《邵循正历史论文集》，第 97 页。张星烺则未改称谓，仍然译为"尔"，不够准确。
⑥ 《邵循正历史论文集》，第 97 页。
⑦ William Chambers, "An Account of Embassies and Letters that Passed between the Emperor of China and Sultan Shahrokh, Son of Amir Timur," in Daniel Stuart, ed., The Asiatick Miscellany, p.91.
⑧ 参见 Johnathan Brack, "Theologies of Auspicious Kingship: The Islamization of Chinggisid Sacral Kingship in the Islamic World," Comparative Studies in Society and History, Vol.40, No.4, 2018, pp.1143–1171。
⑨ 参见 Johnathan Brack and Joseph Fletcher, China and Central Asia, 1368–1884, The Chinese World Order: Traditional China's Foreign Relations, edited by John K. Fairbank, Cambridge: Harvard University Press, 1968, pp.209–211.

源之地，自昔以产圣贤著名于四方。惟能超过尔者，恐无人也。朕承天命，爱育黎元。西域之人，来中国者，皆善为保护礼遇。相隔虽远，而亲爱愈密，心心相印，如镜对照。天岂有不乐人之相爱者乎。交友之道，礼让为先。……愿自是以后，两国国交，日臻亲睦。信使商旅，可以往来无阻。两国臣民，共享安富太平之福也。朕望上天，更使尔我得知其慈善也。书不尽言。[①]

言语之间可见明成祖婉拒了沙哈鲁的请求，拒绝皈依伊斯兰教。此书的结语里明成祖将自己和沙哈鲁同置于中国古人传统观念中的天地主宰者"上天"之下，而非伊斯兰教所信奉的唯一的神真主安拉，更表明他断然不会皈依伊斯兰教。但明成祖充分尊重伊斯兰教，将沙哈鲁视为"心心相印，如镜对照"的朋友，希望彼此以交友之道，礼让为先，开展两国间的商贸往来，这于两国都是互惠互利之事。

显而易见，明成祖与沙哈鲁在以上国书的交流中是有冲突和碰撞的，然而这些并未影响两者维持和平友好、互派使节、通商贸易的外交立场。"使者往来—国书交聘—贡赐贸易"共同构成了永乐时期明与帖木儿陆上丝绸之路的网络。明和帖木儿两朝的使节在陆上丝绸之路上积极奔走，加强了两朝与周边国家和地区的交流，带动了不同地区之间的物质交换。陈诚等使节的出使活动也

带动了帖木儿及其周边国家前往明朝朝贡，从而促进了陆上丝绸之路的发展。

就两地贡赐的礼品来看，帖木儿朝多贡驼马、狮子等方物，明朝多赐书币、织金纹绮等。在明朝赏赐帖木儿朝的物品中，瓷器是代表明与帖木儿朝亲密友好关系的典型器物。瓷器是明初宫廷最重要的外交礼物，政府严格控制瓷器的生产和出口，朝贡贸易是中国瓷器出口海外的唯一方式。[②]永乐时期，官窑青花瓷器皆作为国礼赏赐使用，大量青花瓷以此方式流入帖木儿朝，在当地广受欢迎，并逐渐以贸易的方式通过陆上丝绸之路广泛流入帖木儿朝及周边地区。

《巴布尔回忆录》记载："兀鲁伯在科希克山麓的西面有一个花园，称为广场花园。在这花园的中央，他建了一所两层的高大建筑物，称为四十柱宫。……其中还有一个亭子，称为瓷厅，因其前面矮墙的下部称为瓷砖所铺物。这些砌砖是他派人去中国采办来的。"[③]可见沙哈鲁及其子兀鲁伯（Ulugh Beg，1394—1449）都是中国丝绸和瓷器的爱好者，他们为中国丝绸和瓷器颁布了特殊法令。兀鲁伯更是在都城撒马尔罕收集了大量中国青花瓷，在撒马尔罕城外建了一个四层楼的"瓷厅"（Porcelain House，Chinikhana）用于储存和展出中国瓷器。[④]这些于15世纪早期流通到哈烈、撒马尔罕等丝绸之路沿途城市的瓷器，一部分即为明廷向外送出的外交礼物，大部分则

---

① 张星烺编注，朱杰勤校订：《中西交通史料汇编》第3册，第1225页。张星烺全文转译了此封国书，邵循正先生译本有省略。对照张白士版的英文翻译，发现张星烺先生的翻译更全面准确，因而用此版。

② 俞雨林：《帖木儿宫廷如何收藏中国瓷器》，《故宫文物月刊》总第413期，2017年，第67页。

③ 《巴布尔回忆录》，商务印书馆，1997年，第89页。

④ Thomas W. Lentz and Glenn D. Lowry, *Timur and the Princely Vision: Persian Art and Culture in the Fifteenth Century*, Washington, D.C.: Smithsonian Institution Press, 1989, p.229.

图4　15世纪早期叙利亚青花瓷砖，丹麦戴维收藏馆（采自丹麦大卫博物馆，https://www.davidmus.dk/islamic-art/ceramics/item/1128）

为通过丝绸之路前往明朝的商人采购而得。[①]除了文献记载，更为直接的证据是明朝帖木儿地区保存的大量中国瓷器文物。

图4为七块六边形青花瓷砖，是15世纪叙利亚和埃及的典型作品，瓷砖在白色背景上的蓝色植物装饰受到了15世纪大量出口到中东的中国瓷器的影响。1400年，帖木儿征服叙利亚，将叙利亚当地杰出的陶瓷工匠带回撒马尔罕，这种六边形瓷砖也随之传到中亚。这种瓷砖应当是由帖木儿朝当地陶瓷工匠设计后，向明朝官方定制。[②]

图5为15世纪晚期青花瓷盘，存于伊朗，其植物纹饰来自中国瓷器传统纹样，大约制作于1450年前后，非常接近明初中国瓷器的风格。图6青花瓷盘的云团纹饰来自14世纪中叶的中国青花瓷器图案，四个云团纹为中国云纹的进一步发展。内部三角形图案受到当时伊斯兰国家在天文、数学、哲学方面发展的影响，而三角形内的青波纹则为日本传统纹饰。15世纪伊朗艺术表现出各种"东亚"元素特征，这是帖木儿朝与明朝密切联系的直接结果。

明成祖与沙哈鲁的友好关系令中国瓷器通过朝贡贸易大量流入中亚地区。与此同时，帖木儿朝的文化审美、宗教习俗、生活习惯等对明朝中国瓷器的器物造型、装饰风格、纹饰图案等也产生了重要影响。

图7为青花轮花绶带葫芦扁瓶，此瓶仿照中东金属朝圣瓶制作而成（图8），是明初景德镇御窑烧造的典型器物之一。它的设计从波斯风格原型中汲取灵感，通常带有两个把手。瓶上的轮花纹也称"宝相花"，是由伊斯兰文化、佛教文化、

①　William S. Atwell, "Time, Money, and the Weather: Ming China and the 'Great Depression' of the Mid-Fifteenth Century," *The Journal of Asian Studies*, Ann Arbor, Vol.61, Iss.1, Feb.2002: pp. 83-113.
②　俞雨林：《帖木儿宫廷如何收藏中国瓷器》，《故宫文物月刊》总第413期，2017年，第72页。

图5 15世纪晚期伊朗青花瓷盘（采自丹麦大卫博物馆，https://www.davidmus.dk/islamic-art/ceramics/item/1132）

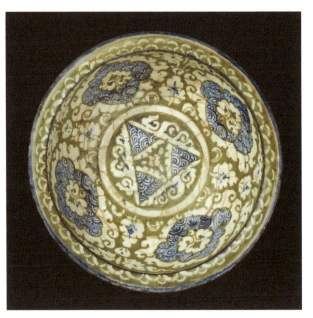

图6 15世纪晚期伊朗青花瓷盘（采自丹麦大卫博物馆，https://www.davidmus.dk/islamic-art/ceramics/item/1130）

道教文化等多种东西方文化元素融合形成的装饰纹样，仅出现于元明清时期，盛行于明朝，[①]代表了中国瓷器的一种新风格。在整个中世纪，朝圣瓶用于运送圣水和从朝圣圣地收集的精华。圣地的西方原型形式激发了伊斯兰工匠的灵感，他们将这种设计引入中东金属制品，并最终通过丝绸之路沿线的商业贸易传到中国。

图9为景德镇瓷器海水龙纹扁壶。扁壶的器形并非中国原有，而是受到中东器物造型的启发，可能是彩绘玻璃器。明成祖与明宣宗皆遣陆路使节和海路使节前往中东地区，他们在位期间，这种器形硕大厚重、造型浑圆、纹饰多样的扁壶烧造于景德镇珠山御窑厂。1994年，考古学家在景德镇珠山东门头的永乐地层发掘出类似的扁壶，壶身有蓝色波涛上的白龙图案，白龙细部为刻画。

皇室可能将此扁壶用作酒器，但也可能作为贸易用瓷，土耳其托普卡帕皇宫及伊朗的阿德比尔神庙都藏有相似的扁壶。可以说，永乐瓷器不论是在纹饰绘制还是在器形上都在很大程度上受到伊斯兰文化影响，永乐纹饰是受伊斯兰文化影响最为直观的表现。此时瓷器上的中西文化交流发展，影响了明代中后期乃至清代瓷器上的装饰风格。[②]

图10为青花无挡尊，器身中空，呈筒状，深腹，上下口处宽折沿，通体饰以青花，[③]还有阿拉伯铭文。永乐年间虽然有一定数量的中东形状器物被复制，但在明初的皇家瓷器上很少有波斯或阿拉伯铭文。这类器物造型独特，中空无底座，为宫中陈设器，尊内放置一花形铜胆，可用于插花，清乾隆皇帝在其御制诗中将其命名为"无挡尊"。其原型可追溯至伊朗、叙利亚、土耳其等地制作的黄铜

① 鲁桂伶：《明代伊斯兰风瓷器艺术研究》，硕士学位论文，武汉理工大学，2020年，第29页。
② 鲁桂伶：《明代伊斯兰风瓷器艺术研究》，第32页。
③ 陈宁：《明初朝贡贸易对中国青花瓷制作的影响》，《中国陶瓷》2019年第8期，第89页。

图 7 明永乐时期青花轮花绶带葫芦扁瓶，清宫旧藏，台北"故宫博物院"藏（采自苏富比官网，https://www.sothebys.com/en/buy/auction/2020/important-chinese-art-3/an-outstanding-blue-and-white-moonflask-ming）

图 8 7—13 世纪朝圣瓶，埃及或叙利亚，英国国家博物馆藏（采自 https://islamicart.museumwnf.org/database_item.php?id=object; ISL;uk;Mus01;22;en）

图 9 海水龙纹扁壶，景德镇瓷器，永乐时期（采自英国国家博物馆官网，https://www.britishmuseum.org/collection/ image/442878001）

图 10 中东风格阿拉伯铭文青花无挡尊，永乐时期，香港苏富比收藏（采自苏富比官网，https://www.sothebys.com/en/auctions/ecatalogue/ 2019/six-treasures-from-an-important-private-collection-hk0871/lot.102.html）

器物，如图 11。图 11 为黄铜盘座，为马穆鲁克王朝高层人士而制，盘座上不再清晰的铭文表明其所有者可能为苏丹纳西尔·穆罕默德（Sulta al-Nasir Muhammad，1310—1341 年在位）统治下的总督。这种形式的盘座是在埃及或叙利亚的马穆鲁克统治

期间制造的，尤其在 14 世上半叶。明成祖遣使西域，将大量精美的丝绸和瓷器送到中亚等地，中国工匠也接触到了中亚的文化艺术。永乐时期景德镇御窑创造了许多新风格的器物，其中就包括这一系列波斯、叙利亚或埃及金属原型的器皿。

图 11 黄铜嵌银盘座，14 世纪，埃及或叙利亚，美国大都会博物馆藏（采自美国大都会博物馆官网，https://www.metmuseum.org/art/collection/ search/444530）

结　语

1785 年英国人张白士译明成祖与沙哈鲁交聘国书的史料是国际上最早研究明成祖遣使帖木儿的论著，应当受到足够的重视。张白士其人，以及清乾隆五十年（1785）印度加尔各答版的《亚洲杂志》也值得进一步挖掘相关信息。

陈诚是傅安和白阿儿忻台之间出使西域的过渡性人物，也是关键人物，他第四次出使西域的时间为永乐十六年。同样多次出使西域且在西域待的时间更为长久的傅安为何未留下任何关于西域的文字记载，而陈诚出使西域却留下了《西域行程记》等考察报告？并且，在陈诚的考察报告中，为何不见关于帖木儿朝的军事信息？这些问题值得再行探讨。尽管明成祖与沙哈鲁的交流有冲突和碰撞，但沙哈鲁在明朝的地位有所提升，且双方始终寻求和维持友好关系，保障了丝绸之路的通畅。明、帖木儿两朝物资交换频繁，促进了两地物质资源的合理配置，实现了两地商贸的交流互补。两朝的交往也促进了边境贸易的繁荣，拉动了陆上丝绸之路沿线地区的社会经济发展。

明、帖木儿两朝正是在维护自身利益的前提下制定了符合当时丝路发展的经营策略，双方的策略各有千秋，但两朝的共同努力实现了14—15 世纪陆上丝绸之路的畅通与发展。[1] 在陶瓷领域，中国的文化元素是中东地区瓷器制作灵感的重要源泉。尽管穆斯林陶工从未制造出令人垂涎的瓷器，但他们发明了锡釉陶器，即彩陶。在此基础上，穆斯林陶工进一步发展了玻璃器皿，并掌握了许多其他装饰技术。这些瓷器证明，明成祖遣使西域加强了明朝与帖木儿统治的伊斯兰地区的联系，明朝与帖木儿的文化交流达到空前盛况。

---

① 赵沛尧:《14—15 世纪明、帖木儿两朝的陆上丝绸之路经营研究》，硕士学位论文，新疆师范大学，2021 年，第 30 页。

青石寺水陆画的内容及地域特征[*]

青石寺水陆画的内容及地域特征[*]

薛艳丽

（西北师范大学美术学院）

青石寺位于山西省阳泉市盂县上社镇窄门只村北口，坐北朝南，有正殿、东西配殿和东西耳房，现为县重点文物保护单位，其中正殿保存有水陆壁画约 20 平方米。学界对青石寺水陆壁画关注不多，《盂县古代壁画录》最早公布了青石寺水陆画的图版并做简要介绍，[①] 罗巍先生对青石寺水陆画的内容及艺术特征进行了概要说明，[②] 刘栋、侯慧明先生对青石寺水陆画的内容及艺术特征进行了讨论。[③] 本文在已有研究成果之上再对青石寺水陆画的相关情况进行讨论。

一 青石寺水陆画的内容与作者

（一）青石寺水陆画的内容

据研究，山西、河北等处寺庙中保存下来的北方水陆壁画绘制的文献依据是《天地冥阳水陆仪文》，[④] 青石寺的水陆画也不例外。青石寺水陆画中正壁所绘作水陆法会时所请的正位神祇壁画大多脱落，东西两壁的水陆画保存较好，其中个别画面的榜题漫漶（图 1）。通过与《天地冥阳水陆仪文》进行比较，本文对壁画中漫漶的榜题进行复原，同时对与《天地冥阳水陆仪文》的不同之处进行讨论说明。

青石寺正殿正壁所存壁画不多，从残存壁画及位置来判断，该壁原来仅绘有一尊佛像，佛两侧各有 2 名胁侍菩萨及 12 名立像菩萨，另外还有十大明王等正位神祇。东西两壁水陆壁画从上至下共分为 4 层，东壁每层绘制 10 组神鬼，共有 40 组神鬼；西壁共有 43 组神鬼，从上至下第一层有 9 组，第二层有 7 组，第三层有 12 组，第四层 15 组。东西两壁共有 83 组神鬼，各组神鬼有持幡者，手持旌幡作为分组标识，旌幡上写有榜题。下文先据榜题将这些内容进行整理。

正殿东壁（每层从北至南排序）。

第一层：（1）天曹府君之众；（2）天曹掌禄主算判官之众；（3）大梵天摩醯首罗天众；（4）欲

---

* 本文为教育部人文社会科学研究青年基金项目"明清时期山西碑刻文献中的民间画工研究"（20YJC760120）阶段性成果。
① 赵培青、李晶明编著：《盂县古代壁画录》，三晋出版社，2014 年，第 51—65 页。
② 罗巍：《盂县青石寺明代壁画》，《阳泉日报》2016 年 1 月 25 日，第 7 版。
③ 刘栋、侯慧明：《山西盂县青石寺水陆壁画构图及艺术特征》，《五台山研究》2018 年第 1 期，第 59—64 页。
④ 戴晓云：《佛教水陆画研究》，中国社会科学出版社，2009 年，第 14—18 页；戴晓云：《天地冥阳水陆仪文校点》，中国社会科学出版社，2014 年。

图 1　青石寺正殿西壁（局部）（文中所有图片均为笔者拍摄）

界上四天主并诸天众；（5）往古文武官僚众；（6）往古为国亡躯一切将士众；（7）奎娄毕觜胃昴星（君）；（8）往古优婆夷众；（9）往古贤妇烈女众；（10）往古九流百家众。

第二层：（1）天蓬天猷玄武真武大帝之众；（2）翊圣真人众；（3）色界四禅天之众；（4）穆奎虾蟆龙神；（5）往古后妃贵嫔才女之众；（6）诃利帝母之众；（7）大药叉之众；（8）（榜题不清）；（9）往古女官之众；（10）往古儒流之众。

第三层：（1）普天列曜大小一切星君；（2）三品三官大帝之众；（3）南无天藏菩萨功德大辩才天；（4）无色界四空天之众；（5）南无大圣引路王菩萨；（6）往古历代帝王一切王子之众；（7）忉利帝释天主并诸天众；（8）四大天王之众；（9）往古比丘僧之众；（10）往古孝子顺孙众。

第四层：（1）（画面和榜题基本脱落）；（2）

人马天蝎天秤双女狮子巨蟹宫神；（3）阴阳金牛白羊双鱼宝瓶摩羯宫神；（4）（画面清晰，但没有榜题）；（5）申酉戌亥子丑元辰；（6）寅卯辰巳午未元辰；（7）般支迦大将之众；（8）旷野大将之众；（9）往古比丘尼僧之众；（10）往古优婆塞众。

正殿西壁（每层从北至南排序）。

第一层：（1）吊客丧门大耗小耗宅龙神；（2）关公二郎城隍社庙土地一切众；（3）□□□六□四海神；（4）江河淮济四海龙神；（5）地府六曹之众；（6）地府三司判官；（7）主病鬼王五瘟使者；（8）大腹臭毛针咽巨口饮啖不净饥火炽然众；（9）六道四生中一切有情众。

第二层：（1）罗刹大将之众；（2）罗刹女之众；（3）阴官奏书九坎伏兵力士神众；（4）五方五岳大帝神众；（5）文昌帝君藏山大王；（6）冥府右五殿阎君善恶二簿；（7）目连高僧面然大士鬼。

第三层：（1）大将军黄帆白虎蚕官五鬼；（2）金神飞廉豹尾上朔日畜神众；（3）南无持地菩萨圣牛树神；（4）后土圣母土府神众；（5）南无地藏菩萨和尚长者；（6）冥府左五殿阎君牛首马面；（7）冥府近边地狱主之神；（8）孤独地狱主之神；（9）堕胎产亡仇冤报恨诸鬼神众；（10）（榜题字迹不存）；（11）饿鬼傍生一切有情众；（12）车碾□□□□。

第四层：（1）主苗主稼主病主药诸龙神；（2）主昼主夜主水主火诸龙王；（3）（榜题漫漶不清）；（4）酒□□□□□诸龙神；（5）（榜题漫漶不清）；（6）地府都司判官；（7）（榜题漫漶不清）；（8）年月日时四值功曹使者；（9）冥府八寒地狱主之神；（10）冥府八热地狱主之神；（11）水陆空居依草附木诸鬼神众；（12）横遭药毒诸鬼神众；（13）墙崩屋倒树折崖摧鬼神众；（14）往（枉）滥无辜衔鬼抱恨诸鬼神众；（15）严寒大暑虎咬蛇伤诸鬼神。

与《天地冥阳水陆仪文》中的左六十位神鬼相比较，东壁主要缺：北极紫微大帝、太一诸神五方五帝、日光天子、月光天子、金星真君、木星真君、火星真君、土星真君、罗睺星君、计都星君、紫炁星君、月孛星君、角亢氐房心尾箕星君、斗牛女虚危室壁星君、井鬼柳星张翼轸星君、北斗七元星君、天曹诸司判官、阿修罗众、矩畔拏众、往古文武官僚众、往古道士众。主要是日月等十一曜、奎娄胃昂毕觜参星君之外的其他二十七宿。另外，年月日时四值使者、大罗刹众和罗刹女众没有出现在东壁，而是窜入西壁。而第二层的"穆奎虾蟆龙

神"在仪文中没有。

与《天地冥阳水陆仪文》中的右六十位神鬼相比较，西壁主要缺：三元水府大帝、东海龙王、南海龙王、西海龙王、北海龙王、顺济龙王、安济夫人、五湖百川诸龙神众、陂池井泉诸龙神众、主风主雨主雷主电诸龙神众、守斋护戒诸龙神众、地府五道将军、太岁大煞博士日游太阴神众、善恶二部牛头阿傍诸官曹众、投崖赴火自刑自缢诸鬼神众、赴刑都市幽死狴牢诸鬼神众、兵戈荡灭水火漂焚诸鬼神众、饥荒殍饿病疾缠绵诸鬼神众、身殂道路客死他乡诸鬼神众。此外，十殿阎王合并为第二层的"冥府右五殿阎君善恶二簿"和第三层的"冥府左五殿阎君牛首马面"两部分。又仪文中的东岳齐天仁圣帝、南岳司天昭圣帝、西岳金天顺圣帝、北岳安天元圣帝、中岳中天崇圣帝合并入第二层"五方五岳大帝神众"。西壁第三层的第10画面榜题字迹不存，但画面中有人戴着枷锁被押解，估计此处应是仪文中的"赴刑都市幽死狴牢诸鬼神众"；第四层的第4画面"酒□□□□□诸龙神"应是仪文中的"守斋护戒诸龙神众"。第三层第12画面"车碾□□□□"在仪文中没有，但仪文中在请孤魂时有云："一心奉请，车碾命丧，马踏身亡……十方法界，车碾马踏，苦死生灵，无主孤魂等众。"[1] 同时故城寺水陆画中就有"车辇（碾）身亡等众"，说明此处依然是孤魂众，并且该处榜题与故城寺的一样，是"车碾身亡等众"。此外，西壁第二层的"文昌帝君藏山大王"在仪文中也没有。

当然，由于画面榜题不存，同时青石寺壁画中这些神鬼的顺序没有完全按照《天地冥阳水陆

---

① 戴晓云：《天地冥阳水陆仪文校点》，第90—91页。

仪文》中的顺序排列，故东壁第二层第8、第四层第1、4画面和西壁第四层第3、5、7画面的内容不好确定。其中东壁第二层第8、第四层第4画面清晰，但看不清榜题，两处各画有五名仙风道骨式的人物形象和一名持幡者，再结合周围所绘内容，推测这两处也许分别是往古道士众和五星君。西壁第四层第7画面是五名手持刀剑斧叉等兵器的武将形象，估计此处应是地府五道将军。其他几处暂时不便推测。

与《天地冥阳水陆仪文》中左、右位神鬼的排序相较，青石寺东西两壁神鬼的排序是较为混乱的。从宏观角度来说，没有按照天仙、下界神祇、冥府、往古人伦、孤魂几类的顺序排列，从微观角度来说，每类鬼神往往又分散在各处。如东壁第三层第5画面中的大圣引路王菩萨是往古人伦众的引导菩萨，但无论是从纵向来看，还是横向来看，其身后既有往古人伦众，又有如忉利帝释天主并诸天众、四大天王之众等天仙众，又有如大药叉之众、般支迦大将之众、旷野大将之众等下界神祇，因而往古人伦众往往被分隔开来而没有集中在一起。

如果将错乱的现象忽略，就画面布局来看，大致情况是：东壁北侧主要是天藏菩萨引导下的天仙众，天仙众围绕着第三层的第3位引导菩萨——天藏菩萨而分布，其后（东壁南侧）主要是引路王菩萨引导下的往古人伦众。西壁北侧主要是下界神祇，而下界神祇围绕着第三层的第3位引导菩萨——持地菩萨而分布。而地藏菩萨

后面的冥府内容基本是按纵向排列分布其后，其后（西壁西侧）为地藏菩萨管理的冥府及面燃鬼王引导下的孤魂众。

可见，虽然青石寺水陆画绘制的文献依据是《天地冥阳水陆仪文》，但是二者在神鬼的内容和排序方面还是存在不小差异。

（二）青石寺水陆画的作者

《孟县古代壁画录》和第三次全国文物普查资料称青石寺创建于明嘉靖四十二年（1563），在明万历乙未（1595）年、天启年间（1621—1627）经过重修，正殿为明代建筑。[①]但《中国文物地图集·山西分册》云寺内存明清重修碑2通，据碑文记载，青石寺建于明万历十七年（1589），道光二十二年（1842）重修，正殿为清代建筑。[②]明万历二十三年（1595）立，现存上社镇窄门只村青石寺的《重修石角寺碑记》载：

> 孟治北七十里许……村一里许，北山之坂有石角古刹，经荒年盗，损毁殆尽。虽以弘治元年重修，扫除无僧，日就倾颓，仅留遗址，土人邢茂先等谋再修之……遂兴□财纠工，圮坏者完葺之，朴陋者增饰之。华佛殿以□馈，真圣像以金装，图两壁以水篆（陆）大会……以万历十七年七月十八日经始，以是岁十月十三日告成。[③]

从该碑文可知，青石寺原名石角寺，虽创

① 赵培青、李晶明主编：《孟县古代壁画录》，第51页；《阳泉文物通览——阳泉市第三次全国文物普查图录（孟县卷）》，内部资料，第160页。
② 国家文物局主编：《中国文物地图集·山西分册》中册，中国地图出版社，2006年，第222页。
③ 李晶明主编：《三晋石刻大全·阳泉市孟县卷》，三晋出版社，2010年，第117页。

建年代不详，但早在明弘治元年（1488）已经重修过，故前述青石寺创建于明嘉靖四十二年、万历十七年的说法是不对的。该碑还记载，由于年久失修，故自明万历十七年七月十八日开始进行了重修，而且这次重修时还在正殿画了水陆法会图。

《重修石角寺碑记》碑尾还载有功德主举人张绾及其孙十多人，另有参与这次修建活动的工匠如画匠、石匠、木匠等，其中画匠姓名是朱朝臣。朱朝臣的名字还见于万历四十八年（1620）八月立，现存盂县仙人乡仙人村的《越霄胜境碣》。该碣石上刻"越霄胜境"四字，下刻纠首、画匠、木匠姓名及年月，其中画匠为朱朝臣和聂宰，[①]但该碣石没有记载朱朝臣和聂宰的绘画活动。朱朝臣的名字较早见于明万历二十五年（1597）五月立，现存阳泉市郊区河底镇牵牛镇村玉皇阁的《创建玉皇阁记》。该碑尾载有塑画匠李廷珍、朱朝臣、聂进元、聂成和李凤，朱朝臣等人在创建玉皇阁的过程中从事了绘画工作。总之，朱朝臣是16世纪后半期至17世纪初主要活动于盂县地区的一名民间画工，而《重修石角寺碑记》中所载万历十七年七月十八日至十月十三日重修石角寺时在正殿所绘的水陆壁画应由其绘制。那么，现存青石寺水陆画的作者是否朱朝臣呢？学界对此问题有不同的认识，前述《盂县古代壁画录》认为是明代作品；《中国文物地图集·山西分册》认为是清代所绘；第三次全国文物普查资料虽说正殿为明代建筑，但又说"殿内存清代人物壁画约20平米"；柴泽俊也认为是清代所绘。[②] 同时，

《中国文物地图集·山西分册》云青石寺在道光二十二年（1842）重修过，而《盂县古代壁画录》和三普资料说在明代重修过，但对清代重修之事只字未提。现在青石寺正殿门匾上绘有书籍等图案，其中一本书上有"大清道光二十二年时宪书"等文字，这应是道光二十二年重修时所绘。从青石寺水陆画注重写实、世俗化倾向明显的绘画风格和大面积敷设石青颜料等来判断，其应是清代所绘，但是不排除现存水陆画是以万历十七年朱朝臣所绘水陆画为粉本进行重绘的可能。

二　青石寺水陆画的地域特征

青石寺水陆画中的个别神祇不仅在《天地冥阳水陆仪文》中没有出现，而且在其他地区的水陆画中也很难看到，如圣牛、藏山大王和穆奎虾蟆龙神等，其中最有代表性的是藏山大王和虾蟆龙神，因为这两位神祇主要是山西盂县境内民间信仰的神祇，充分体现了青石寺水陆画的地域特征。

藏山大王指的是赵氏孤儿赵武，因传说盂县藏山为赵孤的藏匿之地，故在藏山建有其神宫——藏山祠，藏山成为藏山大王信仰的中心，并辐射至盂县全境及周边地区。青石寺水陆画中的藏山大王出现在"文昌帝君藏山大王"处，其左右两侧为"冥府右五殿阎君善恶二簿""五方五岳大帝神众"，这三幅画面紧密地绘在一起，不像其他画面那么独立而容易分辨，"文昌帝君藏山大王"所占画幅很小，人物形象也仅有文昌帝君、藏山大王和持幡者，文昌帝君和藏山大王被

---

① 李晶明主编：《三晋石刻大全·阳泉市盂县卷》，第127页。
② 柴泽俊：《山西寺观壁画》，文物出版社，1997年，第96页。

站在他们前面的五殿阎君之一阎君和善恶二簿之一簿紧夹于中间，身体有部分被遮挡，至于其后的持幡者更是仅露出半个头部。"文昌帝君藏山大王"图像中，前者头戴乌纱折上巾，身穿红袍，双手持笏板于胸前，后者头戴软脚幞头，身穿绿袍，右手拿着一个红色物什，但不明为何物（图2）。那么，这两位中哪一位为藏山大王呢？文昌帝君造像手拿如意和笔较为常见，但此处二位神祇的形象没有特别之处，故对判别其身份带来了困难。不过我们可以通过其他壁画中所绘的藏山大王形象来试做判断。盂县西烟镇南刘咀村大王庙正殿北壁和南壁绘的是大王出巡布雨图和回宫图，大王即是藏山大王，其形象与青石寺水陆画中"文昌帝君藏山大王"画面中的前面一位高度一致，也是头戴形状相同的乌纱折上巾，身穿红袍，上嘴唇和下巴处也有相同的胡须（图3、图4）。此外，在青石寺东配殿——大王殿西壁也保存有清代所绘大王回宫图，画面较为模糊，甚至面部轻微受损，但除了大王所戴帽子不同外，其他如袍服、胡须、五官、神态也与前二者一致（图5）。据此笔者认为，青石寺"文昌帝君藏山大王"画面中的前面一位应是藏山大王，并且当时在盂县地区绘制藏山大王时可能有较为固定的图式或粉本。

实际上，与盂县接壤的阳曲县东黄水镇范庄村的全国重点文物保护单位——大王庙，其正殿壁画中的藏山大王形象也与

图2 青石寺文昌帝君藏山大王

图3 南刘咀村大王庙北壁藏山大王

图4 南刘咀村大王庙南壁藏山大王

上述盂县地区几处壁画中的藏山大王相似。该殿东西两壁绘的是藏山大王和五龙王出巡布雨图和回宫图，后壁是生活起居图，东壁的藏山大王骑在马上（图6），西壁的藏山大王坐于车内，但面部模糊。尽管该庙壁画中的藏山大王与他处在细节上存有差异，如藏山大王袍服的肩部和腹部饰有云纹和龙纹，眼型为明代绘画中常见的丹凤眼，但藏山大王也是头戴乌纱折上巾，身穿红袍，三绺胡须，神态相似。总之，就这几处壁画中的藏山大王形象而言，明代壁画中的藏山大王形象更注重艺术化的表达，而清代的藏山大王形象与明代具有明显的传承性。

目前，除了青石寺，在其他地区并未发现绘有藏山大王的水陆壁画，可见其地域色彩是非常明显的。

青石寺水陆画中的虾蟆神形象出现在"穆奎虾蟆龙神"处。从画面来看，除了一名持幡者外，还有一名身材娇小的女性形象，另外两名神祇均头戴五梁冠，身穿广袖长袍，双手持笏板于胸前，同时二者的五官和胡须也高度一致，至于其中哪位是虾蟆神，则不好判断（图7）。除了青石寺水陆画中的虾蟆龙神外，盂县上社镇大西里村还有专门的虾蟆龙神庙，庙中壁画是清代或民国时期所绘，正殿东、西壁所绘的分别是五龙圣母出巡布雨图和回宫图，其内容与一般的龙王出巡布雨图和回宫图大体相似，如有四值功曹、雷公、电母、风婆、四眼天师及主神圣母、五龙王、雨师、雨官、判官等神祇。但由于壁画黯淡，无法辨识其中的虾蟆龙神。

盂县境内的虾蟆神信仰，在碑石和文献

中有明确记载。乾隆三十九年（1774）立，现存于上社镇大西里村虾蟆龙神庙的《重修虾蟆龙神庙碑》云：昔大西沟村，旧有龙神行宫，不知创自何代。又乾隆五十九年（1794）七月立，现存

图5　青石寺大王殿西壁藏山大王

图6　阳曲大王庙东壁藏山大王

图 7　青石寺穆奎虾蟆龙神

于上社镇大西里村虾蟆庙的《重修虾蟆龙神碑记》云："我盂治北七十里许,大西沟村龙神庙一所,系青阳山虾蟆神□□不□□□于何时成于何代。父老间有传其轶事者,语多怪诞,故弗深考。"[1]由于荒诞,碑文对这个传说没有详述。但这个传说在"盂县在线"网页上的一篇题为《马宗沟虾蟆庙的传说》的帖文中有详细介绍。据该帖文,很久以前,有一个十几岁的山西定襄男孩在盂县西潘乡东头村一带讨饭,后来跟随一个老羊倌放羊。在一次烧水过程中几次救了跳到水壶里的虾蟆,当老羊倌发现时,小羊倌手里攥着一只小青蛙已去世了。当地人认为小羊倌是坐化变成神了,于是给其在下社乡马中沟村(即马宗沟)和马中山各修了一座庙供奉,称为虾蟆爷庙,其中后者还被称为"上庙"。为了方便祭祀虾蟆爷,人们还在上社镇大西里村建有虾蟆爷歇马殿一座,每年七月初一在这里举行庙会。其中虾蟆爷歇马殿就是

前述碑文中所载的大西里村虾蟆龙神庙。帖文还说上庙废墟中有两块石碑,一块是明万历四十四年(1616)的重修碑记,但碑文漫漶不清。另一块碑的内容如下:

> 自古创建庙宇,所以敬神灵而庇万民也。今马中山旧有龙王庙不知建于何代。至万历庚子(1600),有樵牧取水烹调生活,忽有虾蟆来至釜中,再三摄入手内化为神影,至后显像更灵,因号马宗而号青阳山。历年已久,传至道光年间复修庙宇……大清道光贰拾肆年岁次甲辰仲秋吉日勒石。

该碑文没有被收入《三晋石刻大全·阳泉市盂县卷》,其记述的虾蟆神的来历与帖文所述一致。碑文中所说的虾蟆龙神庙即上庙,在马中山(即碑文中马宗山),又名青阳山,这与前述《重修虾蟆龙神碑记》所载一致。该山在光绪《盂县志》卷 6 中载为马宗山,在县西北七十里许,同时还载在马宗山以南五里有虾蟆山。[2]从上庙的这两块碑文来看,虾蟆神信仰的产生应在明代,其流播区域起码在盂县上社镇、下社乡、西潘乡等地。位于上社镇的青石寺,在其正殿水陆画中绘入虾蟆神是地方神信仰对水陆画影响的典型表现。

以往学界一般认为,水陆画是儒、释、道三教合一题材的绘画。但戴晓云先生不同意这种观点,认为虽然水陆画中包含释、道、儒和民间信仰的神祇,但这些神祇是在长期的儒、释、道和民间信仰的大融合中进入佛教的,实际上已经是

---

[1]　李晶明主编:《三晋石刻大全·阳泉市盂县卷》,第 306、330 页。
[2]　《中国地方志集成·山西府县志辑》第 22 册,凤凰出版社,2005 年,第 62 页。

佛教神祇，水陆画确是佛教题材的绘画。[①]青石寺水陆画中的藏山大王、虾蟆神应属民间信仰的地方神祇，无论其是否融入当地佛教而成为佛教神祇，其地域性都是非常鲜明的。同时，水陆画中掺入的具有浓郁地域特色的信仰因素说明，民间画工在按照水陆仪轨或粉本绘制水陆画时，也会受到当地民间信仰因素的影响而对水陆画的内容适当进行变通。

结　语

青石寺水陆壁画绘制的文献依据是《天地冥阳水陆仪文》，正壁所绘的正位神祇与东西两壁神祇的水陆画内容主要是依据此文献进行绘制的，但在水陆壁画中出现了藏山大王、虾蟆龙神等地方神祇，具有明显的地域特征，体现了地方神信仰对水陆壁画的影响。

---

① 　戴晓云：《佛教水陆画研究》，第 102—124 页。

《邠州石室录》校注札记 [*]

陈　磊

（西安美术学院美术史论系）

开展《邠州石室录》校注工作是基于该书具有较高的文献价值与史学价值。《邠州石室录》校注包括对该书文字的识读、标点和注释，以及对所征引古籍文献、碑刻题名等内容的出处查询、原文校勘。现对该书内容及校注情况从以下五个方面做扼要说明。

一　《邠州石室录》及叶昌炽

《邠州石室录》一函三卷二册，民国 4 年（1915）刻本。该书由清末民初著名金石学家叶昌炽编撰，江南著名藏书家刘承幹校刊；寄由黄冈擅长临摹各类书体的"刻书圣手"饶星舫写样，交由有"天下第一好手""精妙不弱于东邻"之誉的黄冈陶子麟雕版印制。[1]1929 年，《邠州石室录》及重刻蜀大字本《史记》参与国际图书馆会议展览。[2]

叶昌炽（1849—1917），字兰裳，又字鞠裳、鞠常，自署歇后翁，晚号缘督庐主人。原籍浙江绍兴，后入籍江苏长洲（今苏州市），是晚清著名金石学家、文献学家、收藏家。主要著述有《语石》《藏书纪事诗》《邠州石室录》《缘督庐日记》《寒山寺志》《辛臼簃诗谵》等，还包括后人整理编辑的《奇觚庼文集》《奇觚庼诗集》等。[3]

叶昌炽编撰《邠州石室录》，以书目形式收录于《清史稿·艺文志》等相关文献中。[4]此外，该书曾由文物出版社单独影印出版；[5]亦被影印收录于《石刻史料新编》《续修四库全书》中。[6]目前尚未有《邠州石室录》的整理点校本。

二　《邠州石室录》的内容与体例

《邠州石室录》的主体内容包括题刻和题跋两部分，即邠州大佛寺（今彬州大佛寺石窟）唐、

---

* 本文为陕西省教育厅科研计划项目"方志文献、石刻史料与彬州大佛寺石窟研究"（22JK0130）阶段性成果。

① 写样及雕版情况，在叶昌炽《缘督庐日记》中有详细记载。关于此，在下文"《邠州石室录》的成书过程"中会有进一步论述。

② 关于该书及《史记》参加国际图书馆会议展览的信息来源待考。

③ 叶昌炽个人生平详见尹洁《叶昌炽年谱》，硕士学位论文，河北大学，2012 年，第 1—212 页。

④ 《清史稿》卷 146《艺文二》，中华书局，1977 年，第 4267 页；《续修四库全书》第 297 册，上海古籍出版社，2002 年，第 40 页。

⑤ （清）叶昌炽：《邠州石室录》，民国 4 年（1915）影印版，文物出版社，1982 年。

⑥ 《石刻史料新编》第 2 辑第 15 册，台北：新文丰出版公司，1979 年，第 10929—11025 页；《续修四库全书》第 909 册，第 271—365 页。

宋、金、元时期103通题刻的摹刻，以及叶昌炽为每一则题刻所作的题跋。主体内容前为题刻目录，题刻目录之前有三文，按顺序分别为叶昌炽撰"自序"、刘承幹撰"邠州石室录序"[①]、叶昌炽撰"游邠州大佛寺记"；主体内容之后有清学者孙德谦撰"后序"。

《邠州石室录》包背装式折页，版心向外，线装。扉页右题字"邠州石室录"，落款"吴郁生[②]署检"，钤印"钝斋"；扉页左有"乙卯秋八月吴兴刘氏嘉业堂校刊"，界格两排计十四字，为刘承幹藏书楼之刻书符记。主页版心，上距天头四分之一处为鱼尾，鱼尾下无象鼻。鱼尾右下依次有"自序""邠序""邠记""邠目""邠一""邠二""邠三""后序"标目，分别对应叶昌炽撰"自序"、刘承幹撰"邠州石室录序"、叶昌炽撰"游邠州大佛寺记"、题刻目录、卷一、卷二、卷三、孙德谦撰"后序"，共计八个部分。版心下横线下方、距地脚四分之一处有页码，每一部分页码单独排序。每页页左版框外侧下方有"吴兴刘氏嘉业堂校刊"九字符记。

版心左、右即页左、页右各有独立版框。扉页及题刻页行款自由，以便于安排拓片的摹写。个别竖式狭长题刻之摹写，或超出版框而占有天头部分，或另单独附纸，由其页之天头处伸出，折合于页内；[③]个别横式狭长题刻之摹写，在保证版心与版框不变的前提下，分布于页左、页右。每通题刻页，首行为叶昌炽所拟题刻名称，单独一行；第二行为小字，两行分布共占一行，一般包括题刻的形制、行数、字数、大小、字体、保存完整程度等信息；题刻名称及题刻信息之后，即勾摹题刻；题刻之后是题跋，题刻与题跋不在同一个半页，即题跋在页右，则题刻在页左，或题刻占一页，题跋另起一页。

主体内容前后的叶昌炽、刘承幹、孙德谦撰文皆于每一独立版框内竖行分布；每一版框内界分十行，每一界行各有二十三字。上一文、上一题跋页中，若页左有剩余，抑或是页右有剩余而页左无文字，皆保留界行，不再写新内容。新的一文或一题刻、一题跋，皆单独起页。此三人撰文，通常不分段。只个别文字有提行现象，如遇到皇帝之任命，虽不满行，另起一行书写，如"自序"中"昌炽始被"之后的"命度陇"即单独起行；首次题跋后若另有续撰、再补题跋，以"又按"提行，如"太原王稷等题名"中跋语。[④]正文中有少量小字，一般为补充、注释文字，双行行文，共占一行。

三 《邠州石室录》之价值

《邠州石室录》所收录题刻的邠州大佛寺，即今之彬州大佛寺石窟，是陕西地区最大的石窟。

---

① 据叶昌炽《缘督庐日记》（江苏古籍出版社，2002年影印本）可知，刘承幹"邠州石室录序"实为叶昌炽代撰。见下文"《邠州石室录》的成书过程"附录 《缘督庐日记抄》中《邠州石室录》的相关文字。

② 吴郁生（1854—1940），字蔚若，号钝斋，清末民初著名书法家。参见俞剑华《中国美术家人名辞典》，上海人民美术出版社，1981年，第293页。据《缘督庐日记》，叶昌炽22岁与吴郁生初识，二人交往达40年之久。

③ 有以下题刻"温室洗浴众僧经""行邠州司马李齐造象""崔贞臣造象""冯秀玉造象"，分别见（清）叶昌炽《邠州石室录》卷1，第1、25、34、37页；"韩稚圭、尹师鲁题名""阿弥陀象赞""钱受之题名"，分别见（清）叶昌炽《邠州石室录》卷2，第4、21、94页；"张瓮吉剌歹装象题字""（残）装象题字""察罕祝天祐装象题字"，分别见（清）叶昌炽《邠州石室录》卷3，第16、17页。对于这类摹刻，影印版中或是占用天头纸面，或是单独占用一页空间。

④ 见"太原王稷等题名"，（清）叶昌炽《邠州石室录》卷2，第20页。

该石窟内保存有 1300 多尊造像，主要雕凿于北朝、隋唐时期，是反映唐代中国佛教造像"长安样式"最重要的遗存。该石窟内现存题刻近 200 通，时间范围包括唐、宋、金、元、明、清及民国；该石窟的题刻数量之大、内容之丰富、历史文献之价值等均为陕西石窟之最，在全国各大石窟中亦居前列。因邠州地处出入关中平原的西北要塞，又是宋与少数民族政权对峙的前沿，这些题刻是研究不同时期宗教文化、造像艺术、社会文化的重要材料，具有证史、补史、纠史的重要价值。《邠州石室录》中叶昌炽对题刻的考订精审，为专业学人研究这些题刻材料奠定了基础。今天学人在使用这些文献材料时，或是释读、句读错误，或是浅层次解读、误读，不可不说与忽视《邠州石室录》有直接关联。

《邠州石室录》成书基础是邠州大佛寺的 103 通题刻，其中包括唐 22 通、宋 64 通、金 1 通、元 16 通。叶昌炽根据邠州大佛寺住持僧天缘所送拓片整理、校释，后按照不同比例缩临、摹写，尽可能纤毫毕现以保留拓片原貌。故《邠州石室录》中题刻文字部分字体不一且多有残缺，唐代题刻泐损尤为严重。在无法影印出版的清末民初，摹刻是保存题刻原貌、避免武断释读的最佳方式。这些勾摹的题刻，相较于今天的原石与拓片，某种角度上（如完整性、清晰程度）具有更接近初刻状态的价值。在今天，原石的漫漶程度、后人划损复刻之随意更超叶昌炽时。民国直至新中国成立之前，仍有新的题刻；更有今人游客随意写划，如叶昌炽所喟叹："转展（辗）铲除，谬种不绝，文字浩劫，古今同慨。"[1] 郴州大佛寺石窟砂岩石质，容易风化，更易受到潮湿气候的影响；2018 年阴雨潮湿，多有大的块石崩落，小的风化、残损程度更是难以估量。今人重视造像甚于题刻，造像毁坏尚无法避免，对题刻的保护重视尤为不力。

《邠州石室录》中，每一通题刻之后都有叶昌炽所作题跋。叶昌炽之题跋虽未完整释读题刻全文，但以其善史事考订之学的眼光，对题刻中的关键信息如人名、年代、职官、地理乃至石刻艺术风格等诸多问题都做了考释，如孙德谦在"后序"中所言："先生为依据职官，勾稽岁月，订渡豕之误字，补乘马之阙文。"这些考释文字长或千余字，短则百十字，为今人认识这些题刻奠定了基础，更提供了金石文献研究的宝贵经验。这些题跋的价值，具体可从以下几个方面展开来说。

第一，叶昌炽以其数十年的不断积累，63 岁所作《邠州石室录》是他晚年的最后一部学术著述。[2] 叶昌炽最具有代表性的学术成果《语石》是金石学的集大成之作，而其中所未涉及部分、待补充部分，在《邠州石室录》中多有体现。如"元□造像"中的"玺押"、"史世则、马清题名"中的"捧砚"可补《语石》之例；[3] 而"进士辛九皋题名"中无刻字人姓名，在"刻字""同游"之例

---

① 见后文"附录 《缘督庐日记抄》中《邠州石室录》的相关文字"，光绪丁未（1907）三月廿七日，卷 13，第 9 页。
② 据《缘督庐日记》，叶昌炽作跋始于清宣统辛亥（1911）十一月，终于民国壬子（1912）十月，前后断续计一年。其年叶昌炽 63 岁左右。作跋情况详见后文"附录 《缘督庐日记抄》中《邠州石室录》的相关文字"。
③ 见"元□造像"，（清）叶昌炽《邠州石室录》卷 1，第 19—30 页；"史世则、马清题名"，（清）叶昌炽《邠州石室录》卷 2，第 30—32 页。

"可补《语石》所未语"。① 其他考证之深入程度，也多有超出《语石》者。《郴州石室录》与《语石》可互为叶昌炽金石学研究的姊妹篇。

第二，叶昌炽题跋中，"辨章学术，考镜源流"，大量征引正史及其他相关典籍文献做历史、地理的考订，广泛参照其他石刻史料及地方志材料以与大佛寺题刻相互阐发。据正史所载郡望、世系、职官而断代，览石刻典籍及题名目录补姓字，以武周造字、避讳等谈佞佛之风，阅集部诗、文、记、传做延展扩充，题跋考订中说文、四部、正史、金石之学的准确、普遍运用反映了叶昌炽广博的视野和扎实的根基。读《缘督庐日记》知其早年"读书僻典不解、奇字不识，附录于左，以备稽考"，如叶昌炽二十二岁孟冬闰月读书所抄记"鬏""糰""顿""达鲁花赤"等，② 在《郴州石室录》中或有出现，或有解读运用。如"糰"字，该书中出现次数颇多。

第三，叶昌炽对题刻的考订中，有重点参考书目，也有对文献的搜寻征引。重点参考书目中，正史主要有《旧唐书》《新唐书》《宋史》《元史》《资治通鉴》《续资治通鉴》等，涉及世系表、职官志、地理志、列传及纪年部分。小学基础典籍有《说文解字》《广韵》等，集部重要文献有《范文正集》《安阳集》等，石刻文献主要有《金石萃编》《三巴金古志》《艺风堂金石文字目》《寰宇访碑录》《粤西金石略》等。其他征引文献上千种。此外，还有较多石刻题名为叶昌炽所亲见。这种考订的理路，既为后人了解叶昌

炽的学问提供了线索，也为重新认识清代金石学的成就树立了典范。

第四，叶昌炽的考订极为精审，源于他经年的积累与治学的理路。在题跋考订中，他首先断定年代，对于没有年代的以考订结果排列次序先后。如其"自序"中所言"其中如王尧臣、蔡延庆、李丕旦诸刻，皆于无文字处钩稽而出"，从中可窥视其考订学力。而"郴州石室录序"中言"檀峪王鸿业、蜀范文光两通，书法皆精整，而此录未收"，则是其见多识广后的"矜慎"。叶昌炽的考订基本精准，为后人认识、研究这些题刻奠定了坚实的基础。研究、利用郴州大佛寺的题刻材料，《郴州石室录》的充分使用是必要条件。

四 《郴州石室录》的成书过程

《郴州石室录》的成书过程可以通过叶昌炽所撰《缘督庐日记》及《郴州石室录》主体内容前后的"自序""郴州石室录序""游郴州大佛寺记""后序"梳理考订。

叶昌炽的《缘督庐日记》是清代四大日记之一。叶昌炽去世前，将其日记中的家事、隐私内容涂抹，其余部分由王季烈节抄，故名《缘督庐日记抄》。在叶昌炽的生平、交友、学问等方面，《缘督庐日记抄》基本等同于《缘督庐日记》。梳理考订《郴州石室录》的成书历程，首先应该将《缘督庐日记抄》中有关《郴州石室录》的所有内容钩稽整理。③ 现对《缘督庐日记抄》中的有关资料进行归类、分析，并参照"自序""郴州石室

---

① 见"进士辛九皋题名"，（清）叶昌炽《郴州石室录》卷 2，第 80 页。
② （清）叶昌炽：《缘督庐日记抄》卷 1 "庚午（1870）孟冬闰月"，王季烈整理，民国 22 年（1933）石印本，第 1 页；《续修四库全书》第 576 册，第 299 页。
③ 见后文"附录 《缘督庐日记抄》中《郴州石室录》的相关文字"。

序""游邠州大佛寺记""后序"梳理考订《邠州石室录》的成书过程，简述如下。

光绪丁亥年（1887），叶昌炽从吴大澂处得知有邠州大佛寺及题刻。四月初四日、十二日得吴大澂分别赠送昔年任职陕甘学政时所录题名、所拓题刻若干。吴大澂另赠叶昌炽毛凤枝编《关中金石目》，嘱叶昌炽编《关中金石》。因时间年长、纸墨污损及其他原因，题刻无从识读。

光绪壬寅（1902）四月十四日，叶昌炽因任职甘肃学政，途经邠州大佛寺，得以观览所有题刻。惜行程匆忙，又未带椎拓工具，临行前嘱托寺僧代为拓片。

光绪乙巳（1905）六月廿一日，叶昌炽至泾州途中，得住持僧天缘送来邠州大佛寺拓片约80份。这些拓片以唐宋题刻居多，而有少量明刻。

光绪丁未（1907）三月，叶昌炽以半月时间整理这些拓片。三月廿七日，得题刻112通。以唐刻皆精，但数量较少，且多漫漶。与其他历代题刻一样，多被后世磨损复刻。

宣统辛亥（1911），叶昌炽始勾摹邠州大佛寺石窟题刻，从八月初二日勾摹宣和年间题刻至十一月二十日勾摹宋元题刻，三个半月来共计勾摹题刻125通。十一月廿一日，按照年月次序排比先后，无年月题刻根据笔势各附本朝之后，计唐22通、宋64通、金1通、元16通、明22通。廿三日始缮写目录，定名为"邠州石室录"；廿四日，最终确定题刻126通；廿七日，缮毕目录，年月、姓氏、职官、郡邑详列。目录共计10页，每页20行；题刻摹刻共计121页。统共131页，以待考订。

从宣统辛亥（1911）十一月廿八日始为神智造象题刻作跋，断续至民国壬子（1912）七月十四日跋厄刺夕装象题刻毕。七月十八日重校目录，根据考订年月，依纪元重编，得唐、宋、金、元题刻及题跋各103通。其间，对个别题跋有增补、删改、重跋。正月初二日，得知艺风堂缪荃孙不赞成收明刻函，故最终本《邠州石室录》无明代题刻及题跋；另，三月廿五日叶昌炽曾函询熟谙《金史》的孙德谦，以为唯一一通金代题刻傅几先题名作跋。

民国壬子（1912）十月廿二日，作"游邠州大佛寺记"。

因孙德谦多次言及刘承幹刻嘉业堂丛书而征叶昌炽撰述，民国甲寅（1914）十月十二日傍晚，叶昌炽将书稿付孙德谦，并告以该书宗旨、略例。廿二日，孙德谦告知叶昌炽《邠州石室录》将寄往湖北鄂渚（今鄂州）付陶子麟刊刻。

民国乙卯（1915）三月廿二日，叶昌炽至孙德谦处商榷刻例，携原稿归；廿三日出重定刻例：全书三卷，以序冠首，序后目，目后游记，另有分页、字体要求等。廿九日，与陶子麟见面，示之《长安获古编》作为版式参照，如版口、高下、广狭；而中线但有鱼尾，无象鼻，鱼尾下有卷数标号如"邠一""邠二"等，页数在下横线下寸许。字体仍未商定。六月十八日，孙德谦携《邠州石室录》写样见示，为仿《三巴𪉈古志》字体，"峻峋露骨，瘦硬可喜"。七月三日、四日叶昌炽代刘承幹撰"邠州石室录序"。八月初一日午后校写样，写样为饶星舫之笔，"隽雅绝俗，瘦硬通神"；初二日午后校写样第一卷毕，仅讹三四字，与原稿勘误一并改正。

民国丙寅（1916）五月十九日，《邠州石室录》刻成，"好写精雕。金石刻本，东武江夏以后所未有"。七月三十日，饶星舫自鄂渚寄来签样，讹字均已改正，唯李丕旦之"旦"字误为"亘"，削去上横即可付印。十二月初十日，叶昌炽整理书架，已提及上有《邠州石室录》十八部，即在十二月之前书已完成印刷。

以上即为《邠州石室录》成书过程之简述。如叶昌炽"自序"所言，从其初接触邠州大佛寺题刻的光绪丁亥年（1887）到《邠州石室录》最终刻成的民国丙寅年（1916），"回溯将逾三十载"。叶昌炽从宣统辛亥年（1911）八月依据拓片勾摹、题跋，① 到民国壬子年（1912）十月待校刊付梓，历时一年有余；四年后，书始印制完成。该书的成书年代实为民国 5 年（1916）。当下所谈该书成书年代皆言民国 4 年（1915），当是依据"邠州石室录序"文末"乙卯（1915）立秋后三日吴兴刘承幹识"所定，或误。

五　《邠州石室录》之缺憾

《邠州石室录》之价值前文已细述，此处不再赘述。作为距今百余年的撰述，其必然打上时代的烙印，有历史局限性。概而论之，《邠州石室录》之缺憾如下。

首先，叶昌炽对邠州大佛寺的题刻虽已尽可能纤毫毕现，更由"刻书圣手"饶星舫写样，但毕竟不如原石、拓片直观。尤其唐代题刻漫漶极为严重，残缺部分依样勾摹，今观之眼花缭

乱，可视性极差。《缘督庐日记抄》中，民国丙寅（1916）《邠州石室录》好写精雕、刻成之后，叶昌炽言"但金玉其外败絮其中，为可愧耳"。虽为自谦之词，于题刻尤其唐代摹刻来说亦是实情。

其次，叶昌炽对邠州大佛寺题刻的考订虽颇为精审、矜慎，然征引唐代职官制度的相关文字多有讹误。如叶昌炽言《旧唐书·职官志》中大夫为正五品上，实为从四品下；其他参军事、朝散郎、通直郎等较多唐职官等级多误。不知这些讹误源于叶昌炽所征引《旧唐书》版本问题，还是因个人误记、误读所致。其他征引古籍文献方面，或有小的讹误；另，刻板中"己""已""巳"多混用。

当然，这些小的讹误无关宏旨，指出这些缺憾也丝毫不影响《邠州石室录》的价值。该书因时代原因造成的缺憾及部分讹误，需要今人整理、标点、校注以做补正、勘误。识读题刻原文，以叶昌炽该书中对题刻的勾摹为基础，参照原石、拓片订正、补充。对于所征引文献、题刻题名，一一核对原文，标注出处，改正讹误，以方便学人利用这些题刻及叶昌炽的考订成果。

附录　《缘督庐日记抄》中《邠州石室录》的相关文字②

（1）叶昌炽初次接触邠州大佛寺题刻内容，为吴大澂赠送其任陕甘学政时所抄录的题刻文字。光绪丁亥（1887）四月初四日，卷四，叶五十二。

---

① 叶昌炽依据邠州大佛寺拓片所作勾摹、题跋的过程较为细致，具体的某日勾摹某一题刻、某日题跋某一题刻，详见"附录　《缘督庐日记抄》中《邠州石室录》的相关文字"。
② "附录"所征引文字为《续修四库全书》第 576 册收录的《缘督庐日记抄》。因影印本《缘督庐日记抄》中的页码标注已十分清晰，易于翻检，《续修四库全书》的页码不再另出。

初四日，得窸斋丈书，送来手录邠州大佛寺题名，又毛凤枝所辑《关中金石目》五册。

（2）叶昌炽初次接触邠州大佛寺题刻拓片，亦为吴大澂所赠送。光绪丁亥（1887）四月十二日，卷四，叶五十五。

十二日，中丞送来拓本二十四种，以于孝显碑、隆阐法师碑、元思叡、云景嘉造像记见赠。

（3）吴大澂赠送叶昌炽邠州大佛寺拓片及其他关中拓片，其目的是托付叶昌炽编撰《关中金石》。光绪丁亥（1887）五月初五日，卷四，叶五十九至六十。

初五日，得窸斋丈书，属（嘱）编《关中金石》。欲不录全文，无可考者但书在某县某地、何年何月何人所书。如此则成书较易，亦一法也。

（4）叶昌炽被任命为甘肃学政，初游邠州大佛寺。光绪壬寅（1902）四月十四日，卷十，叶二十四。

十四日……十里游大佛寺，即唐尉迟敬德所建庆寿寺也。内尚有鄂公生祠。大石佛高八丈五尺，趺座莲台。凿壁为龛，深广如巨庐。左右两佛列侍，法身较大佛不及半。壁间凿佛龛无数，右壁有宋宋京宏父七

律一首。登阁瞻眺，大殿三间。大佛从下而起，上穿阁顶，高及梁际，与龙藏寺大佛正同。阁之两旁，皆石室造象。左室有武周长安石刻二通，亦有宋元刻。右室宋人题名甚多，约略谛视，笔势飞舞，锋颖如新。龛之上下左右皆有题字。左室有达鲁花赤及奥鲁、劝农等字，又有装塑字，当是元人重修题名。犹忆在羊城时，窸斋前辈亦以督学关陇时录存副本见怡，尚不及所见之半。惜无祖椎，如入宝山空手回。又为俗僧败兴，意在檀施。坚请入室，不能畅其游。瞩僧居甚窄，亦于高处开窑洞。陡壁凿足迹三四，上悬铁絚。又一处以木桩植岩腹，皆借以攀援而登。其实高不过数丈，置一梯足矣，不知何以以身试险也。迤西道险，曰打儿嘴，又西渐高曰石板坡，左倚峭壁，右距泾水，不容两车。俯视心回，皇而不怡。

（5）三年后，叶昌炽赴任甘肃学政，经途近泾州城处，收到邠州大佛寺石窟拓片，为主持僧天缘所送。光绪乙巳（1905）六月廿一日，卷十二，叶二十四。

廿一日……邠州大佛寺住持僧天缘送拓本来。约八十分（份），每分（份）四通。其中虽杂以明刻，唐宋十居七八。此窸斋所欲拓而未果者，亦一快事。檀施二十金，赆四金。

（6）初整理邠州大佛寺石窟题刻，大致按年代归类。光绪丁未（1907）三月廿七日，卷十三，叶九。

廿七日……度陇过邠州所拓大佛寺石刻，半月之内手自校释，共得一百有十二通。唐刻皆精，惜十不存四五，又皆漫漶，盖为宋人题名磨损。宋刻又为明人恶札磨损。转展（辗）铲除，谬种不绝，文字浩劫，古今同慨。

（7）叶昌炽始集中时间勾摹、校释邠州大佛寺题刻。宣统辛亥（1911）八月初二日，卷十四，叶三十三。

初二日，取邠州大佛寺石刻双勾宣和一通。老目昏眊，未能纤毫毕肖。如欲著录，只可援刘氏《三巴舂古志》之例缩临较易。

（8）摹、临诸刻，宣统辛亥（1911）八月，卷十四，叶三十四。

初九日，自摹邠州石刻二通。

十三日……摹豳（邠）州石刻三通。

十四日……摹邠刻三通。

中秋日……摹邠帖一通。

十七日，邠州高叔夏造象一通，圣历元年（698），共二十三行，背临三日始毕。又摹康定一通。

十八日……临邠刻三通。

十九日……摹庆寿寺石刻二通，重摹了然诗一通。

二十一日，摹邠石二通。

（9）摹、临诸刻，宣统辛亥（1911）九月，卷十四，叶三十七。

重阳日，灯下摹邠帖一通。

十一日，摹邠石二通。

（10）摹、临诸刻，宣统辛亥（1911）九月，卷十四，叶三十七至三十八。

十二日……摹邠刻二通。

（11）摹、临诸刻，宣统辛亥（1911）九月，卷十四，叶三十九。

十九日……不得已仍以邠帖自遣。摹宋仲宏诗一通毕，行书百七十八字。

（12）摹、临诸刻，宣统辛亥（1911）九月，卷十四，叶四十。

廿四日……摹邠刻，昨今两日得四通。

廿五日……摹邠刻二通。

（13）摹、临诸刻，宣统辛亥（1911）十月，卷十四，叶四十一。

初二日，写邠刻唐李齐妻武氏造象铭，无年月。金轮时刻，共十九行，行二十四字。分一行为二，共三十八行，每行十二字。六日而毕。

初三日摹邠刻两通，波罗密（蜜）多心经、温室洗浴众僧经，皆残字，并画棋子方格。镫（灯）下又摹宋楚正叔一通。

初四日，摹邠刻三通。长寿二年（693）比邱（丘）神智造象记，十八行，行九字，共一百八十字，棋子方格。

（14）摹、临诸刻，宣统辛亥（1911）十月，卷十四，叶四十二。

初六日，齤州司马李承基造象一通，一百六十字。昨日抽毫，今日写毕。剥蚀已甚，双钩缺笔满纸，如蠹齿痕。灯下又摹应福寺西阁功德记一通，亦有百余字。

初七日……摹邠刻一通。

（15）摹、临诸刻，宣统辛亥（1911）十月，卷十四，叶四十四。

十四日，摹邠刻一通。

（16）摹、临诸刻，宣统辛亥（1911）十月，卷十四，叶四十五。

十五日，摹邠刻宋、明各二通。

十六日，写邠刻唐证圣一通。

十七日……摹邠州元海元□等造象一通，一百五十字。为宋人题名磨损，残画模糊。镫（灯）下摩挲老眼，仅能得其仿佛。

十八日，摹邠刻证圣元年（695）元思叡造象一通，亦百五十字。

十九日，摹邠州至和二年（1055）史世则题名一通。

二十日，摹邠刻阿弥陀佛赞一通。九行，行三十二字，为后来磨损，泐存不逾百字。

廿二日，摹邠州司马、汉川郡、开国公造象一通。十七行，行存十二字。深昏始毕。

廿三日，摹邠州宋题名二通。

（17）摹、临诸刻，宣统辛亥（1911）十月，卷十四，叶四十六。

廿四日……摹邠州明刻一通，又检得残佛经二通，似与前录之温室洗浴众僧经笔势仿佛。钩校一过，前拓之尾即为此拓之首。有两三行连缀不断，竟是一刻。并得见咸亨纪元。百衲断纹，拨劫灰而重续，古缘不浅，禅悦亦匪浅。

廿五日……前录温室洗浴众僧经是残刻，仅五行。续得三纸，首尾钩贯，计六十行。所记行款已不符，旧稿已废，重缮一通未毕。

（18）摹、临诸刻，宣统辛亥（1911）十一月，卷十四，叶四十六。

初一日，重摹温室洗浴众僧经毕。越六日矣。五纸六十行，每行虽只存四五字，首两行及末行之末尚未蚀尽。首尾釐然可见。从烟雾迷离之中，一波一磔，摸索而出。草蛇灰线，若合若离。画格纵横交午，泐纹断续勾连。第四纸一误再误，五易稿而后成。书痴冷澹，生涯谈何容易。

初二日，摹邠刻三通，皆明人笔。著录自元代为断，今用苏斋《粤东金石略》例。

（19）摹、临诸刻，宣统辛亥（1911）十一月，卷十四，叶四十七。

初三日，摹邠刻一通，下有续题，实两通。

初四日……摹邠刻造象一通，题名二通。

初五日，摹邠刻四通，造象一，题名三。

初六日，摹邠刻三通，皆明人俗笔。

初七日，摹邠刻两通，皆明中叶刻。

初八日……摹刘克容题名一通，亦邠刻。仅二行，后一行之左有庚子秋七月十一日八小字。俗书浅细，其左又有碎笔蚀未尽，当尚有数行，别为一刻，置未录。

初九日，摹景龙造象一通，邠之古刻。惜刓损过半，二十六行，行十三字，钩稽字句而得之。又摹宋无年月一通。

初十日，摹邠刻宋元各一通。

（20）摹、临诸刻，宣统辛亥（1911）十一月，卷十四，叶四十八。

十二日，摹唐造象三通，皆邠刻。

十三日，摹邠刻宋题名四通。

十四日，摹明题名三通，皆邠刻。其一通行直下三十余字，一页不能容，以两纸联合，作推篷式。庆寿寺共二刻如此。

十五日，摹邠钟一通，两面十六行。明人题名一通。

十七日，饭后强握管，摹邠刻唐造象、宋题名各一通，元造象二通，又一通俗书，断烂似明刻。

十八日，镫（灯）下草草摹元祐题名一通。此数日内，困于周旋摹古，依样葫芦，但有形似，皆不能工，付之一叹。

十九日，摹唐宋元刻各一通。

二十日……摹宋题名三通、元造象一通。邠州大佛寺石刻共百二十有五通，一律写完。初试笔十余通未能合格。王鸿业题名尤劣，镫（灯）下重摹一通，以先后两本互勘，不独雅郑有别，字形大小亦有视差。始知两月功夫，积薪居上。晚学其可忽诸。此寺全分（份），昔在陇上，按部至泾州与邠陕甘分壤，寺僧摹拓，越境赍送行辕。屡欲仿《三巴䜭古志》，影拓成帙，藏之笥中。越五年而愿始，倘无负阿师矣。

（21）摹、临诸刻，并始为之题跋，宣统辛亥（1911）十一月，卷十四，叶四十九。

廿一日……摹邠帖，排比先后，以年月为次，无年月者审其笔势以定时代，各附本朝之后。计唐廿二通，宋六十四通，金一通，元十六通，明廿二通。

廿四日，邠州杜良臣题名与安颐虽同在一石，实非一时所刻，当抽出别为一通。共一百二十有六通。自昨日始缮定一目，题曰"邠州石室录"，年月、姓氏、职官、郡邑详载无遗。又重摹张翼庆历五年（1045）题名一通。

廿七日，缮邠州石室目毕，共十叶，叶二十行。录文百二十一叶，通共一百三十一叶。藏之箧衍，以待考订。

廿八日，作神智造象跋一首，邠州全分（份），去其无可考证者。若日得一首，石室录三月可卒业。

（22）为诸刻作跋，宣统辛亥（1911）十一月，卷十四，叶五十。

廿九日，作心经、温室洗浴众僧经两跋。

三十日，作云景嘉、元思叡造象两跋。

（23）为诸刻作跋，宣统辛亥（1911）十二月，卷十四，叶五十。

初一日，作元海元会造象题跋二首。

初三日，作万岁通天二年（697）元岩造象跋一首。

初六日，作长寿三年（694）李承基造象跋二首。

初七日，作高叔夏、郑希□造象各一跋。

十一日，作李齐造象第二跋。

十三日……成李齐妻武氏造象铭一跋，约数百字。

（24）为诸刻作跋，宣统辛亥（1911）十二月，卷十四，叶五十一。

十五日，作景龙二年（708）、乾元二年（759）造象跋各一首。

十六日，作房亶造象、李秀喆残题字各一跋。

廿三日，作应福寺西阁功德记一跋。

廿五日，作解礼题名跋一首。

（25）为诸刻作跋，宣统辛亥（1911）十二月，卷十四，叶五十二。

廿八日……摹邠州篆题名三通。

廿九日，作王沿题名跋一通。

（26）为诸刻作跋，宣统壬子（1912）正月，卷十四，叶五十二。（读书）

初一日……宋范、韩功在西边，邠州为其经略之地，文正、安阳两集，同时人物，与宋题名或可互证。午后取范集先阅之，尽五册。

初二日，得艺风堂函谢赠书言……不赞成收明刻，以其浩无津涯也。范集十卷，匆匆过目。续阅韩魏公集毕。

初三日，韩范两集既过目，又检东坡、临川二集，仅阅其目，两宫迹未至西陲，无可獭祭。

（27）为诸刻作跋，宣统壬子（1912）正月，卷十四，叶五十三。（读书）

初六日，检《续通鉴》自仁宗康定、庆历至建中靖国，共六巨册，颇于邠刻可参考。

初七日，为邠刻检元祐党碑，无所得。

转于华岳题名，得李惇义行之一人。又检武威、秦安、泾州三志，从泾志知智周为安俊之字、伯庸为王尧臣之字。

初十日，为邠刻检《萃编》，于"秦晋题名"得余藻一人。又知仲远为蔡延庆之字。

十三日，去年所撰王沿题名跋，言之不详。今日据《宋鉴》重改定。

十四日，作赵戚题名跋一通。

（28）为诸刻作跋，宣统壬子（1912）正月，卷十四，叶五十四。

十九日，检《访碑录》，得赵尚、张重、毋安之诸题。可与邠刻相印证。

廿三日，作韩魏公、尹河南题名跋一通。

廿四日，作王尧臣题名跋一通。

廿七日，作王沖题名跋一通，无传不免蹈空之病。

（29）为诸刻作跋，宣统壬子（1912）二月，卷十四，叶五十四。

初三日，作程戡、鱼周询题名跋一通。

初五日，作王素题名跋一通。

初七日，作张翼题名两跋。

初九日，作王稷题名跋一通。昨改张翼题名跋，今日又增损之，三易稿矣。

（30）为诸刻作跋，宣统壬子（1912）二月，卷十四，叶五十五。

十二日，李丕旦题名二通，各系一跋。

（31）为诸刻作跋，民国壬子（1912）二月，卷十四，叶五十六。

十六日，作刘几题名跋。题者为薛周，初不详其人，既而为邓永世一刻内有文与可，检苏诗，忽得题薛周逸老亭一首，在凤翔作。时地皆不远，必其人也。乞酒得浆，俄顷间无心而遇之，与看榜拾得眼镜，何以异哉？

十七日，改定刘几题名。据《宋史·忠义传》增两行。又跋邓永世一通，惟石室先生可考，是以君子疾没世而名不称焉。

十八日，作史世则、马清题名跋一通。

十九日，作阣景昇题名跋。课虚责有，仅百字，犹赘也。

廿二日，作宋永之、孝之题名跋一通。

廿三日，作曹颖叔题名跋一通。

廿五日，庆寿题名旡（无）老、廷老、介夫一跋，朱治、曹起两跋同脱稿。

廿六日，作蔡延庆题名跋一通。

廿七日，作智周题名跋一通。考得为安俊，宋西边宿将也，此与仲远之为蔡延庆、德顺之为地名、通理之为官名，自谓破天荒手段，但可与知者言尔。

廿八日，作安顿、楚建中题名两跋。

（32）为诸刻作跋，民国壬子（1912）三月，卷十四，叶五十六。

初一日，作范恢题名跋一通。

初二日，作宋唐辅题名跋一通。

（33）为诸刻作跋，民国壬子（1912）三月，卷十四，叶五十七。

初三日，作戴天和题名跋一通。

初六日，李孝广、蒋之奇题名两跋。前两日，客至未脱稿，饭后续成之。

初七日，昨撰李孝广题名跋，寥寥无可考。检《三巴耆古志》，得蓬溪县净戒院记，宣和五年（1123）李孝端撰，结衔为鄄城县开国男，与李孝广乡贯合。宣和距元丰亦不远，可为确证，重作一通。又作张太宁一跋。

初八日，作王戬、种师古题名跋一首。

十一日，作范栋、范文光题名两跋，皆元祐六年（1091）在韩魏公题后。镫（灯）下阅《梦溪笔谈》四册，熙宁中存中为陕漕，其所记时事，或可证邠刻，而涉猎一遍无所得。

十四日，作张行中、王雍题名两跋。其第二人皆李惇义行之，行之尚有无年月一偈，庆寿共三刻。

十五日，作潍阳恚孺、洛中愚叟说偈跋一首。孺即王雍，叟则李惇义也。

（34）为诸刻作跋，宣统壬子（1912）三月，卷十四，叶五十八。

十六日，作了然诗跋一通。
十七日……作范忠宣题名跋一通。

十八日，作刘淮题名跋一通。

十九日，作宇希、大同、云鹏题名跋，篆字，三通均毕。又据《郡斋读书志》改定李孝广一通。

二十日……作李宽、杜良臣题名二跋。李跋易稿而后成。

廿五日，邠州金刻但有正隆傅几先一通。益庵熟于完颜掌故，作一函往询之。还书来言，《金史》有传。所著《兴亡金鉴录》，见世善堂目。专门之学，名下果无虚士。

（35）为诸刻作跋，民国壬子（1912）三月，卷十四，叶五十九。

廿六日，跋残题名二通，皆从无字句处得间而入。善辨模黏字，专攻穿凿文，此言未遑多让。

廿八日，考定邠刻两通。一无姓名、年月，作两跋；一为己酉刘宗韩（杰），考得在熙宁二年（1069）。

廿九日，重改定刘宗韩（杰）跋。又跋刘尧咨、王君佐两通，羌无故实。

（36）为诸刻作跋，民国壬子（1912）四月，卷十四，叶五十九。

初一日，昨陈述古题名跋，晨起删二十余字。

（37）为诸刻作跋，民国壬子（1912）六月，卷十四，叶六十三。

初四日，邠州题名阁（搁）笔已一月余。今日据益庵说重撰刘宗杰跋一通，又赠安阳王举第二跋。

初五日，镫（灯）下撰张重题名跋。

初六日，作绍圣戊寅（1098）赵尚题名跋一通。

初七日，作重和己亥（1119）陇西朋甫题名跋一通。

初九日，作张太宁题名跋，无考。今作宋京诗跋，从《金石苑》检得太宁世系，知为鼎州太守张察之父，治平进士，陕西都转运使，因重撰一通。

十一日，作高邮秦□题宝胜佛象一通。前作范文广题名跋，以笔迹古秀，定为宋刻。今午偶检邠州姜嫄公刘庙碑后有崇祯六年（1633）七夕川西范文光仲闇题字，即其人也。考史固未可断，古今书迹，时代先后，亦岂能师心辄定。

（38）为诸刻作跋，民国壬子（1912）六月，卷十四，叶六十四。

十三日，作邠州题名仇镍一跋、蒲庆隆光裔一跋，皆宣和壬寅（1122）。

十四日，作邠州题名跋张植一通、钱受之二通，第二通又分为三则。

初十日，作宋京宏父题名跋一通。

十五日，星台来长谈……告以《邠州石室录》将脱稿。鄙人不敢望阮亭竹垞，若愿为林鹿原，敬以相浼，订约而去。镫（灯）下作张守约题名跋一通。

十六日，作辛九皋题名跋。宋刻六十五通皆毕。

十七日，补撰李孝广题名第二跋。又改定宋京、张重两通，颇有增损。

十八日，邠州题名重撰王冲一通，改定赵威一通。

十九日，作傅几先题名跋，金刻只此一通。

（39）为诸刻作跋，民国壬子（1912）七月，卷十四，叶六十四。

初五日，作邠州元题名跋二通，至元江梦燕、延祐董祐。

初七日，邠州装象题字十四石，皆元刻。作伯都一通，《元史》有传。

初八日……作邠州装象跋三则，皆癸酉岁，考定为至元九年（1272）。朵尔赤文伯颜一残刻。

初十日，改定文伯颜装象跋。又作俺普、伯颜、同同三通。

十一日，跋邠刻三通：尉温福装象、甲戌池彦文、张瓮吉剌歹，无年月。

（40）为诸刻作跋，民国壬子（1912）七月，卷十四，叶六十五。

十二日，跋残装像一通，有宣政院延庆司，官制可考。

十三日，作装象跋二通，察罕、车力帖木儿皆无年月。

十四日，跋厄刺歹装象一通。元刻十六通均毕。唐、宋、元共一百有四通。明刻从艺风之言，舍旃。或录其目为附庸。自客□操翰，一易寒暑，始告成。中更国变，疾灾忧患，脱稿为幸。身后椎书，既无可托赍章甫以适趙越，又无顾而问者。昔人谓借书为一痴，此岂非一痴邪？

十八日，校邠州石刻目，去明范文光一通，实只有一百三通。内无年月五通，考定为熙宁、元祐、绍圣间刻。各依纪元重编。

（41）民国壬子（1912）十月，卷十四，叶七十。

廿二日，作"游邠州大佛寺记"，拟附刻于石室录之后。前十年事，如寻昔梦。幸有日记，可为蓝本。

（42）民国甲寅（1914）十月，卷十五，叶四十二。

十二日，刘怡翰刻丛书，征邮人撰述。介益庵屡言之，旧簏非无丛残，讳不敢宣。但有《邠州石室录》尚可质诸当世。益庵薄暮来，即付之，并告以宗旨、略例。

（43）民国甲寅（1914）十月，卷十五，叶四十六。

廿二日，益庵来告，《邠州石室录》将寄鄂，付陶子麟。此善之善者也。

（44）民国乙卯（1915）三月，卷十五，叶六十二。

廿二日，得益庵一函，告陶子麟到沪。陶为鄂渚手民，善仿宋，精妙不弱于东邻，翰怡延之，来刊四史：《史记》影蜀大字本、两《汉书》白鹭洲书院本、《三国志》宋大字监本。先以拙稿《邠州石室录》付之为发轫之始。原稿已在翰怡处，虽不必再加点窜，碑文、跋尾各自为稿，分合之间尚需详定。即复一缄，约面谈。晚餐后，造益庵斋，商榷刻例。翰怡已出，留赠新刻《周易单疏》六册。并将《石室录》原稿携归。

廿三日，出《邠州石室录》重定刻例。全书分三卷，以序冠首，序后目，目后游记，皆直接而下，不分叶。石刻即以响拓本上版。占半叶者，跋语从后半叶；起占全叶者，下一叶起皆低一格。石文外皆宋体字，以瘦劲有生趣，如仿宋椠精本为合格。

（45）民国乙卯（1915）三月，卷十五，叶六十三。

廿八日，《邠州石室录》板式欲得一书为例，午后自携杖访吴石潜，借《三巴古志》不得。遍观插架，有新刊《攀古楼彝器款识》尚不相径庭，《长安获古编》亦《金石苑》之一，但所刻皆金文。二书可择用其一，即借归三册。……又致益庵一缄，《石室录》仍携归，灯下重定刻例。石潜约明午与陶子麟同来也。

廿九日，石潜与陶子麟如期而至，即

出拙稿示之，并示以《长安获古编》，板口、高下、广狭，即据此为度。中线但有鱼尾，无象鼻。鱼尾之下第一卷旁书"邠一"，二、三卷仿此。叶数距下横线约寸许。亦旁注撰人姓名，列于目录之前，次行增校订姓氏，为翰怡而设也。既尚定，适益庵函来，今晨行矣。为翰怡留语，拙稿即可付子麟，如其言授之而去。临卧，翰怡又来一函，欲改宋体为活字，又欲归入嘉业堂丛书。刻书活体字须略近欧、虞，或仿赵承旨，生动劲拔有碑版气，非下工所能也。又当商之子麟矣。

三十日，陶子麟仍与石潜同来，《石室录》商定改用活体字。

（46）民国乙卯（1915）六月，卷十五，叶六十八。

十八日，益庵自沪来，携《邠州石室录》写样见示，仿《金石苑》峻峭露骨，瘦硬可喜。

（47）民国乙卯（1915）七月，卷十五，叶六十九。

初四日，前日为刘翰怡代撰《邠州石室录》序。翦其枝叶，改窜至十之三。

（48）民国乙卯（1915）八月，卷十五，叶七十。

初一日……午后校《邠州石室录》写样。鄂渚饶辛（星）舫之笔隽雅绝俗，瘦硬通神，得佳刻手。

初二日，午后校《邠州石室录》第一卷毕，仅讹三四字。彭城县主一通，原稿误为"郡主"，经其改正跋中误字，亦得连类勘出。此写官洵加人一等。

初六日，益庵书到，又请补杜良臣题名一通。不知此题幕（幂）刻智周之上，智周即安俊之字，两刻同在一纸，非有阙也，忆似如此。非查原刻、原稿，不能了然矣。

初九日，得益庵一缄，杜良臣题名果与智周同一刻。师丹虽耄，尚未茫然也。

（49）民国乙卯（1915）八月，卷十五，叶七十一。

十七日，校《邠州石室录》，益庵未携原稿来。不知校书须以两本对勘，故谓之"雠"。若仅以文理顺流读下，口头滑过，即目中滑过，非内家也。

（50）民国丙寅（1916）五月，卷十六，叶十。

十九日……《邠州石室录》已刻成，好写精雕。金石刻本，东武江夏以后所未有。但金玉其外败絮其中，为可愧耳。

（51）民国丙寅（1916）七月，卷十六，叶二十四。

三十日……《邠州石室录》校改讹字，饶星舫自鄂渚签样寄阅，通校一遍，均已修正。惟宋辛九皋题名分注重,李丕旦"旦"字误为"亘",削去"亘"上一画即可付印矣。

(52)民国丙寅(1916)十二月,卷十六,叶四十四。

初十日……自晨至午,笔不停挥。又力疾督奴子整理书帙,《邠州石室录》十八部,其余皆友朋投赠,充然满筥归。而插架又增几许牙签矣。

英文摘要

Study on Bronze Mirrors of Chu Style Unearthed in the Yenisei and Ob , Russia

Zhang Chi（South China Normal University）Chang Di（Sun Yat-Sen University）

Abstract: The bronze mirrors of Chu style were popular in Chu and its surrounding areas during the Warring States Period to the early Western Han Dynasty. At present, at least 18 Chu's mirrors have been unearthed in the Yenisei and Ob river basins in Russia. The tombs and sites excavated Chu's mirrors date from the 4th century BC to the 1st century BC. It indicates that before Zhangqian's passage to the Western Region, there existed a "Bronze Mirror Road" connecting the central plains of China with the southern Siberia in Warring States Period.

The Influence of Sautrantike Thought on Qiuci Buddhism: On the Theme of *Abhidharmakosa* and Kizil Grottoes

Huo Xuchu (Xinjiang Kizil Grottoes Research Institute)

Abstract: It is recorded in *The Biography of Master Sanzang* that the classics worshiped by Qiuci Buddhism include *Samyuktabhidharma-hrdaya-sastra Abhidharmakosa-sastra* and *Abhidharma-mahavibhasa-sastra*. These three sutras are important landmarks in the development of all ministry thought. This record also shows the mainstream thought and basic development of Qiuci Buddhism. Although all the mainstream thoughts of the ministry run through the whole process, there is no doubt that Qiuci Buddhism is influenced by the thoughts of various schools of the Ministry Buddhism in the historical development. Years of research has shown that the Sautrantike has a profound impact on Qiuci Buddhism. Since the heritage of Qiuci Buddhism is mainly grottoes and other artistic forms, it is the only way to explore the ideological significance of Qiuci Buddhism with "The Buddhist method of representation". This thesis, based on the representative classic *Abhidharmakosa-sastra*, tries to explore the influence of the classics on Qiuci Buddhism through the perspective and analysis of the artistic images in Kizil Grottoes.

The Idea of Sautrāntika was Popular in Ancient Kucha

Li Ruizhe (Art School of Northwest University)

Abstrct: Sautrāntika was one of the latest schools of Buddhism, which attaches importance to

Sūtra and was good at explaining scriptures in the way of "metaphor", a fragment of the Sūtrālaṃkāra-śāstra written by Kumāralāta was found in Kizil Grottoes, which proves the fact that the spread of malarya and the idea of the Buddhism of Sautrāntika are popular in local. Xuanzang was debated in temple of Aiścarya with the Famous monk Mokṣagupta in Kucha, could concluded that the literature such as Saṃyuktābhidharma hṛdaya śāstra and Abhidhama kośa śāstra wary popular in local area, and revealed the popularity of "new Sarvāstivādin" in Kucha, which was formed by the influence of the idea of Sautrāntika.The large number of avadāna in the Kizil grottoes showed that the ideas of avadāna was popularity, and the result of Sarvāstivādin was influenced by Sautrāntika in the late part of Buddhism.

Structural Analysis of Mahāparinirvāṇa Relief Panels on the Gandharan Art: Focusing on the Buddha's Reclining Posture

Author: Katsumi TANABE (Tokyo Ancient Oriental Museum)

Translator: Li Ru (Dunhuang Academy)

Abstract: The reclining figure of the Buddha depicted on the Mahāparinirvāṇa relief panels of Gandhara does not visualize the corpus of the dead Buddha but precisely prefigures the Mahāparinirvāṇa of the Buddha. Firstly, the reclining posture of the Buddha does not mean his postmortem body nor the very moment of his death but simply a rest or temporal sleep of the Buddha. Thus, the reclining Buddha cannot but foreshadow the Mahāparinirvāṇa.Secondly, the Mahaparinibbtinasuttanta and Mahāparinirvāṇa sutra say only that the Buddha is reclining like a lion in order not to prepare for his death but only to take a temporary rest. Then, the reclining Buddha is not dead but still alive prior to the Mahāparinirvāṇa.Eventually, Gandharan sculptors were compelled to adopt a continuous narrative style and added a few auxiliary figures to the recumbent Buddha figure with a view to making Gandharan Buddhist viewers imagine that the Mahāparinirvāṇa will take place and actually took place.

Southwest Silk Road and the Culture Communication between Yi and Han in the Han Dynasty: Center on the Study of Shuicheng Cemetery in Huize of Yunnan Province

Han Enrui (School of Ethnology and History Guizhou Mingzu University)

Abstract: Shuicheng cemetery in Huize, Yunnan mix cultural characteristics between ethnic minority and Han nationality. Make a distinction between indigenous cultural factors indicate it is closely related to the middle and upper reaches of the Jinsha River in the same period and earlier period, There is no clear evidence that it belongs to Yelang. Han cultural factors in shuicheng cemetery is spread through the Southwest Silk Road, Related to the development of the southwest Yi region in the period of Emperor Wu of Han Dynasty. Shuicheng cemetery is not belong to the indigenous cultural system related to Dian culture.Combined with similar Heimajing cemetery in Gejiu, there was more than one mode of indigenous cultural change in Yunnan during the Han Dynasty.

"Shu Yuan Du Road"and Ancient Shu Silk Spread Westward
Zhong Zhouming (Chongqing Technology and Business University)

Abstract: In the southwest of ancient China, there was a trade path starting from Chengdu, passing through Sichuan, Yunnan, Myanmar and other places, and finally arriving in India, which was called "Shu Yuan du road" in history. As one of the oldest international channels in China, "Shu Shen poison road" began in Chengdu Plain, where the silk weaving industry is relatively developed. It is mostly famous for silk trade along the way, so it is also called "Southern Silk Road" in academic circles. Together with the Northern Silk Road, grassland Silk Road and Maritime Silk Road, the "Shu Yuan du road" has made great contributions to the exchanges between Chinese civilization and world civilization. The bulk trade product silk traded on this route has also become an important medium for the communication of different cultures.

Dissemination of the Maitreya Belief in Dunhuang and Gaochang in the 3rd to 10th Centuries
Zhang Chongzhou (Tsinghua University) Yan Li (Zhejiang University)

Abstract: The Maitreya faith originated in the Gandhara region. After it was introduced into China, it first entered the southern Silk Road region, and then expanded to the eastern Tianshan Mountains, Hexi Corridor and the Central Plains region.The spread of Maitreya belief in Dunhuang and Gaochang was mainly affected by Gandhara and the Northern Dynasties.There are two kinds of beliefs in Dunhuang and Gaochang societies, and the former is the main one.Miller faith in the process of communication continues to be Chinese, and constantly meet the current and future needs of all sectors of society.The Miller faith began to decline in the Tang Dynasty.Until the early Song Dynasty, Maitreya belief did not die out in both places. On the contrary, it shows a trend contrary to the rapid decline of the Central Plains.

The Discussion of A Hephthalite Plate in Wangye Museum,Shenzhen
Fu Chengzhang (Sun Yat-Sen University, Department of History, Zhuhai)

Abstract: There is a talcum plate with hunting motif in Wangye Museum,Shenzhen,which was supposed to be found in Northern Anyang.The motif is corresponding to Sasanian plates with hunting scenes.Therefore,it might be affected by Sasanian products to a great extent.Meanwhile,the hunting motif shows clear differences with most of Sasanian plates from the aspects of facing direction,animal number,etc.On the other hand,the facial and behavioral features show similarities with Hephthalite products which were strongly affected by Sasanian culture.So this plate could be a Hephthalite product which reflects the communication among Hephthalites,Sasanians and Northern Wei.

Trace of Dingguang Buddha Statue in Sichuan: From Chongxiang Temple in Guang'an to Yuanbao in Longquanyi
Xiao Yifei (Independent Scholar)

Abstract: Taking the dingguang Buddha statue of chongxiang temple in Guang'an in the northeast of

Sichuan Province as a reference, combined with the newly discovered dingguang Buddha statue of Yuanbao, Longquanyi, Chengdu, Sichuan, this paper briefly describes the basic style, carving age and distribution area of the only two known statues of the same type in China. In addition, because the statue of dingguang Buddha in Yuanbao, Longquanyi is one of the combined statue niches, and the stone niches are seriously damaged as a whole, various possibilities of the niches or niches of Trikalea Buddhas, Five square Buddha and Seven Buddhas are preliminarily explored; On this basis, this paper discriminates and infers the process of the evolution of dingguang Buddha statues from single niche master statues to one of the combined statues in Bashu area, as well as the relationship between "interaction"and "fusion" among Trikalea Buddhas, Five square Buddha and Seven Buddhas niches.

A Study of Buddhist Businessman Zhu Nandi

Liu Yao (College of Elementary Education, Nanning Normal University)

Abstract: The foreign envoys among the countries of "one Belt, one Road" in Chinese ancient books are valuable resources. Zhu Nandi, a Buddhist businessman, is a historical witness of friendly exchanges and a symbol of friendship between China and foreign countries. The article on Zhu Nandi's nationality, year of birth and death, travel, translation of scriptures is basic research work.it is very significant.

A Re-Study of the Nestorian "Lotus-cross" Pattern

Qiao Fei (Academy of Fine Arts, Shaanxi Normal University)

Abstract: The "Lotus-cross" refers to the combination of the cross and the lotus as the support, which is the iconic symbol of Chinese Nestorianism. This paper takes the cross and the lotus flower as the starting point and compares the Chinese Nestorian "Lotus-cross" with the suspected "Lotus-cross" motifs in ancient Egyptian, Armenian and South Indian cultures. It is found that ancient Egypt was not the birthplace of lotus worship, but of water lily worship. The Armenian Khachkar is not a "Lotus-cross" but a combination of "cross+leaf", and the composition of the Yuan dynasty Quanzhou area's Nestorian monuments may have been influenced by Armenian culture. The "cross + lotus leaf" in the cross of St. Thomas in South India may be the predecessor of the Chinese Nestorian "Lotus-cross", which was later formed under the influence of Chinese Buddhist culture and social atmosphere. The "Lotus-cross" was later formed under the influence of Chinese Buddhist culture and social atmosphere.

The King Udayana Sandalwood Image Revisited: History of its Arrival and Early Transmission Hidden in Daoxuan's Contradictory Accounts

Xu Zhu [School of Architecture, Harbin Institute of Technology (Shenzhen)]

Abstract: Celebrated as the "First Buddha statue of Jambudvīpa," the King Udayana Sandalwood Image is arguably the most sacred statue in the history of Mahāyāna Buddhism. Literary accounts on its arrival and early transmission in China, most of which are given in monk Daoxuan's (596-667) works of monastic biographies and miracle tales, however, present many conspicuous discrepancies. Such inconsistencies and contradictions greatly obstacle scholars from developing coherent historical narrative, and they even cannot achieve consensus on very basic facts. This paper re-considers Daoxuan's accounts as a group of stories he collected from a wide range of sources, which were composed by various writers in different times and places. By examining the specific historical intentions and contexts of the original records, the study reveals that China's first King Udayana Image was a tribute presented by Rudravarman (r. 514-550), a usurper and the last king of Funan, to the Liang court in 519 immediately after Emperor Wudi conducted his first great assembly of bodhisattva ordination. This statue, as an auspicious omen extolling the Bodhisattva-Emperor's divine rule, played a significant role in Rudravarman's political agenda to seek China's support of his governance, and it was also very likely to be the *first* King Udayana Image ever made in the history of Buddhism. During the turbulent political situation of the second half of the sixth century, the King Udayana Image was replicated and transmitted to Jingzhou and Yangzhou respectively, in which stories were developed intentionally to claim greater authority than the other. The strong pro-Jingzhou position in the last years of Daoxuan's life led him further elaborate a new story to legitimize the Jingzhou statue, and eventually the historical narratives of the King Udayana Image reached great complexity. Revisiting the sacred statue's early transmission provides not only significant insights into the history of Buddhist art and religions, but also new understandings of the political and diplomatic history of early medieval China.

The Investigation and Study of Cave 126 in the Maijishan Grottoes
Sun Xiaofeng (Institute of Maijishan Grotto Art, Dunhuang Academy)

Abstract: Cave 126 of the Maijishan Grottoes was roughly constructed from the late Northern Wei to the early Western Wei periods. In comparison to the contemporary Fa Hua statuary system, primarily centered around the three Buddhas, this cave exhibits a novel combination of subject matter. It further evolves from the previous emphasis on illustrating the Buddha expounding the Fa Hua Sutra through representations of Shakyamuni and the Many Treasures Buddhas. Instead, it advances to a portrayal of the core concept of the fusion of the three vehicles into one, as outlined in the Fa Hua ideology, through depictions of śrāvakas, pratyekabuddhas, bodhisattvas, and other figures. This signifies that the creators of the cave possessed profound Buddhist knowledge. Simultaneously, an examination reveals distinct signs of two subsequent renovations in a short period of time for this cave, possibly closely linked to the societal upheavals occurring in the Qinzhou region during the late Northern Wei era.

On the Correlation between the Images of the Buddha Biography in Mogao Grottoes Cave 275 and
the Fo Benxing Jing
Fan Xuesong, Yin Bo (Fine Art Institute, Dunhuang Academy)

Abstract: For the interpretation of the images of the Buddha scriptures in Cave 275 of Mogao Grottoes,Baoyun's translation of the *Fo Benxing Jing* can provide more related information than the previous judgment of Dharmarakṣa 's translation of the Lalitavistara, and provide classical basis for the connection of various statues in the grottoes. This paper discusses the six points of correlation between the scriptures and the statues in the cave, focuses on the picture of 'four excursions out of the gate 'on the south wall, and uses the plot of 'descent from Tuṣita Heaven' to understand the connection between the niche and the story painting.

A New Interpretation of the Images of Mogao Cave 249's Celling: A Study of the Image of Buddhism Characters Who Holding the Sun and Moon in Buddhism Sutra of the South and North Dynasties

Yang Jinglan (Information Center for Dunhuang Study, Dunhuang Academy)

Abstract: The west ceiling play an important role in Cave 249 of Mogao Grottoes, which should stick to the theme of the whole cave.However, weather Asura or Asurindaka does not have such an aura of leading role.According to the content of the wall painting, it is proved that the god maybe be Sanakavasa,the third saint of The Zen Sect.The whole west wall painting depicts the Nidāna of Sanakavasa, and the whole ceiling of the cave shows the Nidāna of the Five Disciples of Buddha Disseminate the Dharma in the seventh volume of Ashoka Sutra.The main Buddha of the west wall should be The Buddha Ananda.

Evolution of Spatial Structures in the Illustration of Vimalakirti Sutra in Dunhuang from the Northern Dynasties to the Early Tang Dynasty

Wei Jianpeng (Institute of Archaeology, Dunhuang Academy)

Abstract: From the Northern Dynasties to the early Tang Dynasty, the depictions of Vimalakirti in the Dunhuang caves primarily focused on portraying scenes related to Vimalakirti's residence in the Vaiśālī City abode. Descriptions of the area outside the abode and the lands of various Buddhas were mostly symbolic and held a clear subordinate position. After the large Illustration of the Vimalakirti Sutra appeared during the early Tang Dynasty, the main composition within the abode started to exhibit a combination of the Chapter of "Manjusri's Consolation of the Invalid" and the Chapter of "The Inconceivable Liberation". Around the central dual figures, the depiction included elements such as mountains, trees, and city walls, serving not only to separate the abode from other scenes but also to represent that Vimalakirti's abode could accommodate Vaiśālī City and the Four Continents without appearing constrained. This was an interpretation of the concept of inconceivable liberation and the ability to freely change spaces. While the parts outside the abode in the Sutra's depiction included the lands of various Buddhas, the portrayal of three other Buddha lands was dominated by Pure Land beliefs. Depending on the degree of Pure Land rebirth faith associated with each Buddha land as presented in the Vimalakirti Sutra, there emerged a gradual reduction in scale and detail, moving from the Universe of Abhirati to Sarvagandhasugandha and then to Merudhvaja.

Wu Zhou Style of Murals in the Golden Hall and Statues in the Five-Story Pagoda (Goju-no-To) of Horyu-ji Temple

Yang Xiaojun (Shaanxi History Museum)

Abstract: The murals in the Golden Hall and statues in the Five-Story Pagoda (Goju-no-To) of Horyu-ji Temple which were reconstructed from the end of the seventh century to the beginning of the eighth century show the Wu Zhou (681-712) sytle. The theme of murals in Golden Hall is the pure land of four Buddha which were derived from Chang'an, such as the four square Buddhas in the the Seven-Jewel-Tower of the Guangzhai Temple. Between the four Buddha pure land are four groups of eight Bodhisattvas in pairs, reflecting the miscellaneous dense belief in the Wu Zhou period, serving as the protector of the four Buddha pure land. The Five-Story Pagoda (Goju-no-To) was built for burying Buddhist relic. According to historical documents, the statue group of the tower base was completed in 711. The statue of Mt. Sumeru around the center pillar is the symbol of the Buddhist world, and the four statues show the formation of Buddhist relic and the eternal Dharma. The Buddhist relic worship theme, architectural and pictorial program of the Five-Story Pagoda (Goju-no-To) were influenced by the Buddhist relic worship systems in Chang'an and Dunhuang.

The Confessional Space under the Control of Lotus Thought: A Study on the Function of Mogao Cave 23

Chen Kaiyuan (School of History and Civilization,Shaanxi Normal University)

Abstract: During the High Tang Dynasty, the Lotus statues in Dunhuang Grottoes became more and more mature, and were more closely related to Buddhist doctrines and religious practices. Mogao Cave 23 is the representative cave of Lotus statues in the High Tang Dynasty. Through the analysis of the relationship between the Lotus Sutra illustrations in the main room of the cave and the other different sutra illustrations in the four bevels on the top of the cave, it can be seen that the murals on the top of the cave are controled by Lotus thought and all of them have connections with Lotus thought. At the same time, after discussing the statues in Mogao Cave 23 with the Lotus, Avalokiteśvara, Pure Land, Maitreya and Usnisa Vijaya confessional ritual. We infer that the cave is a confessional space under the control of Lotus thought and many different confessional rituals are assembled in this cave.

The Choice of Pure Land and the Salvation of the Present World: An Exploration of the Philosophy of Cave 172 of the Mogao Caves

Jiao Shufeng (School of History and Civilization, Shannxi Normal University)

Abstract: The richness of the statues in Cave 172, with the variation of the Guanyin Sutra on the north and south walls and the Pure Land variation on the door of the east wall, establishes the Pure Land theme in the cave. Manjushri and Pushyan as the superior bodhisattvas of the Avatamsaka Sutra show the introduction of the idea of Avatamsaka. From the cave Amitabha, Medicine Buddha, Earth Store, Guanyin and other statues, showing the merit of the Lord of the Pure Land choice and the idea of salvation in this world, is a reflection of the concept of cave construction. Combined with the Buddhist context of "naming and reciting the Buddha" during the Tang period, this is also a reflection of the trend of Buddhist thought at Dunhuang and in Chang'an.

A Study of the Three Patriot Images: The History of the Regent Army from the Viewpoint of the Servants

Author: Akihiro SAKAJIRI

Translator: Gong Yanfen & Yang Fuxue(Dunhuang Academy)

Abstract: According to the location of the worshiping Buddhists' statues during Guiyijun Regime of Dunhuang, we can see that the status of the supporters in the south wall of the corridor is generally higher than that in the north wall. The three figures of Suo Xun can be seen in the first body of the south wall of the ninth cave corridor, the first body of the north wall of the 196th cave corridor and the third body of the north wall of the 98th cave corridor respectively, all with inscriptions. Through the analysis of Suo Xun's statues and their arrangement in the corridor, we can see that the 9th cave camp was built at the beginning of Suo Xun's reign, which should reflect the harmonious coexistence of Suo, Zhang and Li. The 196th cave was built during Suo Xun's reign, and the arrangement of supporting statues implies that the original coordination relationship of Suo, Zhang and Li has changed. Suo Xun legitimizes his power by making use of the lineage relationship of Zhang Yichao. The 98th grotto was built during the reign of Cao Yijin. It can be seen from the statue of the supporter in the corridor that when Zhang transferred his power to Cao, just like the transfer between Zhang and Suo, he also made use of Zhang Yichao's blood relationship.

The Coexistence and Co-prosperity of Buddhism and Taoism : Kongtong Mountain Religion in Tang and Song Dynasties

Wu Tong (School of History and Culture, Northwest University for Nationalities)

Abstract: According to the history, the development of religion in the Kongtong Mountains of Pingliang became clear and active since the Tang Dynasty. The legend of "The Yellow Emperor Asking the Way" has laid a prominent cultural advantage for Kongtong Mountain. The construction of the Palace of the Way, Xuanyuan Palace and Guangchengzi Temple in the Tang Dynasty, and the rebuilding of the Palace of the Way made by the Emperor Huizong in the Song Dynasty, are all closely related to it. Founded in the early Tang Dynasty, Ming Hui Zen Monastery, an early monastery in Kongtong Mountain, developed into a large monastery with many monks and disciples in the Song and Jin Dynasties. The continuous emergence of noble monks and Buddhist leaders as the masters of Kongtong Mountain have made Buddhism the mainstream of Kongtong Mountain religion. Since the Tang and Song dynasties, the attention and support of the central government and local bureaucrats have been conducive to the development of Buddhism and Taoism. The close religious and cultural exchanges between Kongtong Mountain, the northwest China and the Central Plains regions, as well as the long-term harmonious coexistence of Buddhism and Taoism in Kongtong Mountain, have made Kongtong Mountain gradually become a famous religious mountain on the Silk Road. This also laid a foundation for the prosperity of Buddhism in

Kongtong Mountain in the Yuan Dynasty, the recognition of Kongtong Mountain as a sacred place of Taoist origin by Taoism, and the turning point of religious development in Kongtong Mountain in the Ming Dynasty.

An Iconography Study of Śītavana in Mogao Cave 465

Li Guo (Dunhuagn Research Academy) Sha Wutian (Shaanxi Normal University) Wang Haibin (Dunhuagn Research Academy)

Abstract: The Mogao 465 cave is a Buddhism cave which showed Tibetan Tantra.it is also one of the most important caves which academia focused on. The Tibetan Tantra murals in the cave is earliest and most perfect Tibetan style temple mural except the Tibetan area, previous studies about this topic are very plentiful. But the complete genre and rich content of the images Śītavana on the west, south and north walls of the main chamber, however, have received very little attention for a long time. Because of the early age of the Śītavana images of Cave 465, comprehensive content, rich plot, well preserved, is the study of Tibetan Buddhist art of the most complete, the most valuable, and rare heritage remains, there is no special introductory material in the academic community, and there is no special article for the study of the Śītavana images of this cave. Accordingly, we combined the descriptions in *Rgyud sde kun btus,* presents them in the form of a pictorial history for the academic community, which may provide a reference for thinking about the motives for the construction of Cave 465 and its religious ideology and function.

The Study and Identification of the Master of the "Jin GuangMing Temples's Former Sofa Miao Zhen Zan"

Mi Wenjing (College of Chinese Language and Literature,Fujian Normal University)

Abstract: The protagonist of "Jin GuanMing temple's Suo Falv's Miao Zhen Zan" to the praise of the Lord "Suo falv" of high moral esteem, quite admired by the people of the time. The "Suo" surname can be traced back to the Shang aristocracy, In today's Julu County in Hebei Province.who moved to Dunhuang by Suo Fu, and became a family in the area of HeXi when the master Suo falv was here; the temple where he lived, Jin Guangming Temple, has been established for more than 200 years, with many senior monks, of which the master is one. The cave inscriptions and merit markings of this monk also identify the monk as "Yibian Monk" the inscriptions of the cave and the merit marker of this monk have been used to identify that this monk was also known as "Monk Yibian" and "JuLulvgong" rather than "Jiulu Suogong" and "Suo Falv Zhigyue Monk", thus clarifying the clan origin and family tree of this monk. He was also an important figure in building a bridge between the monks and the lay people before and after the Guiyijun.

The Subjectivity of Women from the Han to the Tang Dynasty and the Development and Evolution of the Qixi Festival

Jiao Jie (Shaanxi Normal University) Zheng Weifeng (Shaanxi Normal University)

Absrtact: The meeting of the Cowherd and the Girl Weaver on the seventh day of July at magpie bridge is a well-known folk tale, and its legend is not only related to astronomical astrology and farming beliefs, but also to ancient customs. The Seventh day of July in the Han Dynasty was an activity in which men and women participated together, and during the Southern and Northern Dynasties, The Qixi Festival gradually became an exclusive festival for women under the influence of the custom of women thread the needles. In the Tang Dynasty, The Qixi Festival which was plead to be endowed with perfect sewing skills became more lively with the participation and leadership of women, and the forms of activities were more abundant. Women of different classes expressed different psychological demands through needlework and begging for perfect sewing skills. From the Han Dynasty to the Tang Dynasty, the inheritance and development of the Qixi Festival benefited from the women's activities of threading needles and begging for perfect sewing skills and their persistence in the traditional custom of exposing clothes.

A Comprehensive Research to the Old Uighur's Translation of the Qianziwen
Zhao Jiejie (Minzu University of China)

Abstract: At present, there are few studies to reveal the spreading of the *Qianziwen* in ancient ethnic minorities. Take the Old Uighur as an example, it was translated in the 13th and 14th century. There are 12 pieces of fragments published, covering 4 kinds of manuscripts, each presenting different styles of writing. They mainly use literal translation, then transliteration to proper nouns and historical allusions. In addition, we also focuses on the peculiarity of vocabulary, sentence pattern and grammar, then Chinese characters.The spread of the *Qianziwen* reveals that the Old Uighur were deeply influenced by The Han, and that ethnic minorities had a strong psychological identity with the traditional Chinese language and culture.

A Study of Three New Double-sided Coins in Old Uyghur Script in Turfan
Lu Tao (Academia Turfanica) Li Gang (School of Chinese Language and Literature, Xinjiang University; Academia Turfanica)

Abstract: In 2016, the Turfan Cultural Relics Department discovered three double-sided coins in Old Uyghur script during the archaeological excavation in the Tuyuq West Cliff. Although the discovery of Uyghur coins is so limited at present, as an integral part of Xinjiang's currency culture system, this has important value and significance for our deep study of the historical process of the occurrence, development, evolution and prosperity of the ancient currency economy in Turfan. Especially the casting styles of three coins not only has the same commonalities as the Central Plains region, but also has distinct regional characteristics, national characteristics and a certain degree of internationality, which not only reflects the characteristics of the Western Regions'multicultural culture multiculturalism, but also reflects the mutual integration of The Western Regions'culture and Central Plains culture, and which all together constitutes an important part of Chinese culture.

The Origin of Old Uighur Scripts

Muzappar Abdurusul (Institute of Ethnology and Anthropology, Chinese Academy of Social Sciences)

Abstract: Writing is one of the most successful achievements of mankind. It does not only record and convey present information, also make the communication of far distance and different times possible. It is very common that at the same time period several ethnic groups may use one and same script, or one ethnic group may use several distinct writing systems. Old Uighurs recorded their language with several different scripts, among them, Runik, Sogdian, Sogdo-Uighur, Manichaean, Brahmi and Syriac scripts are most important ones. Besides these, they occasionally used Tibetan and Chinese characters. These scripts had their own peculiarities, and had been used under different cultural backgrounds. This paper tries to examine the origins of these scripts, briefly introduces their main characteristics and provides concrete examples.

A New Study of Wang Yande's Routine to the West in the Northern Song Dynasty

Ai Chong (Shaanxi Normal University)

Abstract: From the sixth year of Taiping Xingguo to the first year of Yongxi in the Northern Song Dynasty (981-984), Wang Yande traveled west to visit the Uighur region of Gaochang. Up to now, there are three views about the route by which Wang Yande's envoys visited the Uighur region of Gaochang in the early Northern Song Dynasty, namely, the view of bypassing the current Erhun River Basin, the view of the north side of the Hexi Corridor, and the view of traveling northwest through Xiazhou. The first two statements are not reliable, only the one that goes through the northwest of Xiazhou city is closer to the historical truth. The actual westward route of Wang Yande's mission can be divided into four sections, namely, the section from Xiazhou city (now Baichengze ancient city in Jingbian, Shaanxi Province) to the East Bank of the Yellow River (the section from Balagong town in Hangjin Banner, Inner Mongolia to Qianlishan town in Wuhai City), the section from the West Bank of the Yellow River to Geluomeiyuan (now the northeast of Dalaihubu town in Ejina Banner, Inner Mongolia), the section from Geluomeiyuan to Yizhou city (now Hami City, Xinjiang) , The section from Yizhou city to Gaochang city (now the old Gaochang city of Halahezhuo Township, Turpan City, Xinjiang). The whole journey is west by north. The true westward route of Wang Yande's mission has important historical traffic functions, mainly including three points: it reproduces the folk route since the Qin and Han Dynasties, the subsequent two sections are also the westward route of the Liao Dynasty's envoys, and one of the important northwest frontier passages between Xingqing Prefecture, the national capital, and Harahot in the Xixia Dynasty.

A War Between Qarakhanids and Nomads

Ge Qihang (Center for the History and Culture Study of the Silk Road, Shaanxi Normal University)

Abstract: Arab historians recorded a war between the Qarakhanids and nomads around 1016. The

Qarakhanids defeated the nomads and won. This paper intends to analyze the process of the war and the internal composition of the nomads who invaded the Qarakhanids and outline a fragment of the history of the Qarakhanids's foreign relations.Combined with the coin materials unearthed in recent years, some problems are investigated.

Maritime Trading of Silk Route in the Pre-modern Period: Typical Cases as Sīrāf and Hormuz to Exchange between Persian Gulf and China

Han Zhongyi (School of History and Civilization, Shaanxi Normal University) Fei Long (School of History and Civilization, Shaanxi Normal University) Han Ziyun (Center for the Study of Central Asia, Shaanxi Normal University)

Abstract: The paper focuses on the Persian Gulf, and Sīrāf and Hormuz as typical cases to study the close exchanges between coastal cities and China in the pre-modern period. As a famous bay in West Asia, the Persian Gulf is not only an important transportation route, but also plays a pivotal role in the Maritime Silk Road. On the basis of previous researches, the article combines the relevant documents of China and the West at that time as well as its own investigation, and briefly introduces the geography of Sīrāf and Hormuz at that time.Their Location, urban appearance, social life, product resources, cultural customs and other aspects; as well as the content of economic and trading and cultural exchanges between these areas and China at that time, played an irreplaceable role in Sino-Western relations. In this way, it shows that the Persian Gulf was a prosperous and very important in the development of the Maritime Silk Road.

A Supplementary Study Two Stone Plaques of the 12th Deputy General Unearthed from Haiyuan County of Ningxia

Li Jinxing (Bureau of Cultural Tourism Radio and Television in Haiyuan County)

Abstract: Two stone plaques of the 12th deputy general unearthed in linqiang village of the Song Xia Chengchi site in Haiyuan County, Ningxia, are similar in shape to those used to guard the border in the Song Dynasty. However, they are not plaques, nor are they training instruments similar to archery targets used for the army to practice bows and crossbows. They should be the weights of the 12th deputy general to check the elasticity of bows and crossbows, called "Da Chui". The "nine catties and four Liang" on the back of the stone plaques are equivalent to one force, and ten forces are equivalent to one stone. There may be two kinds of affiliation: one is the 12th Deputy General of Jingyuan road in the Song Dynasty, and the other is the 12th Deputy General of the Xixia South court.

The Style Features of Lama Pagoda Art in the Yuan Dynasty in Wushan Lashao Temple

Ding Wanben (Academy of Fine Arts, Shaanxi Normal University)

Abstract: As a typical representative of Tibetan pagoda, Lama pagoda is a unique architectural form of

Tibetan Buddhism, which became popular due to the prosperity of Tibetan Buddhism in the Yuan Dynasty. There are a certain number of Lama towers of the Yuan Dynasty in the lashao Temple unit of the Shuiliandong Grottoes group in Wushan, which provides valuable data for us to study the spread and artistic expression of Tibetan Buddhism in the Yuan Dynasty. This paper attempts to sort out and summarize the relevant materials and physical objects of the Yuan Dynasty Lama tower of Wushan lashao temple, compare and analyze with the surrounding Tibetan pagodas in the same period, and summarize the style characteristics of the Yuan Dynasty Lama tower art of Wushan lashao temple.

A New Study on Ming Chengzu Sending Envoys to the Western Regions
Yang Tianxue (Institute of Ethnic and Religious Studies, Sichuan Academy of Social Sciences)

Abstract: In 1785, William Chambers translated letters between Ming Chengzu and Shahrokh, which, is the earliest work of studies on Ming Chengzu sending envoys to the Western Regions throughout the world. The article directly uses this material to clarify the relationship between Chen Cheng and other envoys to the Western Regions such as Fu An and Bay Arkintay, all sent by Ming Chengzu. Through mutual verification between historical materials of China and the west, it proves that Chen Cheng's fourth mission to the Western Regions was in the 16th year of Yongle Reign. Despite the conflicts and collisions between Ming Chengzu and Shahrokh, both sides sought to maintain peaceful relations and ensured the smooth flow of Silk Road. Chinese porcelains flowed into Central Asia in large quantities as the most important diplomatic gift, and both Shahrokh and his son Ulugh Beg were Chinese porcelain fans, for which they issued special decrees. A large number of porcelains integrating Chinese elements and Islamic cultural elements show that Ming Chengzu's dispatching envoys to the Western Regions strengthened the connection between the Ming Dynasty and the Islamic regions, and the cultural exchanges between the Ming Dynasty and Timur Dynasty reached an unprecedented level.

The Contents and Regional Characteristics of Shuilu Paintings in Qingshi Temple
Xue Yanli (Academy of Fine Art, Northwest Normal University)

Abstract: Although the literature of the shuilu paintings in Qingshi Temple is based on the Tiandi Mingyang ShuiLu Ritual, there are still great differences between them in the ranking and content of ghosts. Although the shuilu murals in Qingshi Temple should be painted in the Qing Dynasty, it is possible to repaint the shuilu paintings by Zhu Chaochen, a folk painter in the 17th year of Wanli.

In the shuilu paintings of Qingshi Temple, there are several local deities closely related to the folk beliefs in Yuxian Shanxi Province, among which the most representative ones are the King of Cangshan and the Frog Dragon God, which fully reflects the regional characteristics of the shuilu paintings of Qingshi Temple. This phenomenon also shows that when the folk painters paint the shuilu paintings according to the shuilu rituals or the sketch, influenced by local folk beliefs, the content of shuilu painting would be adapted appropriately.

Reading Notes on Proofreading and Annotation of "Binzhou Shishilu"
Chen lei (Department of Art History, Xi'an Academy of Fine Art)

Abstract: The main content of Ye Changchi's *Binzhou Shishilu* is the imitation of the 100 three inscriptions of the Tang, Song, Jin, and Yuan Dafo Temple Grottoes in Binxian County, as well as the inscriptions and postscripts for each inscription. The imitation has the value of preserving the original state of the inscription. The intensive examination and examination of the inscription in the postscript lays the foundation for the research of inscription materials. Restoring the process of the book's completion with *Yuandulu Diary*, collating and correcting the inscriptions against the original inscriptions and rubbings, and collating the original texts of the cited ancient documents, inscriptions and inscriptions, are the main tasks of the *Binzhou Shishilu Proofreading and Annotations*. The Notes to the Records of the study can help restore Ye Changzhi's research on epigraphy, as well as a comprehensive study of the Big Buddha Temple Grotto in Bin County, which has the largest number of statues and inscriptions in Shaanxi.

征稿启事

为促进丝绸之路历史文化的学术交流，不断提高本刊办刊质量，《丝绸之路研究集刊》热忱欢迎学术界同行的支持。本刊由陕西师范大学历史文化学院、陕西历史博物馆、陕西师范大学人文科学高等研究院联合主办，任务是借同道之力，深入挖掘丝路历史、地理、民族、宗教、语言、文字、考古、艺术等问题的新材料，尤其关注与丝绸之路有关的美术考古、艺术考古等图像的相关研究，倡导"图像证史"的研究方法，试图透过历史文物，探索丝路上"人"的历史。

稿件请采用电子文本投稿；若以打印稿投稿，请同时提供电子文本。稿件字数一般不超过 2 万字（优秀稿件不限制字数）。作者单位及联系方式请置于文末。本刊编辑部有权对稿件进行修改，如不同意请在投稿时注明。本刊审稿期为三个月，实行匿名双审制度，如逾三个月未收到用稿通知，作者可自行处理稿件。因本刊人手有限，来稿恕不退还，请作者自留底稿。来稿文档或信封请注明"稿件"二字。本刊出版后，即致稿酬、出版刊物（2 本）及作者文章抽印本（20 份）

本刊已加入"中国学术期刊全文数据库"（CNKI）及 CNKI 系列数据库，凡在我刊发表论文者（特别声明者除外），均视为同意授权编入相关数据库，我刊所付稿酬已包括此项费用。凡转载、引用本刊文章及信息者，敬请注明出处。

来稿地址：陕西省西安市长安区西长安街 620 号，陕西师范大学历史文化学院

邮编：710119

收件人：沙武田　先生

电话：18292870965

投稿邮箱：shawutian@163.com

敬祈　惠赐大作以为本刊增色，不胜感激。

《丝绸之路研究集刊》编辑部

2022 年 12 月 1 日

稿件格式规范

一 稿件格式

（一）文稿内容

1. 标题（宋体，小二号，加粗）；

2. 作者（宋体，小四号）及作者单位（楷体，五号）；

3. 正文（宋体，五号）；

4. 题目、作者、单位的英文翻译和英文摘要（Times New Roman，200—300 字）。

文本采用 WPS 或 WORD 编辑，1.25 倍行距，页边距普通格式（上下 25.4mm，左右 31.75mm）。

（二）正文注释采用每页脚下注，正文中的注释序号和脚注序号均用①、②、③……按序标识，每页单独排序。正文中的注释序号统一置于包含引文的句子（有时候也可能是词或词组）之后，标点符号之后右上角。 如需大段引用典籍文献原文，请单独另起一段落，楷体（字号不变），引用符号置于标点符号之后右上角。

（三）文中采用新式标点符号，破折号（——）、省略号（……）占两格，其余符号占一格。古代朝代名称用圆括号（ ）；国籍用六角括号〔 〕。另外，正文也可采用少量夹注。涉及古代帝王的年号应标注公元纪年（公元前可省略为"前"，公元后可省略"公元"），如唐贞观元年（627）。国外的地名、人名首次出现时标注外文名字，如尼罗河（Nile）、阿尔卑斯山（Alps）、斯坦因（M. Aurel Stein）。

二 文内数字使用

（一）使用汉字情况

1. 古籍文献中的数字

《晋书》卷 11《天文志上》："古旧浑象以二分为一度，凡周七尺三寸半分。"

2. 中国朝代的年号及干支纪年使用的数字

元鼎七年，雍正十一年

3. 数字的惯用语

十之八九，四分五裂

4. 带有"几"字的数字

几千年来

（二）使用阿拉伯数字情况

1. 公历世纪、年代、年、月、日；

2. 公制的度量衡单位计数与计量，包括正负数、分数、小数、约数和百分比，各种物理量值；

3. 表的顺序号、数据及计量单位均用阿拉伯数字；

4. 引用敦煌写本，用 S.、P.、Ф、Дx、千字文、大谷等缩略语加阿拉伯数字形式。

三 脚注标注格式

（一）书籍

作者姓名＋责任方式：书名，出版者，出版时间，起止页码。（责任方式为著时，"著"可省略，其他责任方式不可省略。引用翻译书籍时，将译者作为第二责任者置于文献题名之后；如果引用点校过的古籍，点校或校注者放在书名后面；外国国籍和朝代，请分别用〔 〕和（ ）在作者姓名前注明。）第二次及以上引用同一古籍文献时，只需注明书名、卷数、篇名、页码；专著只注明作者、书名、页码。

1. 陈垣:《元也里可温考》，商务印书馆，1923年。

2.〔法〕戴密微:《吐蕃僧净记》，耿昇译，甘肃人民出版社，1984年，第20页。

3.（唐）玄奘、辩机:《大唐西域记校注》，季羡林校注，中华书局，1985年，第200页。

4.（汉）司马迁:《史记》卷7《项羽本纪》，中华书局，1982年，第10页。

（二）期刊

作者姓名：篇名，刊名并发表年份及卷（期），起止页码。

1. 姜伯勤:《唐敦煌"书仪"写本中所见的沙州玉关驿户起义》，《中华文史论丛》第1辑，中华书局，1981年，第157页。

2. 王尧、陈践:《敦煌藏文写本PT1083、1085号研究》，《历史研究》1984年第5期，第45页。

（三）论文集

析出文献作者姓名：析出文献篇名，原文献题名，出版者，出版年，析出文献起止页码。

1. 荣新江:《萨保与萨薄：北朝隋唐胡人聚落首领问题的争论与辨析》，《法国汉学》丛书编辑委员会编:《粟特人在中国——历史、考古、语言的新探索》，中华书局，2005年，第49—71页。

2. 施萍婷、贺世哲:《敦煌壁画中的法华经变初探》，敦煌文物研究所编:《中国石窟·敦煌莫高窟》（三），文物出版社、平凡社，1987年，第177—191页。

（四）电子文献

作者姓名：电子文献名，电子文献的出处或可获得地址，发表或更新日期。

1. 张俊民:《〈敦煌悬泉汉简释粹〉校读》，简帛网，http://www.jianbo.org/admin3/ 2007zhang junmin001.htm。

（五）未出版文献

1. 学位或会议论文：作者姓名：文献篇名，获取学位类型及学校，文献形成时间，起止页码。

（1）张元林:《北朝—隋时期敦煌法华艺术》，博士学位论文，兰州大学，2009年，第1—5页。

（2）〔日〕京户慈光:《关于尊胜陀罗尼经变》，敦煌研究院石窟研究国际学术会论文，2004年，第88—90页。

2. 手稿、档案文献：文献标题，文献形成时间，卷宗号或其他编号，藏所。

《傅良佐致国务院电》，1917年9月15日，北洋档案1011-5961，中国第二历史档案馆藏。

（六）外文论著（书刊名用斜体，论文不用斜体）

1.Wu Hung, *The Double Screen: Medium and Representation in Chinese Painting*, University of Chicago Press, 1997, p.l.

2.Lawrence Stone, "The Revival of Narrative: Reflections on a New Old History", *Past and Present*, Vol.3, 1979, pp.22-32.

四 关于图版

本刊欢迎作者随文配附相应的能够说明文字内容的各类图版，在文中标示清楚图版序号（图1、图2、图3），图版标题为叙述式，简洁明了，图版质量在300dpi以上，并要求注明图版无版权问题。图版须与文本内容保持一致，需单独发送。

如：图1陕西历史博物馆藏唐韩休墓出土《乐舞图》（采自程旭《唐韩休墓〈乐舞团〉属性及相关问题研究》）；

图2敦煌莫高窟西魏第285窟主室南壁五百强盗成佛图（敦煌研究院版权所有）。

五 课题基金项目标注

若是课题研究项目，请在文中标明：课题来源、课题名称、课题编号等。题名右上角加注星号（＊），内容标注在脚注①前面。

图书在版编目（CIP）数据

丝绸之路研究集刊. 第十辑 / 陕西师范大学历史文
化学院，陕西历史博物馆，陕西师范大学人文科学高等研
究院编 . -- 北京：社会科学文献出版社，2023.9
　　ISBN 978-7-5228-2058-3

　　Ⅰ.①丝…　Ⅱ.①陕…②陕…③陕…　Ⅲ.①丝绸之
路－丛刊　Ⅳ.① K928.6-55

中国国家版本馆 CIP 数据核字（2023）第 121140 号

丝绸之路研究集刊·第十辑

编　　者 / 陕西师范大学历史文化学院　陕西历史博物馆
　　　　　 陕西师范大学人文科学高等研究院

出 版 人 / 冀祥德
责任编辑 / 赵　晨
文稿编辑 / 汪延平
责任印制 / 王京美

出　　版 / 社会科学文献出版社·历史学分社（010）59367256
　　　　　 地址：北京市北三环中路甲 29 号院华龙大厦　邮编：100029
　　　　　 网址：www.ssap.com.cn
发　　行 / 社会科学文献出版社（010）59367028
印　　装 / 北京盛通印刷股份有限公司

规　　格 / 开　本：889mm×1194mm　1/16
　　　　　 印　张：37.75　字　数：850 千字
版　　次 / 2023 年 9 月第 1 版　2023 年 9 月第 1 次印刷
书　　号 / ISBN 978-7-5228-2058-3
定　　价 / 198.00 元

读者服务电话：4008918866